纪念广西崇左建市二十周年

品读崇左

李桂生
胡小莲　等著
李鹤群

齐鲁书社
·济南·

图书在版编目（CIP）数据

品读崇左 / 李桂生等著. —— 济南：齐鲁书社, 2023.12

ISBN 978-7-5333-4785-7

Ⅰ.①品… Ⅱ.①李… Ⅲ.①崇左－概况 Ⅳ. ①K926.73

中国国家版本馆CIP数据核字(2023)第208653号

策划编辑：孔　帅
责任编辑：李　珂
装帧设计：刘羽珂　赵萌萌

品读崇左
PINDU CHONGZUO

李桂生　胡小莲　李鹤群　等著

主管单位	山东出版传媒股份有限公司
出版发行	齐鲁书社
社　　址	济南市市中区舜耕路517号
邮　　编	250003
网　　址	www.qlss.com.cn
电子邮箱	qilupress@126.com
营销中心	（0531）82098521　82098519　82098517
印　　刷	山东临沂新华印刷物流集团有限责任公司
开　　本	720mm×1020mm　1/16
印　　张	33
插　　页	3
字　　数	600千
版　　次	2023年12月第1版
印　　次	2023年12月第1次印刷
标准书号	ISBN 978-7-5333-4785-7
定　　价	280.00元

序

在《品读崇左》即将出版之际，吾友桂生兄嘱我作序。兹略缀数语，以抒观感。

儒家先圣孔子称："饮食男女，人之大欲存焉。"(《礼记·礼运》)告子亦云："食色，性也。"(《孟子·告子上》)中国人对"饮食""男女"的态度是很不相同的。中国人很重视男女之事，甚至有"不孝有三，无后为大"(《孟子·离娄上》)的说法，但中国人对男女之事的态度是私密的。在中国文化中，男女之事只能私下里悄悄地说或隐晦地表达，绝不能在公开场所大声讨论。与此不同，饮食之事却可以在大庭广众之下公开谈论。过去，中国人见面打招呼，不是说"早上好""上午好""下午好""晚上好"之类的"好"，而是问"吃了吗"。吃不起饭的穷人见面，甚至相互询问"喝过汤了没有"。

饮食对中国人的文化心理结构有着深刻的影响，吃喝被涂以各种感情色彩。在中国语言中，以吃喝作比喻的事项非常丰富。"被人打了嘴巴叫'吃耳光'，被冷落叫'吃闭门羹'，被人趋奉叫'吃香'，一往无阻、非常走红叫'吃得开'，受到损失叫'吃亏'，得到好处叫'吃到了甜头'，衣食有余叫'吃著不尽'；文言一点的把承受祖宗余荫叫'食德'，把不讲信用叫'食言而肥'。"(王学泰：《华夏饮食文化》，中华书局1993年版，第2~3页。)

吃喝的基本目的是果腹，即满足身体对食物营养的各种需求；吃喝的高级需求是享受，即满足眼睛、鼻子、嘴巴等感官对菜点美的需求。欧美人重视食物的营养，经常定量分析食物的蛋白质、脂肪、碳水化合物、纤维素、维生素的含量，为了身体健康，要求人们每天进食大米、面粉多少克，蔬菜、水果多少克，肉蛋、乳奶多少克。中国人讲究膳食平衡，在保证身体健康的基础上，还将食物烹饪升华到艺术境界。中国人评价一道美食，往往用"色香味形"俱佳来形容。色香味形与食物营养没有太大的关系，而是涉及艺术欣赏。从这个角度来说，欧美饮食重科学，中国饮食重艺术。二者相较，高下立判。这也正是中华饮食文化优于欧美饮食文化的原因。

在中国人的心目中，色、香、味、形四者并非同等重要。对于食物，中国人常问"好吃不好吃"，而不问"好看不好看"。"好看不好看"的评价标准是色、形，"好吃不好吃"的评价标准是味、香。一道中国菜，无论色、形如何上佳，如果味如嚼蜡、恶臭难闻，那就意味着彻底失败。味与香相比，味的重要性是大于香的，成语"口腹之欲"，也说明食物满足肚子和嘴巴即可，根本没有鼻子的什么事。臭豆腐、臭鳜鱼、榴莲等臭不可闻的食物，只要味道鲜美，也可被视为美食。广义的味，也是包括香的。可见，中华饮食文化的核心要素是味。

味是要品的，故有"品味"一词。"品味"作为动词，意为仔细体会和细细欣赏。世上的诸物，欲详细了解，多需要像美食味道一样来品。

《品读崇左》一书旨在让读者细细品味魅力独具的崇左文化。

崇左文化是值得人们细细品味的。崇左位于广西西南部，与越南山水相连，是典型的少数民族聚居区。崇左历史悠久，秦代在岭南地区设置桂林、南海、象三郡，其中象郡的治所临尘，即位于今崇左市区。崇左又是一个十分年轻的地级市，2003年国务院撤销南宁地区时，始成立崇左市。全市辖江州区和扶绥、宁明、龙州、大新、天等5个县，代管县级市凭祥市。长期以来，由于地处偏远，交通不便，在自然景观、历史文化、民俗民风等方面，崇左保留了许多原生态的美。崇左的美，在山、在水、在石、在树、在花、在四季、在风俗、在文化、在历史、在和谐、在人民。崇左的这些美，均值得细细品味。写出崇左之美的书，更值得细细品读。

中国高校肩负着人才培养、科学研究、服务地方等任务。《品读崇左》的编写，将中国高校的这三大任务很好地结合了起来。本书是广西民族师范学院历史学专业师生的集体成果。对于参与本书撰写的学生而言，是一次难得的科研训练。广大学生利用假期和双休日，走遍了崇左的山山水水，他们理论联系实际，将读万卷书和行万里路结合起来，将田野调查和写作训练结合起来。本书的编写，开阔了学生的视野，提高了学生的能力。相信这次严格的科研训练，对参与本书撰写的学生的成长成才，必将产生重大而深远的影响。

《品读崇左》是对崇左的自然景观、历史文化和民俗民风首次全方位实地调研的成果，在科研上具有不可否认的创新价值。开创之功，其莫大焉。由于该书的作者团队是历史学专业的广大师生，与某些地方文化的书籍充满牵强附会和胡编乱造不同，《品读崇左》一书具有很强的纪实性。历史研究的旨趣在于求真，学历史的多文风朴实，语言可能不尽华美，却如实地记录了人世间的真善美和假恶丑。《品读崇左》向读者展示了一幅崇左历史文化的真实画卷，与宣传、推介崇左的一般读物相比，更具品鉴价值。

科学研究讲究"顶天立地"。所谓"顶天"，即研究的内容具有前沿性和开创性；所谓"立地"，即研究的对象要尽可能具有地方性，既充分发挥地理优势，又要以科研服务地方。《品读崇左》是高校师生服务地方的成功之作。为了宣传、推介地方文化，国内不少城市出版了地方历史文化丛书。《品读崇左》一书包括《壮族美食》《景色风光》《民风民俗》《民歌戏曲舞蹈》《壮族非遗》《壮族体育》六个部分，实则是"崇左历史文化丛书"的浓缩版。

学术性和通俗性兼顾是本书的一大特色。只有学术性才能体现最新的研究成果，保障书稿的编写质量；只有通俗性才能使文字生动活泼，有血有肉，为广大读者所喜爱。要做到学术性与通俗性兼顾，说起来容易做起来难！受当前科研评价体制和机制的限制，通俗性的著作和文章在大多数高校、科研院所不算科研成果。"象牙塔"里的学者们对撰写通俗性的论著普遍兴趣不高。老实说，写惯了学术论著的学者，操刀通俗性论著，"妙笔"并不生花，普遍的感觉是比写纯粹的学术性论著要"难"多了。《品读崇左》的定位是雅俗共赏，努力将学术性和通俗性融为一体，使本书具有较强的可读性、趣味性和知识性。

桂生兄在广西崇左杏坛执教已多年，于先秦兵学与诸子学研究之余，属意于崇左文化的考察与传播，服务地方经济社会，组建写作团队，撰成此书，实为可喜可贺。

刘朴兵

2022 年 9 月 24 日

崇左之美（代序）

我是江西人，也是湖北人。

我是在崇左工作的外地人，算是半个崇左人，如今长住崇左，所以崇左也可算是我的第三故乡。

我以一个外地人的眼光看崇左，感觉崇左十分美，美得让我喜欢上了崇左。

崇左之美，是我来到崇左之前所未见到过的美，它不同于江西之美，也不同于湖北之美。江西之美，美在青山翠竹，美在阡陌纵横，美在江湖交织，美在丘陵起伏，美在诗情画意，美在峭拔秀丽，美在重楼飞檐，美在庐山，美在赣江，美在滕王阁，美在井冈翠竹；湖北之美，美在平原广阔，美在千湖竞秀，美在山水相映，美在龟山蛇山相连，美在长江汉水相通，美在武当之金顶，美在神农架之原始，美在楚韵悠长。

崇左之美，美在独特，人间少有，只此一处。

崇左之美，美在山。崇左之山，高大而壮实，崚嶒峻拔，如铮铮傲骨，顽强屹立，而敦厚自若；山道蜿蜒，峰壑纵横，山峦起伏，其幽峻静默之气可感可触，若身处此，则会立刻忘了山外的喧嚣和烦扰，颇似世外桃源。

崇左之美，美在水。崇左之水，静幽而碧，缓流而清，湖泊少见，但有左江，有丽江，有德天瀑布，有山涧溪流，澄净如少女之心，悠然如隐者之姿。

崇左之美，美在石。崇左多山，多石，石头随处可见，花草树木生于石间，顽强而朴实，乍一望去，石多于土，故而在崇左，似乎土贵于石。崇左之石，粗壮而庞大，憨态可掬，亲切质朴，毫无面目可憎之感，宛如崇左人之人品。

崇左之美，美在树。崇左水土独特，故其树木多属珍稀种类，如黄花梨、沉香木、金丝李、紫荆木、铁力木、红桂木、黄檀、紫檀、柚木、格木等，都是珍稀树种，而寻常之树，如芭蕉树、小榕树、苹婆树亦神采奕奕，尽展南国风情。

崇左之美，美在花。崇左多木棉花，开在路边，开在山涧，开在水边，开在山头，无处不见木棉花之倩影，开得火红而灿烂，开得热烈而深情，像醉酒的壮族美女绯红的两腮，像壮族男儿的赤子情怀。

崇左之美，美在四季。有人说崇左热，我要说崇左不热。江西之南昌、湖北之武汉，皆为著名火炉城，皆比崇左热，且其闷热令人窒息。崇左之热，热而有风，热而有凉，热而有爽，热而有度，热而有节，白天热而早晚凉，而南昌、武汉之热，不分昼夜，不分室内室外，从上到下，无处不热，想躲而无处躲，想逃而无处逃，那才是真热。崇左有雨，但不会如江西阴雨不绝，雾霭连绵，终日不见阳光，而是适可而止，晴雨有度，虽有潮湿之时，却也并不令人厌烦。故崇左春季不长，夏季热而不闷，冬无冬，秋无秋，季节无多变化，平缓而略觉单调，然而花繁叶茂，四季可见，却也舒适自如。

崇左之美，美在风俗。崇左风俗古朴，多承农耕文明古俗，淳厚而善良，质朴而豪爽，多温讷而少欺诳，多仁厚而少奸滑，重情而轻货，崇义而少诈，崇左虽不富于仓廪，却富于知足常乐。来到崇左，你一定能够找到惬意的慢节奏，你会发现在浮躁喧嚷的世间竟有如此静谧无争之所在。

崇左之美，美在文化。崇左文化之美，美在百味、美在服饰、美在山水、美在习俗、美在品性。崇左文化与中原文化有交流，有重叠，但又有自己的个性。故而崇左文化又美在包容，美在不排外，不自大，不自高，不骄矜，以谦恭为怀，以仁厚为美，以无为而致有为，似道家，又不是道家；似儒家，又不是儒家；似墨家，又不是墨家。

崇左之美，美在历史。崇左历史源远流长，创造了灿烂的民族文化。特别是近现代的崇左，平凡而伟大，无数仁人志士用生命和热血孕育崇左的红色文化基因，犹如鲜丽的崇左木棉红。

崇左之美，美在和谐。崇左人易知足，易快乐，能歌善舞，善作善成，是天生的乐观派。崇左人重团结，重自然，重和谐，不争强，不擅美，不炫功，不虚荣，务实而不贪，谈虚而不玄。崇左人善养生，懂得生命之可贵。故崇左之和谐，乃人与人之和谐，民族与民族之和谐，人境与物境之和谐，身体与心灵之和谐。

若论人间和谐，窃以为，崇左为最。

　　崇左千美万美，最美是人美。前述崇左之美，固然不虚，然皆孕育于崇左之人美。崇左人宽厚、谦恭、低调、务实、乐观、善玩、善娱，与人为善，少有算计，以德为邻，是为大美。

　　我去过很多大城市，也去过很多小乡村，但若细细品味，还是崇左最令人心安，最令人信赖，最能找回自我。

　　正因崇左有如许之美，所以我策划撰写此书，把崇左的美分章析节地细细讲来，希望有更多的人了解崇左。

　　书分六卷，每卷若干章，每章若干节。每节皆独立成篇，而又互相连络关照。全书五十余万字，但愿能描摹崇左之美于万一，略抒吾侪爱美之心于庶几。

李桂生

2022 年 4 月 10 日于广西民族师范学院

前　言

　　崇左是一座年轻的城市，但又是一座古老的城市。说它年轻，是因为其命名为地级市的时间短，2002年国务院撤销南宁地区而成立崇左市，2003年崇左市正式挂牌成立。全市辖江州区和扶绥、宁明、龙州、大新、天等5个县，代管县级市凭祥市。说它古老，是因为其历史文化古老。崇左在先秦时期为骆越民族聚居之地，秦始皇三十三年（前214），秦朝把岭南地区纳入国家版图，设桂林、南海、象郡三个郡。据广西民族师范学院教授韦福安考证，象郡之治所临尘，即在今崇左市区。

一

　　俗话说，民以食为天。即使在当今物质生活富裕的现代社会，食仍然是人们最基本的需求，然而不同地区、不同民族在饮食方面有自己的特色。崇左是以壮族为主体的多民族聚居区，境内居住着汉、壮、瑶、苗、水、侗、仫佬、京、回、满、土家等民族，人口有240多万，其中少数民族人口约占88%。自秦以来，崇左地区各民族经过两千多年的历史嬗变和文化洗礼，其融合和团结在当今社会达到高度和谐和完美，在衣、食、住、行等基本生活上，已经充分表现了崇左境内各民族文化的融合。各民族的饮食文化互相渗透和交融，汉族居民的饮食风味中有壮族、瑶族等的饮食元素，壮族、瑶族等居民的饮食风味中有汉族的饮食元素。当然，崇左地区的饮食文化，从整体上看，其主色调，更多地仍然彰显了壮族、瑶族等少数民族特色，体现了少数民族独特的历史文化、风俗习惯和饮食传统，其饮食特点总体上呈现酸、鲜、辣、甜等味觉偏好。

饮食文化与自然环境、民族传统、文化心理、行为方式等有密切关联。崇左壮族、瑶族等人民长期居住在峒寨之中，山多而少平旷之地，溪河窄而多曲折之所，既无大江大河，又无宽阔平原，但其气候属于亚热带季风气候区，天气炎热，光照充足，雨水丰沛，适合种植农作物，多以水稻、薯芋、南瓜、豆麦等为主。蔬菜多为京白菜、小白菜、油菜、芥蓝菜、生菜、菠菜、蕹菜、南瓜苗、豌豆苗等。由于无寒冬，所以四季皆有新鲜蔬菜，为其他地区所羡慕。肉食多以猪、牛、羊、鸡、鸭、鹅为主，狗肉亦常为桌上佳肴。

每逢佳节，壮族人民喜欢捣制糍粑、五色糯米饭、糯米粽、沙糕、煎堆等美食，而最具民族风情和民族特色的，要数生血、白斩鸡、鱼生。生血和白斩鸡在本书中已有叙写，而对鱼生未有涉及。所谓鱼生，即生鱼之谓。选择鲜嫩肥美之鱼，去皮、去骨、去内脏、去头、去尾，用棉布包裹以吸取水分，然后切成小片，以盐、醋、酱油、葱、姜、蒜、薄荷、紫苏、辣蓼等做成调料，即蘸即吃，大致如日本生鱼片之吃法，据说滑润爽口，其味甚美。

崇左天气炎热潮湿，而酸味能解渴消暑。崇左酸食主要有酸粥、酸檬、酸笋。据闻，大新、天等、扶绥、江州等地还有酸肉。其制作之法大致是，把新鲜的猪头肉或黄牛肉用淘米水洗净，切成大片，放入盆中，加入新鲜花椒叶、盐、米饭拌匀，装入瓦罐，淋入白酒，压实，上盖，用草木灰与泥巴糅合以密封罐口，腌渍一月即成。将腌好的猪头肉和黄牛肉切成丝，与青蒜苗炒熟，香味浓，酸而脆，是下酒美肴，食而不腻。

崇左的风味小吃，则有沙糕、米花糖、糯米甜酒、焖田螺、芋头糕、灌猪肠、凉粽等，形式多样，色香味兼备。

崇左虽是少数民族聚居区，但深受汉族儒家文化浸染，其民颇为注重礼节礼貌，尊老爱幼、长幼有序、夫妇有别，体现友善谦让的儒家伦理观念。据说，崇左人家里吃饭，一般是翁姑坐上首，儿孙坐两旁；宴席之上，更有讲究，以年龄大小、长幼尊卑之序依次入席，席间秩序井然，杯盘有序，温良恭让之美洋溢其间。

《壮族美食》卷以美食为叙写对象，管中窥豹，以点带面，比较客观和系统地反映崇左地区以壮族为主的民族饮食习俗和饮食文化。在写作风格上，力求做到语言朴实流畅，真实自然。

二

  崇左是一个自然景色和人文景色都十分美丽的地区，这里空气清新，植被茂盛，多有花草虫鸟、蓝天白云，令人闲适而生遐想。加之此地人民淳朴，生活节奏舒缓，城乡交通愈益方便，实在是旅行者的一个好去处。

  崇左旅游资源丰富，而就其著名景点而言，则约略有德天瀑布、明仕田园、中越边境友谊关、法国驻龙州领事馆、花山岩画、左江石景林、左江斜塔、金鸡山古炮台、雨花石景观、紫霞洞、白头叶猴、恐龙化石群等，可谓不可胜举。

  崇左最有名的自然景观，要数位于中越边境大新县境内的德天瀑布，它发源于归春河，自北向南流的归春河为耸立于江心的浦汤岛所阻挡，激荡奔涌而下，形成几十米的瀑布，真如传说中的仙境花果山之水帘洞。

  崇左最著名的人文景观，则莫过于友谊关上的金鸡山古炮台了。金鸡山古炮台是中法战争镇南关大捷后营造的三座炮台，名为镇北、镇中、镇南，倚山就势而建。金鸡山海拔约500米，山势险峻，巍峨入云，四周峭壁，鬼斧神工，其形如金鸡仰首啼鸣，故有此名。它雄峙于群山之巅，为崇左边境线上最为壮丽的风景。若来崇左旅游，不到此两处，便算不得"到此一游"。

  《景色风光》卷所选景观，既有自然景观，亦有人文景观，大体上能够反映崇左的美貌。然亦恐有遗漏者，则非作者之本意，实在是由于崇左美景太多，而致目不暇接。若如此，则挂漏之美景，则有俟于乐水之智者、乐山之仁者于他日来发现和品赏吧。

三

  崇左是以壮族为主体的多民族聚居区，这里民风淳朴，民族特色鲜明，许多传统民俗流传至今。这些民俗不仅具有深厚的文化底蕴、思想意境，而且具有浓烈的美感，体现了崇左各民族勤劳、乐观、友善、和谐、融合的理念。

  崇左各族人民，你中有我，我中有你，壮族、汉族等民族水乳交融，已经不可分割，所以其盛大民俗活动，既是壮族人民的，也是汉族及其他民族人民的，是各族人民的共同文化。因为在其民俗活动中，融汇了各族文化元素，所以从崇左人民的民俗活动中，我们可以看到民族自治、民族交融、民族和谐的大美。

崇左民俗既有广西民俗的共通性，又有自身的独特魅力。今举其要者，予以简略介绍。

比如，壮族花朝节，是纪念百花仙子的壮族传统民俗文化节日，流行于崇左市宁明、龙州等地，每年农历二月初二举行。节日里，男女青年从四面八方汇集到长有高大木棉树的地方对唱山歌，在真挚的歌声中赠花定情，抛掷绣球，互赠礼物。日落时分，青年男女从四周把绣球抛向木棉树的高枝，挂到木棉树上，以求百花仙子保佑良缘永结。

再如，打榔舞，是流行于崇左市天等县等地区的壮族传统民俗舞蹈，用于酬神、还愿、祭祀、娱乐等，起源于唐朝武德年间。打榔舞主要道具为木榔，音乐响起后，每人用一米多长的木杵有节奏地敲击榔壁、榔底和榔边，动作欢快有力，以此来表达壮族人民对五谷丰登、六畜兴旺的祈求和渴望。表演者不分男女老少，有二人对打、四人对打、多人交错对打等多种方式。

又如，花炮节是流行于崇左市江州区的传统民俗文化节日，至今已有三百多年的历史。每逢农历二月十九日，人们一边表演舞狮、舞龙、观音出游、八仙过海等节目，一边在左州镇大街小巷里游行。花炮节包括祈福、抢花炮、文艺演出、百家宴等内容，极具壮族文化底蕴，被先后列入崇左市、广西壮族自治区非物质文化遗产名录。

又如，侬峒节是流行于崇左市龙州县的传统民俗文化节，有祭祀天神、祈祷天神赐福、保佑风调雨顺之意。每年的农历正月十一，侬峒节都会在龙州县金龙镇双蒙村板池屯隆重举行，其内容有舞龙、斗鸡、拔河、唱山歌、打陀螺、抛绣球、踢毽子、舞蹈等活动。

《民风民俗》卷以民风、民俗、民习为叙写对象。崇左民俗文化丰富，民俗活动众多，其项目远远不止以上所举，其民俗活动世代相传，并融入了现代元素，既有浓厚的传统文化意蕴，又有新时代的文化韵味，这说明民俗文化也是在流传中创新，不仅是历史的东西，也是当下的东西，是历史和当下的融合，体现了"继承"和"发展"的思想。

四

　　崇左人民是善于歌唱的人民，崇左多民族融合是歌声的融合，也是人心与人心的融合，更是党心与民心的融合，是各族人民心和情的融合。崇左多山，所以有山歌；崇左有水，所以有"水歌"；崇左好客，多以酒相敬，所以有"酒歌"；崇左民风淳朴，多重伦理亲情，所以出嫁有"哭嫁歌"，亲人离别有"离别歌"；崇左人民乐天知命，知足常乐，所以每遇丰收喜事，便有"喜庆歌"；崇左人在婚恋中善表达，敢追求，所以有"情歌"对唱；月有阴晴圆缺，人有悲欢离合，生老死别，不可违背，乃自然之理，故遇悲慨之时，亦有"悲歌"。可谓喜怒哀乐，无处不有歌，无时不有歌。

　　崇左人民既有自由自在、自娱自乐之个人"小调民歌"，亦有大型集会的"大调情歌"；其对歌交心传情，犹如赶集以物易物，各得其所，各得其乐，故有"歌圩节"。

　　歌圩者，歌之集市也。百姓日常交易，多有"牛市""猪市""竹木市""百货市""菜市""鸡鸭市""花市"等名目，乃以其交易之物集中方便之故而命名。然而，崇左人民却把唱歌、对歌当作日常饮食，不可或缺、一日不可离之物，而有闻名于世之"歌圩"，甚而有为之设立节日者。

　　我从汉族地区至此，对此风俗颇有感慨。西周至春秋时期，黄河流域、汉水流域、长江流域、渭水流域之诸侯邦国，其人民多山歌，故有《十五国风》之传扬，不仅王侯、贵族、士大夫善歌，且平民亦善歌，故有《诗三百》流传至今。然而当时所唱者，绝不止三百余首。据说在孔子删定之前，有几千首之多。而历史发展到今天，民歌民谣仍然有其审美、教化、资政、交流、文化承载之重要意义。故本书稍取崇左民歌若干首加以赏析，以飨读者。

　　有心者若能搜集、整理广西民族歌谣并加以润饰，使之雅俗共赏，定能为文学殿堂增色，其亦不逊于"广西当代诗经"之称名。

　　崇左既有山歌，亦有雅曲，如邕剧、壮剧、采茶戏等久负盛名，亦是我国戏曲苑囿中的奇葩。

　　《民歌戏曲舞蹈》卷以崇左民歌与戏曲舞蹈为叙写对象，所撰章节大体上能够反映崇左民歌与戏曲舞蹈的情况，以此亦可了解崇左的传统艺术生活，亦可看到崇左民歌与戏曲的与时俱进。其用词用语及唱法均具时代气息，可见其歌词曲调不仅来自民间的自发创作，亦有专业人士润饰加工。

五

崇左人民勤劳、智慧、善良、淳朴、安土重迁，在融入现代生活的同时，也在传承其特有的民族文化。这些文化既有传统元素，又有现代元素；既有壮族、壮乡的风韵，又有汉族、瑶族等其他民族的共同记忆，是以壮族文化为核心的多民族文化的融合。

崇左的非物质文化遗产丰富，具有鲜明的民族性和地域特色。传统音乐有壮族天琴艺术、左江壮族民歌、下雷山歌等；传统舞蹈有江州麒麟舞、白鹭舞、壮族师公舞等；传统体育有左江花山壮拳、上石抢花炮、江州那贞壮狮舞、驮卢端午赛龙舟等；传统技艺有扶绥壮乡姑辽茶制作技艺、龙州壮族后山茶制作技艺、宁明沙糕制作技艺、宁明壮族红糖制作技艺、宁明壮族天琴制作技艺、天等壮族酸料鸭制作技艺、抚绥酸粥制作技艺、宁明明江烤猪制作技艺、江州酸菜制作技艺、那隆腊鸭制作技艺、天等壮族五彩糍粑制作技艺等；传统民俗有壮族霜降节、壮族歌圩、壮族侬峒节、驮卢水上婚礼等。在这些非遗中，壮族霜降节、壮族天琴艺术、壮族侬峒节等入选国家级非遗名录。

壮族霜降节流行于天等县向都镇一带，节日当天，各族人民穿上民族服装，用当地方言演唱山歌，展现壮族山歌魅力；又有武术表演、篝火舞等具有浓厚"壮味"的文艺活动；辅之以抛绣球、打陀螺、滚铁圈、篮球赛、拔河赛、象棋赛等具有壮族韵味的传统体育和现代体育项目。

壮族天琴弹唱在龙州县、凭祥市、宁明县和大新县等边境地区广为流传，是骆越文化的代表之一，具有骆越文化传统独特的见证价值。其中，龙州的壮族天琴弹唱在内容与形式上既有传承又有发展，极具代表性。

壮族侬峒节是崇左黑衣壮边民以"峒"为单位举行的大型节庆活动。侬峒节以祭祀祈福、青年男女对歌、亲戚邻里聚会为核心内容，流传千年的侬峒节是壮族群众质朴、友善民风的体现和中越两国民间文化交流的纽带。

崇左人民善歌舞，善创造，多有艺术天赋，在其日积月累的劳作中，发现美，创造美，享受美。具体地说，其服饰美，其工艺美，其歌声美，其舞蹈美，而这些均可纳入非物质文化遗产范畴。壮族人民善于巧用自然之美来美化自己的生活，比如用天然植物提取染料来染服饰，所以其民族服饰色彩鲜艳。再如其舞蹈，多为祭祀舞蹈或祈愿舞蹈，是原始崇拜在现代的遗存，也是壮族人民和其他各族人民生活、生产情景的艺术再现。比如打榔舞，十分讲究步伐，若是个人单打，则有抬踏步、小八字步、并步、点步，身体随之前倾或后仰，双手持榔，节奏欢快而粗犷，体现了壮族人民勤劳、勇敢而感情热烈的品质；若是双人或多人打榔，则有冲打、点打、撩打、对打和拖打等打法，变化多端，极富韵律美。

崇左民族艺术中，既蕴含古朴的传统文化，比如稻作文化、原始图腾崇拜，如天神、雷神、蛙神、祖先神，又受到插秧、收割、舂米、舂糍粑等劳作文化的影响，使得其动作泥土气十足，朴实、沉稳、欢快、热烈而豪放，比较充分地表现了壮族人民朴实而又乐观的审美倾向。崇左民族艺术形式多样，除了打榔舞，还有竹竿舞、扁担舞、采茶舞，都是源于劳动而又高于劳动，劳作气息和生活气息都十分浓厚，具有浓郁的原始性或原生性。

其他如桂剧、师公剧、彩调等，无不取材于实实在在的生活和生产，具有重传统、重生活、重劳作的农业文化特点，表现出浓厚的人民性和一定的艺术性。再如，壮锦艺术、黑衣壮服饰、花山岩画艺术、铜鼓艺术、天琴艺术等，都各有特色，十分富有生活气息和艺术价值，是生活、劳动和艺术的有机统一。

《壮族非遗》卷以崇左壮族非物质文化遗产为书写内容。长期以来，崇左市为保护传承壮族天琴艺术、壮族侬峒节民俗活动做了大量工作，注重挖掘保护民族服饰、民间山歌、民间习俗、民间艺术等非遗文化，挖掘和传承本土非遗项目，有力推动非物质文化遗产的保护、传承与发展，使文化与旅游深度融合，为崇左的经济社会发展作出了贡献。

六

崇左人民十分喜爱体育运动，不管男女老幼，我们都能看到他们在体育场上活跃的身影。他们健硕的身体、火热的运动激情、丰富多样的体育活动让我们感受到崇左人民对生活积极乐观、充满憧憬而又淡泊自足的性格。崇左的体育具有十分鲜明的壮族特色。其运动项目繁多，集竞技性、娱乐性、趣味性、庆典性于一体，却少有攻防性的项目。这也从一个侧面说明崇左人民具有爱好和平、与人为善、忠实本分、兼容并包的文化追求。由于崇左是以壮族为主的少数民族聚居区，少数民族人口占绝大多数，所以在他们的体育项目中，有一些项目，其名字具有十分独特的叫法，比如"牛拉竹排"、板鞋竞速、独竹漂、高杆绣球、"抓鸭子"等，十分富有劳动气息和生活气息。从这里可以看出崇左人民把生产、生活加工创作成体育运动，为其注入了鲜活的劳作、生活、娱乐元素。

《壮族体育》卷以壮族特色体育项目为叙写对象，展示了崇左人民丰富的体育文化生活与乐观积极的人生态度。

崇左地处我国西南边境，我们平日所云的"天涯海角"，即此之谓也。我由于因缘际会，来到崇左工作生活已有六年多，而来崇左之前，从未想到过我的人生会与崇左这样的边陲城市有交集，更不能实地体会边境人民坚守国门、维护国家安全、自强不息的生活及其精神，如今方得亲身体验，由此而生钦敬赞许之情。

当然，崇左虽然自然资源并不缺乏，但由于处于地之角、海之滨，其古代的社会生产及文化固不能与黄河流域、长江流域、汉水流域、淮水流域、珠江流域等同日而语，然其积极乐观的精神代代相传。近代以来，在中国共产党的领导下，崇左不同领域涌现的先进分子激励着广大的人民改变本地区的社会面貌，更加值得我们后人铭记，所以作为历史工作者和文献工作者，应该对此给予必要的关切。正是基于此种理念，才策划和撰写了这本著作，以此献给崇左人民，献给崇左市建市二十周年。

李桂生
2023年4月12日于广西民族师范学院

目录

序 / 1
代　序 / 1
前　言 / 1

第一卷　壮族美食 / 1

第一章　糕、粑、粽类美食 / 3

第一节　宁明沙糕 / 3
第二节　驮卢沙糕 / 6
第三节　龙头白糕 / 8
第四节　猪肠糕 / 11
第五节　凭祥艾叶糍粑 / 13
第六节　蕉叶糍粑 / 17
第七节　红薯糍粑 / 19
第八节　白头翁糍粑 / 22
第九节　夹石娘糍粑 / 25
第十节　崇左白糍粑 / 27
第十一节　崇左凉粽 / 29
第十二节　龙州四方粽 / 32

第二章　米粉、米饭、米果类美食 / 35

第一节　龙州烧鸭粉 / 35

第二节　龙州鸡肉粉 / 38

第三节　崇左手榨米粉 / 40

第四节　竹筒饭 / 41

第五节　枫叶饭 / 44

第六节　龙州五色糯米饭 / 47

第七节　凭祥煎堆 / 51

第八节　天等"吉劳"饼 / 53

第三章　羹粥类美食 / 57

第一节　红糖木薯羹 / 57

第二节　崇左酸粥 / 59

第三节　崇左黄金粥 / 63

第四章　肉类美食 / 67

第一节　烤乳猪 / 67

第二节　明江烤猪 / 70

第三节　崇左梅菜扣肉 / 72

第四节　宁明皮丝 / 75

第五节　大新壮王土司宴 / 80

第六节　金猴湾全鸽宴 / 84

第七节　德天虫宴 / 86

第八节　扶绥东门鸡 / 91

第九节　宁明八角香鸡 / 94

第十节　天等白切鸡 / 97

第十一节　大新柠檬鸭 / 99

第十二节　崇左那隆腊鸭 / 102

第十三节　鸡皮果土鸭 / 105

第十四节　崇左生血菜 / 107

第十五节　甘蔗炖羊肉 / 110

第十六节　扶绥银鱼 / 112

第十七节　石锅鱼 / 116

第十八节　崇左青竹鱼 / 119

第十九节　甘蔗虾 / 122

第五章　其他美食 / 125

第一节　龙头酸菜 / 125

第二节　江州酸菜 / 128

第三节　龙州柠檬辣椒酱 / 129

第四节　天等指天椒酱 / 131

第五节　龙州桄榔粉 / 134

第六节　大新龙眼 / 137

第七节　扶绥姑辽茶 / 139

第八节　大新苦丁茶 / 142

第九节　龙州姜葱酒 / 145

第二卷　景色风光 / 151

第一章　溶洞瀑布之美 / 153

第一节　德天老木棉景区 / 153

第二节　天等县龙角天池 / 156

第三节　白玉洞 / 159

第四节　沙屯多级瀑布 / 163

第五节　龙宫仙境 / 164

第六节　德天瀑布 / 167

第七节　仙岩夜月 / 169

第八节　百灵岩 / 172

第二章　林石山水之美 / 176

第一节　弄岗森林 / 176

第二节　南疆边陲奇观石景林 / 178

第三节　崇左笔架山和金鸡岩 / 181

第四节　黑水河 / 185

第五节　雨花石景区 / 187

第六节　龙角小天池 / 191

第七节　白头叶猴的乐园 / 193

第八节　归春河 / 195

第三章　田园旷野之美 / 200

第一节　明仕田园小桂林 / 200

第二节　壮家古寨 / 203

第三节　那榜田园 / 205

第四节　龙州中山公园 / 207

第五节　大新圣泉谷 / 209

第六节　珍稀林木生态园 / 211

第七节　走进都康田园 / 212

第四章　文化遗存之美 / 216

第一节　扶绥恐龙化石群 / 216

第二节　凭祥友谊关 / 219

第三节　龙州小连城 / 222

第四节　平岗岭地下长城 / 224

第五节　龙州紫霞洞 / 226

第六节　花山岩画 / 229

第七节　龙州左江风景区 / 232

第八节　边关硕龙地下长城 / 233

第九节　金鸡山古炮台 / 235

第十节　左江归龙斜塔 / 237

第十一节　万福寺 / 240

第十二节　业秀园 / 242

第十三节　养利古城 / 243

第十四节　法国领事馆 / 246

第十五节　恩城小灵珑 / 248

第十六节　中国工农红军第八军军部旧址 / 250

第十七节　太平古城 / 253

第三卷 民风民俗 / 257

第一章 婚恋习俗 / 259

第一节 崇左壮族婚嫁习俗 / 259

第二节 龙州壮族婚恋习俗 / 261

第三节 扶绥婚俗 / 264

第四节 天等婚俗 / 267

第二章 节庆习俗 / 271

第一节 崇左传统特色节日概述 / 271

第二节 天等"龙峒"习俗 / 273

第三节 崇左花炮节 / 275

第四节 崇左侬峒节 / 278

第五节 宁明骆越王节 / 280

第六节 崇左祝寿礼俗 / 282

第七节 耿卢镇端午赛龙舟 / 285

第八节 崇左歌圩 / 287

第九节 壮族霜降节 / 288

第十节 壮族斗牛 / 291

第十一节 丰收节 / 293

第十二节 花炮节 / 295

第十三节 崇左花朝节 / 298

第十四节 歌舞表演"唱春牛" / 300

第三章 日常习俗及其他 / 304

第一节 崇左壮侗瑶民族饮茶习俗 / 304

第二节 德天瀑布周边风俗 / 307

第三节 天等壮族干栏式建筑 / 310

第四节 壮族头饰插戴习俗 / 313

第五节 宁明瑶族婚俗 / 315

第六节 长衣壮婚礼仪式 / 321

第七节　宝圩短衣壮风俗 / 326

第八节　驮卢水上婚礼 / 329

第九节　金龙壮族"官郎歌"仪式 / 333

第四卷　民歌戏曲舞蹈 / 339

第一章　壮族民歌 / 341

第一节　壮族嘹歌《唱离乱》/ 341

第二节　壮族哭嫁歌 / 345

第三节　壮族敬酒歌 / 349

第四节　壮族孝亲歌 / 353

第五节　蔗林恋歌 / 355

第六节　侬峒情歌 / 358

第七节　大新高腔山歌 / 360

第二章　壮族戏曲 / 365

第一节　邕剧艺术 / 365

第二节　壮剧 / 369

第三节　扶绥花鼓戏 / 371

第四节　宁明寨安彩调剧 / 374

第五节　左江采茶花剧 / 379

第三章　壮瑶舞蹈 / 384

第一节　扶绥"白鹭舞" / 384

第二节　天等壮族打榔舞 / 386

第三节　扶绥壮族三穿花舞 / 390

第四节　麒麟舞 / 394

第五节　瑶族刀舞 / 397

第五卷　壮族非遗 / 401

第一章　饮食与节庆非遗 / 403

第一节　龙州后山茶制作 / 403

第二节　桄榔粉制作 / 408

第三节　大新黑糍粑制作 / 413

第四节　龙州金龙镇昆那节 / 417

第二章　技艺与传说非遗 / 421

第一节　大新壮族服饰 / 421

第二节　壮族刺绣艺术 / 424

第三节　壮锦织造 / 427

第四节　壮族雕刻艺术 / 428

第五节　天等进远石雕 / 430

第六节　竹编技艺 / 432

第七节　江州草席 / 434

第八节　龙州金龙壮族织锦 / 437

第九节　壮族染织技艺 / 444

第十节　龙州天琴弹唱与制作 / 446

第十一节　壮族传说"妈勒访天边" / 449

第十二节　壮族传说"莫一大王赶山" / 450

第六卷　壮族体育 / 453

第一章　竞技体育 / 455

第一节　牛拉竹排 / 455

第二节　踢毽球 / 457

第三节　踩高跷 / 459

第四节　板鞋竞速 / 461

第五节　独竹漂 / 462

第六节　蹴球 / 464

第七节　射弩 / 467

第八节　龙州壮拳 / 469

第九节　宁明花山拳 / 473

第二章　节庆娱乐体育 / 476
　　第一节　背篓投绣球 / 476
　　第二节　高杆绣球 / 478
　　第三节　踩花灯 / 480
　　第四节　江州那贞壮狮游艺 / 483
　　第五节　抓鸭子 / 485
　　第六节　芭芒燕 / 487

主要参考文献 / 489

后　记 / 497

第一卷 壮族美食

第一章 糕、粑、粽类美食
第二章 米粉、米饭、米果类美食
第三章 羹粥类美食
第四章 肉类美食
第五章 其他美食

第一章 糕、粑、粽类美食

第一节 宁明沙糕

一、宁明沙糕的由来

我国糕点制作起源于商周时期,距今已有4000多年的历史。两千多年前的先秦古籍《周礼·天官》记载"笾人羞笾食,糗饵粉餈",以及《楚辞·招魂》记载"粔籹蜜饵,有帐餭些",可知糕点类食物起源很早。糗指炒米粉、饭或面食粘连成块状或糊状;餈指谷物,如糯米、粟米等;粔籹指以蜜和米面,油煎而成的食物,又称寒食、膏环;蜜饵指用蜜和面制成的糕饼。这些加工简单的食品已经具有现代糕点的雏形了。随着农业、商品经济的发展和生产力的提高,糕点的制作技术也在逐步提高,其规模也在逐渐扩大。时代在发展变迁,糕点的样式、味道等也越来越多样。在中国悠久的糕点历史中,崇左市宁明县的沙糕也占据了一席之地。

崇左市隶属广西壮族自治区,位于广西的西南部。广西属于亚热带季风气候,阳光充足,雨量充沛,气候温和,除了夏季较长,春、秋、冬三个季节都很短。广西位于云贵高原的东南边缘,地势呈西北向东南倾斜,山岭连绵、山体庞大、岭谷相间,四周多被山地、高原环绕,中部和南部多丘陵平地。广西还跨珠江、长江、红河、滨海四大水系。在水分充足、阳光充沛的气候条件下,种植长糯米每年可以收获两季或三季,为崇左市各种特色美食提供了充足的原材料,宁明县的沙糕便是其中之一。此外，广西的气候也很适合其他农作物的生长，例如芝麻、花生、豆类等，而这些农作物都为广西别具特色的美食提供了丰富的原材料。

广西宁明县、上思县、南宁扬美镇的沙糕都比较有名气，各地的县志对沙糕均有记载。据《宁明县志》记载，自宋代狄青远征广南（今广西）始，当地土人即制作沙糕为干粮，供官兵食用。明嘉靖年间，海渊镇（宁明县辖镇）的沙糕已成为贡品。《上思县志》记载："沙糕香甜松软，是县内土特产。……解放前，以县城北门周必品及昌墩圩制的沙糕最佳。"关于南宁扬美镇的沙糕还有一则传说，说的是八仙之一的吕洞宾曾将葫芦里的仙药送给扬美镇一个好心的小伙子，吩咐他做沙糕时将仙药放入其中，以治好他母亲的病。因为这个传说以及沙糕本身的松软香甜，沙糕成了八方公认的美食。

二、宁明沙糕的制作

沙糕一般在一月或重要节日制作。广西有一句俗语叫"广西人的冬天是从沙糕开始的"，逢年过节有了沙糕才算完整，沙糕里蕴含着浓浓的乡情，具有浓厚的地方特色和民族色彩。因为"糕"与"高"同音，大家期盼着幸福美满的生活，希望一年过得比一年好，因而过年要有沙糕。沙糕的包装纸是粉红色的，寓意来年生活甜甜蜜蜜、日子红红火火。探亲访友时带上沙糕，收礼者会十分开心，因为这意味着探访者祝福自己高升发财。

宁明沙糕制作的第一步是选材。沙糕的主要材料是长糯米，在挑选长糯米时要选择颜色雪白的米粒，半透明的米粒是大米而不是糯米，米粒小、均匀、无爆腰的就是上好的糯米。爆腰是指米粒因在干燥过程中遇到急热，在表面出现一条或多条裂纹，使得米粒营养价值降低。爆腰米在食用时是外烂里生的，口感不佳。沙糕的辅料则是馅料、油、糖等。其中，馅料有芝麻、豆蓉等可供选择；油料有花生油、鸡油等可供选择，鸡油是近代宁明县人民比较常用的制作沙糕的油料；糖料有蜂蜜、白砂糖、黄糖等可供选择，其中黄糖含有95%的蔗糖，传统黄糖在制作过程中保持了甘蔗原本的营养，使其带有一股类似焦糖的特殊风味，较其他糖类纯度高，因而具有使糕点质地蓬松的效果。

宁明沙糕制作的第二步便是炒米。将糯米泡水洗净沥干后放入锅中，不用放油，干炒至金黄色，糯米微微爆开为最佳。炒好的热腾糯米要在布袋或纸袋中静置放凉，袋子要放在泥土或水泥地上至少一天，一般来说要放一周，在静置期间可以在地上洒水或放一些小甘蔗块在袋子里，让糯米自然受潮，这样能使做出来的沙糕口感更为松软。为确保糯米都能完全受潮，在静置期间要适当翻面。

宁明沙糕制作的第三步是搓粉。首先将放凉、受潮均匀的糯米用石磨或石臼打成粉，然后熬制糖浆。熬制糖浆时要先在锅中加入水、少量油，待水烧热后，加入选用的糖，用慢火熬制，待糖油几次泛起白泡，用筷子能粘起糖油，滴入冷水中凝固成球状物为最佳浓度。白砂糖和黄糖要经过熬制才能用，蜂蜜则不用熬制。之后将熬的糖浆与已经放凉、受潮均匀的糯米粉按2∶1的比例混合均匀，搓成细粉。选用不同的糖，沙糕的口感也会有所不同。白砂糖口感比较细腻，黄糖口感比较清甜，蜂蜜口感则比较爽口。

第二步和第三步会因个人习惯或地区的不同而有不同的顺序、做法。另一种做法是将洗净的糯米先用石磨或电磨打成粉，再将糯米粉放入锅中用小火炒，不用放油，也是干炒，干炒至可以拿来点火的程度，点着即可出锅。

宁明沙糕制作的第四步是制作沙糕的夹心。夹心一般有芝麻、花生、黄豆、绿豆等口味。芝麻口味是最受欢迎的，所以一般会选用黑芝麻。芝麻筛选后放进热锅中加入适量的油和糖炒熟，炒至芝麻表面微黄，即可盛出放入杵臼中捣碎，捣碎时可以再加入少量油和糖提升口感。花生和豆蓉的做法亦是如此。

宁明沙糕制作的第五步是装架。沙糕通常会做三层，两层糯米粉，一层夹心，每一层大概有一指节的厚度，也可以根据个人的喜好增加或减少每一层的厚度。制作这三层时要一层一层地压实，避免沙糕散开，压实后要将沙糕固定在木质架子内一天。木架上会有事先画好的线，这是沙糕的大致规格。一天后再用刀按照规格将沙糕切好。

最后一步是包装。包装分为两层，第一层是薄膜，目的是减少沙糕水分的流失。第二层是包装纸，这一层是使食用者方便拿沙糕，不易脏手。待两层都包装完之后即可装箱。

三、宁明沙糕的食用

沙糕风味独特，食而不腻，香甜味美，松软可口，唇齿留香。沙糕不仅口感好，而且适量食用对身体有一定益处。沙糕的主要材料是糯米，糯米含有蛋白质、维生素、淀粉、钙等元素，是一种营养丰富、温和的补养食物。糯米具有补中益气、健脾养胃、止虚汗等功效，是温补性的食品，对食欲不佳、腹胀腹泻也有一定缓解作用，糯米中的钙对补骨健齿也有很好的效果。芝麻是沙糕最常用的夹心馅料。芝麻中含有大量的不饱和脂肪酸，又含有蛋白质、钙、B族维生素、叶酸等成分，具有降血压、降血脂、抗氧化、促进消化、孕期补钙、预防胎儿神经管发育缺陷等功效。

沙糕是一种具有地区特色的甜点，最适合在一个惬意的下午或者酒足饭饱后，配上一壶热茶或一杯热水慢慢享用。

第二节　驮卢沙糕

一、驮卢沙糕的由来

驮卢沙糕是驮卢镇的传统美食。据记载，它起源于民间，最早见于清代末年，是纯手工制作食品，至今已有上百年的历史。驮卢镇隶属崇左市江州区，位于崇左市东北部的左江北岸，距市区 50 千米，离首府南宁 110 千米，是崇左市江州区北部乡镇的政治、经济、文化、交通、教育中心，是江州区的卫星城镇。有左江河、西大线公路、富太线公路穿镇而过，水陆交通便利。自古以来，驮卢就是左江流域的重要商埠，明代著名旅行家徐霞客称之为"水绕山环，百家之市"。

自古以来，美丽的地方总有动人的故事衬托，沙糕的来历颇有些渊源。相传在左江流域地区，一个县令的下属去县令家拜年，聪明的下属为了让县令高兴，特地买了天大沙糕。到了县令家后，下属拿着天大沙糕上前献给县令，脱口就说："吃天大沙糕，心想事成步步高！"县令一听：天大？天是宇宙，天是自然啊！大？大有作为，大展宏图呢！沙糕，不正是纱帽高高吗？真有意思！县令这么一想，心里早就乐开了花，高兴地握住下属的手，领着下属入座，并且当场拿出一些沙糕供奉祖宗，又将其余的分给亲友们品尝。果真，那一年县令调升到省城，县令的那个下属当然也顺其自然地升迁了。后来这位高官逢年过节都会收到这位下属送的天大沙糕，高官见到天大沙糕就说："要是其他礼物我就不收了，天大沙糕给我带来好运，不得不收啊！"人们听说了这件事之后争相模仿，使送沙糕成为一种风气。直到今天，沙糕还是逢年过节送礼的佳品，并且已经成为桂南民间春节期间的送礼三件套之一（沙糕、粽子、线鸡）。

二、驮卢沙糕的制作

驮卢沙糕主产于驮卢镇城区及附近村屯，主要有豆蓉、豆沙、什锦、云片、水晶等品种，其主要原料有糯米粉、糖、绿豆粉、猪油、花生油。佐料有冬瓜糖、甜肉、干鸡皮果、芝麻等。驮卢沙糕根据传统配方纯手工制作，做出来的沙糕口感细腻、糕体油滑，吃起来香甜可口。

第一步：在制作沙糕时，先把云香糯米炒熟，碾磨成粉。在湿润的沙堆上垫上两张干净的白布，将糯米粉倒在白布上，摊开，让其自然回潮除燥。

第二步：把绿豆炒熟，炒至脱壳，碾成细嫩的豆粉。

第三步：将500克豆粉与250克白糖倒入一个盘子里，加入适量的猪油，一起混合搅拌均匀。

第四步：把潮湿的糯米粉倒入筛网中过滤两三遍，再下锅用小火炒香。

第五步：将250克白糖倒入锅中，加入适量的水，开小火煮成稠糖浆，再加入500克糯米粉，充分混合调匀后倒出。

第六步：用滚筒将煮好的糯米粉反复碾压成块，对半切成两份，一份放于特制的饼模内作底层，中间放入豆蓉、熟芝麻等料作馅心，再盖上另一份糯米糕块。

第七步：将糯米糕压严实并定型之后，脱去糕模，按规格大小将糯米糕切成小块即可食用。沙糕经过包装可以延长其保质期。刚切出来的沙糕非常软糯，入口即化，吃起来香甜味美。驮卢沙糕具有养胃健脾、明目清肝等功效，是当地人民最喜爱的美食之一。

三、驮卢沙糕的文化内涵

驮卢沙糕不仅是崇左的传统美食，也代表着崇左的传统文化。沙糕在当地人民的心中有着特殊的地位，既是驮卢当地人们的小点心、小吃食，也是游子思念的家乡的味道。

沙糕软糯，老少皆宜，而且便于携带，不仅可以当作主食，还可以作为糕点，因此大受欢迎。中国人常说，靠山吃山，靠海吃海，这是一种因地制宜的智慧。从古到今，当地人民精心耕耘着脚下的每一寸土地，以获取食物和制作美食。而沙糕正是驮卢镇人民在不断学习和适应环境的过程中创造出来的美食。无论走得多远，在每个人的脑海中，故乡的味道才是最让人魂牵梦萦的，它就像一个味觉定位系统，一头锁定了千里之外的异地，另一头则是记忆深处的故乡。生活总在催促我们迈步向前，人们整装、启程、跋涉、落脚，停在哪里，就会在哪里燃起灶火，而驮卢人民只要想起驮卢沙糕，想起那让人怀念的味道，就会感到温暖。

沙糕承载着驮卢游子的浓浓乡情，也承载着故乡的人对远方亲人的牵挂与思念。因此，驮卢沙糕在当地人眼中是一种非常重要的食物，因为有着特殊的含义，所以驮卢沙糕很受当地人的喜欢。人们在过年的时候，都会给亲戚朋友寄去一些沙糕，同时将自己的祝福一并送到亲戚朋友那里，以此祝愿亲戚朋友幸福安康、平安吉祥。

中国地大物博，孕育的美食种类数不胜数，但是在崇左驮卢，沙糕是人们过年过节必备、必吃的美食。这不仅是当地的传统，更是驮卢人民在漫长的历史长河中传承下来的特殊情感，是一种精神文化的象征。

在中国传统文化中的阴阳五行哲学思想、儒家伦理道德观念、中医养生学说和文化艺术成就、饮食审美风尚、民族性格特征等诸多因素的影响下，中国形成了博大精深的饮食文化，而每种饮食文化背后都有每个民族、每个地区、每个家庭的真情实感。中国的美食文化源远流长，在中国的各个地方都能吃上各式各样的风味大餐和特色小吃，如果有一天你来到崇左，一定要尝一尝崇左美食中的珍宝——驮卢沙糕，尝一尝这驮卢人民舌尖上的美食。

第三节 龙头白糕

一、龙头白糕的由来

崇左市扶绥县龙头乡有一种很有名的传统小吃，叫"龙头白糕"，又叫"九层糕"。据传，龙头白糕始于清朝，至今已有百余年的历史，因为没有相关书籍等具体资料记载,无从查证,只能从当地老人的零星口述中大致了解,所以白糕的起源不可详知。白糕制作工艺的传授主要以家传为主,由家族的老一辈人代代相传;也有拜师学艺的,现在这种方式比较普遍。经过百余年流传,白糕的制作工艺被很好地保存了下来,至今还沿袭着最原始的做法。现今龙头白糕的制作工艺已被列入当地非物质文化遗产名录,具有独特的文化意义。在龙头乡,每逢节日,家家户户仍有做白糕的习俗,白糕已经成为龙头乡必不可少的美食。

扶绥县地处亚热带季风气候区,光热充足,利于植物进行光合作用,优越的气候条件有利于农作物的生长。尤其是扶绥县龙头乡,雨水资源丰富,夏秋降雨多,土壤肥沃,所以龙头乡产的大米含有丰富的碳水化合物、多种微量元素,品质优良,口感好,营养价值高,可为人体提供必需的能量和多种营养物质。中医认为,大米性平,味甘,有健脾胃、益气的功效。《扶绥县志》载,扶绥县粮食作物以水稻为主,其次是玉米、黄豆、黑豆、薯类、粟类。水稻主要分布在水利条件较好的中东区、龙头乡、扶南乡、新宁镇、东门镇。制作白糕最好的原料是龙头乡的水稻,这也是龙头白糕出名的原因。

二、龙头白糕的制作

因为制作白糕的原材料取自当地,新鲜安全,所以龙头白糕品质好,软糯、不黏牙。若是用别处产的杂交大米,蒸出来的白糕不是过软,就是过硬,口感就会大打折扣。白糕的制作共有七道工序,分别是挑选大米、泡米、磨米浆、过滤、蒸糕、切糕、制作配料,主要有四个步骤。

第一步:泡米。做白糕最重要的步骤就是泡米,泡米的时长直接决定着白糕的品质。按照所需制作的白糕总量,准备好当地产的优质大米,将其倒入桶中,注入清水浸泡,一般浸泡12个小时左右,所以当地人会选择在前一天晚上泡米,第二天清晨便可制作。若是泡米的时间不充足,大米没有得到很好的泡发,磨出来的米浆就会不够浓、不够白。

第二步:磨米。用石磨将泡好的大米磨成米浆,再用细纱布或棉麻布将磨好的米浆来回过滤,过滤掉没有磨好的米碎,以防其影响白糕口感。

第三步:蒸米浆。将磨好的米浆倒入蒸盘内上锅蒸。蒸白糕需要用中大火一层一层地蒸,在一层白糕即将蒸好时,用手指按压糕体,如果糕体硬,那就是还未蒸熟；如果是软的，就说明白糕已经蒸熟了。蒸熟一层米浆后，再倒入米浆蒸第二层，由此类推，蒸至九层，所以白糕又叫作"九层糕"。蒸好的白糕刚出锅时，软硬适中，糕体嫩滑；待白糕温凉时，软糯又有弹劲，这样的白糕才是已蒸熟、蒸得好的白糕。蒸好的白糕出笼之后，要放于一旁晾半个小时左右，把白糕的水分晾干，这样白糕就会变得更加软糯。白糕越凉，口感就越好。最后，将蒸好的白糕用刀切成方块。

第四步：制作配料。单吃白糕索然无味，这时候就体现出了白糕配料的重要性，正如酸笋是螺蛳粉的灵魂、卤水是桂林米粉的灵魂一样，白糕的灵魂也在于它的配料。

关于配料的种类，其中比较常见的有两种：一种是撒上小葱、花生碎和蒜蓉，加上番茄酱，喜欢吃辣的还可以加点辣酱；一种是用韭菜、花生碎和蒜蓉搭配，再淋上自家秘制的酱汁。随着人民生活水平的提高和口味的多样化，白糕的配料变得越来越丰富，但是它最原始的制作方法没有改变，它在龙头人民心中的味道也没有变。

三、龙头白糕的文化内涵

龙头白糕除了有食用价值，还有深刻的文化价值。某美食纪录片中写道，不同的地理条件造就了人类千姿百态的生活方式，中国拥有最富戏剧性的环境和气候，从荒漠到平原，从山地到海洋，人们因循自然，从食物中获取能量，竭尽才智，用美味慰藉家人。龙头白糕亦是艰苦年代的龙头人民用智慧创造出来的慰藉家人的美食。以前生活条件比较艰苦，大米更是少之又少，所以当地人民只有在过节的时候才会制作白糕。俗话说，物以稀为贵，白糕在当时作为过节才能吃到的食物，是龙头人民期盼的节日美食。如今龙头人民的收入逐渐提高，生活条件变好了，龙头白糕便不再只是过节时才能吃到的美食。白糕制作讲究，工序繁多，也没有实体店来销售，所以能坚持下来的手艺人并不多。那些坚持做白糕的手艺人做好白糕后会开着三轮车到街上去卖，游子回到家乡后，一定要先去吃上一碗白糕，以慰藉思乡之情。因为要蒸至九层，所以龙头白糕又称作"九层糕"，寓意着步步高升，好听又好吃，不仅体现着历代龙头人民对美好生活的向往，更是淳朴人民的智慧结晶。它历经百余年，是历史的见证，见证了一个个家庭的传承,也见证了一代代勤劳的龙头人民在党的领导下把日子越过越好。从前,人们制作白糕是为了庆祝节日,而如今,龙头人民制作白糕、食用白糕,是一种情怀,更是为了把这道美食传承下去,因为这是所有龙头人民心目中独一无二的家乡味道。

第四节 猪肠糕

虽然猪肠糕这个名字不起眼,但崇左地区叫这个名字的食物有两种。一种是壮族人民的一道传统美食,又被称为"糯米血肠",制作材料包括猪小肠、猪血、糯米等。这种猪肠糕在广西河池又被称作"猪龙棒"或"猪龙碰",在百色又叫"龙棒",是桂中、桂西北壮族人民非常喜爱的一种传统美食,是农家每年腊月杀猪后必不可少的一道菜肴。另一种则是客家的传统小吃,是客家人中秋晚上必不可少的糕点之一,很受欢迎。对客家人来说,月饼可以不多买,但客家猪肠糕必不可少。猪肠糕之所以叫这个名字,是因为它和猪肠的形状相似。接下来简单介绍一下两种猪肠糕的制作、食用。

一、猪肠糕的制作

首先介绍一下第一种用猪小肠做成的猪肠糕。这种猪肠糕具有补脾暖胃、补中益气的功效,对提高人体免疫力和抗衰老也有一定的作用。想要制作这种猪肠糕,说简单却也没那么容易,简单在于制作材料常见,复杂在于制作步骤繁多,而且制作过程中需要较多人员参与。制作前要准备的材料有:猪小肠、猪血、大米饭(或糯米饭)、花生仁、盐、油、五香粉、蒜苗,等等。

第一步,把猪小肠放入水中来回冲洗几次,直至洗净。

第二步,把大米饭(或糯米饭)、猪血和油(以液态的猪油为最佳)按一定的比例混合起来,其中的大米饭(或糯米饭)是蒸熟了的,猪血要新鲜液体状的。在血里放上适量的盐,使猪血凝结起来。值得注意的是,要先将凝结的猪血弄碎,然后再和大米饭(或糯米饭)、猪油搅拌。搅拌完成后,把花生仁、蒜苗、五香粉等加入其中。放入猪肠的馅料,便做好了。

第三步,需要人员最多的环节——灌猪肠。灌猪肠前的准备工作有:

准备一个干净的带瓶盖的饮料大瓶的上半部分，类似于一个圆锥加圆柱的形状（呈漏斗状），瓶盖要挖空。

准备一根干净的木棍，木棍的底面积要小于瓶盖的面积，柱身要长于瓶子的上半部分，这样有助于固定好猪肠，防止馅料在灌入的过程中飞溅出去，方便把馅料灌进猪肠中。

材料备全后要把生猪肠的一端用细绳扎紧，另一端放入饮料瓶的瓶口并用瓶盖旋好固定住。接下来需要两个人分工合作，一人一手拿住瓶身，一手拿着木棍将馅料往下捣，另一人负责往瓶子里添加馅料，切记要使猪肠里的馅料均匀分布，以免在蒸煮的过程中因馅料太多使肠衣爆裂或馅料太少使肠衣干瘪。待馅料填充完成后，即用细绳将其扎好。

第四步，放入锅中煮熟。在煮的过程中，要不停地翻滚血肠。值得注意的是，在血肠两面都变颜色后，要把它捞出放10分钟左右，放凉之后再放入锅中继续煮，这是为了保持血肠的完整性，避免血肠在煮的过程中破裂。在血肠放回锅里后要盖上盖子，继续煮至锅中水沸腾，血肠完全变熟。检验血肠生熟的办法是将一根牙签插入血肠中，无红血冒出就标志着血肠已熟，可出锅装盘了。

每年村里共同制作猪肠糕的时候，孩子们最为开心，因为猪肠糕的制作时间一般在过年前，在外工作的人多数都回到了自己的家乡，这段时间是家族成员们聚集的时候。家族成员返乡后，大都会杀猪来犒劳过去一年辛苦打拼的自己，还会邀请一些亲朋好友、乡邻到家中吃饭，大家一起喝酒聊天，谈谈过去一年的经历与新一年的规划。而孩子们从开始生火时就满怀期待，眼巴巴地看着大人们的每一个动作，待到猪肠糕出锅时，孩子们喜悦的心情也像开锅时的蒸汽一样，慢慢地从心底溢出，表现在脸上。

第二种猪肠糕是用糯米、糖、香料等制成的，是一种糕点。

传统做法如下：第一步，精心挑选足够且品质上乘的糯米，将其用石磨碾成粉。当地人在磨米时，会把石磨放到一个较高的干净台子上，台下放上一个比台子还大的盆，一人转动，另一人负责往磨上的另一个小洞中添加糯米，直至把糯米磨成细细的粉状。把米粉磨细需要较为缓慢的转动，一味追求速度只会导致第一遍磨好的米粉还得再次上磨。大人一般会在磨米前便交代孩子早早地待在磨前，让他们承担磨米或添米的任务，这个时候也是一家人亲密交谈的好时机。当米粉磨好后要倒进筛子里过滤，选出颗粒较粗的部分再次上磨，使它变得更为细腻。之所以这样做，是因为用细米粉制作出来的猪肠糕口感会更好，更细腻软糯。如若图个方便，不想亲自磨米，也可以去街上用电磨机把糯米磨成糯米粉或直接购买糯米粉制作猪肠糕。

第二步，糯米粉和水按比例混合并用筷子搅拌均匀，再根据自己的口味加入适量的糖。这样做出来的猪肠糕呈白色半透明状，还带有一些甜味。若是想要吃上带颜色的猪肠糕，可以在制作过程中加入蔬菜汁，如此一来，猪肠糕就会带上清新的颜色。

第三步，将搅拌均匀的糯米粉放入蒸锅里蒸熟。当然，也可以根据个人口味在上锅蒸之前加入一些喜欢的香料调味。待糯米粉蒸熟后，将其放在盆里，降温至入手不烫的温度，之后就可以用木杖按压、双手揉搓糯米粉了，米粉经按压后变成米团，光滑又有韧性。

最后一步，将米团搓成大小合适的米条即可食用。当然，还可以在搓好的糯米条表面撒上炒熟的糯米粉、花生粉等，使其更加美味。

二、猪肠糕的食用

猪肠糕做完之后就可以吃了。猪肠糕的吃法很简单，一种是将沾上糯米粉的猪肠糕切成小段食用，另一种是将猪肠糕放入锅中，煎至两面金黄、糕身油光发亮后捞起装盘，再配上自己喜欢的酱料一起食用。值得一提的是，加上香油与香菜的猪肠糕食用起来滋味更佳。

猪肠糕除了自家食用，还可以送给亲朋好友，客家人不管是逢年过节、探亲访友，还是祭祀祈福，都会把猪肠糕带上，因为它有吉祥如意之意，象征着把祝福送给对方。我们相信猪肠糕承载的文化内涵不只有这些，也期待在不久的将来能看见崇左猪肠糕的历史被后人慢慢发掘出来。

第五节　凭祥艾叶糍粑

广西的特色美食很多，每个地区风味各有不同。位于广西西南部的崇左市就是个拥有很多美食的城市。崇左市气候湿润，四季常青，属于亚热带季风气候，是广西"南国边关风情游"的重要一站，也是体验众多边关美食的重要城市。其中能尝到较多边关美食的便是隶属于崇左市的凭祥。凭祥有"祖国南大门"之称，是中国最靠近越南的城市。凭祥特色小吃艾叶糍粑历史悠久，老少皆喜，是当地美食的代表之一。

一、艾叶和糍粑

人类吃糍粑的历史可以追溯到上千年前。古人早有清明时节吃青团的习俗。青团又名清明果，实际上就是我们常吃的"艾叶糍粑"。青团是清明节必吃的食物，每到清明时节，大家都忙着做青团。当然，随着时代的不断发展，不一定要清明时节才能食用青团，人们在平时也可以做来食用。

艾叶在我国民间用途广泛。它是一种草药，深受人们的喜爱，被视为大自然对人类的馈赠。它可以用来疗养病痛，可以用来食用充饥，也可以用来驱毒。相传在古时候，人们生病而无钱医治时，在路上看到了它，便将其采回家，晒干后一部分用来制药，其余的保存好以备后用。在古代，许多郎中在医治病人的时候，会把它作为针灸的必要药材。因为在给病人针灸后使用艾叶可以抗菌防感染。此外，民间有每到端午佳节在门口挂艾叶的习惯，以辟邪驱灾、祈求百福。

艾叶之所以能作为药材使用，是因为它具有抗菌、抗病毒、止血、祛痰、平喘等功效。艾叶在不同地区有不同的食用方式，大多数地区是将艾叶打成浆汁与其他食物混合，做成艾叶甜汤、艾叶饼、艾叶菜团、艾叶肉圆等。虽然艾叶制品既好吃又能增强人体的免疫力和抗凝血功能，但不宜食用过多，一星期三四次即可，阴虚血热者要慎用。

糍粑流行于中国南方地区，是南方地区的小吃。相传在春秋战国时期，楚国伍子胥为报父仇投奔吴国，想从吴国借兵讨伐楚国。他来到吴国帮助吴王阖闾坐稳了江山后，成为吴国的有功之臣。不久，他实现了自己的宏愿，率领吴兵攻破了楚国的都城——郢都，挖掘楚王墓鞭尸以报仇雪恨。此后，伍子胥受封申地。后来，吴王令他率人修建著名的"阖闾大城"，以防被侵略。城建成后，吴王大喜，只有伍子胥闷闷不乐。他知自己结怨甚多，恐日后有人难以容他，回营后，便对自己的亲信说："大王喜而忘忧，不会有好下场。我死后，如国家有难，百姓受饥，在相门（苏州八个城门之一）城下掘地三尺，便可找到充饥的食物。"

阖闾的儿子夫差继位后，不仅多次不听伍子胥的忠告，还听信谗言，令伍子胥自刎身亡。不出伍子胥所料，他去世后不久，越王勾践乘机举兵伐吴，将吴国都城团团围住。当时正值年关，天寒地冻，城内民众断食，饿殍遍野，国家和人民果然遭遇危难。在此危难之际，伍子胥的亲信想起了伍子胥生前的嘱咐，便暗中拆城墙挖地。人们惊奇地发现，城基都是用熟糯米压制成的砖石。原来，这是伍子胥在建城时，将大批糯米蒸熟压成砖块，放凉后作为城墙的基石储备下来的备荒粮。为了纪念伍子胥，后来在每年的这个时候，楚国一带的人们都会制作糍粑，因此糍粑也就慢慢流传了下来。

现在，糍粑仍是南方各地人民春节前必做的美食。有的地方将糍粑制作成圆形，有大有小，象征着丰收、喜庆和团圆。有的地方又将之称为年糕，这一名称也是寓意吉祥如意，并且人们常说："年糕，年糕，年丰寿高。"

南方地区的人们将糯米蒸熟后，放进石槽里用石锤或者芦竹捣成泥并捏成团状物，即我们所说的糍粑。糍粑的馅料则按不同区域人们的口味调配，口味偏甜的放入芝麻糖或白砂糖，口味偏咸的放入咸花生或咸菜，而喜辣的则放入小辣椒。随着生活水平的不断提高，人们对食物的需求逐渐多样化，糍粑也慢慢发展出了许多样式。糍粑至今在各个地方仍有着不同的做法，比如糍粑丸子、紫菜糍粑饼、糍粑酒、炸糍粑、水煮糍粑、油煎糍粑、白糍粑等。有的地方人们会在糍粑里加入红糖和菜叶子做成红糖糍粑；有的地方人们喜欢做成形状小巧的纯糍粑，因为这样的纯糍粑最适宜做下酒菜；而有的地方人们则将其摆上宴席用来招待贵客。它们都是各地区饮食文化的多样体现，凭祥艾叶糍粑就是其中之一。

二、凭祥艾叶糍粑的制作

凭祥艾叶糍粑的制作材料是艾叶和糯米。艾叶要使用三到五月份的嫩叶，因为这种嫩叶颜色比较鲜艳，糯米最好用当年的新米。这样做出来的糍粑，既有糯米的黏、软，又有艾叶的香气与颜色，可以说是色香味俱全。

接下来就简单介绍一下艾叶糍粑的制作方法。第一步，煮艾叶。用大锅把水烧开，加少许碱，再放入洗净的艾叶，锅盖不用盖上，之后把火候调至中小火保持水微开，在煮的过程中要不断用筷子翻动艾叶，使其均匀受热。直到把叶子煮成青黑色，艾梗绵软至一捏就断即可关火。在煮制过程中加碱是为了去除艾叶中的苦味，而不盖锅盖是因为这样会使煮出来的艾叶色泽鲜艳不发黄。

第二步，浸泡煮好的艾叶。将煮好的艾叶捞出放入凉水中浸泡约12个小时，漂去苦味，其间，最好换两三次水，以便带有苦味的汁液充分渗出。

第三步，剁艾叶。等到艾叶泡好后将其捞出并挤掉水分，然后剁至艾叶破碎，或者用榨汁机打碎也可以，使用完全剁碎的艾叶会使得做出来的糍粑口感更加细腻。

第四步，炒艾叶。剁好的艾叶放入锅中用小火炒一会儿，闻到香味即可出锅。在炒制的过程中也可加入少许色拉油，以起到提香的作用。

第五步，和艾团。在炒好的艾叶里加入糯米粉和白糖，接着倒入刚烧开的水，在倒水的过程中，用筷子将其搅拌均匀，待温度降下来后，再揉捏成艾叶团。值得注意的是，倒入的水一定要烫，这样才能使糯米粉更具黏性，和面团的时候才好成团，而且添加馅料时面团不易散，成品的外形和口感也会更好。另外，加入的白糖不能太多，和好后的面团只需有微甜味即可。要尽量避免使用白砂糖馅料和芝麻糖馅料，因为这类馅料的艾叶糍粑糖太多，过于甜腻。

第六步，包艾团。从和好的艾团中取出一小块捏成小碗形，包入馅料后封口，接着捏成圆球状再压扁一点即可。艾叶团不像面团那么有延展性，因此在制作的时候要按、压、捏，不能在手心里揉搓，否则很容易散开露馅。

第七步，蒸艾团。艾团做好后就可以放进锅里蒸了，蒸的时候可以在艾团底部放一两张艾叶条或柚子叶，这是为了方便食用和提升口感，也是为了避免粘锅。待水开之后半个小时，便可以取出食用了。

三、凭祥艾叶糍粑的保存和食用

艾叶糍粑虽好吃，但不宜放置太久，保存超出半个月的糍粑就不要食用了。从季节来说，春季是保存糍粑最好的季节。民间有"立春水泡糍粑"的说法，即先将买回来的糍粑用一块布包好，然后再用塑料袋密封，以免糍粑受潮发霉，然后在阴凉处放置七天。七天之后就可以将糍粑取出，放在桶里用清水浸泡，桶内的水淹过糍粑10厘米即可。要注意的是，桶要放在阴凉通风处，不能换水，因为频繁换水会导致糍粑变酸，等到取出糍粑时再用清水清洗。此外，取出糍粑的时候最好使用干净的工具夹取，不要直接用手捞取，以免不卫生。使用这个方法保存的糍粑不易变味，保质期长。当然，也可以把做好的艾叶糍粑用保鲜袋包好放入冰箱冷冻保存，方便平时取出食用。

艾叶除了能用来做糍粑，还可与面粉组合做食物。饺子是过年时必不可缺的食物，饺子皮能够包容不同的馅料，因此在一些少数民族地区，出现了用艾叶作馅料的饺子。但值得一提的是，能作为馅料的艾叶都是经过严格挑选的，为了保证口感，采摘艾叶时一定要选择嫩叶。

广西崇左市的艾叶糍粑是一道极具当地特色的美食，也是一道体现中国饮食文化的美食。广西自然环境湿热，使用艾叶制作糍粑食用不仅能满足人的口腹之欲，还有利于祛除人体内的湿气，可谓古人食疗理念的体现。

第六节　蕉叶糍粑

有人说，大多数的美食都是不同食材组合碰撞产生的裂变性奇观。若以人情世故来看食材的相逢，有的是让人叫绝的天作之合，有的是叫人动容的邂逅偶遇，有的是令人击节的相见恨晚。人类活动促成了食物的相聚，食物的离合也在调动着人类的聚散。此话描摹美食之妙，很有道理和情致。

一、蕉叶糍粑概说

崇左壮乡的特色小吃——"蕉叶糍粑"大概就是那种"让人叫绝的天作之合"吧，它既有蕉叶的淡淡清香，又有糯米的细腻，吃起来口感软糯，吃后让人念念不忘。

崇左市属于亚热带季风气候区，具有独特的自然、地理环境等，适合种植水稻，产生了许多具有稻作文化的美食，形成了独具壮族特色的饮食结构。在崇左市，多数地方的壮族人民习惯于日食三餐，也有少数地方的壮族人民吃四餐。平日里，壮族人以大米、玉米、红薯为主要食物，年节时则喜食粽子、糍粑和米粉。

蕉叶糍粑是壮族的传统糯米制品，是用芭蕉叶包裹糯米粉团做成的糍粑，方方正正，有棱有角，既有蕉叶的清香，又有糯米的细腻。蕉叶不同于艾叶，艾叶柔软，易捣成汁，蕉叶较为坚硬且叶脉分明，不易捣碎，只能作为糍粑的"外衣"。这也是有一定讲究的，糍粑的外边包上一层蕉叶，水分不易蒸发，可以长时间保持松软，便于携带。据传，蕉叶糍粑是古代壮乡男子出远门时家人亲自为他制作的必带食物之一。这些清香的蕉叶糍粑承载着浓浓的亲情。

蕉叶糍粑在壮语里的发音叫"馍"。许多年来，蕉叶糍粑都是民间馈赠的佳品。关于蕉叶糍粑，还有一个传说故事。

听崇左的壮族老人们说，很久很久以前，中元节并不做蕉叶糍粑，而是做汤圆，古时候有一个时期有战争，很多青壮年当兵上了战场。有一户人家的独生子也去了战场，父母十分挂念。每年的中元节，父母都精心准备，盼着儿子回家能吃上一碗热乎乎的汤圆。可是，三年过去了，小伙子还是没回来。思儿心切的父母于是想出了一个办法：把汤圆做得大一些，把两个汤圆挤在一张芭蕉叶上包好蒸熟，捎到战场上给儿子吃。小伙子吃了父母送来的芭蕉叶包汤圆，打起仗来勇猛异常，而且有惊无险，最后平安返家。方圆几十里的人们都感到神奇，认为这蕉叶糍粑是一种吉祥的食物，能给人带来好运，能保人平安，于是纷纷效仿，蕉叶糍粑由此流传开来。后来，人们干脆把中元节做汤圆的习俗改成做蕉叶糍粑。

崇左的蕉叶糍粑又叫"糯米糍粑""白糍粑"，因其用糯米制作，色纯白，故名。壮族人民一般是在中元节时才制作、食用蕉叶糍粑，但是崇左市的壮族人民每逢元宵节、社日、"三月三"、清明节、端午节、中元节、重阳节、丰收节和冬至，皆吃蕉叶糍粑。

蕉叶糍粑吃起来绵糯可口，香甜筋道，老少皆宜，制作方法十分简单。南国壮乡芭蕉树多，许多人家的山脚屋后都有，叶子层层叠叠，鲜绿可爱，拿来制作蕉叶糍粑最合适不过。一般的蕉叶糍粑有花生馅或者芝麻馅的，根据各人口味，也有咸和甜两种。

二、蕉叶糍粑的制作

在制作蕉叶糍粑之前，要将花生、芝麻拿去翻炒，待凉了以后和红糖一起放在石臼里捣碎。这样，甜蕉叶糍粑的馅料就做好了。制作蕉叶糍粑首先要用清水将糯米浸泡一天左右，待糯米充分浸泡吃透水后拿去打浆。把磨好的米浆倒入一个干净的布袋，把布袋口扎紧，把布袋挂起，让袋里的水充分往下滴，直到布袋不滴水了，取下布袋，把糯米粉团放到干净的桌子上。从糯米粉团中扯下一个拳头大小的小团子，用掌心搓成一个圆滚滚、滑溜溜的米粉团，用拇指在米粉团上按出一个小窝,把馅放在窝里包好,把搓好的两个米粉团并排放在芭蕉叶的反面,顺着叶子的纹理把米粉团包裹一层,轻压一下,蕉叶糍粑就做好了。咸蕉叶糍粑的做法与甜蕉叶糍粑的做法相同,唯一不同的是馅料。咸蕉叶糍粑一般用花生碎、头菜和猪肉末做馅料。

把包好的蕉叶糍粑放在蒸笼里,用旺火蒸半个小时左右,香喷喷的蕉叶糍粑就可以出笼了。刚出笼的蕉叶糍粑,外面的芭蕉叶还保持着绿色。轻轻剥开,白白嫩嫩的蕉叶糍粑隐隐透着里面的馅,让人迫不及待地想咬上一口。如果趁热吃,会比较黏牙,但是多咬两下,很快便能品尝到那香香甜甜的味道。青嫩的芭蕉叶包裹着细滑的糍粑,秋天的气息伴随软糯甜蜜犒赏着味蕾,余味缭绕,多日不绝。

三、蕉叶糍粑的储藏和食用

晾干后的蕉叶糍粑可以存放较长时间,吃时可以再油炸、火煨、水煮,也可蒸后食用。因晾干后的蕉叶糍粑不易变质、食用方便且饱腹感强,故时至今日,人们外出劳作时也常常带上它。

人食五谷,得以生存,这是食物最本质的作用。但勤劳智慧又富有创造精神的中国人民对食物的理解又远不止于果腹,他们将各类食物,利用发酵、晾晒、腌制等方法加工成不同的美味,或便于存储,或方便携带,抑或更易于身体吸收。当然,食物还有欢庆、纪念等用途。蕉叶糍粑便是这样一个代表。人们不仅食用蕉叶糍粑,还把蕉叶糍粑当作贡品等。

蕉叶糍粑的制作并不复杂,却承载着游子对家乡的思念,寓意着阖家团圆,寓意着对祖先的尊敬等,体现了祖先的伟大智慧。

第七节　红薯糍粑

红薯糍粑是广西崇左市扶绥县的一道具有独特壮乡风味、农家闲时必备的小吃。它味道独特,制作方法简单,即使是不擅厨艺者,也可轻松入门。

一、红薯糍粑的制作

红薯糍粑,听其名字,便可知其制作的主要材料是红薯。要想使做出的红薯糍粑味道更好，必须选择好的原材料，因而制作红薯糍粑的第一步就是选材。一般来说，选择"个头大、屁股小"的红皮白心的红薯为最佳，因为这类红薯已经糖化，就是说，经过一定的时间后，红薯的糖分浸出来了，红薯变得更甜了，使用这种红薯制作出的糍粑会更加香甜。

第二步是准备糯米浆。将事先备好的糯米和大米称重后用水浸泡过夜，接着把米和水按比例倒入料理机中粉碎成浆状，再将米浆倒入一块事先洗净的、纺织密度较大的布袋，挤掉多余的水分，待到无水滴出时，糯米浆便制作完成。

第三步是制作馅料。馅料凭个人喜好调配，常见的馅料有花生馅、芝麻糖馅、韭菜馅等。

第四步是制作糯米皮。将蒸熟后的红薯剥皮，再与糯米浆放在一起搅拌均匀，然后再将其捏成糯米皮。待糯米皮完成后，将先前调配好的馅料放入糯米皮中。加了馅料的糍粑，味道香软甜糯，风味更胜一筹。

这时做好的糍粑不是最后的成品，还需要经过后续加工才能食用。常见的加工方式有炸和蒸两种。

第一种就是油炸。油炸的糍粑外焦里嫩，散发着诱人的香味，轻咬一口，红薯糍粑的清香便留于口中。若是放有芝麻糖馅料的糍粑，芝麻的香甜就会与红薯的清香融为一体，咬上一口，让人唇齿留香，回味无穷。当然，无馅的糍粑也有自己独特的味道。无馅的红薯糍粑散发出红薯糯米的香气，带着原材料本身的质朴，只是简单的味道就能让人产生无限的遐想。

第二种方式是将红薯糍粑放入蒸笼里蒸。蒸笼蒸出的红薯糍粑与油炸的糍粑颜色不一样，呈淡黄色，有光泽，看起来与未经处理过的糍粑并无太多不同，但是红薯的清香味更加明显，咬下去顺滑爽口。蒸的红薯糍粑保留了较多水分，更为柔软香甜，使人百吃不厌且不易上火。两种加工方式的红薯糍粑都各有特色。

二、红薯糍粑的食用及价值

红薯糍粑是扶绥县的一种特产，每年11月中下旬红薯收获后便可制作。壮族人民不仅在节日和平时食用红薯糍粑，还会将其作为特产送给亲朋好友或作为寿饼送给老人。红薯早在明代便被医药家李时珍列为"长寿食品"，现今世界上的许多国家亦将其列入长寿食品。因为红薯富含纤维素，且这种纤维素能被人体吸收，使人有宽舒肠胃之感，能够促进新陈代谢，所以与糯米搭配的红薯糍粑对人的身体有益处，被当作寿饼赠予老人再好不过了。

在扶绥龙头乡，当地人喜欢吃红薯糍粑，不仅是因为它制作简单、味道香甜，更是因为情怀。据村里的老人说，在困难年代，大家就是靠红薯度过的，所以红薯糍粑对他们意义重大。在那个物质匮乏的时代，红薯是大多数家庭的主食，扶绥的土壤大多比较贫瘠，水土流失快，春旱秋旱频繁，水田少，稻米产量低，而且当时人口多，对粮食的需求量大，所以每年冬天筹备粮食较为困难。扶绥地处北回归线以南，属亚热带季风气候，常年气温较高，热量充足，雨热同季。而红薯的生长习性刚好与当地气候相符，红薯喜温，不耐寒，喜光，不耐阴，对干旱适应性强，根系发达，适宜在扶绥生长。因而在20世纪，扶绥人民便靠着红薯度过艰难时期，只要按时播种、翻藤，不遇上严重的旱灾，一般都能有好收成，所以那时地里皆种红薯，家家户户都有红薯。再者，红薯用处很多，如不仅能作为优质饲料，还可加工成食品，人们可提取其中的淀粉赚钱，方便人们生活。对于村里那个年代出生的孩子来说，童年记忆里较深刻的一幕就是吃红薯。从红薯收获的季节开始，一直到第二年粮食入仓，饭桌上皆红薯，红薯成为主食，早上蒸红薯，中午晚上便是红薯煮饭，甚至在极其缺粮的时候，只能喝稀粥、吃红薯，这些都是那一代人的记忆。虽然当时没有太多的粮食，但是在节日时，为了让节日过得更有气氛，红薯也被做出新花样。当地人将红薯做成红薯糍粑、红薯条，供人们在新年闲聊时食用，而且红薯糍粑卖相好，适宜过节时端出来招待客人，也是拜访亲朋好友时的不可或缺之物。

虽然现在缺衣少食的记忆离我们远去，大家的生活越来越好，生活品质也越来越高，不必再似从前为吃食发愁，但这样的习俗被慢慢保留了下来，过年过节时依旧会做红薯糍粑，吃糍粑是对以往生活的纪念，也是感恩红薯对我们的帮助，更是寄托着我们对返璞归真生活的向往。现在的人们越来越重视饮食，而红薯糍粑恰巧是比较健康的食物，造型好，味道美，实在是一道不可不尝的美食。

糍粑不是什么罕见的美食，别的地方亦有糍粑。糍粑是流行于南方的美食，大多数人都是在腊月打糍粑。各个地方的糍粑各有特色，如四川地区的糍粑是在打糍粑过程中加入桂花，制成月桂糍粑，然后蘸上炒黄豆面或白糖食用。有些地区的糍粑是在制作过程中加入熟红豆等豆制品，再加入适量的盐，将其切成椭圆状放入油里炸，做成红豆油糍粑。各地糍粑的特色是由各地的自然环境与饮食习惯决定的。红薯糍粑的馅可甜可咸，但是扶绥的红薯糍粑能成为当地的特产便证明了它有自己的独特之处，红薯糍粑的外皮是清甜的，这就是红薯糍粑的特色之一。各个地方的糍粑味道不一致，但都有一个共同点，那就是都会用到糯米，这是制作糍粑不可缺少的材料。无论糍粑再怎么有地方特色，但是基础材料不会变，这也是大部分糍粑有弹性和嚼劲、口感顺滑的原因之一。在过去技术还不发达的年代，那时没有现成的糯米粉，想要吃到糍粑，都需要人工磨粉，因而过年过节做糍粑时都是全村人一起动手。打糍粑并不是毫无章法，要有技巧，糍粑打得好，做出来的糍粑味道才好，才有嚼劲。随着时间的飞逝和现代科技的高速发展，人们加工食材比过去方便了许多，再加上制作方法没有那么烦琐，因而红薯糍粑传承了下来，成为今天崇左市不可或缺的一道特色美食。

红薯糍粑可炸可蒸，制作简单，食用方便，不易变质，可作早餐和点心食用。值得注意的是，红薯糍粑虽然好吃且对人体有一定益处，但是不宜多食。因为糯米本身不易消化，一次吃太多容易出现消化不良、腹痛等症状，油炸的红薯糍粑吃多了也容易使人上火，所以不宜一次吃太多。

糍粑易制，但其中的情怀不能复制。红薯糍粑是壮乡人民创造的特色美食，是历史留给现代的纪念，是祖先留给后代的记忆，更是一方地域文化的积淀。要想对红薯糍粑有更多了解，请到壮乡来细细品尝吧！

第八节　白头翁糍粑

一、食养概说

在中国，有药食同源的观念。早在唐代，药王孙思邈就说过："夫为医者，当须先洞晓病源，知其所犯，以食治之。"由此可见，中医药和中国饮食有着千丝万缕的联系。直到今天，我们中国人在身体不适、患病之时，通常第一件要做的事就是改变饮食内容。中国古代哲学认为世界万物相互联系，人体是宇宙中的一个微观世界，从人体到宇宙，都是由气来提供能量。在食养领域，这种力量就是抽象的生命力，以不同的形式存在于食物之中，也称为食物的元气。

很多作物被栽培，很多食物被食用，就是因为它们有药用和营养价值。人们烹制食用的主要目的不是品尝风味，而是补养身心。夏天，江南一带流传用南烛叶制作乌米饭，以补益脾肾、安神祛风、乌发驻颜。夏秋之际，在浙江平阳和苍南，人们习惯去采集中草药，吃草药炖鸭，以消除暑热湿气、滋润秋燥。秋天，在菊花盛开的江西婺源，人们采菊花，喝菊花茶，以润燥清肺、疏散风热、清肝明目。冬天，绍兴的酒厂开始投料酿造活血驱寒的黄酒。这些都是居住在各地的人们补宜养生的重要食料。药食同源观念深深影响着中国人的饮食生活。

二、白头翁糍粑的由来

在桂西南的崇左，白头翁糍粑是崇左的特色食疗食品之一，流行于天等、龙州等地，因以白头翁为主要原料而得名。白头翁糍粑油光黑亮，白头翁的清香中夹杂着糯米的丝丝香甜，甜而不腻，香滑可口不黏牙。

说起白头翁糍粑的起源，有个代代相传的故事：清光绪二十五年（1899），崇左龙州疫病流行，百姓官兵大多上吐下泻、浑身无力、冷热无常，性命朝不保夕。当时广西提督苏元春在龙州驻军，见此情形，心系百姓的他为让病患们早日康复，教他们采白头翁煮着吃，军营中的患者吃完后无不脱离生命危险。全军无一染病后，苏元春迅速把这个吃白头翁治病的方法告诉广大民众，百姓纷纷效仿，终于渡过了难关。

崇左市稻作文化十分悠久，左江流域有从旧石器时代到新石器时代及现代各个时期的稻作文化遗产、遗址。稻作区的人民以大米为主食，另外搭配糯米和玉米。一直以来，中国人有养身保健来治未病的观念，并形成了一系列的养生原则和方法。当地人一开始吃白头翁是为了治病，后来病好后，人们把白头翁当作预防疾病的食材，同时考虑到口感和当地的稻作特色，便尝试着在其中加入糯米，用土灶大锅蒸熟。土灶大锅的使用反映了传统的炮制观念，以蒸炖为主要制作方法，目的就在于尽量保存食物的精华，让食物更有生命力。白头翁和糯米一起蒸熟后再捣烂成团，最后分成小份的糍粑。渐渐地，人们觉得这样吃比单纯煮白头翁更可口，便把白头翁和糯米做成糍粑。随着社会的发展，白头翁糍粑的做法也在不断发展。人们开始在糍粑里面加馅，馅有炒花生、炒芝麻等，糯米也会加入砂糖来调色调味。为了更美观，有些人家还会用芭蕉叶把糍粑包起来。之前，传统的做法是把白头翁和糯米蒸熟后手工打碎，现在人们为了方便而借助打浆机，将蒸熟后的白头翁和糯米用机器打碎，这样一来，白头翁糍粑的口感就更细腻了。久而久之，白头翁糍粑的味道和口感就变得越来越好了。

其实，白头翁糍粑就像浙江仙居的艾叶豆腐和广西的艾叶糍粑一样，看似貌不惊人，但极有可能是当地先民根据地方特性和时节灾病，配伍出来的一道食养良方。岭南暑盛湿重，古人认为，湿热的气候不利于气的流动，气滞血瘀，生命力会降低。豆腐甘寒能清热，艾叶苦温能除湿，夏秋之际，在湿热的仙居，人们食用艾叶豆腐，能扶阳利湿、解热祛暑。同样在崇左，白头翁糍粑作为食养良方，广为流传，沿袭至今，特别是在农历四月初八"糍粑节"这一天，家家户户都制作白头翁糍粑，互相馈赠，以示庆贺，同时怀念、感激当年用白头翁救了大家性命的苏元春。

三、白头翁糍粑的制作及功用

制作白头翁糍粑的主要原料有白头翁、糯米、赤砂糖或黄糖片、绿豆、食用碱和花生油等。制作方法：先把白头翁洗干净，放入锅内，加水、食用碱和适量的盐一起煮，水开后30分钟捞出，用清水漂去异味，然后挤干水，用菜刀剁碎，再放入锅内，放黄糖和适量的水一起煮，水开后再用慢火煮20分钟，把白头翁煮成糊状。然后把糯米淘洗干净，用清水浸泡两个小时左右，磨成浆，滴干水后，揉成粉团，分成若干块，放入开水锅中煮熟捞出。绿豆干磨去皮，放入锅里加黄糖和适量的水一起煮，煮到豆粒熟烂后，取出捣成糊状。将煮熟的白头翁糊、糯米粉团和绿豆一起放入石臼中舂捣，捣至均匀即成糍粑皮。最后将糍粑皮包入豆蓉，搓成直径6厘米左右的圆团，圆团外表轻抹花生油，以防黏结，随即放入蒸笼内用猛火蒸40分钟，糍粑熟后变扁，即成白头翁糍粑。

只有认识食材和药材的特性，用它们去平衡人体与环境，再根据季节特点搭配，才能有效用食物来实现疗愈与养生。

白头翁为毛茛科多年生草本植物，全枝白色棉毛，根有分支，呈纺锤形。春夏开蓝紫色花，果白色。经现代医学药理证实，白头翁性苦寒，含有白头翁素、皂甙，能清热解毒、凉血治痢。春夏之间，白头翁在旱田、山坡、路旁草丛中遍生，群众常采全草，制作草药或糍粑。

糯米是一种温和的滋补品，有补虚、补血、健脾、暖胃、止汗等作用，适用于脾胃虚寒所致的反胃、食欲减少、泄泻和气虚引起的汗虚、气短无力、妊娠腹坠胀等症。白头翁糍粑含有糯米，冷了要加热食用，否则口感会不好，甚至难消化。糯米中所含淀粉为支链淀粉，在肠胃中难以消化水解，患有胃炎、十二指肠炎等消化类疾病者应该少食或不食。老人、小孩等也要慎用。在饮食上，我们强调食养、食节、食忌和食禁。因为糯米糕点（如白头翁糍粑）无论甜咸，碳水化合物和钠的含量都很高，所以糖尿病患者、体重过重者或其他慢性病（如肾脏疾病、高血脂）患者都要尽量少吃或不吃。糯米应以乳白或蜡白色、不透明、长椭圆形或较细长、硬度较小的为佳，还要储存在常温干燥、避光的环境中。

绿豆甘凉，煮食清胆养胃，解暑止渴，能降血脂、降胆固醇、抗过敏、抗菌、抗肿瘤、增强食欲、保肝护肾。

制作白头翁糍粑的原料和方法与食养观念中所强调的原则一致。白头翁糍粑方便易得，不需花费太多，即能生出良效。

我们追求固本培元、养正攻邪，以日常手段来强身去痛，以药食同源、药食同功的理论构筑现代的食养体系。在平淡的生活中，还有许多食养的秘密等待着人们去挖掘和探索。

第九节　夹石娘糍粑

中国美食种类繁多，博大精深，包含着人们对世界观、价值观、人生观的认识与理解。每一种美食都有不同的名称和不同的文化内涵，而正是因为这些不同，才形成了丰富多彩的中国美食。

一、夹石娘糍粑的由来及制作

崇左天等的夹石娘糍粑最初并不是因为糍粑出名的，而是因为其中的夹石娘。相传崇左天等有一位老人，他经常到山上寻找夹石娘来食用，经过长时间食用夹石娘，他原本的胃病日渐好转。人们通过这件事知道夹石娘对人的身体有一定的益处，所以便在做糍粑时把夹石娘加入其中。夹石娘糍粑就这样渐渐地流传了下来。

顾名思义，夹石娘糍粑就是由夹石娘做成的糍粑。它的主要制作原料就是糯米和夹石娘。当然，它还有一些配料，即炒过的芝麻粉或者花生粉。要制作夹石娘糍粑，首先要把夹石娘洗净，将洗好的夹石娘和着硝水煮熟，之后取出晾干，晾干之后放进石臼里舂打，待舂打到一定程度后，取出来过筛，只留下毛茸茸的纤维，随后把纤维捏成团状，连同糯米一起放进蒸笼里蒸，让两者的气味相融合。蒸熟后将它们都放进捣糍槽里，捣成糊状，再将已经炒熟的芝麻粉或花生粉撒在上面，用手抓取揉成小圆团后用芭蕉叶包好即可。做好的夹石娘糍粑呈黑褐色，既含有糯米的清香，又混合着夹石娘新鲜的气息，清苦中带着点甜味，细滑且爽口，食用后舌尖留香，令人食欲大开。

二、其他地方的糍粑制作

其他地方的糍粑却不是这种做法，如广东梅州、福建龙岩、福建三明等客家地区的糍粑。

这些地方的做法是取用上等糯谷，最好是壳薄质软的红谷糯，加工成白净的糯米后，用清水浸透，放进木甑里蒸熟，再放到石臼里，用杵槌舂制。经过用力舂捣，使之成羹状，然后做成如鸡蛋般大小的糍粑。蘸上炒米、花生、芝麻、黄糖等配制的佐料粉，吃起来柔韧鲜滑、香甜可口。福建闽清的做法是把当地优质的糯米用水浸泡，之后放进饭甑蒸熟，再倒进石臼，直舂到米饭黏稠如泥状，用筷子挑起不断为止。然后把它装进盆里，加香油点润，用手搓成块，搓成丸，放进装有芝麻、花生、豆、糖的碗中，滚过沾满后即可食用。这种糍粑味道清香，甜润可口，舒气和胃，多吃不腻。

在打糍粑之前，要先将糯米淘净浸泡两三天，然后放入木质蒸笼里，用大火蒸熟，将蒸熟的糯米拿出来放到"地窝子"里，用枣木棒不停地捣，等到糯米全变成米团没有米粒而且很黏时就打好了。这时将整团的糍粑都拿起来放在一张大门板上，平整成大约5厘米高的样子，等糍粑慢慢变冷变硬后，用刀切成块，用瓦缸或桶装新鲜的冷水浸泡储存。春节时，可以用油炸、火烤、打汤等方式加工糍粑，来招待客人或自己食用。

在广西十万大山里，有很多知名和不知名的、认识和不认识的植物，其中也包含了夹石娘。这是在大石山区石头夹缝里生长的一种低矮植物，是一种中草药。夹石娘对生长环境很是挑剔，只会在那种石头一个连着一个的、分为好几层的地方生长。它的叶子像羊的耳朵，外形奇特，容易辨认，它分雄、雌两种类型，两种类型可以明显地区分出来。雄性的夹石娘叶背为白色，雌性的夹石娘叶背为红色。不仅如此，两者在口感上也是有区别的。雄性的夹石娘味道很苦，雌性的夹石娘虽然有苦味，但是较淡，且清新可口。夹石娘糍粑以雌性的夹石娘为原料，因为只有雌性的夹石娘才适合食用。

在中国，人们通常奉行食补原则，喜欢在平时食用一些对身体好的食物，如枸杞、黄芪、党参等，而夹石娘糍粑正好符合人们的饮食习惯，因此不但没有受到人们的排斥，反而很受喜爱。夹石娘是一种对人体有益的中草药，给糍粑增加了一些药用价值，也因此扩大了食客的受众范围。夹石娘糍粑不仅在口感上受人喜欢，而且因为夹石娘有止血生肌、消滞护胃的功效，所以十分受人青睐。

第十节　崇左白糍粑

一、白糍粑的制作

在广西崇左人民心中，白糍粑蕴含着家庭团圆的意思。因为古时候，壮乡人民所处的环境非常恶劣，壮乡男子常常聚集在一起开垦荒林、种植作物来养活亲人。因此，他们很长一段时间才回一次家。而在家里留守的妻女和老人非常想念他们，便做了白糍粑来等候壮乡小伙们归来。

白糍粑又分为糯米白糍粑、糖白糍粑、红糖白糍粑、南瓜白糍粑、艾草白糍粑五种。各种糍粑的做法不一样，味道也不一样。但总的来说，这些都是崇左人民富有特色的劳动成果和精神寄托。

糯米白糍粑的做法简单。首先将准备好的糯米洗好，用水浸泡4个小时以上，打成糯米粉，把糯米粉加水揉成米团，接着把米团分成小份，做成小饼，在平底锅内放少许油，烧热后，把饼放上去用小火煎，正反两面要边翻边煎，煎成金黄色，糯米糍粑会慢慢鼓起来，然后撒上白糖，小火摇动铁锅，等待白糖半融化即可装盘。

糖白糍粑的做法：先把糍粑洗干净，避免有黏液，用厨房纸擦拭干净，然后冷锅下油，小火放入糍粑，慢慢煎至两面微黄八成熟，倒入糖炒化。将糍粑翻面，两面都要蘸上糖汁，全程都要小火，不然容易糊；等到锅铲能戳到糍粑底就关火起锅装盘。

红糖白糍粑的做法：取黄豆200克，冲洗干净，控干水分，烤箱预热，上下火烤40分钟，之后用打粉机把黄豆打成黄豆粉；把250克糯米浸泡一晚上，烘干水分，然后在米里加入100克水，在蒸锅中用大火蒸30分钟，关火焖几分钟取出；趁热倒入深盆里，用擀面杖连续舂米饭，舂成看不到完整米粒但是又有米粒感为止，然后在案板上洒点水，用水沾湿手，取出米团，整理成长条，上面撒上黄豆粉（蘸水是为了防黏，整个过程要快速操作，要不然米团温度降下来会变干），把滚好的米团摆好；最后熬红糖，小火熬到稍微有些黏稠，便可关火出炉。

二、白糍粑的食用及储存

糍粑具有极高的营养价值：一是糍粑的热量高，可以补充人体所需的能量；二是糍粑中所含的营养成分被人体吸收后对增强人体免疫力有一定的功效。

当然，吃糍粑也有要注意的一些事项：

一是糍粑不宜和鸡肉、莲子、苹果同吃，容易对人体产生不良影响。

二是脾胃虚弱、肠胃消化功能不好的人不宜食用，体质湿热的人不宜食用，经常出现发热、出汗、咳嗽痰黄等症状的和糖尿病患者不建议食用。

糍粑可以蒸着吃，在平时煮饭的时候就可以制作。将糍粑放入碗中蒸熟，完全熟透后撒上白糖即可，蒸过后的糍粑口感更为软糯。糍粑容易保存，在做好之后，可以用保鲜膜将其密封放入冰箱中冷冻，这样储存的时间会更长一点。当然，也可以选择用其他方式保存糍粑，比如说，不管是买回来的糍粑，还是自己做的糍粑，都可以先用一块干净的布包起来，然后再用保鲜膜密封住，放在阴凉的地方保存7天左右，然后再在桶里面装水，将糍粑从布中取出，放入水中保存，中途不用换水，否则会导致糍粑口感变得酸涩。糍粑一开始用布包住，是怕糍粑会"出汗"，导致糍粑长毛变坏。按照当地传统做法，糍粑一般在春天的时候保存得较好。

糍粑是一种老少皆宜的美味食物，许多来广西旅游的人便是为了品尝崇左白糍粑而来。白糍粑不仅为当地人民带来了经济效益，而且推动了当地传统美食文化的发展和传播。

第十一节 崇左凉粽

一、粽子概说

粽子又称"角黍""筒粽",是一种用竹叶、苇叶或箬叶等裹米,扎成三角锥体或其他形状的食品,是中华民族传统食物之一。其实,粽子在我国已经有相当长的历史,相传屈原投汨罗江后,楚人每于端午以竹筒贮米投江祭之,后世沿其习俗。相传粽子始于汉代,晋代时被正式定为端午节食品,也是端午节时人们投向水中祭奠屈原的供品。

粽子是为祭奠投江的屈原而传承下来的,是中国历史上文化积淀深厚的传统食品之一,是我国许多地方的节日食品。粽子种类繁多,从馅料看,北方有包小枣的枣粽;南方则有豆沙、鲜肉、八宝、火腿、蛋黄等各种馅料的粽子,其中以广西、广东的粽子为代表。

崇左壮族的饮食可以说是简单朴素,特点是食物素淡,不讲究味道的厚重,食材主要源于周边的自然环境,那里的人们一年四季都可以吃到天然无污染的新鲜果蔬。

糯米是崇左壮族人民最喜爱的食物之一。经过长期的生活实践,当地人对糯米食品的加工可以说是花样翻新,有蒸、舂、煮等多种加工方法。这些加工方法体现了食品的民族特色。

传统粽子的做法是将上等糯米浸泡一宿,用粽叶包裹,包成两头扁平、背面中间隆起的形状,这叫"驼背粽"。春节包的"驼背粽",大者十多斤,粽中包夹猪肉条、板栗、绿豆、芝麻、冬菇等,要煮很长时间才能煮熟;小的也有半斤左右。包粽子用的粽叶一般长50厘米左右,宽约17厘米,色绿,柔软而有韧性,用它包粽子煮熟后,会在粽子上留下淡绿的颜色,散发出诱人的清香。

《警世通言·陈可常端阳仙化》记载:"绍兴十一年间,高宗皇帝母舅吴七郡王,时遇五月初四日,府中裹粽子。"老舍在《四世同堂》中说:"她的北平变了样子:过端阳节会没有樱桃、桑葚与粽子!"可见,端午节时吃粽子是中华民族流传已久的习俗，人们对粽子有着一种特殊的情感。

粽子作为中国传统食品，传播甚远。日本、越南、新加坡、马来西亚、缅甸等地也有吃粽子的习俗。

端午节吃粽子是全国的习俗，端午节包凉粽却是南方地区一直沿袭至今的习俗，尤以广东、广西地区普遍流行。在广西南部，如宁明、崇左、龙州等地，端午节时必不可少的食物就是凉粽。凉粽作为一种美食，分布在中国南方的许多地方，各地做法和风味有所不同，以崇左凉粽最为独特。这主要表现在制作方法、形状和包裹粽子的材料等方面。

二、凉粽的制作

凉粽又名"灰水粽"，最早出自西晋周处《风土记》中的"角黍"。它是用菰叶裹着黍米，煮成尖角或棕榈叶形状的食物，特点是只用糯米，无馅，煮熟后晾凉，食用时用丝线勒成薄片，浇以蜂蜜或白糖。

制作凉粽需要用到粽叶、箬叶、糯米、棉线和剪刀等。

制作步骤如下：

第一步，提前一晚将粽叶洗净，然后浸泡3个小时。

第二步，将浸泡好的糯米洗净，沥去水分，将箬叶在阳光下晒到半干时堆放在平地上烧成灰，然后把得到的灰放到一个竹制容器里用清水冲滤，用经过滤得到的棕黄色的水来浸泡准备好的糯米。经过浸泡的糯米会在原来的香气中透出一股草木灰特有的清香，使用这种糯米包出的粽子煮熟后多呈淡黄色或棕黄色。凉粽是用纯糯米制成的，又利用了草灰水（碱水），这样糯米更脆韧，也更容易保存，故凉粽又名"灰水粽"。

第三步，取两片粽叶，毛面相贴，反面相叠，两端大约剪掉五分之一的叶子，叶柄在两侧，在靠右三分之二的地方，把粽叶用手握成漏斗状。

第四步，在折好的漏斗中用勺子先取一勺糯米放入，然后再盖上糯米，注意米的用量不要超过漏斗顶端的叶边，须呈平面，用勺子稍微压一下，再用右手将右叶面向下折，并用左手指压住。

第五步，用右手将左边的粽叶向下折，并用左手大拇指按住，再用右手将折好的粽叶握住，将粽叶的剩余部分捏住，并沿顺时针方向紧靠粽体旋转形成尖角，然后将折叠后的粽叶贴覆粽体，取棉线将粽子捆好。最后将包好的粽子依次紧实地放入锅中。

第六步，倒入清水，要没过粽子，盖上一个盘子，大约煮两个半小时，直至粽子熟透出锅。粽子自然晾凉后，就可以吃了。关于吃凉粽，还有一个更可口的吃法：可先放入冰箱冷藏，之后把香糯凉粽切成小块，盛入碗内，吃凉粽最好的搭配是蜂蜜、蜂蜜水和糖汁，只要将切好的凉粽放入其中浸泡即可食用。搭配的糖汁是用黄糖熬成的，黏稠清甜，剥开一个凉粽，灰黄色的粽肉晶莹剔透，蘸上香甜的糖汁后，甜爽滑溜，入口留香，别有一番风味。

三、凉粽的储存及食用

凉粽不易变质，可久存，便于人们远行途中食用。凉粽同粽子一样，有许多不同的品种，例如碱水凉粽、灰水凉粽、蜂蜜凉粽等。

始于唐代的蜂蜜凉粽是史料记载中历史最悠久的凉粽。它是由唐代"烧尾宴"上的"赐绯含香粽"演化而来的。蜂蜜凉粽的原料与我们寻常吃的粽子一样，是上等香糯米。裹法也没什么不同，都是用掌宽的箬叶包裹（但关中民间有用另一种树叶的，它比箬叶宽厚韧滑），将包好的凉粽煮熟、凉透，再利落地剥开外皮，淋上枣花蜂蜜，甜蜜便浸润了它的内容与形式。这种理想的夏令食品具有凉甜芳香、沁人肺腑的特点，令人在炎炎夏日里食欲大开。

在中医里，包粽子的苇叶及竹叶据说均是传统的清热解毒的药材。《名医别录》记载其"主胸中痰热，咳逆上气"。《药品化义》也有对竹叶的记载："竹叶，清香透心，微苦凉热，气味俱清。经曰：治温以清，专清心气，叶锐能散，味淡利窍，使心经热邪分解。主治暑热消渴，胸中热痰，伤寒虚烦，咳逆喘促，皆用为良剂也。"就连我们司空见惯的糯米，在中医里也具有益气、生津、清热的功效。中医认为，端午节过后便进入了炎热的夏季，由于苦夏难耐，人们可能会有上火、中暑等症状，而此时常吃粽子有利于解暑。

需要谨记的是，粽子虽为节日中的鲜品，但食之不当也会对健康产生不利影响。如果过节时自己在家里包粽子，则要遵守现包现吃的原则，而从超市中购回的冷冻粽子，应蒸煮透了再食用。

第十二节　龙州四方粽

一、四方粽的由来

端午节是中华民族重要的传统节日之一。而这一节日中最重要的习俗之一便是包粽子。由于我国民族众多、地域辽阔、南北方饮食差异较大，各地已形成各自独特的粽子品类。南方有肉粽、桂花粽、海鲜粽等，北方则有红枣粽、豆沙粽、绿豆粽、果仁粽等。

无论是南方粽子还是北方粽子，形状多为元宝形、三角形、长方形等。但龙州的粽子就与众不同了，因为它是四方形的。四方形的粽子在我们的身边还是很少见的，因为龙州四方粽的包法是从越南流传过来的。

清光绪十五年（1889），龙州开通了对外陆路通商口岸，这是广西最早对外开放的通商口岸，也是我国与东南亚各国进行文化、贸易交往的重要门户。龙州西北部与越南接壤，自开通通商口岸以来，龙州与越南的经济、文化交往越来越频繁，因此有越来越多的越南人到龙州居住，同时带来了许多越南的饮食风俗。每到端午节或者春节，居住在龙州的越南人便会做一些越南粽拿来贩卖，这样的越南粽很受龙州当地人的喜爱。20世纪80年代，四方粽的包法便在龙州流传开了。

越南四方粽与中国传统粽子的制作方式略有不同。制作越南四方粽所需的材料有芭蕉叶、糯米、绿豆、猪肉、盐、油、胡椒粉、葱、鱼露等。原料都要选上等品质的，糯米要用一年中种得最好、最香的，绿豆要选颗粒饱满的，猪肉要用肥瘦相间的五花肉，好吃又不腻，芭蕉叶要选叶大均匀且新鲜的。包粽子之前还有一些必要的准备工作：把糯米放到凉水中浸泡5—6个小时，之后将糯米淘净、晾干、拌盐，放入盆中备用；芭蕉叶去梗，用凉水洗干净后，再放到热水中煮至水开，捞起晾至半干，放入盆中备用；绿豆浸泡去皮，用水煮熟后捣成泥，拌盐放入盆中；五花肉要切成约长7厘米、宽2厘米、厚0.2厘米的小片，并加入葱末、鱼露和胡椒粉搅拌均匀。待准备工作做好之后，便可以开始包粽子了。

第一，将芭蕉叶呈十字形放置，需三到四片。

第二，盛一小碗糯米放到芭蕉叶中间，铺平摊开，放入半碗绿豆铺平摊开。

第三，放一两块五花肉，再拿半碗绿豆盖在五花肉上，接着盛一碗糯米盖住绿豆和五花肉，堆成小山丘型，随即用手铺平。

第四，用芭蕉叶由内往外包裹粽子，叠成平整的四方形。

第五，用绳子以井字形捆扎结实，为防止糯米溢出来，还需要用手压一下粽子，然后将包好的粽子放在锅中煮10个小时左右，捞出后用凉水浸泡一会，再用石块等重物挤压，排出水分，这样四方粽便做成了。吃粽子时，剥开粽叶，用捆粽子的绳子割成小块食用。包好的粽子十分严密，几乎与外界空气隔绝，因此可以放置一段时间。

龙州四方粽虽说是从越南流传过来的，但经过龙州人的不断探索改良，变成了既有越南风味又符合龙州大众口味的龙州特色四方粽。龙州四方粽的制作材料与龙州自古以来的气候特征有着密切关系，龙州属于亚热带季风气候，热量丰富，雨量充沛，日照充足，一年可种两季水稻，稻米的品种可任意选择，但龙州人民一般会选择种上几分或一亩的糯米，为的就是在端午节或春节时方便包粽子吃。

二、四方粽的制作

龙州四方粽在越南四方粽的基础上做了一些改进。制作龙州四方粽的材料主要有粽叶、猪肉、酱油、花生油、盐、绿豆、花生等。糯米要选用上等的香糯米，并放置在凉水中浸泡4—5个小时，然后捞起晾干，放入适量的酱油与花生油搅拌均匀。在农村，粽叶一般是种在菜园里的，因此人们需要采割粽叶拿回家中为包粽子做准备。采割的粽叶需要去梗，并将粽叶首尾两边剪平，用刷子洗干净，接着把粽叶放到锅中煮至水开，晾至半干，放置于盆中备用。如果是在街上买粽叶，则省去了去梗这一步骤，但仍需清洗粽叶、煮粽叶。猪肉选五花肉最为合适，肥瘦相间，好吃又不腻，所需五花肉的数量与所做粽子的数量有关，将五花肉切成长8厘米、宽2厘米、厚0.2厘米的小片较为合适。接着把肉放在大碗中，加入酱油、盐、花椒粉、鸡精搅拌均匀，使其更加入味。把绿豆放入凉水中浸泡3个小时，之后捞起，将绿豆碾碎，放置于盆中备用。挑选颗粒饱满的花生，并将其炒熟、碾碎，放入大碗中。这便是包四方粽前必要的准备工作。龙州人民为了方便制作，还发明了一个四方形的制作四方粽的模具，这样可以更好地将四方粽定形。

四方粽的制作步骤：首先将模具放到一个平坦的地方，先放入两根线绳，再放入四片粽叶，粽叶之间不可留缝隙，以免在煮粽子的过程中漏米。接着倒入半碗糯米，用手铺平，之后放入半碗绿豆或碎花生并将其铺平。然后放两三块五花肉，再放半碗绿豆、半碗糯米，使之盖住五花肉，并用手铺平摊开。然后拿几片小粽叶盖住糯米，接着用手将粽叶折叠平整，盖住糯米。再将线绳旋转绑稳粽子，将线绳按到另一条的下面，压紧，用剪刀剪掉多余的线绳。最后用两条线绳绑稳四方粽，压在前两条线绳的下面，再剪掉多余的线绳使之呈井字形。包好粽子后，在锅中放入凉水并生火，等水烧开后将包好的粽子放到锅中，加水，使水面浸过粽子。在煮粽子的过程中需时不时地掀开锅盖，看是否需要添水。越南四方粽个头较小且扁，不太能满足龙州人的食量，因此龙州人在包四方粽的时候考虑到大众的食量，适当增加了配料，所以个头比越南粽稍大一点。而为了让粽子更具粽香味，在煮粽子的时候，龙州人会将粽叶秆剪成小段，与粽子一起煮。出锅时，一剥开粽叶，浓浓的粽香味就立刻扑鼻而来，这便是龙州四方粽。

随着经济的发展，粽子多是由机器批量化生产，虽然生产效率提高了，但不如手工包的粽子更具粽味。为了让一代又一代的人品尝到四方粽，我们应继承和发展龙州四方粽的制作方法，将这具有龙州特色的饮食习俗传承下去。

第二章 米粉、米饭、米果类美食

第一节 龙州烧鸭粉

一、龙州烧鸭及广东烧鸭

广西崇左市有很多地方美食，龙州烧鸭粉就是其中之一。

龙州烧鸭粉店在当地远近闻名，它的特别之处就在于手工制作。既然是烧鸭粉，那么就有必要先介绍一下烧鸭的制作方法。

首先，把宰杀的鸭子去毛、肠、肚。

其次，准备二两葱末、一两香菜和适量的盐，并把盐、葱末和香菜调匀。

再次，把这些调料放进鸭子的肚里封好。

最后，把鸭子入油锅炸。

烧鸭在油锅里翻滚时，那些调料便由内而外地渗入鸭肉里，这样吃起来才够味。这里的烧鸭制作手艺是祖传的，要用油炸而不是火烤。油炸的烧鸭皮酥肉脆，鸭肉入味，肉质结实而鲜美，咬下去便满口流油，甘香油润却不会感觉太腻。此外，鸭粉的汤水清甜，骨头入味，米粉口感细滑而略带油劲，肚饿时吃上一碗，最能犒赏劳累了一天的身心。

提起烧鸭，便不得不提到广东的烧鸭，毕竟烧鸭在广东是比较受欢迎的。但广东烧鸭的制作方法与崇左的不同，广东的烧鸭是炉烤的，而不是油炸的。广东的烧鸭在烧制之前有几个问题需要注意：

第一点，处理好的鸭子在入烤炉之前，必须先用火烤一下炉子，也就是热一热烧炉。

第二点，在入炉烧制之前，要检查鸭子有没有达到风干的标准。因为使用风干好的鸭子，做出的烧鸭会有脆皮，色泽看起来也比较好，很是诱人。相反，如果风干不好，烧制出来的烧鸭不但没有脆皮，色泽也不太均匀。而风干得比较好的鸭子，其表皮是干燥的，摸上去是干干的感觉，有沙沙的响声。没有风干好的鸭子，鸭子的表皮是湿的，会影响烧鸭的上色和脆皮程度。

第三点，在入炉之前，要注意查看鸭子挂钩的情况。如果挂钩不平，鸭子的间隔不均匀，会影响鸭子的受热情况，从而直接影响到烧鸭的上色和脆皮程度。每只鸭子之间应该留有半厘米左右的距离，不可以太密集地放在一起，要让鸭身均匀受热，这样烤制出来的烧鸭才够脆皮且颜色均匀、卖相好看。

由此可知，这几点入炉之前的注意事项是很重要的。此外，鸭子处理干净了要充气，充气后需要烫皮，使鸭子身上的毛孔受热张开，这时鸭身的颜色也由微黄转白。待鸭身冷却后，其毛孔瞬间收缩，皮身光滑，更容易涂上脆皮水，也不易漏气。在入炉之前，除了前面的制作方法要正确，还需要考虑到炉子的大小、高度和内部结构等。

二、烧鸭粉的制作及食用

介绍了烧鸭的做法，现在便要介绍崇左烧鸭粉的做法。

第一步，准备西兰花、米粉和烧鸭。西兰花需要切成小块。

第二步，煮米粉，微软时加入西兰花煮熟。

第三步，煮好米粉后加烧鸭肉，接着将烧鸭汁淋上去便可食用。

在烹饪的过程中需要注意的是，西兰花一定要煮熟，否则会影响到烧鸭粉的鲜美，而且食用没有煮熟的西兰花容易引起人的肠胃不适。

吃鸭肉也要注意，并不是所有的人都适合吃鸭肉。身体虚寒、受凉引起的不想饮食、胃部冷痛、腹泻、腰痛、慢性肠炎者等应该尽量少食用或不食用。

鸭肉是一种优良的食材，含有丰富的营养成分，其脂肪、碳水化合物含量适中，蛋白质含量比猪肉还高。明代李时珍《本草纲目》载，鸭肉"补虚除客热，和脏腑，利水道，疗小儿惊痫"。由此可知，鸭肉确实是不错的食材选择。但在食用鸭肉时，要注意搭配。鸭肉与山药可以同食，能降低胆固醇、滋补身体；与红小豆可以同食，有利尿解毒的作用；与当归可以同食，能起到补血的作用；与白菜可以同食，能促进胆固醇的代谢。但鸭肉与甲鱼肉不能同食，若是同食，时间久了会使人阳虚、水肿腹泻；与黑木耳不宜同食，易引起身体不适；与栗子不宜同食，容易引起食物中毒；与兔肉不宜同食，容易引起腹泻；等等。

三、用于制作烧鸭粉的米粉

烧鸭粉中的粉指的是米粉。米粉是南方地区比较流行的美食，是以大米为原料，经过浸泡、蒸煮和压条等工序制成的条状、丝状米制品，而不是字面意义上的以大米为原料直接研磨制成的粉状物料。米粉质地柔韧，富有弹性，水煮不糊汤，干炒也不容易断，配以各种菜类或者汤料进行干炒或汤煮，爽滑入味，深受广大消费者的喜爱。米粉的种类有很多，可以分为排米粉、方块米粉、波纹米粉、银丝米粉、湿米粉、干米粉，等等。这些米粉的生产工艺虽然有不同之处，但大体上是差不多的。制作米粉的步骤是这样的：

第一步，淘洗大米，然后浸泡。

第二步，将浸泡后的大米拿去磨浆，再把米浆拿去蒸粉，并进行压片（挤丝）。

第三步，将压片（挤丝）后的米粉进行复蒸，然后冷却，置于阴凉处，使它干燥，再对它进行包装，这便是成品。

虽然关于米粉的来源说法不一，但它始终都是中国美食里不可缺少的一种。近年来，随着时代的发展，米粉的种类也在逐渐增加。米粉从古延续至今，越来越受到人们的喜爱，这当然与它本身给人们带来的好处密不可分。米粉中铁元素的含量高，吸收效果好，适量食用有补血益气的功效。而且米粉所含的蛋白质、碳水化合物等具有健脾、暖胃、缓解胃寒症等作用，适于脾胃虚弱人群食用。从烧鸭和米粉两者的营养价值来看，将它们搭配在一起实在是一个不错的选择。

气候与地域的差异等使北方适合种麦、南方适合种稻，所以出现了北方人爱吃面食、南方人爱吃米饭的习俗。广西属于亚热带季风气候，崇左位于广西的西南部，气候更加炎热干燥，因而崇左当地人民对汤粉这类美食尤为钟爱，使得烧鸭粉在崇左地区十分流行，并成为这座小城的特色美食之一。

第二节　龙州鸡肉粉

关于龙州鸡肉粉的历史记载已无迹可寻，或许已湮灭在历史的长河之中，但正是因为不知其来处，它才更具神秘感。

龙州县位于广西壮族自治区西南部，东邻崇左市江州区，南接宁明县、凭祥市，东北面与大新县相连，西北与越南接壤。龙州是一座具有1300多年历史的边关商贸历史文化名城。龙州是我国与东南亚各国进行文化、贸易交往的重要门户，素有"边陲重镇""小香港"之称。境内自然风光秀丽，地质景观独特，名胜古迹众多，文化底蕴深厚。

龙州当地有一句俗语："三日不食粉，口若淡寡食无味。"米粉是龙州人民每天必不可少的美食，其中尤以鸡肉粉最为出名。

一、龙州鸡肉粉的制作

第一步，把现杀土鸡处理干净，然后放到滚烫的热水里煮汤，煮半个小时就好了。

第二步，把鸡肉煮至七八分熟后，捞起来，做成广西特有的白切鸡，白切鸡要现切、现拌、现吃，拌料十分讲究，主要有酱油、花生、香菜、葱花、蒜米、沙姜、香油等。

第三步，拌好鸡肉后，把它放到粉里，粉要烫10秒钟以上，因为这样才能烫软，汤水也要煮开才香。这样一碗正宗鲜美的鸡肉粉就做好了。

龙州鸡肉粉比一般的米粉要细，浸泡在鸡汤里很快就入味了，加上具有广西特色的酸笋、糖蒜、鸡皮果、酸菜、豆豉、辣椒等配料，让人垂涎三尺。土鸡是在龙州的好山好水中跑着长大的，因此土鸡肉嫩滑香软、鲜美可口。鸡肉粉的精华之处在于秘制的汤水，鸡汤除了油、盐，不加任何添加剂。汤水取自左江，没有污染，很清，有点甜。大口吃鸡，大口吃粉，这样才有味道。

"民以食为天"，千百年来，龙州人民世世代代辛勤劳作，忙碌了一天，吃上一碗香喷喷的鸡肉粉，所有的疲惫瞬间一扫而空。

二、龙州鸡肉粉与越南鸡肉粉对比

或许有些人吃不惯龙州鸡肉粉,那么可以试一试越南鸡肉粉。越南鸡肉粉的做法也很简单。

先把鸡腿洗干净切好,在锅中放水倒入鸡肉熬汤,煮好汤后盛起备用。

接着将事先准备好的红辣椒、葱、香菜切好备用,青柠檬切片,剩下的挤出柠檬汁备用。取一个锅烧水,水烧开后放入河粉,最好是先把干河粉泡开,煮熟河粉,沥干,捞出备用。拿出一个碗,在碗中倒入青柠檬汁、鱼露(必不可少的调味汁,滴上一点儿,鸡肉粉便多出了一些海洋的味道)、红辣椒和适量的白砂糖、盐,再倒入鸡汤,搅拌均匀。

最后一步,在调好味道的碗中放入河粉,撒上葱、香菜,放入鸡肉、青柠檬片就可以食用了。据说,越南鸡肉粉和鸡皮搭配更美味。

深吸一口气,粉的香味充盈在鼻子里,青柠檬片和红辣椒从感官上给人很大的刺激,夹起一小块鸡皮送入嘴里,爽滑香脆,令人念念不忘。把粉捞一捞,莹白剔透的米粉缓缓浸入热汤中,嘴里满是鸡肉的香气,用大勺子舀起一口汤,汤很清澈,喝起来很鲜甜,肉香十足。

三、米粉承载的情怀

米粉若是用传统手工方法制作的话,味道可以更好。传统手工米粉工序复杂、产量低,现代人讲究高效率,大都用机器来做米粉。机器制作出来的米粉规格统一、样式齐整,但总是令人觉得少了一点儿味道。传统手工米粉是用石磨手工做的,保留了米的原始香味。有一个关于传统手工面的纪录片,里面有一些话令人感受深刻:我们吃下的并非只是果腹之物,更多的是呈现在美食背后的那些故事、那些值得传承与弘扬美味的绝技,更是一份情怀和浪漫、情分和念想。上承中国五千年传统文化,下接现代工业进程,我们正处于一个传统与创新交织的时代。美食制造是一个需要良心与技艺兼备才能行走的行当,传统并非绝对吃香,却是现代进程发展的源头。人类繁衍生息,时代在更迭与前进,但或许只有味道是传承内心幸福感的最好方式。此话很美,令人心醉。做美食的人也需要秉持一颗赤子之心,这是美食人的匠心精神。美食匠人们舍却纷繁复杂的高调烹饪方式，用简单且朴实的烹煮，让享受美食的人感受到味美绝伦。一份简单到极致的美味，才算体现那份不忘初心的情怀！

快节奏的生活让人们逐渐失去耐心，不愿意等待，那些传统美食工艺面临无人继承的困境。我们要传承美食文化与传统美食制作工艺，留住那些记忆中的美好，留住那些旧味道。

一城一味，每一座城市都有其代表性的食物。如果说一碗肠旺面是贵州人最后的坚强，那么鸡肉粉之于龙州人，就像火锅之于重庆人。龙州鸡肉粉，是一碗有灵魂的粉。如果说主食给人们带来幸福感和安全感，那么对以大米为主食的南方人来说，能给他们带来幸福感与安全感的就是米粉。每天吃一碗鸡肉粉，这是龙州人必做的事。

美食让我们品尝到人间百味，赋予我们的生活更多美好，给我们带来希望。一碗龙州鸡肉粉承载着一份美好的情怀。

第三节　崇左手榨米粉

手榨米粉是壮族人民非常喜欢的美食，流行于崇左各地。一般人们会在中元节的时候制作手榨米粉。手榨米粉寄托着人们对祖先的崇拜以及对美好生活的向往。

一、手榨米粉的制作

手榨米粉制作方法：选择上好的大米浸泡后研磨成米浆，放入洁白的布兜中过滤掉其中的水分，使米浆变成水分含量较低的米粉团，然后把米粉团搓成球，用芭蕉叶包裹好米粉球密封严实，放到竹筐里，用稻草灰盖好。将米粉球在竹筐里放置几天，待发酵好后取出，打开之时有股独特的香味。烧开水后，把米粉球放进去煮，由于重力作用，粉球慢慢沉入水中，判断粉球煮熟的标志是粉球上浮，在水中打转。一般情况下，需要在粉球未熟之时捞出，煮的时候不能过熟，如果熟透的话，做出来的米粉口感就会变差，食用时缺少弹性，粉条松散。把米粉球放入木槽或石臼中捣烂，使米粉球充分混合，成为富有韧性、不易折断的胶状物质，这就是手榨米粉的粉浆。把粉浆装进白布兜里，再把白布兜放进一个类似于压榨机的机器里,在双手共同挤压的作用下,压榨机的小孔开始冒出一条条细长的米线,米线缓缓掉入水中,在热腾腾的水中煮熟,这时我们就可以用捞勺捞出米线。米线可以先放到一旁晾凉,之后分为小份,放到碗中备用。

二、手榨米粉的食用

手榨米粉的食用方法数不胜数,最常见的两种如下:

一是汤水手榨米粉。在碗中加入常见的鸡鸭鱼肉以及各种调料,放入米粉,最后加入汤水即可。

二是干捞手榨米粉。不加汤水,把酱油、花生油、酸醋、盐、花生末、煎鱼末等放入米粉内搅匀,这时诱人的干捞手榨米粉就做好了。

榨粉也可以加一点自制的酸料。这种酸料是经过粉团自然发酵形成的,不是简单的醋酸味,而是酸香的味道,有利于增加食欲。对于食欲不振的人来说,是一种不错的选择。榨粉老少皆宜,无论属于哪种体质、哪个年龄段,都可尝试。

榨粉是广西的一种常见美食。吃榨粉体现了壮族人民的生活方式。这种生活方式根植于数千年的传统文化,与当地气候、环境等息息相关。来一碗榨粉,可以体会到壮族人民的质朴、热情,可以感受到壮族文化的魅力。

第四节 竹筒饭

一、竹筒饭的起源

竹筒饭是广西崇左市特色小吃,是一道少数民族特有的、有着悠久历史的美食。竹筒饭分为普通竹筒饭、香竹糯米饭两种。竹筒饭起源于何时何地,现在尚无定论,但比较普遍的说法是起源于云南。竹筒饭是傣族、哈尼族、拉祜族、布朗族、基诺族、景颇族等众多民族经常做的一种风味饭食。竹筒饭在各地和各民族间有不同的做法,现在比较流行的有广西做法、台湾做法、云南做法等,虽然做法不同,但都是利用天然竹子对糯米进行加工的特色美食。

在古代岭南地区,当地少数民族在很久以前就已经有利用竹子来加工食物的行为,这大概可以说是竹筒饭的雏形。经过长时间的发展,竹筒饭成为岭南地区少数民族特有的风味美食。在 21 世纪的今天，竹筒饭在少数民族地区依然流行。在广西的崇左市，当地的竹筒饭是非常具有民族特色的。崇左的竹筒饭以凭祥市的做法最为典型。自古岭南地区就盛产竹子，而竹子是制作竹筒饭的必备材料。凭祥市属于亚热带季风气候，夏季漫长高温，冬季短暂、气温偏低，非常适宜竹子生长。据崇左方志记载，凭祥的先民早在战国时期就已经使用竹子来加工食物，这种加工工具是非常有特色的。凭祥接近越南，容易受到越南饮食文化的影响，再加上当地的特色，所以就与其他地区的风味有所不同。饮食并不像文字和语言那样有固定的形式，例如广西柳州的螺蛳粉，崇左的柳州螺蛳粉餐馆和柳州本地的螺蛳粉餐馆的口味肯定是不一样的。因为任何一种美食要想离开它的原产地在其他地区发展，都必须入乡随俗，适应当地人的饮食习惯。这并不是说一个民族或者地区的特色食品到其他地区就失去了本身的特点，而是说，这是一种文化与另一种文化交流融合发展的结果。崇左地区发展起来的竹筒饭虽然与其他地区不同，但制作方法与其他地区大同小异。

二、竹筒饭的制作

制作竹筒饭的主要食材是糯米和猪油。用山兰稻（一种旱稻）香米搭配肉类为原料，放进新鲜的粉竹或糯竹锯成的竹筒中，加适量的水，再用香蕉叶将竹筒口堵严，放入炭火中待青竹烤焦即可。

其制作步骤主要分为五步。

第一步，选竹节。挑选的竹子为一年的新竹，超过两年的竹子尽量不要使用，因为新竹水分多，耐烧，用新竹烧出来的糯米饭的竹香也会更浓郁。挑选的竹子长度不要超过 25 厘米，直径在 6 厘米左右，两头留长 5 厘米锯成单节，再在一头钻一孔洞，孔洞可大可小。如此做出来的竹节就能有长 25 厘米、直径 6 厘米、开孔 1 厘米左右的空间装米，装好米后最好用一个塞子把孔塞住，塞子有一元硬币那么大即可。

第二步，选用浸泡 12 个小时以上的糯米。浸泡前最好将糯米洗一下，待浸泡一段时间糯米膨胀后搅拌一下，使糯米吸水均匀。

第三步，配料。可根据个人喜好，添加一些香肠、咸肉、咸菜等食品。可以事先把咸肉切成碎末，拌在糯米里，类似做肉粽一样；也可以切成小块，适时适量放在糯米里。竹筒饭能否烧得香喷喷而美味，加水量和火候掌握是关键。

第四步，加水。以一节长 25 厘米、直径 6 厘米的竹筒为例，加水 100 毫升为宜。因为烧竹筒饭时水分散失比较快，水若加少了，烧出来的竹筒饭就容易变硬。

第五步，火候。大火 15 分钟，中火 5 分钟，小火 3 分钟。其中大火 15 分钟一定要烧够，烧制竹筒的时间越长，越要经常旋转竹筒。大概 20 分钟后，如果烧出来的竹筒颜色微微发黄，柔软，没有烧焦的感觉，就证明烧制成功了。

需要注意的是，糯米不能装得太满，留个两三厘米的空间，烧前最好摇晃一下，使米与米的间隙大一些。此外，烧竹筒饭的时候，千万不能让竹筒着火，要适时旋转竹筒，因为竹筒很烫手，所以很有必要准备一双手套，这样还不会脏手。烧制时糯米会粘在竹衣上，烧出的竹筒饭被竹衣包裹着，便可以整个拿起。破开竹筒的时候千万要注意，不能像劈柴一样，一刀两半，这样容易使竹筒饭掉在地上。一定要轻轻地劈，等一个节头裂开以后，把竹筒横放，用刀撬开；或者劈开一个节头以后再去劈另一个节头的相应部位，劈的时候要轻，把节头劈开就好，然后横放，用手拉开。

三、竹筒饭的食用及其文化内涵

竹筒饭芳香可口，具有一定的营养价值。竹子含有丰富的微量元素，且竹子经过烧烤后，会有一种天然的香味，有助于增加食欲。此外，竹筒饭还具有一定的保健作用和美容养颜作用。

在广西壮族自治区，过"三月三"以及其他重要节日时，竹筒饭是必备的美食佳肴。随着人民生活水平的不断提高，竹筒饭也正在逐步走向市场，出现了一些新变化。

随着现代社会的不断发展，竹筒饭也出现了新的做法。上文介绍的是竹筒饭的传统做法，适合在户外活动或野炊时制作，但不利于长期保存。随着现代科技的发展，出现了可以较长时间保存、远距离运输的竹筒饭，它的制作方法如下：

第一步，将淘洗干净的大米放入两端开口、清洗干净的竹筒中。

第二步，将装有生米的竹筒放入装了水的蒸碗内。

第三步，将装有竹筒的若干个蒸碗放在蒸屉中蒸熟。

第四步，从蒸屉中取出烧熟的竹筒饭冷却。

第五步，将烧熟的竹筒饭装入包装袋中封口。

所需要的食材和传统做法的食材一样，在此不做过多的叙述。

需要注意的是，注入的水量是蒸熟米饭所需要的水量，而且要使蒸碗中水面的高度略低于竹筒的高度。在蒸制过程中，蒸碗中的水从竹筒下方进入竹筒内，一般来说，蒸碗中的水要沸腾40分钟左右，竹筒才能出锅。制成竹筒饭后，要将其放入包装袋进行包装。相对于传统做法，用这种方法制作出来的竹筒饭比较干净、环保。

介绍完了竹筒饭的做法后，接下来着重叙述竹筒饭折射出来的文化内涵。我国对竹子的利用和加工有着悠久的历史。在西汉以前，中国还没有纸，古人就利用竹简做书写的材料。到西汉时期，虽然已经发明了纸，但竹简仍然在使用，因为在纸张发明初期，纸的厚度不够，无法承受墨水扩散，若用纸写字，字迹会变得模糊不清。可以说，对竹子的加工利用体现了我国古代先民的智慧。在中国古代社会里，文人墨客总是对竹子赞美有加，比如说"咬定青山不放松，立根原在破岩中"，形象地说明了竹子在古代文人的作品中所象征的不屈不挠、坚韧不拔的品质。

在科技飞速发展的今天，旅游业在不断发展，文化交流也在不断地进行着。近年来，广西崇左地区的旅游业也发展迅速。旅游往往与美食相联系，人们外出旅游除了看风景、看名胜古迹，大概就是品尝当地的美食了。广西属于少数民族地区，崇左又是边境城市，党和国家始终支持着崇左市的发展与建设。在国家政策与当地政府的支持下，崇左的旅游业正在稳步发展，而竹筒饭也将成为崇左旅游业发展中一道具有远大前景的特色美食。相信在不远的将来，竹筒饭这一美食会被更多的人所熟知和喜爱。

第五节　枫叶饭

是否有一种味道，让你魂牵梦萦？是否有一种色彩，让你一见难忘？是否有一种饭菜，让你垂涎三尺？广西崇左就有这样一种美食，色香味俱全，那便是枫叶饭。

一、枫叶饭的由来

在南唐的宫廷里,国君李煜苦吟着:"一重山,两重山。山远天高烟水寒,相思枫叶丹。"这就是他眼中可以寄托思念的枫叶。在人们眼中,枫叶不仅红得炽烈,红得悲情,也青得淡雅,青得恬静。若用嫩青色的枫叶做饭,又将如何?以枫叶做成的饭也被称为"枫叶糯米饭""枫叶黑色糯米饭""枫叶黑米饭"。枫叶饭一般都是在"三月三"这一节日前后吃,据说已有几百年的历史了。清代《武缘县图经》曾记载,三月三日,取枫叶泡汁染饭为黑色,即青精饭。

枫叶饭的来源有着一抹英雄色彩。相传,有一位无名英雄,为人正直,常常惩恶扬善,扶贫救弱。许多百姓都曾受过他的恩惠,都特别感激他。后来,这位英雄在与强敌进行搏斗时,身心疲惫,败于强敌,因伤亡过重死于枫叶树下。当地人民非常悲伤,便在每年这一天去野外采摘枫叶,与糯米搅拌煮成黑色菜饭以纪念他。这种黑色菜饭就是今天的枫叶黑色糯米饭。还有另外一种传说,它源于特侬的故事,关乎孝道精神,这个故事与五色糯米饭有些渊源。壮族青年特侬自幼便与瘫痪在床的母亲相依为命,因担心母亲一人在家烦闷,他时常背着母亲外出劳作,并带上干粮——糯米饭。结果,干粮却经常被猴子偷吃。在偶然的情况下,特侬得知枫叶可以染色,而且染色的汁液对人体无害,于是特侬就想到把枫叶捣烂后用水浸泡,从而得到黑色的汁液,然后再把糯米饭浸泡在黑色汁液里,第二天把黑色的糯米捞起蒸煮,便有了黑色糯米饭。虽然黑色糯米饭外表看上去黑乎乎的,极为难看,猴子看了也嫌弃,但是十分美味,从此特侬再也不用担心猴子抢食了。后来当地人们都学会了做枫叶黑色糯米饭。

二、枫叶饭的制作

枫叶饭逐渐流传开来后,广西其他地区一般都是做黑色糯米饭,而在广西壮族自治区崇左市宁明县,人们却不吃染成黑色的枫叶饭。听说宁明壮家人做的枫叶饭具有瘦身的功效。其实,宁明枫叶饭的食材是很普通的,主要材料是枫叶、糯米、花生,调料是花生油、酱油、陈醋、糖。

制作宁明枫叶饭,首先要去山上采摘枫叶或购买枫叶,要挑选嫩绿的枫叶,然后用一个大碗将洗干净的枫叶装好放在旁边,剥好花生后翻炒花生,尽量注意火候，之后放一边备用。给枫叶浇上花生油、酱油、陈醋、糖等调料，确保每一片枫叶都被这些香气扑鼻的调料浸染。接下来，将炒好的花生与枫叶均匀搅拌在一起，再放到旁边。这时开始做家常蛋炒饭，建议加一点玉米、火腿肠，还有葱花，提升蛋炒饭的味道，当然，蛋炒饭的配料可根据个人喜好进行不同搭配。最后，把炒饭、枫叶和花生都放在一起搅拌均匀，这样，香甜可口的枫叶饭便制作成功了。品尝一口，口齿留香。再尝一口，回味无穷。枫叶饭不仅能够清理肠胃、清热解毒，还可以预防一些疾病，有益于身体健康。

如果说宁明的枫叶饭是一阵清凉的微风，可以驱散人们内心的烦闷，那么染成黑色的枫叶饭就是一幅美丽的水墨画，看似只有一种颜色，实则包含了万千色彩。实际上，染成黑色的枫叶饭与宁明枫叶饭的食材基本相同，不同的是黑色枫叶饭制作用时比较长。同样地，做枫叶黑色糯米饭的时候，应提前准备好鲜嫩的枫叶，再用一个比较大的盆子，把枫叶泡一至两天，继而把清洗的枫叶全部切碎，再把这些切碎的枫叶放在装有清水的盆子里，最好别放太多的水，浸泡8—10个小时，之后用手反复揉搓枫叶，直到水的颜色越来越深。若是怕用手揉搓出的枫叶汁颜色不够深，不妨准备一两块铁器来捣碎枫叶，再用干净的过滤布或者不锈钢漏勺将枫叶渣过滤掉，剩下能够改变颜色的水，将清洗干净的白色的糯米放进这被枫叶染色的水里直接煲饭。当然，也可以提前用铁锅把枫叶水煮沸，再把白色糯米放进去浸泡，直到糯米被染成黑色再蒸煮，其实二者的效果相差不大。值得一提的是，在煮枫叶黑米饭的时候，记得浇上一点花生油，这样煮熟的枫叶黑米饭更加香醇。在煮熟的枫叶黑米饭的基础上，可以加上一些配料，或咸或甜任君选择。倘若喜欢咸口味的话，最好加上一点盐，还有些许腊肠、芝麻、花生、腊肉等配料；喜欢甜口味的话，只要加上一点糖就可以了，保证香甜爽口，因为枫叶本身就含有一些糖分，所以用枫叶染成黑色的糯米饭本来就有一丝甜味，再加上一点糖的话，自然特别香甜。

三、枫叶饭的文化意义

也许当我们亲手把枫叶黑色糯米饭做出来的一瞬间，我们内心会万分欢喜，却会忍不住思考，枫叶是怎么样才能把白色的糯米染成黑色呢？原来，枫叶内部含有丰富的鞣酸，而鞣酸和铁锅在高温的作用下发生了化学反应，就会变成蓝黑色的鞣酸亚铁水，因此白色的糯米在鞣酸亚铁水里浸泡久了，自然就会被染成黑色了。这些被染成黑色的糯米饭里面因为有了一定的鞣酸，可以保存几天不变质。而这一系列科学知识，在枫叶饭开始出现的时期人们却并不了解。枫叶饭代代相传至今，让我有一种迫切地认识其文化内涵的冲动。

枫叶饭的传承，不仅是一种美食制作方法的传承，更是壮族人民千百年来饮食文化的一种延续。

在枫叶饭来源的传说里，为何会有那么多当地人去怀念这位无名英雄？也许不仅是因为当地人受过他的接济，还因为他的正直、善良，更表达了人们对美好人性的推崇和向往，而那个年轻的壮族人特侬，他的故事更是贯穿着孝道的思想，或许他的行为不是最感天动地的，可不论经过多少岁月变迁，不变的是他孝顺的精神。清代《围炉夜话》曾有言："常存仁孝心，则天下凡不可为者，皆不忍为。所以孝居百行之先……淫是万恶之首。"孝向来就是中华传统文化所提倡的，也符合了中华民族的儒家思想。先人制作枫叶饭，并且传承这种美食，兴许是想借此传承这种精神、这种美德，让世代子孙铭记。

正如现在黑色既象征贬义，又象征褒义。生活在当代的人们总是被形形色色的东西迷住了双眼，只注意表象，难以发现其本质，忘记了原来前人曾经也是用黑色象征"刚直不阿、公正无私、坚毅"等含义。在戏曲脸谱艺术里，那一张张黑色脸谱，有秉公执法的包拯，也有耿直爽快的张飞，还有威武有力的李逵。的确，我们身处一个美好的时代，我们要珍存个人良知，必要时尽自己绵薄之力帮助他人。同时，我们也生存在一个浮躁的世界，这更需要我们"不畏浮云遮望眼"，继续传承坚守枫叶饭中的精神与美德。

第六节　龙州五色糯米饭

龙州是一座历史悠久的边关商贸古城，素有"边陲重镇"之称。龙州不仅有历史悠久的古建筑，还有许多特色美食，五色糯米饭就是龙州的一种传统美食。

一、五色糯米饭的由来

五色糯米饭是壮族地区的传统风味小吃，俗称五色饭，又称"乌饭""青精饭""花米饭",五色就是糯米饭中呈现出来的五种颜色,即白色、黑色、紫色、红色、黄色。壮家人喜欢吃五色糯米饭,觉得它是一种幸福吉祥的象征。龙州的壮家人会在"三月三"这一节日中拜山祭祖,壮话叫作"参墓"。壮族流传的《三月歌·蒸黑饭拜山》唱道:"三月逢初三,家家蒸黑饭,分我一二团,拿去拜坟山。"这便是有关"三月三"蒸糯米饭的习俗记录。不同颜色的糯米饭还适用于不同的场合。龙州人在祭祖的前一天会先把五色糯米饭蒸好,第二天将糯米饭与其他供品一起带到祖先的坟前,祭祀祖先。最初的五色糯米饭是用来祭拜的,每年的"三月三"、清明节等节日,家家户户都会制作糯米饭来赴歌圩或祭祖拜神,以祈求五谷丰登,风调雨顺,吉祥如意,表达壮家人对自然的尊崇。以前生活条件比较艰苦,大米价格昂贵且产量低,五色糯米饭仅用来祭祀,后来人们的生活条件变好了,五色糯米饭才被端上了餐桌,用来招待客人或是犒劳辛勤劳作的家人。除了"三月三",在中元节或是过年期间人们也蒸五色糯米饭吃,在孩子满月、乔迁新居等喜庆的日子里,壮家人也会制作五色糯米饭,招呼左邻右舍过来吃,与别人分享自己的喜悦之情。

　　五色糯米饭作为一种传统的美食,关于它的由来和流传有四个传说。

　　五色糯米饭的第一个传说:五色糯米饭的来历与特侬有关。特侬发明了枫叶黑色糯米饭后,壮家人就学着特侬做黑色糯米饭,又学会用紫蓝草、黄花、红草做出五种颜色的糯米饭。几乎每一位龙州壮族妇女都会做五色糯米饭,他们又经常以糯米饭的颜色是否鲜艳、味道是否香甜来评定女主人是不是真正的巧妇,孩子们也会手捧捏成团的彩色糯米饭,走在街上,比比谁家的更黑、更黄、更紫、更香。

　　五色糯米饭的第二个传说:古时有位壮人在土皇帝手下为臣,叫韦达桂。有一年大旱,韦达桂为解除百姓疾苦,用计让皇帝免收了壮族地区人民的赋税,后来皇帝发现上当了,便下令捉拿他。壮乡百姓就把韦达桂送上山躲藏,皇兵找不到韦达桂便放火烧山,那一天刚好是三月三日。后来,百姓在一棵枫树下找到了韦达桂的尸体,就把他葬在枫树旁。往后的每年三月三日,壮家人就把蒸好的五色糯米饭拿到山上祭祀韦达桂。

　　五色糯米饭的第三个传说:传说很久很久以前,壮乡来了一位美丽端庄的仙女,热情好客的壮家人便拿出五色糯米饭来招待她,仙女吃了后对壮家人的手艺赞赏不已，回天庭之前在壮乡洒下了五彩的花种，把壮乡打扮得非常漂亮，后来人们就用五色糯米饭来敬奉这位仙女。

五色糯米饭的第四个传说：崇左市龙州县在宋代曾归侬智高管理。侬智高是北宋时期广西的少数民族首领，领导壮族和其他少数民族抵御交趾的入侵，在多次向宋请求归附未果后，侬智高举兵反宋，败于狄青，流亡大理。传说侬智高死于流亡途中，因为当时的战争局势紧迫，没有大鱼大肉，只有糯米，所以士兵们就把战马给杀了，用战马的血将糯米饭染成红色来祭拜侬智高，以缅怀他们心目中的英雄。

从这几个传说来看，五色糯米饭大多是用来孝敬父母、感恩先辈的功德、祭拜祖先等，五色糯米饭是"三月三"祭祀时必不可少的供品。

二、五色糯米饭的制作程序

现今市面上的色素多种多样，它们可以简化糯米饭的制作工序，但是龙州人始终坚持传统的做法，用纯天然的色素制作五色糯米饭，还原糯米饭的香甜，做出地道的龙州五色糯米饭。蒸五色糯米饭是龙州壮家人的一件大事，五色糯米饭的制作一般选用龙州下冻镇产的优质糯米。下冻镇背靠大青山，山脉绵延，山林丰茂，土壤肥沃。充足的降雨为水田提供了丰沛的水量和肥沃的养分，使下冻镇成为盛产优质大米的地方。下冻镇的糯米颗粒大，米质好，堪称"一家煮饭十家香，十家煮饭香满庄"。下冻镇的糯米蒸煮时香味四溢，煮熟后的糯米饭松软有光泽，放置两天仍不发硬，是龙州人制作五色糯米饭的首选。

五色糯米饭是用各种叶子的汁来染色的，比较讲究技巧，工序也略繁杂。壮家人喜爱枫叶，用枫叶汁浸泡糯米，将其染成黑色，用密蒙花（壮语叫"花迈"）或姜黄捣烂后煮出汤汁，用汤汁将糯米染成黄色。密蒙花又叫黄饭花，它具有祛风明目的功效，《神农本草经疏》里有记载："此药甘以补血，寒以除热，肝血足而诸证无不愈矣。"红色和紫色的糯米饭则是用红蓝草来染色，红蓝草有清热、解毒、消炎、止泻、生血的作用。清代《侣山堂类辩》中说道："红花色赤多汁，生血行血之品。"还有一些人用紫苏将糯米染成紫色，紫苏在广西是一种常见的调味植物，叶紫，味香。而白色则是糯米本身的颜色。集白、红、黑、紫、黄五色的糯米便是五色糯米饭。

制作黑色糯米饭的重要植物枫叶，这种食材受时节的限制，必须是清明节前后采摘的嫩叶或是枝条，才能染出最黑最亮的黑色糯米饭。糯米饭的黑色用枫叶来染成，这是染米过程中最难染的一种颜色。

五种颜色的染色步骤如下：

第一步：将枫叶捣碎，放入水中浸泡，需要注意的是水不能放太多，水放多了泡出来的糯米饭颜色就没有那么深。浸泡七八个小时后再把叶渣捞出过滤，然后用文火将染料汁煮至60℃左右。再将煮好的染料汁倒进盆里，倒入生糯米搅拌浸泡，需要注意的是倒进去的糯米必须是干的，否则就不上色。

第二步：红色素和紫色素是用品种相同而叶子形状不相同的红蓝草制成的。红蓝草叶片稍长，颜色稍深，煮出来的汁液颜色较浓，这时泡的米的颜色就是紫色的；而红蓝草叶片稍短，颜色就较浅，泡出来的糯米的颜色就是红色的。将红蓝草用中火煮开，然后滤出汁液浸泡糯米染色。

第三步：黄色素可用姜黄、黄花或黄栀子等植物的果实、块茎提取。姜黄有行气破瘀、通经的作用，黄栀子主要是用它干燥的果实泡水来染色。黄栀子有清热泻火、护肝消肿止血的作用，而黄花则有明目安神、消肿的作用。传统医学认为姜黄具有止痛、活血行气、驱寒消炎等功效，姜黄捣烂后放水煮开，过滤后留下汁水浸泡糯米。将黄花煮沸后滤出汁液，便能得到黄色的色素，倒入生糯米浸泡即可。

第四步：白色是糯米本身的颜色，只需用冷水将糯米浸泡一夜再蒸熟即可。

第五步：将蒸好的五色糯米摆盘即可食用。

蒸好的糯米饭色彩鲜艳，清香四溢。人们常常将五色糯米饭捏成团，将不同颜色的糯米团陈列在一起，鲜艳夺目，勾人食欲。糯米饭经过染色处理后，不容易坏，也不易馊，纯天然的色素对人体有益而无害，能起到保鲜防腐的作用。

五色糯米饭的做法看似简单，制作过程却烦琐细致。做好的五色糯米饭被人们摆成各式各样的图案和字体，别有一番创意。五色糯米饭包含着壮家人民对美好生活的追求，五色糯米也是蕴含着祝福的五福之米。

第七节 凭祥煎堆

位于边境的凭祥，其小吃在边境地区闻名遐迩，比如白糍粑、艾糍粑、姜葱酒等，此外凭祥还有一种油炸的米制品——煎堆，也被称为"麻团""珍袋""麻球"，已经有了上百年的历史。

一、煎堆的由来

煎堆的起源可追溯至唐朝，在唐朝时被称为"碌堆"。"碌堆"是唐朝长安宫廷的上乘食品，主要用于宫廷的宴会和款待他国来使的使臣。在历史发展上，珠江三角洲一带的居民，在唐宋时期陆续从中原迁入岭南，"碌堆"也随着他们的迁移而传入两广地区，由此可知，两广地区的煎堆的出现和兴起，得益于中原人的南迁。

煎堆在两广地区一般是贺年食品，"煎堆辘辘，金银满屋"的话语表达了人们对富足生活的希冀。还有一种石榴化的煎堆，上头红花点缀，如同石榴子一般，寓意着多子多福。《羊城竹枝词》也有"珠盒描金红络索，馈年呼婢送煎堆"之句，由此可见，历史上已有把煎堆作为年宵礼品之俗。

人们一般在农历正月十九日煎煎堆。那为何会在农历正月十九日煎煎堆呢？这里就流传着许多传说。传说女娲一边补天，一边创造牛、马、鸡、羊等牲畜，初七才造了人，十九日时因过于劳累而休息，大家见女娲这样劳累，不想去惊扰女娲，但是又不会炼石，只好家家户户用米粉做成煎堆，系上红线，放在屋顶上，用来代替石头补天。关于煎堆的由来，第二种传说是有一年岁晚，龙江乡突然出现了一头吃人的怪物，凶残无比，所行之处横尸遍野，只有少数躲藏在屋里的人才幸免于难。人们管这头怪物叫"年"。为了除掉它，有位叫阿堆的乡民，提议用稻草、米粉、鲜肉和烈酒混合起来，仿造人身充当诱饵，引诱怪兽上钩。怪物吃了草人之后，酒性发作，力量减弱，醉倒后被杀掉，但阿堆也在与怪物的战斗中不幸身亡。后来，乡人为了缅怀阿堆除兽安民的功绩，每年岁晚都用糯米粉制作"煎堆"来祭拜他。第三种传说是玉皇大帝的女婿灶王爷每逢小年都要与灶君奶奶一起上天朝见玉帝，为了供奉玉帝和祈求玉帝的庇佑，各家各户便炸煎果交由灶王爷带去献给玉帝,这种炸煎果,就是煎堆。其实,煎堆的由来,是因为正月十九日前后是雨水节气,大多年份都会下雨,人们又冻又饿,最简便的就是做煎堆,充饥又暖身,于是形成习俗。

煎堆五味俱存,咸甜适当,寓意人丁兴旺,花开富贵,合家平安,万事大吉,表达了人们对美好生活的向往。

二、煎堆的品类及制作要领

煎堆品类众多,有馅料实心煎堆、炸空心煎堆等。馅料实心煎堆的做法是选择新鲜糯米,用清水浸泡5个小时左右,然后碾成米粉,用筛子筛选精细的部分,再加入水搓成粉团,放入锅中煮熟,再掺和剩下的糯米粉,用手搓擦均匀后捏成拳头大小的空心米团子,最后再加入馅料即做成了煎堆胚。

馅料有花生糖、莲蓉、豆蓉、椰蓉、椰子丝、苞谷花、冬瓜糖果、芝麻糖和肉丁等。裹好馅料后,把芝麻撒在煎堆胚的表皮上,接着放进烧至120℃的油锅里炸。油炸时,要边炸边不停地用筷子翻动,使其受热均匀,薄厚一致,等到煎堆胚膨胀至比原来大一倍时,捞出来,放至完全冷却后,用同样的方法再炸一次,如此反复3—4次,直到表皮呈金黄色。

炸空心煎堆的做法其实跟馅料实心煎堆的做法相差无几,只是不需要加入馅料。糯米粉加白糖后,再倒入清水,和成软硬适中的粉团,取一小粉团不断搓揉,捏成厚薄匀称的空心粉团,然后往里轻轻地吹气,吹膨胀了就封口。然后放进油锅里炸,边炸边不停地翻动它,炸至表面金黄即可捞出。做好的煎堆需要用报纸盖住或者袋子包好,以防风干。

煎堆的制作要领:一是糯米面团要用半烫面,煮粉团时要煮透,熟粉与生粉的比例一般是3:7。二是煎堆的大小根据需要决定,但皮一定要薄,包馅后搓匀,把缝隙捏合,这样煎堆不容易爆开。三是炸制时以温油膨起为度,以免火急炸过头,影响口感。

油炸时煎堆都会膨胀,这是因为糯米粉中含有支链淀粉,当支链淀粉糊化时,会有较强的吸水力和膨胀力。我们在制作煎堆时,通常使用的都是熟面团,熟面团中的支链淀粉膨胀程度较大,这些糊化的支链淀粉就是煎堆膨胀的基础,而当煎堆胚进行油炸时,未糊化的淀粉受热吸水膨胀,产生具有黏性的弹韧力,成为煎堆膨胀的外皮，随着加热的进行，混入的空气和水分蒸发产生的蒸气和疏松剂分解引起的气体膨胀，煎堆胚内部的压力增加，煎堆胚逐渐变大。随着温度的升高，煎堆的外皮不断变硬，形状渐渐固定，颜色变至金黄。

煎堆曾作为年宵的礼品，但现如今，人们已经不只是在过年期间才制作煎堆了，结婚、贺寿、满月等重大活动总少不了煎堆，比如结婚，第一年新姑爷是要到女方家去拜年的，去拜年所带的礼品之一就是煎堆。新姑爷做的煎堆，必须要大，越大说明新姑爷家越富有，女方的娘家就越有面子。在贺寿、满月的时候，主人家所做的煎堆，不仅要分给亲戚朋友，还会挨家挨户地分给整条街的人，无论彼此是否熟悉，人们都一同分享。而日常生活中，只要人们嘴馋，也可以制作煎堆来解馋。凭祥有着友谊关、大连城、白玉洞等著名的旅游景点，吸引着各地人们的到来。这时候，煎堆又被摆在街头，作为凭祥的特色风味小吃，展现着凭祥的美食文化。

经过几百年的传承和变化，煎堆从宫廷走进了民间，成为人们日常喜爱的小吃，也寄寓着人们对美好生活的向往。

第八节　天等"吉劳"饼

崇左是桂西的一座边境新城，天等则是藏在崇左市里的一座小县城。走入天等，你会发现，美丽神奇的自然环境让天等充满了诗情画意；聚居的民族让天等充满了多姿多彩的民族风情；色香味俱全的风味小吃让天等处处充满了美食的诱惑。其中，天等"吉劳"饼便是一种让人念念不忘的美食。

一、天等"吉劳"制作方法

"吉劳"，是天等县的招牌小吃。在当地的土话中，"吉"是糍粑，"劳"是脂肪，"吉劳"即油炸的糍粑或面饼。说到糍粑，你可能要问一句，糍粑在各地都有，天等的糍粑有何稀奇？它与其他糍粑的做法有何不同？如糯米糍粑，要先将糯米浸泡上一个晚上，再将糯米送去"打糍"，打至能揉成团状后，取出将其揉成圆团，再放入蒸笼蒸半个小时到一个小时。其制作过程繁杂，花费时间多，因此糯米糍粑一般只在节日里制作。吉劳虽同为糍粑，却独具一格，不仅制作过程简单省时,而且外形好看、食用方便。制作吉劳饼需要准备:吉劳模具(一种圆形花边、带有 10 厘米左右手柄的铁器)、小铁锅、面粉、白开水、馅、特制蘸酱,准备充足后便可开始动手制作吉劳。

首先,将水倒入面粉中,将两者搅拌成稀糊状,用特质的圆花边模具盛上薄薄的一层面糊,再放一层韭菜、酸菜或荤菜做成的馅料,最后在馅料上再涂一层薄薄的面糊,吉劳的大致形状就做好了,接着要将这些"生吉劳"下锅炸熟。花生油入锅烧至七分热,把糊好的吉劳下油锅,1 分钟后将吉劳与模具分离,再让吉劳在油锅里滚一滚,炸至焦黄酥脆,接着捞起放在架子上控干油后,涂上酱料,即可食用,其味道鲜香脆糯。从下锅到起锅,整个过程只需要 3 分钟,与糯米糍粑相比,吉劳制作简单,花费的时间少,更方便人们日常制作。

吉劳起锅后,可直接食用,也可根据自己的口味涂上调料,调料有陈醋、蚝油、番茄汁和天等辣椒酱等。新炸上来的吉劳呈金黄色,它的形状小巧玲珑,看起来活像嵌着花边的金黄色小太阳,透过炸酥的外表,还能隐约看到里面的馅料,十分诱人。吉劳里的馅料最初放的是韭菜和酸菜,后来随着人们口味的改变,逐渐增加了馅料的种类,有猪肉、火腿肠、酸笋、猪血等,炸好的吉劳香香脆脆,可甜可咸,各种各样的馅完全可以按照自己的喜好来制作,简单方便,随时想吃,随时做,好吃耐饿,如同北方的饺子一样。吉劳不仅形状好看,它的味道更是别具特色,咬一口觉得脆,嚼一嚼酥松可口。如果在冬天能吃上热乎乎的吉劳,那真是一种温暖的享受。一位天等县的朋友说,寒天里经过吉劳摊,闻到油炸的韭菜肉面饼的香味,总是要冲过去买上一两个吉劳,捧在手上暖暖的,光是闻香味就够满足了,那暖暖的感觉,能让人陶醉一整个寒夜。生活需要仪式感,吃吉劳也需要仪式感。将金黄鲜美的吉劳装在盘子上,涂上喜欢的调料,切成块,用筷子夹起放在鼻子下闻一闻它的味道,再慢慢地放进嘴里咀嚼,酥脆的吉劳发出咔叽咔叽的声音,吃完第一个就迫不及待想要吃第二个。

二、吉劳的文化内涵及价值

天等在历史上远离广西壮族自治区首府南宁,社会富裕程度不高,人们日常的饮食,都是以本地出产的粮食、瓜果、蔬菜为主,因此吉劳是天等人民独创并且流行于民间的小吃,是充满当地朴实的乡土气息的风味食品。据天等当地人说，吉劳的产生是由于当时的天等较为贫穷，食物缺乏，没什么好吃的食品，小孩子也没有什么零食，人们为了丰富日常生活以及满足小孩子的愿望，就用他们的智慧与行动制造了吉劳这一油糍粑。由于吉劳需要面粉制作，而在妈妈辈、奶奶辈的那个年代，面粉比大米还要贵，因此一开始吉劳仅是一些富裕家庭的零食，而经济不怎么富裕的家庭的孩子只能在一些节日里才能吃到。走进天等，你会发现，县城的大街小巷随处可见吉劳摊，小到刚上幼儿园的小孩子，大到背脊佝偻的老人，无人不知吉劳。

随着社会经济的发展，人们的生活水平也逐渐得到提高，面粉从奢侈品逐渐变成了生活必需品，又因吉劳制作的方法简单易学，因此吉劳开始在乡村流行起来。吉劳发展成为宴席中的点缀、孩子们的零食、大人们的早点和夜宵。

在乡村里，几乎家家户户的大人每天早上都要下地干活，别人是朝九晚五，而他们是朝五晚九，每天都工作到天黑才回到家里，他们需要带食物到地里，以便饿的时候能及时补充能量。通常人们会准备一些粥、米饭，但喝粥饿得快，米饭留到中午、下午就会变硬。吉劳不仅制作方便，而且好吃饱腹，还方便携带，掌心大小的吉劳带多了也不会很重，因此吉劳便成为人们常常带去地里劳动时吃的食物。大部分乡村的男人们还有喝点小酒的习惯，工作之余，吃一口香酥美味的吉劳，再喝一口自家酿的米酒，这份满足感便让他们充满了力量。

这时候有另外一批人——商人，他们看到吉劳的商机，便做起了卖吉劳的生意。街上开始出现吉劳店铺，专门制作吉劳，一开始吉劳是几分钱一个，后来变为两角一个，吉劳便宜又好吃，大家购买的次数越来越多，小孩将它当作零食，老人将它当作下饭菜，工作的人们将它当作工作餐，吉劳商业模式开始发展起来。天等县大力发展工业、农业以及旅游业，这给吉劳的发展提供了很大的机会。例如独秀峰下的吉劳便是依靠旅游业发展起来的。"丽川山水"为县城一大景点，位于天等县城东面1千米处，景区主要由丽川独秀峰和丽川河组成，河水绕山而流，河两岸古树丛生，河水清澈碧秀，水中游鱼可数，山清水秀，美丽绝伦，故得名"丽川"。丽川河长约20千米，其中在天等县城约5千米长的河段是丽川河最佳景区。在这里有很多家卖吉劳的店铺。以前素菜馅是两毛钱一个，肉馅是五毛钱一个，现在素菜馅一块钱一个，肉馅两块钱一个。很奇妙的是，吉劳价格涨了，粉丝却越来越多。人们喜欢围坐在摊位前谈笑风生，很多"吉劳发烧友"在空闲时间总会来这里,这里是商业摊位,同时也是联络友谊的摊位。游客在这里坐下,在品尝美食的过程中还能与当地人聊天,或了解景点情况,或了解当地民俗,可谓一举三得。古人云:"故酒食者,所以合欢也。"

吉劳独特的风味牵动无数天等人的胃口。工作日每到下班时间,上班族三三两两结伴而来吃上一两个吉劳垫肚子才肯回家吃饭;每逢圩日,来赶集的公公婆婆、叔叔阿姨会带几个回去给自己的儿女孙辈;节假日、双休日,来吃吉劳的学生三五成群。吉劳以自身独特的风味在天等的美食文化中占据了一席之地,不止引领了美食文化的发展,还带动了天等的经济发展。丽川一家小小的摊面,听说一天营业额超千元。

吉劳给人们带来商业价值的同时,也给人们带来了精神价值。"吉"是吉祥,"劳"是勤劳,吉劳象征着勤奋智慧的天等人民对美好生活的向往,代表了天等人民勤劳朴实的品质,并且时刻提醒着人们,只有勤奋才能获得幸福的生活。

第三章　羹粥类美食

第一节　红糖木薯羹

红糖木薯羹是崇左一道比较常见的甜品，它的主要原材料是木薯。北方的朋友对木薯可能不熟悉，但长江以南的朋友就应该非常熟悉了，因为木薯多种在长江以南地区。

一、木薯概说

木薯又称"树薯"，分为白木薯和黄木薯。我国约于清道光元年（1821）从南洋引种木薯，至今已有二百多年的种植历史。木薯在我国的种植面积较大，主要种植区是我国西南湿热地区，其中广西种植最多。木薯淀粉含量非常高，是工业淀粉的原料之一，它还有较高的营养价值，可以食用，食用后有饱腹感。木薯性寒，味苦，具有消肿解毒的作用。但是在食用木薯时需要注意，它是一种有一定毒性的食物，新鲜的白木薯毒性最大，吃多了会"醉"，孕妇和婴幼儿最好不要食用木薯。

木薯对土壤要求不高，后期照料简单，成活率高，且木薯淀粉含量高，食用后有较强的饱腹感，所以在饥荒年代，木薯作为大米的替代品，成为人们的主食，并被广泛地种植。当时处理木薯的方法还很简单，不过是将剥了皮的木薯直接蒸熟，或者将木薯切成小块，晒成木薯干保存，要吃的时候将木薯干煮熟即可。随着人们生活水平的提高，对于木薯，人们不再局限于简单的吃法。在盛产甘蔗且制糖工艺悠久的崇左市，20世纪90年代的时候出现了一道新的甜品——红糖木薯羹。

二、红糖木薯羹制作方法

红糖木薯羹选用的是面包木薯，也就是黄木薯，因为黄木薯经过蒸煮之后颜色会更好看，也比较软糯，而白木薯则比较绵滑。

制作红糖木薯羹时要准备好适量的水和红片糖。不要白糖和冰糖，是因为木薯性寒，白糖性平，红糖性温，放红糖可中和木薯的寒性；不要老红糖，是因为它颜色太暗，煮出来的木薯羹颜色不好看；也不要红砂糖，是因为红砂糖煮出来会有一股药味，不够香甜。红片糖相对前者，可以说是"艳而不妖"，煮出来颜色亮丽，但不"厚重"，是让人很有食欲的金黄色。所以，不管是颜色还是营养，做红糖木薯羹用红片糖最佳。

准备好食材就可以动手制作了。

第一步：先将准备好的木薯削皮，说是削，其实是刮。刮皮是整个料理过程中花费时间最长的一个步骤，既是最关键的一部分，也是最枯燥的一部分。民间有一句"厌过刮木薯"的俗语，充分表明了刮木薯的枯燥乏味。刮掉的是木薯褐色的表皮和白色的内皮，褐色的表皮刮不干净，口感就会"渣"，而白色的内皮则是毒性的主要部分，吃了会"醉"人。不会刮木薯皮的，可以直接用刨子削掉两层皮，虽然这样削出来的木薯不够光滑，却是最简便的方法。刮木薯有一定的技巧，先将褐色的表皮刮掉，再在白色的表皮层上划一条直线，然后沿着那条线把皮剥出来，这样刮出来的才是一根光滑完整的木薯。削完皮清洗的时候要记得用手将木薯上的泥土搓洗干净，切记不可用力过猛，木薯易断。如此就可以得到一根淡黄色的木薯根茎。

第二步：将木薯根茎切成大小均匀的小块，然后在锅中加入适量的水，把木薯和红片糖放入锅中同煮。如果用高压锅煮，需要煮30分钟左右，用其他的锅则要煮1个小时左右，也可根据个人喜好来调整烹煮的时间。待煮至汤呈金黄色，糖水黏稠，且木薯透亮，木薯羹就煮好了。

受很多因素的影响，红糖木薯羹这道甜品出现的时间比较晚。崇左市是中国最大的甘蔗种植、蔗糖生产基地，种植甘蔗的历史悠久，甘蔗种植面积达到300

万亩，被誉为中国的"糖都"。崇左最初从广东省引入竹蔗种植，发展甘蔗种植产业。后来崇左的种蔗业得到进一步发展。如今，崇左发展种蔗业已有几百年的历史了。虽然崇左制糖业发展得比较好，但由于当时技术有限，手工制糖的产量低，到近代，糖依然是奢侈品，并没有真正成为老百姓厨房里的调味料。据老一辈的人说，在20世纪七八十年代，糖依然是富人才能享用的奢侈品，直到20世纪90年代，糖才逐渐地出现在老百姓的家中，这才有了红糖木薯羹这道甜品。

红糖木薯羹的美味不仅在于面包木薯的软糯，更在于其香甜的汤汁。崇左制糖业的繁荣为红糖木薯羹的制作提供了优质的红片糖。广西地理位置优越，气温高，雨量充沛，无霜期长，雨热同季，有利于糖料甘蔗生长。冬季气候干暖，昼夜温差大，又有利于甘蔗糖分的积累，为产优质的糖提供条件。唐代《食疗本草》有记："竹蔗以蜀及岭南者为胜。"如今，崇左更是被农业农村部划定为甘蔗"双高"（高产高糖）优势产区之一，所辖7个县（市、区）中有5个县（区）被国家发改委定为糖料蔗生产基地县（区）。崇左公路和铁路交通较发达，运输条件好，有利于糖料甘蔗和糖制品的运输。崇左制糖业的繁荣既造就了木薯羹，更推动了中国制糖业的繁荣。

在广西其他地方也能看到木薯羹的身影，但做法各有不同。比如钦州市浦北县的木薯羹就会选用白木薯、白糖（而非红糖）。柳州的木薯羹则是煮的时间比较久，木薯块比较"烂"，没有崇左的红糖木薯羹那么软糯。

现在随着人们生活水平的提高，木薯羹也有了更多的搭配，各式各样的木薯羹应运而生，例如板栗木薯羹、水果木薯羹、香芋木薯羹、红豆木薯羹等。木薯羹不仅仅是一道甜品，更承载了一代又一代人的记忆。

第二节 崇左酸粥

一、崇左酸粥的起源

相传距今几千年前，壮族祖先就在崇左种植稻谷。壮族人民种植和食用大米的历史悠久，但是酸粥产生的具体时间已无从查证。崇左市夏季高温多雨，较为湿热，人们在夏季的时候多胃口不佳，所以便出现了一种开胃的食物——酸粥，这是当地壮族先民无意中发现的独特美食。

在广西崇左，几乎家家户户都会做一种既是蘸料也是主食的食物——酸粥。酸粥是一种以大米为原材料，通过微生物的发酵与反应而得到的传统食品。酸粥在以广西崇左为核心的左江流域传承了数千年，呈现了广西崇左骆越地区的稻作文化和骆越先民日出而作、日落而息的生产耕作、繁衍生息所形成的壮族特有的饮食习惯与饮食文化。

酸粥成为崇左民间美食的代表之一，是一道简单又美味的特色美食。2015年，崇左酸粥被广西壮族自治区人民政府列入第五批自治区级非物质文化遗产代表性项目目录。酸粥是崇左民间饮食文化的重要体现，传承着崇左人的文化记忆。

二、崇左酸粥的制作技巧

酸粥，也称"糟粥"，崇左本地壮语称为"洒渗"。

酿制酸粥，酿的不仅是酸粥，更是酿制酸粥的历史。酸粥的做法主要有两种：

做法一：直接将煮熟的粥倒进干净的小瓷罐里，密封存放，经过几天的发酵，等到小瓷罐里的粥变酸，就可以拿出来，炒熟后食用。

做法二：准备一个新陶罐，洗干净并擦干水渍，需要注意的是在这一过程中不能沾油，否则做出的酸粥会变质，无法食用。用小火慢慢地将罐子加热，使陶罐变干燥，也可以消毒杀菌。再拿二两酸粥做引子，放入陶罐中，然后倒入比引子多一倍的冷米饭，封罐保存。使用的米饭必须要干净，且不能沾上油和水，否则这一罐酸粥都得扔掉重新制作。酸粥的盖子不必完全密封，这种发酵是有氧发酵，如果罐子中没有一定的氧气供罐中的"酸糟虫"呼吸，"酸糟虫"就会爬上罐壁呼吸氧气，影响发酵。在发现米饭发酵变成糜状后，酸粥就可炒熟食用了。制作时要保持罐子中的有氧发酵不间断地进行，就算是不吃酸粥，也要在六七天后倒掉一部分，再重新加入米饭进行新的发酵。

二两酸粥做引子，再加上最纯净的米饭、最干净的器皿，才能打造出最美味的酸粥。在崇左，酸粥既是主食，更是像盐一样不可或缺的配料，牵绊着我们记忆深处的故乡。

食之则有味，附之则有灵，用心孕育出的酸粥是有生命的、有灵魂的和有韵味的，无论是遇上什么样的食材，酸粥似乎都能找到与之相处的最好方式并与之交融，创造出一道道新颖独特的美食。酸粥既可做主食，也可做配料，以酸粥为佐料而做出的美食有酸粥鱼生、酸粥鱼汤、酸粥猪肚、酸粥鸭等，这些美食同样见证了壮族先民的智慧。

酸粥鱼生中的鱼片选自一种特殊的鱼——红眼鱼。将捞到的红眼鱼处理干净，随后切成薄片备用，再将酸粥炒熟至滚烫，便可以开吃了。吃酸粥鱼生是非常讲究的：先夹起一片已经切好的薄薄的生鱼片，将鱼片放在粥里烫3秒钟，然后把鱼片夹放在勺子里，也可以放在一片生的洋葱片上，再加上香脆可口的花生米、清爽的黄瓜丝，就可以品尝这一让人食欲大开的美食了。细细品味，鱼片既有酸粥的酸，又有鱼肉的鲜，还夹杂着配菜的清新，回味悠长。

另一道美食也是酸粥与鱼的碰撞，却是完全不一样的味道，那就是酸粥鱼汤。这道菜需要的食材有：适量的酸粥、一条新鲜的鱼、适量的姜片、蒜米、鸡皮果和花生米。

酸粥鱼汤的做法：

第一步，将已准备好的新鲜的鱼处理好，在鱼身的双面划花刀，用少量的料酒、盐、酱油抹匀全身，放置一旁腌15分钟。

第二步，将葱、姜和鸡皮果切好备用。

第三步，开火烧锅，在锅中放入一勺浓香的花生油，再加入蒜米、姜片、辣椒、鸡皮果和酸粥爆炒。爆炒过后的酸粥，酸味浓郁，再加入香脆可口的花生米。在油锅最为沸腾的时候，将腌制好的鱼下锅，让鱼身、鱼头在酸粥的包裹下披上一层爽滑的外衣。再加入适量的水，用中火煮10分钟，这道酸粥鱼汤就做好了。这就是崇左人宴请宾客必不可少的一道美食，也是酸粥宴上的一道著名菜肴。

酸粥不仅能与鱼碰撞出别样的美味，还能与其他的食材创造出别样的味道。如酸粥猪肚，这又是一道酸粥与食材融合而产生的特色美食，也是崇左市宁明县的特色美食。其所选的食材也是相当简单，酸粥猪肚必需的重中之重的食材无疑是猪肚，这道宁明酸粥猪肚选用宁明县当地的土猪猪肚。

酸粥猪肚的做法：

第一步，将猪肚洗净，放进锅中烫至熟软后捞出，放置一旁晾凉，然后切片备用。

第二步，将早已发酵好的酸粥倒入锅中熬煮，待酸粥熬开之后加入切好的猪肚同煮，并加入适量的盐调味，再放入嫩姜丝和胡椒粉后即可出锅。

第三步，在盛好的酸粥猪肚上撒一些葱花点缀，一道酸粥猪肚就做好了。

酸粥猪肚不仅具有补虚损的功效，还能健脾开胃，老少皆宜，很受人们的喜爱。

酸粥原是普通食物，而智慧的崇左人民将酸粥和其他的食材放在一起做成了一道道美味的特色菜肴，酸粥鸭也是用酸粥来制作的特色菜之一。崇左很多家庭在过年过节或者招待客人时都会制作酸粥鸭。这道美味的菜肴对于食材的选择也是相当讲究——鸭子必须是农户养足了120天的青头土鸭，不然就无法做出正宗的酸粥鸭。

酸粥鸭的制作步骤：

第一步，选好青头土鸭后，将其宰杀清洗，然后用清水煮熟，再将熟透的土鸭切块备用。

第二步，将适量早已发酵好的酸粥，与辣椒、蒜一起下锅煸炒。在炒的过程中要不停地翻搅，以防酸粥粘锅有煳味，破坏酸粥本来的味道。同时，对盐量的把握也是炒酸粥的关键之一，盐量掌握得当，炒出的酸粥酸香适度、余味悠长，若是食盐放多了，酸粥就会泛苦。

第三步，在炒酸粥的过程中要不断加进熬好的米汤，并且不能加入生水。如此煸炒才能保留酸粥的原汁原味。

第四步，加入米汤的酸粥收汁后，即可出锅。

炒好的酸粥与肉质肥美有嚼劲的土鸭是绝对美味的搭配。夹一块鸭肉，再蘸一点酸粥，入口酸辣鲜香，令人口齿留香，在炎炎夏日食用，能提神醒脑和促进食欲。

酸粥含有对人体有益的双歧杆菌，双歧杆菌与醋和酸奶的功能相似，具有促进消化、增进食欲的功效，还可以疏通血管，降低高血压，防止心脑血管疾病等。

无论是酸粥还是以酸粥为材料而做成的各类美食，都是崇左民间的特色美食。创造酸粥的壮族先祖变废为宝，将已经变酸的米饭做成另一种美味，化腐朽为神奇。这一切得益于神奇美妙的自然反应——发酵，正是有了发酵这一过程才能将人与微生物联系在一起，共同打造美味与韵味并存的食物——酸粥。

从农耕文明到工业文明，时代更迭，但人们制作酸粥依然延续着壮族祖辈手工制作的浓郁香味，依然保留了酸粥最原先的本色——既有像醋一样的酸，又保留了米饭的清香和清甜。崇左人民祖祖辈辈在酸粥中寻找时间的痕迹，在酸粥中回忆故乡的美好足迹，回忆在田埂上奔跑的背影、在稻田中辛勤的身影、在田间嬉戏打闹的笑声。吃的是酸粥，品的却是记忆深处故乡的味道。

第三节 崇左黄金粥

某美食节目中有这样的一段话："这是剧变的中国，人和食物，比任何时候走得更快。无论他们的脚步怎样匆忙，不管聚散和悲欢，来得有多么不由自主，总有一种味道，以其独有的方式，每天三次，在舌尖上提醒着我们，认清明天的去向，不忘昨日的来处。"

一、黄金粥之得名

位于我国南部边陲的崇左，在漫长的历史发展过程中，逐渐形成了其特有的饮食习惯，黄金粥就是崇左人民用智慧和劳动创造出来的一种特色美食。

之所以叫作黄金粥，是因为其颜色呈灿烂的金黄色。一般情况下，最简单的黄金粥制作食材就是大米跟玉米，大米和玉米是最基本的两种食材。与崇左的黄金粥不同，贵港的黄金粥叫玉米粥，其制作方法非常简单，先是将大米淘洗干净，加入适量的水，放入锅中煮，再把提前碾成粉的玉米粒放入瓢中，加入适当的水混合搅拌，等大米煮烂与水融合变成粥后，将混合了水的玉米粉倒入粥中搅拌，煮熟即可。这样的玉米粥闻起来有一股淡淡的玉米香味儿，品尝时你能从中分辨出一小粒一小粒的玉米，味道很淡。

二、黄金粥的制作

崇左的黄金粥所放的配料比较多，因此制作方法也就复杂得多。为了使黄金粥更美味，更吸引人，人们在制作过程中通常会加入各种用于调味的佐料。有些人比较喜欢吃甜的东西，在制作黄金粥的过程中会加入一些白砂糖，做成甜味的，而在广西尤其是崇左，很多人喜欢吃甜食，所以崇左一带的黄金粥吃起来基本上是甜甜的。不过有些人不喜欢放糖，因为玉米和大米本身就自带甜味，我们都知道光吃大米粥是越嚼越甜的，所以两种食物组合在一起吃甜味就更加浓了。比起加了白砂糖的黄金粥，有些人反而更喜欢这种带了自然甜味的黄金粥，而且不加糖的黄金粥制作起来也会更加简单一些，有些人为了省事，一般会选择不放糖。制作黄金粥前要把玉米进行筛选，去掉干瘪、虫蛀的玉米颗粒，将完好的玉米磨碎成均匀的细细的颗粒，再筛掉粉末和拣出大颗粒。若留有粉末，煮出的粥就会变成糊状，这样的黄金粥做出来，卖相会变得不好看。大的颗粒不易煮透，用大颗粒煮粥，会增加熬制黄金粥的时间，而且煮出来的粥可能会残留有未煮透的大颗粒。用均匀的碎粒煮出的粥不稀不稠，灿若金汤，爽口适胃，这样的粥才是黄金粥当中的精品。制作黄金粥的时候先是取颗粒饱满的大米，用水淘净后，加入适量的水，放入锅中煮，然后把玉米粉倒入锅中，同大米搅拌均匀，再把一些枸杞用清水洗干净后，放入锅中，加入适量的糖搅拌均匀，当然也可以不放糖，小火慢熬十几分钟，使粥全部煮烂，枸杞和糖的味道全部渗透到粥中，粥与配料完美融合，美味的黄金粥便做好了。取一些辣椒，再配上崇左的特色小吃如酸菜和酸笋，与黄金粥混着一起吃，这样的美味，怎能不令人食欲大增呢！黄金粥吃起来润滑可口，甜而不腻，而配料与粥完美融合，吃完之后，唇齿留香，不仅大人爱吃，小孩也特别爱吃。每当劳作之后，一家人其乐融融地坐在一起，吃着用祖辈传下来的方法制作的黄金粥，真是再美好不过的事了。

三、黄金粥的食用及功用

从黄帝始烹谷为粥至今，中国人吃粥的历史已经有了数千年之久，后来，粥更是把食用与药用的功能完美融合，上升到了带有人文色彩的养生高度。而我们的黄金粥不仅有食用价值还有药用价值，当你便秘或者觉得眼睛非常累的时候，可以喝上一碗黄金粥，你就会发现黄金粥能缓解这些症状，对身体有很大的好处。

《本草纲目》一书说："饴饧用麦蘖或谷芽同诸米熬煎而成，古人寒食多食饧，故医方亦收用之。"也就是说，从古时候起，黄金粥就不仅仅是节日用粥，很多医家已经发现了它的药用价值，并且大力推广。

制作一碗最基本的黄金粥所用的材料就是大米跟玉米。大米是中国人的主食之一，由稻谷脱壳而成。大米品种多样，富含多种氨基酸，蛋白质主要是米精蛋白，易于消化吸收，是南方必不可少的主食。大米需要放在干燥和密封效果好的容器内,并且要在阴凉处保存。在广西有个习俗,就是在盛有稻米的容器内放几瓣大蒜,这样可以防止稻米因久存而生虫。

玉米在很多地方的叫法不同,比如有的地方叫作"苞谷""苞米",有的地方叫作"玉蜀黍""珍珠米"等。玉米原产于美洲,后来被传到世界各地。玉米如今是全世界公认的"黄金作物",有的地区还以它为主食。玉米是粗粮中的保健佳品,多食玉米对人体健康是非常有利的。玉米可以降低胆固醇、缓解便秘、促进新陈代谢、明目等。

总之,大米跟玉米都对人体有益,它们组合在一起对人体更是有很大的好处,因此黄金粥历来都深受人们的喜爱。

崇左市的地理位置和气候环境决定了它对于发展玉米、水稻等亚热带经济作物具有得天独厚的自然条件。因此崇左自古以来就种植有大面积的水稻、玉米。崇左人民以耕地种田为主,每天过着日出而作、日落而息的劳作生活。在炎热的夏天体力消耗特别大,喝粥既开胃又能补充能量。因此,黄金粥便成了崇左人民餐桌上不可或缺的一种食物。

崇左市位于边疆地区,经济发展比较落后,加上古时候环境恶劣,自然灾害较多且难预防,人们大多生活困苦,饮食一般是干稀搭配,多数人以大米为主食,崇左各民族一日三餐都喜欢喝粥,而黄金粥作为粥的一种,更是餐桌上常见的主食。

农民的生活总是艰辛的,面朝黄土背朝天,特别是在炎热的夏季,农民耕种时要消耗很大的体力,汗流浃背是常事,汗水一滴一滴地掉到土地上再渗透到泥土里,很快便被太阳蒸发了。流的汗特别多,也就很容易渴,于是崇左的农民下地耕种前,总爱用一个水壶装满煮好的黄金粥,再拿上碗,才扛上耕作工具,向着田地进发。耕作休息的间隙里,农民们拿出碗倒出黄金粥,不需咀嚼,便大口咽下去,喝完之后发出满足的感叹声,然后黑黝黝的脸上便露出了笑容。黄金粥既解渴又能充饥,对于农民来说,在辛苦的劳作之余,能喝上一碗黄金粥很是满足。在这之后,他们便能有充足的体力进行劳作了。

对于黄金粥的起源,目前已无据可考,只知道古时崇左人民顺应当时的环境条件,结合自身的生活状况创造出了黄金粥,后来便广泛流传,一直传到了现在,不但没有断过,反而随着崇左经济的发展传播得更加广泛了。

由于黄金粥是崇左人民每天必备的食物，因此不管在小型节日，还是在盛大的节日，总免不了黄金粥的存在，再加上崇左经济的发展、旅游业的兴起、交通的完善，越来越多的外地人到崇左观光旅游，品尝美食。崇左人民热情地招待外来游客，用崇左的特色美食来欢迎他们的到来，这时候我们总能在饭桌上看到黄金粥的踪影。外来游客对于颜色灿烂的黄金粥也是非常好奇，品尝过后纷纷竖起大拇指，表示满意。美味的黄金粥，让崇左赢得了许多回头客。

黄金粥的独特美味，让它一直长盛不衰。崇左人民从小就有喝黄金粥的习惯，所以在外闯荡的崇左游子们，不论离家多久，总会记得家乡独具特色的黄金粥，家乡的黄金粥总会不时地出现在梦里的饭桌上。黄金粥已经成为游子们思念家乡的一种媒介，在思乡情切却又无法回乡时，游子们就会自己动手做黄金粥，以此来缓解强烈的思乡之情。

今天，黄金粥不再只是一种填饱肚子的食物，而已经成为崇左地区的一种文化印记。

第四章 肉类美食

第一节 烤乳猪

一、烤乳猪的传说

烤乳猪是崇左市的特色美食,也是崇左丰富美食文化的重要体现之一。烤乳猪,一道名字普通却味道独特的佳肴,它的起源也充满了神秘色彩。关于烤乳猪起源的历史传说有两个,第一个传说在18世纪英国学者查理·兰姆的《谈谈烧猪》中有记载。相传很久很久以前,有一天,一户人家的院子突然起了火,火势凶猛,很快就烈焰冲天,院子里的东西都被烧光了。这时,宅院的主人匆匆赶回家,只见一片废墟。正当主人痛哭时,一阵香味扑鼻而来,主人闻着香味寻去,发现香味是从一只烧焦的小猪身上散发出来的。主人看小猪的皮被烤得红扑扑的,焦红的猪皮溢着油,色泽甚是诱人。主人不由自主地尝了尝,猪肉被烤得外焦里嫩,鲜香扑鼻,竟然是从未吃过的味道。虽然院子被烧掉了,但主人却为发现这个吃猪肉的新方法而欣喜。

如果这个传说还有待考证,那么第二个传说更是为烤乳猪增添了一份神秘色彩。

传说上古时有个猎猪能手,平时以猎捕野猪为生,他的妻子为他生了个儿子,取名为火帝。儿子长大后,父母每日上山猎猪,儿子便在家饲养仔猪。有一天,火帝偶然拾得几块火石,便在猪圈附近敲打玩耍,打火石摩擦产生火花,火花点燃了茅棚，引起一场大火。火帝到底还只是一个不知事的孩子，平时也没有见过什么好玩的，见茅棚起火，不但一点儿不害怕，反而感到很开心。大火熄灭后，从被烧过的废墟中散发出阵阵诱人的香气。是什么东西这么香呢？火帝扒开杂物，循味而去，发现这诱人的香味来自烤得皮焦肉绽的仔猪。那诱人的色泽、馋人的香气早已令火帝垂涎三尺。他情不自禁地用手去提一条猪腿，却被猪皮表面滋滋作响的油给烫伤了，他忙用嘴唇去舔那烫疼的指头，却意外地尝到了香美的滋味，这令他欣喜不已。火帝的父母狩猎归来，见猪棚化为灰烬，仔猪全被烧死，正要喊火帝来问个究竟，只见火帝向父亲呈献上一道美味——一只烤得焦红油亮、香气扑鼻的乳猪。父亲不但没有责备儿子，反而为儿子发现这个吃猪肉的新方法而高兴，并将烤制乳猪的做法告知左邻右舍。据说，人类最早得知动物烧熟会更加美味可口便是从此时开始。第二个传说的时间显得更为久远，但是两个传说都说明了一点：烤乳猪这道菜肴是古人在机缘巧合下发现的。烤乳猪这道美味佳肴流传至今，经过不断改良，制作方法和味道也不尽相同，有着各自的特色，而桂西南崇左市的烤乳猪独具一格，带有当地的民族特色，体现着少数民族的饮食文化，是来崇左的旅客必尝的美味。

二、烤乳猪的制作方法

说了关于烤乳猪的历史渊源，相信大家对烤乳猪都有了一定的了解，那么接下来介绍一下烤乳猪的制作方法。制作前需要准备的食材：乳猪、白糖、盐、蒜、八角粉、五香粉、腐乳、芝麻酱、生粉、白酒、白醋、味精、洋葱、麦芽糖等。

第一步，用刚烧开的水去烫猪皮，将表皮的毛和脏物刮洗干净，然后掏空其内脏，再次清洗，再将盐和五香粉均匀抹在乳猪背部和腹部，腌制30分钟。

第二步，将蒜剁成蒜蓉，把洋葱切碎，在碗中依次加入腐乳、芝麻酱、白糖、生粉、味精、白酒、五香粉和八角粉，搅拌成腌酱，涂抹至猪全身，继续腌制30分钟。

第三步，用木条将乳猪的腹腔横撑固定，然后用铁丝或者钢叉将猪肉从头到尾穿起。

第四步，把70℃左右的热水浇到猪皮上，等猪皮定型风干。接着将麦芽糖倒入碗中，加入开水稀释，再加入少许白酒和白醋，调稀做成糖浆，然后均匀地刷到猪皮上，这样烤出来的猪皮焦脆红亮，色泽亮丽。麦芽糖容易上色，不可用太多，用多了会使烤出来的猪皮发黑。

第五步，烤乳猪。烤制乳猪时，可以用炭火，也可以用烤炉或烤箱。用炭火烤制时，先将乳猪刷上油，猪背朝下，将猪腹部以及猪脖和猪头烤上20分钟，这期间用针扎些小孔以便水分和油脂流出，再将另一面烤制5分钟，不断来回翻面，烤上50多分钟即可。

用烤炉烤制时，先将乳猪挂进炉子里烤30分钟，取出后用针在猪皮上扎一些孔，便于油脂流出，再烤上20多分钟即可。用烤箱烤制，需要先将烤箱调至270度预热，然后将乳猪切成小块，放进烤箱，用上下火150度烤20分钟，然后拿出猪肉，看到猪皮颜色微黄时用针扎孔，刷上油再烤20分钟，再拿出刷油，烤20分钟，如此反复三次左右，等到猪肉颜色红亮、外皮酥脆时，酥脆美味的烤乳猪就做好了。

三、烤乳猪的食用

由于制作复杂、场地受限，崇左的烤乳猪并不像其他省市的烤乳猪一样在饭店里售卖，崇左地道的烤乳猪一般出现在街头上。在崇左市区和乡镇街边经常会看到一些商贩，推着放置有众多烤乳猪的推车，沿街叫卖或者定点摆摊销售。清风吹过一只只烤乳猪，卷起阵阵诱人的肉香，隔着很远都能闻到，烤乳猪金黄的色泽和诱人的香味实在是让人垂涎三尺，很多人都寻味前来购买。

吃烤乳猪也颇有讲究，吃崇左烤乳猪讲究"闻、皮、肉、酱"。闻，吃之前先闻，会闻到一股烤制的肉香，并带有一点点的焦味，感觉味蕾瞬间被打开。皮，先吃皮，皮和肉分开吃口感更好。夹起一块烤猪肉，一口咬下，享受牙齿咬到脆皮的"咔嚓"声，猪皮脆中带韧，越嚼越有劲，一口吞下，唇齿留香。吃完皮，就该到肉了，夹起一块烤猪肉，蘸上特制的酱料，咬上一口，肉质鲜美而不油腻，肉香与特制酱料的香味混合在一起，有着独特的醇香，让人回味无穷。

烤乳猪作为崇左特色美食，有着它独特的价值。乳猪肉能为人类提供优质蛋白质和多种营养物质，适宜大多数人食用。值得注意的是，烤制食物在加工过程中可能会产生致癌物质，不利于健康，不宜过多食用。烤乳猪作为崇左的特色美食，是崇左的一张美食名片，对宣传崇左起到了举足轻重的作用。现在在很多地方，都能看到崇左烤乳猪的身影，崇左文化正逐渐走出崇左，知名度逐渐提高，人们也更加关注崇左文化，关注崇左发展。

崇左市地道的烤乳猪，色、香、味俱全，且历史悠久，有着崇左当地的独特韵味。崇左市烤乳猪不是山珍海味，也不是饕餮盛宴中的菜肴，而是飘香在崇左街道上的民间美食。欢迎大家来崇左品味烤乳猪，品尝这道历史悠久的民间美味。

第二节　明江烤猪

一、明江烤乳猪概说

一方水土有一方特产。宁明县地理环境特殊，自然资源丰富，生态环境优良，盛产优质的饲料，培育出了优良的本地猪。由于采用粗放的方式饲养，明江本地猪皮薄，肉细长，胴体瘦肉率高，肌肉鲜红，适应性和抗病能力强。明江烤猪是崇左市宁明县明江老街的特色佳肴，以外表金黄酥脆、油光可鉴、肉质鲜嫩多汁而扬名。明江烤猪皮薄肉脆，骨头酥软，肉肥而不腻，松软可口，香甜多汁，没有一般猪肉所有的腥味，有的是黄皮果树树叶的浓郁之香，是招待贵宾的佳肴。明江烤猪在重大节日中属于上等菜，由此可见烤猪在宁明饮食文化中的重要地位。

南北朝的贾思勰在《齐民要术》中系统地总结了6世纪前黄河中下游地区农牧业的生产经验，并详细介绍了食品加工与贮藏、家禽饲养和疾病防护、野生植物的利用等内容，还谈到治荒的方法、气候与不同农作物的关系等，被誉为"中国古代农业百科全书"，其中记载的"炙豚法"是一种制作讲究的烤猪古法，宁明县人民就是用这种方法做出了远近闻名的明江烤猪。明江烤猪在崇左市第三届陆路东盟国家商务（壮族歌坡）文化节第二届旅游美食节中荣获"特色菜肴"金奖，提高了知名度。约1500年前，用火烤制食物和加工食物的做法已较为普遍，中国的炙烤技法也基本成熟，以炙豚法烤制的乳猪已成为固定菜式并沿袭下来。但是随着科技的发展，人们对食材的加工方式不断改进和丰富，衍生出各式各样的烤制食物，例如金陵烤鸭、北京烤鸭、广东烤乳猪、烤全羊等。

二、明江烤乳猪的制作技巧

明江烤乳猪一共有四个制作步骤，所需的配料多且制作复杂，若是配料的调配与制作不正确，那么烤制出来的乳猪就不是正宗的明江烤猪。烤制前需要准备的配料有：五香精盐、醋、白糖、豆酱、甜酱、红腐乳、麻酱、花生油、葱球、千层饼、酸甜菜、蒜泥、汾酒、茅草叶等。

第一个步骤：选用本地小猪，将其宰杀后去毛。把烧沸的水均匀地浇在宰杀后的乳猪身上，来回浇两三次。再用刀把猪毛刮干净，刮完的猪要用清水清洗干净，最后再用茅草叶擦洗乳猪，这样，乳猪的去毛工作就完成了。

第二个步骤：将五香精盐、醋、白糖、豆酱、甜酱、红腐乳、麻酱、花生油、葱球、千层饼、酸甜菜、蒜泥、汾酒等调料按照一定比例调成秘制调料。在乳猪腹部开一个小口，掏出内脏，再把乳猪清洗干净，然后把调配好的秘制香料填入腹中，把乳猪腹部填满。

第三个步骤：用柞木条或钢钎将小猪穿起，架在炭火上炙烤3个小时左右，架在火上烤时需注意离火源远一些，并且要不断地旋转翻烤乳猪，以免烤得不均匀。在烤的过程中，要用清酒和猪油多次涂抹乳猪全身，涂到乳猪颜色变成淡淡的金黄色即可。这样烤制的乳猪颜色亮丽，色泽金亮，也更诱人。

想要使烤猪更加焦脆美味，就必须注重香料的搭配、上料的手法、对上料时间的掌握。这些都是重中之重，只有掌握了这些技巧，做出来的烤猪才是正宗明江烤猪的味道。烤好的乳猪外焦里嫩，表皮酥脆金黄，里面的肉松软香甜，既有香料的香味，又有黄皮果的清香，肥而不腻，瘦而不柴，让人回味无穷。

宁明人民传承了"炙豚法"，在继承的基础上创新，在创新的过程中继承，不断改进明江烤猪的制作方法，丰富明江烤猪的配料，力求在保留明江烤猪纯正口感的同时进行口味创新，使明江烤猪变得更加有特色。

三、明江烤乳猪的食用

明江烤猪营养丰富，含有人体需要的多种营养物质。烤猪肉含有丰富的不饱和脂肪酸，高蛋白、低脂肪、低热量，老少皆可食用。猪肉不仅能够为人类提供优质的蛋白质和必需的脂肪酸，提供促进铁元素被人体所吸收的半胱氨酸，还有改善缺铁性贫血、促进新陈代谢的作用。

古人常说,六畜猪为首,用猪来祭祀,表示对先人的敬重,这也是中国人传承上千年的习俗。而烤猪也可当作祭品,用来向先祖表示孝心和敬意,祈求家族兴旺、事业红火。烤猪又叫金猪,用金猪来祭祀,还寄托着人们发财致富和身体健康的愿望。相传龙母吃了金猪,就会"赐福金珠",人们吃了金猪不仅身体健康,病痛不缠身,还可以事业红火、财源广进。经过代代流传,烤猪成了宁明人民欢庆节日的首选食物,明江烤猪也被赋予了特殊的文化意蕴。

第三节 崇左梅菜扣肉

梅菜扣肉是一道平凡常见的菜肴,但广西崇左市的梅菜扣肉,味道独树一帜。在大多数广西人的眼里,扣肉精致讨喜,因而是招待贵宾时及各种喜宴上必不可少的一道菜。崇左的梅菜扣肉也是如此,喜宴上必不可缺。

一、梅菜扣肉的由来

对当地人来说,关于梅菜扣肉的来源还有一些传说。

第一种说法是在明末农民起义时兵荒马乱,大批中原人士为避战乱,纷纷举家南迁,逃往更为和平安稳的岭南地区。在两广地区的循州府北面20千米处,群山环抱之中有一块方圆5千米的平坦土地,那里迎来了潘、刘、卢、余一行人。后来,四人各自选定田地开基立业,垦殖生息。四人里的卢公原出身书香门第,曾当过地方小吏,因不满朝政腐败,携妻儿随南迁人群定居于此。此地开阔平坦,小溪流水穿梭其中,人们为跨溪过水而筑简易木桥,后来定村名为"土桥"。

卢夫人何氏出身名门,知书达理,为人善良,但不擅农事。夫妇二人育有五子,年尚幼,嗷嗷待哺。但因战乱奔波,积蓄花销殆尽,仅凭卢公一人耕作,日子过得半饥半饱。一日,卢夫人在河边洗衣,孩子们饥肠辘辘,哇哇地哭着要吃饭,夫人不禁心酸,凄楚泪珠掉落河中。这时忽然吹来一阵清风,飘来一朵彩云,卢夫人抬头一看,见一仙姑立于眼前。仙姑上前安慰她道:"夫人无需伤心,善心人自有皇天护佑,今我百年修炼,育有良种一包,是广济苍生之物。你等将此种播下,腊月时可收获,届时神州多一物,孩儿可得温饱矣。"言毕,仙姑即抽身前行，卢夫人急忙拜谢，问仙姑姓甚名谁，日后好生报答。仙姑笑答："广济苍生，何劳报答，姓梅是也。"随即腾云而去。卢夫人得此良种之后，便选定秋分时节在菜园中将种子播下，不过几日即出现绿油油的菜苗，极为茁壮。菜苗移栽时正逢秋收后，有大片稻田可供移植。于是，夫妇二人连日移栽，种上了一亩多地的菜苗。转眼就是腊月，正值收获季节，地里的菜长得又大又好看。采来煮食，鲜甜嫩滑，分外可口，孩子们饱食一顿，高兴得直蹦跳。一餐一棵，连食数日，菜已抽芯开花。卢夫人于是叫左邻右舍都来采收，你一筐，他一筐，但仍剩下一片未及采收，眼见再不采收即会老化而遭浪费，一家人正愁着该怎么办，卢夫人忽然想起腊猪肉，眼前一亮：猪肉可以腌腊，菜不是也可腌吗？她试着将地里的菜摘下晒干，装进陶缸，加盐腌制。为了去掉水分，晒干贮藏，她到山上采来一种名为黄毛婆的柔软净草作铺垫，密封堆藏。经过晒藏，菜干呈桂圆肉般的油亮状，色泽金黄，香气四溢。春节期间，各家相互走访或宴客时，将其取出与猪肉同煮，鲜甜可口，别有一番风味。亲朋好友问及此为何类菜种，卢夫人道："是梅仙姑送的菜种，就叫'梅菜'吧。"此后经亲朋好友引种，梅菜很快在东江流域传开，广为种植，岭南一带从此有了梅菜。

第二种说法是土桥村都姓卢，500年前从江西迁来定居。卢家有个年轻的媳妇，名叫洪梅，勤劳善良，十分孝顺。这个村都是胶泥土地，不适宜种菜，因此一到插秧的季节，村里人就没有菜吃。为了这事，阿梅经常要走很远的路，回娘家拿菜来给公婆吃。土桥村外有条小河，河上有座独木桥，人从桥上过，一不小心就会掉进河里。有一次，阿梅在河边洗衣服，有位阿婆要过河，因独木桥太窄，阿婆不敢过去，阿梅说："阿婆，我背你过去。"于是，阿梅背着阿婆到了对岸。阿婆很感谢阿梅，于是从口袋里掏出两粒菜种，对阿梅说："这菜猪不吃，牛也不糟蹋，等到稻子收割后，你把它种上，明年春季用盐把它腌好，插秧时就不会缺菜吃了。"阿梅接过菜种，便准备回去洗衣服，突然发现河上出现了一座土桥，再回头看阿婆，阿婆不见了，原来是观世音菩萨显灵。后来，这个村就叫土桥村，种的菜就叫梅菜，村里还建了座寺庙供奉观世音菩萨，寺庙有口钟，是明崇祯年间铸造的，当地人说梅菜就是在铸钟之前种下的。

虽说循州府位于现今的广东地区，但两广地区交往密切，扣肉大致也是在明清时期传入广西的。广西除了有崇左梅菜扣肉，还有另一道同样著名的荔浦扣肉。

二、荔浦扣肉的做法

先介绍一下荔浦扣肉的做法。制作荔浦扣肉需要准备的材料有：芋头、五花肉、酱油、蜂蜜、白糖、桂林豆腐乳、三花酒、五香粉、胡椒、葱汁等。

材料备齐之后便可开始制作。

第一步，将芋头剥皮，切成6厘米长、4.5厘米宽、1.2厘米厚的长块，用油炸至呈金黄色后捞起。

第二步，将五花肉用水煮至筷子能穿过肉皮的程度，然后捞起，用针尖在肉皮上均匀地刺出小孔，使得五花肉在烹饪过程中更容易入味。刺完之后涂上酱油、蜂蜜和白糖，再用热油将其炸至肉皮发泡变成酥黄色，然后切块，用桂林豆腐乳、三花酒、五香粉、胡椒、葱汁拌匀。

第三步，将荔浦芋块和五花肉相间拼成排后装碗（装碗时皮朝下，方便上桌翻起），放入蒸锅中用旺火蒸1个小时即可。

荔浦扣肉上席时用圆碟倒扣翻起，趁热食用，味道最佳。荔浦扣肉的特点是酥香味美、四季皆宜，吃起来松软爽口，油而不腻，浓香四溢。荔浦扣肉可谓色香味俱全的地方名菜。吃荔浦扣肉还有个讲究，不得避开肉块专夹芋头，而要芋头与扣肉成双入口，这样吃才算地道，味道也才正宗，肉中有芋头味，芋头中有肉味，二者相得益彰。

三、崇左梅菜扣肉的做法

介绍完了荔浦扣肉，接下来介绍崇左梅菜扣肉。要想制作崇左梅菜扣肉，必须准备以下食材：五花肉、甜梅菜、姜、八角、盐、冰糖、生抽、老抽等。

制作梅菜扣肉的第一步是初步处理五花肉。先往锅里加水，将五花肉冷水入锅，煮至刚熟。之后将煮熟的五花肉捞起切成大块，待控干水分之后，用牙签在五花肉的表皮上扎一遍，然后抹上老抽和糖。

第二步，炸肉取色。往锅里加入适量的油，烧至八成热，接着将五花肉的皮朝下入锅炸，一直将五花肉炸至表面焦黄，再把炸好的肉放入凉水中冷却。冷却之后将其切成厚片，最后将切好的肉片皮朝下，码放在大碗里。

第三步，梅菜生香。将之前准备好的甜梅菜切碎之后用清水浸泡一会儿。接下来把锅加热，不用放油，将梅菜下锅炒干炒香。

第四步，梅菜与猪肉相合。首先，往正在炒梅菜的锅里加入适量的清水、生抽、老抽、冰糖、盐、姜、八角等，待其烧开，稍微焖煮一下再出锅。梅菜煮好之后将其连汁一起倒入大碗里，盖在五花肉的上面。其次，再往锅里加水并烧开，将扣肉入锅蒸1个小时。蒸完之后，将扣肉里的汤汁倒出再倒扣装盘。倒出的汤汁重新入锅，勾芡，最后淋在扣肉上面即可。

梅菜扣肉是将扣肉和梅菜搭配在一起的一道美食，颜色酱红而油亮，汤汁黏稠且鲜美，扣肉滑溜且醇香，肥而不腻，配上梅菜浓浓的干香，让人吃起来很是开胃，咬下一口，唇齿留香。

说到美食，大多数人最先想到的就是它的口感和味道。梅菜扣肉能在壮族人民聚居的崇左地区发展起来，恰恰说明了这道菜的口味与壮族人民的饮食习惯相符。梅菜味甘，可开胃下气、益血生津、补虚劳，最适合以种稻为生、常年劳作的壮族人民。因此梅菜扣肉这个色香味俱全、做法简单的美食传来后，迅速得到了当地人的喜爱，现在更是成为崇左地区宴会的必备菜肴，还出现了"无扣不成席"的说法。由此可见它在当地人心中的地位之高、人们对其喜爱之甚。

第四节　宁明皮丝

一、皮丝概说

崇左宁明有一道历史悠久、你不可不知的美食，那就是皮丝。皮丝起源于明末，入贡于清代咸丰年间，已有数百年的历史。随着历史变迁，皮丝逐渐流传到了崇左宁明。到了崇左宁明，皮丝有了不同的发展，人们根据当地的饮食习惯制作了许多关于皮丝的菜品。

皮丝的主料是猪皮肉，因古时称为"肤"，故皮丝又名"肤皮"。早在咸丰年间，皮丝便名扬各个城市，例如北京、天津、济南等地都出现了关于皮丝的菜品。关于皮丝，有一个流传甚广的传说。传说皮丝起源于明末，是固始县一位曾姓朝廷命官告老还乡后，偶然将猪皮、狗皮经过油炸后加料烹制而成的。他吃过之后，发现其味极佳，然后逐渐流传开来。皮丝传出后，有不少人争相仿制，不久，经古蓼城满堂春饭馆掌柜的改进后出售，深受食者欢迎。但说起它是怎么在清朝咸丰年间发展成为贡品的，民间对此众说纷纭，但流传最广、可信度最高的说法有两个。第一种说法是，相传在清朝咸丰年间，巡抚吴元炳回固始老家，把皮丝当作土特产进献入宫，美味鲜嫩的皮丝深得帝王、后妃青睐。之后，这道菜便成了御膳佳肴。从此，固始皮丝便被列为贡品，名扬北京、天津、济南等地。第二种说法是，传说在清朝嘉庆年间，河南状元吴其濬将皮丝上贡，嘉庆皇帝吃过之后大为赞赏，称"有席无皮丝，不为盛席"，因而每餐必备。

随着时代的发展，皮丝也有了新的发展。在安徽阜阳，皮丝也是当地的一道经典菜肴。相传阜阳城内有一个"国民饭店"，饭店由一位名厨掌勺，生意旺盛，名气远扬，只要是到阜阳的人，必会慕名而来，一饱口福。作为饭店股东之一的刘春祥经常要去三河尖镇采购饭店所需的食材货物，久而久之，他便与以制作皮丝闻名的顾某相识，逐渐了解了一些制作皮丝的方法。但是由于那时顾某将皮丝的制作方法当作独家秘方，绝不外传，刘春祥无奈，只得回家自行试制。经过多次失败后，刘春祥总结经验，终于成功悟出皮丝的制作工艺，而且较之传统皮丝，口感更好。他制作的皮丝很快在阜阳城传开。他坚持在口感和味道方面不断改进和提升。阜阳皮丝逐渐获得了很好的口碑，成为深得阜阳人民喜爱的美食。

如今，皮丝不仅闻名于中国，还享誉国外。为了让许许多多的华人在国外也能吃到那一口家乡味，也让更多的外国人了解中国的美食文化，有许多华人纷纷在国外开中餐厅。很多中餐馆的菜单里都有这道菜，更有一些华人餐馆将其作为招牌菜，餐馆里有不少外国人点这道菜，其受欢迎程度可见一斑。皮丝作为一道中华美味佳肴，在很多重要场合都曾出现过。1979年，联合国水利考察团来河南固始考察，当地政府在招待考察团时，将皮丝列入宴席名单。这道菜得到了考察团的一致好评。1915年，皮丝被选为中国名特产品，参加巴拿马万国博览会，从而名扬世界。

二、皮丝的制作工序

皮丝的制作工序非常复杂，具体工序如下：

第一道工序是选择猪皮，做皮丝最关键的是要选择好的猪皮，猪皮最好采用新鲜的豫南黑猪猪皮，且最好是大肥猪的皮，豫南黑猪的猪皮柔韧性比较好，易于加工。

第二道工序是清理猪皮，猪皮表面有很多污渍和猪毛，清洗时要尽量不破坏猪皮，先将猪皮上的猪肉刮干净，去除猪毛，然后再清洗猪皮。

第三道工序是浸泡猪皮，把猪皮里残存的杂质泡出来，同时使猪皮软化。

第四道工序是给猪皮去脂、片皮、切丝，刮尽皮上的肥肉，趁鲜制作，再将其切成纸一样的薄片，然后切成细丝。

第五道工序是晾晒，这一步至关重要。晾晒有一定的要求，在通风处阴干，切记不可暴晒。

经过如此繁杂工序做成的皮丝，成品松散，外观金黄透亮，细如丝，薄如蝉翼，可以放置一到两年不变质，吃的时候用油炸或者碱水泡发便可，好似速食食品，十分方便。皮丝在一些特产市场上有卖，如宁明当地也有专门制作和售卖皮丝的店，能让很多喜欢吃皮丝却不会做的人较容易吃到。

三、皮丝的食用

皮丝的吃法有多种，可以凉拌，可以炒，可以炸，烹调前需先用油炸或碱水泡发。以其作为主料可以制作出20多种菜品，如桂花皮丝、肉松皮丝、松花皮丝、凉拌蛋皮丝等。皮丝做成的食品不仅观之满口生津，食之更是让人回味无穷。首先不得不说的就是"桂花皮丝"，它是一道非常有名的菜肴，是清代贡品、宫廷御膳佳肴，曾是中国拿到巴拿马万国博览会展出的菜品。它的菜系属豫菜，主要制作工艺是烩，主料只需准备发好的300克皮丝即可，配料则要准备6个鸡蛋（只要蛋黄不要蛋清）、30克韭菜。接下来就是准备调料：味精2克、葱丝5克、黄酒5克、花生油200克、猪油80克、精盐1.5克。准备好所有材料后就可以开始制作了。

第一步，先用旺火热炒锅，加入花生油，把油热至六成，放入切好的干皮丝，翻炒均匀，待皮丝胀起即捞出，放入凉水盆里。

第二步，将皮丝放在碱水中煮10分钟，水凉后，反复搓洗，然后换两至三次温水，清除异味和碱味，待皮丝发白有弹性就代表已经发好，此时还要将发好的皮丝去除水分。

第三步，在鸡蛋黄中加入精盐、黄酒、味精和皮丝，搅匀。

第四步，炒皮丝时先用中火，放猪油，油六成热时放皮丝，放姜、葱、韭菜，翻炒均匀，盛起上桌即可食用。

需要注意的是，炒皮丝时不可用大火翻炒，大火易导致皮丝焦煳，炒制菜品时的调料品加入适量即可。虽然这道菜叫桂花皮丝，但在制作过程中并没有用到桂花，只是因皮丝外裹着蛋黄，颜色与桂花相似，所以才称作桂花皮丝。做桂花皮丝用到的辅料鸡蛋黄又称"鸡子黄"，性味甘平，含有多种人体所需要的微量元素，如铁、磷、钙等，同时含有蛋白质和维生素，其中的卵磷脂被吸收后可以起到预防智力过早衰退、提高记忆力、预防阿尔茨海默病的作用，但也不能过量食用，以免胆固醇过高，鸡蛋黄有养阴、宁心、补脾胃之功效，产后体虚、胃逆呕吐者皆可食用。

菜品中还有一样辅料也不可忽视，那就是韭菜。韭菜是大家日常生活中最熟悉不过的蔬菜了。韭菜有"洗肠草"的称号，能够将肠道中不易消化的东西包裹起来排出，有效促进肠道蠕动。《滇南本草》载："滑润肠胃中积，或食金、银、铜器于腹内，吃之立下。"《本草纲目》载："饮生汁，主上气喘息欲绝，解肉脯毒。煮汁饮，止消渴盗汗。熏产妇血运，洗肠痔脱肛。"可见桂花皮丝不仅色美味香，还有助于消化。

来崇左宁明能够欣赏宁明县天然灵秀的山水风景，探索神秘又独特的世界最大的岩画——花山岩画，游览国家级自然保护区——陇瑞自然保护区，游览花山温泉、达佞冷泉、洞廊金沙滩、千年古榕、蓉峰塔等旅游景点。此外，必不可少的是品尝当地的特色美食。在崇左宁明，皮丝是招待客人以及过节必备的菜品之一，也是来崇左宁明旅游的大多数游客必点的菜品之一。经过改良的皮丝食品颇受当地人喜爱，后来逐渐变成当地特产。特色的皮丝食品中，比较受欢迎的就是凉拌蛋皮丝，因为宁明处于亚热带地区，天气长时间是炎热状态，而这道菜采用凉拌的做法，做法较简单，味道鲜嫩爽口，很符合当地人的口味，是一道美味的下饭小菜。凉拌蛋皮丝的主料是鸡蛋2—3个，配料有甜椒1个、黄瓜半根、金针菇适量，调料要用蒜头、香油等。需要注意的是鸡蛋一般有较大的腥味，为了去除腥味，要用料酒调匀淀粉加入蛋液中，这样不仅可以避免蛋液结块，还可以去腥。凉拌蛋皮丝的做法如下。

第一步，鸡蛋液加入适当的淀粉、胡椒、盐、酒，拌匀，倒入锅中煎熟并切丝备用。

第二步，金针菇切成小段，烫熟后再放入冷水中降温沥干，黄瓜、甜椒切丝备用。

第三步，将准备好的食材倒入香油、蒜末，搅拌均匀即可食用。

这道菜中的辅料和调味料可以按照个人的喜好加入，如宁明当地人喜欢在里面加一些咸菜之类的配料，此外喜欢甜的可以加糖，喜欢酸的可以加醋，在大致做法不变的情况下，可以按照自己想法做出符合自己口味的凉拌皮丝。看似简单的食材，却能够做出不一样的美味。凉拌蛋皮丝着实是炎炎夏日时的一缕舌尖上的清凉。做凉拌蛋皮丝时要注意的是煎鸡蛋用小火即可，整片鸡蛋翻炒，最好不要弄碎，如果有想要加入榨菜的，一定要先将榨菜过水清洗，避免榨菜过咸，影响皮丝的味道，还要注意的就是要等所有食材凉了后才能加调料搅拌，这样口感更佳。制作完成的凉拌蛋皮丝颜色大致呈黄色，但也不乏其他鲜艳的颜色点缀其中，使这道菜更加秀色可餐。

四、皮丝的价值

皮丝的食用价值很大。猪肉皮富含胶原蛋白，具有美容养颜、防止皮肤过早形成皱纹、延缓皮肤衰老的作用，还能够补气滋阴。东汉名医张仲景在《伤寒杂病论》中介绍"猪肤汤"，指出猪皮可活血脉、润肌肤。此外，《长沙药解》中记述猪肤"利咽喉而消肿痛，清心肺而除烦满"。当然，除了美容养颜，皮丝还有医疗价值，南北朝药学家陶弘景认为皮丝具有治疗咽喉痛、消除心闷心烦的作用。皮丝虽然美味，但是不可贪食，而且皮丝也并不是适合所有人群食用，例如胆固醇患者忌用，寒下痢者忌用，患有高血压、肝脏疾病、动脉硬化的人，应少食或不食为好。

品尝皮丝，品味崇左美食文化。皮丝存在了至少 150 年，历史悠久，流传多地，扎根崇左宁明，并不断发展。它美味独特，随着人类的繁衍生息，留在了一代又一代人的记忆当中，是离乡游子最熟悉的味道与思恋，是招待亲朋好友必不可少的佳肴，是逢年过节餐桌上的宠儿，以故乡的味道留在每位宁明人的心中。

第五节　大新壮王土司宴

一、概说

民以食为天，由于地理环境和历史文化的影响，每个地区都有着与众不同的饮食文化和味觉倾向，也就是一方水土养一方人。虽然广西崇左是一个地处边境的小城，但是它拥有许多特色美食，例如宁明沙糕、把荷鱼丸、东门鸡等，其中"壮王土司宴"在这些地方美食中算得上赫赫有名。壮王土司宴是崇左市大新县特有的地方宴席，它风味独特、选料讲究、烹制精细、味道鲜美，并且在"2018向世界发布'中国菜'活动"中被评为广西十大主题名宴，可谓声名远扬。

要了解壮王土司宴，一定要先了解一下大新县。大新县地处中国西南边境，紧靠越南，地理位置特殊。大新县历史悠久，在新石器时代晚期的4500多年前，就有人类在这里活动，现在大新县居住着壮、苗、瑶、回等十几个少数民族的人民，有着丰富多彩的地方文化。大新县是土司统治时间较长、制度比较完整的地区，在2017年的时候，大新县被中国民间文艺家协会评为"中国土司文化之乡"。此外，大新县的明仕田园是国家4A级景区，风景优美，有"小桂林"之称，曾经有多部影视剧在此取景拍摄。壮王土司宴就是在这样的环境下形成的，因此壮王土司宴不仅包含着独特的壮族民俗文化，还包含着中国西南部的特色边境文化。

壮王土司宴起源于大新县1300多年的土司文化，历史悠久的土司文化对当地的饮食习惯产生了深远的影响，逐渐形成带有土司文化特色的壮王土司宴。壮王土司宴在封建时代是身份和地位的象征。简单来说，壮王土司宴就是壮王的"御膳"，一般平民百姓是没有资格也没有条件享用的。而壮族土司文化来源于封建社会壮族地区实施的土司制度，最早可以追溯到秦汉时期的土官土吏，开始于唐代的羁縻政策。到了宋代，土司制度才算是正式形成，并在明代得到繁荣发展。到了清代，因为少数民族地区经济有所发展，土司制度阻碍了社会的发展，于是土司制度开始崩溃，一直到民国时期才消亡。壮王土司宴便是随着土司制度的发展而出现的。

二、壮王土司宴的菜品及其做法

大新壮王土司宴深受中越边境美食文化以及壮族民俗文化的浸染，可谓汇聚了大新县特色饮食的精华。壮王土司宴上的菜品有热菜、凉菜和汤，没有固定的数量，一般由独具壮家特色的竹筒五彩饭、酸菜米粉鱼、绿叶包黄姜鸡块、香滑那望叠瀑鱼、壮王石榴球等十余道菜组成。壮王土司宴上的菜是不用装在盘子里的，只需提前在簸箕里铺上一些干净的芭蕉叶，然后把所有做好的菜放到簸箕上便行了，但也有一些地方是用一个大大的铜盘来装菜的。

现代壮王土司宴寓意着来年五谷丰登、阖家团圆、身体健康，寄托了大新人民对生活的美好愿望，因而它的菜品有着严格的摆放顺序，极其讲究。壮王土司宴的上菜方式也比较特别，它不像其他宴席的菜品是一道接一道地上，而是所有菜品一起上。土司宴开宴时由一个身着黑色民族服饰的壮族男人敲锣吆喝，后面跟着四个同样身着黑色民族服饰的壮族姑娘与小哥将铜盘抬入宴席之中，旁边还有一群壮族姑娘在唱迎客歌，迎客歌表达了壮族人民对客人的热烈欢迎，而客人必须要等到壮族姑娘们唱完迎客歌才能动筷子品尝美食，整个过程极具仪式感。

由于壮王土司宴起初是土司贵族才能享用的，所以一方面，壮王土司宴的食材选择讲究营养价值，所有的食材都是就地取材，如自己家种的蔬菜、野生植物及大新当地的河鲜等。另一方面，壮王土司宴的制作流程也十分复杂，对厨师的要求很高，厨师必须要具备较高的厨艺才能制作出来。下面简单介绍下壮王土司宴的四道特色菜。

第一道菜是壮王石榴球。

第一步，制作石榴皮。将鸡蛋的蛋白和蛋黄分开，然后在蛋白中加入盐和生粉，搅拌均匀，最后放在平底锅里煎成直径8厘米大小的圆片。

第二步，制作馅料。选鸡时一定要选用大新本地鸡，然后将其处理干净，切成鸡肉丁。蛋黄搅匀后炒熟，再加入鸡肉丁、玉米、胡萝卜、豌豆，翻炒入味，馅料便制作完成。

第三步，包石榴球。将炒制好的馅料放在石榴皮中包起来，再用烫软的韭菜或小葱把封口扎紧，最后用剪刀将多余的石榴皮和韭菜剪掉便可装盘了。壮王石榴球的外观十分精致,鲜艳的颜色让人看到就会产生食欲。它的味道鲜美甜嫩,具有温中益气、补虚填精、健脾胃、活血脉、强筋骨的功效,一般人群均可食用。

第二道菜是羊生红。壮族人自古以来就有吃生肉的传统,"羊生红"这道菜便很好地体现了这一点。羊生红需要的食材有羊肉、羊内脏、羊血。

其做法是:第一步,将羊内脏剁碎,放到锅里炒干炒熟,再撒上一些切碎的野生香菜。

第二步,将生羊血倒入炒熟的配料中,冷却 5 分钟,待羊血凝结之后就制作成功了。

此外,羊肉不用煮熟,直接将其切成丁,然后蘸酱料生吃。当然,若不是本地人的话,可能会吃不惯这道菜。经常吃羊生红,可以补充人体所需要的营养成分,增强身体抵抗力。

第三道菜是明仕珍珠鸭。

珍珠鸭有很多种做法。第一种做法是三杯鸭。三杯鸭是用一杯黄酒、一杯白糖和一杯酱油精心烹饪而成的,由此得名"三杯鸭"。

制作的第一步,将珍珠鸭处理干净,准备好黄酒、酱油、白糖,切好姜丝和大葱备用。

第二步,油下锅烧热,然后提着珍珠鸭在热锅上来回摩擦,直到鸭子表面变成金黄色。

第三步,加入提前准备的黄酒、酱油、白糖,加入姜丝,大火烧开后盖上盖子,中火煮 15 分钟,中途还要把汤汁浇在珍珠鸭表面,使珍珠鸭入味上色。

第四步,加入大葱煮 15 分钟便可出锅。

三杯鸭皮薄瘦肉多,吃起来味道鲜美,即使多吃也不会感到油腻。

第二种做法是黄皮果树叶炒珍珠鸭蛋。珍珠鸭蛋做法简单,只需将黄皮果树叶和小葱、野菜切碎,然后加入鸭蛋和盐搅拌均匀,最后放入油锅里炒熟即可。几种食材的完美结合,既去除了鸭蛋的腥味,又保留了树叶和野菜的清香,让人吃了回味无穷。

此外,珍珠鸭还有很多种做法,例如白切、卤烧、熬汤等。

第四道菜是壮乡山水豆腐。虽然现代生活节奏变快,但是壮乡山水豆腐还是采用最原始、最古老的方法制作。它用石磨制作而成，不添加任何防腐剂，是地道、养生、环保、绿色、健康的食品。

山水豆腐的制作过程较为繁杂。第一步是挑选原材料。材料必须要采选颗粒饱满、色泽亮丽的黄豆。

第二步是浸泡黄豆。挑好的黄豆要用凉水浸泡2—3小时，将黄豆泡软，方便研磨。

第三步是磨黄豆。磨制时必须要两个人互相配合，一人将黄豆放入石磨中，另一人负责推磨，将黄豆磨成豆浆。

第四步是煮豆浆。豆浆先用大火煮，待其开始冒泡就改用微火煮，一直煮至豆浆烧开。

第五步是滤豆浆。

首先要在木桶上架一个竹篓，接着罩上干净的细纱布，把热豆浆浇上去，再加热水不停地冲洗，过滤出豆腐渣。

其次，准备一个大桶，在桶里撒上适量的石膏粉，再将过滤好的热豆浆倒进去。倒入桶里后，热豆浆表面有很多泡沫，需要趁热拿勺子将泡沫及时舀出来。10多分钟后，豆浆就会变成豆腐脑。

最后一步是成型。将豆腐脑舀进专用的豆腐模子内，再放上几块大石头或者其他重物，把多余的水分压出去，这样做出的豆腐才会又细又滑。

山水豆腐风味清淡，适用于各种烹饪方法。一般的做法是将豆腐切成一块块小长方体放入盘中，一个大盘只放十几块，豆腐与豆腐之间不能紧挨着，要有明显的缝隙，距离均匀。然后将煮好的肉末和肉汁淋在豆腐上，最后再撒上一些小葱末，使其更加精致可口。山水豆腐的蛋白质含量很高，还富含人体必需的多种矿物质，食用山水豆腐可以促进人体新陈代谢，增强免疫力，特别适合老人和孩子食用。

曾经的壮王土司宴，是封建时代土司府在举行重大仪式或招待贵客时举办的盛宴，其中的菜肴只有土司贵族才能享用。如今，随着人们生活水平的提高，寻常百姓家想要吃上土司宴也不是什么难事了，壮王土司宴已成为大新当地招待外地游客的特色佳肴。

第六节　金猴湾全鸽宴

一、金猴湾全鸽宴所用食材鸽子

金猴湾全鸽宴的主要食材是鸽子，这鸽子别有特色，当地人称作"竹香皇鸽"。竹香皇鸽喂养的拌料是按照最佳比例分配的：小麦9%、高粱6%、豌豆25%、玉米60%。

全鸽宴选用的必须是饲养了25天左右，脖子没有绿毛，羽毛未丰满，没有伴侣的鸽子。此外，金猴湾鸽子的特别之处在于喂养饲料时一定要加入竹香草，让鸽肉去腥提味，鸽子吃了竹香草之后，煮出来便会带有竹子般的清香，这也是"竹香皇鸽"名字的由来，更是金猴湾全鸽宴与其他地区全鸽宴的不同之处。竹香草，这是当地人对一种含有竹子清香的香料的称呼，实为香茅草或者一种类似于香茅草的香料。香茅草，又称柠檬草，具有特异香气，味辛辣，嚼时有清凉麻舌感，以色灰绿、粗壮、叶多、香气浓烈者为佳。香茅草生长于高温多雨、阳光充足的地区，且土壤要肥沃、排水良好，我国主要分布于云南省南部地区，还有陕西、甘肃、河南、江西南部及西南地区。它含有柠檬醛，有消毒、杀菌与治疗神经痛、肌肉痛的效果，因而被誉为"消痛剑客"，用它泡茶，可提高消化功能，健胃消脂，还可减缓筋骨酸痛、腹部绞痛或痉挛，也可用于治疗腹泻、感冒、发烧及头痛等。此外，香茅草也有利尿、补气血及滋润皮肤等功效，是女性美容养颜的佳品。

金猴湾全鸽宴的菜品有清炖鸽汤、鸽肉酿豆腐、红烧乳鸽、爆炒鸽肉、水蒸乳鸽、吊烧乳鸽、水晶鸽蛋等，并且这种宴席只有在当地迎接贵客的时候才会出现，平常不易见到。接下来介绍一下其中几道菜的做法。

清汤炖鸽准备材料：鸽子1只、枸杞、木耳、山药、姜片、香菇、红枣、葱段、料酒、盐。

清炖鸽汤做法：

第一步：锅中烧开水，加少许料酒，将鸽子放入，去血水去沫，捞出待用。

第二步：砂锅放水加热至沸腾，放入姜片、葱段、红枣、香菇、鸽子，转小火慢炖1.5小时。

第三步：小火炖1.5小时后放入枸杞、木耳，再炖20分钟。

第四步：将山药削皮，切块放入炖锅中，小火炖20分钟，炖到山药酥烂，加盐调味，即可出锅。

吊烧乳鸽准备材料：乳鸽1只，自制腌料、米醋、蜜糖、生抽各1勺，混合调制成脆皮水。

制作方法：

第一步，从乳鸽胸部入刀，去掉内脏，洗净后加自制腌料腌12小时，再捞出洗净。

第二步，将90℃的热水淋在乳鸽上，烫至表皮发紧，再挂起晾干水分，然后在乳鸽表面刷脆皮水，放在通风处晾干。

第三步，晾干的乳鸽挂在吊炉内先用小火烤8分钟，之后改用中火烤4分钟，最后再改用小火烤8分钟。烤制后取出乳鸽，切成小块摆盘，即可食用。吊烧乳鸽表皮酥香，肉质鲜嫩多汁，入口有淡淡的竹香。

红烧乳鸽准备材料：乳鸽1只、特制卤水1份、姜片若干片、葱2棵、辣椒3个、油适量、脆皮水。

脆皮水制作：糖1匙、米醋1匙、生抽1匙，搅拌调和。

制作方法：第一步，将乳鸽洗干净后取出内脏，用热水烫乳鸽表皮。

第二步，在卤水中加入姜片、葱段、辣椒干，和汆烫后的乳鸽一起煮，卤煮15分钟后关火，焖40分钟。

第四步，将卤好的乳鸽捞出晾干。

第五步，用刷子在晾干的乳鸽全身刷上脆皮水，然后放在通风的地方晾干。

第六步，晾干的乳鸽继续刷一层脆皮水，继续晾干，如此重复三四次，需晾3个小时左右。

最后一步，起锅烧热油，用汤勺舀热油淋到乳鸽上，直至乳鸽变成金黄色，鸽肉外酥里嫩即可出锅。

二、鸽子的食用及其价值

鸽子的营养价值极高，是高级滋补佳品。鸽肉为高蛋白、低脂肪食品，它所含的钙、铁、铜等矿物质及维生素A等都比鸡肉、鱼肉、牛肉、羊肉高。鸽肝中含有的胆素可以帮助人体很好地转化胆固醇，防止动脉硬化。鸽肉里含有丰富的泛酸，对脱发、白发等有很好的疗效。鸽肉里含有丰富的软骨素，可增加皮肤弹性，改善血液循环，加快伤口愈合。鸽子肉的脂肪含量远低于其他肉类。鸽子蛋还被称为"动物人参"，含有丰富的蛋白质。

人们都认为鸽汤、鸡汤能滋补身体，但鸽肉、鸡肉中的脂肪经煮汤后融入汤中，汤中的油不能完全转化为热量，便存留在人体内，所以不宜多食。

鸽肉不但营养丰富，还有一定的保健功效，能防治多种疾病，这些在许多医药古籍中均有记载，如《本草纲目》记载："白鸽肉。气味：咸，平，无毒。……治恶疮疥癣，风瘙白癜。"《嘉祐本草》记录："解诸药毒，及人、马久患疥。"《本经逢原》载："久患虚羸者，食之有益。"现代医学认为鸽肉具有壮体补肾、生肌活力、健脑补神、降低血压、调整人体血糖的功效，食鸽肉还可以美容养颜，使皮肤洁白细嫩，使人延年益寿。在民间亦素有"一鸽胜九鸡"的说法，鸽肉易于消化，对病后体弱、血虚闭经、头晕神疲、记忆衰退等都有很好的补益治疗作用。

第七节　德天虫宴

一、虫宴概说

所谓"虫宴"，即以多种虫子作为原料，并以不同烹制方法制作而成的独特宴席。说到虫宴，再著名不过的便是昆明的百虫宴和中街虫子小吃。但食虫的习俗并不只是在云南，我国西南地区其他省份乃至越南、缅甸一带都有各类极具特色的昆虫宴。崇左的德天虫宴便是地方特色美食之一。

南方民族食虫的具体由来已无法寻到，只能根据现今民族地区的饮食习俗稍作探查。每个地方习俗的形成与发展都离不开当地自然环境因素的影响。德天位于广西壮族自治区崇左市大新县，自古民风彪悍，食虫之事在当地人眼中是再寻常不过了。德天瀑布周边地区气候潮湿，植被繁茂，各类昆虫数不胜数，因此在崇左当地的美食中，虫宴倒也不算什么稀奇事。

此外，昆虫蛋白质含量高，富含多种对人体有益的酶和氨基酸，忽略掉其不合审美常理的外表和较为独特的生长环境，昆虫其实算是随处可得的高营养食物。例如被誉为"天上人参"的蜂蛹，出现在餐桌上的蜂蛹一般是花绿蜂和梭绿蜂幼虫未羽化的变态虫体，蜂蛹在发育过程中以蜂王浆、花粉为食，这为蜂蛹提供了丰富的营养。

再说竹虫，其幼虫为长筒形，乳白色，富含蛋白质、氨基酸、脂肪酸、矿物质元素和维生素等多种营养成分。

当然，可食的昆虫中还有我们常见的蝉。据《中国药材学》记载，蝉具有益精壮阳、止渴生津、保肺益肾、抗菌降压、治秃抑癌等药用价值。蝉体内营养物质丰富，维生素及各种有益微量元素均高于一般肉类食品。

二、德天虫宴及其制作

严格来说，德天虫宴并不是主菜，而是被当作饭桌上的下酒菜或是当地餐馆的特色小吃。不同的虫子有不同的烹饪方法，一般根据虫子体内的蛋白含量、壳的硬度、虫子本身的气味等因素来决定。脂肪占比较大的蛹类，如蜂蛹蝉蛹一类，就更适合干烹，可油炸，可串烤，但不宜掺水烹制。在继承这些基础的制作方法之外，德天虫宴的制作方法也在不断地发展创新。当地餐馆的厨师在烹饪过程中通过加入当季蔬果和当地特色米酒等方式做出不同口感、不同外观的虫宴菜肴，甚至在烹饪方法创新之后同一种虫子能够有多种完全不同的制作方法。

首先介绍德天虫宴中的油炸蜂蛹。

制作这道菜的第一步是要挑选蜂蛹。挑选蜂蛹最重要的是新鲜，制菜前先把新鲜蜂窝掰开，然后小心地把蜂蛹倒进盆里，以防破损，再把一些已经半成型的蜂蛹剔除，以防被蜂尾部的毒针蜇伤。挑选出来的蜂蛹需用清水仔细清洗，沥干待用。接着用烧好的开水将蜂蛹淘两遍，焯烫的时候要用厨具持续搅动以免蜂蛹受热不均，烫熟后捞出沥水待用。焯水时注意避免蜂蛹太熟，致使蛋白质变质硬化影响口感，蜂蛹变为白色是最合适的状态。在烹饪前先用开水将蜂蛹焯熟是为防止放入油锅炸制时其体内的肠胃因受热不均爆开，爆开的蜂蛹肠胃会在高温的油锅里变焦，影响食物外观。虽然对口感方面影响较小，但本着尽善尽美的原则，还是建议先用开水将蜂蛹烫熟再进行烹饪。俗话说"心急吃不了热豆腐"，多这一个步骤也不会耗费太多时间，但食物会因有这个步骤变得色香味俱全。

第二步，往锅中倒入大量菜籽油，亦可用其他的植物油，切忌油炸时使用动物油，中火烧至七成热后调为小火，看到油面轻微冒烟时，将沥干水分的蜂蛹倒进去，小火炸到色泽金黄即可捞出。最后撒上椒盐上桌，一道酥脆喷香的油炸蜂蛹就做好了。炸好的蜂蛹咸香酥脆，椒盐的咸和微辣混合着蜂蛹中蛋白质的香味与菜籽油的清香，再配上一瓶啤酒，便可谓"美酒佳肴"了。

除了上面介绍的咸口的制作方法，炸蜂蛹还有另外的鲜辣做法。

首先准备的原料有蜂蛹、青尖椒、西红柿、大蒜。

和上一道菜做法一样，烹制前先将蜂蛹洗净沥干水分，但不必焯水。接下来热锅热油，油不必放太多，稍微没过蜂蛹即可。待到油锅冒烟、油温很高时将蜂蛹倒入。倒入之前一定要注意蜂蛹不能留有水在表面，否则下锅时高温的油水溅起来很容易造成烫伤。蜂蛹炸至颜色金黄就可以捞起出锅。

蜂蛹炸熟后便要准备一些配菜。将西红柿、大蒜、尖椒洗净，西红柿切丁，大蒜拍碎剁成碎末，尖椒切成末。在切尖椒的时候可以戴上一次性手套，以避免辣椒的辛辣对手部造成刺激。

以上准备工作完成后往热锅里倒入少量油，将火候调至中火烹炒西红柿，待西红柿炒软后再放入蒜末尖椒末大火爆炒。最后，在快出锅时放入少许盐调味，然后盛出并均匀倒在炸好的蜂蛹上，一道美食的制作至此完成。

第二道蜂蛹比起之前一道少了一分椒盐的咸，但因西红柿的加入更增了一份鲜美。这蜂蛹炸制后外焦里嫩，辅以尖椒的热辣，正是下饭的好菜。

虫宴里要介绍的第二道菜的主料是蝗虫。随着社会的发展和生活质量的不断提高，人类餐桌上的食物已由鸡鸭鱼肉等传统型转为绿色野味型。蝗虫营养丰富，肉质鲜嫩，味美如虾，在香港等地具有"飞虾"的美称。蝗虫是高蛋白、低脂肪的食物，特别是雌虫有很多卵，含有丰富的卵磷脂，而卵磷脂被消化后释放出的胆碱对增进人的记忆力大有帮助。此外，蝗虫还具有较高的食疗价值，有止咳平喘、滋补强身、软化血管等功效，对百日咳和支气管炎有较好的疗效。同时蝗虫也是一些国家餐桌上的喜食佳品，美国曾举行"昆虫宴"招待贵宾，其中就有蝗虫。

关于虫宴里的蝗虫菜，这里便选择德天当地夜市中三道较为出名的菜品详细介绍。第一道是天鸡虾排。"天鸡"是当地人对蝗虫的另一种叫法。

制作这道菜要准备的原料包括蝗虫和新鲜的基围虾,蝗虫10—20只,新鲜的基围虾12只。还需要准备的配料有:生姜、盐、料酒、鸡蛋、面包屑、味精、吉士粉、淀粉和色拉油(可用大豆油或玉米油代替)。

原料和配料准备好后便可开始制作。

第一步,先将蝗虫去翅、足,投入盐水洗净,再放入大碗中加姜片、盐、料酒,搅拌均匀并浸渍10—20分钟。

第二步,基围虾去头及身壳(尾部壳留用),洗净后用刀从虾头部片至尾部,用刀背略轻展,放入钵中加盐,将料酒、吉士粉、淀粉、鸡蛋与虾拌匀后,再放入面包屑中,使虾两面沾匀。

最后一步,将腌制好的蝗虫下到150℃热油中,炸至枣红色捞出,再将虾排放入油中炸至金黄色捞出,然后一起装盘点缀上桌。这样做好的天鸡虾排,既有蝗虫的清香,又有基围虾的海鲜味,清新而又馥丽。

第二道是有食疗功效的茴香炒飞蝗。茴香味辛、性温、气香,有温肾祛寒、理气疏肝、开胃进食之功。而蝗虫体内含有丰富的被称为人体生命第六大元素的甲壳素,甲壳素能使体内毒素得以排除,清除体内胆固醇垃圾,达到排毒养颜的功效,具有很高的食用价值。

制作的第一步,先将已准备的蝗虫洗净去翅去足,放入开水中焯熟。接着将茴香处理干净,切成小段。

第二步,起锅热油,将蝗虫和茴香一同倒入锅中大火翻炒至蝗虫完全变色,最后加入少许食盐调味即可出锅。

这道菜味道清爽,少油清口,虫肉劲道,但是茴香的味道会稍微重一些,受不了的朋友可以用紫苏或者薄荷代替。

虫宴里要介绍的第三道虫菜的主料是一种躲在竹子里头、长得白白胖胖又不喜欢动的小家伙,它便是竹虫。

竹虫,又名竹蜂、竹蛆,广宁人称之为"笋蛆"。竹虫寄生在竹筒内,其外表肥肥白白,长约3厘米,身子呈纺锤形,有细眼、小黑嘴,以中越甜竹纤维为食。竹虫含有丰富的蛋白质和氨基酸,味甘香,与奶油类似。

竹虫最通常的做法是油炸。将竹虫洗净焯水后放入热油锅炸至金黄,之后起锅，撒上椒盐，就大功告成了。这种方法用时短，不需要过多的烹炒技术及火候经验，深受快餐店厨师们的喜爱。

竹虫一般在秋末冬初的季节才有，在当地的早市中偶尔会有人卖，但数量不多，因而大多数饭店中的竹虫都是专门从当地养殖户处购买的。

这里介绍的第三道菜是清炒竹虫。清炒竹虫所需的原料就是竹虫，配料也是简单的油、盐、水。因为要把竹虫的原生态味道提取出来，所以调料不宜过多。

制作这道菜首先要把竹虫洗干净，控干水分。在控干水分的时间里将不粘锅放在小火上热一会儿，保持45—60℃的温度。接着将竹虫放入热好的平底不粘锅中，锅里不放水，不放油，用筷子将竹虫摆直铺好一层。之所以没有开火，是因为这是让每条竹虫都炒得通直好看的关键步骤。

其次，开最小火，边用筷子拨动竹虫边慢慢加热，目的是让虫子不弯曲，使它们受热后慢慢伸直，且在加热过程中也能蒸发虫子本身的水分，使其干燥。这个过程需要七八分钟，厨师要有足够的耐心等候。当虫子烘焙至干燥并变成金黄色时，放入少许的花生油不断兜炒，油不用太多，保证虫子能沾上油即可。油不多放，这是跟油炸竹虫最不一样的地方，油吃多了不仅会腻，而且对高血脂、高血压人士的身体也有害处，清炒竹虫则不会如此。

最后，取少许食盐均匀撒在虫子上（想吃香脆的可以撒椒盐，但是会破坏竹虫的清香），继续兜炒，慢慢开大一点的火，兜炒出虫子的香味即可出锅装碟。用清炒方式做出来的竹虫清爽可口不油腻，也不会上火，竹虫独属的竹子清香完全被激发出来，再混合着竹虫本身的奶香味，带给人顶级的味觉享受。

中国人的家常菜通常讲究"三菜一汤"，前面介绍了三个菜肴，最后就来介绍一下汤的做法。

汤的主要原料是蚂蚁蛋。中国是较早食用蚂蚁和将蚂蚁入药的国家之一，食用蚂蚁的历史已有3000多年。早在人类茹毛饮血的时代，先民们在生活实践中就发现了黑熊和穿山甲等动物因大量捕食蚂蚁而身体强壮的事实，于是也开始食用蚂蚁。李时珍在《本草纲目》中将其称为"玄驹"，《周礼·天官》和《礼记·内则》中记载了专人采集蚂蚁和蚁卵供皇帝祭祀宴会之用的事情。

蚂蚁是供给人类营养的"微型动物营养宝库"和"天然药物加工厂"，是人类健康的益友，在20世纪90年代还是国内外医药界探讨的热点。蚂蚁是当今颇有价值的保健珍品，具有较高的食用价值。

可食用蚂蚁蛋有大黑蚂蚁蛋和黄蚂蚁蛋两种。蚂蚁蛋汤的做法简单且日常，首先准备小番茄四个、香菜一小把、蚂蚁蛋若干。接着洗净小番茄和香菜，滚刀切好备用，蚂蚁蛋用细筛筛好放入水中沉淀灰土。最后在锅中放入清水加热，将番茄、香菜和蚂蚁蛋一起煮10分钟后调味，即可出锅。蚂蚁蛋汤不仅能够使蚂蚁蛋的营养完好地保留下来，而且能将蚂蚁蛋特有的鲜美完全发挥出来，是虫宴里不可多得的美味。

除了味道鲜美，蚂蚁蛋还含有丰富的蛋白质、氨基酸等营养成分，含有硒、锰、锌、磷、钙等人体必要的多种微量元素以及多种维生素、生物碱。同时蚂蚁蛋也具有清热除湿，治疗风湿、高血压的效果。随着社会越来越提倡绿色食品，人们对于食用昆虫的接受度越来越高，虫宴的价值也随之增高。同时，昆虫繁殖速度快、产出量大，在价格上也比常吃的鸡肉、猪肉要便宜不少，且饲养成本低。另外，因为昆虫的寿命只有短短几个月，因此不会有重金属超标的问题。

早在2013年，联合国粮食及农业组织就公布了一份名为《可食用昆虫：未来食物之选及其养殖安全》的报告，其中重点是"鼓励人类吃虫养虫"。因此，在快速发展的现代社会中，虫宴的市场前景十分广阔，相信德天虫宴的推广和普及在不久的将来会实现。

第八节　扶绥东门鸡

一、鸡的概说

鸡，古称德禽，又名烛夜，在我国有着4000多年的驯养历史。最开始是中原居民养殖，后来随着各地区之间的迁移与交往，中原之外的地区也开始养鸡。岭南地区是在秦以后才被开发的，鸡大概就是在那时被先人们带到了扶绥东门。东门镇位于广西扶绥南部，自唐代始就有对这个地方的历史记载。从古至今，人们创造、制作了许多以鸡为主要食材的美食。东门鸡，以它的故乡东门镇命名，代表着当地的特色，具有悠久的历史。经过代代相传，东门鸡早已成为当地人饮食中必不可少的一部分。

二、东门鸡很有讲究

东门鸡是崇左市扶绥县东门镇的一个品牌，是东门镇三大特产之一，它既然能被称为特产，自然蕴含着浓厚的东门风土人情。东门鸡以其肉质细腻、色泽黄亮、味道香醇、油而不腻、食过口齿留香的特点蜚声区内外，赢得各地食客的青睐。东门鸡之所以有这样的独特口味，是由以下四个方面决定的，而这四方面缺一不可。

一是鸡的品种。想要制作东门鸡这道菜，必须要选用品种纯正的东门本土鸡，而正宗的东门鸡必须是在本地自孵自养的。因为经过东门人的世代摸索，当地早已形成一套特有的东门鸡饲养方式，所以制作这道菜的食材必须是本地自孵自养的鸡，这样做出来的菜才有本地的风味，才能称之为东门鸡。

二是生长环境。一方水土孕育一方的风土人情。东门镇位于广西东南部，属亚热带大陆性季风气候，全年光热充足，年平均气温为 20—25℃，年降雨量在 1000—1200 毫米，适宜植物生长，为东门鸡提供了丰富的天然饲料。全镇地貌以丘陵台地为主，地势东南向西北倾斜，东南部是十万大山支脉四方岭，山岭连绵，境内森林面积 30 多万亩，森林覆盖率达 64%，是天然的东门鸡饲养场所。东门镇污染少，水土纯净，空气清新，正是如此优良的水土特性，为东门鸡提供了得天独厚的生长环境。

三是饲养方法。饲养东门鸡一定要放养，不能圈养或笼养，以在果园放养最为适合。东门镇多山多树，果园多，为放养土鸡提供了良好的条件。当地人都说鸡要多跑才能充分发挥它的天性，它的肌肉才能得到极大的锻炼，免疫力才能大幅提高，从而使鸡肉更有嚼劲，营养更丰富。

四是制作方法。东门鸡不仅本身是一道菜名，还是多种美食的首要材料。值得注意的是，在制作东门鸡的过程中最好不要加入太多的佐料，否则会掩盖东门鸡原有的味道。在生产力低下的古代，肉可是珍贵之物，普通百姓只有逢年过节才能有一点儿肉吃。加之男耕女织、自给自足的经济特点，大多数人家都不会大规模地养殖鸡。况且东门镇处于当时比较落后的岭南地区，当地百姓生活并不富裕，所以古代遗留下来的特色美食文化并不像现在那么丰富多样。文化又具有继承性，现有的文化大多是在传统文化基础上发展而来的。在古时，东门鸡的烹饪方法单一，大多以蒸为主。现在，随着经济的发展，当地人民都渐渐富裕了起来，他们对高质量生活的追求促进了美食文化的迅速发展，东门鸡的制作方法也随之多样化。

烤东门鸡材料易寻，制作简单，色香味俱全，因而很受年轻人的喜爱。制作这道美食所需的材料有锡纸、处理好的东门鸡、油盐酱等。材料备齐之后，将东门鸡上慢火烤，烤上1个小时左右便可出炉。但这种制作方法并不是很受中老年人欢迎，因为当地全年高温，吃太多烤鸡容易上火。

炒东门鸡是当地餐桌上的必备之物。它的制作过程简单易学，只需把鸡肉切成小块，拌点大蒜、盐、酱，再一起放进锅中大火爆炒即可。这种制作方法能使佐料的味道深入肉中，使东门鸡的原始质感和佐料相互融合，口感极好，回味无穷，很受当地人欢迎。

说到烹饪方法，当地人最喜爱的还是将东门鸡熬汤。这种烹调方式很传统，最能体现当地的风土人情。制作这道菜肴，一定要用本地的活水，并用大锅慢火熬煮，以水开但不冒泡为最佳，还可以在熬制时加一点点药材，以增添鸡汤的味道与营养。把其余各种食材都放进去，待东门鸡浮面即可出锅。出锅之后盛出一碗，鸡汤中不仅有鸡的鲜味，还有淡淡的药香，喝上一口，从食道一直暖到胃里，顺畅得让人神清气爽，直呼过瘾。

三、东门鸡的食用及其他

东门鸡在当地除了自家食用，还有送人、招待客人、商业销售等用途。鸡作为五禽之一，自古以来就被饲养在人类身边。鸡在古时被誉为吉祥之物，是普通人家在探亲、访友时送礼的最佳选择，因为送鸡显得对人更加尊重。纵观古今，鸡都是逢年过节餐桌上必备的美食，特别是来客人的时候，鸡鸭鱼肉俱全更显得主人热情好客。在追求高质量生活的现代，各种各样的美食层出不穷，东门鸡以其特色脱颖而出，深受广大人民喜爱，商业前景极为乐观。

东门鸡除了味美、营养丰富，还具有药用价值。鸡有"济世良药"的美称，含有丰富的磷脂、钙、脂肪、蛋白质等，有益五脏六腑、养血安神、补虚损、补心镇静、安胎等功效，对人体有很大的益处。鸡全身都是宝，鸡肉能益气养血、滋养补虚；鸡蛋可养阴润燥、益血安胎、和胃补脾，对病后体虚、乳汁减少、心烦不眠等症状有一定功效。母鸡偏于补阴，多用于老人体弱、妇女产后虚弱者。公鸡偏于温补阳气，青壮年食之较为适宜。因东门镇位于中国西南端，全年炎热潮湿，聪明的东门人民在制作东门鸡时会加入一些药材，从而使东门鸡有了清热去湿的功效。

除去药用价值，东门鸡还有良好的经济、文化价值。一个商品有了响亮的品牌后，其销量自然不成问题，最后获得的经济收益也会很可观。东门鸡是一种民族特色美食，它以独特的口味享誉国内外，受到很多人的喜爱，因此有很多人慕名而来，从而推动了当地旅游业的发展，拉动了经济增长。中国自古就是一个多民族的国家，各族文化相互影响、相互融合。岭南之地在秦以前处于野蛮落后的状态，后来，中原的先进文化传入岭南，极大地影响了岭南少数民族地区的文化。东门镇内居有壮、汉、瑶等民族，壮族占总人口的90%左右，因此当地的饮食文化既有中华民族的共性，又有壮族的独特性。东门鸡可以说是民族文化碰撞形成的美食，它既是壮族饮食文化的组成部分，更是中华饮食文化的组成部分。随着世界各国之间交流的加强，世界不同民族的文化也在相互影响、相互交融。东门镇处于祖国的西南边陲，临近东南亚，良好的地理位置使得东门文化更容易传播到国外。东门镇积极响应国家"走出去"的倡导，东门鸡的传出促进了中国与东盟国家的文化交流，也让更多的外国友人了解了中国文化，增强了我们国家在国际上的影响力。

很多事情都讲究以小见大，就算是小小的一道美食，其包含的文化和精神也是非常丰富的。仔细品尝，透过东门鸡，你会体会到东门镇的风土人情，感受到山清水秀的环境和壮乡人民的热情好客，由衷地感叹特色美食的无限魅力并为它着迷。

每个地区都有其特有的饮食文化，它不仅是一个地区的文化瑰宝，更是世界文化宝库中不可分割的一部分。只要运用得好，它回馈给人类的将是无尽的价值。

第九节　宁明八角香鸡

一、土鸡概说

崇左市宁明县地处桂西南，宁明八角香鸡是宁明县有名的特产，八角香鸡是在宁明万亩八角林中放养的绿色无公害优质土鸡。

肉类食品是人们生活的必需品,而鸡肉是市场上最受欢迎的肉类之一。鸡肉味道鲜美且营养丰富,含有丰富的蛋白质、钙、磷、铁等,还有促进消化的作用。鸡肉含有对人体生长发育起重要作用的磷脂类、矿物质等多种营养成分,有增强体魄、滋补养身的功效,对营养不良、畏寒惧冷、贫血等症状有较好的食疗作用。鸡肉也是崇左人宴请宾客的重要菜品之一。人们在过节聚会的时候,都会杀鸡来庆祝。随着生活水平的提高,人们对鸡肉的品质也有了更高的要求,更追求原生态、无公害,所以农村养的"土鸡"受到了消费者的青睐。土鸡也叫草鸡、笨鸡,在农村,几乎每家每户都会养几只。这种鸡大都是放养的,自行觅食,只是偶尔吃稻谷和玉米,所以有较强的野外觅食能力和生存能力。因为放养,土鸡得到了锻炼,肉比较紧实,吃起来更有嚼劲,营养也更丰富。据专业人员检测,八角香鸡与普通土鸡相比,具有"两高三低"的特点,即蛋白质、赖氨酸含量高,热量、脂肪、胆固醇含量低。

二、八角和鸡的组合

素有"中国八角之乡"美誉的广西宁明县盛产八角,八角林资源十分丰富。宁明县充分利用得天独厚的八角林资源优势,大力发展八角香鸡养殖,并且取得了良好的成效,中央电视台等多家媒体对八角香鸡的养殖进行过报道。八角香鸡逐渐为人所知,八角香鸡产业也初具雏形。据了解,宁明全县八角林面积共有28万亩,在八角林下发展优质土鸡养殖业具有独特的资源优势。随着人们对原生态食品的追求与重视,宁明八角香鸡也有着良好的市场前景。在八角林中放养的土鸡,肉质鲜美且带有八角幽香,成为市场上的抢手货。据统计,2010年宁明全县饲养八角香鸡6万只,年销售收入500万元。在八角林中放养八角香鸡已成为一个极具地方特色的养殖模式,八角香鸡养殖产业正悄然兴起。目前,该县已有3个大规模养鸡场,八角香鸡有望"一鸣惊人"。

八角是产于我国广西、云南等地的一种具有浓郁香味的调料,俗称大料。八角树是高10—20米的常绿乔木,喜温暖、潮湿,一般生长在海拔300—1000米的山地。同时,八角林周边少有村庄,生态环境较好,这是八角香鸡品质好的原因之一。在八角林区道路两侧,宁明人民选择地势高、地形开阔、水源充足、有防疫条件的林地建设养鸡场。鸡被放养在八角林中，以八角树上的昆虫和八角树下的落果、野草为食。人们有时也将八角叶、八角粉掺入玉米饲料中，用来喂养这些鸡。在八角林中放养的土鸡，住的是天然氧吧，吃的是五谷杂粮，喝的是山泉露珠，所以肉质鲜美且带有八角淡香。

在派阳山林场这片将近30万亩的八角林里，放养着数万只八角香鸡，且派阳山的八角香鸡养殖基地有"健身俱乐部"的美誉。放养的鸡和家养的鸡不同，八角香鸡的警惕性比家养的鸡高，到了晚上它们都会飞到树上去栖息，能有效防止受到其他动物的伤害，所以八角香鸡的存活率较高。八角香鸡的出栏时间也有着严格标准，成鸡要控制在6个月以上才能出栏销售。

三、八角香鸡的制作及食用

高端的食材往往只需采用朴素的做法，朴素的烹饪方式更考验食材的品质。八角香鸡最简单的做法就是做白斩鸡。白斩鸡是中国八大菜系之一粤菜鸡肴中的一种，是两广地区人民最喜欢的美食之一。每逢过节，宁明当地人总会杀几只八角香鸡来庆祝。由于八角香鸡警惕性很高，在选好肥瘦合适的鸡之后，要用事先准备好的网兜将鸡兜住，徒手抓是很难抓到的。将八角香鸡处理干净后，在鸡肚内倒入适量的盐，然后将鸡放入锅中，往锅里倒水，水量刚好淹过整只鸡即可，盖好锅盖后用大火加热，等到水开后改为小火再煮半个小时。半个小时后将鸡翻一下，再继续煮另一面，确保两面都煮熟，待到用筷子戳鸡肉能够轻松戳破且无血水冒出时即可出锅。把捞出来的整只鸡放在干净的砧板上，等鸡稍微凉一些之后，去掉鸡头和鸡屁股，再把鸡肉切成均匀块状，摆盘后即可上桌。如果想让鸡肉的品相更好一点，也可以捞出控干后，在鸡身上涂抹一层芝麻油，这样整只鸡会更加润泽，颜色也更黄嫩，看上去更有食欲。这样做出来的八角香鸡皮色金黄，肉质滑嫩，口感好，有嚼劲。

品质好的八角香鸡，即使是简单蘸着生抽来吃，也十分美味，若追求更美味的八角香鸡，则需要特制的酱料，即味碟，味碟看似不起眼，却至关重要。

将生抽、沙姜按1∶1的比例调配搅拌，喜欢吃辣的还可以放些辣椒，再撒点香菜，倒入适量的香油，一份美味的味碟就制作好了。夹起一块嫩黄的鸡肉，蘸一点酱料，放入口中细细品味，鸡肉厚实，鸡皮嫩滑，鸡肉中带有淡淡八角香味,再混合着沙姜和生抽的鲜味,每一口都是味觉的盛宴,越嚼越有嚼劲,越嚼越美味。各种美味不断冲击着味蕾,让人迫不及待地夹起下一块,想要大快朵颐一场。

宁明县的八角香鸡生态养殖基地已通过广西壮族自治区"无公害农产品产地"认定,被广西烹饪餐饮行业协会评为"桂菜原料生产基地",而八角香鸡也被认证为无公害农产品,八角香鸡养殖项目连续多年被列为广西林下经济示范项目之一。勤劳的宁明人民因地制宜,灵活运用万亩八角林来发展土鸡养殖业,取得了巨大成功。尊重自然并懂得合理利用自然的人们,用自己的智慧与勤劳,收获了喜悦和幸福,同时让深山里的美味来到了山外人民的餐桌上。在八角林中放养的八角香鸡绿色健康,营养价值高,八角香鸡的规模化养殖是当地农民致富的正确选择。

第十节　天等白切鸡

一、白切鸡的由来

白切鸡起源于清代的民间酒肆,制作时使用的调料较少,即斩即吃,所以又被称作"白斩鸡"。白切鸡虽然起源于广东,但经过流传与发展,在南方菜系中普遍存在。白切鸡因制作方式简单、摆盘讲究、肉质鲜美爽口而深受南方人民的喜爱,在各种宴席中扮演着重要角色。各地人民按当地口味对白切鸡进行本土化改良,使白切鸡在不同的地方呈现出不同的特色。

在广西崇左市,当地人民将白切鸡进行本土化改良,使其成为当地逢年过节家家户户餐桌上都会出现的一道主菜。当地的白切鸡与其他地方的白切鸡最大的不同就是鸡肉的选用。在崇左,做白切鸡最优的选材就是崇左天等县的天等土鸡。

天等土鸡是广西天等县的传统土特产品,历史十分悠久。传说明代徐霞客曾在广西崇左一带旅居三个多月,当地人以家养土鸡招待,徐霞客吃后对天等土鸡大为称赞。后有朝廷官员将天等土鸡进贡朝廷。皇帝吃到土鸡之后,胃口大开。天等土鸡以肥嫩弹牙的口感赢得了皇帝的喜爱。作为朝廷贡品的天等土鸡便流传至今。

二、白切鸡的制作

天等白切鸡的制作步骤如下：

首先是杀鸡。选取一只上好的鲜活天等土鸡，从鸡脖子处割开。在一只瓷碗中加入三分之一的水用来盛鸡血，水和着鸡血搅拌，打起泡，静止，待鸡血成型。把鸡毛处理干净，之后剖开鸡的肚子，将鸡的内脏掏出。鸡肠、鸡肾、鸡心、鸡肝等加工后也是一道美味，可以同鸡肉一起白切，或是加入四季豆、青椒等爆炒，做一道美味的炒鸡杂。

处理好活鸡后就开始煮鸡。先烧一锅水，等水开后将鸡放入开水中滚过一遍，大约5秒后捞出，重复三到四次。这一步的目的是使鸡皮更加紧实爽口。然后将整只鸡捞出放入盘中，重新烧一锅水，在水中放入几片姜、几勺药酒，将小葱打结一起放入锅中。最后将鸡放入，开小火煮，煮制期间来回翻动，使整只鸡均匀受热，注意尽量使鸡皮保持完整。大约30分钟后，鸡皮呈现诱人的黄色，用一根筷子从鸡腿上方戳入，若拔出后没有血水并有鸡油流出，就表示鸡肉熟了。这时可以开始第三个步骤——过冷河。关火，将鸡捞出放入盆中，加入冰块与冰水，使刚刚熟透的鸡肉冷却下来，方便将鸡肉斩好装盘，更重要的是可锁住鸡肉中的水分，使鸡肉更加爽口脆滑。煮鸡剩下的水也可以加入红枣、玉米等煮成一锅鸡汤。

斩鸡是制作白切鸡的最后一个步骤。准备一把锋利的菜刀，一刀切到底，要看起来干净利落。首先将鸡脖子、鸡腿、鸡翅切下，若是家中有小孩子，往往会将鸡腿与鸡翅完整保留。若是家中有老人，也会在鸡胸肉上切下一块，加上前面煮好的鸡血，将它们细细切好，方便老人咀嚼。将剩下的鸡的躯体从上到下对半切开，再切成方便食用的小块。最好是一层皮一层肉连带着一些骨头。盛放鸡块的器皿可选用瓷盘，先在最底下将切剩下的边角料铺好，再在上面码上切好的鸡肉，将鸡皮朝上，按鸡的体型结构码好，在盘中再现一只"完整"的鸡。

三、白切鸡的食用

白切鸡的蘸料是这道菜的点睛之笔。依据个人口味不同，蘸料的制作方式也有所差异，但都是在原有基础上稍稍加工。其中最基础的也最简单的蘸料是加入生抽与香油或芝麻油，再加入切好的生蒜和葱花。它的好处在于制作简易，且能最大限度地保持鸡肉的原汁原味。若想吃得更油更香，则可以制作更复杂的蘸料。准备几根香菜头、小葱头和几个蒜头。在锅中加入植物油，待油七成热后，将以上食材加入锅中爆香，等到香味飘出后，加入生抽，即可出锅。这种做法可以使鸡肉更具油香，但比较容易上火。还有一些比较有特色的吃法，准备一块橘子皮，切成丝，放入碗中，加入白酒、白糖提鲜，最后加入少许食用盐，搅拌，将橘子皮抓出汁。若是不能用白酒，也可以用凉开水代替。上述做法换成沙姜也可做成姜酒。

白切鸡不仅美味，而且食用价值很高。因为土鸡在饲养的过程中均采用原生态养殖方法，因此营养价值很高。在天等，一直有坐月子的女人在婴儿头三个月时天天吃土鸡的习俗，给产妇食用，不仅补身，而且能使产妇奶水充足。

除了食用价值高，天等白切鸡对崇左人民来说还有特殊意义。民间有"无鸡不成宴""无鸡不成席"的说法。白切鸡作为天等非常出名的家常菜，是农村红白喜事中不可少的菜。天等民间流传着这样一段顺口溜："二三送博灶，二四扫楞廊，二五搔东仿，二六拢集馍，二七楞鸭鸡，二八游行结。""二七楞鸭鸡"是指大年三十晚上，天等家家户户一定要在神台上供一只白切鸡，而且必须选用经过处理的公鸡，这样的鸡也叫"给端"。"楞"在当地方言里，是"关"的意思。

白切鸡不仅仅是一道菜，也体现了崇左劳动人民对外来文化的包容与活用，同时象征着崇左人民对幸福生活的向往。

第十一节　大新柠檬鸭

一、鸭肉概说

中华文明博大精深，源远流长。中华大地以它深厚的文明之土孕育出丰富多彩的文化，饮食文化便是其中之一。

鸭是中国历史上最早饲养与食用的家禽之一，亦是人们餐桌上的常见食材。鸭的出现最早可追溯到河姆渡文化时期。鸭肉的营养价值与鸡肉相仿，是餐桌上的上乘肴馔，也是人们进补的优良食品。鸭肉的烹饪方法有蒸、煮、炒、烤等。人们用鸭做出了各式各样的美食，如北京烤鸭、四川子姜鸭、五香酱鸭、厦门姜母鸭等。

广西位于我国西南部，有着自己独特的民族特色，不仅有峻奇的山川、清澈的河流，还有许多令人垂涎欲滴的美食。广西各个城市都有自己的代表性美食，如梧州的龟苓膏、纸包鸡，南宁的老友粉，柳州的螺蛳粉，桂林的米粉，阳朔的啤酒鸭，等等，而崇左也有自己的代表美食，大新柠檬鸭就是其中之一。柠檬鸭诞生于20世纪80年代的南宁，最出名且正宗的柠檬鸭是南宁高峰林场附近的"甘家界"柠檬鸭。大新原本归属南宁，柠檬鸭也从高峰传到大新，2002年，大新划归崇左，大新柠檬鸭也随之传入崇左，成为崇左人民餐桌上的一道美食。

二、柠檬鸭的做法

这道菜做法简单，食材大多是当地自产的，较容易准备：一是经过处理的2到3斤的土鸭，二是酸辣椒、酸姜、生姜、葱白、蒜、酸荞头、酸柠檬、酸梅，三是山黄皮（经过腌泡的）、紫苏、薄荷、盐、糖、胡椒粉、生抽、老抽、酒、醋、蚝油。

准备好食材之后，就可以开始制作了。先往大锅中装上一锅水，加入姜块、葱结、米酒，用大火将水烧开后，把鸭子放进去，这时将大火转为小火，煮半个小时，等鸭子慢慢煮熟。鸭子个头的大小、老嫩程度以及火候都会影响烹饪的具体时间，这就需要注意观察和随机应变。煮到大概20分钟时，需要时不时地拿筷子戳一戳鸭子的胸部，观察有无血水冒出，如果没有血水，则表明鸭子已经熟了，需要把鸭子取出来，放到篮子里让它变凉。这时，我们要注意：鸭子一定要凉透后再切，一是不会烫着手，二是肉质不容易松散，切起来时显得均匀，这样既不会破坏整道菜的风格，又使其显得美观。

等鸭子完全凉透以后，挥刀切鸭既是考验刀功又是保证鸭肉美味的关键一步。切鸭要控制好力度，切的鸭块要薄且大小均匀，与此同时，要准备好佐料。把生姜去皮，切片，再切成丝；把酸辣椒切丝；把酸荞头拍一下，切丝；把紫苏、薄荷都洗净后，切丝；把酸柠檬去籽；用手挤烂酸梅去核；把泡好的山黄皮果挤出籽来；把酸柠檬、酸梅、山黄皮剁成蓉，把葱白、蒜切碎。

食材都准备好之后，加热炒锅，倒点花生油，待烧热后，把葱白、蒜放进去爆香，熄火，把切好的鸭块倒入锅中，然后把切好的生姜丝、酸辣椒、酸荞头、酸姜、酸柠檬、酸梅、山黄皮等配料加入，加适量的盐、糖、胡椒粉、生抽、醋等调味，也可以放点米酒进去，利用余温翻炒一下，使每一块鸭肉都均匀地沾上汁，最后加入紫苏、薄荷，炒匀后即可装碟。这样，芳香四溢的大新柠檬鸭就做好了。广西人对酸性食物有一种特别的喜好，柠檬鸭气味酸爽，符合广西人的口味，让人醉心其中，久久不能忘怀。

三、柠檬鸭的营养价值

鸭肉的营养价值极高，主要体现在以下几方面：一是鸭肉中的蛋白质丰富、鸭肉中的脂肪含量适中，二是鸭肉含有丰富的维生素B和维生素E，对抗衰老有重要作用。此外，鸭肉中还含有较多的铁、铜、锌等微量元素。所以，多吃鸭肉能有效补充身体所必需的蛋白质、维生素等，而且鸭肉性寒凉，不仅不易导致上火，还能滋补身体，特别适合体热上火者食用。

鸭肉在我国经常用于食疗，调养身体。中医认为，鸭肉味甘咸，性寒，入脾、胃、肺、肾经，无毒。可大补虚劳，滋五脏之阴，清虚劳之热，补血行水，养胃生津，止咳息惊，清热健脾，对虚弱浮肿、身体虚弱、病后体虚、营养不良性水肿等有疗效。鸭肉又可与其他食材搭配，夏季食用既可以进补，又能解暑。柠檬性温，味苦，有生津止渴、解暑健胃的功效，而紫苏叶性味辛温，具有发表、散寒、理气的功效。

柠檬鸭选材比较讲究，要选用土生土养的鸭，其他的食材如酸辣椒、酸姜、生姜、葱白、蒜、酸荞头、酸柠檬、酸梅、经过腌泡的山黄皮、紫苏等，大多都是当地种植或者加工的。在翻炒过程中，要控制住火候，食材的用料要合适，调料如油、盐等适中即可，显现一种中庸之道。柠檬鸭一般在重大的传统节日，如春节、元宵节、端午节等，以及亲友聚会、婚丧嫁娶时，才会摆上餐桌。这意味着鸭肉在餐桌上扮演着重要角色。我国古代医学家早已知道鸭肉不仅能吃，还能够调养身体。调养的方法也一直流传至今，并随着历史的发展不断丰富。可以说，我们在吃的过程中，吃的不仅是美食，还是文化。

柠檬鸭作为广西地区的一道名菜，其价值是不可估量的，它不仅反映了广西人民的生活方式与饮食习惯，同时与中华优秀传统文化产生共鸣。

第十二节　崇左那隆腊鸭

说到崇左美食，有人会想到酸粥，有人会想到烤乳猪，有人会想到血肠，然而独特的崇左味道并不仅仅局限在这几样美食之中。有一种美食，它同时间、自然紧密联系在一起，代表了崇左地区人民务实简朴、尊重自然的饮食特点，它就是那隆腊鸭。

一、那隆腊鸭的制作

那隆腊鸭的制作始于20世纪60年代。那隆腊鸭的出现同崇左依山傍水的自然环境有密切关系，崇左森林覆盖率高，河网密布，污染较少，一方面，优良的生态环境给当地的家禽尤其是水禽养殖提供了良好的自然条件，因此当地的家鸭养殖业得到较大发展，逐渐形成了具有当地特色的绿头鸭品种，这为腊鸭的诞生创造了基础。另一方面，随着家禽养殖业的发展，人们对鸭子的食用储藏又提出了新的要求，鸭子怎么吃、怎么储藏的问题又推动了当地鸭子养殖业的进步。腊鸭就是当地人民在生产生活中逐渐摸索出来的对这一问题的最好回答。

早期腊鸭的制作较为简单，仅仅是将鸭子简单处理、去除内脏之后，洗净，抹上盐，捆绑定形，再使其自然风干，以达到易于储藏的目的。风干后的鸭子颜色蜡黄，脱水后的鸭肉散发着腊味的咸香，捆绑过后，一来造型更为美观，二来更节省存放空间。腊鸭满足了当地人的饮食需求，也给当地的饮食文化增添一抹亮色，随着当地生产力水平和烹饪技术的进一步提高，原本较为简单的传统腊鸭制作工艺有了新的发展。

如今的腊鸭制作与以往大为不同，以往制作腊鸭前期只是去除鸭子内脏，而现在人们在此基础上更进一步，在将鸭子处理好后，用竹签在鸭子身上扎出许多小洞，使鸭子更快风干与入味。以往制作腊鸭只是粗略地在鸭子身上抹上一层盐，如今人们会用当地特有的高度米酒涂抹鸭子全身来提味增香，而最重要的是选择涂抹腊鸭的香料。香料的制作很讲究，当地人用五香粉，并且要用当地香料调和的五香粉，将其同盐炒香后均匀涂抹在鸭腹内部，再用老抽给外皮上色，这一步也是以往制作腊鸭所没有的。在捆绑腊鸭的材料上，现在多使用草绳，和以前使用棉线捆绑相比，草绳能更好地增加腊鸭的风味。可以说，与以往相比，今天的腊鸭制作方法有了更多的创新和很大的进步。

在完成涂抹香料、捆绑鸭子定形这些步骤后，人们就将鸭子放进自家的屋后楼顶，以天然的方式将鸭子风干，在秋冬之际的那隆，时常能在各家的楼顶或者前后院看到成排晾晒风干的鸭子，场面颇为壮观，腊鸭香气随处可闻。鸭子在经过长时间的晾晒风干后，表皮酥脆，腊味浓郁，骨脆肉香，酱色外皮令人食欲大开。

腊鸭的制作方法经历了一个由简单到复杂的发展过程。在发展的过程中，当地人逐渐将腊鸭的制作精细化、特色化。由于腊鸭制作过程复杂，不能经常出现在人们的日常餐桌上，反而促使腊鸭逐渐同当地的节日文化融合，成为当地人庆祝节日或用来招待客人的独特美味。

如同腊鸭的制作方法一样，腊鸭的食用也很有讲究。在一场酒席中，第一道菜往往不是腊鸭，腊鸭一般作为第二道或第三道菜出场，这样安排目的是带动现场气氛，提升人们的食欲，这成为当地人摆酒不成文的规定，腊鸭的出场使酒席的气氛趋向高潮。

二、那隆腊鸭的吃法

当地的腊鸭吃法多样，腊鸭饭是其中比较家常的一种。把米煮开、腊鸭切块，把切好的腊鸭肉同米以一定比例放入锅内，加火慢煮即可，这是当地最简单的腊鸭吃法，不需要过多调料，腊鸭的腊香味便同米饭的米香充分融合，米饭在和腊鸭肉共同蒸煮后吸收了腊鸭的浓郁腊味，富有肉香，同时因为融合了腊鸭的油脂，口感更好，腊鸭在同米饭煮后肉质软烂鲜嫩，鸭肉过咸的味道得到改善，饭与肉咸鲜适中，香气宜人，在当地的农忙时节，不失为餐桌上的一道家常美味。

此外，蒸腊鸭也是展现腊鸭自身原汁原味的绝好方式。将腊鸭斩块，以姜丝铺底，大火快蒸，出锅后淋入少许酱油，施以葱花点缀即可食用，这一方法可以最大限度保留腊鸭原味，由于腊鸭自身保留的咸味较大，不需过多调味即可将腊鸭特有的腊味肉香极致地发挥出来，而姜丝葱花的搭配也很好地弥补了腊鸭过咸的缺点。蒸腊鸭是当地酒席上十分经典常见的一道菜，简单的做法使它深受人们的喜爱。参与宴席的食客常通过蒸腊鸭来评价主厨烹饪水平的高低，所以蒸腊鸭是崇左当地大厨最拿手的一道菜。

除了以上煮和蒸两种经典的做法，炒腊鸭也是一种常见的吃法。将腊鸭切成薄片，在开水中过水一次，洗掉过多的盐分，之后同本地蒜苗同炒，大火快炒，少油少盐对腊鸭的食用更为合适。炒过的腊鸭皮嫩肉香，配菜中的蒜苗吸收了腊鸭的脂肪，蒜苗的清香与腊鸭的肉香完美融合，既不会显得油腻，又可以利用腊鸭的浓郁腊味，腊鸭咸而不涩的口感特点就这样被充分体现了出来。

近些年，崇左也出现了将腊鸭同莲藕、芋头或萝卜同煮做成的炖菜。具体做法是将腊鸭切成小块后，焯水，然后放入锅中同姜、蒜共同煎制，目的是使腊鸭原有的脂肪流出，释放腊味特有的香气，同时使配菜本身的味道跟腊鸭的脂肪香融合，这一做法让整道菜的香气更有层次感。再将萝卜或者芋头等切块铺在砂锅底部，加入猪骨或者鸡肉熬制的高汤，煮沸后淋上黄酒或者当地的特产米酒增香，熬至汤色浓白即可。这一吃法在冬季时大受人们欢迎，腊鸭的咸香和莲藕、萝卜的清香完美结合，同时萝卜、莲藕等配菜也因吸收了腊鸭的脂肪而肉香浓郁，再喝上一碗腊鸭汤，让人感觉十分温暖。

腊鸭在当地受到欢迎，和当地的地理环境、气候条件、鸭肉的营养价值有关。崇左属于亚热带气候，气温较高，湿度较大，加上当地的水土环境适宜养鸭，制作腊鸭的原料充足且质优价廉。腊鸭符合当地人饮食口味偏咸的特点，在当地的饮食文化中占有重要地位，因此当地有"腊鸭饭面焗，香气传三屋"的说法。腊鸭的营养价值也比较高，可食用部分中的蛋白质含量占16%—25%，比其他肉类蛋白质的含量要高出许多，并且鸭肉烹饪后的含氮浸出物比其他肉类多，所以腊鸭肉味更为鲜美可口。此外，鸭肉脂肪含量较少，碳水化合物含量适中，含有的脂肪酸主要是不饱和脂肪酸，成分近似橄榄油，有降低胆固醇的作用，对防治心脑血管疾病有益。腊鸭肉中含有大量的钾，还含有丰富的铁、铜、锌等微量元素。这些营养物质对人体健康有非常多的好处。

腊鸭的制作及食用体现了崇左人民尊重自然的观念。腊鸭制作采用纯天然的风干方式，采用纯天然香料腌制，漫长的制作周期赋予了崇左那隆腊鸭经过时间沉淀的独特味道，腊鸭那朴实无华的外表凝聚了人们春耕、夏耘、秋收、冬藏的一整年的时光记忆。今天的崇左腊鸭制作逐渐产业化，当地居民使用真空包装的方式，将腊鸭的储藏时间延长，且便于运输，当地的腊鸭产品逐渐走出崇左，成为广西的特产名吃。崇左人民对腊鸭吃法的挖掘，体现了崇左当地人民灵活运用当地特产资源、因地制宜的奇妙创造力，而崇左人对腊鸭在宴席上的特殊讲究更体现出崇左人对腊鸭这一美食的深厚情感。在秋冬之际，那隆等地飘扬着腊鸭的香气，这不仅体现出崇左当地人对一年中风调雨顺的庆祝，更体现出人们对未来美好生活的期待与向往。崇左那隆当地民众通过制作腊鸭，将务实简朴、尊重自然的饮食观念代代相传，使那隆腊鸭这一美食传承至今。

第十三节　鸡皮果土鸭

一、鸡皮果土鸭概说

鸡皮果土鸭是崇左市龙州县的一道家常特色美食，不仅烹饪方式十分简单，还迎合了中医营养学理论。其烹饪方式不同于其他菜肴。人们在烹饪过程中采用不同的调味品与不同的烹饪手法，不仅使食材达到更美味的境界，而且使菜品独具特色、营养丰富。当地一些菜馆也有这道菜，并以其为主打特色菜，鸡皮果土鸭口感美味独特，价格公道，一大盘的价格在五十块钱左右。

鸭肉富含多种营养物质，是一种滋补佳品，也是各种特色菜品的重要食材。鸡皮果土鸭就是以鸭肉和鸡皮果为主要食材，这两者一起烹煮，不仅能使鸭肉味道清香鲜美，还具有滋阴补肾、清肺养胃、生津解渴、增进食欲的功效。

鸡皮果又称"山黄皮"，因果实成熟时果纹形似鸡皮而得名，主要生长于桂西南石山地区，以广西崇左市的龙州、天等、大新等县分布最广，在其他省市并不常见。鸡皮果的果实和叶子具有特殊香味，且药用价值高，叶子可用来驱赶蚊虫，果实略酸，含有人体所需的多种营养物质，具有消暑、消炎、去湿、健脾胃、生津止渴等功效，可直接生吃，也可晒干制成果脯食用，还可以制作成调味品，用来烹饪牛羊鸭鱼等肉类，可以祛除肉类的腥膻味，增加菜品的鲜味，有消腻开胃、增进食欲的功效。

土鸭肉蛋白质含量高，营养丰富，易于消化，含有较为丰富的维生素 A 和 B 族维生素，具有补血行水、滋阴补肾、滋益脾胃等功效，对于体质虚弱、食欲不振或者高血压人群来说，食用鸭肉可以滋补身体、增强抵抗力，但对于患有动脉硬化、慢性肠炎的人群来说，不宜多吃鸭肉。

八九月份时是食用鸭子的最佳季节，此时鸭子正值长膘阶段，肉质紧致肥美。《食疗本草》也曾提到，水鸭最适合九月以后和立春之前食用，所以鸭肉又是秋冬最佳补品之一。

鸭肉的吃法有很多种，比如清炖鸭汤、白切鸭等，但鸡皮果土鸭的吃法通常是干锅红焖。由于鸭肉本身带有一股腥膻味，使用干锅红焖的方式烹制后，不仅能够淡化腥膻味，还能使鸭肉更入味。

关于食材的挑选，一般选用农家自养150多天、重6到7斤的土鸭。农家土鸭都是放养的，并以玉米粉和青菜叶等原生态的饲料喂养，比起圈养的肉鸭，土鸭的肉质更紧致鲜嫩，肥瘦相宜，而且腥膻味比较淡。调味佐料的挑选也有很多讲究，比如料酒要用农家自酿的米酒。自酿的米酒，酒香比较浓郁，口感比较醇厚。鸡皮果要用先前腌制好的果子，或是晒干磨成的鸡皮果粉，分量在小半碗左右。姜要切成丝或片状，大蒜要剁成蒜蓉。

二、鸡皮果土鸭的制作方法

鸡皮果土鸭的制作方法并不复杂。

首先对食材进行加工，将鸭肉切成块，并把鸭屁股切掉，因为鸭尾上有两粒腺体，将鸭屁股切掉后，鸭肉的腥膻味会比较淡，然后烧开一锅水，将切好的鸭肉倒入锅中余水，洗净鸭肉的血水和腥膻味后，捞起来用冷水冲洗，再把洗净的鸭肉装盘，倒入适量的料酒，与食用盐以及少量的姜丝、生抽一起搅拌均匀，然后用塑料袋将装有鸭肉的盘子密封，腌制15分钟，令佐料能够更好地融入鸭肉。

然后对食材进行烹调，先往锅中倒入少量的食用油，待油变热起微烟后，把姜丝和蒜头倒入锅中爆炒，蒜头被炒出香味并起虎皮时，将腌制好的鸭肉和新鲜的鸡皮果或先前腌制好的鸡皮果倒入锅中一起爆炒，当鸭肉被翻炒至变色出油时，再往锅中加入适量的水和料酒，然后盖上锅盖，用小火慢煨，使鸡皮果的清香渗透到鸭肉中。当汤汁收得差不多的时候，开锅翻炒几分钟，使其受热入味均匀，再盖锅盖焖煮。待到差不多可以出锅时，往锅中添加适量的酱油和鸡精，并撒入一些香叶和葱叶翻炒均匀，最后出锅装盘。这道菜品就算制作完成了。

有诗曰:"尚未出炉已飘香,三分已醉味芬芳。入口爽脆沁肺腑,食过多时留余香。"此诗用来形容鸡皮果土鸭再合适不过了。鸡皮果土鸭的特点是肉块颜色金黄,肉质滑嫩、有嚼劲,伴有鸡皮果的清香,吃起来口齿留香,不像白切水煮鸭一样,肉老无味。经过厨师精心烹制的鸡皮果,口感变得更加酸爽,吃起来感觉和陈皮一样。当你夹起一块鸭肉送入口中时,你会发觉滑嫩而有嚼劲的鸭肉正使自己的味蕾舒展开来,满口都是鸭肉与鸡皮果的清香酸爽,令人根本停不下来,越吃越开胃。

中国的饮食文化源远流长,博大精深,不同地域的饮食风格也各具特色。尽管崇左龙州县的鸡皮果土鸭不像北京烤鸭一样享誉国内外,菜品样貌也不够出众,但它独特的风味与口感体现了当地人民的智慧和至精至诚的态度,它不光口味独特,具有食用价值,更重要的是它代表了当地人民追求美食的一颗诚挚之心。

第十四节　崇左生血菜

一、食用生血概说

自古以来,中华大地上一直流传着以形补形的饮食理念。先民们对血液有着一定的崇拜。血液是生物体内不可缺少的部分,血液流失或者减少会使身体变得衰弱,充足的血液供给会使生物变得强健有力。当时的人们并不能理解这一现象,他们本能地认为,血液是力量的象征,喝下敌人和猎物的血液,自己就会得到敌人以及猎物的力量,从而在部落竞争中获得更多的权力、更高的地位。

食用动物血液的吃法,最为常见的是炒熟之后再食用,而生吃则较为少见。生吃的做法是,将现宰杀的家禽血液用大的圆碗收集起来,加入食盐搅拌,待食盐融化后静置,使其初步凝固,然后切成块状,待其完全凝固后即可食用。这种做法制作出来的生血菜最大限度地保留了血液的独特味道,加入的食盐又以咸味去除了血液之中令人不喜的大部分腥味。

说到生血,目前中国境内保存有生血菜最为完整做法的当属贵州。生血作为当地的特色美食常常被用来招待贵客。一些游客在看见这道特色菜时,可能会因为过不去心里的坎儿而放弃这一美味。

这道菜除了在贵州出名，在广西的崇左地区也比较有名。但两地不同的自然环境影响了饮食习惯，造成两地菜系做法的不同。自古以来，贵州地区因地理环境导致盐较为紧缺，然而盐对人来说又是不可或缺的东西。那要怎么办呢？聪明的贵州人民想出了一个绝妙的办法，那就是以糟辣椒产生的一定盐分来代替，因此产生了以酸、辣为主的黔菜。而广西崇左地区就没有这样的烦恼，因此在这里出现了香咸口味的地方特色菜，生血菜也因此走向了另一条道路。

二、生血菜的制作

崇左人食用生血，一般以鸡血、鸭血和猪血为主，因为当地以饲养这些家畜家禽为主。主要做法是宰杀后，取碗或盆接取血液，加入食盐搅拌，结块之后以竹刀划开。之所以使用竹刀，是为了避免铁质刀具中的铁腥味成为生血中的杂味而破坏了这一道美味。待血块划分开，加入用酱油、香油、香菜等组合起来的蘸料便可食用。食用时，用筷子将块状的生血从盆中夹起，血块凝结后看起来就像红色的豆腐，因此生血菜也被称为"血豆腐"。此时将其放入蘸碟中蘸上调料，可以看到红嫩的血豆腐裹上了一层棕色的外衣，还点缀着白芝麻、香菜、碎辣椒等，让人不禁食欲大增。夹起一块放入口中，用舌尖缓缓地将血豆腐压碎，血液的鲜美带着淡淡的咸味萦绕在舌尖，细碎的芝麻与香菜带着特殊的香气在口中与血液的鲜美结合，给人带来无比新奇而又享受的味觉体验。

生血菜的吃法不止凉拌这一种，在崇左这个被称为"南疆国门"的地方，这一道特殊的美食被人们玩出了新奇的花样。

比较常见的就是血豆腐。当然，这里所说的血豆腐和上面说的以血液凝结成豆腐状的生血块可不一样。它的做法是选取当日现磨的豆浆加热煮沸，煮出豆花，然后以重物压制出新鲜的白豆腐，加入现宰的新鲜干净的猪血，再放入食盐、辣椒、花椒、橘皮、肥腰末等配料进行搅拌，待其凝结成固体即制作完成。当然也可以对它进行深加工，把手洗干净后，用手将血豆腐捏成块状，放在木头烧出的烟上熏烤，为血豆腐添加一层草木的清香气息。熏烤程度以表面稍黑、内质稍硬为宜。因为在熏烤过程中除去了血豆腐中的大量水分，所以血豆腐在熏烤结束后可以长时间保存。在食用时可以将其切成薄片，加上上好的猪五花肉爆炒，在翻炒过程中加入姜黄、料酒、白糖等，以去除猪肉中的腥气，蛋白质与酒精也使得肉的口感更鲜嫩。五花肉在爆炒中烧出来的大量油脂被豆腐干吸收，一方面使豆腐干不会因为过于干瘪而影响口感，另一方面则让菜品显得不会过于油腻而让人分不清主次。在翻炒几番之后，加入早已准备好的蒜苗、辣椒等，炝炒几次后，蒜苗的浓香及辣椒的辣味被完美地激发出来，五花肉与豆腐干也在翻炒中吸收了两者的味道。此时快速将大火转至小火，加入酱油、蚝油提鲜，再加入少许老抽调色，一盘热气腾腾的热炒血豆腐就呈现在你面前了。空气中弥漫着油脂的香气，待到油脂的香味淡去，蒜苗与辣椒那浓重饱满的香味在鼻头爆炸开来。夹取一块豆腐放入口中，一股草木的清香味扑面而来，这是因为当时熏制选取的木材以香木为主，还在回想草木清香的时候，油脂的香气排山倒海一样充斥在口腔中，每咀嚼一次，油脂、肉末、豆腐丰富的层次感都会让人大呼满足，让人不禁加快了夹菜的速度。因此，这道菜也成为崇左人民生活中不可缺少的美食。

三、生血菜的文化含义和营养价值

我国自古以来就有将一些贵重药材泡酒饮用的做法，类似的有人参酒、灵芝酒等，而崇左地区的"血酒"则不同。在崇左的老年人眼中，为了表达对远道而来的尊贵客人的敬意，他们会拿出自家制作的血酒来招待。

血酒，相传历史十分悠久，成语"歃血为盟"中的歃血，原义为将宰杀的牲畜血抹在嘴唇上，以表诚意，后来演变为以牲畜血掺入酒中作为血酒来代替原本的牲畜血。在古时，人们在约定重大事情时，都会一同饮下掺入牲畜血的酒液，以表达诚意，迎来合作。在近代，彝族的鸡血酒十分出名，彝族继承了古人以血酒盟誓的传统文化，在族中重要人物与人盟誓时，会现宰一只公鸡，将温热的鸡血掺入酒中一口饮下，以表"君子一言，驷马难追"之意。

无论是彝族的也好，崇左当地的也罢，血酒的做法不外乎如是。首先，准备一坛高度酒，将泡酒的生血准备好，把高度酒倒入碗中后，再倒入一定比例的生血，充分搅拌后即可饮用。这种做法有一定的好处，那就是在搅拌的过程中，高度的酒精起到了杀菌消毒的作用，而且能够最大限度地保留生血粗犷的风味，微微抿上一口血酒，舌尖首先感受到的是高度酒精的辣，待到辣味消失后，回荡在口中的则是醇厚的酒香以及生血的鲜甜，一口酒由喉咙落入肚中，酒液所过之处都变得火辣辣起来，让人忍不住扯开领口，大喊一声"好酒"。血酒以其响亮的名声、独特的味道吸引了无数慕名而来的食客。而除了口感与众不同，血酒中比较名贵的如鹿茸血酒也有着独特的保健效果。鹿茸血酒能够补肾壮阳、强健筋骨、祛风湿等，对元阳不固、气血两亏、四肢无力、腰腿酸软、手脚麻木、失眠多梦的患者有很好的辅助治疗效果。

如今随着时代与经济的发展，鹿茸血酒等一系列保健品也慢慢进入人们的视野。人们在享受好酒的同时，也要防备市场上冒充鹿茸血酒的一系列假冒伪劣产品。冒牌血酒不但不能起到保健作用，还会损害健康。因此我们要提高警惕，切记不要贪小便宜。

生血是古人流传下来的美食之一。动物血液中含有人体所需要的蛋白质、铁、锌、铜等多种人体必需的营养物质和微量元素，因而被人们誉为"液体肉"，营养价值十分丰富。长期食用动物血液对改善人体的贫血症状也有一定的作用。也许在大家的心中，对于食用血液有着那么一道坎儿，那么作者在提笔写下这一节时，希望能够增加大家对壮族先民们传下来的生血菜的了解，并慢慢地尝试着接纳，或许在尝试之后，就能够体验到品尝新美食的乐趣。

第十五节　甘蔗炖羊肉

一、甘蔗炖羊肉概说

说起甘蔗和羊肉，大家一定很熟悉，但是提起甘蔗炖羊肉，有一些人可能会觉得很陌生。今天带大家了解一下崇左的传统美食——甘蔗炖羊肉。

广西地区盛产甘蔗，由于崇左气候炎热，夏季气温有时高达40℃，所以崇左本地的甘蔗比其他地区更甜，含糖量高达20%。甘蔗通常被用来榨糖，一般来说，利用传统工艺制糖要经历四个步骤：榨汁、过滤、熬煮、风干。用传统工艺制作出来的蔗糖甜度非常高并且不含任何添加剂，这也是我国非物质文化遗产之一。甘蔗炖羊肉是崇左人对甘蔗的另一种利用。虽然甘蔗性寒，属于凉性食品，但甘蔗具有清热解毒、生津止渴、滋阴润燥等功效。羊肉性温，能御风寒，有暖中补虚、补中益气、开胃健脾、养胆明目等功效。一般人吃完羊肉后，身体会很燥热，但是加入甘蔗，既能去掉羊肉的膻味，又能使羊肉汤温而不燥，能更好地滋补身体。

二、甘蔗炖羊肉的做法

甘蔗炖羊肉是一道以羊肉为主要材料制作而成的菜肴，也是崇左的传统美食。这道菜烹饪简单，营养丰富。首先把羊肉洗净后切块，放进锅里焯一遍水，在这一过程中，要去掉浮起的白沫，目的是除去羊肉里的血水和膻味。其次选取适量的甘蔗去皮冲洗，切成五六厘米的长段后再切成小块，甘蔗最好选用青皮的竹蔗，因为黑皮甘蔗性质较温，而竹蔗味甘性凉，更有清热之效。然后放入姜片、蒜粒、香叶，煸炒出香味后放入羊肉，开大火翻炒，直至炒出羊肉的香味。接着放入甘蔗，翻炒几分钟再加入清水，并转至砂锅炖煮。羊肉在砂锅里炖大约3个小时，起锅后撒上适量的胡椒粉和葱花即可上桌。这道菜最大的亮点是甘蔗，用甘蔗炖的羊肉汤汤质优美，羊肉肥而不腻，无膻味和腥味，甘蔗的甜渗透进羊肉里，能起到调味的作用，使汤汁甜且清香。羊肉含蛋白质、脂肪、碳水化合物、维生素 B_1、维生素 B_2、烟酸、钙、磷、铁等，对于体虚的人来说，是非常好的补品。

在崇左有个说法，炖羊肉汤时，不要先放盐，等到汤炖好后，盛到碗里，再根据个人口味进行调味。因为如果在炖汤时放盐，羊肉遇盐会紧缩，就很难入味。选取甘蔗也有个小技巧，新鲜的甘蔗质地一般比较硬，瓤部呈乳白色，有清香味，已经坏了的甘蔗质地较软，瓤部颜色略深，呈淡褐色，凑上去可以闻到酒糟味。选甘蔗时要避免选变质的甘蔗，吃了变质的甘蔗，会出现呕吐、抽搐、昏迷等中毒症状。

中国地大物博，不同地区甘蔗炖羊肉的做法各有不同，因此食物的风味也不同。在广东，首先将羊排肉焯水后入油锅翻炒，接着加适量的广东米酒炒至羊排出油，然后热锅起油，加入蒜粒和姜块煸香，再倒入羊肉大火翻炒，淋入适量生抽和带汁的腐乳炒匀，再加热水没过羊肉，等汤汁沸腾后，放入适量去皮切块的甘蔗、马蹄和胡萝卜。马蹄和胡萝卜可以去除羊肉的膻味和腥味，并且可以吸附一部分羊肉当中的脂肪，使汤汁鲜美可口。然后在羊肉汤里加入适量当归、一颗拍碎的草果和四根香菜根以增香，调小火炖煮40分钟。羊肉汤炖好后加盐、糖调味,撒入葱花即可。在广东,甘蔗炖羊肉还有另一种吃法,那就是将吃剩的汤汁挑去香料后,可以打边炉,用来煮肉丸子或是烫青菜腐竹,味道也是非常棒的。

三、甘蔗炖羊肉的文化内涵

相对于广东的做法,崇左本地做法做出的羊肉汤味道比较清淡,这也体现了广西以清淡为主的饮食特点。广东版的甘蔗炖羊肉则是在熬汤前将羊肉爆炒,熬汤后则少了一丝清甜。一方水土养一方人,每种做法都有自己独特的魅力。

甘蔗炖羊肉,就这样简单的一道菜,却承载着崇左地区的风土人情。崇左人民将本地的甘蔗与羊肉共食,这种巧妙的做法也体现了人们对美食的追求。甘蔗炖羊肉这道菜无论是招待客人还是日常食用,都是不错的选择。在寒冷的冬天,喝上一口暖暖的羊肉汤,不仅能使身子暖和,也为平凡的生活增添了不一样的滋味。民以食为天,人生总难一帆风顺,多多少少都会有些挫折,但也要好好吃好每一顿饭,享受生活中的小美好,然后继续前行。所以但凡有美食,都千万不可辜负。

第十六节 扶绥银鱼

银鱼又称面条鱼,一般成鱼6—9厘米长,全身通透,洁白如银,是生存在近海的一种淡水鱼,国内的银鱼多产于长江口一带。早在明朝,太湖银鱼便与长江鲥鱼、黄河鲤鱼、松江鲈鱼并称为中国四大名鱼。银鱼不仅可以直接新鲜炒制,也可以加工制成鱼干。银鱼有凉拌、炒、炸等做法,以它为主料可以制作出多种美食,例如小葱拌银鱼、银鱼菠菜汤、银鱼炒鸡蛋、煎炸小银鱼等。民间常说:"走路有驴,桌上有鱼。"在中国的饮食文化里,鱼不仅是一种家常食材,也寓意着生活美满富足、年年有余。

一、扶绥银鱼的做法

在广西崇左扶绥,人们最喜爱的特色小吃之一就是银鱼炒蛋。这道家常菜制作简单且营养含量高,可以说是色香味俱全,令人垂涎。银鱼本身肉质细嫩,且无鳞无刺,所以很好处理。银鱼炒蛋虽有多种做法,但都是简单、易掌握的做法。下面主要介绍两种较常见的做法。

第一种做法：准备主料银鱼100克、鸡蛋5个，辅料准备猪油90克、黄酒10克、味精1克、盐4克、葱末6克；把银鱼洗干净，放入锅中用水焯一下，再把银鱼沥干；把蛋液放入碗内，加适量的酒、味精、盐，搅拌均匀；把猪油下锅，用旺火加热，把银鱼、葱和蛋液拌匀，倒入锅中翻炒，等蛋液开始凝固，再倒点油和黄酒，颠炒至熟，便可出锅。在炒制菜品时，可以加入少量的水，加水可以让鸡蛋的口感更鲜嫩。

第二种做法：第一步，准备银鱼干、鸡蛋、盐、色拉油、姜、葱，按需求准备适量即可；第二步，把银鱼干用水泡发，泡发后把水沥干待用；第三步，加热油锅，放生姜爆香后捞出，倒入银鱼煸炒2分钟后盛出，蛋液加盐拌好备用；第四步，倒入蛋液，炒至稍微凝固后，再次倒入银鱼一起翻炒，撒上葱花即可盛盘上桌。注意等锅加热后才能倒油，这样能避免炒菜时粘锅。鸡蛋一般有较大的腥味，滴一点料酒到蛋液中可以去除其腥味。在炒菜中加入基本的调料即可，不宜加太多味道过重的调料，因为过多的调料会破坏鸡蛋和银鱼原本鲜嫩的口感。最主要的食材银鱼干可在当地超市中购买，也可在家手工制作。银鱼干的做法是直接把银鱼倒到网架上，将鱼铺匀，在强光下晒半天即可，晒到六七成干时，银鱼会黏在一起呈锅巴状，这时要将银鱼干拆开才能继续晒制，待晒制完成后储藏起来，制作好的鱼干保存一到两年都不会变质。切记不能过度晾晒，不然鱼干容易在打包时变成碎末。在吃的时候用水泡发鱼干即可，既方便食用，又方便携带。

二、银鱼的食用及传说

银鱼炒鸡蛋营养价值很高，是一道高蛋白、低脂肪的菜品。高血脂、高血压的人都可以食用，皮肤敏感者除外。中医认为银鱼味甘性平，补脾胃，治体虚、咳嗽，可宣肺、利水，尤其适合四肢无力、消化不良、脾胃虚弱、虚劳的人群食用。据《医林纂要》记载，银鱼补肺清金，滋阴，补虚劳。据《日用本草》记载，银鱼宽中健胃，合生姜作羹佳。当然，鸡蛋的营养功效也不容小觑，尤其是蛋黄。蛋黄又称"鸡子黄"，性味甘平，含有多种人体所需要的元素，如铁、磷、钙等，同时含有高蛋白质和维生素，鸡蛋中的卵磷脂被吸收后有预防智力衰退的作用。但鸡蛋不能过量食用，以免胆固醇过高。鸡蛋养阴、宁心、补脾胃，适合产后体虚、胃逆呕吐的人群食用。注意银鱼不能与枣、甘草同食，否则会出现腰腹作痛的情况，忌与羊肉或牛肉一起煎炸。

银鱼的高营养使它在历史上颇负盛名。关于如何判断银鱼品质的好坏，据清代《巴陵县志》记载，"银鱼出艑山、君山湖中，小才盈寸，眼见黑点者佳，以火焙之，胜日干者。他处多面条鱼，长二三寸至四五寸，则贱物矣。一年冬夏两季产之，夏水热，不如冬美"。由此可知，银鱼并不是越大越好，而且冬季银鱼比夏季的好吃。品质上乘的银鱼价格不便宜，对于市场上颜色太白的银鱼，要提防是否有荧光剂或漂白粉，谨慎挑选。

银鱼是闻名中外的特产之一，有"洞庭鱼类皇后"的美誉。很多华人在外国开餐厅，菜单里少不了与银鱼有关的菜肴，更有一些餐馆将银鱼作为招牌菜招揽客人，其受欢迎程度可见一斑。民间有很多关于银鱼的传说，讲到传说，就不得不提一下洞庭湖的银鱼传说。据传孟姜女的丈夫范杞良被征去给秦始皇修建长城，四季更迭，花开花落，孟姜女苦苦等待，始终不见丈夫归家。在一个寒冬，孟姜女准备去探望丈夫，在路上偶遇秦始皇在太湖巡视，便求皇上放她丈夫回家。秦始皇毫无怜悯之心，还说孟姜女的丈夫早就死了，命人把孟姜女拖走。在官兵拖走孟姜女时，秦始皇忽觉此女颇有姿色，命人将她带入宫中，要孟姜女做他的嫔妃。孟姜女无路可走，心生一计，向秦始皇提出只要秦始皇和百官一起到江南去祭奠她的丈夫，她便了却夫妻之情，答应做秦始皇的嫔妃。秦始皇立即传旨照办。吊祭那天，范杞良坟前站满了官员，孟姜女身穿白衣白裙，身上雪白如银，在坟前痛哭，方圆十里的人都闻声落泪，咒骂秦始皇是昏君。孟姜女哭得死去活来，吊祭结束时，州官催她上船，谁知孟姜女竟纵身跳入湖中，她身上的素衣化成千千万万条银鱼，游向五湖。

银鱼生命短暂，只能活一年，关于这个独特的生命现象，民间也流传着一个凄美的神话传说。据说以前龙王身边有一对童男童女，男的叫银果，女的叫银花。有一天，龙王命令他们两人到人间去考察世情。二人到达人间后，看到人间的百姓过着幸福美满的生活，心里很羡慕。随着两人的情感不断加深，他们便结为夫妇，不愿再回龙宫。龙王得知此事后大怒，便将他们变成两条身体透明的小鱼，并下令不允许怀孕的童女将孩子生下来。但童女不忍孩子胎死腹中，于是决定破肚生子，哪怕是献出自己的生命也在所不惜。于是，童女向碎石游去，破腹产卵而死。之后，人们将这种产卵方式称作"破娘生"。传说或许并不真实可信，但它给银鱼增添了更多的神秘色彩。

三、凉拌银鱼

在崇左扶绥，银鱼是招待客人及过节期间的必备菜品。各地游客来到崇左，除了看花山岩画体会前人的智慧，到友谊关感受边境文化，不妨驱车赶往扶绥，品尝更多的扶绥美食。银鱼作为扶绥的特产之一，经过创新改良，衍生出了多种菜品。扶绥夏季长，天气炎热，凉拌菜自然成为当地人喜爱的菜品。人们多用凉拌的方法将银鱼制成菜品，比如凉拌银鱼，用来佐粥或者下饭、下酒，都很好。

凉拌银鱼的做法：准备主料银鱼干 40 克、小葱 80 克、醋 15 克、味精 1 克、盐 3 克，准备适量的香油和植物油；用大火加热油锅，至六成热时，放入处理好的银鱼干，用中火炸制，等银鱼呈金黄色时可捞出控油；将小葱洗干净，先切段再切丝，将银鱼和小葱一起搅拌，放味精提鲜，放醋去腥，再放少量的盐即可，因为鱼干本身就带有咸味；加香油提升口感，充分搅拌后即可装盘食用。注意鱼干要炸脆，小葱要等鱼干凉了才能拌在一起，装盘后立即食用口味更佳，因为放得久了，鱼干会变软，影响口感。这道菜中的辅料和调味料可以按照个人的喜好加入，当地人喜欢在里面加一些其他蔬菜作点缀，让食用者更有食欲。在味道上，喜欢甜的可以加糖，喜欢酸的可以加醋，在大致做法不变的情况下，可以按照自己的想法做出符合自己口味的凉拌银鱼。不得不说，凉拌银鱼着实是炎炎夏日里的一缕清风，拂过舌尖，味留心头。

扶绥人民一直致力于用简单的食材制作不一样的美味，他们在银鱼的制作方法上不断摸索，使得用银鱼制作的菜品的口感和味道不断提升。扶绥银鱼经过流传和发展，有了属于它自己的独特味道及意义。它是离乡游子熟悉的味道与深沉的思恋，是招待亲朋好友必不可少的佳肴，是逢年过节、亲人团聚时餐桌上的尤物，是扶绥美食文化不可或缺的一部分。

第十七节　石锅鱼

一、石锅鱼概说

民以食为天。在中国，从古至今，吃一直是人们非常重视的事情，上到皇帝权贵，下到平民百姓，对吃都极其重视。从满汉全席到百姓的家常菜，每一种食材在智慧的中国人手上都被充分利用，发挥着它们各自的价值，做出各种令人赞不绝口的美食。而在这些美食中，鱼是很重要的食材。人们用鱼做出了各式各样的美食，其中有一道比较特别，那就是石锅鱼。石锅鱼别名金福鱼，在现代的美食划分中，归为湘菜一系。这道菜制作方法独特，需用一块大的花岗岩凿成有双耳的石锅，再把鱼放进石锅内烹煎，因此得名石锅鱼。比较有名的石锅鱼有羌寨石锅鱼、九洲石锅鱼、川香石锅鱼、清汤石锅鱼、九门寨石锅鱼、康熙石锅鱼、云南石锅鱼等。

"石锅鱼"这个名字是由于所用的烹饪工具为石锅而得名，而"金福鱼"之名相传则是皇帝所赐。相传在清朝康熙年间，在长沙湘江河畔，有一家小店擅长做一道名为"石锅鱼"的菜。这家小店就近取材，在河里抓鱼烹饪，加上自己独特的制作方法，所以做出来的石锅鱼味道鲜美，风味独特。康熙皇帝微服私访，下到江南的时候，路过长沙湘江河畔，正好到了吃饭的时间，于是决定在长沙湘江找一家店解决晚餐问题。康熙皇帝在路过这间小店的时候，被这家小店里已经做好的石锅鱼的香味吸引，决定进店品尝。尝了之后，他感觉这道菜味道鲜美无比，于是龙颜大悦，随即令随从向店家寻得这道菜的做法，并且欣然提笔赋名，把这道菜命名为"金福鱼"。此后，"石锅鱼"便迎来了它的新名字——"金福鱼"，而这家小店也因此得名为"金福林"，石锅鱼的做法随即传开。

经过上百年的流传，石锅鱼在不同的地区产生了不同的做法，所用的食材也会因当地人的饮食习惯和所处的地理环境而改变。因为南方湿气比较重，且南方人饮食较清淡，所以南方的石锅鱼大多是清汤。虽然南方石锅鱼的做法与其他地区没有太大的区别，但在味道上大不相同。在崇左，人们将石锅鱼与当地地理环境和人民的饮食习惯相结合，做出了别样的味道。崇左地区纬度较低，属于亚热带季风性湿润气候，天气较为炎热，当地人民的饮食多以清淡为主，崇左地区的石锅鱼大多为清汤石锅鱼。崇左人民将石锅与青竹鱼相结合，使这道菜散发出独特的香味。青竹鱼俗称倒刺鲃，属鲤科，主要分布在皖南山区河溪中，常栖息于水流湍急的江河或山涧溪谷之中，体色青绿，背部灰黑，为草食性鱼类，喜食浮萍、蔬菜、嫩叶及人工调配饲料。青竹鱼具有食性杂、抗病力强和养殖效益高等特点，而且肉质肥美、鲜嫩爽滑，是制作生鱼片、红烧鱼的上好食材。

二、石锅鱼的烹饪及食用

想要做好一道美味的石锅鱼，首先要有一口打磨好的石锅，用花岗岩打制的石锅最佳。用一块大的花岗岩凿成有双耳的石锅，整块打磨成锅的形状，石锅两侧有耳，比脸盆还要大些，锅体浑圆厚实，足足有20斤重。每张饭桌中间特意设置一个空槽，用来放置石锅，石锅鱼置于空槽中，底下用煤气加热。上菜前，要先把石锅放在火上预热半个小时，然后放入饭桌上的空槽里，用煤气火慢烹，一口好的石锅能使做出来的石锅鱼味道更加鲜美。

石锅鱼的制作方法如下：

第一步，事先准备好鲜鱼一条（1.5—2千克）、红辣椒300克、红花椒10克、青花椒30克、豆子50克、老姜40克、蒜瓣50克、精盐适量、豆瓣酱适量、冰糖渣25克、味精15克、鸡精8克、胡椒粉3克、黄酒50克、梗姜葱60克、火锅红油200克、熟菜油600克、筒骨汤1.5千克，鱼腥草、木姜子、藏红花、白蔻、砂仁、香叶、灵草、桔梗、莲米、丁香、果蔗等材料各适量。

第二步，将辣椒、姜、大蒜、豆瓣酱煸炒出香味，然后加入筒骨汤，再将汤料一起倒入石锅熬煮。筒骨汤一般采用猪筒骨熬制，小火慢熬几个小时，石锅鱼的味道关键在于它的汤底。

第三步，将崇左本地的青竹鱼片成鱼片。鱼片在入锅前必须用油沥一遍，这时鱼片若卷起来，说明鱼是新鲜的，如果鱼片都是直的，则是死鱼。

第四步，等把石锅里的高汤加热到翻滚时，放入鱼片，再将花椒、香叶、豆子等佐料加进石锅里。滚烫的石锅慢慢地把鱼片煲熟，香料也逐渐散发出辛香，整个屋子都充满了香气。可以根据不同喜好选择不同的配菜，如黄豆芽、羊肉、萝卜、藕片等。可以在吃完青竹鱼后加入配菜，也可以边吃鱼边加入配菜。味道不会受影响。青竹鱼片非常鲜嫩，筷子轻轻一抖，鱼肉便可脱离鱼刺，入嘴嫩滑鲜爽，浓郁的香辣交织着鱼肉的细甜，香味经久不散。尝一口鱼汤，滑嫩爽口，鲜香麻辣。吃完香、鲜、辣的石锅鱼之后，再上几道菜，就着青竹石锅鱼的汤底涮着吃，味道既鲜美爽口，又辛香麻辣，甚是过瘾。

以前人们不太喜欢吃石锅鱼，因为石锅的制造、存放和清洗是一个比较大的问题，所以寻常百姓家里，都不会放有石锅。若是想吃石锅鱼，只能到餐馆里去吃，这就比较麻烦。我国有厨师参照中医药膳疗法调配的石锅菜肴的汤料，在熬汤时往汤里放了20多种滋补的中草药和天然香料，所用的鱼也并非一般的鱼，而是千岛湖中的有机鱼，无污染，口味好，鱼肉鲜嫩。鱼汤鲜香无比，又有营养价值，受到人们的欢迎。如今人们对饮食问题越来越重视，在注重味道的同时，也越来越注重营养均衡。鱼肉含有高蛋白质，并且具有低脂肪的特点，受到大众的欢迎，石锅鱼也成为人们的"宠儿"。石锅鱼不仅美味，还含有大量对人体有益的铁元素，具有去皱、润肤等作用。用石锅炖出的鱼具有明目、养颜、健脑等功效。鱼和石锅的结合，成就了一道完美的菜肴。正因如此，人们对石锅鱼也愈发喜爱。

现代人旅行和出游，已不仅仅局限于观赏名胜古迹和自然风光了，有一部分人更中意于寻找美食，寻找那味蕾上的惊喜。因此，更多的民间美食被不断挖掘出来，出现在人们的视野中，征服人们的胃。在科技迅速发展的今天，美食的传播已不仅仅是靠人们口耳相传，在电视上、网络上，通过各种社交媒体都可以了解到多种多样的美食。各大城市也陆续举办美食节，创办美食街，丰富本地的美食圈，让人们有机会品尝到更多的美食，就连一些学校也开始创办美食类的活动。这些宣传方式让越来越多的美食进入人们的生活，让各地的美食不再遥远。人们还能在网络上搜索各种美食的做法，也可通过网络便利快捷地购买各种物美价廉的食材，即便足不出户，也可做出自己心仪的美食。在崇左这片有着浓郁民族风情的土地上，有更多的美食等待着人们前来品尝。

第十八节　崇左青竹鱼

一、青竹鱼概说

由于一些鱼类自身对生存环境的要求及繁殖的需要，我国一些地区拥有着别的地方没有的特色鱼类，就像内蒙古赤峰的达里湖鱼、额尔齐斯河以及乌伦古河水系的贝加尔雅罗鱼一样，广西崇左也有着它独具地域特色的鱼——青竹鱼。

广西崇左有山地、丘陵、谷地，也有河谷冲积而成的平原，河流广布，水流落差较大，再加上崇左尚未完全得到开发，环境良好，河流水质优良，给青竹鱼的繁殖提供了适宜的环境。青竹鱼为崇左地区的特色鱼种，但并不是崇左每个地方都有，而是主要在龙州县这一带生活繁殖。

青竹鱼除了含有丰富的蛋白质和脂肪，还含有碘、硒等微量元素。碘是人体所必需的一种物质，人体缺少碘会患上缺碘性甲状腺肿大，对人的身体健康造成威胁。摄入适量的硒则有提高人体免疫力、抗氧化等作用。故青竹鱼的营养价值十分高，对促进身体健康非常有益。患有水肿、肝炎、肾炎、脚气之人适宜食用，食用后可减弱症状或有辅助治疗之效。脾胃虚弱、气血不足、营养不良之人适宜食用，食用后可补充气血、养胃；患有高脂血症、动脉硬化的人适宜食用，食用后具有一定的辅助治疗作用。虽说食用青竹鱼对人体有益，但仍有些人不适宜食用。比如，脾胃蕴热者、瘙痒性皮肤病患者以及内热、荨麻疹、癣病患者等，都应忌食，以免给自己的身体健康造成不必要的影响。

二、崇左青竹鱼的烹饪及食用

在崇左市龙州县响水镇上，当地居民借着政府的支持以及祖上养殖青竹鱼的经验，使用网箱大量养殖青竹鱼。科学的养殖方法以及丰富的养殖经验使这些人工养殖的青竹鱼在肉质、口感、营养价值等方面都不输于野生青竹鱼。正是因为人工养殖的成功，青竹鱼的产量得到提高，龙州县的居民们也借此研究出了多种青竹鱼的做法。接下来就介绍一下青竹鱼的几种常见做法。

一是清蒸青竹鱼。主料为青竹鱼，配料有酸辣椒、姜块、指天椒、蒜头，调料有花生油、鸡粉、米醋、生抽、辣椒酱。

首先，准备好一条青竹鱼，去鳞去内脏，将已处理好的青竹鱼于腹部切成两半，再将鱼切成相连不断的小块，装入碟中。

其次，把姜洗干净切片，放两三片到碟中，再把鱼放进蒸锅中蒸熟。在等待的过程中可以处理配料，将酸辣椒、指天椒分别斜切段，将蒜切成蒜末备用。

最后，鱼蒸好后起锅，把锅烧热，放花生油，将蒜末、姜片爆香，在此过程中放入少量清水煮沸，接着加入辣椒酱、生抽、米醋和鸡粉，煮成浓汁，浓汁煮好后将其盛出，淋在已蒸好的青竹鱼上。至此，一道清蒸青竹鱼就做好了。

清蒸青竹鱼鱼肉亮白，吃起来口感爽嫩，唇齿留香，回味无穷。虽说当地人们都会做清蒸青竹鱼，但不同的村落依旧有不同的清蒸方法。四坝屯制作清蒸青竹鱼的方法就不一样了。这里的人们通常是先将青竹鱼洗净，然后将鱼鳃拔掉，切开鱼尾，然后把鱼放到清水盘中放掉鱼血，这一目的是使鱼肉清白透亮。放完鱼血后，将鱼捞起来，去鳞开肚，处理内脏。处理完内脏后，用刀将鱼背大刺挑出来，然后将鱼分开平铺，在鱼背上横切几刀，纵切几刀成井字，好让鱼蒸熟时开出"鱼花"。随后，将几根葱从鱼嘴插入直到鱼腹，将鱼装碟，放入冷水锅中隔水蒸，蒸至鱼眼微微凸起，这时青竹鱼已是九成熟，再滴上半勺香油和用盐拌的酱油，出锅后便是一朵漂亮的"鱼花"。需要注意的是，做清蒸青竹鱼时不能放料酒，否则会影响鱼的鲜味。当然，这也可由个人喜好而定。

二是红烧青竹鱼。主料为青竹鱼，配料为姜、蒜、花椒，调料为花生油、盐、豆瓣酱、料酒。

第一步，将青竹鱼处理干净后切成小块，蒜、姜洗净后切成末备用。

第二步，准备一个碗，倒入料酒、盐以及一半的姜蒜末，放入已处理好的青竹鱼块，腌制半小时。半小时后，将花生油倒入锅中烧热，将腌制好的鱼块放入锅中，煎至两面金黄后起锅备用。

第三步，锅中剩下的油不用处理掉，开火把锅继续烧热，将豆瓣酱放入热好的锅中爆香后，加入剩下的蒜姜末，加入小半碗水煮开，再放入煎好的鱼块，煮至收汁，便可起锅。

烧制成功的红烧青竹鱼，黏稠的汤汁附着在鱼块上，鱼块的金黄色与汤汁的橙红色产生碰撞，令人食欲大增。红烧青竹鱼的味道像是冬日里的麻辣火锅，麻感辣味不断刺激着味蕾，口感极佳，让人的每一个味蕾都在愉悦地舞蹈。而清蒸青竹鱼像夏日里的绿豆汤，使人舒适清心。在营养和健康方面，红烧青竹鱼的营养价值比不上清蒸青竹鱼，但口感及味道方面还是值得一谈。这当然也是看个人的喜好，毕竟有的人喜欢冬日里的火锅带来的温暖的感觉，有的人喜欢夏日里的绿豆汤带来的清爽的感觉。

三是青竹鱼生鱼片。主料为青竹鱼，配料有姜、葱，调料有花生油、盐、生抽，此外还要备好白毛巾、保鲜膜、冰块。青竹鱼生鱼片的做法难度较大，步骤也比较繁杂。

第一步，取一条五六斤重的活体青竹鱼，用毛巾将鱼头裹住，然后用刀背把鱼敲晕，一只手隔着毛巾紧抓鱼头，另一只手拿刀进行其他操作。在鱼尾处两面各切一刀，将鱼放到清水盘中放掉鱼血，这一点和四坝屯清蒸青竹鱼的做法相同。

第二步，待鱼血流得差不多后，划开鱼腹，将内脏处理干净，然后用毛巾将鱼腹内残留的血及内脏擦拭干净。接下来用刀尖沿鱼脊划一刀，在鱼鳃下方切一刀，在边角挑起鱼皮，用毛巾扯住再猛地撕开，便可以完整地去掉鱼皮。

第三步，将鱼肉沿着鱼脊骨剔除出来，鱼肉与鱼骨分离之后，再用白毛巾将鱼肉上的血丝吸掉，因为带血的生鱼片的口感并不能让人十分满意。血丝吸掉之后，再挑出鱼腹上的大刺及鱼腥线。

第四步，处理完之后将鱼肉片成小片，放在用保鲜膜隔离的冰上，这样能维持鱼肉的新鲜口感。

第五步，接下来便是制作调料了。将少许花生油、盐、生抽倒入调料盘中，把葱与姜块清洗干净后切成极细的丝条，一并放入调料盘中。

一切都处理完后，便可以享受美味的青竹鱼生鱼片了。生鱼片营养价值极高，鱼肉内所含的对人体有益的营养都没有流失，鱼肉柔软，有嚼劲。但同时因为没有经过烹饪，生鱼片易被病菌等感染，容易造成食物中毒或寄生虫感染。青竹鱼对水质要求特别高，再加上龙州县未被完全开发，青竹鱼生鱼片只要处理得好，是可以食用的。青竹鱼的做法当然不止这些，还有四坝屯的黄豆焖鱼等做法，崇左各地居民习惯根据自身状况改变做法，这就使青竹鱼的做法各有不同。

青竹鱼常出现在充满年味的餐桌上，寓意着"年年有余"。但青竹鱼并不局限于过年时食用，平日里也会食用。青竹鱼在崇左人民的生活中频繁出现，渐渐成为一道日常但依旧具有地域特色的菜肴。

第十九节　甘蔗虾

甘蔗虾是一种起源于越南的美味家常小吃。同大多数家常菜一样，关于甘蔗虾的起源，并没有详细记载。提及它，人们说得最多的是它的味道。甘蔗虾清甜可口又百搭，既可以作为饭后小吃，也可以作为菜肴宴请客人，虽然人们不知其来处，但对它的称赞和喜爱丝毫不减。一道越南家常菜能走上崇左民众的餐桌，这是中越两国人民友好交流的体现。

一、甘蔗虾的烹制和食用

顾名思义，甘蔗虾就是以甘蔗和虾为主要食材烹饪而成的一道美食。甘蔗虾的做法比较简单，做法如下：

第一步，先将黑皮甘蔗削去外皮，横切成约 10 厘米长的小段，每小段再纵切 2—3 个细段备用。

第二步，把鲜虾去壳、去头，再把虾肉打成泥状，加入特制的调料。

第三步，将打好的虾泥裹在切好的甘蔗段上，一头裹满虾泥，留下另一头。

第四步，在裹好的虾泥外再裹上一层面包糠，把虾泥捏成小鸡腿的形状。

第五步，起锅烧油，在油温八成热的时候将定好形的虾泥下锅油炸，炸至虾泥呈金黄色时就可出锅。

在食用甘蔗虾时，要将虾肉与甘蔗分开，这时的虾肉既保留了本身的鲜美清爽，又吸足了甘蔗的汁水，变得更加清甜美味。甘蔗虽被油炸过，但也保留了清甜的汁水，在食用过虾肉后，咬上一口甘蔗，清爽解腻，别是一番风味。越南人民讲究阴阳调和，所以他们在吃甘蔗虾这类油炸食品的时候，一定要蘸上梅子酱。梅子酱是一道以紫苏梅为主要食材制作的蘸料。梅子味酸，性寒，可以起到败火和平衡味觉的作用。在越南人眼中，酸的梅子酱搭配外酥里嫩的清甜虾肉，酸甜爽口，非常清香，是一种无比曼妙的综合味觉享受。而中国人民也十分讲究平衡之法，将虾肉包在生菜里一起吃，荤素搭配，也让这道菜的口感变得更丰富。但在崇左这个热情如火的地方，哪怕天气再热，也有人爱着那一抹灼口的香辣，甘蔗虾的蘸汁、蘸酱也不再局限于梅子酱。崇左人民因地制宜，不断丰富蘸料的口味，咸的、甜的、辣的酱料比比皆是，应有尽有。仅靠食材本身的味道就能征服食客，这样的菜才算得上是真正的佳肴，也有很多人吃甘蔗虾的时候不蘸酱汁，这是因为原汁原味的甘蔗虾才能给他们带来味觉上的纯粹享受。虾肉之鲜嫩碰上甘蔗之清甜，鲜而有味，甜而不腻，这才是甘蔗虾最本真的味道。

二、甘蔗虾的营养价值

一道成功的菜肴离不开好的手艺，也离不开好的食材。作为"中国糖都"，崇左从来不缺品种优良的甘蔗，崇左本地的黑皮甘蔗就是甘蔗中的一种优良品种。黑皮甘蔗甘甜多汁，皮薄，蔗肉软而不柴。黑皮甘蔗营养价值高，含有丰富的维生素和矿物元素等，能为人体提供所需的营养物质，对身体有益。黑皮甘蔗作为一种十分健康的食材，与鲜美的虾类结合在一起，是一种绝美搭配。虾是低脂肪、低热量的肉类，又以油炸方式制作，鲜香扑鼻，很受人们喜爱。以今天的饮食观念来看，油炸食品并不健康，但黑皮甘蔗具有润肠通便、生津利尿的功效。虾富含虾青素、维生素 A 等，对人体健康十分有利，所以甘蔗虾的营养价值较高，比一般的油炸食品更有利于健康。

崇左人民甚或广西人民对油炸食品有着由衷的热爱，从广西盛行的炸馍、炸鱼块、炸糍粑等就可见一斑。这跟广西的气候有一定的关系，广西气候炎热，在没有冰箱的年代，人们保存食物的方法较少，油炸和用盐腌制都是常见的延长食物保质期的方法。油炸不仅是为了保存食物，还为了那一口焦香。中国是一个美食大国，中国人民不仅爱吃、会吃，还会做，做的美食不仅花样繁多，还带有鲜明的地域特色，蒸炸煮焖，煎煸烩炖，让这片土地充满了烟火气。崇左人民也爱吃、会吃，对外来食品包容度高，并使其与本土饮食和食材相结合，兼收并蓄，以达到一种和谐共处的状态。甘蔗虾走上崇左人民的餐桌，进入他们的菜单，融入他们的生活，以其清甜的滋味俘获崇左人民的胃。

中国地大物博，一道菜肴呈现的不仅是食材的交汇，更体现了一个地区的气候、物产以及当地的饮食文化。不同地区的美食有各自的地域特色，所以才形成了我国著名的八大菜系，才形成了各色美食。虽然甘蔗虾不起源于崇左，但通过中越两国文化交流，它来到崇左，融入崇左，在这片土地上绽放出不同的风采。一道菜没有绝对的味道，在不同的人手中，展现出的味道也不一样，而甘蔗虾是中越两国人民友好往来的见证，有着特殊的意义。

第五章　其他美食

第一节　龙头酸菜

一、龙头酸菜概说

龙头酸菜是崇左市扶绥县龙头乡的一大特色美食。农产品加工是龙头乡蔬菜生产的一大特色产业。扶绥当地种植芥菜的经验丰富，并摸索出了一套种植方法。龙头农民充分利用晚稻收获后的空闲地种植芥菜，每年种植的肉芥菜超过4000亩，年产酸菜800万千克。经过精心播种、及时定植、适当浇水施肥、防病虫害和按需采收（新鲜食用要在芥菜稍嫩时采收，用于加工则要在稍老熟时采收），龙头乡大肉包心芥菜，叶大茎厚，质脆多汁，品质优良。芥菜有提神醒脑、消肿解毒、开胃消食的作用。芥菜不仅可以在嫩时采摘食用，在稍老时还可以腌制成咸菜。当地农民将收获的芥菜加工成水咸菜，即龙头酸菜。

酸菜是中国的一种泡菜，古称菹。《周礼》里面就有相关记载。贾思勰在《齐民要术》中详细介绍了腌制酸菜的多种方法，而制作酸菜是为了延长蔬菜的保存期限。《诗经》中有"中田有庐，疆埸有瓜，是剥是菹，献之皇祖"的描述，东汉许慎《说文解字》中有"菹，酢菜也"，由此可知，中国制作酸菜的历史颇为悠久。

崇左扶绥县龙头酸菜的制作工艺经过祖祖辈辈的流传与改进，变得更加成熟，制作方法更科学快捷，成品更加干净卫生。龙头酸菜主要采用大肉芥菜（有些地方又叫大肉玉菜）为原料，配以精盐、食用白矾等腌制而成。龙头酸菜以色泽黄亮、清脆爽口、开胃等特点受到县内外众多消费者的青睐，远销南宁、桂林、广州等城市。

二、龙头酸菜的制作方法

龙头酸菜有瓦缸腌制和地坑腌制两种制作方式。瓦缸腌制酸菜需要准备的材料有大肉芥菜、精盐、食用白矾、干净无油的瓦缸、清水。

第一步是选芥菜。从地里采收稍老熟的大肉芥菜，去掉黄叶，用清水清洗干净，稍微沥一下水，再拿到太阳下晾晒，收干水分，把芥菜叶子晒到掂起来时感觉不到水分。

第二步是揉芥菜。往晒干的芥菜中加入食盐，反复搓揉，使食盐均匀地涂在芥菜上。需要注意揉芥菜的时间不能太长，揉至芥菜均匀沾上食盐即可。

第三步是装芥菜。将抹好盐的芥菜放入锅中，倒入清水煮沸，倒入的清水需没过所有芥菜。把煮沸后的芥菜捞出沥干，等芥菜变凉且沥干水分后，再将芥菜装入干净无油、无水的瓦缸中，上盖密封，龙头酸菜的腌制工作就完成了。制作酸菜最重要的就是在制作过程中不能沾到油和生水。

第四步是存芥菜。将瓦缸放在阴凉的地方，密封保存。密封储存5—10天，芥菜就能变成金黄色，甚至变得透亮，这意味着酸菜完成了发酵（放盐多，发酵时间长一些，放盐少则时间更短）。做好的龙头酸菜会散发出一种"酸香"，这是植物酵素自然发酵，使植物中的植物糖分分解而散发出的味道。天气越热，酸菜腌制时间越短，龙头酸菜的腌制时间较其他地方为短。酸菜制作完成后，随时可以取食，但需注意，要用干净的工具取酸菜，以防酸菜变质，然后将瓦缸再次密封保存。

地坑腌制的步骤与瓦缸腌制步骤基本相同，唯一不同的是地坑腌制需要把芥菜放在祖传的地坑里发酵。地坑较之瓦缸，容量更大。相应地，密封发酵时，密封难度也更大。

酸菜中含有多种有机酸，具有开胃健食的作用，适合胃口不佳、恶心呕吐的人食用。龙头酸菜中含有丰富的纤维素和乳酸菌，具有润肠通便、杀菌消炎和促进消化的作用。酸菜有较高的营养价值，含有粗纤维、乳酸、钙、铁、磷等，但应注意，酸菜不可和柿子一起食用，否则有可能导致胃石症，也不可和蜂蜜一起食用，否则可能会导致腹泻。

龙头酸菜色泽明亮，散发出独特的香味，清纯爽口，十分开胃。利用酸菜可制作的菜品有很多，如酸菜炒肉、酸菜土豆丝、酸菜炖粉条等。酸菜不仅可以单独作为一道菜肴，也可以作为其他菜品的辅菜。如要制作一道菜肴，那么炒酸菜时的方法如下：

第一步，准备好食材，即酸菜、蒜苗、蒜瓣、辣椒等。

第二步，取出瓦缸里的酸菜，用清水冲洗过后，切成小块；将蒜苗切成小段，把蒜瓣切成片，把辣椒切碎备用。

第三步，大火烧至锅里水干，倒入食用油，待油温八成热时，放入切好的酸菜，再加入食盐，炒至酸菜水干，盛盘备用。

第四步，往锅中倒入油烧热，加入辣椒和蒜瓣爆香，再加入蒜苗翻炒。

第五步，加入方才盛出的酸菜，用中小火翻炒，再加适量白糖和少量米酒翻炒，出锅前加适量味精调味。一道普通却美味的炒酸菜就做好了。

酸菜作为辅菜，菜品有酸菜鱼等。酸菜鱼的制作方法如下：

第一步，准备好鲜鱼一条，片成鱼片，加入两大匙淀粉和一匙盐，拌匀入味；泡酸菜约半斤，切丝；泡辣椒8个，切碎；花椒20粒左右；老姜一小块，切片；蒜半个，切片；小葱4棵，切碎；料酒两匙；鸡精一匙。

第二步，往锅中倒入油，烧至六成热时，下花椒、姜片、蒜片炒出香味，再倒入泡酸菜丝，翻炒约半分钟。

第三步，加水入锅，煮沸后下鱼头、鱼骨、料酒，熬煮10分钟。

第四步，等到汤锅烧沸，将鱼片抖散，倒入锅中。

第五步，同时将炒锅洗净置火上，放油烧至六成热，再放入泡辣椒碎，用小火炒出香味（喜欢吃辣的人可以加入适量的红辣椒一同炒）。

第六步，将炒锅中炒好的泡辣椒碎泼入煮酸菜鱼的锅中。

第七步，继续用小火煮2分钟，再放入鸡精，搅匀后起锅。

第八步，撒上葱花点缀即可。

酸菜是古时中国人智慧的结晶，在没有冰箱和防腐剂的年代，要想在漫长的冬天里吃到新鲜的蔬菜和美味的食物，简直是难如登天。酸菜的出现为人们延长蔬菜保质期提供了可能，也丰富了人们的菜谱。南方的酸菜多用芥菜来腌制，而北方则多用秋白菜腌制。北方温度比南方低，腌制时长基本超过20天，南方温度较高，腌制时间比北方短，而崇左位于北回归线以南，纬度低，龙头酸菜的腌制则用时更短。现今龙头酸菜的知名度不断提高，已经走出崇左甚至走出广西，受到越来越多人的喜爱。

第二节 江州酸菜

一、江州酸菜概说

俗话说，民以食为天。中国的饮食文化极为丰富，每个地方都有自己独特的地方特产。下面介绍崇左地区一道特别的美食——江州酸菜。

谈起酸菜，我们都不陌生。酸菜在我们的饮食中，可以是开胃小菜、下饭菜，也可以作为调味料来制作菜肴。酸菜可分为东北酸菜、四川酸菜、贵州酸菜、云南酸菜等。不同地区的酸菜口味、风格也不尽相同。江州酸菜因"酸中带甜、甜中带咸"的独特口感而深得大众喜爱。

江州镇位于崇左市江州区东南部，素有"酸菜之乡"之称，当地腌制酸菜已有上百年的悠久历史。

如今，江州酸菜不仅成为江州的一大特色绿色产品，更成为值得崇左人推荐的土特产之一。"江州酸菜"已申请地理标志证明商标，标志着崇左市农产品进入品牌战略发展的快车道。

崇左市江州区保安村种植大肉芥菜和腌制酸菜已有上百年历史，是崇左市酸菜制作的重要原材料基地。仅保安村叫豆屯就种植大肉芥菜60亩，每年制作酸菜100吨。不仅如此，当地还计划扩大芥菜种植和酸菜制作规模，实现流水线生产，并继续探索延长酸菜保质期，研究冷冻技术。

二、江州酸菜的腌制

江州酸菜在崇左乃至周边地区都有一定的名气，它的独特秘方在于采用传统手工艺腌制，只放食盐和糖，不加任何添加剂，口感清酸脆爽。江州酸菜是用传统方式腌制发酵而成的，从原料选取开始就严格把关。人们把肉芥菜从地里收回来后，清洗，晒蔫，加食盐搓软，然后层层叠放进大缸里，每层菜里撒一些白糖，密封发酵。为了制作出好的酸菜，特别需要留意一些小细节。如果在制作酸菜的过程中不注意，酸菜可能会腐烂。酸菜的发酵是乳酸菌繁殖的过程，乳酸菌是厌氧菌，霉菌杂菌是需氧菌，因此需要加凉开水，把水中的氧气清除掉，让别的菌没法繁殖，给乳酸菌创造生存条件；用塑料膜封口是为了防止空气重新溶入水中。过去的做法是在缸的上面用黄泥封好，现在的做法是有盖子的盖严，没盖子的用塑料膜封上，总之不要让氧气进入。为了消耗水中的氧气，也有用酸菜鲜（一种制酸菜的添加剂）的，目的也是除去水中的氧气。少则一个星期，多则一个月的时间，酸中带甜、甜中带咸的江州酸菜就腌制而成了。酸菜经乳酸菌发酵产生大量乳酸，不仅口感好，而且对人体有利。

江州酸菜是选用大肉芥菜自然腌制发酵而成的。人们在收菜时先将菜摆在地上晒，待菜晒软后，再拿回搓盐脱水，在搓盐环节可以适当加入白糖，一般200千克菜放0.5千克多白糖，这样腌制出来的酸菜色泽好、味不咸。脱完水后，把菜放进大瓦缸用盐水浸泡进行腌制。其制作秘诀在于只撒食盐，不加任何防腐剂，最大限度地保留原来的风味。酸菜味道咸酸，口感脆嫩，色泽鲜亮，香气扑鼻，能开胃提神、醒酒去腻、增进食欲、帮助消化，还可以促进人体对铁元素的吸收。江州酸菜是佐餐佳品，单炒酸菜，放点辣椒，饭都能多吃几碗。江州酸菜还可以做酸菜鱼、酸菜土豆丝、酸菜粉丝汤、猪肉酸菜饺、酸菜五花肉等，真是又酸又香，令人胃口大开啊！目前，江州酸菜畅销广西、广东、福建等地，并转销越南等东盟国家，小小酸菜也被端上了世界的餐桌。

崇左市靠近越南、泰国等东南亚国家，凭借这一地理区位优势，江州酸菜销往国外，扩大了销售市场。江州酸菜作为崇左的十大美食特产之一，推动了崇左市的经济发展。

第三节　龙州柠檬辣椒酱

一、龙州柠檬概说

古人云，民以食为天。从古至今，人们对饮食的需求不仅仅局限于果腹，还讲究吃的方式和口感。在人类还不会使用火的时候，人们的饮食都是"原汁原味"的，那时候的人类或许对吃的方式和口感还不太讲究。随着经济和文化的发展，人们对饮食的追求也在不断发展。

在历史长河中，不同民族逐渐形成了不同的饮食文化。从这个意义上讲，饮食获得了更为深刻的社会意义。人们借饮食活动表达丰富的文化内涵，寄托美好的愿望。

龙州为崇左市下辖县之一，位于广西西南部，少数民族众多。龙州是一座具有大约1300年历史的边关商贸历史文化名城。1889年，龙州被辟为对外陆路通商口岸，是广西最早对外开放的通商口岸，也是我国与东南亚各国进行文化、贸易交往的重要门户，素有"边陲重镇""小香港"之称。境内自然风光秀丽，地质景观独特，名胜古迹众多，文化底蕴深厚，美食也数不胜数。柠檬辣椒酱在当地别具特色，制作柠檬酱需要的食材主要有柠檬和辣椒。

龙州地处北回归线以南，属于亚热带季风气候，热量丰富，雨量充沛，日照充足。总体来说，冬春微寒，夏炎多雨，秋季温凉，干湿季分明，湿热、干冷同季。龙州县地处北热带，日照充足，热量丰富，雨量充沛，加之地形复杂，各类植物繁茂，适宜种植柠檬。

柠檬种类很多，目前市面上常见的有维尔拉、灌木柠檬、北京柠檬等，柠檬的用途较广，可以鲜食，可以用来做果汁，也可以用于烹饪。不仅如此，柠檬还是最有药用价值的水果之一，富含维生素C、糖类、钙、磷、铁、维生素B_1、维生素B_2、烟酸、奎宁酸、柠檬酸、苹果酸、橙皮苷、柚皮苷、香豆精、钾和钠等。

柠檬可以生津解暑、开胃醒脾。在西餐中，柠檬多用来作海鲜的调味品，去腥除异。在东南亚菜系中，柠檬则直接用来烹饪，增加酸酸甜甜的味道。

辣椒又叫牛角椒、长辣椒等，是一种茄科辣椒属植物，原产于中南美洲热带地区。明代末期，由海路从美洲的秘鲁、墨西哥传入中国。辣椒属一年或多年生草本植物，因果皮含有辣椒素而有辣味，能增进食欲。辣椒中维生素C的含量较高。

二、龙州柠檬辣椒酱的制作

柠檬辣椒酱的做法简单易学，自己在家就可以制作。下面介绍一下柠檬辣椒酱的做法。

制作柠檬辣椒酱最好选用圆锥形辣椒，也就是五彩椒。柠檬可以把辣椒的辣味稍稍冲淡一些。

第一步，洗剁辣椒。把辣椒洗干净后，用篮子装起来，拿到阳台上晾晒，沥干水分，然后将辣椒和蒜剁碎备用。剁辣椒时，需要戴上手套，不要马上把刚剁的辣椒放入冰箱，往辣椒里放白酒，常温下就能使辣椒发酵，辣椒会更香，冰箱温度低，影响发酵。待发酵好后再放入冰箱里。

第二步，清洗柠檬。可以适当用食盐揉搓柠檬的表面，将柠檬表皮的蜡除掉。洗柠檬的时候，记得不要将柠檬的蒂去掉，如果把去蒂的柠檬放在水中浸泡，会使农药的残留物进入果实内部，使柠檬受到污染。

第三步，剥切柠檬。把柠檬皮剥下，皮不要丢，切成小块，留待后用；把柠檬果肉切开，切成小块，用工具把柠檬的果核剔除，不去除果核的柠檬会有苦味。把切成小块的果肉用机器搅碎。

第四步，食品合成。把剁碎的辣椒和搅碎的柠檬混在一起，加上少许盐和白酒，搅拌均匀。

第五步，装罐密封。将拌好的辣酱装入干净无油的罐子里密封，常温放置，十天后就可以吃上美味的柠檬辣椒酱了。

龙州县的柠檬辣椒酱作为一种调料，能够与众多的菜品相调和，能丰富食物的口感。如在吃粉的时候加上一些柠檬辣椒酱，那一碗粉瞬间就美味十足；拿来拌青菜吃，味道也是极好的。

第四节　天等指天椒酱

一、天等指天椒

天等指天椒又名长柄椒。指天椒果小朝天，肉质肥厚，色泽鲜红，辣味十足，醇香浓厚，品质独特。辣椒的辣度分为10级，天等指天椒的辣度等级可达到9级。虽说如此，但不同的腌制方式、不同程度的发酵或添加不同的佐料都会影响辣椒酱最后的辣度、香气、口感。崇左市天等辣椒酱味道独特、辣味十足，是广西人家中常备的辣椒酱,而用指天椒做成的指天椒辣椒酱更是深受天等人民的喜爱。

中国最早关于辣椒的记载出自明代高濂的《遵生八笺》:"番椒丛生,白花,子俨秃笔头,味辣色红,甚可观。"根据此描述,人们通常认为辣椒是在明朝末年传入中国的。辣椒传入中国主要通过两条路径:一是通过闻名遐迩的丝绸之路,从西亚进入中国,在新疆、甘肃、陕西等地进行栽培,称"秦椒"。二是明朝末年经过马六甲海峡由东南沿海传入中国,在云南、广东、广西和湖南等地进行栽培,随后向全国扩散。清朝金鉷等编纂的《广西通志》记载:"兴隆土司猺苗杂居……每食烂饭,辣椒作盐。"书中出现了"辣椒"一词,由此可知,广西是较早运用"辣椒"这个名称的省份。据《武缘县志》记载,广西最早种植辣椒是在清乾隆六年(1741),已有200多年的辣椒种植历史。

天等县拥有得天独厚的地理环境,十分适宜种植指天椒。天等县位于广西壮族自治区西南部,全境在北回归线以南,属于亚热带季风气候区;地势西南高,东北低,以低山丘陵为主,是典型的喀斯特地貌,阳光充足,雨量丰沛,无霜期长,气候温和,年平均气温20.5℃,山多林茂,素有"绿色宝库"之称。天等县独有的土壤、气候环境条件以及优良的生态环境,造就了天等指天椒优良的品质。

二、天等指天椒酱的制作方法

天等指天椒酱是广西壮族自治区天等县的特产,是中国国家地理标志产品,天等县因此被称为"指天椒之乡"。天等辣椒酱虽然口感独特,但做法简单,与普通辣椒酱做法大同小异。

制作指天椒酱需要准备好200克指天椒、一勺食盐、100克蒜蓉、50克生姜、半勺白酒、一勺豆豉、半勺味精、一勺白糖。将天等指天椒清洗干净、沥干水分,置于通风处晾干。把风干好的天等指天椒切碎,再放入事先准备好的生姜,当然生姜也是晾干的,特别注意整个制作过程不能有生水。在辣椒里加入捣碎的蒜,蒜和辣椒的比例是1∶2。在辣椒里撒上豆豉,再撒上适量的食盐、味精、白糖,搅拌均匀。把搅拌好的酱装入坛中,静等数日,打开盖子可以闻到扑鼻的香味便可食用。

三、天等指天椒酱的价值

天等指天椒具有食用价值、药用价值、经济价值，其中食用价值尤为重要。据检测，天等指天椒辣椒素含量是一般辣椒的115倍，新鲜指天椒含有大量的维生素C，远远超过柑橘、西红柿、草莓、梨、苹果等人们熟知的水果。经济价值主要由人们熟知的指天椒酱、辣椒粉体现，鲜椒可直接作为调味品食用，也可以加工腌制成辣椒酱、酸甜辣椒罐头等产品，还可以提取辣红素、辣椒素等。以指天椒为原料制作的辣椒酱是理想的调味品，深受大家的喜爱。干辣椒粉碎后，可作调味品食用。

在崇左各地流行的醋血鸭，搭配指天椒等佐料后，口感酸辣爽口，鸭肉肥而不腻。指天椒搭配酸笋，可谓"天作之合"，两者皆是壮族人民喜爱的食品，再加上鸡蛋煮食，对治痧症、感冒有功效。瑶族盛行的"打油茶"也可搭配指天椒饮用。用指天椒酱炒菜，可以做指天椒辣子鸡、指天椒爆炒花甲等。天等辣椒酱加入"酸野"，形成了广西特有的"酸野"产品。豆豉味的天等辣椒还被当作小菜食用。

指天椒还有药用价值。广西偏南，且山林繁密，春秋时分有浓厚的雾气，伴随着一个多月的潮湿天气，人的体内郁结了许多湿气。这时，人们便在菜肴里添加辣椒，指天椒温热燥湿，可以排除体内的湿气，在冬天时更不用说了，辣椒进肚，吃饱喝足后排汗，可驱逐寒气，使人不易生病。指天椒酱可促进血液循环，促进胃肠蠕动，祛寒健胃，增加食欲，增加抵抗疾病的能力。指天椒性热味辛，温中下气，常食用对防治寒滞腰痛、风湿痛、关节炎有良好的效果。指天椒还可做辅药，可治脚气、敷手疮、治疗肌肉劳损。

天等指天椒曾获1983年中国国家外经贸部"优质产品"的称号，被誉为"天下第一辣"，名扬海内外。天等县是广西唯一指定的指天椒产品出口基地，年出口50吨，远销东南亚、欧洲、非洲等国家和地区，深受海外同胞喜爱。

随着"辣"文化的盛行，许多年轻人也喜欢辣辣的口感，指天椒不仅出现于特定的几道菜中，而且成了"百搭"的食材，可以搭配菜肴、汤粉、火锅底料等。指天椒酱不仅促进了指天椒产业的发展，也成为天等县的响亮品牌。天等指天椒加工企业大力创新，研制出了新口感的辣椒酱，比如加入了山黄皮的辣椒酱，口感酸甜，搭配适宜；此外还有蒜蓉味、柠檬味、豆豉味、酸梅味的辣椒酱，都广受好评。或许在当今时代，唤起人们对辣椒酱深刻印象的是湘、川、渝等地的麻辣、火辣的油泼辣子，或者是海南的黄辣椒、湖南纯辣的辣椒、贵州的米辣酱、"老干妈"、韩国辣酱，等等。出产于广西崇左天等的独具特色风味的天等辣椒酱非常值得大家品尝。天等辣椒酱性温，不像火辣的川渝辣椒那般；口味适中，不像湖南辣椒那般；香气、味道与食物相辅相成，不像韩国辣酱那般，具有百搭而独特的风味。

第五节　龙州桄榔粉

一、龙州桄榔粉的传说

据《好吃龙州》一书记载，相传龙州有一个叫光郎的小伙子，英俊潇洒，有勇气，有智慧，有担当，受到当地乡亲的喜爱。当地一个地主家的小姑娘虹娘被光郎的优秀品质吸引了，虹娘的爸爸也颇为欣赏光郎的为人，因此光郎和虹娘喜结连理，在家人和街坊邻居的祝福下过上了幸福美满的生活。

光郎和虹娘的幸福生活远近闻名，因此遭到山上妖怪的嫉妒。妖怪施展妖术使虹娘的父亲身患重病，动弹不得，只能卧床。光郎为了给岳父治病，不得不独自拿着斧头进山采药，却落入了妖怪的陷阱中，不仅没救得岳父，自己也被妖怪施法，化成了一棵树。虹娘从日出等到日落，仍然不见光郎携药归来，十分放心不下，于是进山寻找，行至半山腰时见到光郎化身的树，在树下哭泣许久，伤心欲绝，于是也在光郎化成的树旁边化成了一棵树，永远陪伴着光郎。乡亲们见这树只有一根主干，没有任何分支，便知是由光郎夫妇化成的。为了纪念光郎夫妇，他们将其称为"桄榔树"。

光郎和虹娘化为桄榔树后，见不得乡亲们幸福的妖怪不时兴风作浪，施展妖术，使得乡亲们常常患病，不是发热头痛，就是呕吐腹泻。乡亲们到处寻找郎中，然而没有一个郎中能治愈这些症状，痛苦充斥着整个村子。在一个月黑风高的晚上，乡亲们都梦到了光郎夫妇。光郎和虹娘在梦里说，只要在他们化成树的山坡上选取高大的桄榔树，砍倒后取出树中黄色的髓心，砍成拇指这么长的小段，再放入石臼中舂烂，之后用石磨把舂烂的髓心磨成粉，放到水缸中用清水搅和后过滤粗渣，接着放进布袋里，在清水缸中不断搓洗，直至淀粉从布眼中渗出，如此反复搓洗，经过三次沉淀后，便会得到湿的粉末。在烈日下把湿的粉末晒干后，就会得到白色和红色的粉末，白色是光郎的化身，红色是虹娘的化身，将这两种粉融合在一起，用开水冲服，发热头痛、呕吐腹泻等症状便可慢慢消失。

梦醒后，乡亲们按照梦里光郎夫妇所说的步骤砍桄榔树、制作桄榔粉服用，果真如光郎夫妇所说，开始渐渐痊愈。后来，玉皇大帝听闻此地山妖作恶多端，便派众多神仙降服山妖，让乡亲们重新过上了幸福快乐的生活。玉皇大帝被光郎夫妇情比金坚、心地善良的品质感动，便施法术让光郎夫妇恢复人身，回到了人间，继续幸福美满地生活。

至此，龙州深山处的桄榔树枝叶繁盛，人们口口相传，讲述着关于光郎夫妇的忠贞永恒的爱情故事。

当然，这个故事具有神话色彩，但桄榔树是真实存在的。在广西崇左龙州的一座山上，种植着大片的桄榔树，这里常年盛产桄榔粉。

二、龙州桄榔粉的历史

桄榔粉的生产历史可以追溯到唐代。唐代段成式的《酉阳杂俎》记载："古南海县有桄榔树，峰头生叶，有面，大者出面百斛，以牛乳啖之，甚美。"唐代段公路的《北户录》记载："酿木皮出面，可食。"作为唐宋八大家之一的苏东坡也留下了"雪粉剖桄榔"的诗句。由此可见，桄榔粉的生产历史十分悠久，而且从文字记载上来看，古代的人们不仅能够熟练地制作桄榔粉，还非常喜爱饮用桄榔粉。

清末民初时，龙州桄榔粉产业迅速发展，桄榔粉不仅成为崇左当地的土特产品，还畅销各地。在民国时期，龙州当地崛起了一批加工作坊，专营桄榔粉，拉动了当地经济的发展。新中国成立后，龙州桄榔粉的传统技艺得到了继承和发展，产品产量和质量也在逐年提高。产量常年在14000千克，成功成为广西的传统出口商品之一。

桄榔粉的原产地主要在东南亚地区。在中国，桄榔树则分布在东南地区和西南地区。桄榔树在温暖湿润、背风向阳的环境中易生存，不耐寒，但耐潮湿，耐阴，这也就使得它的根系变得发达，具有极强的抗风性。桄榔树高大挺拔，巨大的叶片犹如天然华盖，具有很高的观赏性，适合在公园、绿地及庭院种植，也可列植作行道树栽培，为优良庭院树或风景树。桄榔树有两种，一种高5—6米，含桄榔粉比例较高，颜色偏白；另一种高10米以上，含桄榔粉比例较低，颜色偏红。相对于白色的桄榔粉，红色的桄榔粉口感更顺滑爽口一些。

三、龙州桄榔粉的制作和冲泡

桄榔粉是由桄榔树赤黄色的髓心制作而成的，制作过程极其复杂。首先，将桄榔树心放到石臼中舂烂，直至磨成粉，然后将粉末装入布袋，放入清水缸中反复搓洗，使粉从布眼处渗出，经过多次沉淀，便得到湿的粉末，湿粉被烈日晒干后即为桄榔粉。因为它是由深山中生长的桄榔树的树干经过加工提取而成的，所以桄榔树又被称为"可以吃的木头"。从树干变成浆汁，再静置沉淀出粉末，由高大粗壮的桄榔树干变成细腻的桄榔粉，这个制作过程颇有一种"铁杵磨成针"的感觉。桄榔树的果实是有毒的，但桄榔粉是无毒的。据《本草纲目·海药本草》记载，桄榔粉"甘，平，无毒。作饼炙食腴美，令人不饥，补益虚羸损乏，腰脚无力。久服轻身辟谷"。大概的意思是，桄榔粉药性平和，没有毒，食用桄榔粉可以抵抗饥饿，可以调理气血虚弱、全身乏力等症状，有强身、减肥、美颜的功效。桄榔粉含有铜、铁、锌等多种人体必需的微量元素，不仅具有无脂、低热量、高纤维等特点，还有去湿热和滋补的功效，对小儿疳积、发热、痢疾、咽喉炎等有辅助治疗的功效。桄榔粉食用方便，鲜美爽口，老幼皆宜，实在是早餐、夜宵的上佳选择。

桄榔粉不像芝麻糊、豆浆那样直接用水冲泡就可以饮用，它对水温的要求很高，只有用刚烧开的100℃的沸水，才能泡出桄榔粉的精髓，低于100℃的水泡出的桄榔粉不呈糊状，而是呈牛奶似的水状。

泡桄榔粉有独特的秘诀：首先用凉白开水把桄榔粉泡开，用汤勺或者搅拌棒把桄榔粉和水搅拌均匀之后，再缓慢倒入100℃的沸水，一边倒沸水一边搅拌，这样泡出来的桄榔粉呈红棕色，嫩滑爽口。

泡桄榔粉时，可以根据个人喜好调节浓稠度。肚子饿时，搅拌时凉白开少倒一些，沸水也少倒些，则会呈浓稠糊状，放凉了之后呈膏状，软糯且富有弹性。

如果肚子不饿,只是想解馋,搅拌时开水多倒一些,则会稀一些,香滑爽口。夏天天热时,泡好桄榔粉放入冰箱冷藏后口感更佳,冷藏后的桄榔粉呈棕色凝膏状,富有弹性,入口即化,口感像果冻。桄榔粉还可以制成桄榔粉冰棒等,吃法多样,老少皆宜。

龙州当地有句俗语:"没有喝过桄榔粉,不算到过龙州城。"龙州家家户户都备有桄榔粉,只要有外地客人来做客,在正式吃饭之前,当地的百姓都会亲手为客人冲泡一杯桄榔粉,只有先喝了桄榔粉,让客人开胃,才能正式吃饭,类似于古代老友相见便邀茶一样。这个习惯已经印在了龙州人民的骨子里,一直延续至今。此外,桄榔粉象征着美好的爱情、幸福的生活,当地百姓用桄榔粉招待客人,也是对客人的一种祝福,祝福客人能与相爱的人永远幸福。

第六节 大新龙眼

一、龙眼概说

崇左市大新县是有名的龙眼主产区之一。大新龙眼是中国国家地理标志产品之一。当地的龙眼晶莹剔透,肉质较厚,浓甜爽脆,吃起来口感甚好,让人留恋。大新县温暖湿润,土壤肥沃,阳光充足,降雨充沛,非常利于龙眼的茁壮成长。当地人大规模种植龙眼,并把新鲜龙眼销售到国内外。龙眼产业成为大新县对外的一张名片,成为拉动当地经济发展的一种方式,极大促进了当地的经济发展,提高了当地人民的生活水平。

龙眼不仅是一种非常受人欢迎的日常水果,还是一味较常用的中药材。龙眼小小一粒,却浑身是宝,龙眼壳、龙眼核、龙眼肉都是非常好的药材。龙眼作为药用,被称为"龙眼肉"或者"桂圆肉"。龙眼性温味甘,中医认为龙眼是营养滋补佳品,在国内外都有较大的消费市场。龙眼一般在夏秋两季大量上市,由于新鲜的龙眼保质期较短,而且有时候产量过多,吃不完就会腐烂浪费。为了避免造成浪费,人们就想到将龙眼保存下来的方法:将龙眼制成龙眼干,也就是常说的桂圆干。人们制作桂圆干,一般常用烘焙法或日晒法。日晒法比烘焙法应用更广泛些。千百年来,中国人民把自然法则运用在生活中,尊重自然，利用自然。

二、桂圆干的制作及价值

制作桂圆干简单易上手，工序也不复杂。

首先，选取果肉肥厚、个头较大的龙眼。摘龙眼时要注意保留一点柄，如果没有柄，细菌容易影响果肉，龙眼会由此坏掉，无法成为制作桂圆干的好原料。把摘取好的龙眼放到盐水里清洗 10 分钟左右，消除龙眼表皮的细菌。

其次，在锅里烧水，大约 95℃的水就很合适，将洗干净的龙眼倒入锅中，在这过程中，不需要关火，持续加热 1 分钟，让高温消灭残留的细菌，也让果皮变松软。

最后，将煮熟的龙眼捞出来放凉，然后拿到太阳底下晒，晒龙眼的时候一定要查看天气预报，连续几天的暴晒才能让龙眼变成干果，没有阳光晒的话会容易发霉。晒干的桂圆表皮干脆，用手轻轻一捏即碎，果肉水分退却，糖分营养被锁住，浓缩成褐色的干果肉，即成桂圆干。

有这样一句俗语："南方的桂圆，北方的人参。"能和人参并列齐名，足以见桂圆的药用价值。新鲜桂圆的水分、含糖量都非常高（糖尿病患者不建议食用），而且含有能被人体直接吸收的葡萄糖。人们一般喜欢把龙眼当水果吃，对于那些体弱贫血、年老体衰、久病体虚的人来说，经常吃些桂圆很有益处。桂圆还含有铁、钾、蛋白质等人体所必需的营养物质，不仅可以补充营养，而且能促进血红蛋白的再生，治疗气血两虚。桂圆能补血益气、增强记忆力。失眠是现代都市人比较常见的现象。对于很多学生来说，学习任务繁重的时候，会感到心力疲惫、休息不好，甚至失眠，导致精神不济和记忆力下降。研究表明，桂圆具有非常强的健脑补脑功效。《开宝本草》对桂圆有这样的描述："归脾而能益智。"由此可见，平日多吃些桂圆有利于消除疲劳、安神定志、增强记忆。知道了桂圆的功效，我们也应该知道怎么搭配食用。桂圆和小米、红枣一起煮成桂圆小米糊，有助于补血安眠，家里面有容易失眠的人可以按照这个配方来煮，睡前服用能帮助改善睡眠。

现代部分年轻人的生活方式极不健康，不仅习惯熬夜打游戏、日常点外卖，还热衷于冷饮，不注重养生。大新龙眼应用价值颇多，如果当地人能够再挖掘它的妙用，与受当代年轻人欢迎的食物（如奶茶、蛋糕之类）相结合，开发桂圆味的食品，届时桂圆的受众不仅仅是养生之人，还有大量年轻的消费者。年轻消费者既满足了对食物之爱，又达到了养生的效果，可谓一举两得。大新龙眼的妙用还等着我们去挖掘，让我们对它的未来拭目以待。

第七节　扶绥姑辽茶

一、姑辽茶的传说

姑辽茶产于崇左市扶绥县东门镇姑辽屯，姑辽山四季气候温和，雨水充足，山脚有丰富的红土壤。土壤经过泉水的常年滋润，变得非常肥沃。这些独特的地理条件给姑辽茶提供了良好的生长环境，使姑辽茶生长繁茂。

姑辽茶的历史十分悠久，在众多史料中可见其相关记载。此外，姑辽茶还有一个美丽的传说。相传在很久以前，天上的七仙女私自下凡游玩，她们来到风景如画的姑辽山。姑辽山的山脚有一潭清澈见底的迷魂泉，因天气炎热，仙女们便跳入泉中沐浴消暑。不巧的是，游玩的事情被天帝发现了，仙女们便被召回天宫。匆忙离去的她们不小心把七件绿色的衣裳落在了泉边，后来这七件衣裳变成了七棵香气馥郁的茶树，久而久之，茶树变得越来越多。后来的某一天，一位住在姑辽山附近的壮族青年腹痛难忍，吃了很多药都不管用。他在梦中仙人的指点下，来到迷魂泉边摘了数片茶叶回去熬煮，茶汤的清香弥漫了整个村庄，壮族青年喝下茶汤后，腹痛感慢慢地消失了。从此，周围的百姓都知道了该茶的神奇功效。姑辽屯的人把茶树称为"仙姑茶""福寿茶"，后来为了突出地域特色和姑辽茶的神奇功效，便更名为"姑辽茶"，该村庄被叫作"姑辽村"，连山头也被叫作"姑辽山"。

当然，姑辽茶的历史不仅仅存在于传说当中。据史料记载，姑辽茶曾在清朝时期就已经远近闻名，被列为宫廷"贡茶"之一，也是从那时候开始，姑辽茶经越南漂洋过海进入法国茶市，深受法国人的喜爱。

二、姑辽茶的采摘和制作

姑辽人从几百年前就开始饮用姑辽茶了，这一点从当地老人的口中可以得知。据统计，姑辽山上的野生古茶树共有5500多株，其中树龄100—500年的有1500多株，500—1000年的共有100多株，1000年以上的有7株。百年以上的茶树，枝干粗壮，充满了历史的痕迹。因为姑辽茶深受人们的喜爱，单靠野生古树的产量无法满足人们的需求，所以姑辽茶在市场上大多时候都是供不应求的。近年来，当地人为了满足市场的需求，大量种植姑辽茶树，打造了一个野生古树与人工种植相结合的姑辽茶产业。

清明前后，天气渐渐变热，经过一个冬天的酝酿，茶树们慢慢地冒出芽尖来，这个时候，很多春茶进入了采摘期。这个时段也是姑辽茶采摘的黄金期。在这个季节，姑辽人都十分忙碌，采茶是姑辽男女老少都做的工作，每个人背上篓筐，伴着细雨，便向着茶山出发。姑辽人上山采茶一般都会带上梯子，因为姑辽茶树历史悠久，常年受到泉水的滋润，再加上孕育茶树的红土壤中含有丰富的钾、锌、硒等微量元素，品质自然天成，所以姑辽茶树即使不用人工施肥，一般也能长到三四米高。因此，采茶人只有借助梯子才能采到树上的嫩芽。在采茶过程中，之所以不采老叶，只采驻芽三四叶，是为了保证鲜茶的纯正口感，嫩芽制成的茶叶会更加清香甘洌。

姑辽茶的制作工序繁杂。

第一道工序是在常温条件下，将刚采摘回来的鲜叶放在垫子上，然后置于阳光下先晒后晾，来回两遍，使叶面失去光泽和水分，等鲜叶萎凋的时候再放在筛子中不断旋转簸动。

第二道工序是揉捻，这是为了使茶叶变得更加柔软和去除芽叶上的细毛，揉捻茶叶时待茶汁外流，叶卷成条，就可以停止揉捻了。在不同的历史时期，茶叶的揉捻方式不同。新中国成立初期，一般使用双脚揉茶。20世纪50年代，采用铁木结构双桶水力揉捻茶机。20世纪60年代，揉捻技术进一步发展，采用铁制55型电动揉捻机。这些技术的改进进一步提高了制茶的效率。茶叶经初揉后再放入用木炭慢烧的大锅中高温烘焙，这道工序十分需要耐心，因为每隔几分钟就要揉搓一次，连续重复好几遍，直到茶叶中的水分大量减少、茶叶由软变硬、茶叶的颜色由青黄色变成青黑色才算完成。

最后一道也是最关键的一道工序是发酵，俗称"发汗"。发酵的主要目的是使茶叶中的多酚类物质在酶的促进下发生氧化，同时使绿色的茶坯产生红变。在发酵的过程中，要严格控制好发酵室的温度和湿度，如果没控制好，会直接影响茶叶的质量和储藏。同时要严格控制发酵的时间，一般需要5—6个小时，当地茶农在进行这道工序时，会格外认真，因为稍有疏忽，就会让前面的工作毁于一旦。发酵好的茶，其叶脉呈红褐色，而且要马上烘干，烘焙的时间一般为6个小时，烘焙到茶叶触手有刺感、干度达到一定程度时，将茶叶放到筛子上冷却，冷却后可以用盒子密封好，防止受潮。

三、姑辽茶的饮用

　　质量上等的成茶外形条索粗壮紧实，色泽黑褐光润，即使是没有泡过的茶叶，也能老远闻到淡淡的清香。姑辽茶的茶汤不同于其他茶的青黑色，而是呈金黄色，清澈明亮。姑辽茶即使用普通的自来水浸泡，口感依然饱满甘甜。当然，用山泉水泡的话，口感会更佳，香气也更浓郁。姑辽茶耐泡且味道纯正，入口爽滑清甜，连续泡二十次，口感也不会清淡如水，依旧爽滑甘甜。总的来说，姑辽茶的口感特征可以用"清""甘""香""甜"四个字概括。

　　虽然口感极佳的姑辽茶没有被列入《本草纲目》，在其他中草药典籍里也很难找到与它有关的记载，但是既可作为茶也可作为药的姑辽茶在民间深受百姓喜爱，被誉为仙茶灵丹，与东门鸡、板包香糯并列为扶绥县"东门三宝"。

　　姑辽茶中的多酚等含量十分丰富，在同类茶中位居第一。姑辽茶除了含有天然的花香、蜜香和果香，还有不凡的药疗功效。从传说中可推测出姑辽茶一开始的功效可能是止泻和消腹痛。慢慢地，当地人发现，姑辽茶的功效不止这么简单。姑辽茶不仅能止泻，而且对胃有保健作用，能助消化。外地人家中常备的是消食片，而姑辽人家中常备的是姑辽茶。天气炎热干燥时，人容易上火，多喝姑辽茶也能达到去火降火的效果。姑辽茶对一些皮肤病也有治疗效果，当地人身上生疮、患皮炎，不用涂药吃药，只需要摘一把老茶叶回去煲水洗澡，洗几次就可以痊愈。此外，姑辽茶还有养生作用，如抗氧化、抗衰老、降血压等，是养生人士的绝佳选择。姑辽茶对恢复体力也有一定的功效。干活回来的当地人都会喝一杯浓浓的热茶，一杯下去，大汗淋漓，神清气爽，身体的疲惫、乏力、精神不佳等症状基本缓解，很快就能恢复元气。

　　姑辽人对于什么时候喝茶是没有太大讲究的。身体不舒服，喝上一杯，这是当药来喝；闲时无聊，约上三两好友，喝上一杯，这是品茶雅趣。既是茶又是药的姑辽茶已成为当地人家中和旅游时必备的保健产品。同时，拿姑辽茶招待客人也是当地人接待客人的最高礼遇。客人来访时，好客的姑辽人都会毫不吝啬地拿出家中珍藏多年的茶叶，沏上一壶热茶，茶香浓郁，茶汤甘甜，边聊天边饮茶，给客人带来极佳的舒适感。逢年过节时，姑辽茶是姑辽人走亲访友的必备礼品。

近年来，扶绥县的姑辽茶产业发展得越来越好。2010年，扶绥县邀请在北京销售茶叶的资深茶人黄培富到扶绥东门镇姑辽屯考察。在考察过程中，黄培富尝试着用新的工艺制作姑辽茶。他采用先进的制茶工艺对姑辽茶进行提取加工。过去传统的姑辽茶制作方法一般采用绿茶的制作工艺，黄培富反其道而行之，把姑辽茶做成了深度发酵的"壮乡红"。2011年，姑辽茶成为第八届中国—东盟博览会指定红茶。在此之后，姑辽茶通过各种工艺改进，品质有了飞跃式的提高。在宣传方面，人们利用互联网，使姑辽茶被更多人熟知。2012年，姑辽茶再次在中国—东盟博览会亮相，第二次成为博览会指定红茶。2014年，姑辽茶达到国家质检总局的审查合格标准，被批准为地理标志保护产品。

姑辽茶之所以能得到市场的认可，最重要的原因还是它的品质好，品质是茶产业的核心。中国人饮茶讲究修身养性，正如吴觉农所说，要把茶视为珍贵、高尚的饮料，喝茶是一种精神上的享受。

"三月三来好风光，姑辽山下采茶忙。采得清茶一箩筐，清泉潺潺品茶香。"壮乡歌响，姑辽茶香，扶绥姑辽茶必定名扬四方。

第八节　大新苦丁茶

一、苦丁茶概说

苦丁茶又叫大叶茶或大叶冬青，为冬青科冬青属。其原产地位于广西崇左市大新县的苦丁村。人们称苦丁茶为富丁茶或茶丁，古称皋卢茶。大新县位于广西的西南部，毗邻越南，属亚热带季风气候区，温暖潮湿，降雨丰沛，光照充足，土层深厚，非常适合苦丁茶树的生长与培植。也正是这样的气候成就了大新苦丁茶微苦味甘、品质优良的特点。因为当地重视对苦丁茶树的培育，所以也给村民们带来了较高的经济收益。苦丁茶历史悠久，大新县龙门乡苦丁村至今还有一棵有着300多年历史的苦丁茶树。这棵苦丁茶母树一直被苦丁村村民们世世代代悉心守护着。也正因如此，有着几百年历史的茶文化也在村民的生活中一直延续着。

大新苦丁茶旧时又称"万承苦丁茶"，为广西大新县的特产之一，历史悠久。唐代陆羽在《茶经》载："茶者，南方之嘉木也……其树如瓜芦。"明朝李时珍在《本草纲目》中也记载："皋卢，叶状如茗……今广人用之，名曰苦㽦。"此外，旧版《辞海》也记载道："苦丁茶者，广西特产也，产于万承县苦丁乡。"民国初年，州官为了拓展苦丁茶的销路，以及迎合世人"忌苦求富"心理，于是把苦丁茶的"苦"字改为"富"字，并印发关于"万承富丁茶"的广告。其后不久，有着优良品质的大新苦丁茶畅销东南亚各国。

大新县苦丁茶在中国古代的茶类中可谓上上品。早在北宋时期，"万承苦丁茶"便作为朝廷的贡品年年由官员送到京城供皇帝享用。当时，万承县有个叫许朝烈的部族首领，他为了能够谋得一个更好的官职，便将精心准备的苦丁茶进献给当朝皇帝宋仁宗。宋仁宗在细细品尝后发现，苦丁茶初入口甚苦，久而回味甘甜无比，而且有提神、去火、养胃的功效，于是皇帝便下旨要万承县年年进贡。后来朝廷不仅要求万承县按时进贡，还要求增加苦丁茶的进贡数量。这很快使得当地的苦丁茶供不应求。在这之后，由于当时的生产技术落后，对苦丁茶的培育屡遭失败，仅凭余下几棵苦丁茶树的产量根本无法凑出朝廷规定的贡茶数量。因献茶有功而如愿升为州官的许朝烈，出于无奈，便对朝廷谎称山里的苦丁茶树已被天雷劈死，难以上贡。宋仁宗虽对此感到惋惜，但也没有再追究。

到了明朝，明代史书记载了这样一个故事：明太祖朱元璋患有"结宫"（结肠炎）之疾，宫里的太医用了很多药也没能把朱元璋的疾病治好。后来通过广求天下名医良方，终得岭南一位草医的苦丁之方。朱元璋在饮用了苦丁茶之后，慢慢痊愈了。于是，万承苦丁茶再次被列为"贡茶"。但到了明朝中期，山中的苦丁茶树变得越来越少，已经无法满足朝廷需求。朝廷为此还派官员到广西的太平府（今崇左市）监察。万承州官因此被迫下令要求苦丁村百姓采集茶种，培育种苗。由于苦丁茶母树的种子发芽率极低，培育过程相当困难。可是如果不按时上交茶贡，万承州官将面临朝廷责罚，因此陷入困境的万承州官只好效仿当年许朝烈的做法，将一棵枯死的苦丁茶老树运往太平府，向朝廷上报说，山中的最后一棵苦丁茶树已经枯死，无法再向朝廷进贡苦丁茶了。此后，苦丁茶便不再作为贡茶，但苦丁茶始终没有消亡。

二、苦丁茶的制作及作用

制作大新苦丁茶的茶场大多为民间小作坊。自民间小作坊兴起后，很多苦丁村村民制茶致富。其后，苦丁村种植和制作苦丁茶致富的方式带动了大新县很多村庄发展苦丁茶产业。像这样以制作苦丁茶叶为主的民间小作坊在大新县龙门乡上公街上随处可见。这些苦丁茶小作坊制作茶叶的方法大同小异。

下面介绍制作过程。

第一步，采摘茶叶。苦丁茶叶一年四季都可以采摘，但二月、三月采摘的春茶品质最好。当地村民一般会选择在早晨八九点去采摘茶叶，因为这时候附着在茶叶上的露水已经消失，采下来的茶叶不会过湿也不会过干。采茶时要选择最嫩的芽尖部分，唯有这种茶叶喝起来才够甘甜。

第二步，炒茶。把采摘回来的茶叶放进锅里并加入适量的水进行炒制，炒茶最重要的是掌握锅温，温度过高会使茶叶焦烂，温度过低则会湿烂，只有用适中的温度，炒出的茶叶才有沁人心脾的香气。

第三步，烘晒。把炒好的苦丁茶叶摊放在簸箕上，再把簸箕置于阳光下，晒上2—3天即可收回。

第四步，放置。苦丁茶叶晒干后的放置很重要，茶农会把晒干后的茶叶放到较大的塑料袋中封存，以防止茶叶回潮发霉。

第五步，制条。在制条的前一晚，需要将放置好的茶叶拿出来浸一遍水，再搁放一晚，第二天就可以制条了。以往民间小作坊制条都是将苦丁茶叶放在大腿上揉捻成条，但随着人们卫生意识的提高，现在茶农们制条都是将苦丁茶叶放在专门的小桌子上进行揉捻。

第六步，晒条。制条完成后，茶农将苦丁茶条摊放在簸箕上并拿到太阳下晾晒，2—3天便可以收回。

第七步，储存。苦丁茶条晒干后，茶农便将其放到密封的袋子中储存起来，以便出售，这样做还能防止茶叶发霉。虽说民间作坊规模很小，但茶农们都非常注重制茶的过程，对每一道制茶工序都十分讲究。究其原因，是苦丁茶农们在制茶时始终秉承着苦丁茶"先苦后甜"的人生哲理，这也是他们对茶文化的一种热爱与传承。

苦丁茶不仅是一种好茶，也是一味良药。虽说在诸多的茶类中，苦丁茶是相对较苦的，但它有着很高的药用价值。明代医学家李时珍在《本草纲目》中就有对苦丁茶药用价值的记载："苦、平、无毒。煮饮，止渴、明目、除烦，令人不睡，消痰利水，通小肠，治淋，止头痛烦热，噙咽，清上膈，利咽喉。"此外，苦丁茶还具有消炎、解毒、灭菌、止痒等功用，可治肝风、耳鸣、耳聋，活血脉，含服能止牙痛，还可以防治胃炎、肝炎、咽喉炎、鼻炎、腹泻、痢疾、高血压等。《标准药性大辞典》记载："苦丁茶味甘苦，性寒，无毒。"据《广西植物名录》，苦丁茶能"清暑解毒，治痧气、肚痛、疟疾"。由此可见，苦丁茶的药用价值非常大。在民间，人们常常饮苦丁茶，不仅老人饮用，小孩子也饮用苦丁茶。因为在老人的观念里，小孩子饮用苦丁茶有利于增强体质、预防疾病。

苦丁茶还被人称为"长寿茶"。直至今天，大新县龙门乡的很多长寿老人都有一个共同的养生之道，那便是饮苦丁茶。大新县人对苦丁茶的喜爱程度很深，对于他们来讲，饮苦丁茶已是生活中不可缺少的一部分。苦丁村村民一般用村里的井水泡苦丁茶，这是因为只有甘甜的井水泡的苦丁茶才能带给人甘爽的口感。

第九节　龙州姜葱酒

一、调料姜葱酒概说

早期人类对食物的要求十分简单，能果腹就足够了。中医学上说"五畜为益"。据研究表明，五畜曾经是我国先民的主食，先民将食肉的生活习惯改为食谷（即谷物），是因为肉类食物资源紧缺而难得。但随着生产力的发展，人们有了足够的食物，同时学会了用火对食物进行加工，经历了从吃生食到吃熟食的转变。这一转变意味着食物开始不单单为了果腹，人们对食物有了更多的要求。这一要求的直接体现就是调味品的发明。

中国的饮食文化发展到今天已经形成了完整的体系，其中"吃"就有十种境界，分别是果腹、饕餮、聚会、宴请、养生、解馋、觅食、猎艳、约会、独酌。果腹就不必说了，其最终目的就是填饱肚子，满足人的生理需求。饕餮在中国古代传说中是一种凶恶贪食的野兽，为上古四大凶兽之一。联系到这一点，也就不难理解吃的第二重境界，也就是要吃得丰富惬意，煎、炸、油、焖、炒，样样都要有，种类繁多。

从吃的第二重境界"饕餮"开始，人们对食物味道的要求越来越高。燧人氏钻木取火使得人类的饮食进入石烹时期，这时食物味道单一，大多淡而无味。到了新石器时代，大约在仰韶文化时期，人们开始煮海水制作食盐，并开始注意调料的作用。除了盐，人们在这个时期也开始把梅当作调料，在日常烹饪中发现了越来越多的调味品。可以说，盐的使用是调味品发展史的重要开端。

商朝时，人类掌握了酿酒技术，最早的酒是谷物天然酒，是纯自然发酵。人类知道酿酒的原理后，又在原来的基础上加以改进，酿酒文化开始发展。当然也有发挥失常的时候，技术不到位或在酿酒过程中出现差错，就会使酒变酸。一开始酸的酒只能被倒掉，后来人们偶然发现酸的酒可以用来当调料，这就是最早的醋。早在西周时期，人们就把盐和酒加到鱼肉中，发酵制成各种调味酱，从单一调料到复合调料，人类对饮食越来越讲究。

秦汉时期，人们已经掌握了在烹调中去腥除膻的方法，食醋的制作技术也已成熟，带腥味的食物（多为肉类）多用姜、葱、蒜、酒和食醋来处理，处理过后再加烹调。在烹调的过程中添加姜、葱、酒、香菜等调味品，往往会使食物更加入味、色泽更加鲜艳。

调味品发展到今天，结合我们的日常生活来看，使用比较多的是复合调料，尤其是料酒。姜葱酒是凭祥市的特产。无论是大小酒楼、饭馆，还是小摊、粉店，都喜欢用姜葱酒来烹饪食物。就像姜葱酒的广告上说的："姜葱酒使烹饪变得更加简单。"而凭祥是中越重要的边贸点，众多商人和旅人来来往往，姜葱酒也引起了食客们的注意。大家都知道姜、葱、酒可以调味，一般都是在烹饪时逐一添加，很少在烹调之前就混在一起，主要是觉得麻烦，还有就是味道也不一定会好，而姜葱酒的出现恰好解决了这个问题。自然，很少有人在旅游时专门带一瓶料酒回去，这也是凭祥姜葱酒知名度不高的原因之一。

二、姜葱酒的用途

姜葱酒产自龙州县春华酒厂，酒精度数为三十度，比一般的料酒度数要高一些（常见的料酒是用黄酒酿制的，度数在十度到十五度，不同厂家酿制出来的度数一般不一样）。它以优质大米、新鲜的生姜和小葱为原料，用传统工艺加工制作而成，姜葱香味浓郁，是制作蒸鱼、焖鸡、烧鸭、炖肉等菜肴最好的佐料，无论是在餐馆、酒楼还是在龙州人的家里，都能看到葱姜酒的影子。

人们常把黄酒当作料酒来使用，实际上二者有区别。黄酒属于饮料酒，可以直接饮用，也可以当作料酒添加在菜肴中，而料酒只能用于烹饪菜肴。看到这里，也许有人不理解，黄酒也好，白酒也罢，或者是葡萄酒，又或者是料酒，不都是酒吗？既然都是酒，那不管用什么酒烹饪出来的菜肴应该都是美味的才对。这其实是一大误会。料酒是在黄酒基础上添加香料发展而来的，无法直接饮用。也正是因为添加了香料，与黄酒相比，料酒在炒菜时效果更好，可使食物更加香醇可口。就拿白酒来说，白酒最低度数是二十度，还有六十多度的，由于酒中的乙醇有很强的挥发性和渗透性，烹饪菜肴时，如果用度数过高的酒，就会破坏食物原本的味道。姜葱酒就做到了二者的中和。在料酒中，姜葱酒的度数的确是偏高了，但姜葱酒比普通的白酒、黄酒等又多了姜葱的香味。崇左这个地方肉类、海产品较多，姜葱酒多用来处理肉类食品，或者在烹饪的过程中添加，在彻底去腥除膻的同时，达到不破坏食物原味的目的。

姜葱酒蒸螃蟹就是一道比较有特色的菜肴。前文提到，崇左是我国的沿边城市，离海也不算很远，每天都有新鲜的海产品供应。姜葱酒蒸螃蟹算是饭店常见的菜肴，做法也简单。将螃蟹洗净绑好，在锅中依次倒入适量的姜葱酒、苹果醋和酱油，再加适量的水，用中大火煮沸。水沸后放入蒸架和螃蟹，继续蒸20分钟左右，等螃蟹蒸熟后将其解绑装盘，以姜醋汁作为蘸料食用，鲜香扑鼻，美味至极。用姜葱酒来蒸煮螃蟹的方法，同样适用于其他海产品。

除了崇左及其周边地区，姜葱酒在其他地区也被广泛使用，比如邻省广东。广东菜即粤菜，是我国传统八大菜系之一。粤菜由广府菜、潮州菜、客家菜组成。粤菜极为讲究烹饪技巧，"灼"就是其中一种。以滚水或滚汤把生的食物烫熟，称为"灼"。我们可以在酒楼的菜谱中看到白灼菜心、白灼鹅肠、白灼海螺、白灼鸡等各种带有"白灼"二字的菜名，不了解粤菜只看菜名的人可能会觉得它们制作简单，味道也清淡，实际上，白灼这一烹饪技法有很多讲究。白灼分为原味灼法和变质灼法，两种灼法都可以先用姜葱酒去味、去腥或者腌制调味。

三、姜葱酒用途举例

广东省有道地方传统名菜叫"南乳猪手"，不同地方的做法也有些许不同。其中一种做法就用到了凭祥的特产——姜葱酒。南乳猪手的制作步骤如下：

第一步，将选好的猪手用姜葱酒焯水去腥，水煮30分钟左右，用冷水洗净。

第二步，把原料煮开，再加入猪手，转小火慢炖40分钟左右。

第三步，捞出炖好的猪手，淋上秘制酱汁，色香味俱全的南乳猪手就做好了。

去腥在烹饪肉类食物中是第一步，也是至关重要的一步。姜葱酒在这道菜中的作用就是去腥，此外还在原料本身味道的基础上增添了姜葱的香味，使得菜肴更加入味。

还有一道粤菜叫焗鲜鲍，也是鲜香美味，制作方法如下：

第一步，把去掉内脏并洗净的鲜鲍鱼放到加了姜葱酒的锅里焯水，漂洗干净，再放入有竹垫的煲锅中。

第二步，把老母鸡切块，加入鲜猪肉下锅翻炒，炒到飘出香味时再加入绍酒慢慢翻炒。

第三步，用牙签在鲍鱼上扎孔，以便入味。

第四步，把加了调料煮好的汤倒入煲锅中，用中小火炖2个小时。

第五步，取出鲍鱼，切片装盘，淋上鲜美的汤汁，就可以装碟上桌了。

这两道菜都是先用姜葱酒把食材焯水处理之后再烹饪。广式片皮鸭就不一样了。广式片皮鸭是先把姜葱酒、盐、八角等调料放到鸭子腹腔内腌制2个小时，通过腌制使其入味。再把腌好的鸭子打气，用沸水烫过表皮，然后趁热淋上糖浆，放在通风处晾干。最后把鸭子放入烤箱，烤到鸭子表皮红润酥脆，就可以片皮装盘了。

通过这些菜肴，我们可以看出姜葱酒在制作菜肴中的重要性。随着人们对饮食的重视和对美食的追求，姜葱酒的适用范围将会更加广泛。相比于其他调料，姜葱酒所用原料是纯天然的优质大米、新鲜的生姜和大葱，没有添加剂，因此姜葱酒是安全可靠的调味料酒。姜葱酒主要用于去腥除膻，可以使菜肴的香味更加浓郁，但在使用料酒（不管是姜葱酒还是其他料酒）时也要注意，要适量使用，过多的料酒会破坏菜肴本身的味道。

近年来，食品工业的迅速发展使得调味品的生产量和使用量大幅增加，姜葱酒是凭祥的地方特产，价格公道，物美价廉，原料安全，相信姜葱酒将会在原有基础上进一步完善生产规范，其知名度也会进一步提高。

第二卷 景色风光

第一章 溶洞瀑布之美
第二章 林石山水之美
第三章 田园旷野之美
第四章 文化遗存之美

第一章 溶洞瀑布之美

第一节 德天老木棉景区

一、景区方位及景点布局

老木棉，因德天老木棉景区里一株长于晚清的木棉树——木棉王而得名。它代表着一代人的英雄情结，也代表着人们守护幸福的心愿。德天老木棉景区占地1100亩，与亚洲第一跨国瀑布——德天瀑布仅相距6千米，一条美丽的归春河将景区与越南分隔两侧，界碑守护在景区内，神秘而庄严。领略过德天瀑布的飒爽和磅礴的人，都会更加钟情于这片山水的钟灵毓秀。若想要在这停留几天深度感受这份清逸俊秀，距离德天瀑布6千米的老木棉景区便是最佳的选择了。

被茂密的原始森林簇拥着的老木棉景区，位于广西崇左市大新县硕龙镇的归春河畔，有着与大自然全方位融合的生态美。这里依山傍水，四周峰峦叠翠，自然风光秀丽宜人，地理位置优越，是德天景区的重要组成部分。这里是山水红尘中一处静谧的所在，四季流水潺潺，凤竹生幽。对于北方人来说，这里有着独特的风景。红艳似火的木棉花灿烂多姿，在绿水青山和蓝天白云的映衬下格外夺目，而满园的紫藤带来了如梦似幻、灿若云霞的紫色天际线。已发掘的景点有"狮子山""神仙台""紫藤花园""紫薇园艺""怪石阵""奇石谷""界河叠石滩""盆景禅心""雕花石门恋""飞花海""白鹭展翅""桃花岛""日不落""天石地利""狮王爱侣""逍遥风""勇者漂流""竹排放歌""曲径听溪""梦幻泳池""闻香识人""雨打芭蕉""钓鱼修心"等。

二、地形地貌

大新老木棉景区有着独特的喀斯特地貌和河谷景观，山峰奇特险峻，江水清澈秀丽，河滩怪石嶙峋，密林古树参天。它依托德天跨国瀑布的自然优势，拥有位于中越边界的优越区位，适宜观光游览、休闲度假、民俗风情体验等活动，是城市居民回归大自然的理想去处。

三、紫藤花园

老木棉景区拥有广西最大的紫藤花园——紫园。阳春三月，万株紫藤根根相连，朵朵相牵，连成梦幻长廊，连成岸边一片美轮美奂的倒影。花海拥簇的紫园是纳凉避暑胜地和玩水乐园，除了艳丽夺目的三角梅和紫荆花，随处可见野生莲雾、木瓜、芒果，每一个角落都有惊喜。在无边的花海中露营，可以沉浸于德天瀑布的水汽氤氲，也可以乘簸箕船沿着归春河尽赏两岸的山水风光，还可以在激流中感受冰爽畅快的漂流。紫园是整个德天老木棉景区的核心，由紫藤园林展示区、传统雕刻技艺展示区、盆景奇石艺术区、东盟文化艺术交流区四大特色区域组成，有东盟产品商业街、老木棉度假酒店、紫藤园林、汽车露营地、越南簸箕船等项目。据说紫园里的建筑都是使用从古村落淘来的颇有年份的建筑材料修建而成，这些仿古的雅致的园林建筑、尽显岁月沧桑的原木和原石所建造的亭台楼阁、缓缓流过整个景区的归春河支流，让紫园散发出无限的魅力和生机。目前紫园的建设仍在不断完善中，未来它将成为西南最大的紫藤园林，作为融紫藤文化、传统雕刻文化、边关文化、民族文化于一体的综合性休闲度假景区，紫园必将成为国内一流的自然与人文和谐统一的旅游佳地。

归春河的支流在景区白墙黑瓦的复古建筑群中蜿蜒流淌，远处是山如黛眉、峰峦叠翠、山水如画，近处有修竹矮柳、木棉芭蕉和四季流水，尽显南国柔情。潺潺的归春河支流给紫园增添了水的灵动。归春河发源于靖西的鹅泉，流入越南后，在崇左市大新县的德天村又复入中国。归春河的名字暗含"归来又一春"之意。一个"归"字，蕴含几多欣喜，就像一个离家的孩子，在母亲千呼万唤的寻找中，在亲人望眼欲穿的期盼中，兜兜转转，终又回到家门，投进了亲人的怀抱,开始一段"春天"的旅程。

四、狮子山

景区内有座狮子山,从远处遥望,就像一只雄狮匍匐在蜿蜒曲折的归春河边。狮子山上栈道悠长,亭台隐隐,拾级而上能看到不同的风景,感受这里秀丽的自然景观和雅致的环境。登临狮子山头,俯视绿岛长河,纵览百门奇观,豪迈诗情油然而生。四季流水,凤竹幽生,狮子登高异域收,花海徜徉露营欢,界河骑行稻花香,夜宿梦醉老木棉。在狮子山顶眺望老木棉景区,建筑因势而成,风格淳朴自然,无边美景尽收眼底。

园内小桥流水,怪石林立,多个古典风格的建筑顺着河流水系分布排列。进入景区,首先映入眼帘的是酒店主体建筑,它借鉴了被列入世界文化遗产名录的福建永定土楼的形态,呈现出具有中国特色的阴阳太极图形"S"状的楼体,不但保证了每一个房间都能享受到最美妙的窗外风景,还蕴含了"物我相融,天人合一"的思想内涵。酒店以淳朴自然的建筑风格贴近大自然,建筑顺着河流天然而成,曲直、宽窄、深浅,皆因势而成,顺其自然,把这里山水的自然美发挥到极致。

五、游玩项目

梦幻户外泳池,有 24 小时过滤系统循环水,可尽情畅泳,放松身心,洗涤思绪。登狮子山,可观日出日落,鸟瞰中越两国异域风情。震撼的日出光圈,醉人的日落晚霞,给旅行带来一场视觉盛宴。登山,只为追寻山水之美的享受。休闲骑行,畅游中越界河、界碑、花海、景区林荫观光道,可体验中越边境旖旎风光。赏花逛紫园,体验小桥流水、紫藤花园、花间隐榭、水际安亭。户外射箭场,让你静如止水,动如闪电,让心灵彻底释放。露营烧烤,觅一处有山有水的烧烤露营地,支起帐篷,欣赏周围的秀美风光,嗅着青草的芳香,听着潺潺的流水,吃着自钓的美味,任微风轻拂。溪河垂钓,受地形环境和水流速度的影响较多,与水库塘堰等静水水域垂钓有较大的区别和不同,需要掌握垂钓的基本功才能适应溪河垂钓要求,才能钓有所获。竹排放歌,壮乡男女归春河畔豪情对歌。水上乐园,水上步行悠闲浪漫。

夜里，听着潺潺流水入眠，早晨鸟儿啾啾，打开窗，徐徐清风和阵阵芳香扑面而来，清澈的流水在脚底下奔流，景区没有人流喧哗，没有车马穿流，世俗的繁杂与这里无关，只有被山风拨动的树叶摇动声，只有哗哗的流水声……这般惬意何其难得！从老木棉出发，这如梦似幻的边境风光，或徒步，或骑行，或乘坐电瓶车，一路与归春河绿水相伴，走过一座座山，走过一段段田埂，路遇清逸灵秀的绿岛行云，欣赏跨国的德天瀑布和越南的板约瀑布，瀑布如丝绸般飞舞流泻，世外桃源也不过如此。

春天，景区内的木棉花开，将春色染红，绚烂多姿。人间四月天，紫藤花开，满园的紫藤花如梦如幻。炎炎夏日，正适合纳凉玩水，白天可以在花海中徜徉，晚上来个露营。这里还有造型独特的越南簸箕船，让你顺着归春河而下，尽赏两岸美景风光。即便是冬季，这里也是绿意盎然，美不胜收。登上狮子山，不仅可以锻炼身体，还能呼吸清新的空气，边境风光尽收眼底。这里四季流水潺潺，凤竹生幽，四季都有其独特的美，无论你什么时候来，她总能给你惊喜，让你惊叹。

第二节　天等县龙角天池

一、方位及其特点

崇左市的美景风光数不胜数，就拿天等县的龙角天池来说，那可是一处绝美的旅游观光地。龙角天池位于广西崇左市天等县城东南部的天等镇仕民村龙角屯，距县城约 6 千米，离天等到大新二级公路约 3.5 千米。天池周围全是石山包围，水均深十余米，水面平展数百亩。① 天池最深处达 37 米，比龙角屯高出 50 多米。

龙角天池有几个显著的特点，也因为这几个特点，使它变得更加神秘、更加出名。一是那里的水温冬暖夏凉，四季宜人。二是它的水位基本平稳，历年来，遇大旱不干涸，久雨也不外溢，若说有变化，那只能说是水位发生了微小的变化，水位升降仅 1 米上下。三是池水清澈碧绿，再加上其远离村庄，高山平湖，

---

① 政协天等县委员会：《天等文史》第八辑，2014 年，第 45 页。

风景秀丽，晶莹剔透，像一块无瑕的蓝宝石镶嵌在群山之间，真可谓人间极致美景。四是池水清明如镜，微风拂过，波光粼粼，若往深处看，可见水中游鱼悠然自得，偶尔也会有野鸭出没，山鸟争鸣，待日出云开的时候，云雾缥缈，烟波万里，山水倒映，可谓山水人间。又因为地处祖国南部边陲，得美名曰"南国天池"[1]。

二、天池之谜

迷人的天池有许多耐人寻味的谜团，一是天池是如何形成、何时形成的；二是天池所在的天等县为石灰岩地貌，按理说石灰岩地区是无法储水的，龙角天池周围也找不到隔水层，为何能够储水；三是天池水从何处而来，又流向何处，为什么池水一年四季如此清澈，水位保持如此稳定；四是天池无人放鱼，但是有人曾在此钓上23公斤重的大鱼，天池到底有多少大鱼、鱼有多大。[2] 诸如此类的问题数不胜数，那充满神秘色彩的天池，它的秘密到底有多少，直至今日，仍不断地吸引人去揭开那层神秘的面纱，解开那些耐人寻味的谜团。

天池是怎么形成的？天池水从何处而来，又流向何处？天池的周围都是石山，上无积雪，下无泉洞，至于水是从何而来，也难以知道。天等县天等镇仕民村龙角屯村文书、村民小组长赵洪联说，他们祖祖辈辈都生活在龙角屯，至于龙角天池何时有的，族谱也没有记载，只是听老一辈说，这个天池是100多年前形成的。而且赵洪联说，在以前水源没有被污染的时候，当地的农民都是干活干累了，就直接到池边饮水解渴，池水很是甘甜。只是近几年来，附近县城的居民和周边的村民到天池游泳，水变得有点脏之后，当地村民就没有再到池边饮水解渴了。[3] 可想而知，天池的水是多么干净甜美，干净到可以直接饮用。只是关于天池的水从何处来的问题，一直没解决，也曾有人潜入水中，试图寻找天池地下有没有泉眼之类的，但依然寻觅无果，所以池水从何处来仍是一个谜，暂时无法揭开那神秘的面纱。

天等县石灰岩地貌，为什么能够储水成池呢？石灰岩结构十分复杂，其主要

---

[1] 政协天等县委员会：《天等文史》第八辑，2014年，第45页。
[2] 天等县地方志编纂委员会：《天等县志（1986—2005）》，广西人民出版社2015年版，第524页。
[3] 《天等县龙角天池四大谜团待破解 天池来源两种传说》，2013年6月，南宁新闻网：http://www.nnnews.net/yaowen/p/546754.html。

成分是碳酸钙,该成分易溶蚀,在石灰岩地区多形成石林和溶洞,称为喀斯特地貌。一般的喀斯特地区,几乎储存不了水,但是在天等县中,喀斯特地貌居然能储水成湖。在桂西南大石山地区的山弄洼地有千千万万个,但都不能储水成湖,究其原因,主要是这些山弄洼地储水层位高于地下河出水口水平面,且地下河发育,根据水往低处流的原理,这些山弄洼地的水通过落水洞流入地下河或潜水层,最终从地下河出口流到水位较低的江河中去。所以,龙角天池能够存在,绝对有不为人知的奥秘,寻找不出天池的隔水层,使它更为神秘。

天池到底有多少鱼,其鱼有多大?在天池深处,隐藏着一个神秘的水生动物世界,草鱼、鳙鱼、罗非鱼……天池水中几乎没有任何水草杂物,却能在水中看见多种类的水生生物,它们栖息此处,繁衍生存,但是这些鱼是怎么来的?2006年,曾有村民在天池中打捞到一条20多千克重的鳙鱼。2012年,还有人在天池里打到4条鳙鱼,最重的18千克,最轻的有9.5千克。那为何会有如此重的鱼呢?据当地老人讲,在1968年的时候,天等县发过一次大水,有村民打捞到一些草鱼、鳙鱼,放到龙角天池。估计2006年时村民打捞到的鳙鱼,就是1968年放养的那批鱼的后代。但是天池内部没有水草,也没有人专门去喂养它们,那这些鱼吃什么长大的呢?种种疑问,都暂时无法回答。

相对于那至今没有解开的谜团,天池的传说也很耐人寻味。通过整合资料,我们发现,关于天池是如何形成的,有三个不同版本的传说。

一是说龙角天池附近在远古时代是高原,海拔数千米。随着时间的推移,光阴的变幻,高山积雪逐渐融化,有部分融化的积雪汇集在群山之间成为天池。①在漫长的历史演变过程中,受地壳运动的影响,高原下降为丘陵,天池被保留下来,遂形成在半山腰装满水的样子。

第二种说法更为神奇,说龙角天池这一带过去曾是海洋,后来经地壳运动,海底上升,于是沧海变桑田,部分被留下来的海水也就成为今日的池水。

第三种说法是一个充满神话色彩的传说。相传在远古时代,这里住着黄、赵两姓人家。赵姓的人家住在村庄的东头,黄姓的人家住在村庄的西头。一直以来,两姓人家都不联系,各自过着自己的生活,长期处于一种冷漠关系的状态,

---

① 政协天等县委员会:《天等文史》第八辑,2014年,第45页。

更别说互相通婚了。有一年，一赵姓男子大胆冲破族规，与黄姓女子结为夫妻，后两个家族的人才互相往来。附近一带没有河流，只能靠后山弄场里的一口泉水来供人畜吃喝和庄稼灌溉。因为这口泉水，赵、黄两家在变幻不定的岁月里变得更加亲睦。直到有一年天大旱，地里的庄稼被太阳烤得枯萎了，很多动物也因为缺水而渴死，泉眼里的水因久旱无雨而越来越少。赵姓、黄姓两个家族为了争夺活命水，在泉边闹了起来。

正当两个家族为争得优先取水权面红耳赤的时候，突然天上金光闪闪，一位青衣仙女手拿金簪飘然而至，口中念道："赵黄一家亲，应有兄弟情。若能相言和，泉中水自流。"① 说完，仙女摇身变成了一条青龙，在空中盘旋，仙女头上的金簪变成龙角，只见龙角往泉边一点，泉水顿时喷涌而出，瞬间浸没了半山腰，变成了一个大湖。人们见到此景又惊又喜，于是他们听从仙女的教诲，两个家族的人和睦相处，并在湖边跪谢仙女。青衣仙女为了让人们能够更加友好相处，将龙角变成一座石山，伫立在湖畔，庇佑众生。龙身也化为湖边的青山，围绕在湖的四周。仙女发下誓言："两姓人家和睦相处，湖水将永不干涸；两姓人家若再起争端，湖水将会自动干涸。"② 从此以后，为了湖水永不干涸，为了能够继续种植庄稼，为了能够活命，两姓人家再也不敢起争端了。为了纪念这位仙女的恩德，两姓人家将村庄名字改称"龙角屯"，大湖称为"龙角天池"。

上面所述之四大特点、四大谜团、三大传说，使龙角天池变得更加神秘、美丽。它环境优雅、空气清新、山奇水秀，是一个令人向往的旅游胜地。

第三节 白玉洞

一、地理位置及结构

白玉洞位于崇左市凭祥市区 1.5 千米大连城的遗山上，白玉洞是凭祥市的八大景点之首。白玉洞内的钟乳石不仅洁白如玉，而且剔透玲珑，因此白玉洞拥有"玉洞"的美称。

---

① 政协天等县委员会：《天等文史》第八辑，2014 年，第 46 页。
② 政协天等县委员会：《天等文史》第八辑，2014 年，第 47 页。

白玉洞的洞内分为三层，也因此称"三洞天"，即第一洞天、第二洞天和第三洞天。白玉洞里边，洞中有洞、洞上有洞、洞下有洞，洞与洞相叠，洞与洞相连。每层洞之间又有通道相连，又各自有洞口和通往外界的通道。白玉洞可以容纳数千人。洞里的岩石参差不齐，怪石丛生，各有姿态，放眼望去，美不胜收。

崇左市独特的地理位置孕育着独特的壮族边关文化。白玉洞在大连城的半山腰上，是一处天然的山洞。中法战争结束后，广西提督苏元春以大连城为广西全边指挥中心，考虑到巩固边防的需要，便在这个地方建了一个提督行署。从此，白玉洞成了苏元春的办公和避暑休息之所。洞内刻有苏元春的题词，其中比较著名的有"又一蓬莱""明月与天分一半"等。

二、白玉洞的建造

1885年，苏元春随冯子材在镇南关大败法军之后，因功被授广西提督，督办边防，守护边疆。苏元春"取连城险塞，屯兵积粮"，"建行台其上"，"筑修炮台百三十所"，修筑了一道边防要塞。但是因为工程浩大，财力不足，他又带头捐款，三易寒暑才建成了龙州连城。

当年苏元春在山巅筑造了左炮台、中炮台和右炮台三座炮台，还修建了兵房和道路，左边可以阻挡镇南关孔道，右边可以控制水口关隘口，和下冻水口炮台连成一体，气势雄伟壮观。山腰的石窟寺内建有保元宫，是苏元春的指挥部，洞里有洞，别有天地。山的南麓建有光禄寺和极恩亭。西麓的小垒城用石灰岩料石砌成长墙，和山巅的炮台相连，气势恢宏。东麓群峰环绕，就像"山肚"。

三、白玉洞的景观

登上山顶，我们可以看到连峰迭起，石砌的炮台古堡傲然屹立；山崖之间的战壕蜿蜒在山梁之间，和古堡紧紧相依。这个延绵三十余里的炮台群，就像是在西南边境的一道"长城"。

白玉洞的底层是会议厅，是当年苏元春召开军事会议的场所。厅左边修有一个长形的木门，门上刻着"阴分北极"，从右门进入的时候，凉风袭人。门里有石狮和石像各一座，洞里上方刻着"情游于物之外""一大垒城"等字。洞顶是比较平坦的，但是有很多坑坑洼洼的凹陷小洞，就像大象的脚印那样，传说是有仙人骑着大象来到此洞。从首洞左入幽道，盘绕而上的就是第二洞天了，顶部弯窟高18米，洞壁钟乳如流瀑一般悬挂着，上端好像阁楼长廊一般。南面壁崖凿出一块方块平滑的大石面，约12平方米，原本是拟作苏元春的功绩碑的，但是没来得及刻字，直至今日还是无字碑。第二层外洞口洞额刻着"玉洞"两个字，字高二尺余。第一、第二层的洞外刻着十多首诗，这些诗多数是赞誉白玉洞佳景以及苏元春的功绩的。

白玉洞的形成与保存，苏元春有很人的功劳，如果没有他驻守在这个边关以及对这里的改造，白玉洞可能很难流传至今。后来苏元春在广西边防建设的工程结束后，于1899年5月9日奉命进京觐见皇上，受到了在紫禁城骑马的礼遇。他开始沉浸在殊荣之中，紧接着就奉命办了一件窝囊事。19世纪末，西方列强掀起了瓜分中国领土的狂潮，清政府在面对土地被瓜分时，一味地满足列强的野心。苏元春因为奉命签订了《广州湾租界条约》，租界地大大超过了广州湾的范围，因此受到世人的唾骂，也受到了清廷的责难。苏元春从此背上了骂名，一蹶不振，后来锒铛入狱，客死异乡。

白玉洞的第二层从洞口外边穿越，有一道名字叫作"灵明"的巧妙别致的长廊，这里就是第二洞天了。沿着第一洞天的小道，我们可以直接上第二洞天。第二洞天是非常宽阔的，外洞宽敞明亮，洞穴的内壁有一块3平方米平整的光滑石碑，但是没有一个字，这块碑是苏元春离开白玉洞的时候特意留下来的。那个时候苏元春已经受到了清廷的责难，他心里明白自己这一去就是凶多吉少，就留下了这一块无字碑，想要把自己的功过留给后人来评价。洞外的四周石壁上刻有许多字，如"福""禄""寿""仙骨佛心""又一蓬莱"等，这些也都是苏元春的手笔，可以称得上是石刻的精品了。

进入第三层，就是人们常称的"蓬莱仙境"。这里就是第三洞天了。往左边走十几步路的地方，有两个一大一小的洞口，从大洞口往下可以走到第二层洞。而小洞口到"云阁"，就是苏元春的养心处。这个地方的粗大钟乳石柱上都彩绘着龙盘凤舞的图案，在顶上还刻着星宿图，据说当年苏元春排兵布阵就是根据这个星宿图来进行的。这个洞冬暖夏凉，当年，苏元春春天和冬天就在山脚下的提督衙门里住，夏天就搬来"养心处"消暑。洞口的左侧，有一个天然的山水盆景，是当年苏元春的"金鱼池"，但是后来受到了严重损坏，加上缺水，现在已经没有了当年的面貌。其洞外建有来仙亭、观日楼、藏书阁等，分别建立在平台的附近，但是如今也已不存在。从左边的大洞口沿着阶梯走下去，进入第二层的白玉洞里，就是花神洞。石阶的左边石壁上刻着篆书的"虎"字，看起来昂首翘尾的，就像一只活虎。对面的石壁上刻着"云从脚起"。洞里高且深邃，白玉洞前的部分光照明亮，慢慢深入洞里，就渐渐变得没有光亮了，需要用烛火来照明。行走到尽头的高台，深有80多米，就像我们前文介绍的白玉洞可容下数千人。洞内怪石嶙峋，钟乳遍布，岩液滴浆，凝聚成了倒莲花瓣。雨季台顶滴水，白玉洞下修有圆井，井内石壁就像繁星闪烁一般，所以取名"天星井"，惜"天星井"今已被毁。

在一个风清月明的夜晚，苏元春曾在此仰望夜空，流连忘返，有感而发，遂在洞壁题刻"明月与天分一半"的佳句。后来此句成了岑春煊用来弹劾苏元春的罪证，苏元春以"欲与天子分一半天下"的罪名流放边疆，后来因病客死他乡。

关于白玉洞，有署名为"明江渔夫"所做的一首《凭祥白玉洞情思》，节选如下：

群山锦绣辟连城，此处曾藏百万兵。
青石洞开名白玉，古来嶂险有天成。
山门低趁丹月月，绿围花影簇丛丛。
岩层漏滴声如乐，紫阁流腔音好听。

正如诗中所说，白玉洞确实是有着独到之处的风景，吸引人们。白玉洞拥有悠久的历史，这让它增加了一层神秘的色彩。

如今的白玉洞虽然有了世人的保护，但是洞内的一些景点已遭破坏，没有了当初的风韵，今人在白玉洞原有的基础上添加了一些新的元素，使得洞内焕然一新。如果你有机会走进白玉洞，你会知道"玉洞"的美称当之无愧。

白玉洞最适合在夏天参观，沿着山路一路走上去，穿过三个奇洞，爬到山顶上，可以俯瞰整个凭祥市，体验"一览众山小"的感觉，感受边关风情与崇左独有的魅力。

第四节 沙屯多级瀑布

一、地理位置及气候

沙屯多级瀑布,又名念底瀑布、沙屯叠瀑,位于大新县硕龙镇硕龙村的归春河段上的青山峡谷之中,瀑布宽约 60 米,总落差约 20 米,分为七级台阶,水流自上奔腾而下。在瀑布之下还有一池 500 米宽的清潭,时有渔人泛舟,渔人所乘,皆为竹筏。多级瀑布互相映衬,自然景观与人文景观融为一体。

二、瀑布形成原因

沙屯多级瀑布是由于塌陷作用形成的瀑布。该类型的瀑布又被称为岩溶型瀑布。它们的形成是流水以及其他外力侵蚀因素共同造就的结果。关于广西境内岩溶型瀑布的形成,朱桂田所著《八桂山水形成的奥秘》中有说明:2700 万年以来,八桂境内经历了无数次地壳抬升运动,强烈的地壳抬升运动使得石灰岩地区产生了大量的断裂和裂隙。当地表水遇到地下断层或裂隙时,就会选择从断层或裂隙进入地下,形成地下暗流。由于流水具有溶蚀作用,可使岩石中的孔隙或裂隙逐渐扩大,以至发育成巨大的洞穴。随着时间的流逝,地下暗河洞顶岩层越来越薄,最后在重力的作用下会崩塌,地下暗河就变成地表河,从而形成今天的峡谷,而最大的落水洞露出地表后就形成我们现在看到的大瀑布。如果在峡谷顶部用石灰岩盖起来,我们就会看到大瀑布形成以前的模样。因为地下暗河顶盖坍塌,我们才能有幸看到大瀑布的真面容。[1] 且在八桂大地之上的、因塌陷作用形成的瀑布还有通灵瀑布、德天瀑布、隆林的冷水瀑布、靖西的爱布瀑布和三叠岭瀑布等。项光谋主编的《魅力崇左》中对于沙屯多级瀑布有着这样的介绍:层层叠叠,借山势将一道瀑布分成七叠,便把这水晶帘幕般的瀑布抖落成了新的模样,仿佛把一匹绸缎重新织成了一道七色云锦,明丽可爱,较德天瀑布之雄奇显得温婉而抒情,仿佛一幅流动的画卷,一首无韵的诗。两岸崇山峻岭,树木繁

---

[1] 朱桂田:《八桂山水形成的奥秘》,广西师范大学出版社 2014 年版,第 113 页。

茂，古藤缠绕，时有竹筏渔人在瀑底穿梭，倍增其自然古朴的神韵。[1] 张妙弟主编的《美丽广西》对于沙屯多级瀑布有着这样的介绍：恰逢叠石，七级而落，出落于两岸古树峻岭之中，宛如层层素锦，又似凝脂玉带，水帘交织，虽不似三级跌落的德天瀑布雄伟壮丽，却有一番说不清的温婉柔情。这就是德天风景区内著名的国家二级景点，又被称为稔底瀑布的沙屯叠瀑。[2]

三、感受瀑布之美

翠林环绕于两岸，游鱼戏闹于碧水，层层叠叠的青石成了流水的阶梯，丰水期时，奔腾而下的滔滔流水好似那千军万马破敌军阵，颇有一番磅礴之势。水流激起白浪与水汽，掩盖了青石与树木。原本环绕于两岸的翠林好似怕了流水的这番气势，缩在两旁，只得让这"千军万马"踏过。枯水期宛转而下的潺潺流水好似那秀美姑娘的细细长发，丝丝缕缕萦绕于青石上。流水与周围环绕的青山碧树共同形成了一幅山水画卷。这时的流水平静了下来，消散了白浪与水汽，剩下的只有清亮的天空、碧绿的潭水，翠林与流水交映，阳光透过云层映照于潭水与青石之上，瀑布藏于山水之间，全然没有了丰水期时"大军过境"的浑宏大气，剩下的只有恰似秀丽姑娘的明媚清新，惹人怜爱。虽不及德天跨国瀑布的恢宏，不及苏州园林的典雅，不及多依树梯田景区[3]的一绿千里，但是，沙屯多级瀑布自有其美，美在它独一无二的自然风光，美在它丰水时给人带来的震撼，美在它枯水时给人带来的抚慰。

第五节　龙宫仙境

一、开篇序言

广西的风景有许多，如闻名天下的桂林山水、南宁的欧洲风情小镇、北海的银滩风光等。但有一个特殊的风景，它既没有桂林山水的风韵，也没有风情小镇

---

[1] 项光谋：《魅力崇左》，广西科学技术出版社2006年版，第22页。
[2] 张妙弟：《美丽广西》，蓝天出版社2015年版，第119页。
[3] 多依树梯田景区位于云南省元阳梯田国家湿地公园及申报世界文化遗产核心区，海拔1900米，是观赏、拍摄云海梯田、日出及山寨的景区。

的风情，更没有银滩的风光，但它是由大自然的鬼斧神工打造出来的独特风景，它展示了气势磅礴的中国天然龙文化，它就是崇左的龙宫仙境。

二、溶洞之美

　　龙宫仙境，位于广西崇左市的大新县，属于国家级风景区，其面积大概有16800平方米，游程大概880米；主要由隧道、前厅、金龙迎宾厅、龙宫宝藏厅、龙宫仙境厅、龙母后宫和仙人遗址七部分组成。景观繁多，让人目不暇接，仿佛置身于仙境一般。按照洞体结构，又可以分为龙宫隧道、东海龙宫、西海龙宫、南海龙宫、北海龙宫五部分。这些龙宫的名字与《西游记》中的龙宫名字差不多。龙宫仙境其实是由钟乳石发育而来的，钟乳石在漫长的岁月中不断发育，才形成了今天我们所看到的各个溶洞风景。正因为这样，龙宫仙境才有中越百里画廊第一座"喀斯特博物馆"的称誉。它有一个很突出的特点，即钟乳石非常密集，可谓触手可及。洞内气温常年在19℃左右。

　　到了大新县便可发现，这里四面环山，山清水秀，没有大城市的喧嚣和嘈杂，时间在不经意间就慢了下来，让人感觉到岁月静好，似乎已进入仙境，古人曾经寻觅的桃花源想必便是这般。到了龙宫仙境，门口可谓"龙门"。过了这龙门，才是仙境的开始。进入龙宫洞，映入眼帘的便是号称金龙迎宾厅的景观，只见有块神似巨龙的石岩蜿蜒起伏，还有像极了"龙口大开"的自然景观，看它们的样子好像是巨龙在欢迎游客的到来，也因为这条"好客的巨龙"，这里被命名为龙宫仙境。让人感到极为有趣的是，这里有许多的景观与《西游记》都有些关联，如孙悟空在龙宫拿走的定海神针，这仙境中竟也有一根定海神针，这根神针高约15米，直径0.12米，只见这定海神针从"龙宫"顶部一直延续到地上，在这众多的钟乳石景观中，这神针显得极为细长，经过了漫长岁月也未曾断开。再如《西游记》中太上老君的炼丹炉，这仙境中也有炼丹炉，当然这炼丹炉是由钟乳石构成的，这炉子也是很大，其中还露了个小口，好像是特意让人能从这小口中拿出丹药似的，再配上这酷似火焰的灯光，宛如太上老君正在炼丹的场景。孙悟空若是知道这里还有个炼丹炉，兴许还会来这儿闹腾一番，到时候又有太上老君忙活的了。都说龙宫有"六宝"，它们分别是天然金龙、定海神针、珊瑚花、生命之源、擎天玉柱和石佛诵经。在我看来给人印象最为深刻的还是擎天玉柱和石佛诵经。擎天玉柱,这名字就让人感觉宏伟壮观,脑海中便有了个模糊的壮观之物。不负众望,擎天玉柱的高度据说有48米,直径有2米,好似这大厅真的是靠这擎天玉柱支撑起来的,若是将这柱子去掉,保不准这"龙宫的天"就要塌下来了。石佛诵经,从远处看,只见一神似佛像的钟乳石似在闭目养神;从近处看,便发现这神似佛像的钟乳石其实还有诵佛经时常有的肢体语言,于是恍然大悟,原来这"石佛"不是在闭目养神而是在诵经。奇特、神似动物的景观常常会被赋予一些传说。在这龙宫中有个名为"青蛙王子"的景观,据说是因为有人在龙女洗浴时偷看了龙女,因此受到惩罚而变成了一只青蛙。这些传说为这仙境添上了神秘的色彩。

仙境本没有颜色,被人为地添加了五颜六色的灯光,便成了我们今天看到的景象。有人不禁认为,五颜六色的灯光在大城市中也能看到,那这仙境也没什么看头。的确,普通的灯光本来没有什么吸引人之处,但若使用得当,便能使人眼前一亮,更何况是与大自然的鬼斧神工结合在一起。给炼丹炉打上火焰似的灯光,便让人感觉这炼丹炉栩栩如生;给巨龙打上金色的灯光,便出现了金龙;利用这灯光还能让游客看到"神龙出世"的景象。这些灯光的利用,让我们感觉景观更加生动形象,也更加迷人。

三、神奇冰宫

说到龙宫仙境,不得不提到的就是冰宫了。沿着台阶走上去,能看到墙边有一些美丽、精致的动物画像,如猛犸象、帽带企鹅、马可罗尼企鹅等动物的画像,这些都是在冰川期的生物。虽然没有给它们绘上色彩,却让人感觉栩栩如生。走过这去往冰宫的台阶,便到了冰宫的门口了。冰宫门口两旁有树,而门口的钟乳石是雪白的,当真给人一种即将要进入冰天雪地的感觉。然而,在进入冰宫之前,还要做好充足的准备。首先是穿冰爪,将冰爪套在鞋上可以起到防滑的作用,避免在这冰宫中摔倒。其次还要做好保暖工作,冰宫名副其实,里面真的是冰天雪地般寒冷。做好这些准备工作后,就可以进入冰宫了。进入冰宫,映入眼帘的便是白茫茫的一片,而后就是感觉里面非常冷。里面有许多冰雕,冰雕的种类也非常多,有鹿、大象、老虎,这些由人工打造的冰雕栩栩如生。走过"寒冰玉道",便能看到这里面还设有滑梯,这些滑梯也是由冰做成的,有滑程短的,也有滑程长的，滑程长的让人感觉较为刺激；滑程短的，也能给人带来乐趣，任君选择。虽然景色好看，但也不能贪恋美景，在这冰天雪地般的地方待久了也会让人受冻。在这亚热带季风气候区还能有这般冰宫，真可谓一个奇迹。洞内有洞内的景色，洞外也有洞外的风景。走出洞外，映入眼中的不再是五颜六色的灯光，而是大自然特有的绿色、特有的山水美景。大自然好像都是这样，在不经意间就造就了美轮美奂的风景。巧匠的一番用心，却不及它的漫不经心，直教人陶醉其中。

第六节　德天瀑布

一、地理位置

　　人文景观让人感慨工匠的巧夺天工，自然景观更让人赞美大自然的山清水秀。李白描绘庐山瀑布的诗句"飞流直下三千尺，疑是银河落九天"，更是让我们直观地感受到瀑布直下的壮观景象。李白的诗何尝不是也在印证德天瀑布之壮美？德天瀑布让人流连忘返，沉溺其中。

　　德天大瀑布，位于大新县归春河上游，从县城驱车西行大约3小时即可见到势若奔马的德天大瀑布。清澈的归春河是左江的支流，也是中越边境的国界河，德天瀑布则是它路过大新县德天村处遇到断崖而形成的瀑布。位于广西崇左市大新县硕龙镇德天村的德天瀑布，横跨了中国与越南边境。这一段"脚踏两条船"的过程颇为曲折。作为中越界河的归春河静静地流淌着，从中国流向越南，又在越南转回中国，那是一段从广西靖西县起始的路途，在大新县硕龙镇德天村，这条河流终于冲破了平川，跌入断崖，形成了我们眼前的德天瀑布和位于越南的板约瀑布。两座瀑布相互依偎，一座宽阔，一座秀美。德天大瀑布横跨我国和越南，是亚洲第一、世界第二的跨国瀑布，与越南的板约瀑布连成一体。德天瀑布与越南的板约瀑布就像一对亲密的姐妹，你中有我，我中有你。这也让世界记住这一自然景观，吸引了无数的游客前来观赏，为中越边境上的百姓带来了经济收入，中越人民在长期生活过程中也是互帮互助，遵循着友好交往的国际原则。

二、瀑布之美

德天大瀑布是国家 5A 级旅游景区，作为广西最出名的旅游景点之一，它独有的自然风光是无法忽视的。德天瀑布横跨中越两国，宽约 200 米，高约 60 米，纵深约 70 米，年均流量 50 立方米/秒，是黄果树瀑布的 5 倍，常年有水。瀑布四周古树参天，花草掩映。瀑布由多道高低不齐、大小不一的湍流穿过丛林直落而下，呈三级跌落。第一级湍流穿过丛林直落天池，连成高约 30 米、宽约 75 米的半圆形水幕。天池面积约 2000 平方米，深约 7 米，水质清澈，水雾迷蒙。从天池左侧处冲下多道水帘，形成落差约 23 米的第二级瀑布。第三级瀑布由几道较大的急流一同注入龙潭，构成高约 12 米、宽约 120 米的瀑布。第三级水帘崖下，有一个宽约 3 米、高约 4 米、深约 20 米的水帘洞，洞道崎岖，石笋石柱遍布其中，洞口观瀑，别有情趣。洞外有深潭，潭中还有一个洞，称为龙潭洞，流水入洞，又是一番景象。最奇妙的是，在景区内有无数个角度可以看到德天跨国大瀑布，正面的，侧面的，仰望的，俯视的……不同的角度呈现出不一样的美，而且每一个角度都给人以惊喜，从来不会因为换了一个角度而感到失望，这是极为难得的。德天大瀑布最佳游览时间是每年 6 月到 11 月，这一时期水量大且水质清，植物生长最茂盛，这是德天大瀑布最迷人的时期。不过下大雨时的观赏效果是不够好的，因为水质浑浊。德天瀑布，四季变换，奇景横生。春天，崖草泛青，山花吐蕊，木棉花盛开之时，河水两岸像镶上了美丽的花边，绚丽夺目。秋天，梯田铺金，层林尽染，飞珠散玉般的水滴随着阵阵稻香扑面而来，使人酣然欲醉。冬天，水量减少，碧水潺潺，山风把细流吹得飘飘洒洒，若隐若现，宛若琉璃世界。最动人的是夏天，山洪涨溢，激流滚滚，水声轰隆，如鸣金鼓，震撼山谷。炎暑逼人之际，解衣跃入水中，看银瀑飞舞眼前，让水珠在身上滚动，仿佛置身于神仙境界。相传很久很久以前，天上有两个美丽的仙女，下凡到此涤丝。她们深爱瀑布优美，不愿返回天宫，于是变成了两只金鹅，定居于此。如今，人们细瞧水潭下方，不正看见两只石鹅在戏水翻波吗？当然，这也是民间传说，不可信。不过，被传说蒙上神秘面纱的德天大瀑布更让人充满好奇。

三、连接中越交流

比起瀑布本身，笔者最感兴趣的其实是它的地理位置——中越边境。一边是中国，一边是越南，这样独特的位置让它多了一层神秘的色彩。眼前的河流就是中越的界河，站在中国的国土上，能清晰地看到河流对岸越南的房子，和正在活动的边民。中越由一条归春河为国界相隔，归春河创造的德天瀑布又与越南的板约瀑布连为一体。在河岸上，常常会有很多越南人向中国游客售卖榴莲干、香烟等越南特产，卖完以后就会回到竹筏上从箱子里拿出新的。他们也会用流利的汉语跟中国游客交流。德天瀑布是亚洲第一大瀑布的名声为大新县带来了源源不断的游客，也给越南边民带来了贸易往来，越南边民在归春河上贩卖商品给游客，或者和中国边民进行交易。中越贸易往来对当地经济有促进作用，有助于崇左市的旅游行业进行产业结构调整，改变了崇左落后的面貌。只有人民富裕起来了，边境才能留得住人，边疆安全才有保障。而中国允许越南边民在边境进行贸易往来，也有利于越南边民稳定生产，保证两国边疆稳定，国家也能更好发展。

对于德天瀑布的美，许多文人骚客亦为其留下了许多优秀的诗句，比如："德天瀑布德天潭，德天银绸帘青川。德天潭水生璧玉，诗意写成文章蓝。"这一诗句将德天瀑布之美展现得淋漓尽致。"穿天透地不辞劳，到底方知出处高。"穿天透地的壮观景象是人们追寻的瀑布之美，在人们的印象中，似乎只有这样的瀑布才称得上壮观，称得上美，才值得人们从四面八方逐美前来。德天瀑布却恰好是个例外。在世界上的众多瀑布中，德天瀑布在外既没有世界三大瀑布——尼亚加拉瀑布、维多利亚瀑布、伊瓜苏瀑布的壮观，在内也没有我国黄果树瀑布、壶口瀑布的名气大。这个跨越了国境的德天瀑布，却有着属于它的奇特景观，在跨越了中国与越南边境的德天瀑布周围，汇聚了许许多多奇特的美，让人沉醉在这个天地之间的水幕前，久久不愿离去。

第七节　仙岩夜月

一、地理位置及外貌

仙岩夜月坐落于广西崇左市龙州县县城北部，南临丽江河畔，今见于龙州县第一中学校园内。仙岩是一处集钟灵毓秀与景色宜人于一体的地方，笔者曾跟随本书编写组去龙州调研，目睹了仙岩的盛世美颜，至今记忆犹新。

仙岩为喀斯特地貌可溶岩，由大自然的力量将两块巨大岩石凸出地面而形成，大致呈南北走向，内有天然溶洞，外拥古树成林。仙岩为低矮石山，石身厚大，峭壁巉岩，实为龙州县城内稀见之景观。早在宋朝时期，古龙州便有八大景，分别为白马弹琴、仙岩夜月、金鸡秋晓、双凤朝阳、双龙抢珠、古甑龙泉、石坡霞彩、秀岑朝云。从宋代起，仙岩便是古八景之一，可想而知仙岩自宋代以来的地位与价值。随着时光流逝，古龙州八景中有的景点改变了曾经的容颜，有的消失于历史长河之中，而仙岩夜月至今仍然伏于丽江河畔，如一座石狮静观岁月更迭以及龙州日新月异的改变。

二、仙岩传说

仙岩之美，不仅在于深厚的文化底蕴与历史韵味，还在于有神话的浪漫色彩。"仙岩"两字的由来还有这么一个传说：相传很久以前，有三位仙人常于此地下棋饮酒，当地一名老樵夫经过时，驻足观看仙人下棋，当老樵夫回到家时，发现自己系于腰间的砍刀早已生锈钝缺，才发现时光已过百年。这一传说恰与"到乡翻似烂柯人"的典故有相通之意。因有仙人在此游乐，故此地得名为"仙岩"。这为仙岩涂上一层神秘的色彩，它是一层暖色调，温柔了眼睛，感染了心灵。

三、内外兼美

仙岩如同身着古装兰质蕙心的女子，她的美可谓内外兼修，外美于静谧，内美于深厚，两者结合，相得益彰。仙岩山顶原有一座凉亭，亭名得月，因年代久远，且经日晒雨淋而坍塌，后造可思亭于原址。可思亭的四根柱子立于石体之上，岩石与桩柱如同一体，亭中有凳子，可容数人同坐，自建亭后，常有师生攀登望景，怡情念书。于亭之上向左右望去，景色尽收眼底，即使在烈日炎炎之下，仍不觉炎热，反而因有阳光透过葱茏树叶，随眼望去之时，可见一道道细长的光线直插于石岩之上，数道光芒恍如数把剑锋直插而下。仙岩有三条曲折蜿蜒的石板路可至山顶，三条小路处于不同方位，但皆于山顶相聚，似三龙捧月。石栏之上有数小石狮，形态各异，威风凛凛，它们陪伴着可思亭。这些小石狮经历风吹雨淋，有的已经长满青苔，风姿飒爽的小石狮披上了青色外衣，更具历史和自然的气息。

仙岩在古时以夜月之美而得名,今洞中摩崖石刻上也有诗句描写夜月之景,如"天际云开月色妍,照福千古镇山巅",仙岩蟾宫静谧,月光如水,而今仙岩夜月之景则无法与古时相提并论。20 世纪 80 年代前,曾有一条小溪穿过仙岩,如同给仙岩披上绸缎,繁星点点倒映入溪,颇有"满船清梦压星河"的梦幻,加上潺潺流水飘有青草,这动静结合的美景实在让人流连忘返。行走于仙岩岩麓,一条条粗大树根盘于石岩之下,似乎在向参观者述说它历经百年的故事。仙岩绿茵如盖、鸟语花香,是一个避暑的好去处,这也是人们喜欢仙岩的原因之一,游客们既可休憩于古树之下,也可流连于溶洞之中,享受着仙岩特予的美景。

四、文人赞咏

鉴于仙岩自然之美,人们不约而同来到仙岩游玩,诸多文人墨客于此饮酒赋诗、刻石留念。仙岩共有三个溶洞,实则连为一体,洞内曲径通幽,洞壁之上有一掌印,人们称之曰"仙人掌印"。仙岩三洞中,一岩口刻有"仙岩"二字,为宋仁宗时土官赵殿洪亲书。溶洞内摩崖石刻较多,内有一块平坦光滑的石块,俗称"石床",传说仙人下棋饮酒后便于此酣睡。石床经受自然外力作用与历史上人为的损坏,今石面已凹凸不平,但依旧滑润反光。另外一洞的洞口上方则刻有"月色洞天"四字,但经受岁月的洗礼已褪去了当年的艳丽容颜。溶洞之内四壁刻诗,光摩崖石刻就达 36 件。石刻内容丰富,有题字、记事、题诗、作词,堪称龙州历史文化的精髓与缩影。石刻的作者大多为官员及社会名流,既有宋仁宗时期和明万历、崇祯时期的,也有清康熙、光绪时期的,以及民国时期的。洞壁之内石刻,有明代许天锡写的《游南岩寺抵葛仙洞留题》,其云:"穿岩越壑访遗踪,直度虹桥扣石钟。云幕半笼青菡苔,砂床长荐紫芙蓉。仙翁化去名犹在,稚子催归兴尚浓。欲借鲁阳挥日剑,一川烟水已高春。"有何士廉的诗:"尘世难逢葛稚川,偶然来此踏芝田。仙人留此闲巢窟,神力剜成小洞天。石煖犹疑丹火伏,草芳长藉白云眠。尚余一片青瑶碣,待我题诗照万年。"此外洞内还有农承祖所书之诗:"乾坤气转物争妍,携手仙岩夜月巅。崛拥青山随目睫,源流绿水称心田。春风几度还依旧,洞府重游胜似前。欲探天台谁指示,望中云树见飞仙。"历代名人雅士对于仙岩的赞美层出不穷,迁客骚人慷慨歌咏,为仙岩披上一层艳丽的彩衣，使仙岩成为龙州的靓丽风景。

五、历史底蕴

20世纪初，鉴于仙岩夜月深厚的历史文化气息，当时晚清广西提督苏元春和太平思顺兵备道蔡希邠倡议并决定于仙岩附近开办同风书院。此后有广西龙州师范学堂、龙州实业学堂、镇南中学、广西省立龙州师范学校、龙州第一中学于此开设，仙岩可谓龙州教育的熔炉，她如同母亲一般给当地教育送去温暖，哺育着左江河畔的学子。

20世纪30年代后期，龙州省立师范学校创办于此地，当时正处抗日战争时期，1939年日军入侵广西，敌机时常来此轰炸，校舍毁于战火之中。仙岩古树高大，岩石坚硬，且有溶洞，在空袭之时给师生避开飞机轰炸提供了天然"防空洞"。学校师生遂于仙岩溶洞内进行教学。

仙岩美景曾令许多古往今来的游客流连于此，溶洞之内的摩崖石刻价值不可估量，古文墨迹亦为难得，更可贵的是仙岩的精神。随着岁月流逝，仙岩也未逃过历史车轮的碾压。如今的仙岩夜月，盛颜不再如故，石刻古迹也受到不同程度的损坏。昔日土道坐凳已成了水泥地面，昔日百姓闲暇游玩之地已被铁门所挡而为人少知，昔日溶洞光滑的小道已被落叶铺满，杂草丛生，仙岩略带凄凉的面貌令人怜惜。这非谁人之过，只是历史发展的结果。所幸仙岩夜月至今仍在，若加以保护和合理开发，使其面貌恢复，让仙岩的价值得以延续，实为一大有益之举。

第八节　百灵岩

一、百灵岩的外貌

百灵岩位于崇左市天等县天等镇百灵村上屯，从村前往左行走不到一箭之地，便到了百灵村东头的山麓。只见山脚碧绿树荫下有一口山泉，一簇簇银白色的水花从泉口喷出，溅起一朵朵小浪花，发出清脆悦耳的声音。春天里，池水在阳光的照耀下，波光粼粼，仿佛镶嵌了亮晶晶的宝石，又像鱼鳞，像碎金，使人心旷神怡。池水清澈透明，池底沙石可见，颇有一番柳宗元的《小石潭记》中

"伐竹取道,下见小潭,水尤清冽……青树翠蔓,蒙络摇缀,参差披拂"的意境。这一口泉水也成为一条小溪流的源头,溪水泛绿,清澈见底,缓缓向前流去。小溪周围绿树环绕,十分阴凉。涉过玉泉清溪,从山脚下拾级而上数丈,就见到了百灵岩。百灵岩,门如狮口向阳开,从"狮子口"进入"咽喉",那洞道弯曲起伏,蜿蜒曲折,路径坎坷。走在其中,忽而佝偻而入,忽而伸腰而行。

二、百灵岩的石柱

百灵岩洞高 50 多米,最宽处有 30 多米。洞内空气清新,环境阴凉,夏天使人倍感舒畅。洞中最具特色的就是一些形态各异的石头形成的石景。洞的南北两端均有各具风姿的石景,洞中间展现的石景是一片片平展的田园。田基纵横交错,无数的田块里,有积水,有卵石,有沙丘。洞中南端怪石崔嵬,石景更为奇特。有两个高大的石墩,一个像秋天丰收后金黄色的谷堆;另一个则形如山塘水库[1],在溢泻银水灌溉良田。若是站在"田间"远望,一幅五谷丰登的画卷跃入眼帘。田野里,金黄的谷子笑弯了腰,仿佛叫人们快点收割;红彤彤的高粱不住地点头,好像在向路过的人们招手致意。只见一位农民伯伯拿着镰刀向上一挥,一片金黄的谷子就神奇地倒下了。那石簇拥成的金黄色谷堆,高至苍天;那岩顶下的一根根钟乳石形状各异,宛如苞粟、瓜豆悬挂;那块大石墩上,另有两个石头,好似两个身着黑色衣服的老农,坐在平展的晒场。

洞内北端有两根犹如神工雕塑、条纹流畅、凿工细腻的石柱,与南端的两个大石墩相对应。有一柱,三人合抱都合不拢,高有 30 多米,直达洞的上端,实为擎天巨柱。柱身有怪石,形态各异,有各种各样的图像,有石鼓、有灯笼、有石人、有麒麟起舞、有双龙争珠……惟妙惟肖,栩栩如生。其中的麒麟起舞和双龙争珠的画面最为生动精彩。麒麟是中国传统瑞兽,古人认为,麒麟出没处,必有祥瑞。在中国众多民间传说中,关于麒麟的故事虽然并不是很多,但在民众生活中经常体现着它特有的珍贵。麒麟时而摇头摆尾,时而狂欢嬉耍。双龙戏珠历史悠久。龙是古代传说中的两栖动物,它产生于华夏图腾文化,远古的三皇五帝均以龙作为图腾。珠即珍珠、夜明珠。龙珠可避水与火,是吉祥的象征。双龙争珠

---

[1] 山塘水库,主要是在丘陵地带为了防止水旱灾害而修建的一种水库。

通过两条龙对玉珠的争夺，象征着人们对美好生活的追求。在与擎天柱相隔不远的地方，有另一个石柱，但比擎天柱矮了半截。那石柱上有数群石猴和其他野生小动物竞相攀顶，柱旁有位神形毕现的老头，身着长衫素服，满面笑容，抱着他的"孙子"，在骆驼背上观看舞龙舞狮的热闹场景……百灵岩洞中南北两端的石景展现出来的画面，富有壮乡的独特风采，被人称为"壮乡风光"。百灵岩洞中的石壁上展现的石景有山有水，奇峰怪石对峙如屏，气势非凡。其中有五级瀑布、逶迤三峡、白雪冰山、鲤鱼跳龙门等景色，被人称为"水下龙宫"。传说只要鲤鱼能够跳过龙门，就会变成真龙。还有传说龙门为应龙开辟，有诗曰："阙之所成兮，得应龙之伟力。"当鲤鱼跃龙门时，就会有应龙盘旋上空，比喻中举、升官等飞黄腾达之事，也比喻逆流前进、奋发向上。人们非常喜欢含有美好寓意的故事，就连石景也不例外，石景展现出来的场景也蕴含着人们美好的愿望。若是人们把手电筒照在"五级瀑布"和"白雪冰山"上，石壁即闪闪发光，耀人眼目。百灵岩洞中的奇特石景使人们叹为观止，丰富的画面不禁让人敬佩大自然的"巧手"，感谢大自然的馈赠。

三、洞内的钟乳石

百灵岩洞中也有着广西溶洞普遍存在的钟乳石。钟乳石又称石钟乳，是碳酸盐岩地区洞穴内在漫长地质历史中和特定地质条件下形成的石钟乳、石笋、石柱等不同形态碳酸钙沉淀物的总称。钟乳石的形成往往需要上万年或几十万年时间。钟乳石光泽剔透、形状奇特，具有很高的欣赏和收藏价值，深受人们喜爱。洞顶壁上垂下一根根钟乳石，仿佛仙女吊下庆贺的红包，试看舞龙舞狮队有没有叠人梯上去索取的本事。舞龙舞狮是中国民间传统习俗，舞龙又称耍龙灯、龙灯舞。龙是古老的图腾，传说龙能行云布雨、消灾降福，象征祥瑞，所以以舞龙的方式来祈求平安和丰收就成为全国各地的一种习俗。人们在喜庆的日子里用舞龙来祈祷风调雨顺、五谷丰登。人们相信狮子是祥瑞之兽，舞狮能够带来好运。洞中有一排30条约7米长的钟乳石井然有序地悬垂下来，人们用石弹或用石头依次敲击钟乳石，钟乳石就会发出"哆来咪发嗦拉西"七个音符的声音，当地壮家人把它喻为"石头钢琴"。这里的钟乳石颜色鲜艳、闪光、有音响，这是百灵岩的奇特所在。在石头钢琴前面左侧的一个高殿上，罗列着数块岩石，有一石非常像一位老翁坐在沙发上，聚精会神地聆听琴声。还有一块石头像一位白衣仙女，她在为老翁端茶。在广西，钟乳石不足为奇，奇的就是钟乳石的形态，百灵岩洞中所呈现出丰富的形态和奇特的现象，令百灵岩不同于其他的钟乳石岩洞。

四、洞内的莲花湖

百灵岩洞内还有一个莲花湖，莲花湖所在的区域开阔宽敞，岩洞顶上浮石夹杂着黄、白、紫多种颜色拼凑的成千上万朵的"菊花"。在莲花湖岸边有流水古琴[1]、梧桐双柱、少女采茶等主要景色。因为湖水四周石壁上有无数莲花状的钟乳石，色泽鲜艳，秀丽无比，这些钟乳石倒影入湖，湖中便有了"莲花"，所以人们称之为"莲花湖"。据说，莲花湖夏秋有水是湖，冬春干涸是沙场；还有一处空中天池，一大一小。若是人们想要见到天池，还需要爬天梯，过天桥，钻鼠洞，路程十分艰险，没有足够的胆量是不能到达的。大的天池，深1米，长6米，宽3米。池中之水为钟乳石石尖水滴下积成的，清如玉液琼浆。池边形状如单车链环环相扣，一连六七层，由大及小，叠下池底。

百灵岩前有碧湖，后靠绿山，下有常喷玉液的山泉，汇成奇丽壮观的外景。百灵洞内石景峥嵘，光怪陆离，琳琅满目；钟乳石奇幻多姿，晶莹耀眼，引人入胜。百灵岩前的碧湖，绿得像一块翡翠，在阳光的照耀下，湖面就像披上了一件金光闪闪的衣裳，瑰丽无比。百灵岩的后山耸翠，悬崖峭壁，夹谷幽深。封山绿化，此处将可成为自然动物栖息的幽境。走入百灵洞，大自然的鬼斧神工令我们感到惊叹不已，更值得我们去保护。

---

[1] 流水古琴：源见"伯牙鼓琴"。指高妙琴乐。唐代储光羲《同张侍御鼎和京兆萧兵曹华岁晚南园》诗："潘岳闲居赋，钟期流水琴。"

第二章 林石山水之美

第一节 弄岗森林

一、保护区的方位及建立经过

广西弄岗国家级自然保护区地处我国广西崇左龙州、宁明交界处，保护区是呈西北—东南长条状地块分布，面积10080公顷，主要保护对象为石灰岩季雨林生态系、珍稀物种及岩溶地貌。

弄岗属高温多雨、四季常绿的热带—南亚热带区域，常绿阔叶林是这一区域的主要植被景观，这里分布着独特的石灰岩植被，石灰岩中的群峰孤岭成片生长，与之相映成趣，俨然画家精心描绘的山水画。同时喀斯特地区的特殊地理构造，造成地表水极度匮乏，但地下水极其丰富，从而形成独具特色的地貌和植被。在清晨或雨后时分，俯瞰白云弥漫，环观群峰云雾缭绕。露出云雾的群山似岛屿般一簇簇一抹抹地悬浮着，宁静优美，云雾之下是弄岗别有生机的另一种景色。

1979年5月经广西壮族自治区革命委员会桂革发（1979）121号《关于建立弄岗自然保护区的批复》，经广西壮族自治区人民政府批准成立弄岗省级自然保护区。

1980年经国务院国发（1980）232号《国务院关于将广西弄岗自然保护区列为国家重点自然保护区的批复》，批准弄岗为国家级自然保护区。

1994年9月根据广西壮族自治区人民政府桂政办函（1992）433号《关于陇瑞、弄岗保护区合并问题的批复》，陇瑞保护区（1982年成立，省级）与弄岗保护区合并，成立广西弄岗国家级自然保护区。

从成立保护区的过程，我们不难发现国家对于自然生态的重视。为减少经济发展对资源和环境的压力，国家加大对自然环境的保护力度，各级政府从抢救保护的立场出发，建了一大批自然保护区，广西壮族自治区党委、政府对于自然生态保护和建设的战略决策紧跟中央和国家的步伐，重视生态环境保护，相继成立了一批包括弄岗、大瑶山在内的自然保护区。

二、生态资源丰富

弄岗自然保护区内有许多的动植物。属于国家一级保护动物的，有白头叶猴、黑叶猴、熊猴、林麝、云豹、蟒、蜂猴、穿山甲[①]8种。属于国家二级保护动物的有猕猴、黑熊、大灵猫等35种。白头叶猴只分布于广西崇左市的明江以北。弄岗保护区是黑叶猴的主要栖息地，并存有广西最大的自然种群。广西林蛇、黑网小头蛇也是仅发现于弄岗自然保护区，是保护区的特有种。而在2008年发现的世界鸟类新种——弄岗穗鹛，这种鸟类仅分布于弄岗自然保护区及周围的森林中，数量稀少，仅为100余对，生存状况是岌岌可危的。

弄岗森林中的植物种类丰富，区内有维管束植物183科799属1725种（包括种下等级），其中栽培植物64种，隶属于37科59属；归化植物22种，隶属于16科21属；野生维管束植物175科753属1639种，其中蕨类植物有29科49属146种，裸子植物4科5属8种，被子植物142科699属1485种。属于国家一级保护植物的有石山苏铁、叉叶苏铁；属于国家二级保护植物的有蚬木、东京桐、海南风吹楠等13种。

在1979年保护区最初建设时，对弄岗森林进行过一次综合考察，在保护区内采得了过去未被记录的新植物29种，同时考察到弄岗保护区的植物还具有独特的岩溶特性。此次考察增加了对弄岗动植物的了解。可见，弄岗森林是岩溶季节雨

---

① 近30年来，穿山甲成为全球最为濒危的野生动物之一，同时也被认为是全球非法走私量最大的哺乳动物。我国穿山甲生存数量和情况极度堪忧，为加强穿山甲保护，2020年6月5日经国务院批准，将穿山甲属所有种由国家二级保护野生动物调整为国家一级保护野生动物，弄岗自然保护区原有7种一级保护动物，现有8种。

林生物的种源地，也是特有物种的繁衍地。

崇左位于中国的西南部，为壮族先民骆越民族聚居之地，战国时期，岭南称为百越之地，崇左属百越的一部分。岭南地区山高岭峻、瘴气多，生存条件恶劣，人烟稀少，虽然在历史上有不少的中原人迁移到岭南，岭南地带因此得以开发，但岭南的人口尤其是广西崇左这一带还是稀少的，这对崇左地区生态的影响较小，得以保护了生物的生存空间。到了现代，随着崇左的不断开发，人类活动范围扩大，对自然资源的需求增加，破坏了当地的生态环境，为保护生物生存环境，成立了弄岗自然保护区。

三、生态旅游开发

保护区特殊的岩溶峰丛、奇峰异石增添了美妙的景色，也为旅游业的发展提供了可行性。作为一个保护区，旅游业必然是朝生态旅游方向发展。生态旅游是指以可持续发展为理念，以保护生态环境为前提，以统筹人与自然和谐发展为准则，并依托良好的自然生态环境和独特的人文生态系统，采取生态友好方式开展的生态体验、生态教育、生态认知并获得心身愉悦的旅游方式，这是经济发展和生态保护的共赢之策。

发展生态旅游就必须要有生态旅游资源。弄岗保护区离崇左市和南宁市距离近，客源市场近，客流量大。崇左市内各县都有铁路和高速公路对外互通，现今高铁已经开通，为弄岗保护区的生态旅游提供了交通便利。

建设生态旅游的各方面的条件都具备了，接下来面对的是如何发展弄岗自然保护区的生态旅游。

生态旅游主要是以回归自然为主题，贵在自然，贵在原始，应尽可能减少人为景观，避免开发造成的环境损坏，规划设计要简朴、实用、方便，外观要与自然环境融为一体。

第二节 南疆边陲奇观石景林

一、石景林的地质构造及景观

崇左市地质构造古老，主要以泥盆纪、二叠纪和三叠纪为地质基层，以石灰岩占优势，页岩、砂岩次之。境内山环岳绕，丘陵起伏，山多地少，地貌复杂多样，以喀斯特地貌为主体。就气温气候而言，崇左市地处北回归线以南，属亚热带季风气候区，气候温和，雨量充沛。全年光照充足，且光、水同季，全年夏长冬短。依托优越的气候条件，这里"草经冬而不枯，花非春而常开"，因而一年四季皆适宜旅游。提到旅游，就不得不介绍一下左江石景林了。

左江石景林位于崇左城区南郊约 5.5 千米处，在板麦村西侧，占地面积 1 平方千米。1987 年崇左人民政府将左江石景林列入县重点风景保护区，投资全面开发，依托这个政策，石景林以更娇艳的容貌展现在游人面前，于 1991 年正式对外开放。国务院在 1988 年批准其成为国家级风景名胜区，同时它也是广西花山风景名胜区的一个重要景区。在 2016 年被评为国家 4A 级旅游风景区。这里也是某些热播电视剧的取景地点，之后随着电视剧的热播，左江石景林也被热爱旅游的人们所认识，并成为崇左热门旅游打卡地之一。石景林景区属喀斯特岩溶地貌，具有"皱""透""漏""瘦"的岩石特点。由于长年雨蚀、风化形成天然的盆景式石林，故称为石景林。因其独特的喀斯特地貌而形成的盆景式石林吸引着来自五湖四海的游客，至今累计接待中外游客 1000 多万人次，在区内外享有盛名。石景林景区内怪石嶙峋，树木丛生，有不少树木盘旋于怪石之上，似蛟龙缠绕，灵气十足。巨石形态各异，可谓如诗如画，赛过云南小石林。正是因为这峰丛林立、险峻秀丽、溶洞众多、千姿百态的奇峰异石奇观，石景林景区被八方游客和专家学者誉为"全国少有，广西第一"。目前已挖掘出"三妹沉思""八戒探花""一帆风顺""双狮迎宾""玉兔下凡""象鼻山""仁者寿""鸳鸯藤""飞来石""罗汉洞""仙人洞"等众多经典景观。石景林景区内亚热带植物景观较为突出，植物四季皆绿，绿色资源较为丰富，甚至有与恐龙同时代的国家一级保护植物中华一号铁线蕨和国家二级保护植物龙血树等一批珍贵植物，还有九层皮（苹婆）、石兰花等众多的地方特色植物。据不完全统计，石景林景区内还有几百种的中草药。步入峰林，即可瞧见石峰、湖泊、曲径、绿树、藤蔓、琼花、芳草巧妙地组合成各种奇观异景，令人叹为观止。那俊俏秀美的石峰、陡峭的石壁，以及水平如镜的湖面在阳光的照耀下闪着的点点银光，无不令人心驰神往。湖面上飘着朵朵荷花，湖周边是满目苍翠，坐在湖边的石椅上，望着湖中鱼儿嬉戏，心中那一股子烦躁便不知不觉消退了。

二、石景林之美

踏入石景林的这一刻,请插上想象的翅膀去观赏这些奇景,你会有不断的惊喜。现在请跟着笔者的脚步一起去看一看左江石景林吧。初入石景林园,一条条曲径通向幽深处,脚下是由石块铺成的凹凸不平的路面,周围野藤古蔓荫蔽,缓缓向里行走,迎面扑来阵阵清爽的气息,让人心旷神怡。举目四顾,忽然感觉走进了一个艺术的世界。满目石山大小不一,高低起伏,一峰连着一峰,一座接着一座,有的如利剑,有的似围墙,有的像巨伞,山石耸峙挺立,突兀嶙峋,错落有致,布局得当,酷似一盆盆天然石景,真是令人叫绝。比较低矮的奇石垂手可触,略微高的奇石只需二三十步即可登上其顶部。放眼望去,这些山石形态各异,犹如雄鹰歇息、猴子摘果、蟒蛇缠斗、仙女撒花、鳄鱼含珠、大象戏水、母鸡孵蛋、夫妇相望、孩童拜佛……这些数不尽的石块,形如飞禽走兽、花鸟鱼虫,形象逼真,栩栩如生,让游者情不自禁感叹:这些山石真不愧是鬼斧神工、天雕地刻啊!

从小径漫步向深幽处行走,不一会儿便可在草木丛生、古藤错落盘绕中看到一个小湖。这小湖是由于石山脚下地势凹陷,每逢春夏两季,雨水汇入凹陷处形成的。群峰倒映在湖面上,好比美女临镜,亭亭玉立,楚楚动人。湖边是碧绿的树、艳丽的花,一簇簇,一束束,与小湖相辅相成,构成了一幅静谧的林中湖景,这画面给石景林增添了一丝妩媚。游者如误入仙境,往往乐而忘返。沿着湖边小径往更深处走,即可看到那令人大为惊叹的一线天奇景。这里峰林密布,石峰拔地而起,最高的可达四十米,矮的两三米不等,它们呈层叠排立的形状,从空中往下望去,看到的是延绵成片的陡峭嶙峋、怪状奇美。石峰中间又有许多洞穴和小道,曲折勾连。比较宽阔的地方犹如龙宫,可以在里面开会、休憩,而窄小的地方又只能容一人侧身通过。进入这些幽深小道,需小心行走,不然稍不注意,走错一个分叉路口,你可能又会回到原地,像极了迷宫。如果你仔细观察,便会发现石峰上面生长着许许多多既可观赏又可药用的植物。除了初入石林便可看到的小湖泊,在稍微宽敞的地方还有大大小小的水池点缀着,可谓小桥流水,曲径通幽,又有时花相应,鸟语虫鸣,步入其中,宛如置身仙境。穿过回肠小道,来到两石峰相间的洞口，扶着两旁的山石，沿着阶梯向上爬，攀爬到顶峰即可来到石景林园区唯一的峰顶观景亭，在这里可观赏到整个石景林园区的景色。清晨，微微灰白的天空下，群峰苍黑似铁，庄严肃穆。待到红日初升，一座座石峰呈现墨蓝色，紧接着雾霭泛起，乳白色的纱幕把一座座石峰间隔开来，只剩下青色的峰尖，真像一幅笔墨清淡、疏密有致的山水画，过一会儿雾霭散去之后，那裸露的岩石、峭壁被霞光染得赤红，渐渐地又变成古铜色，与绿的树、绿的田互为映衬，显得分外壮美。夕阳西下，站在观景台栏杆边上向下看去，夕阳将千姿百态的石峰照得一片通红。俯瞰脚下群峰，有的像挺着胸的巨人，有的像扭着腰的仙女，有的像将要戳破青天的宝剑，有的像漫空飞舞的银龙，奇峰绝壁，一座座都是大自然的天才杰作啊！远处山谷两旁，峰峦陡立，峥嵘险峻，仰首只见一线弯曲的蓝天，偶尔有几只山鸟掠过，小得跟蜻蜓似的。

左江石景林众多的经典景色可谓举不胜举啊！不仅如此，每年三月初三壮族的歌圩节也在左江石景林举行，当地近万名壮族群众自发汇集在这里进行对歌活动，盛装打扮的少女在三角梅的花丛中笑颜如花，嘹亮且动听的歌声透过黛色的峰石，听起来更加动人，含蓄多情。通往景区的小径上不时传来扁担舞的啪啪声、欢乐的笑声，真是一个能让人忘掉烦恼的石景林啊！

第三节　崇左笔架山和金鸡岩

一、地理方位

扶绥县位于桂西南，属广西崇左市，地处亚热带季风气候区，物产资源丰富，具有丰富的人文和旅游资源。县境内生态环境幽雅，多山多水，拥有诸多名胜古迹，有诗评为"草经冬而不萎，花非春却常开"，构成了一块富有壮乡特色和民族风情的旅游胜地。

古人云："山不在高，有仙则名。"虽然扶绥的山没有仙，却也是灵气逼人，风景秀丽，值得一游。其中值得游览的山便有"扶绥八景"之一的笔架山。《扶绥县志》这样描述该山：笔架山位于县城西北1千米，滨临左江。石山，海拔

294.5米。因山形似笔架而得名。半山腰有明代古迹金鸡岩。[①] 虽是寥寥数笔带过，但笔架山的魅力不止于此。

笔架山又名笔架峰。笔架之名，富有文气，而扶绥也多出文人。笔架山或许就是养育文人之地，因为扶绥的有名文人除了张报，还有陆地和黄现璠等人，据言都是有此笔架山之故。文气之山育文人，这也是一种韵味、一种风情。

二、山水之美

山水，在中国古代文化中扮演着非常重要的角色，它对中国文化影响至深。山水，是中国古代文人生命的一部分。游山玩水，不仅是古代士人的一种生活方式，同时也是士人们生命形态的一种展现，更是他们生命力的一种表现。所以早在300多年前，明代著名的地理学家、文学家、旅行家徐霞客就曾从南宁乘船畅游经过左江，并将其所见所闻写在《粤西游日记》中。

笔架山有处摩崖石刻，位于扶绥县新宁镇城厢村。笔架山摩崖石刻现已公布为县级文物保护单位。该石刻处在金鸡岩崖壁上，距江面约50米，书"鸡岩帆影"四个大字，为行书，幅高2.15米，字高0.5米，宽0.4米。落款"悌堂刘宅俊题，道光二十八年"。作者刘宅俊，号悌堂，任新宁知州，安徽桐城人，以廪膳生中道光丁酉科乡魁，又中甲辰（道光二十四年，1844）科第二甲进士，历任广西来宾知县、修仁知县、怀远知县、新宁州知州。

无论是现代的张报，还是古代的徐霞客和刘宅俊，他们或是土生土长，或是做官和旅游，但也都称得上"文人"，都与笔架山有过密切接触，不得不承认，山不在高，有"文"则名。如此有魅力的一座山，谁会不向往呢？

三、金鸡岩的位置及景观

除了笔架山本身，值得游览的还有笔架山半山腰中的明代古迹金鸡岩洞。《崇左手册》介绍金鸡岩：岩洞前濒临左江，银带般环岩洞绕流而过。岩洞四周，林荫葱茏，山清水秀，风景幽雅。金鸡岩为明代遗址，主洞面积50平方米，高4米。洞内有金鸡娘娘、班氏娘娘、花公、花婆、花木兰、伏波将军、刘三姐、大

[①] 《扶绥县志》编纂委员会：《扶绥县志》，广西人民出版社1989年版，第39页。

佛像等塑像及历代游人赋词吟诗，洞外有雄伟的左江第一楼——半月楼，确实是"别有洞天"。[1] 谭先进介绍说：金鸡岩之名有两种说法，一是传说有金鸡出没洞中，故名金鸡岩。二是说笔架山山峰酷似鸡冠，山中有洞，故名金鸡岩。主洞面积约40平方米，高4米，洞口朝江。……左侧有伏波亭，存伏波将军马援塑像。江岸有103级石阶通往洞口。四周林木掩映，与清澈碧透的左江河水构成秀丽幽雅的画图。[2]

《崇左手册》和《崇左文化述要》两者记述有点小偏差，要表达之意却又大致相同，并不影响游人对金鸡岩的游赏。

在金鸡岩发现的历史遗迹有新宁州义仓谷碑、新宁州衙署诫碑、吉阳书院碑等碑刻。

新宁州义仓谷碑高1.15米，宽0.7米，厚0.2米，无碑额。碑文为楷体，阴刻，共有23列，清光绪八年（1882）立。碑文记载"义仓"为当时新宁州知州戴焕南所倡建，用于备荒储粮。为了便于管理，防止舞弊，特定出若干条例，立碑为志，条文相当苛刻。新宁州衙署诫碑材质为青石料，碑通高1.02米，宽0.2米，厚0.18米。碑额"广西巡抚部院沈示"（沈示当时为广西巡抚），字体为楷书，阴刻，竖排，共有10行；正文部分为8行，96个字，碑文字体浑厚俊秀。该碑刻于清光绪十四年（1888），碑文内容为规范官员工作方法、禁勒索村民等事项。吉阳书院碑距江面约30米，碑通高2.05米，宽1.07米，厚0.2米。吉阳书院位于广西新宁（今属扶绥），为清康熙五十五年（1716）知州靳治梁所建，年久崩塌；后乾隆二十一年（1756）知州胡立铸添建房屋，改称为吉阳书院；嘉庆四年（1799）知州邵志望重修；咸丰、同治年间毁于兵燹；光绪二十一年（1895）重建于城西，有学田90余亩，收租谷为办学经费，后改为城厢小学，今为扶绥县新宁镇第一小学。吉阳书院碑碑题为"新建广西新宁州吉阳书院记"，正文698字，字体为楷书，阴刻。碑文主要记载新建书院之事。该碑立于光绪二十二年（1896）二月。新宁州义仓谷碑、新宁州衙署诫碑、吉阳书院碑都于1988年被公布为扶绥县文物保护单位。

随着史学的发展，史料来源有所拓展，碑刻资料在历史研究中的价值也日益

---

[1] 《崇左手册》编委会：《崇左手册》，广西人民出版社2006年版，第58页。
[2] 谭先进：《崇左文化述要》，广西人民出版社2010年版，第657页。

凸显。碑刻是不可再生的历史文化资源，保护碑刻实物对弘扬中华优秀传统文化具有现实意义，还有着其他历史文献不可取代的学术研究意义。金鸡岩碑刻不仅提升了当地的旅游价值和历史神秘感，而且为后人研究当地历史提供了实物资料。所以，金鸡岩的价值也不是三言两语就能说得清的。

四、放花节

金鸡岩所在之地有一个习俗叫作"放花节"，是一个具有感恩和纪念意义的节日，关于这个节日还有一个感人的传说。

金鸡岩放花节俗称龙花会，亦叫金鸡娘娘诞。相传在古时候，在扶绥新宁镇一带发生了一场可怕的灾难，许多人得了一种奇怪的毒疮，死残颇多。为了救治乡亲们，一位叫秋香的姑娘披荆斩棘，攀岩登壁去到左江岸边的青云山上找到了住在山洞里的金鸡娘娘，向她讨药求医。金鸡娘娘被秋香不畏艰难险阻的精神所感动，就把一只金鸡借给了她，叫她用鸡毛烧水治毒疮。金鸡娘娘嘱咐她，用金鸡的羽毛给乡亲治病不能超过九九八十一个，到了这个数，就得把金鸡放回来。如若不然，灾难就要降临到秋香头上。正当秋香治好了81个病人、准备放飞金鸡的时候，突然又有一位老者领着一个生了毒疮的年轻人来找秋香，老者乞求秋香救救他儿子。秋香姑娘听了他的哭诉，容不得多想，便又拔了一根金鸡羽毛，动手治病，并暗下决心承担所有的灾难。病治好后，金鸡突然在笼内烦躁地撞来撞去。霎时间，乌云密布，电闪雷鸣，狂风大作，暴雨倾盆而下，一道金光从青云山的石壁上闪出，卷走了秋香和金鸡。据说秋香被恶神砍掉了右脚，变成了独脚姑娘，独脚姑娘不忍离乡亲而去，就化成石头日夜守护在金鸡岩洞的青云山顶石壁上。直到现在，她仍然站在石壁上笑微微地看着过往的游客。

那一天，正是农历正月二十五日。人们为了纪念金鸡娘娘和秋香姑娘的功德，就把这一天定为金鸡娘娘诞辰。从此，每到这一天的晚上，新宁镇一带的乡亲们就在河对面的放花岭上敲锣打鼓、舞龙舞狮、燃放烟花以示庆祝和怀念。现在，位于左江河畔的金鸡岩已成为人们游览的胜地。每逢节假日，这里游人如织，热闹非凡。[①]

[①] 黄德俊：《桂西文史录 第六卷》，广西人民出版社 1995 年版，第 157~158 页。

第四节　黑水河

一、黑水河流经之地

黑水河，发源于广西靖西市新靖镇环河村渔翁撒网山东侧石山脚下的大龙潭，流经越南和广西崇左市大新县、江州区、龙州县，于龙州县响水镇棉河村两县交界处汇入左江，属于西江水系，是左江的支流（另一种说法是珠江水系、郁江支流）。黑水河的名字听起来容易让人误以为河水是黑色的，但其实黑水河的水并不是黑色的，而是因为两岸翠峰众多、高耸入云，还有许多参天大树，碧绿的河水与两岸山峰的倒影交相辉映，树木影子落到河里因此成"黛"色（河水蓝黑），因而得名"黑水河"。

黑水河发源于龙潭河。龙潭河位于靖西市新靖镇环河村渔翁撒网山东侧石山脚下的大龙潭的南流，在十九渡桥右侧，有鹅泉河汇入，以下河段称为难滩河，由岳圩镇的西边流入越南。该河段蜿蜒曲折，河道落差大，且水流湍急，其中有一段为中国与越南的界河，于大新县硕龙镇德天村进入中国境内，向东流19千米，在念底屯有下雷河（又称逻水）汇入，这段称为归春河，再往下的河段称为黑水河。穿过大新县南部，自东南流，先后从左侧汇入响水河（大新河）、从右侧汇入明仕河，境内河长64.3千米。穿过雷平镇，在康巴屯流入崇左市江州区境（流程18.3千米），在新和从左侧汇入榄圩河（也叫作荣圩河）。下游有12.5千米是崇左市江州区与龙州县的界河，在龙州县响水镇棉河村两县交界处汇入左江。黑水河流域面积共6025平方千米（其中包括越南境内505平方千米），多年平均年径流量47.5亿立方米，河长192千米，河道坡降1.32‰。

二、黑水河的两个河段

黑水河共有两大河段，一是难滩河段，二是黑水段，两段组成完整的黑水河。难滩河，又名难滩水。它的源头是岜蒙乡的同源村百布屯南的百布泉水，夏秋季是雨季，泉水溢出地表，从而形成河流，先后流经塘麻、凌爱等村，长约8千米，最后注入溶洞，与百布—大龙潭地下河汇合，伏流约10千米，从大龙潭涌出，潭水向南流，形成龙潭河。在五隆村狮子山附近从右侧流入庞凌河，在常富村巴陵屯西从左侧流入渠来河，到化峒镇爱布村能首屯十九渡桥从右侧流入鹅泉河，以下即称难滩河。其地表部分的源头在广西壮族自治区靖西市新靖镇环河村渔翁撒网山的东侧石山脚下的大龙潭，该潭是一个上升泉，潭深且大。黑水河段在广西壮族自治区大新县境念底屯，难滩河与下雷河（逻水）汇合，开始称为黑水河，向东流经那岸、安平等地，到格强屯与利江汇合，经雷平镇新建屯出县境，到崇左市内的龙州县境和江州区境（黑水河县境内河段全长约 30.8 千米），经过崇左市江州区新和镇那立村西面 0.9 千米的那立水坝入境，流经那立、卜花、新和、作字等村屯，进入县内响水乡高峰村那栈屯，流向棉江，汇入左江，为龙州县与江州区自然分界线，县内流长 10.6 千米。流经大新县境的河段长 45.5 千米，流域面积（县境内）2486.15 平方千米。

三、流域面积广

黑水河的流域面积十分广阔，在上游难滩河段，自大龙潭至斗伦隘，河长 32 千米。沿途经新靖镇的环河、吉坡、亮表、诚良，化峒镇的八德、化峒、爱布，岳圩镇的大兴等 15 个村、街。河段两岸为山谷地区，有较宽平肥沃的田野。爱布村虎屯以西河段有连续的高度落差，共有三级，高度落差形成宏伟壮丽的瀑布；十九渡桥以下河段有几处连续急流，丰水期经常浪花四溅，满天水雾，连鱼类都难以通过，故名为难滩河。另一说"难滩"为当地壮语，"难"是悬崖，"滩"为分级之意，是说河中滩石陡峭，如同悬崖峭壁，且数量多，落差大。大兴村河段河道开始分流，形成 8 个四周环水的孤滩小岛。在大新县境内，下游黑水河河道多流经高山峡谷，树木众多，水流湍急，形成了许多天然瀑布和落差点，有丰富的水力资源，有利于开发当地水资源以造福周边村落。正因如此，黑水河下游落差大、水流急的地方建了许多水电站，比如那岸、中军潭等水电站和跃进渠道、那岸渠道等水利工程，都建在沿河两岸。

四、黑水河支流多

黑水河的支流众多，主要支流分布在靖西境内和大新县境内。靖西境内有庞凌河、鹅泉河、上雷河、坡豆河、多吉河、禄峒河，其中多吉河、禄峒河是黑水河的二级支流。大新县境内有归春河、下雷河、桃城河（又名利江）、龙门河、榄圩河。因为黑水河支流众多，流域面积广阔，所以旅游资源十分丰富。其中最有名的当属德天瀑布。德天瀑布，位于硕龙乡德天村与越南接壤的浦汤岛下，距县城78千米。德天瀑布风景优美、气势磅礴、层峦叠嶂。它是一条跨越中国与越南的瀑布。德天瀑布从高40米、宽100多米的悬崖上、树木众多的高山中飞流倾泻而下，远处看起来就好像一串串银色项链挂在天上，近处看又好像一幅幅山水画倒悬，响声宏大，动人心魄，十分壮观。

值得一看的除了德天瀑布，还有沙屯瀑布，它位于硕龙乡硕龙村沙中的归春河段上，距县城约50千米，两岸崇山峻岭，树木众多，高耸入云。河水从数十米高的河段奔流直下，水下是缓坡，共四级，每级之间落差为2—3米。水位低时，从念底电站（天等县办）望去，七八十米宽的四级瀑布水雾弥漫、气势恢宏。河水在丰水期也有比较明显的三级瀑布，水流动时声音十分悦耳。在上游还有著名的大龙潭。其水清澈见底，水从潭底往上喷洒，犹如人间仙境。潭面约20亩，传说深水中有龙藏，故名。据说古时候有一位秀才骑马路过，那匹马不知何故眷恋此地不愿意再继续前行，直到那匹马喝了潭水才继续行走，秀才于是掏钱投到潭水致谢，所以有"龙潭随饮马投钱"的佳话，现在仍为靖西八景之一。1960年因为潭水下游500米处建坝工溢流坝，坝内蓄水成为人工湖，名为"大龙潭水库"。水面约250亩，湖中松竹翠绿，湖水清澈荡漾，雨季水太多，便从坝顶溢出，如银河般美丽壮观，叫人目不暇接，很是壮观。

还有鹅泉也是十分出名的旅游景点，《归顺直隶州志》记载："相传昔有杨媪，拾得二卵，养出神鹅，搅田间沟洫成潭，深十余丈，阔数倍之，溯流成川。"故名鹅泉。其位于靖西市新靖镇鹅泉村念安屯西，东北距县城4.5千米，为深山谷地中的上升泉。泉水往东直流，成为鹅泉河。据传说因有鱼群跃出水面，引起许多人的关注，后来名气越来越大，因此有"鹅泉跃鲤三层浪"的美谈，现在依旧是靖西八景之一。

第五节　雨花石景区

一、雨花石的形成

崇左雨花石景区，位于崇左市江州区太平街道办事处冲登屯，景区范围大约

3平方千米，地处江湾河畔，是广西唯一由喀斯特地貌和丹霞地貌相结合的地质奇观。雨花石景区虽然窄小，却极为精致，蕴含了许多巧夺天工、神奇瑰丽的自然美景。奇石耸立，竹林清幽，洞石相依，山水相接，洞中有景，景中有洞，一步一景。

雨花石景区在两个重要因素的作用下，形成特殊的地质奇貌。

一是冰川作用。景区的石头构造奇特，耸立在景区内，表面崎岖不平的同时却如人工水泥灌制和切割，令人讶异。奇特构造的形成，是因为景区的山石与一般的红层岩性质不同，由砾石构成。据说早在亿万年前的冰川时期，在冰川的作用下，左江古河道逐渐形成，上游流动，带来大量泥沙、砾石，与本地区断层破碎带的沙砾共同在此回旋沉积。在洪水退却后，遇到较长时间高温干旱的"热室气候"时期，泥沙、砾石等沉积物在此环境下，自然凝结和堆积，并紧紧相连。

二是氧化作用。由于崇左地区多是红壤，土壤中富含铁元素，长期裸露在外的石块因氧化而发黑，在土壤覆盖下，没有被氧化的石头则是红色。红色的石头在暗黄岩壁的映衬下，显得光彩照人，形成雨花石一样的丹霞地貌。雨花石景区奇特的景观，在时间的作用下，逐渐揭开神秘的面纱，为世人所赞叹。

奇特瑰丽的丹霞地貌为雨花石景区奠定了坚实的物质基础，其景区内优美的自然风光，也为雨花石景区增添了别样风采。

二、雨花石的风采

从景区门口向内望去，红色、绿色、灰黑色和棕色交相辉映，构成一幅色彩艳丽、画面和谐的画卷。景区门口有几栋木制的小房，旁边是盛放着红花的木棉树，在它们身后，一丛一丛的竹子随风轻扬，高耸的岩壁肃穆静立，这是在景区外就能感受到的粗犷之美。景区内景点众多，其景点名称也是根据景物特点发挥丰富的想象力而取的。

雨花石景区内，以一条笔直的宽道连通其他小路，路与路之间被奇石环绕，如刀割般的岩石以挺立的姿态与蓝天勾连。站在其中，微风拂过，耳边是枝叶婆娑的声音，隐约间，又听见鸟儿的欢鸣。抬眼望去，岩石凹凸不平的灰黑表面上有星星点点的绿意点缀，展现着生命的顽强，为岩石的"严肃"赋予了"可爱"。

景区内的景观主要是奇石，但由于地貌的特殊性，小小的景观又有着可爱、奇特、粗犷、惊险、壮美之分。透露可爱特性的，是在狭长道路边，一个能透视到河水、仅供一人通过的洞口，里面是雨花石景区名为"石蛋天坑"的景点。在那里，有一块似"蛋"一般圆润悬空的石头，恰好卡在两个岩壁间。这颗"石蛋"，在岁月的流逝中，有许多尘土积累于其上，使其缝隙填满，也使其承受压力，凉风拂过，尘土往下掉，摇摇欲坠的样子刺激着游人的神经，让人不敢大声言语，恐惊了这块"沉睡"的圆石。除了圆石，该地四周岩石环绕，有如深井一般逼仄。

具有奇特风格的景点有多处，其中以"雨花世界"、钟乳洞、天眼洞最为突出。"雨花世界"由一片倒挂的石壁连接山体组成。石壁凹凸不平的表面有鹅卵石镶嵌其中，有的在时间的流逝中逐渐脱落，有的在石壁中稳固扎根。这些圆润光滑的鹅卵石，呈不规则排列，显现着自然的鬼斧神工，也似乎在诉说这里的历史。从逼仄的空间到宽阔的平地，耸立的山体皆由鹅卵石构成，散落其间的小洞，是自然的历史。岩壁沟壑延伸，色彩相衬，厚实丰满。

景区内有大大小小的钟乳洞，在江水与雨水共同作用下形成了石钟乳和石幕，在彩色灯光的照耀下，粗糙的石壁有着几分狰狞，几分神秘。在静谧的洞窟内，水滴沿着细长的石钟乳缓慢滴下。钟乳洞的更深处，是两个形似女神的眼睛的天窗。在阳光明媚的白天，阳光洒下，似女神的慈爱；在寂静的夜晚，星光闪烁，似女神的幽怨；在阴沉的雨天，雨水灌入，似女神的恼怒。

景区内竹林深邃，流水潺潺，鸣声上下，是一种独特的粗犷惊险之美。由于景区内许多地方没有经过过多的人工开发，沿路有许多高低不一的石块，还有杂乱丛生的植物，它们在石头缝隙中顽强生长，枝条纤细却坚韧，有枯藤老树，鸣声交响，潺潺流水"从天而降"的粗犷之美。游人来此，切勿破坏植物，只需轻轻拨开，便可看到下一个奇景。粗犷与惊险最好的结合体，是被藤蔓包围的崖边小道，小道一侧以岩壁为扶手，另一侧铁制的扶手紧贴藤蔓，粗长的藤蔓扎根于山体，绕过整个小道，形成一个中空的、只容一人通过的位置。小道被落叶铺满，是最自然的模样。

随着景与景的交替，在景区更深处，是富有想象的游人的天堂。泛黑的石壁上几处泛白的痕迹引人注目，那是名为"爱情谷底"的景点。以泛黑的石壁为背景板，几处泛白的形状可以清晰地勾勒出人的轮廓。再细细观察，恍若看见一对爱侣,他们头贴着头,呢喃私语,说着属于他们的故事。类似"爱情谷底"这样的景点,在雨花石景区有多处,只等待游人的发现与想象。

三、雨花石景区之外景

　　雨花石景区位于左江南部的江湾河畔,登上开阔的雨花石景台,居高临下,举目眺望,便可领略左江沿岸的壮美。雨花石景台被栏杆围绕,茂密的植被肆意生长,整个台面由雨花石组成,大大小小的鹅卵石镶嵌在岩石上。鹅卵石色彩艳丽,各种颜色交相辉映,不失自己的典雅。站在观景台上,游人可一扫游览的疲惫,在微风吹拂下,以放松的姿态,欣赏自然的杰作。抬眼望去,重峦叠嶂,树林荫翳,奇山异石,肃然挺立。左江河道蜿蜒曲折,江面碧波万顷,江水顺着地势,不断向前奔流,哺育一代又一代的左江人民。

　　若想欣赏更绝妙的左江风景,还应到雨花石景区的"半壁江山",与历代旅行家共视角,观赏被赞扬百年的左江风情。"半壁江山"是一个悬空的浮台,由宛若人工切割的巨石组成,平整流畅,在其岩壁上有大小不一的鹅卵石,构成一幅精美的"壁画",也有黑灰交杂的岩壁,充满着生机的绿植点缀其间。将视线聚焦至左江,水山相接,绿意盎然,两岸枝木,郁郁葱葱,奇石怪峻与野蛮枝条倒映于江面之上,有着别样的粗糙,也有着别样的精美。驾上一叶扁舟,遨游于江面之上,便可清晰地看到"半壁江山"下傲然绽放的木棉花,花朵有的缀在光秃的树干上,有的落在江面,红的与绿的交映在一起,那是春天的颜色。小舟不断行驶,荡起圈圈涟漪,扰了江水的平静,却也赋予了动态的美感。此时,若正处于清晨,晓雾将歇未歇,春雨细绵,便有了"焦山烟雨,洒落幽幽江南"的悠闲画卷。

　　雨花石景区的独特,是自然的鬼斧神工。正是在自然的"优待"下,常有著名的旅行家、诗人登上雨花石景区,赞扬美景,赞叹左江,为雨花石景区留下了宝贵的人文资源。

　　雨花石景区处于冲登屯这一小小的地界。相传徐霞客来到左江游览,为了尽快一览左江壮美,便急不可待地从雨花石景区内顺着狭长的小道,快步登上了开阔的石地,眺望左江美景。正因为此,这小小的村屯,便改名为"冲登屯"。徐霞客在其《徐霞客游记》中留下了"阳朔山峭濒江,无此岸之石,建溪水激多石，无此石之奇"的赞语。徐霞客游览左江期间，足迹遍布左江南岸，使雨花石景区在自然景观外，又有了悠久的文化传说，增添一定的历史底蕴。

除了南岸的文化资源，位于景区东端的左江石壁上，也有令人赞叹的人文景观。这些造型奇特的壁画有两处，距今两千多年，是著名左江岩画的一部分。这些壁画色彩鲜艳、形态各异。壁画上描绘的场景也极为丰富，有的似在祭祀，有的似在庆贺，有的只是平常的生活图景。随着壁画研究的不断深入，人们对这些壁画的见解不一。但毋庸置疑的是，这些奇特瑰丽的壁画为人们揭开了千万年前生活在左江流域的先民的神秘面纱。这样悠久的壁画除了研究价值，也成了重要的旅游资源，为雨花石景区的自然山水增添了人文景观，提高了雨花石景区的旅游价值。

第六节　龙角小天池

一、各有所爱

世间巧匠多如繁星，许许多多喊得出名字的或喊不出名字的作品出自他们的手中。小到一个日常的工艺家具，大到在一方土地上的各种建造，如神秘庄严的敦煌莫高窟，小巧别致的苏州园林，辉煌宏大的紫禁城，声势浩大的兵马俑……他们的技艺巧夺天工，惊为天人，令我们佩服。倘若说这些艺术是人类的极限，那么大自然可谓鬼斧神工。它借助光阴、火焰、闪电等铸造出人力无法完成或难以复制的人间奇景。桂林市地处南岭山系的西南部，属典型的喀斯特岩溶地貌，遍布全市的石灰岩经亿万年的风化侵蚀，形成了千峰环立、一水抱城、洞奇石美的独特景观。

石林是位于云南省昆明市的一个风景区，也是世界自然遗产。它拥有世界上喀斯特地貌演化历史最久远、分布面积最广的古生代岩溶地貌群落石林，被誉为"天下第一奇观"。有句话是这么说的——萝卜青菜，各有所爱。虽然笔者很喜欢上述的景色，但是同样地，我更喜欢我最近所熟知的一个景点——崇左龙角小天池。它虽然没有令人感到惊讶的景观，但是细细品味，也有一番风情。

二、地理环境

小天池位于广西崇左市天等县东南部天等镇仕民村龙角屯后的半山腰上。离天等到大新二级公路有 3.5 千米，距南宁市 176 千米，水面面积约 303 亩，平均水深为 15.1 米，最深处达 37 米，是一座天然湖泊。之所以称为天池，是因为整个天池水平面与四周村庄间落差近 35 米。类似于黄河与周边的地势，河床隆起才能形成如此奇景。龙角天池已有一百多年的历史，它四周环山，水面平静，水温冬暖夏凉，四季宜人，湖水久旱不涸，久雨不溢不浑，水位上下浮动，范围保持在 1 米左右。天池环境幽静，常有野鸭在湖面戏水，湖中无人养鱼，却有游鱼出现。天池四面环山，无进水口或排水口，也未发现有任何泉眼。所环山全部为大石山，山上没有高大树木，多为低矮树木或小灌木丛，可以排除树木孕育水源的可能，然而天池一年四季碧水满池。近几年来，当地群众种树修路，还在池中投入了几排竹筏，供游览者池中泛舟，与池中鱼儿畅游，真乃人间仙境。

三、游池感悟

"宁静致远"，描述的是人的心境。身处于这样的美景当中，浮躁的心灵也会沉寂下来，美的是这景，美的也是这里的人。刚开始小天池的原身并不是这么美丽，它就像被原石包裹的璞玉，经过人们细心的雕琢，慢慢散发出属于它的光辉，成为现在动人的模样。它还有属于自己的神话故事。相传很久以前，有一年久旱无雨，居住在这座山里的赵、黄两姓人家，为争后山唯一的泉水而大动干戈。他们争斗正酣时，突然天空金光闪闪，一青衣仙女手执金簪飘然而至，口中念道："赵黄一家亲，应有兄弟情。若能相言和，泉中水自清。"言毕，仙女化作一条青龙，金簪变成龙角，只见龙角往泉眼一点，瞬间泉水冒涌奔腾，一下子就漫过了半山腰。人们惊呆了，于是和好如初。为了报答仙女的恩德，大家一致同意把这个村庄取名为"龙角屯"，山泉就成了"龙角天池"。神话里的故事当然在现实中是不存在的，但是一个故事总是承载着人们的某种精神寄托。以和为贵总是贯穿于中国人的方方面面，神话的产生并流传也是贯穿了这个思想，而天池便是这种精神的载体。它是天然的，它的青山绿水，它的一草一木，都是出自大自然的锻造，但是它也是人工的，人们在山间劳动改造，让龙角天池展现属于自己的风采，混合自然与人文的美丽，令人很难拒绝。不过，这样的特性并不是专属于小天池，有很多景区也是这种改良方案，但是有一些作为确实完全不可取，比如在崇左左江归龙塔的墙面上贴上瓷片，或许有人会说这是对古物的一种翻新修复，但是这已经远远超过翻新修复的范畴，已经到了破坏的程度。这还是对一种风景的保护吗？我想不是的。龙角小天池就能够很好地处理人与自然的关系，部分的改造是需要的，若是连一条山间小路都没有，怎么能好好地欣赏那些人间美景呢？改造不等于破坏，树木种植、湖面清理，还有日后的垃圾清理都很重要，但更重要的是，要尽量不破坏湖面和周边环境。

第七节　白头叶猴的乐园

一、白头叶猴的生活

白头叶猴是我国一级重点保护野生动物，也是世界珍稀动物，至今约有300多万年的生存历史，数量十分稀少，是全球25种最濒危灵长类动物之一，并被公认为世界上最稀有的猴类。

白头叶猴与大熊猫一样，全世界独中国有。白头叶猴全部分布在我国广西的左江和明江之间一个十分狭小的三角形地带内，面积不足200平方千米，具体包括崇左、宁明、龙州、大新和扶绥等地区，并以崇左市罗白、板利两乡24平方千米的弄官山区一带为重要分布区。

白头叶猴的数量其实比我国国宝大熊猫还少。20世纪80年代，广西崇左白头叶猴自然保护区的白头叶猴数量一度跌至100只以下，加上广西另一个自然保护区——岜盆自然保护区，也只有200只左右，已经处于极度濒危、濒临灭绝的地步。不过值得欣慰的是，据最新的调查结果显示，广西崇左白头叶猴保护区分布的白头叶猴已达到千只。

白头叶猴因以树叶为食而得名。尾巴长，适合树栖；体型纤细，无颊囊。物种体长为50—70厘米，尾长60—80厘米，体重8—10千克，与黑叶猴在形态和体型大小上都差不多，头部较小，躯体瘦削，四肢细长，尾长超过身体长度。它的体毛也是以黑色为主，与黑叶猴不同的是，头部高耸着一撮直立的白毛，形状如同一个尖顶的白色瓜皮小帽。群体活动，成员通常为 5—9 只，由成年雄性作为首领。白头叶猴是昼行性动物，清晨开始觅食，主要食物是新鲜的树叶、嫩芽、花朵、树皮和野果。白头叶猴平均寿命为 25 岁。

白头叶猴在外观上有一种鹤骨仙风的感觉，体态轻盈，四肢修长，行为举止如仙人般从容优雅，身体覆盖着黑色皮毛，从颈部开始到头部则是白色，幼年时候的白头叶猴的毛发其实是金黄色的，在其成长过程中金色毛发会渐渐变成黑色。

截至 2020 年，我国大熊猫的数量已经达到 1800 多只，白头叶猴的数量虽然在逐渐上升，却也仅有 1200 多只。为什么属于灵长类的白头叶猴数量却还比不上憨态可掬的大熊猫呢？其实阻止白头叶猴数量增长的很大一部分原因来自于它们自身。白头叶猴平时是群居生活的，多的猴群会有十来只，少的猴群大约五六只，数量的多少取决于猴王的领导能力。如果经过一段时间的繁衍，猴群的数量超过猴王能够领导和控制的范围，那么多出来的部分就会形成一个新的家庭离开。在一个家庭中，只有猴王为雄性，其他的都是母猴子，一旦幼年的公猴子达到性成熟，就会离开或到别的族群挑战猴王，假如失败，就只能继续流浪；而一旦成功，就会成为新的猴王，它就会把族群里所有的幼年小猴子都杀死，以刺激母猴与它交配，繁衍属于它的后代。除了上述的这些生活习性，还因为白头叶猴一胎一般只生一子，出现双胞胎、多胞胎的概率极低。加上白头叶猴在保护区建成之前，经常被不法分子偷猎，用于制造"乌猿酒"，故而白头叶猴一直十分稀少。

白头叶猴是我国特有的珍贵濒危动物，具有极高价值，其研究价值丝毫不亚于我国国宝大熊猫，目前国外还没有白头叶猴的活体和标本。为了保护这群喀斯特地貌中的精灵，广西设立相关保护区并完善保护措施，很多科研和动物保护人士也付出了心血。崇左白头叶猴自然保护区就是设立的保护区之一。

二、对白头叶猴的保护

广西崇左白头叶猴自然保护区地处我国西南部广西崇左市境内，位于北纬 22°10′43″至 22°36′55″，东经 107°16′53″至 107°59′46″，跨广西崇左市江州区和扶绥县两县区。保护区东西长约 75 千米，南北宽约 48 千米，由间断分布的 4 片石山区组成，分别为扶绥县的岜盆片、扶绥和江州交界区域的大陵片、江州区的驮逐片和江州区的板利片，总面积为 25578 公顷。其中核心区 10093 公顷，占 39%；

缓冲区 6951 公顷，占 27%；实验区 8534 公顷，占 34%。

白头叶猴保护区属野生动物类型自然保护区，保护国家一级重点保护动物——白头叶猴及黑叶猴、猕猴等国家一、二级保护动物和苏铁、金花茶等珍稀濒危野生植物种群及其赖以生存的喀斯特石山森林生态系统，是我国 35 个生物多样性优先保护区域之一。白头叶猴保护区拥有全球最多的野生白头叶猴种群数量，是我国具有国际意义的陆地生物多样性 17 个关键地区之一。

广西崇左白头叶猴保护区的前身是广西板利自治区级自然保护区和广西岜盆自治区级自然保护区，到 2005 年，广西壮族自治区人民政府批准这两个保护区合并建立广西崇左白头叶猴自治区级自然保护区。保护区建立 30 年以来，保护区的管护取得显著成效，白头叶猴种群数量稳步增长，成为人与猴和谐共处的典范。2010 年，保护区被中国野生动物保护协会确定为科普教育基地。2012 年，保护区获广西野生动植物保护与自然保护区管理先进集体称号，同年经国务院批准，白头叶猴保护区由自治区级升为国家级。

保护区建成之初，附近的一些村民对于自然保护区并不了解，将保护区的很多地方当作开垦用地，在上面种植南瓜、玉米等作物，在保护区放牧，破坏了保护区，也破坏了自己的生存环境。后来，保护区根据相关法律法规，并结合当地实际情况，向村民免费提供保护区需要的树苗，例如任豆、柚木、黄花梨等珍贵树种，树苗长高后，村民会在树下种植砂仁等中草药，既恢复了林区环境，也让当地村民得以发展林下经济。村民们渐渐转变观念，自愿退耕，致力于保护区的建设。

近年来，随着国家重视生态文明建设，人们对于白头叶猴的关注度和白头叶猴的影响力不断提升，崇左市被中国野生动物保护协会授予"中国白头叶猴之乡"称号。白头叶猴保护区物种丰富且独特，是典型的桂西南喀斯特地貌，形成了丰富独特的生物景观，每年吸引众多国内外动物专家学者、摄影爱好者、青少年等前来科考、摄影和开展科普教育活动。

第八节 归春河

一、归春河地理方位

南疆国门，木棉花开，清泉汩汩，汇流成溪。溪流源于鹅泉，汇至德天，流经越国，归于南疆。① 跨国归来，魂牵梦萦，归国遇春，故称"归春河"。

归春河发源于广西壮族自治区百色市靖西市境内的鹅泉。夏秋之际，百布泉水与大龙潭汇合、涌出，形成龙潭河水，纳入鹅泉，"生命之水"，源源不断。归春河水百里蜿蜒，向东南流经岳圩乡大兴村，继而流入越南，在大新县硕龙镇跌落成德天瀑布和越南板约瀑布，成为中越界河。继而折向东行，于大新县复流回中国。② 归春河全长约 18.93 千米，流经的村屯有德天、六邓、陇屯、那涯、陇宏、骨屯、硕龙街、仁屯、米屯、沙屯、念底。1982 年平均流量 62.02 立方米/秒，跃进渠改道工程就是把归春河水从大新县境内所引入的。③ 归春河沿岸，有亚洲最大的跨国瀑布、太阳幽谷瀑布、绿岛行云、中越情侣岛、53 号界碑、中法战争古炮台靖边炮台、中越水利渠等众多著名景点，这些景点中既有自然景观，又有人文历史景观，将自然景观与边境文化、壮族文化融为一体，景色优美而独特。④

二、归春河何以闻名

位于广西壮族自治区和越南交界的归春河发源于广西靖西市的"鹅泉"，终年有水，在流经越南后，在广西大新县的德天村又流回中国，有着归国遇春之意；而从硕龙镇到德天瀑布，中越两国的边境则以归春河为界，故称为归春界河。归春界河只是归春河中的一小段，归春河的大部分河段还是在中国境内，故不能将归春界河与归春河相等同。一河之水，十里蜿蜒，碧水悠悠，潺潺而泻，形成了德天瀑布与板约瀑布。就是这样的一条小河，因为有了这一段特别的经历，被注入了国界、人文等意义后，便有了一种别样的意韵。归春河从温柔、缠绵到豪迈、奔放，仿若一位叙事能人，深谙节奏韵律、洞悉曲折变化，从而徐缓有度、收放自如，让人在倾听故事的同时又倍感跌宕起伏、妙趣横生。河流缓缓行至德天，断崖突现，刹那间汇聚成滚滚洪流，如脱缰野马般从参天古树间、从藤蔓花丛掩映中，左跌右撞地卷来，一下就跌落悬崖。一时之间，银瀑飞泻，声若洪雷，浪珠四溅。你瞧，那一片烂漫雪白，宛若悬挂于天空的白帘点缀朵朵珠

---

① 此处所说的南疆指的是中国与越南接壤的西南边陲地区。全书同。
② 靖西县县志编纂委员会：《靖西县志》，广西人民出版社 2000 年版，第 134 页。
③ 大新县县志编纂委员会：《大新县志》，上海古籍出版社 1989 年版，第 75 页。
④ 崇左市政协：《崇左文史第四辑崇左之最》，2010 年，第 68 页。

滴，又似投影在绿茵大地上的片片云影。这一瀑，完美地将天地浪漫相结合。倘若幸运，遇上难得的晴天丽日，又见彩虹横跨瀑布，那雪白中平添一道炫彩，则俏丽而又妩媚，别有一番韵味。

在归春河的两岸，风土人情都极具特色，一边是壮族特色的干栏房，一边是"瘦瘦高高"的越南民居，颇具神秘色彩。[1] 层层叠叠的梯田与欢腾跳跃的河流将两岸边民紧紧地连接在一起，形成一种"你中有我，我中有你"的民俗风情。中方隘江村与越方边境，"地缘相连，人缘相亲，商缘相通，文缘相融"。中越边民所唱的民谣："中国隘江村，越南上下拉，山相连，水相连，我们同饮一江水，同唱哈嘹歌；早相见，人相亲，晚相望，清晨共听雄鸡叫。"[2] 无不表达了中越人民的友好情怀。

在我看来，即便没有"界河"的身份，没有促成德天瀑布与板约瀑布的过程，清丽宛转的归春河也足以让人牵挂。自"鹅泉幽境"发源，本就具有原始幽流之神秘色彩；蜿蜒流转间又汇进了跃水渠，造福民众；潺潺流水，生生不息，滋养两岸茵茵绿草、葱葱佳木，真是恍惚间让人感受到"野芳发而幽香，佳木秀而繁阴，风霜高洁，水落石出"的四时不同之景。

三、归春河之两岸风光

春风拂绿，万物复苏，归春河两岸绿草如茵，两岸边民锄草翻田，好一派热闹景象。初夏，两岸已经褪去了春天毛茸茸的鹅黄和嫩绿，变得晶莹、透亮。两岸尽换上了新装，青山巍巍，河水㳽㳽，一路山环水绕，生机勃勃，分明是一条美不胜收的画廊。层层叠叠的梯田，无论是在小河两岸，还是在瀑布周遭，目光所及之处，皆是一丛丛饱满而粗壮的墨绿的禾苗，酝酿着丰收的喜悦。田埂处，阡陌间，那勤恳憨厚的老牛正在有一搭没一搭地甩着牛尾，悠闲地嚼着青草，时不时地抬头长哞一声。河的对面，头戴尖顶斗笠的越南姑娘，在一片浓绿的玉米地里辛勤耕作，窈窕的身影忽隐忽现。玉米已然抽穗，远远望去，一片绿茵宛若一片绿海，波涛涌动，生机盎然。随波而行，青山影绰，平湖潋滟，绿水梯田、苍山翠竹、民居水车，点缀在归春河的两岸。农夫在田园劳作，竹筏在水中穿

---

[1] 崇左市政协：《崇左文史第四辑崇左之最》，2010 年，第 68 页。
[2] 赵子荣：《归春河两岸的边民情》，广西新闻网 2018 年 12 月 13 日。

行,好一幅独具边关风情的南国山水画!

归春河,清澈澄明,静静流淌,有着原生态的静谧与矜持,一路的苍山翠竹、山花茵草参差点缀在两岸河畔,与天地山色融为一体。不论四季寒暑,它终日碧绿清凌,让人不由肃然起敬。

四、归春河之德天瀑布、板约瀑布

归春河在大新县有一段是中国和越南的界河,德天跨国大瀑布则是此段中最出名的景点。穿越牌坊,远远可看到德天跨国大瀑布和越南板约瀑布。或许是大自然的造化,"倔强"的河水从高达60米的山崖上跌落,撞击着层层岩石,飞流曲折,水花四溅,水雾迷蒙,远望似编绢垂天,在不经意间形成了又一个迷人的奇迹:世界第二、亚洲第一大跨国瀑布——德天瀑布,与越南板约瀑布相连,一刚一柔,一豪迈一婉约。德天跨国大瀑布第一级湍流穿过丛林,直落天池,连成高约30米、宽约75米的半圆形水幕;从天池左侧冲下多道水帘,形成落差约23米的第二级瀑布;由几道激流相互参差,形成第三级瀑布。第三级瀑布注入龙潭,潭中有洞,游客可乘竹筏进入洞中观赏瀑布,十分壮观、神奇。[①] 德天瀑布三级跌落,气势磅礴,蔚为壮观,从被造就时起,便成了归春河最激情豪迈的表达。

与德天瀑布紧邻的越南板约瀑布则显得"温婉"许多。德天瀑布与越南的板约瀑布连为一体,就像一对亲密的兄妹。这里还是《酒是故乡醇》和《花千骨》的取景地,若是还未能亲临其境的朋友,则可从这两部影视作品中窥得一丝归春河所造就的神奇与美妙。

在离德天瀑布尚有一段距离的河边,便有一些竹筏,那是供游客乘坐近距离观赏瀑布的。游人坐上竹筏划到河中央,马上就会有越南人的竹筏靠上来,越南竹筏上一般都是两个人,多半是女人,或母女或姐妹,当筏和筏一靠拢,她们便会敏捷地踏一只脚到游人的筏上,卖力地兜售起膏药、筷子、串珠等越南小商品,一直到竹筏到达瀑布下方时,她们才会松开脚,去寻找另外的目标。上岸之后,沿游道继续前行,依次会有三个不同高度的观瀑台,一一对应德天的三级瀑

[①] 谭先进:《崇左文化述要》,广西人民出版社2010年版,第659~660页。

布。在观景台上观赏,与在河中竹筏上的仰视大有不同,是一种递进的感觉,从平视、侧视到微微俯视,不再是那种身处其中的感觉,而是成了"局外人",有一种超然物外的意境。

五、归春界河之别样意蕴

清澈的归春河是左江的支流,也是中越边境的界河,距中越边境53号界碑约50米处的德天瀑布就是它流经浦汤岛的杰作。在德天瀑布的山上,矗立着中越边境的53号界碑,碑身正书"中国广西界",下附法文。据说,当年清政府派两名士卒去立碑,当时边境地区人迹罕至,两人背到这儿,实在背不动了,就将界碑立在此处。界碑虽然经过了多年的风吹雨打,几经沧桑,但游人到此总喜欢在界碑前拍照留念,做出一副驰骋疆场之态。归春河就像一个想要逃离家的顽童,在异国他乡流浪过后便成长起来,归国之后变得无比地眷恋祖国母亲。据称,因为它是一条流出异邦又折回祖国的河流,所以也被人们称为"爱国河"。[①]

[①] 孙舟:《百里画廊行——广西大新旅游札记》,广西民族出版社2012年版,第2页。

第三章　田园旷野之美

第一节　明仕田园小桂林

明仕田园位于广西壮族自治区崇左市大新县堪圩乡明仕村,为中国 4A 级景区。因其风景区方圆 20 余千米均是山环水绕,山清水秀,故素有小桂林之称。据有关崇左风景地貌之书对其简介,言其"素峰罗列竞秀,中下游则谷地开朗平坦,空间变化丰富。河道曲折盘绕,沿途峰村流落,翠竹绕岸,山明水秀,风光清朗。绿水梯田,民居水车,小桥流水,耕夫荷锄,实为人间仙境,犹如隐士之居"[1]。2004 年为庆祝中华人民共和国成立 55 周年,中国国家邮政局发行了名为《祖国边陲风光》的一套 12 枚特种邮票,第七枚"桂南喀斯特地貌"便是明仕田园风光。

一、传说与成因

据说明仕田园的风光不亚于桂林山水。相传远古时南海有妖龙一条,因羡慕桂林有山林美景,便化成人形游览其中,临走时以法术将桂林山水中的部分精华缩小后装入自身口袋,欲带回南海观赏。天庭执掌者玉皇大帝闻后迅速派遣雷公要求追捕蛟龙,雷公凭斧将妖龙杀死,于是乎山水便从从妖龙口袋中滑落坠入明仕村,自此明仕便有了与桂林同美之山水。其实明仕村距大海(南海)不远,且

---

[1] 《崇左手册》编委会:《崇左手册》,广西人民出版社 2006 年版,第 70 页。

位于北回归线以南的热带地区，该地全年高温多雨，以石灰岩为主体的山脉易受水之侵蚀，是大自然以自己的规律形成了这一喀斯特地貌景色。传闻该地之所以被开发成为旅游景区，乃仰赖一香港商人独具慧眼的投资。

二、风景大略

明仕田园风景集中于明仕至拔浪一带，主要景区囊括明仕河上游自然之河流与下游壮族民居博物园。游玩方式有竹筏漂流和陆上观光两种，其中前者是游玩景区最热门的方式，因明仕田园仅能通过乘竹筏浏览其全部风光。而欲乘竹筏，必先至下游的壮族民居博物园，于此购置漂流票，随后会有专门观光车将游客送达漂流起点。风景区河段长约8千米，漂流时间1个小时左右，客人可乘竹排顺流而下，一边听专员讲解①，一边饱览两岸风光。

船中间设有长桌，桌上放置橘子与花生，以及若干茶杯，杯里斟满了茶水，这些都是供游客享用的。

一眼望去，明镜般的明仕河蜿蜒曲折，外围山峰环绕连绵，重峦叠嶂，形态各异，但其特性又颇为相似，有的高峰入云，有的低矮迤逦，层次鲜明。夹岸之芭蕉林与凤尾竹郁郁葱葱，突显植被繁盛，其间还不时有壮歌在岸边助兴。平旷的乡野、水田与农地尽收眼底，加之古色古香的仿古、复古屋宇建筑与恬静村落、正翻滚着的水车、田野耕作的农夫散落其中，自然气氛浓郁，因而明仕田园又被称为"心灵的田园，隐者的故乡"。多数游者会选择在景区住一宿，悠然感受周围美景，体味田园生活的清颖和幽静。

三、主要景观介绍②

明仕田园乃不可多得的摄影胜地，田园风光、壮族村落、溪流、竹筏、山峰、竹林、日落、黎明均可拍摄。田园风景区的山峰和明仕河沿岸的丘陵是令拍摄者叹为观止的绝佳地点。有人放言，在明仕田园没有真正的摄影家，因为随便一拍，皆为风光迤逦的水墨山水。

---

① 从讲解员的自我介绍中可以知道他们均为壮族人，而且是当地明仕村的人。
② 本标题下的内容依据迎风公司成员威彤、成林等所做的调研报告《明仕田园旅游形象策划案》撰写。

（一）喀斯特峰林地貌景观

明仕村中高耸的石灰岩峰散落或成群分布在平坦的地面上，看起来像远处的森林。明仕田园重峦叠嶂，游客在此可以看到凤尾萧萧的碧江竹影，看到古风淳厚的壮族村落，看到威武的将军山、灵秀的通天洞、奇特的万乳崖，还有那天然生成的崖壁画。

明仕田园最令人瞩目、称道的是明仕河，是旅游的核心景点。明仕河，位于广西壮族自治区西部，是黑水河右岸支流，是一条地表和地下相间的河流，发源于龙州县金龙镇横罗村东南500米处，向东流经金龙水库，出库后分为南部两支流入大新县境内，于大新县雷平镇公益村以北500米汇入黑水河。干流长48.4千米，流域面积592.1平方千米。[①]乘坐竹排沿河前行，顺流而下，可以看到的自然风光有两岸的绿竹、远处的青山。摄影者可在竹排上拍摄两岸迷人的景色，在明仕河畔可拍摄到碧江竹影。

明仕田园风景区中种植着诸多植物，其中竹园、油菜田、枫叶林、甘蔗林、木棉林、景阳木棉以及独木成林风景区，均为著名的自然景观区域。在明仕田园的风景区，生活着野鸡、野鸭、白鹭等多种野禽。

明仕田园属于大新县堪圩乡明仕村，远离城市，空气清新明净，白云飘飘。这里晚上没有光污染，无疑是一个观察月亮和星星的好地方。

（二）人文旅游地

明仕田园居住着多个壮族支系，其中黑衣壮[②]文化表现最显著。黑衣壮人热情好客，只要来客一进门，便不得不饮他们自酿之玉米酒，且得饮二碗，入夜入眠甚觉凉爽。这里是黑衣壮人的聚居区，当地人打磨、织布、节庆等活动均足以让都市来者感到新奇。

黑衣壮人的干栏建筑，主要结构为石木结构，工艺简单粗糙。下面以抛光石柱为支撑，上面的"凹"形建筑由纯木头制成。它反映黑衣壮先民处于恶劣的自

[①]《中国河湖大典》编纂委员会：《中国河湖大典·珠江卷》，中国水利水电出版社2013年版，第156页。

[②] 黑衣壮即布嗷、布敏两族，主要集中在广西与云南边邻的那坡县，总人口51800多人，占当地壮族总数33%。黑衣壮以黑色为美，并以黑色作为族群的标记。

然生态环境中，以至于生产生活条件困难。在干栏式建筑的下方，黑衣壮以石缸储水。

黑衣壮妇女佩戴的银项链，左右两边均为鱼状，是壮族妇女出嫁时的必备物。当代黑衣壮栖身之所多为欠缺水源的石山干旱区，饮水困难。当地人笃信人死后变为鱼，不再受缺水之困，故知双鱼对吻银项链，是信奉鱼文化之遗风。

黑衣壮族之裤裙尤为独特，于广西其他壮族地区很少见。此着装具有立体感及层次感，让人显得活泼秀雅。在开车或探亲访友时，可把围裙卷起来做个新型实用的口袋，工作时可盛装少量豆类和零星粮食。黑衣壮女子所戴双角头饰在其他地方的壮族服饰中也很少见，以黑色为美是黑衣壮的独特服饰文化。

（三）壮族民居博物园

壮族民居博物园为近来壮族地区兴建之人文景点，意图向来客展示广西壮族各地的民居习俗等。博物园内设置有图腾广场、壮族村落、土司民居、风情小街、人工湖景。其中木制的壮寨壮廊是博物园中的特色之一，它沿着明仕河而建，进去便有姑娘在唱歌并热情地给来客奉上米酒。长廊摆设展示着壮族人独特的工艺。来客可以参与抛绣球、射箭、荡秋千等壮族文化休闲活动，使来者领略古骆越文化风采。

第二节　壮家古寨

一、古寨方位

作为壮族聚居地的广西，壮族人民所居住的壮家寨子是广西必不可少的一大地方民族特色，广西境内保存着许多历史悠久的壮家古寨。广西壮族自治区崇左市大新县硕龙镇陇鉴村就有着桂西南保存最完整的壮家古寨，与中越边境的德天跨国瀑布相距仅4千米，因此又叫"德天壮家古寨"。

古寨与越南仅一河之隔，此河名为归春河，发源于百色靖西市境内的鹅泉。归春是"归顺"的音转，因靖西古为归顺州。硕龙镇是广西历朝历代的边关重镇，古寨虽地处边陲，但同样可以让人大开眼界。溪流围绕着村庄，像护城河一样把古寨与外界隔开，村口的小桥是进村的唯一通道，桥栏杆上系着的一串串竹筒是古寨最古老的警戒设施。竹筒的存在意义之一是装饰作用，另一大意义则是警戒作用，夜间如果有外人闯入，碰到竹筒会发出响声，竹筒便起到警铃的作用。

二、干栏建筑

德天壮家古寨还是当地保存最完整的壮族干栏式古村之一。干栏，也叫木楼、吊脚楼。对于居住在边远山区的壮族，其村落房舍多数是土木结构的瓦房或草房，建筑式样一般分为半干栏式和全地居式两种，是壮族最具特色的民居。村民们居住的干栏式二层石木屋，楼上用来住人，楼下则是用来养牲畜。三楼存放粮食、杂物等。房间主体结构都是拿木头搭建，没有一颗钉子，户户相连，也不上门锁。为了军事防御需要，寨子一直保留着"户户相连、家家相通"的村居布局。

三、黑衣壮和蓝衣壮

说到军事防御，不得不说的就是村里居住的壮族村民，他们分为黑衣壮和蓝衣壮两大支系，家族世世代代镇守边疆，经历了无数次战役的洗礼，不屈不挠地为守护祖国边疆做出贡献。关于壮族服饰的颜色，古代、近代多以蓝靛作染料，染成黑色或蓝色，黑色是壮族服饰主色调。这种主色调，如今保留在那坡与龙州等地的壮人群体中，他们是自耕农服饰文化的活性形态。随着纺织染色技术的进步和现代审美的改变，就出现了蓝衣壮以及白衣壮等其他支系。40年前，德天壮家古寨是作战时重要的后方基地。如果想要了解古寨的历史，可以去村口的"边关壮家历史民俗展馆"里了解，里面存放着许多战后文物，一件件珍贵的文物仿佛展示了当年战争留下的硝烟。展馆里的展品不多，但在其陈列的照片及文物中仍能看到战争的残酷。从文物中仿佛可以穿越时空看到村寨上下全民皆兵，奋勇反击入侵者的身姿。在古村房屋建筑的墙壁上，至今还能见到子弹击中的痕迹。在这里家家户户都插着五星红旗，这也成为边境古寨的一大特色。

四、长寿与古朴之风

壮家古寨还是我国著名的长寿村，村中有许多超过百岁的老人。走进古寨，到处是极具南方特色的绿色树木掩映着石路石墙。在这古朴淡雅的古寨中安静地感受着生活淳朴的气息，看着周围秀丽的景色，宛如置身世外桃源。路边木头做的标识牌上记录着礼仪常用语的汉语、壮语和越南语发音对照表。由于古寨就靠近中国和越南的国境线，所以这里跟越南的交流也非常多，村子里还有专门教授当地壮语和越南语基本词汇的看板，可让游客学习体验。房前屋后栽种着香蕉、芒果、木瓜、荔枝、黄皮等果树与蔬菜。村里还有着"生男孩种柚子，生女孩种木瓜"的风俗。村民自给自足，安居乐业，壮族习俗也在一代代地延续。村民自种的果蔬经过专家检验，其中所含的维生素、矿物质、氨基酸和植物纤维均高于其他地区，当地人长期食用无任何激素的天然生态食品，这可能是古寨壮族人民长寿的主要因素。

五、壮王宴和手工艺

参观德天壮家古寨的重头戏，是享用他们的待客之礼"壮王宴"。壮王宴是以前壮家土司宴请宾客时才有的宴席，随着锣鼓声响起，身穿壮族服饰的妇女抬着一笪箩原汁原味的用新鲜芭蕉叶铺垫的当地菜上桌，然后再"哐哐"敲出两声响锣，众人方可开吃。壮王宴的内容相当丰富，以蒸、煮、炖为主，少油腻，似乎更符合现代人健康养生的理念。

壮家古寨至今传承着最传统的银饰手工制作工艺。由于这个古寨算是开发得比较成熟的，所以这里也有比较成熟的"产业"，就是制银。壮族是崇尚银饰装扮的民族，银饰品对壮民来说不仅仅是装饰，也是终身定情之物，其制作工艺十分复杂。据说壮族女子出嫁时的一身打扮，差不多需要 2 到 3 斤的银饰，价值高达数万元。

第三节　那榜田园

一、那榜田园方位

那榜田园是广西壮族自治区崇左市大新县的一个旅游景点，位于硕龙镇沙屯瀑布至雷平镇那岸电站之间，那榜田园长约 9 千米，由很多座山环绕，奇峰耸立，两岸群山如削；奇石环列，水清景异，仿佛有种"清泉石上流"的境界。景区内有月亮山、刀刃峰、仙人海、罗汉峰、老人山等很多奇峰怪石。河水蜿蜒，水流湍急，层峦叠嶂的山、一望无际的稻田，给周边的村落人家增添了色彩，呈现出一片生机盎然的景象。山峰、稻田势平色明，和丛竹龙眼树间的村舍搭配在一起，便构成了一幅典雅的水墨画。月亮山和罗汉峰是那榜田园比较著名的景点。

那榜田园风光，河水蜿蜒、水面如镜，远方山峰倒映于河水之中。岸边田园平铺，田间小路、果林、农舍似锦似画，给人一种惬意的感受。那榜田园景区自1999年开放接待游客之后，便购进了游船等交通游览设施，以水上游览为主要休闲娱乐项目。来到这里，游客们不仅可以欣赏到景区内的田园风光，去到景区内的月亮山和罗汉峰等景点游玩，还可以去玩一些水上游览项目。在这中越边境上，有很多越南货小摊，有香水、越南盔式帽、各种小食品。其中，越南的绿豆糕很有名，香甜可口。

离那榜田园不远处的明仕田园风光，为国家4A级景点，明仕田园方圆20千米的景区山清水秀，所以明仕田园有着"不是桂林，胜似桂林"的美誉。这里翠竹绕岸，农舍遍布，独木桥横，稻穗摇曳，农夫荷锄，牧童戏水，风光俊朗清逸，非常富有南国田园气息。并且明仕田园景区曾有电视剧在此地取景，因此受到众多游客的追捧。在这里，游客们往往会忘记时间的流逝，犹如进入无人之境，这里实在是个适合全家一起出行的好去处。

二、黑水河的一个景点

那榜田园是黑水河的主要景点之一。黑水河，西江水系左江的支流，位于崇左市大新县境内，316省道公路边。黑水河发源于广西靖西市新靖镇环河村"渔翁撒网"景点东侧石山脚下的大龙潭，流经越南和广西崇左市大新县、江州区、龙州县，于龙州县响水镇绵河村两县的交界处汇入左江。黑水河河水清澈而水呈深绿色，故名"黑水河"。黑水河两岸重峦叠嶂，茂林修竹，以峰丛体势之雄、峡谷之险、河弯之幽、洞穴之奥为特色。黑水河主要有三个景点：那榜田园、那岸奇景和黑水河田园。那岸奇景长约9千米，属岩溶峰林谷地地貌。两岸群山如削，奇石环列，水清景异。月亮山、刀刃峰、仙人指、罗汉峰、老人山等奇峰怪石层出不穷。那岸电站飞水成瀑，是典型的峡谷水库类型。黑水河田园风光长约

20千米。两岸树木葱郁，水至清，多跌水，沿河是玲珑的石草，岸边的稻田、竹丛、果树掩映农舍中，俨然桃源仙境。

初夏时节，青绿的禾苗已抽穗，饱满粗壮。忙了一个季节的水牛，在农人的牵引下，沿着田埂，悠闲地嚼着青草。在河的那边，头戴尖顶斗笠的越南姑娘，在茂盛的玉米地里耕地，艳丽的衣裙忽隐忽现。乘竹筏游河，看河水蜿蜒清澈，闻牧童竹笛响亮，闲步稻田草丛间，山峦叠翠，炊烟袅袅，不知不觉间已到傍晚。归春河继续流淌，卜游称为黑水河，之后并入左江、西江，汇入珠江水系。从大新县硕龙镇到德天瀑布，归春河十里蜿蜒，中越两国以河为界。隔河相望，一边是颇具神秘色彩的异国风光，一边是别具一格的边民小楼或壮族干栏，其景其情，令人十分陶醉。

蜿蜒流淌的归春河，像一位叙事高手，深谙节奏，徐缓有度。当行至德天村时，突然遇到断崖，洪流如脱缰野马，于参天古树与藤蔓花丛间急速摔落，一时银瀑飞泻，声若巨雷。远眺，则一片烂漫雪白，宛若从蓝天飘落的朵朵白云。如果遇到难得的晴天丽日，还能看见彩虹横跨瀑布，雪白中添一道彩色，俏丽而妩媚。这便是归春河最激情的表达——闻名于世的德天瀑布。归春河在这里分流，部分河水进入越南，在断崖处，也成为几绺瀑布，越南称之为"板约瀑布"。同一条河水，同一处断崖，同样的飞花溅玉，只几步之遥，却属于不同的国籍，令人称奇。河水在短暂的流离后，迅即又在深潭融为一体，成为中越共有的一道风景。

第四节 龙州中山公园

龙州中山公园是广西最早纪念孙中山先生的公园，有上百年的历史。公园位于广西崇左市龙州县龙州镇利民街1号，在城南旧铁街南端风景优美的左江旁边，东北遥对江中岛，正东独山在望，南临龙州中学、第二糖厂，占地面积35公顷。

一、历史久远

龙州中山公园有着非凡的历史。这里曾经是东汉伏波将军征交趾时垒土为营、驻扎军队的地方。后来被桂军司令李白云占为果园，并在此植树栽花、建造亭台别墅。清朝光绪年间，龙州被辟为通商口岸，当时龙州有法国领事馆，经济比较繁荣。

光绪三十一年（1905），庄蕴宽以太平思顺兵备道台兼边防督办驻龙州时，发现此地曲径通幽，直通丽江河岸，极具诗情画意。于是他在1907年把这座园林点缀得更加绚丽多彩，修建了"箕山"。1923年，谭浩明担任太平思顺兵备道台兼任边防督办，为了附庸风雅，他在铁桥头盖了一座"来风亭"。

1929年，胡宗铎以龙州各属善后处处长兼任边防督办，空余时间常到这里游览，看到这块地方景色宜人、山清水秀，于是下令让属下吕光奎负责整理，在南标营和铁桥之间建起一道围墙，当中弄起了一个拱门；拱门上面有一块牌匾，上面写着"中山公园，胡宗铎题"。

1932年，韦云淞担任镇南清乡司令、国民党第四集团军四十五师师长兼任边防对汛督办时，看到这里雄伟的景色，派出少校副官黄维本率领133、135两个团的士兵，以及运输、担架、通讯、炮兵数千人，把公园扩建。一共建造了五亭、一馆、一池、三洞、二桥、二球场、动物园、中山纪念堂、图书馆等。

到1932年，李品仙继任边防督办兼龙州区民团指挥官。李品仙下令让黄维本继续监督修造公园，栽花、建亭、建造九曲桥和喷池等，还通过城镇居民集资，扩大了数十亩，建立了网球场，还修建了到达箕山的道路。

全面抗战期间，公园成为阻击战场，这里日渐荒芜。广西解放后，龙州县人民政府曾对此进行过两次修建：第一次是在1962年，增建革命烈士纪念碑，并建造了亭台楼阁；第二次是在1978年11月，刚好是广西壮族自治区成立二十周年，有关部门把园内所有的亭台重新刷漆。

二、公园内部景观

公园的历史气息浓厚，其中的设施和景色也同样能够吸引人。

先说设施，在公园建设初期设施有：亭五、台一、池三、洞二。这些是为游人提供观赏休息用的；球场、儿童游戏场是分别满足成年人和儿童运动的场地；还有中山纪念堂、图书馆、动物园。从这些设施看，当时的中山公园是一个综合性、多功能的公园。

里面的景色会让你流连忘返。开头说到，中山公园所处位置优越，位于城南旧铁桥南端，靠近左江，游客来往方便，远处有高山为背景，近处有江水环绕。公园里独秀峰、箕山拔地而起，悬崖峭壁、洞穴变化多样；山坡、池中怪石嶙峋。公园还有不少大榕树，树根随石盘绕，好似群龙盘石，体现南疆特色。

光绪年间，这里已经有一些基础设施，布局为传统的自由式，门口有两座牌坊和西式喷泉。园内不建造任何假山，不对任何天然石块进行雕琢。在箕山、独秀峰和其他悬崖峭壁之处设立亭台，开辟道路引导游人前去观赏。

公园最突出的特点是对喀斯特岩洞的利用。在洞口洞中，只有大榕树、一尊佛像、摩崖石刻，烘托出"佛国天堂"这一意境。从独秀峰往东，有一棵郁郁葱葱的大榕树盘绕在峭壁上，遮住了洞前的广场，这是该景点的标志，同时也可以看作一个屏障，树根下的峭壁上刻着"异境"两个大字。往下沿着台阶，来到由鹅卵石铺着的洞前小广场，洞口对面有一块"中山公园序"石碑。洞口朝北，扁平狭窄，不断送出阵阵清风。继续走入洞中，石室有数十平方米，里面十分幽静、清凉，有一尊白色石雕的弥勒佛像。再继续前走，秀丽的左江出现在眼前。令人可惜的是，岩洞的出口处，刻有"别有天"的摩崖石已经沉降了一半。

龙州中山公园是龙州县一颗风景明珠。随着龙州县的不断发展和基础设施的不断完善，龙州总有一天会成为一座旅游城市，中山公园也将会是一个旅游景点，以它的独特魅力吸引更多的游客。

第五节　大新圣泉谷

一、清幽神奇的去处

"忽逢桃花林，夹岸数百步，中无杂树，芳草鲜美，落英缤纷"，在写大新圣泉谷之前我想先介绍《桃花源记》给我留下的深刻印象：桃花源是一处幽秘恬美、怡然舒适的人间仙境，充满美好的梦想，令人向往，使人沉醉。

在崇左流传着"梦似溪水流，情如寸草悠。山水可私奔，清风有艳遇。绿野能拥抱，性情尽放飞"的说法。现实中的美并不是不存在，而是缺少发现。大新圣泉谷就是这样一个真实存在的神奇之地，是古人梦想中的"桃花源"，也是今人休闲游玩的旅游胜地。

二、养生长寿之所

一方水土养育一方人,这是中国几千年来的传承,也是圣泉谷的使命,水似长情,点滴不倦。圣泉谷中的地下水源圣泉,养育了周围村屯世世代代的村民。50多户人家中有十多位年纪近百的老人,精神矍铄,仍从事劳作。圣泉谷给人们带来了健康,是人们获得幸福生活的重要因素。圣泉谷水源大都来自中越边境的地下岩洞,那里有着众多的地下河,泉眼数不胜数;还有部分是来自降水,茂密的树林提供充足的水分。这些都为圣泉谷提供了高质量的水资源,在漫长的历史岁月中,圣泉谷滋养着沿岸一众生灵,随着水流荡漾,河里岸边,游的、爬的、走的,来来往往,一方天地,怡然自得。

近年来,圣泉谷逐渐进入人们的视野,有关部门于此建立了圣泉谷景区。圣泉谷景区的建设,是围绕一个主题——"秘境大新,壮乡圣泉",三个片区——峡谷演艺区、森林游览区、田园度假区,四大产品——魔幻森林、峡谷剧场、风情小镇、度假酒店,构建一个集游览购物、休闲体验、演艺娱乐、度假居住等多项功能为一体的新概念主题生态度假区。最美的风景线上不能没有人的参与,人们在探索和发现美的同时,也在融入美景之中。

三、超脱凡尘的佳境

圣泉谷景区虽然不大,却集水、石、树奇景于一身。山水相映,生灵交融,一草一木都会唤起人们心中真挚的情感,是一个让爱自然流淌的地方。这是圣泉谷的灵魂所在。圣泉谷景区主要以圣灵格布、泉海深藏、水上森林、连理情树等十二个自然景观为主,是人们休闲度假、旅游观光的重要选择。圣泉谷的河流、溪水、山泉、浅潭、水坝构成了圣泉谷多情的水。谷中的河水从中越边境的地下岩洞中流出,两岸多为草坪、树木、竹林,稍远处为果园和高大的石山,山水相衬,生灵和谐。丛林里,有高树,但无大树,没有粗犷的感觉,只有古朴、静谧和悠远,人们可以在丛林中呐喊,闭上眼睛,用心去倾听大自然的回音。

圣泉谷深处的大草坪,往往会有几个大的浅水潭,那是水牛的杰作,潭中的水,照样灿烂地映出岸边的一切。如果幸运的话,还可以看到猕猴在附近的树上嬉戏,与游人同享这片宁静与悠闲。

圣泉谷的河水从中越边境的地下岩洞中流出，天蓝的水色为大地装扮上一条长长的碧丝带，碧丝带上流动着倒影，花鸟鱼虫尽是斑斓。在这里，人们可以看到这一切杰作，可以听到流水的声音，听到风吹树叶、鸡鸭嬉戏、古树落果在水中、鱼儿跳跃觅果的声音。

第六节　珍稀林木生态园

一、作为旅游佳境的生态园

世界珍稀林木生态园位于中越边境，中国东盟前沿的凭祥市夏石镇。始建于1957年，现占有土地面积3800亩，北为喀斯特地貌，南为洪积土堆集而成的台地小丘陵。位于边境的凭祥市风景优美，边关风情独特，田园气息怡人，到处都是美丽的乡村景色，而世界珍稀林木生态园便是其中的特色景区之一。

外地游客进入凭祥市旅游，必去的景点之一就是夏石镇的世界珍稀林木生态园，园内景色多种多样，植被繁多，树木成荫，泉水喷涌、溪水潺潺等。园内最多的是植被，植被中就有许多珍贵的物种，有金花茶、桫椤、铁力木、柚木、金丝李、肥牛树、云南木梓、西南桦、桃花心木、高棉黑柿等珍贵稀有树种。热带、南亚热带树种共154科628属1398种，其中属国家保护树种86种，是广西拥有树种最多的林木生态园。这些珍贵的物种不仅在中国林业中占有重要地位，而且在世界范围内享有盛誉。除了拥有这些珍贵的树种，园内还有松鼠、山鸡、红毛鸡、果子狸、抓鸡虎等野生动物，植物与动物的多样性组成了令人赞不绝口的生态环境。夏石镇依托这些珍贵的生态环境资源，发展了旅游业，同时建立了林源农庄，园内的林源农庄具有比较完整的旅游配套设施，集餐饮、游泳、住宿、娱乐、休闲等为一体。农庄内的特色餐厅可以满足办喜酒、办聚会的要求，同时还可以提供特色菜酸粥鸭、猪头肉、特色猪杂、烤生蚝、烤全猪、烤全羊、烤鸡、烤鸭等。

二、作为实验基地的生态园

世界珍稀林木生态园不只是单一的景区，它还有着另一个重要的身份——中国科学院热带林业实验中心。据杨茂精工程师说:"特别珍贵的物种呢,我们这里收集的比较多,因为我们多年来,主要的责任就是收集珍贵物种,国内的、国外的。像国家一级保护植物,全国就有八个种,那我们这里就有四种。"凭祥市近几年加快对外开放后,凭借园区的珍稀树木加上多样的休闲娱乐项目,前来旅游的人络绎不绝。在确立了园林"生态美"的初期印象后,树木园根据实际情况培养了一批专业导游,向前来观赏树木的游客普及珍稀树木的种植知识和经济价值,这样的做法能让游客的旅途更加舒心愉快,同时在一定程度上推广了这些珍贵树种。杨茂精工程师说:"我们目前主要选拔出铁力木,还有美洲桃花心木,再一个就是柚木、黄花梨,还有一个檀香紫檀,这些树种作为主要推广的树种,再结合一些茶叶,比如黄金茶这些。"如铁力木木质坚硬,极为珍贵。它树型优美,树叶红艳,而且含油量高达85%,是木本植物中目前发现含油量最高的树种。柚木也是一种质地坚硬的木材,在木地板、船舶、军工等行业应用广泛,通过种植柚木也能促进当地经济的发展。

第七节　走进都康田园

一、都康田园的天地和山水

越偏远的地方,到的游客越少,往往风景也越独特。都康田园位于广西壮族自治区崇左市天等县都康乡龙合屯。虽然都康田园地理位置偏远,但是它风景独特。

都康田园在天等县的西北部。清朝的时候它属于都康土州,民国的时候属于向都县。都康靠近天等县城,安保、伏德两条河水穿境而过。此外,还有面积1500亩的念向水库,可灌溉耕地5200亩。都康田园里面有好几个村落,村落分布有序。到现在,都康交通和通讯都很便利,天仙公路穿境而过,全乡实现了村村通公路的目标。公路在中间的位置,路的两旁是田园。吃完饭后,走出家门,也能在路边散散步。都康还有许多名优特产,如苦丁茶、八角、茴油、烟丝、荔枝、龙眼、板栗、生姜、指天椒、土鸡等。不过最具特色的是田园里的水稻。都康田园的水稻在秋季如同水墨画一般,这才是都康田园最美的地方。

美丽的稻田有序地分布在一条蜿蜒曲折的小河两旁。清澈的流水倒映着稻田与蓝天，好看极了。河水像一位温婉的姑娘，缓缓地流淌着，伴着起伏的群山，伴随着淳朴的人们，构成了美丽的画卷。广西地处云贵高原东南边缘，山多地少，所以在广西的乡村里，大多数房子都是建在山脚下。秋季站在家门口就能看到一片片金黄的稻田，呼吸到新鲜的空气，一切都是那么的惬意。

都康田园为何如此令人向往？都康田园在没有被外地的游客所了解时，它独特的美也许只有少数人知道。直到2010年，都康田园的风光被一位摄影爱好者拍了下来，并且这组照片还获得了广西壮族自治区摄影大赛一等奖。都康田园被广西摄影家协会誉为"广西最美田园"。从这个时候开始，都康田园有了一点知名度。大城市的生活节奏太快了，在大城市生活的人必须适应这种快节奏的生活方式。在大城市待久了，压力很大，没有归属感。到节假日有了休息的时间，劳累的人们都想好好放松一下，想去一个没有喧嚣的地方。因此他们会选择来到乡村。都康的空气格外清新，这与城市形成了鲜明对比。古人也有喜欢田园生活的，其中我印象最深刻的是田园派诗人陶渊明的田园诗。陶渊明在《饮酒其五》中写道："结庐在人境，而无车马喧。问君何能尔，心远地自偏。采菊东篱下，悠然见南山。山气日夕佳，飞鸟相与还。此中有真意，欲辨已忘言。"如此看来，田园生活是多么美好。都康田园，有山有水。早上站在都康田园里，一缕清风拂过，悠闲自在的小鸟站在电线杆上跟它的小伙伴们窃窃私语，看着人们日出而作。这种悠闲自在、没有压力的生活是大多数人所向往的。

二、都康田园的春秋季节

春季和秋季是都康田园最美的时候。田园里主要以种植水稻为主。春季气温开始回升，光照开始增强，这个时候播种可以使农作物在适温条件下生长。大概在四月初，都康人就着手准备水稻的种植工作。这时期种的水稻属于中稻，一般在四月初至五月底播种，九月中下旬水稻就可以收获了。水稻播种到专门培养幼苗的土里，过了一段时间就会长出胚根，胚根慢慢生长，长成绿色的幼苗。然后人们再把幼苗种到田园里。弱小的水稻幼苗逐渐在田园里扎根发芽，慢慢地适应了环境。风一吹过来，幼苗就随风摆动。秋季是收获的季节，水稻已经到了收割的时间。放眼望去，一片片的田地都已经变成了金黄色。此时的都康田园犹如一幅水墨画。日暮时分，落日的余晖撒在都康田园。天上突然飞过一群小鸟，不一会儿小鸟就从人们的视线中消失不见了，劳作了一天的人们，也都扛着锄头一步一步地走回自己的家。在回家的路上，他们走着走着遇到了熟人，少不了的是几句寒暄。人们会互相问道"准备回去吃饭了没？"或者是家里的一些琐事。这些不经意的问候，令人感觉温暖。

蜿蜒曲折的小河孕育着都康田园。都康田园被称为水稻之乡，是广西崇左市天等县的粮仓。因为这里生态环境好，山清水秀，所以种出来的水稻吃起来口感很好。自从开展了美丽乡村活动，小河里的水特别干净，人们也不会往河里倒垃圾。天等县城里很多大米都由都康供应。此外，每天还有大量的新鲜蔬菜水果接连不断地运往天等的市场。这条弯弯曲曲的小河关系到都康人民的幸福。因为有小河，所以下雨的时候就相当于有了一个蓄水池。有了足够的雨水，灌溉农作物就没有多大的问题。都康田园的小河，常年都是河水流淌，所以村民们的水稻就可以收获满满。这山水如画的地方，也是充满了诗情画意。在小河的中间，人们架起了一座小桥。如果你来到这里，你可以坐在桥边，欣赏缓缓流淌的水，还可以思考人生。仔细一看，还能看到鱼在水里嬉戏。捡起一块石头，往水里一扔，还能看到泛起的一圈又一圈的涟漪。这条小河为人们提供生命之源，也为这个小村庄增添了快乐。

都康田园不仅水美，而且山也美。都康田园的山是石灰岩，是典型的喀斯特地貌。虽然它没有象鼻山那么出名，但是它有属于自己的独特之处。

都康田园的山具有颜色美。都康田园的山不是光秃秃的，它是有颜色的。春季的时候山是绿色的。四月到六月仔细找找看看，还会发现有金银花，因为这个时间是金银花开的季节。但是也要注意，路边的野花不要采，因为有一种花，它绽放时候的外貌跟金银花极为相似，但它不是金银花。山上也会有一些药材，例如金钱草之类的。金钱草有利尿、排毒、养颜的功效。在广西的大山里，最常见的还是野生的番石榴。这个番石榴一年可以开几次花，它的果实成熟的时候吃起来很甜。广西不像其他省份一样四季分明，广西山上的树，四季大多数都是绿色的。绿色是生命的颜色，代表了生机，即使是冬季来临，它的外观变化也不大。人们修了一条通往山上的小水泥路，跨过一个又一个阶梯，很快就能到半山腰了。半山腰是大多数摄影爱好者认为最适合拍下都康田园美景的地方，因为在那里可以尽观都康田园的每一个角落。

三、都康田园的旅游开发

都康田园是一个具有开发潜力的地方。旅游业作为一个新兴产业，能推动地方经济的发展。例如广西的桂林，桂林大部分的经济收入还是以旅游业为主。如果能吸引大量游客来到都康田园旅游，必将带动天等县的经济发展。都康田园的风景有些单调，它就是以稻田的美为主旋律。所以人们大部分会选择在秋季来旅游。那么当地政府是不是可以考虑在都康田园里建一个农家乐？农家乐是一种新兴的旅游休闲形式，一种回归自然从而获得身心放松、精神愉悦的休闲旅游方式。可以在小河里适当放一些鱼，游客来到都康田园也能进行垂钓。一般来说，农家乐的业主利用当地的农产品进行加工以满足客人的需要，成本较低，因此消费就不高。如果打造农家乐的话，都康田园是很有优势的，不需要大动干戈地进行改造，巧妙地利用资源就好了。

稻谷变黄的时候，是都康田园最热闹的时候。如果条件允许的话，不妨去一趟都康田园，好好体验大自然的美。

第四章　文化遗存之美

第一节　扶绥恐龙化石群

恐龙生活在距今大约 2 亿 3500 万年前的地球上，恐龙统治地球的时间长达 1 亿 6500 万年。直至今日，关于恐龙的灭绝之谜仍有无数种猜想，人类对恐龙的探究从未停止。

一、扶绥发现恐龙化石

崇左扶绥，是世界最大的蜥脚类恐龙的发现地，也是目前世界上储藏有恐龙化石资源最多的地方。1973 年至 2001 年，恐龙考古专家先后在扶绥县那派盆地发掘出世界上最完整的恐龙化石。

1972 年夏季，广西壮族自治区地质探测队第七分队到扶绥县山圩地区做地质调查。当地群众报告，在那派村南约 1 千米处采得脊椎动物化石多件，后经中国科学院古脊椎动物与古人类研究所鉴定，认定为恐龙化石。1973 年初，广西壮族自治区博物馆到扶绥县山圩那派恐龙化石发掘地再次调查，又采集到了许多古脊椎动物化石，进一步认定为恐龙化石。

二、发掘和研究

1973 年 4 月，中国科学院古脊椎动物与古人类研究所有关专家会同广西壮族自治区博物馆和扶绥县山圩镇等单位组成调查发掘队，到山圩那派恐龙化石发现地进行发掘。经现场仔细勘查，发现恐龙埋藏时由于地理搬运原因，大部分骨骼化石位于风化面上，故保存情况较差，尚有部分化石位于紫红色含钙粉砂质泥岩与钙质砂岩互层中，层位全在那派组下部。产出有亚洲龙、原恐齿龙、扶绥中国上龙，以及鳞齿鱼鳞、弓鲛牙、隐颈龟亚目骨板、瓣鳃纲三角蚌等水生动物化石。

从扶绥县山圩那派恐龙化石保存的地层结构，以及伴随恐龙化石产出的水生爬行动物化石的综合情况看，扶绥县那派组是一套含钙泥质粉砂岩及砂质泥岩的紫红色沉积地层，属滨湖相和湖相岩层。

经研究，扶绥中国上龙是一种海生爬行动物，与其同产的鳞齿鱼、弓鲛、瓣鳃纲三角蚌、龟类以及蜥脚类和肉食类恐龙等，均属淡水生活的爬行动物。从有关资料获知，扶绥县那派组产的蛇颈类恐龙属于上龙科，上龙科在欧洲、南美洲、亚洲等地区皆有发现，地史分布是侏罗纪到白垩纪。而亚洲的上龙有两个时代，一是晚侏罗世，二是早白垩世。扶绥那派组的双饰蚌、褶珠蚌、假嬉神蚌（新种）、类三角蚌等全为白垩纪种属，其中类三角蚌几乎只在早白垩世出现。据此，扶绥中国上龙保存的地质年代应是早白垩世，其层位是滨湖相和湖相紫红色沉积地层，时间距今1.3亿年。那时的那派组地理环境均为淡水湖相盆地，河湖交错、湖海相溢，气候湿润，鱼蚌遍生，陆地上有茂盛的植物生长，这样的自然生态环境给恐龙及各种水生爬行动物提供了有利的生存条件。

专家把扶绥县发现的上龙牙齿，与我国四川广元和威远、新疆乌尔禾发现的上龙牙齿比较研究，发现扶绥县发现的上龙牙齿是椭圆形而粗大的犬齿式牙齿，其齿冠表面上有明显的珐琅质条纹，条纹深刻、间隔宽等，与四川和新疆发现的上龙牙齿差别较大，能清楚地分辨出扶绥县发现的上龙是一个新种，故独立命名为"扶绥中国上龙"。

扶绥中国上龙经1973年4月发掘后，出土的恐龙化石标本有：蛇颈龙类，上龙科，中国上龙属，命名"扶绥中国上龙"（新种），五颗牙齿，其中三颗保存较完整；蜥龙类，蜥脚类亚目，勺齿蜥龙科群，腕龙科，亚洲龙属，名广西亚洲龙（新种），牙齿、颈椎、颈肋和背肋，保存完整；兽脚类恐龙，兽脚亚目，肉食龙次亚目，巨齿龙科，原恐齿龙属，名广西原恐齿龙（新种），四颗牙齿，保存完整。以上所有化石样本出土后，当即由中国科学院古脊椎动物与古人类研究所运往北京收藏研究，现保存完好。

扶绥中国上龙化石出土遗址至今保存完好，没有受到扰乱和破坏。1995年10月，广西壮族自治区自然博物馆专家一行四人到扶绥县山圩那派恐龙出土地带复查，在遗址南面和西面约500米的几个土山岭上，又采集到20多块恐龙化石标本。此外，在离遗址西面约300米的坡地上，拾到许多暴露于地面的类三角蚌化石，形象依然完整无缺。根据这些恐龙化石可以让人想象，广西东南部分地区，在亿万年前，甚至几亿年前曾是一片海洋，又曾是河湖交错、湖海相溢的滨湖地区。传说地球在亿万年前曾经历过一次翻天覆地的造山运动，现今低丘延绵、地形起伏的广西丘陵地带，想必是经历过亿万年沧桑变迁才逐步形成，即由海洋变成陆地。

在2001年的发掘过程中，更是在恐龙遗迹现场，一窝发掘出了三具完整的恐龙化石，"一窝三龙"由此而来，如同人类的三口之家。"一窝三龙"恐龙化石是目前世界上出土体型最长的白垩纪蜥脚类恐龙化石，被命名为"中国上龙"，距今已有1亿5000万年历史，堪称稀世珍宝。

2001年7月23日，广西壮族自治区自然博物馆考古发掘队第五次驱车进入扶绥山圩那派盆地。他们安营扎寨，白天，到离营地2千米的西南面，在一处叫龙草岭的土山上进行挖掘，经过十来天的工作，至8月6日，终于在该岭南端又发现一具沉睡地下亿年的大型恐龙遗骸，这是继1973年"扶绥中国上龙"化石出土后的又一重大发现。随着发掘的进行，探坑一天天地扩大，恐龙化石也一天天地增加，最终先后出土了2具恐龙骨骼化石和3具恐龙牙齿化石。一个约50平方米的探坑内，横直交错原地摆放着恐龙椎骨、肋骨、股骨、腿骨、肠骨、耻骨、坐骨等大大小小的化石标本。

三、扶绥恐龙化石特点

这次发掘到的恐龙化石，经中国科学院古脊椎动物与古人类研究所国际恐龙学会会员赵喜进教授现场观察研究后，初步断定这批化石含3个恐龙种类，有2具化石较为完整，其中1具化石属目前所知的世界上最高大的蜥脚类恐龙，而且是迄今为止首次在中国南方发现的早白垩纪时代恐龙比较完整的骨架。赵喜进教授等专家认为，此次发掘到的扶绥渌榜恐龙化石，具有三个显著特点：

1. 属于目前世界上从未发现过的蜥脚类恐龙新种属。

2. 体形特大，根据其宽大的肠骨和2米长的肋骨，可推测其从脚至背部就高达6米。

3. 数量多，在不足50平方米的探坑内，竟发现至少两具恐龙的脊椎骨、胸骨、肋骨、股骨、肱骨、耻骨等大量化石。而且继续向外扩展发掘，可能还会有更多的发现。

扶绥县再次发现这么大型的恐龙化石，为恐龙研究增加了新的内容，特别是对研究1亿年前我国南方恐龙的生存、繁殖、分布、进化、灭绝，及其地层的研究对比、恢复古环境等方面有着十分重要的价值。

四、建造恐龙主题公园

在此之后，扶绥县将恐龙的发掘与旅游业相联系，以扶绥挖掘的"一窝三龙"恐龙化石为依托，按国家5A级景区标准，将科普探索、旅游观光、游乐体验相结合，打造了广西最大的龙谷湾恐龙主题公园。

龙谷湾恐龙公园位于扶绥县祥宁路1号龙谷湾景区，占地3000亩，由恐龙主题乐园与恐龙文化公园两大园区组成，拥有远古的呼唤、恐龙谷、动感地带、儿童王国、多媒体体验中心、古生物博览园六大功能区域。龙谷湾恐龙公园园区游乐项目均运用国际先进科技手段打造，其中包括一台飞龙过山车，以及4D轨道车电影《恐龙危机》、史前世界实景打造的恐龙漂流、新型动感座椅与裸眼3D技术相结合的360度球幕电影院，更有儿童城堡、激流勇进、疯狂大摆锤、太空穿梭机等30余项游乐项目。龙谷湾恐龙公园高度还原了各种古生物形态，通过遍布四周的大型造景瀑布、河流、巨树、荒野，来展示它们的生存环境。

龙谷湾恐龙公园的建造将古今串联，让恐龙的世界变得似乎离我们不太遥远。那个神秘的时代虽然不会再次苏醒，但将会永远存在于人类历史记忆中。

第二节　凭祥友谊关

一、方位及重要性

在自古以来就是边防要地的凭祥市，有一座陪伴着中国走过漫长岁月、经过战争的硝烟依然屹立不倒的关口，现今叫作友谊关。早在汉朝时这里就已经设立关口，距今已有两千多年的历史。友谊关最初叫雍鸡关，后改名界首关、大南关，明朝设镇南关，是我国九大名关之一。历代为中国南疆边防要隘、战略要地。友谊关位于广西凭祥市中越边境上，关楼两边百余丈，如巨蟒分联两山之麓，气势磅礴，是镶嵌在中越边境上的一颗璀璨明珠。随着时间的流逝，友谊关依旧坚挺，仿佛在向我们诉说历史，然而更多的历史还有待我们发掘解读。友谊关位于凭祥市区西南 18 千米，关楼左侧是左弼山城墙，右侧是右辅山城墙。它与水口关、平而关合称"桂边三关"，是桂边三关之首。

友谊关处，两边高山矗立，形势险峻，卡在峡谷通道上。它是一座城楼式建筑，楼高 22 米，底层是厚实的城墙，中央为圆拱顶的城门，镶在拱门上的"友谊关"三个大字，是陈毅元帅亲笔题写。

二、作为南疆守卫的友谊关

友谊关作为边疆关口，自然免不了战火的纷扰。也正因为在战争中发挥了其重要作用，友谊关才得以载入史册，其中最著名的战争就是镇南关大捷和镇南关起义。下面根据有关资料编述如下：

19 世纪 80 年代，法国从欧洲战败的阴影中走出，成为仅次于英国的世界经济强国，于是更加疯狂地向外进行殖民扩张。在边疆危机四伏、各地反洋教斗争风起云涌的时候，清政府又遭遇了法国侵略者借口入侵越南而挑起的中法战争。

1883 年法国军队进攻越南顺化，强迫越南签订了《顺化条约》，意图使越南脱离中国的藩属地位，成为法国的保护国，这件事引起清政府朝野哗然，慈禧太后非常愤怒，下诏向越南派兵，中法战争开始。1883 年 12 月，清军在越南北部失败，影响很大。后来广西前线的清军军心涣散，全线瓦解，法国趁势占领镇南关。当时清朝处于不利局面，在英国人调停下，在天津被迫与法军订立了屈辱的《中法新约》。双方保证越南的独立地位，中国开放中越边境与法国通商。但当时驻守越南的中国军队没有接到朝廷命令，发生了十一起偷袭法国驻军的事件。法国公使震怒，向中国发出最后通牒。两江总督左宗棠在上海拖延谈判，战争继续进行。法国派出舰队在中国东南沿海沉重打击了福建水师及部分南洋水师主力舰，同时占领了澎湖列岛以及试图登陆占领台湾。法国陆军攻入中越边境镇南关

（现友谊关）。清朝正式向法国宣战。

在中法战争中，镇南关起到了举足轻重的作用。那时张之洞依旧担任着两广总督，他想要改变桂军在越南战场上颓疲的状态，就奏请清政府起用年过花甲、在老家钦州称病休息的冯子材。冯子材仅仅用了半个月的时间就招到十个营的兵力，在 1885 年 2 月中旬就赶到镇南关前。清政府命令冯子材帮办广西关外军务。冯子材到达边关后，团结将士，收拾残局，整顿军纪。在镇南关内的关前隘筑起土石长墙，连接东、西山岭，用以逸待劳的方式迎战法军。3 月下旬，冯子材率领军队出关，夜袭了驻扎在越南谅山省文渊州的法国军队，打乱了法军的部署。清军继续乘胜追击，将法国军队打得措手不及。激战中，凭祥百姓组成运输队，参加敢死队，帮助清军抢运武器，护送伤员。战斗最激烈的时候，他们带上农具当武器，到战场上去和清军一起战斗。强虏犯边，同仇敌忾。这一战下来，法军损失惨重，退守越南。此时的越南军民也在策应清军，将法军驱逐出境。法军的失败，使茹费理内阁倒台。这就是中法战争中最著名的镇南关大捷。正在抗法局势大好的时候，清政府突然下了停战令，准备求和签订条约。镇南关大捷虽取得胜利，但是结局却是不战而败，使法国达到了侵略的目的，并且充分暴露了清政府的腐败无能。

镇南关大捷是中国近代反侵略战争中难得的一场胜仗，充分地鼓舞了民族的士气。就今天世人看待镇南关大捷，对它仍然有着极高的评价，称它是"中国近代反侵略战争史上战果辉煌的战役之一"。

三、作为旅游景点的友谊关

友谊关古时作为边疆防守关口，发展到现今已经成为广西一处出名的旅游景点。2006 年，友谊关被国务院列为全国重点文物保护单位。"友谊关"名字的由来，还是为了加深中越两国的友情，经过国务院批准，由镇南关改名为友谊关。友谊关有着太多的历史故事，在近代反对外来侵略战争中也发挥着重要的作用。在 20 世纪五六十年代，周恩来总理曾两次在这里会晤越南领袖胡志明。同时它也是中越两国友谊的见证。在新中国成立后，友谊关被列为广西壮族自治区的爱国主义教育基地。历史岁月的打磨，让今人见识到了它的不易，更多的则是引发了对祖国的热爱和战争的反思。友谊关作为历史遗迹，自然也有它的保护之道，对于历史文化遗迹,我们更要加以保护,积极发掘历史遗迹的文化价值。留存的文化遗产,其意义也关乎民族的未来。理解文化遗产,应该理解遗产背后蕴含的深刻历史文化含义,更要在传统的基础上培育出新的现代文化。这种萌发于历史文化传统之上的"新"文化,才更具有根基、底蕴、特色和生命力。社会文明需要新陈代谢,但更新不能摒弃历史,而是要在历史基础上发展,从旧环境中滋生出新的东西。

第三节　龙州小连城

一、方位及其建造

龙州小连城,又称为将山炮台,是广西提督行署与"连城要塞"军事指挥中心之一,位于广西壮族自治区崇左市龙州县彬桥乡,它还是一处重要的国防要塞,有"南疆长城"的美称。它距离县城龙州镇3千米,是国家4A级旅游景区、全国重点文物保护单位、红色旅游经典景区,是龙州文化的瑰宝。

龙州小连城山脉绵长,最高海拔为310米,占地14平方千米,据说是清代边防督办苏元春所建,苏元春是广西永安(今蒙山县)人,是清末湘军将领。1883年,中法战争爆发,在中法战争期间,苏元春被任命为广西提督,统领在越南北圻的桂军,在与法军对抗期间,清廷下令原广西提督冯子材帮办广西关外军务,苏元春协助主帅冯子材指挥战斗,团结阵前桂、湘、鄂、淮各军,在关前隘(位于镇南关内10里处)构筑长墙,分兵三路,择险扼守,随时准备迎击来犯之敌。当法军仗着优良装备,从越南文渊北上进犯镇南关,直逼关前隘时,清军分路出击,与法军短兵相接,血战两昼夜,毙敌上千,法军主帅尼格里率败军狼狈逃出关外。清军如风卷残云,乘胜南下追击,连战皆捷,攻克文渊、谅山诸城,取得了近代中国抗击列强入侵战争中的重大胜利,扭转了战局。

1885年中法战争结束后,越南沦为法国的殖民地,法国占领了越南的领土后,还不能满足他们贪婪的欲望,于是便想继续北上侵略中国,由于清军在越南北部作战失败,使得广西前线的士兵们军心涣散,法国趁机占领了广西的镇南关(今友谊关),但是因为水土不服和气候影响,法国军队补给不足,只能暂时停留在镇南关一带。之前的广西巡抚潘鼎新因为战败,被清政府革去了广西巡抚的职务,清政府任命 60 多岁的老将冯子材帮助广西清军一同对抗法军,还任命苏元春为广西提督,辅助冯子材一起取得镇南关战役的胜利。在镇南关战役期间,为了赢得胜利,苏元春还下令修建了龙州小连城。修建连城的时候,因为工程过于庞大,导致资费不足,他就带头捐资,三易寒暑,才建成了这伟大的边防连城。小连城素有"一城管三关"之称。前面的镇南关,旁边的水口关、平而关,与小连城形成掎角之势,守住小连城,就守住了关隘要道,任何外敌到此,均将失势。站在小连城上,下边的平而河水潺潺流过,面前的平原加上不高的小连城关炮台,将下边的举动尽收眼底。同时苏元春还在千里边境线上修建了 165 座炮台和碉台、109 处关隘、66 个关卡,构成庞大宏伟的军事防御体系,有"乌鸦飞不过,老鼠钻不进"之称。这些设施位于今北海、防城、东兴、宁明、凭祥、龙州、大新、靖西、那坡等市县沿边地区,因其多以城墙相连,故有"南疆小长城"之誉。

二、小连城建造的意义

苏元春依山就势,历经九年的精巧布局,在山间洞中修筑炮碉台 15 座,烽火台、帅旗台各 1 座,以及垒筑城门、山门两座,修建练兵场、兵房、演武台、来安馆、报恩亭、光禄祠、别境亭、惜字塔、元春阁、保元宫等设施。主峰镇龙炮台,原安放德国克虏伯 120 毫米口径加农炮一门,占地 1925 平方米,内有兵房、弹药库、相台等,规模庞大。其中比较有名的当属龙元洞,龙元洞的上洞可由下洞右侧岩边小径攀缘而至,上洞里外仍然满是牌楼和古人字画。根据有关资料介绍,上洞有一堵象征古中国九州的九龙照壁(也称为九龙影壁),照壁高 5.5 米,宽 12 米,上面彩塑的九龙祥云缭绕,昂首、翘尾、拱背漫游于海阔天空,场面宏大,内涵丰富,是一处很有代表性的建筑景观。时至今日,洞中朱墙、金阶虽失色,但森严的"天阙""帝座"依然豪气逼人,依稀可见当年苏元春筵宾宴乐和镇边民居的"洞天福地"景象。这些青山和岩画都是浓缩的壮族文化,仿佛带着游客穿越时光隧道,回到当年的情景,感受着壮家的风土人情。

龙州小连城,是在六座山峰的山顶、山间洞中修筑了 15 座炮台,并且用石头砌成大约 2 米的城墙,把这 15 座炮台连在一起形成的一道坚不可摧的防线。如果从高空俯瞰，相连的 15 座炮台就像是一条灰色长龙蜿蜒盘旋在峰峦之间，绵延数十里，非常壮观，再往上走，就会来到位于海拔 310 米高的镇龙炮台。在这里，我们可以看到空旷的兵房和用于眺望敌情的瞭望台以及残缺的城墙，这些都是当年抵御外敌入侵的见证。镇龙炮台的建筑规模和影响力是所有炮台中最大的，在这个石头围成的圆圈中心位置，当年放置了由德国生产的、射程约 20 千米的克虏伯大炮炮台，这门大炮当年就打出了一炮，以十足的威力震住了敌人。也正是这一试炮，使得曾经窥视我国南疆的敌人望而生畏，这里也成了清朝时非常重要的"连城要塞"军事指挥中心之一。游客们去到龙州小连城旅游时，看到镇龙炮台心里都是非常激动的，他们都能深刻地感受到当年的英雄为了建造这个炮台所付出的艰辛和汗水，能有今天的幸福生活，能生活在如此和平年代，离不开英雄们的付出。

龙州小连城是龙州县的文化瑰宝，在 CCTV10 播放的《地理·中国》这档节目中，有一期专门讲述了龙州小连城，详细地给观众解释了龙州小连城的来源以及里面的建筑，让大家对龙州小连城有了更深的了解，增加了它的知名度，可谓龙州县的一大骄傲。现在的龙州小连城也被保护得很好，每周定期有工作人员去炮台上巡逻，查看炮台有没有松动或脱落，有游客上山，景区工作人员也会做好宣传和保护工作。

第四节　平岗岭地下长城

一、位置与构造

一般每个国家在边境都会有自己的军事防线，目的就是抵御外敌的侵略。军事防御系统是一个国家维护国家主权的重要保障。由清末广西边防提督苏元春在 1889 年建于广西壮族自治区凭祥市的军事防御系统——平岗岭地下长城，位于中越边境线上，是我国至今罕见的保存比较完好的古代地下工事，是苏元春根据平而河（中越界河）的地理环境修建的。

平岗岭地下长城之所以被称为当时最隐秘的地下工事，是因为它构造的特殊性。平岗岭地下长城建有两个炮台，分别在平岗岭地下长城的南、北部建有一门德国克虏伯大炮和数门小炮。在这两门大炮之间还设有地下营垒和 1000 多米长的通道。而地下通道每隔 10 米就会有与外界相连的两个出口。中间建有一条地下通道，直通中越界河，并且在地下营垒设有指挥室、驻兵室、弹药库等。整个通道和地下营垒占地数十亩，结构巧妙，纵横交错，就像一座地下迷宫，所以被称为"地下长城"。平岗岭地下长城在抗法战争、解放战争、抗美援越战争中都发挥了作用。

二、平岗岭地下长城的用途

在前文提到苏元春在 1889 年开始建造平岗岭地下长城，那么建造这个平岗岭地下长城有什么用处呢？在中法战争爆发之后，清政府军队在越南的战场上遭到多次失败。1884 年，清政府重新派湖南巡抚潘鼎新接任广西巡抚一职，而原广西巡抚徐延旭则因北宁落入法军之手被革职。1884 年 4 月，清政府派苏元春带领两千多名士兵赶赴广西，出关援越抗法。随后清政府任命苏元春为广西提督，统领清政府在越南北圻的军队。10 月，苏元春因抗击法军有功，得到了清廷嘉奖，苏元春成功地担任了帮办关外军务之职。在 1885 年 2 月，广西巡抚潘鼎新不战自败，法军成功地占领了越南北圻，而苏元春被迫率领军队退回凭祥。随后法军从谅山北上，夺得了镇南关，后镇南关被炸毁。在广西巡抚潘鼎新战败之后，清政府任命原先为广西提督的冯子材帮办广西关外军务。苏元春则带领桂、湘、鄂、淮等各军，协助指挥边关战事，同时在关前隘也就是镇南关内 10 里处构建长墙，并把手上的兵力一分为三，选择险要的地方进行防守，以随时准备迎击前来进犯的敌人。当法军仗着优良的军事装备，从越南开始北上进攻镇南关，直逼关前隘。清军分批防守出击，与法军血战两天两夜，杀敌上千人，法军主帅进攻镇南关失败后狼狈逃出关外。清军势如破竹，南下乘胜追击，攻克了文渊、谅山等城，获得了近代中国抗击外来侵略的重大胜利，成功扭转了战局。苏元春在这次战争中军功显赫，得到了提拔。1885 年 6 月 9 日，李鸿章与法国驻华大使巴德诺正式签订合约，双方在天津签订了《中法会订越南条约十款》，又称《中法新约》。中法战争结束之后，越南沦为法国的殖民地。与法国殖民地为邻，清政府如坐针毡，惶恐不安，于是任命苏元春为广西提督兼广西边防督办。在之后的 18 年里，苏元春带领军队镇守边疆，部署兵力，严加整顿军纪，严格操练军队。为了便于军事调度和部署,清政府命苏元春将本在柳州的广西提督府移到边关龙州,修筑了龙州城,并在龙州城西北处的小连城和凭祥东部的大连城建立两个提督行署,使龙州成为广西全边的军事指挥中心。

三、苏元春建造水口关和平而关

与此同时,苏元春不仅修复了在中法战争中被法军轰毁的镇南关,还修建了水口关和平而关,并在延绵千里的边境线上修建众多关卡、关隘、炮台和碉台等,这些设施位于今宁明县、凭祥市、龙州县、大新县、北海市、防城港市、东兴市、那坡县、靖西市等沿边地区,而这些关卡、关隘、炮台和碉台等以城墙相连,构成了庞大的军事防御体系,被誉为"南疆小长城",在 2006 年被定为全国重点文物保护单位。位于广西凭祥市的平岗岭地下长城就是这庞大的军事防御系统的一部分。苏元春遵循分兵把守的原则,将边防军队分为几个部分,分别镇守边关防线,并以龙州为中心疏通了明江,而且在边境线上修建军事道路以保障军事物资在运输中通畅无阻,并以官商合股形式组建公司,就地创办制造局、火药局、军装局等军事工业,以方便边防军事装备的供给。

第五节 龙州紫霞洞

一、紫霞洞的传说及历史

洞天福地紫霞光,宝相庄严炷鼎香。
供仰慈云求保佑,同沾花雨兆祯祥。
神参妙谛心缘静,壁刻试题意蕴藏。
碧影瑶台开运势,普陀德泽溢芬芳。

这首《紫霞洞见闻》所提到的紫霞洞位于龙州县上金乡河报村境内的明江岸边崖壁上。紫霞洞又名观音洞,洞口高出水面约 50 米,是广西十大古刹之一。紫霞洞名字的由来,不仅仅是因为此洞上常常有紫霞雾气升起,还因为有着一段关于美丽的紫霞仙子的传说:古时一年大旱,村里的百姓已无粮食充饥。一日,村中来了一位名唤紫霞的姑娘，她告诉村民紫霞山上山洞里的石壁有一处可以流出粮食，心诚不贪者可以每日到山洞里取粮。之后她走上山，前往山洞中，便不知去向。村民们靠着从细缝里流出来的粮食度过了饥荒。有一天，村里贪婪的财主得知此消息后，混迹于村民间，上山取粮，并在晚上独自一人上山，凿开流出粮食的细缝，却发现里面空无一物，此后洞中再无粮食流出。村民为了纪念紫霞姑娘，就将山洞命名为紫霞洞。① 美丽动人的传说为紫霞洞披上了神秘的面纱。其实紫霞洞是一处天然形成的钟乳石岩洞。

按照当地人的说法，紫霞洞已有 300 年以上的历史了。根据文史资料记载，紫霞洞于康熙三十一年（1692）建成，洞口原来建有屋宇供僧人居住，还设有餐霞别馆和空翠轩。从清太平思顺道蔡希邠②撰写的《紫霞洞碑记》可以大概了解紫霞洞曾经的全貌。

二、紫霞洞的方位及构造

紫霞洞位于上金乡河抱村境内明江岸边崖壁上，洞口离水面约 50 米，需乘船而至。沿着石阶而上，大概登 200 级石阶到紫霞山半山亭，大约再登 300 级石阶到洞口。紫霞洞口大约占山体的一半，上面是悬崖绝壁，外围建有房屋，供僧侣居住。洞中设石龛供奉观音菩萨，旁侧有倒挂的钟乳石，形似罗伞、帐幔、烛龙等，形态各异。菩萨像旁供有阿罗汉，相传是乾隆进士明江同知周君淳弃官落发于此洞。从右洞穿过崖壁，从北面出来，便看见左洞，左洞比右洞宽数倍。原来有许多杂乱的石头阻碍了前进的道路。防军统领赵庆池仔细观察地形后，筹集资金开凿道路，洞约一百八十三丈深，洞内钟乳石自由生长，紧密聚集，形态万千。到洞口发现此处空无一物，于是捐资建成"餐霞别馆"，此馆是供前来祈福的善男信女们居住和提供斋饭的。从此进入，别有洞天，洞口仰张，像半个月亮，东侧岩石凹入像堂奥，连接着屋宇，有栏杆，栏楣名为"空翠轩"，西侧岩石上有石嵌，供奉着纯阳祖师，为民祈祷。洞高而宽大，把壮缪供奉移至前头，其正中间供着释迦牟尼佛。右侧小岩洞别称"云窝"，宽数丈，供地藏王，燃烧

---

① 黎汝钿：《紫霞洞游记》，见赵国忠、韩日辉主编《龙州游记》，商务印书馆 2013 年版，第 192 页。

② 蔡希邠，字种岐，江西新建人，1887 年任广西知厅事，到龙州督边任太平思顺兵备兼镇南关监督、龙州海关监督。

着琉璃灯，灯光照射，晶莹如雪。后面供着北帝真君，洞的顶部圆润像华盖，下面的钟乳石形似龟蛇。进入洞的深处，便见石笋林立，又似莲花柱，上有一尊观音像，此处便是洞的尽头。从蔡希邠所撰写的《紫霞洞碑记》可以了解到紫霞洞内曾经有众多的罗汉菩萨等神像，设有餐霞别馆和空翠轩。蔡希邠在游历完紫霞洞后便情不自禁地吟道"何当搴紫霞，饱与仙人餐"。

三、紫霞洞的石刻及佛像

由于经历了王朝更迭、近代的战乱以及人为破坏，现如今的紫霞洞已不似从前那般。现在看到的紫霞洞是经过后人修缮的。现在登上紫霞洞，映入眼帘的是一个白色的小拱门，上有对联："祥云永绕霞山上，瑞气常留紫洞中。"横批为"日南寺"。从小拱门入，便是洞口大院。院中放置石龛供游客上香。石龛旁设有一尊神像，石龛后便是一面朱红色的石墙。墙角的两侧置有两尊小神像以及两个小石龛供游客上香。朱红石墙上有一大门以及一副大理石刻的对联，上联为"法雨宏施南海泽"，下联为"慈云远覆紫霞山"，横批为"紫霞洞"。这是后来人雕刻安置上去的，原来的石刻已经被放置在墙角了。站在门前，首先映入眼帘的是大气磅礴的摩崖石刻，这是紫霞洞的奇景之一，吸引了众多的书法爱好者前来观摩。紫霞洞里的崖壁像华盖上刻有"德被苍生""德隆仰止""民间奇洞""仙境""洞天福地""清净庄严"等。最引人注目的是洞口崖壁上的阳刻"清净庄严"，是以绿色的荷叶状做衬底，土黄色做花骨朵。它刻于明朝嘉靖年间，是全洞 40 多幅石刻中最古老的，堪称"镇洞之宝"。令人感到奇怪的是，这些崖刻中除了佛家的圣言，还涵盖了儒、道两家的经典。"三教"同堂，和谐相处。

欣赏完震撼的摩崖石刻，收束目光，进入紫霞洞，首先映入眼帘的是巨大的供台，上面供有四尊大菩萨像，各大佛之间，又有神态各异的小神像，三尊菩萨立在供台第二阶前面，正中设有一尊菩萨像，菩萨像前设有香炉供香客上香祈福。在菩萨像的左右两边各有一小神像，在供台的左下方有一功德箱，它是香客们捐赠香油钱的地方，在供台右前方有一张桌子，桌子上摆着钵盂，旁边有金属杆，上面悬挂倒钟，刻有"轻击细念结金缘"字样。在大供台的左后方有一小供台，供着一尊小神像，大供台对面设有护法。洞两旁凹进去的地方还放有小神像，令人注目，紫霞洞中供有五位菩萨以及土地公和地藏王。

紫霞洞分为左右两洞，左洞是正洞，供的是菩萨。右洞相对于左洞较小，是一个钟乳石洞，有形态各异的钟乳石，不过最让人感到震撼的是崖壁上的石刻。这些石刻各不相同，气象万千，有"仙境""天理良心""大哉乾元""内景流光""供仰慈云""人间福地""十洲澄镜""一尘不染""别开莲界""五蕴都空"等 40 多幅石刻。这些石刻以楷书为主，唯有一款隶书"露达杨梯"独树一帜；从雕刻的技巧来看，绝大部分属于阳刻，只有一款凹进去的阴刻"日监在兹"，有艳压群芳之势，越看越吸引眼球；从着色来看，有白底的，红底的，蓝底的，绿底的，黑底的，各有千秋。右洞不仅有令人震撼的摩崖石刻，在石刻下方的崖壁上还放置了六个小神像，他们摆的姿势各不相同，像是表达某种意思，令人不解。洞壁上还有前人留下的诗词，从内容来看应该是民国时期的，内容大多是抒发家国情怀。日暮时，登临紫霞洞，放眼望去，明江两岸，树木环抱，山峦迭起，眼前有高大的夹竹桃摇曳，鸟鸣不息，山间雾气渐渐升起。

第六节　花山岩画

一、花山岩画的传说及历史

有句老话说，一条江水养一方人，但是我觉得，一条江水，养出的不仅仅是人，还有那个地方的特色文化。从古至今，大江大河流域都是文明的起源地。例如黄河流域、幼发拉底河和底格里斯河流域，都是古文明的起源地。前者是中华民族的摇篮，中华民族在古老的黄河流域，上演一幕幕壮丽辉煌的剧目；后者则促进了欧洲的文艺复兴和近代科学的建立。在广西的西南边陲，也有着那么一条衍生了壮族文化的江水——左江。

左江，又称丽水，是流贯广西西南地区的一条河流，又因为广西是典型的喀斯特地貌，所以左江流域有着广西著名的峰林，其流域内石林如山，山崖峭壁罗列，沿岸山清水秀，群峦屏障，风景如画。在明江、平而河和左江的沿岸及其附近的峰林石山的悬崖峭壁上，保存着许多珍贵的古代文化遗迹——岩画。这些用赭红色颜料画出来的岩画，使得左江沿岸的自然风光更添色彩，更加灿烂。近几十年来，在左江沿岸陆续发现有 70 多处岩画地点，其中，以宁明县耀达花山和龙州县棉江花山的岩画规模最大,图像最多,场面最为壮观。这些山,原是称为"仙影山""人影山""仙岩""红山"等名字的,后被称为"画山",最后又因"画"与"花"读音相近,便称为"花山"。花山,当地壮族的居民叫"岜莱",汉语意思为"花花绿绿的山"。[①] 岩画是研究古代社会的一种重要方式,通过这些岩画我们可以推测出古代社会生活以及重大事件的情景。

  关于左江岩画的来源,早前在一些地方志上也有过相关的记载,但是只有零星的描述,并没有说明其起源。关于花山岩画来源的传说也充满了浪漫色彩。其中流传最广的一个故事是这样的:古时候有个居民叫蒙大,他自小力大无穷,饭量也大得惊人,与常人相比,实在是一个异类。某一年,社会动乱,战争四起,那些为官者却趁机搜刮民脂民膏,老百姓生活得痛苦不堪。蒙大实在忍受不了这样的压迫,他暗下决心,要改变这样的局面,但他只是一个农民,哪里有起义的资本呢?他每天都到山上去砍柴,每天呆呆地坐在石头上。有一天,在他砍柴的山上来了一位奇怪的老人,他交给蒙大一些纸笔,并告诉蒙大说:"这是神奇的纸和笔,你想要什么,就画什么。"老人说完就离开了。从此之后,蒙大每天都在画人和马,他也不敢和其他人说。他的母亲觉得十分奇怪,每天不停地追问他,但是他总是回答:"一百天后,你就知道了。"谁知在第九十九天时,他的母亲实在耐不住了,趁着蒙大不在家,便推门进去。刹那间,只见那些尚未成真人真马的纸片哗啦啦飞出屋外,径直粘在村前的崖壁上,变成了一幅幅赭红色的岩画。虽然传说很神奇,但是除了能为花山上的岩画增添更多神秘色彩,并不能解释岩画的真正源起。1954—1963 年,广西博物馆少数民族社会历史调查组前往宁明县开展调查,又相继发现了珠山、龙峡、高山、红山四个岩画地点。这一发现又给左江沿岸的岩画添上了一笔重彩。

二、花山岩画的内容

  江水两岸的悬崖峭壁上,布满了赭红色的岩画,这些岩画全都是用赭红色的颜料涂画而成,这种赭红色的痕迹后来经专家查证检验,是用赤铁矿加上动物的脂肪稀释调匀之后,用草或是鸟类的尾羽刷在悬崖上的。正因如此,这些岩画才

[①] 广西壮族自治区文化厅文物处、广西壮族自治区博物馆:《广西左江岩画》,文物出版社 1988 年版。

得以保存下来，历经了无数年代的风吹雨打，还是那样的鲜明。在七十多组岩画中，有许多岩画色彩鲜明，形象朴素，画风粗犷，但是这些岩画的画法大多都采用了单一的平涂法，只是单单表现出所画事物的轮廓，例如人物只画出头颈、躯体及四肢，没有明显的五官，其他的图像也并不是细细描绘，这也与一般的岩画大不相同。这种画风与草原上远古时期牧民的记事方式有些相似，都只是画出了个大概而不去精雕细琢。左江的岩画之中，花山是有着最多群组的一个地点。左江花山岩画文化景观大致有三十八个岩画点，且以人像图居多，总计有两千多处，其他小类图像多为器物或是动植物。其中最为典型的组合是：以一个高大强壮、身佩刀剑的正身人为中心，脚下有一动物，胯下或身旁置一面或数面铜鼓，四周或左右两侧有众多的形体矮小的侧身人。这些动物主要是狗，都刻画成侧向小跑状，其他器物主要是以古代器皿如刀剑、铜鼓、铜羊角钮钟为主。在这之中，铜鼓出现的次数是最多的，这些铜鼓大多都有星状的花纹，有的侧面还有耳，这个现象也不难说明，壮族以铜鼓作为一种重要的器物，它是骆越先民的一个鲜明特征。两岸的岩画图像交错，组合成了一个又一个单元，铺满了一个又一个悬崖峭壁，叙说着先民的故事。

三、花山岩画的价值

关于岩画的作用，学术界有着这么几种说法。有一类专家认为岩画是壮族骆越先民的首领用来彰显自己权力的；另一类专家则认为这些岩画是为了祭祀神明。笔者还是比较倾向于第二种，岩画是用来祭祀的艺术化产物。关于第一种，左江沿岸的岩画是壮族骆越民族的首领用以显示自己的统治力量，据考证，在两汉时期，今崇左、宁明、龙州、扶绥等地分散着骆越民族的多个部落，其中宁明当地的部落势力较为庞大。有专家认为，当时花山部落大首领联合其他小部落结成联盟，而岩画就是记录当时部落联盟的绘画。左江流域上百的千米石山壁都发现了零星的岩画，跟花山岩画相比，其他岩画规模较小，但画中的人形大同小异，由此可以推测，岩画的分布以及组合数量都显示了这个部落联盟的范围，同时也象征了各个大小部落首领的权力。另外，关于祭祀的说法，有人认为骆越人绘制花山岩画是为了祭祀神明。古时人们对原始宗教崇拜非常虔诚，对祭祀活动尤为重视，不亚于新首领上位或是家国大事，每逢祭祀都会消耗大量人力物力，有时甚至造成浪费。即便如此，他们还是觉得不足以表达对神明的敬畏，于是把祭祀的场景描绘在岩壁上，用岩画打造一场永不落幕的祭礼，想借此来表达自己对神灵的依靠和尊敬。由此，岩画的意义便显现出来——它是远古时期骆越先民的祭祀文化遗迹。关于祭祀，在古代社会，任何东西都可以用来祭祀，主要的方式有绘画、雕刻、歌舞等。在左江骆越部族，先民们用的正是绘画的方式来表达他们的祭祀活动。还有一种说法是说左江的岩画是远古骆越先民为了庆祝征服其他部落而创作的庆功图。不论是哪种说法，对于在左江沿岸生活的人民来说，这些岩画都是祖祖辈辈所珍视的瑰宝，不论是在现在还是将来，都要对它进行保护。

第七节　龙州左江风景区

一、边关左江

龙州左江风景区，位于广西崇左市西南部，距离广西首府南宁180千米，是一个天然形成的自然生态风景区。在这里孕育出了许多文明，有花山岩画、左江壁画等。

龙州左江风景区，由发源于越南的水口河和平而河在龙州镇洗马滩处汇合，流经龙州镇、上金乡、响水镇伏棉村，流入江州区境止。全长72千米，其支流在上金街处汇合，有著名的风景区花山风景区。

左江水急弯多，河道大多迂回曲折于崇山峻岭之中，溶洞暗河遍布其中，两岸植被繁茂，动植物资源丰富，其文化内涵和优美的自然风光醉倒万千游客。左江的山，充满灵气，仪态万千；左江的水，恣意纵横，清而不静，深沉神秘；沿江村落民风淳朴，田园风光，恍如桃花之林，堪称人与自然和谐相处的典范，极具考察和旅游观光价值。明代著名旅行家徐霞客游览左江后，不禁赞叹左江"阳朔山峭濒江，无此岸之石。建溪水激多石，无此石之奇。阳朔画山，竟逊一筹"。没想到小小的左江风景区也能得到徐霞客这样的大人物的如此赞誉。

二、景点之奇美

左江龙州段两岸有21个壁画点39处78组，悬棺崖葬两处，还有闻名西南的名刹——紫霞洞天。其他的景点还有花婆神韵、天佛纳祥、酒壶迎宾、少女淋浴等。重点讲述一下紫霞洞。紫霞洞位于上清宫之北的玄武峰附近，为天然石洞。洞口高约2米，洞内高可立人，面积约10平方米，洞额为丘处机镌"大安辛未"。洞的右侧，元代始建一道院，名斗母宫，是全真道教金山派之祖庭。房间32间，建有三清、观音两座大殿，占地面积200多平方米。但在一次大雷雨中，其洞大部分塌陷，斗母宫仍存。明霞洞在明代时为僧、道交替住持。明隆庆年间，道士孙紫阳重修庙宇，并在洞外石壁上刻有《孙紫阳道士修真记》，始为道士住持。

明霞洞后玄武峰近巅处的峭壁上有玄真洞，是孙紫阳修真处，其旁刻有"重建玄真吸将乌兔口中吞"11字，传为张三丰真人手书。"乌""兔"即日、月，"口中吞"是道家吐纳、导引所达到的一种境界，即"采日（金乌）、月（玉兔）之精华，散而为风，聚而为形"。

第八节　边关硕龙地下长城

一、历史源流

中国近现代史可以说是一部抗争史。那段历史不仅给我们留下了积极的革命精神，也给我们留下了珍贵的红色革命文化遗址。在中越边境崇左市大新县硕龙镇也有一座长城，它就是边关硕龙地下长城，这座长城在中国对越自卫反击战中起到了重要作用，可以称得上是中国对越自卫反击战的见证者。

边关硕龙地下长城又称为"7812地下防御工事"，是20世纪70年代在中越关系紧张时修建的地下军事防御工程，就是我们常说的防空洞。1976年地下长城开始动工，经过数千民工挖地道、凿山洞的努力，历经数年时间，终于在1979年12月建设完毕。地下长城位于中越边防重镇硕龙镇，距离硕龙镇硕龙街中心广场100米左右，与越南只有一条不宽的归春河相隔，共3千米长。该工事全部用钢筋混凝土浇筑而成，像蜘蛛网般密布于硕龙街数十米深的地下，与民居、山峰、界河等盘龙贯通，设计科学，布局合理，结构隐秘，工程宏大，具有防空、防炮、躲避战乱的功能，即使敌人炮击空袭，也坚不可摧。地道内各种战时设施齐全，具有瞭望监视、观测通讯、指挥调度等功能和哨兵岗、武器弹药库、军用物资供给、战时地下医院等设施。这些都构成了一道坚不可摧的地下钢铁长城。看过电影故事片《地道战》的朋友应该对冀中人民利用地道把侵略者打得晕头转向的故事记忆犹新，神秘的硕龙边关地下长城也有异曲同工之妙。从入口下台阶，继续前行，行走约数米，就到了"地道指挥室"。距"地道指挥室"不远处，有个"地道通讯联络室"，这里摆着几部老式手摇电话机，虽然现在已经锈迹斑斑，也不像现在使用的通信工具这么方便、快捷，但它们是当年战争中与军区、中央军委上报下达信息的唯一通信工具。沿着弯弯曲曲的地道继续向前走，就可以看见一个个相隔不远就通向地面的地道哨兵岗，错落有致，非常隐蔽。在里边可以清晰地观察外面的情况，从外面却很难发现这些入口。再往前走是一间间"历代戍边御敌图片展览室"，一幅幅图片形象生动地展示了历代戍边勇士头戴钢盔，手持枪弹，匍匐前进，冲锋陷阵，突围袭击，抬担架护送伤员与来犯之敌激烈搏斗、誓死保卫祖国边疆的真实场面。这些最可爱的戍边人，令人肃然起敬。沿此前行，是武器弹药库、军用物资供应室、战时地下医院等设施，还有一间比较宽敞的战时居民室，是专为当地居民躲避战乱的安全场所。更为巧妙的是，有的地道居民室与地面的房间相连，战时进地道，战后上房屋，灵活机动，安全快捷。地道的出口四通八达，有的在山脚岭地，有的在街头巷尾，十分隐秘。

二、物是人非

当年因为战争，很多稚气未脱的孩子毅然决然地穿上军装保家卫国，生命却永远停止在那个如花的年纪。那些幸存的热血青年，如今也已经年过半百，他们中的绝大部分始终默默无闻，在平凡的岗位上辛勤劳作，他们履行了自己应尽的义务和军人的职责，为了国家的安宁，为了领土的完整，与来犯之敌激烈搏斗，誓死保卫祖国边疆。

进入新世纪，在当地政府的支持下，硕龙地下长城成了硕龙镇的一个爱国主义教育基地和旅游景点，吸引着各地游客过来观赏。进入边关探秘硕龙地下长城，通过坚固的明碉暗堡，走进钢筋混凝土浇筑的地道，看着戍边御敌图片展览室里一幅幅图片，仿佛历代戍边抗敌英雄的事迹在你眼前一幕幕重现，再现了当年戍边战士连续三个月潜伏在防空洞中，衣不换，澡不洗，伺机捕捉战机，有效打击敌人的军旅生活。

登上神秘的指挥中心瞭望台，边防重镇要地及异国边情一览无余，四周景色尽收眼底，既可看到北面的异国景色，又能领略独特的边关风情。习近平总书记曾说过，革命博物馆、纪念馆、党史馆、烈士陵园等是党和国家红色基因库。要讲好党的故事、革命的故事、根据地的故事、英雄和烈士的故事，加强革命传统教育、爱国主义教育、青少年思想道德教育，把红色基因传承好，确保红色江山永不变色。希望硕龙镇政府和大新县政府能够重视硕龙地下长城爱国革命教育基地，让它继续发挥爱国主义教育基地的作用。

第九节　金鸡山古炮台

一、地理方位

金鸡山古炮台位于广西凭祥友谊关西侧的金鸡山上。金鸡山极其雄伟，海拔有596米，登临山顶，极目眺望，百里河山，置于足下。金鸡山有三座山头，三座山头鼎足而立，在三座山头上各筑有一座炮台，分别命名为镇北、镇中、镇南炮台。这三座炮台被人们命名为金鸡山古炮台。

二、炮台的形成

金鸡山古炮台在金鸡山上傲立群雄。金鸡山古炮台是中法战争镇南关大捷后，抗法名将苏元春认识到守护边疆的重要而建造的。每座炮台均使用料石砌就，相比于现在的钢筋水泥更加坚实稳固，我想这也是它在经历风吹雨打几百年后仍然完整无缺的原因吧。每座炮台各安装一个德国克虏伯兵工厂制造的大炮，大炮内径120毫米，射程约20千米，炮位下方有环形铁轨，可做360度旋转，四面八方皆可轰击。大炮每门重达数万斤，相传当年人工运炮上山，炮身下垫圆木，数百人沿崎岖的山路前拉后推，每天仅能前进数尺，前后共用10年时间方才建成。然而令人扼腕痛惜的是，安装在镇南炮台的巨炮，首发试射，弹丸居然卡在炮膛中。这门大炮就此报废，炮台也成了摆设。

想要真正了解金鸡山古炮台，你就要知道在金鸡山古炮台发生过哪些重大历史事件。在金鸡山古炮台发生了一次重大的战役,这次战役是历史上赫赫有名的镇南关大捷。1885 年 2 月,法国军队侵占镇南关,名将冯子材率领清兵挺进镇南关与法军对抗。镇南关地形崎岖,入关后往北走 10 里,左右皆为峭壁石山,地势险要。周遭地形,形似一只开口的鱼,四面山峦起伏,只东西间有一狭长盆地,为隘口圩。法军不熟悉镇南关地形,所以在这里很难打胜仗。冯子材十分机智,他借助此地形选择窄小的隘口作为主战场,在垛墙外,冯子材还派人广挖梅花坑,坑上盖上草皮泥。一来可以让将士隐藏埋伏,二来可以挡炮。冯子材还根据周围的地形地势建起了完整的防御阵地。冯子材在金鸡山的隘口镇南关建造了完整的防御阵地,大败入侵法军,扭转了中法战争形势。在这次镇南关大捷中,冯子材建造的防御阵地为抗法名将苏元春后来建造金鸡山古炮台提供了一定的启示。

三、镇南关起义

1907 年 12 月,孙中山先生亲自领导和指挥的镇南关起义在金鸡山打响。当时起义军只有 200 多人,而清兵有 6000 多人,双方激战了七天七夜,孙中山亲自在镇北炮台放炮轰击清兵。炮是从镇南关里面缴获来的,炮打的就是城外的清军的援军。孙中山与金鸡山内士兵由于事先联系,里应外合,很快占领了镇北炮台。接着,分兵进攻镇中和镇南两炮台。霎时间,枪声、鞭炮声、呐喊声响成一片。镇中炮台的清兵不敢接仗,慌忙逃窜。镇南炮台守兵拼命抵抗,被革命军所占领。① 下午 2 时,革命军的红旗飘扬在右辅山三炮台上。革命军占领右辅山三炮台的消息传开后,当地农民群众和散兵游勇纷纷前来参加革命军,革命队伍迅速发展到四五百人。结果,起义军仅以牺牲 2 人的代价换取毙伤清兵 200 余人的伟大战果。

四、历史渊源

凭祥友谊关位于中越边境,至今为止已有 2000 多年历史,号称"天下第二关",是中国九大名关之一,同时也是镇南关大捷和镇南关起义等重大历史事件

---

① 李若檀:《孙中山领导镇南关起义》,载《农家之友》2013 年第 1 期。

的发生地。友谊关关楼始建于汉代,曾七易其名。友谊关的第一个名字为雍鸡关。据《广西通志稿》记载,当时的凭祥市和龙州县及上金一带统称郁林郡雍鸡县,友谊关按当地县名称雍鸡关,也顺理成章。随着时间的推移,关名不断更改。因友谊关在边疆之南,成为边界前缘、交界之处,一时间也被称为大南关、界首关。[1] 友谊关与金鸡山相连,在当地有一个家喻户晓的故事:传说金鸡山顶有一只雄鸡,天天唱晓,保一方平安,带来吉祥。故事讲多了,老百姓就按自己的兴趣和习惯,将友谊关称为鸡陵关。友谊关主要景点有镇关炮台、镇北炮台等,所以一般也有人直接称此地为金鸡山古炮台。在古代,凭祥市只有平而河凭祥段19千米可通航木帆船,上接越南七溪,下通龙州、南宁,系出口物资之水路通道。因此越南使臣要从凭祥入境进入中国,一般选择陆路。之后经过不断的发展完善,明朝时,朝廷制定了专门的贡道路线,进京朝贡必须从广西凭祥州入境。[2] 可见当时对凭祥的重视程度。另外从越南使臣的诗歌中,亦可推断其行进路线:经凭祥友谊关进入中国广西,之后依次经过今宁明、崇左江州区、扶绥等地。清朝时西欧近代工业品从越南流入凭祥,我国商品也经凭祥出口东南亚,友谊关成了我国南方丝绸之路的必经之地,凭祥成为中越边境贸易的集散地。凭祥市是至关重要的第一站。[3]

第十节 左江归龙斜塔

一、地理位置及作用

归龙斜塔,又名左江斜塔、水宝塔、歪塔等,它位于崇左市江州区太平镇大村附近的左江河道一座名为鳌头山的小岛上。在介绍归龙斜塔前,笔者先介绍一下归龙斜塔所矗立的这条左江河流。

左江为西江水系上游支流郁江的一条最大支流,发源于越南与广西交界处的枯隆山上,在广西境内流向崇左等地区。左江是崇左地区的一条非常重要的河

---

[1] 李晓媛:《风景背后的中越手足情——以〈越南汉文燕行文献集成〉广西凭祥诗为视角》,载《德宏师范高等专科学校学报》2020年第2期。
[2] 谭先进:《崇左文化博览》,广西人民出版社2016年版。
[3] 《凭祥市志》编撰委员会:《凭祥市志》,中山大学出版社1993年版。

流。我们都知道河流对一个地区的农业发展是非常重要的，无论种植什么样的农作物，都是需要水的，一个地区要是没有水的话，它的农业发展就会受到制约。

河流除了有灌溉作用，还有一个重要作用，那就是运输。在古代，陆路交通是不发达的，在陆路上运输货物是不便的，特别是运输大型货物和运输量极大的货物；水路交通相对于陆路交通来说，较为方便，因为船可以运载更多更重的货物。所以，在古代有河流的地区一般水运较为发达，其经济也会得到相应的发展，甚至水运的便利性可以带动整个地区的经济发展。如隋炀帝时期修建的京杭大运河推动了江浙地区的经济发展，使江浙地区逐渐成为繁荣富庶的地方。左江这条河流虽没有使周边地区发展成繁荣富庶的地方，但带动了左江流域一定的贸易发展。虽然河流可以促进水运以及贸易的发展，但并不是没有风险的，且并不是每条河流都是河水平缓流动的，一条河流总有那么一两处地方是湍急且曲折的，左江河流也不例外。崇左江州区太平镇大村附近鳌头山小岛处的河水湍急，波涛汹涌，漩涡暗涌，在古代常出现吞没船只的情况，十分危险。归龙斜塔就建在了这座鳌头山岛上。鳌头山岛处在左江江中的急转弯处，江水湍急，来往的船只容易翻入江中，从而造成伤亡。古代的百姓认为江中可能有妖魔作怪，所以就在鳌头山岛上建一座塔来镇住妖怪，并保佑来往船只和旅人的安全。

二、历史渊源及传说

塔本是坟墓的意思，是高僧圆寂后用来放置骨灰的地方。但是随着时代的发展，塔的作用或用途早已发生变化，不只是用来放置高僧骨灰了。在古代，塔的用途可以分为以下几个方面：

一是登高望远。随着时代的发展，印度塔与中国塔逐渐结合后，产生了一个较为广泛的用途，那就是攀登。南北朝时文学家庾信写了一首名为《和从驾登云居寺塔》的诗："重峦千仞塔，危磴九层台。石关恒逆上，山梁乍斗回。阶下云峰出，窗前风洞开。隔岭钟声度，中天梵响来。平时欣侍从，于此暂徘徊。"从此处可以知道塔在南北朝时期已有登高望远的用途。

二是瞭望敌情。塔不但高大，而且隐蔽，还可以住歇，观察敌情。河北定县的料敌塔即如是，定县当时为北宋与辽交界的定州，那时北宋将领们决定在城内开元寺建造宝塔。该塔极高，当登上塔顶眺望时，冀中平原的山水形势尽收眼底，一目了然，宝塔的军事作用尽显。

三是引航引渡。由于古塔高耸挺立，从很远的地方就可以看到，这样可以引导船只的航向，如安徽安庆的迎江塔屹立于长江转折处，有这样的诗句描述该塔："点燃八百灯龛火，指引千帆夜竞航。"

四是装点河山，美化风景。有不少的古塔成为一座城市、一个地区的象征，如杭州西湖的雷峰塔。

以上所述的古塔用途，笔者觉得归龙斜塔可能都具有，不过主要的是引航引渡作用。归龙斜塔亦处在江中转弯的地方，江水湍急，船只行驶危险，易翻入江中。归龙斜塔修建在左江的鳌头山岛上，塔的高度在江中是很高的，位置很显眼，人可以在较远的地方就看到它，之后过往的船只会知道所处的位置，这样可以使驶船的人更好地把握船只的航向，从而避免船只翻入江中。

三、建筑结构及价值

归龙斜塔建于明天启元年（1621）至崇祯二年（1629），开始修建时只建了三层。清朝康熙三十九年（1700）又加建了两层，形成五层塔。在中国境内有不少的古塔，比它有名的亦有不少，比如西安的大雁塔、杭州的雷峰塔等。归龙斜塔的特别之处在于塔是倾斜的，不像其他塔那样是挺直的。斜塔在我国乃至世界是少有的。归龙斜塔与绥中斜塔、当阳斜塔、苏州虎丘斜塔、上海松江斜塔合称为中国五大斜塔，这五大斜塔又与意大利比萨斜塔、德国肯道塔、英国议会大厦方塔被共同誉为世界八大斜塔。由此可见归龙斜塔的地位极其重要。归龙斜塔在建造时有意使塔身向迎水方向即西南方向倾斜，可能是考虑到江中心风力、塔基石等因素而进行设计。根据1990年5月12日的观测，从塔顶至塔身的几何中心偏移了1.42米，南偏西倾斜角4°36′46″，倾斜方位角南偏48°。但是当乘船朝塔而行时，在视觉上有塔身向观者倾斜，即四面皆斜的感觉。这种在建造过程中有意造成的倾斜，与其他斜塔因重心位移或地基下沉等原因造成的倾斜不同，显示了古代工匠的智慧和建筑才能。归龙斜塔建在江中的鳌头山岛上，发生大洪水时，难免会被淹到。但归龙斜塔屹立在江中现已近四百年，从未被洪水冲毁过，可见归龙斜塔这座建筑物的坚固性，更显示了古人的智慧。由于笔者对建筑结构等方面知识不了解，难以对归龙斜塔结构的巧妙之处进行描述。但归龙斜塔是一座古塔，其所蕴含的古貌古韵值得我们前去欣赏、体会。

归龙斜塔是全国重点文物保护单位，由于历史较为久远，且是广西唯一的古斜塔，其历史文化研究价值较高。为了保护归龙斜塔不被损坏，现在是不允许游客攀登的。虽然不能攀登归龙斜塔，但我们仍可以欣赏观看它的巧妙与壮观：归龙斜塔背靠群山，天上蓝天白云笼罩，江水碧绿涟漪，附近江边的小山丘上树草茂盛，江水中还有鱼儿在游来游去，这是一幅多好的山水画卷啊！

第十一节　万福寺

一、万福寺的独特位置

天等万福山位于天等县向都镇北郊，因为它孤峰拔地而起，壮若竹笋，形如圆锥，在过去，又被称为独秀山。万福山高约60米，腰径约50米，四周有肥沃的稻田围绕。在《广西名胜纪游》一书中，作者赞誉万福山为埋藏于桂西群山中的一座小巧玲珑的幽宫。万福山的西面有宽敞的溶洞，洞分三层，我们在此要讲的万福寺"藏"在溶洞之中，它是广西较有名的石窟寺，也是广西唯一的悬空寺，由弥勒殿、天梯、观音殿、天桥、如来殿、风洞等组成。该寺始建于清朝康熙十一年（1672），当地群众为护崖，在万福山半山腰建起了万福寺。万福寺处在悬空峭壁，一眼看去，非常令人震撼。据说悬于峭壁上悬空而起的柱子，没有用一钉一铆，这让我深刻体会到了古代工匠们的智慧，能在这样一个绝壁上悬空建起一座牢固的寺庙，历经风雨屹立不倒，那样的技术和智慧绝非寻常。

二、万福寺的建筑

万福寺依山建造，沿凹洞自下而上，亭台阁榭层层叠叠，云梯天桥跨空曲环，当行人往上走的时候，抬头低头，心中便会产生恐惧之感，拾级而上，险中有险，奇上加奇，可以把向都山城尽收眼底，仿佛置身在云端之中。进入寺中，可见洞顶乳石倒挂，就像一盏盏天灯，为游人照明。寺中多处石壁至今仍保存有文人墨客所题的诗作，如"名山千劫快同登，直上瑶台最高层。洞府莺花红日丽，仙山楼阁碧云蒸。名山好似前溪水，静意还同古佛灯。此际凭临多逸兴，联吟好句让良朋",赞叹万福寺清风拂面,犹如仙境。

万福寺的下层建成文武庙,里面供奉有孔夫子、关公、岳飞三位历史人物。长年香烟缭绕,钟声轻扬。二层为观音寺,里面供奉观音菩萨。两边廊柱上各塑有蛟龙,盘柱而上,栩栩如生。可惜后来被打烂了,现在只保留有遗迹。三层是一大洞口名叫风洞,穿山而过。

万福寺寺门左侧覆盖有一棵巨大的万年古榕,正门上镌刻着"万福寺"三个字,寺门上挂有一匾额曰"慈云广被"。古时,寺庙曾有和尚住持,周围群众常到洞里求神拜佛。庙门两侧立着两根木柱,柱上镶有一副对联:"文笔纪春秋万古常青昭日月,武功扶汉宋两朝义勇壮山河。"从弥勒殿直上左转就是天梯,因它的险峻而得名。天梯右侧石壁上有灵猴献桃、狮子戏球等雕像,是建寺时雕刻的,距离现在已有400多年的历史。在天梯尽头有一钟乳石狮子在那里雄踞。天桥位于天梯上部,全部用优质木料制成,悬空而搭,让人不禁心惊肉跳,胆小的人都不敢上,但它是万福山上观景的最佳之处,登桥远眺,向都山城便可以尽收眼底。天桥旁的悬崖上刻有"南疆永固"四个大字,立于山前公路上远远望去,赫然入目。风洞位于万福山半山腰,整个洞就像一个葫芦,前洞塑有如来全身,称为如来殿,后洞有宋朝壮族英雄侬智高的遗迹。此洞洞中有洞,四面皆通。风洞旁有两个小洞,一洞通后山脚,一洞通后山顶。小洞内石上有一脚印,相传为宋朝侬智高的四弟侬智会留下的脚印。寺内石壁上,有多处摩崖石刻,为文人墨客所题。山内另有多处小洞石室,洞内漆黑,洞道蜿蜒曲折,需持照明灯方能往游。洞内地面上置有石桌石凳,古色古香,供游人休息玩乐。石桌旁有天然石狮、石龟,形象逼真,伴游人嬉戏。后洞口石壁上刻有"风洞"二字。站在此后洞口,清风拂面,凉爽清幽,就好像来到仙境一般。放眼遥望,山后小河蜿蜒,数座小山包立于河边。前人形容为"五马沿江走,三星水上浮",蔚为壮观。

万福寺自古就是桂西著名景点。寺内石壁上有清乾隆三年题字曰:"戊午秋,赴省观光,与辛性成同登独秀山,余曰:'美哉!此南天一柱峰也。'性成曰:'向阳不有万福寺乎?其殆较此而胜一筹乎?'……踞虎豹,登龙虬,攀腐墙之危槛,俯没栏之幽宫,天然石室生成,洞仙四达俱空。"清乾隆年间还有游山诗曰:"曾慕此山已有年,哪知今日蹑岩巅。玲珑剔透崖中景,曲折迂迴洞内仙。"天桥上悬挂的石刻"南疆永固"更是研究清代南方壮族地区人文景观的重要史料。

第十二节 业秀园

一、业秀园的位置

业秀园是陆荣廷以其父陆业秀的名字来命名的，表达了其对父亲的尊敬和孺慕之情。业秀园修建于 1919 年，位于龙州县（广西崇左）水口镇水口旧街的西北面，占地面积 7000 多平方米。业秀园修建之初是陆荣廷宴请宾客与会晤外国人士的场地和其夫人谭氏的住所。在陆荣廷任广西边防督办后的一段时间里，陆荣廷大都在这居住和指挥旧部行动。

二、业秀园的结构

业秀园由主楼、庭院、门楼、戏楼组成，它与水口旧街圩场的民居建筑群构成一个几万平方米的民国古建筑群落，具有浓厚的南方民居色彩。业秀园是陆荣廷为其夫人谭氏修建的住所，原有诸多建筑物，园内布局分前院和后院，前院为庭院式花园，建有二层砖木结构主座一栋、左右厢房、连廊、戏楼、门楼、水运码头等。当你靠近业秀园，你会看到一座牌楼，牌楼气势恢宏，左右两侧陈列着精美的壁画，巧夺天工。建筑中窗花不仅具有美观的作用，还有防御作用，每一个窗眼都设置了枪口。建筑以清末时期南方民居风格为主。现仅存二层砖木结构楼房和一间厢房，大部分厢房和戏楼、门楼等在 20 世纪六七十年代均被拆除。

主座为二层砖木结构楼房，占地 236.6 平方米，建筑面积 473.2 平方米，面阔四开间，与民初南方大户民居建筑大体一样，在一、二楼前后设有较宽敞的走廊，前后走廊柱子砌青砖，门及窗顶青砖砌拱，青砖砌拱上方刻有简单的花草图案；四周墙体为泥墙。一楼为三合土地面，二楼楼面是木板，屋顶为小青瓦瓦面，整个建筑平面布局比较完整，在后期的使用中对楼房的结构没有进行大的更改，只是房内隔间结构改动比较大。

业秀园内左右两边厢房共有 18 间泥墙青瓦房，占地面积 947.52 平方米，建筑面积 947.52 平方米，如今只保留下一间比较完整，其余全部被拆毁，厢房为泥墙木架青瓦平房，每间进深 5.6 米，面阔 9.4 米，单开门，每间有门互通，又可独立使用。

庭院花园占地2477.2平方米，花园内树木葱茏，青草葱郁。戏楼为木构梁架青瓦二层楼台。占地225平方米，建筑面积450平方米。20世纪70年代末被拆，现仅存四周墙基。

门楼坐落在河岸边，坐南朝北，木结构，中央为水运码头，一头连接左边厢房，一头与戏楼相衔接，其实也就是整座庄园的大门和主要通道。门楼在20世纪60年代末被毁。

水口旧街圩场与民居等建筑群是陆荣廷为他的妻弟谭浩明在1916年修建的，是龙州现存较好的建筑群，由于年久失修，某些建筑损失比较惨重，现在我们所见的业秀园是重新修整过的。

第十三节　养利古城

一、地处边境，历史悠久

养利古城是个神奇美丽的边境县城，位于南疆桂西与越南接壤的边境，古书称这一带是西原侬侗地。养利叠翠，利水流清，故称"养利"。古时是骆越人（壮族先民）的集聚地，到宋时改土州。此后，土司制延续有1000多年，明清逐渐改土归流。新中国成立后，1957年养利、雷平、万承三县合并为大新县至今。

养利古城是一座有500多年历史的山城，其城位于广西崇左市大新县的桃城镇，因其形状似桃，故又名桃城。从唐代到1910年，是养利土州所在地。从1911年到1949年是养利县民国政府所在地（1929年曾成立过红色政权养利县苏维埃政府）。1965年12月始设镇，1968年10月归入桃城公社，1980年1月恢复镇制。桃城镇是大新县委、县政府所在地，是全县政治、经济、文化活动中心。

地贫民穷的养利，建筑了南疆最牢固最宏伟的城墙，只因养利是明代在边地最早改土归流的土州。养利古城始建于明朝弘治十四年（1501），为养利知州罗爵所建，初为土城。万历十一年（1583）知州叶朝荣将土城改建为石城。万历二十九年（1601）知州许时谦以城内空旷，改建北楼。清康熙七年（1668），洪水暴涨，城垣崩塌殆尽。知州王乾德亲率重修，但完工后又倾颓。康熙二十四年

(1685），知州章泰大兴筑造，但时值大雨，随修随坏，迄无成功。康熙三十年（1691），知州汪溶日到任，即行捐资，购买砖瓦、木植，将周围城垣及楼座修整坚固。乾隆三十二年（1767），又进行全面重修。①

二、建筑特别而坚固

重修后的桃城，内外墙全部用料石砌置，中间填土夯实，上面铺上火砖。石墙高1丈，厚8尺，周围379丈（合1300多米）。在外石墙上，又加砌砖墙，设筑墙垛491个（每个高7尺），并设置大小炮台5座。另外，在城墙之上，按方位修建东南西北4座城楼，并开有东、南、西、两小西5个城门，在两小西门之间的城墙之下，依地势开有拱门1个，名"水洞"（即水闸门），以供城内2个水泉洪涝时泄洪。这样，历经明清两个朝代200多年的艰苦努力，养利城终于建成。②养利古城的城门各不相同，最雄伟的是南门，也叫熏时楼。为什么那样叫呢？是因为南楼最高，当有敌人来犯时，守望的士兵就在城楼上点火放烟，如长城的狼烟一样。人们看到了，就往城里躲，士兵们关上城门，准备抵御来犯之敌。

三、拨款修缮

当时的养利城，气势雄伟，形态壮观，堪与明代靖江王所建的桂林王城媲美，故被附近州县的人赞为"养利好城池"。后因战乱及人为因素，砖垛被毁，石墙被拆，如今只剩下东、南、西三座城门楼和水闸门及北楼附近一段残墙。1983年后，县政府发文将桃城的东门、南门、西门列为县级重点文物保护单位，并先后拨款对西门楼、东门楼、南门楼进行修复。外地游客到大新旅游，都喜欢到南门楼、东门楼、西门楼游览参观，以抒发对祖国南疆这座宏伟建筑的思古情怀。③养利土城墙内，州城规模很小。《大新文史资料》第四辑中说道：当时的桃城各街道还很狭小，伦那街全是木柱屋，大半还是茅草盖顶，现在的民生街由百货大楼起到壮校大桥，只是一条一尺多宽的人行道，两旁野草荆棘丛生。

养利城墙在历史上发挥过重要的作用。清同治年间，已遭失败的太平天国军

---

① 大新县地方志编纂委员会：《大新县志1986—2005》，广西人民出版社2017年版，第121页。
② 大新县地方志编纂委员会：《大新县志1986—2005》，广西人民出版社2017年版，第121页。
③ 大新县地方志编纂委员会：《大新县志1986—2005》，广西人民出版社2017年版，第122页。

余部退回广西故乡，千年的安平州城九街十三巷外加五个神坛庙宇，一把大火过后，只留下一个城隍庙。清咸丰五年，农军起义，砍伐多少根坚硬如铁的古老树木建筑而成的下雷古州府，烧成堆积如山的焦炭。万世继承的万承州衙门在20世纪20年代变成遍地石础石鼓的废墟。恰恰就是这小小的养利县城，城墙内才不过数百户人家，不到二千人，最多加上百名民国军警，1928年秋，顶住了老县长冯飞龙（1925年冯飞龙曾任养利县长数月）上千民军的数天疯狂进攻，虽然险象环生，却是安然无恙。

《大新文史资料》第四辑中记载，1952年，大新开建到崇左的公路，在今县城南面至壮校附近这段，如取直线必须新建桥，沿旧路基过旧桥则打急弯，虽须给旧桥加固，终比造新桥省时省钱。利用旧桥须加一层0.5米厚的拱石，据水文情况还须增设一孔桥，但所需料石何来？于是有人建议拆桃城城墙的石条使用。县领导同意了，把情况告诉群众，向群众征求意见，也获得了同意，但有人提议说，从西门城楼附近到小西门这段城墙因靠近河边作围堤防洪不能拆除。于是，桃城城墙于1952年秋开始被拆卸，起先从南楼城门左右这段拆除。有了这样的开端，后来者做事就容易多了，人口多起来了，县城扩大了。

四、修复与开发

1994年7月1日，大新县人民政府公布养利古城为县级文物保护单位，2009年5月4日，自治区人民政府公布养利古城为自治区级文物保护单位。[1] 县政府曾对养利古城进行修复，但也没能把养利古城修复完整，只是对破坏处进行维修，完整的养利古城已经不存在了。今日，边城无限风光的古老城墙，曾经阅尽壮乡沧桑，而今只剩下东、南、西三大巍峨的城门，拥挤在高大的现代建筑之中，成为当年历史的见证。

据《大新县志》记载，养利古城及周边的旅游资源，历来有养山叠翠、利水清流、金印奇峰、散花仙岭、呼水吸泉、七星伴月、弄月镜台、武阳山灵、悬崖仙杖、无怀古石等"桃城十景"之称。大新县处于云贵高原南端，地势北高南低，喀斯特地貌遍布各地，山山水水形成各种奇特的地形，秀丽的山峰，多姿的

---

[1] 谭先进：《崇左文化述要》，广西人民出版社2010年版，第58页。

溶洞，旅游资源十分丰富。主要自然景观有德天瀑布、明仕田园风光、龙宫仙境、黑水河风光、沙屯瀑布、乔苗平湖和恩城山水等。[1]

当年地贫民穷的养利，却修筑了我国南疆最牢固、最宏伟的城墙，保卫着这一方土地的安宁，岁月在它身上留下了不可磨灭的印记，现如今遗留下来的养利古城遗址，就像一位垂暮的老者，在细细地诉说着那段过往的岁月。

第十四节　法国领事馆

一、地理方位及结构

自中法战争后，中法两国在天津签订了《中法会订越南条约》（又称《中法新约》），开辟龙州为商埠，清政府准许法国政府在龙州设立领事馆。1889年法国政府派安迪来龙州筹建领事馆，经过勘察，安迪决定在篓园角建馆，挂上"法国派驻邕龙领事馆"门匾，开馆办公，处理与广西有关的外交事宜。1898年，法国领事馆从篓园角迁出，搬进当时闲置着的龙州火车站，将该车站作为新的馆址使用。龙州火车站建成于1896年，是法国为修筑龙州至越南同登铁路而建设的配套建筑。法国在《中法会订越南条约》签订后开始在越南北圻一带修筑铁路，并准备在广西边境修筑龙州至越南同登铁路。由于轨距问题谈判失败，这条铁路最终被迫停修。

1913年，法国领事馆曾一度迁到省会南宁，但由于省政府无外事机构，而依据中法条约特设的专事处理对法事务的外交机构"广西全边对汛督办署"设在龙州，法国领事馆在南宁处理业务存在诸多不便，不久便迁回龙州原址办公。1930年2月1日，中国共产党领导了龙州起义，嘉德领事被驱逐出境。此后一段时间，法方不再派领事来龙州。1933年，广西边防督办兼对汛督办李品仙将领事馆重新修葺，法方始派来领事，恢复开馆，直至1949年8月。

二、游览胜地

法国驻龙州领事馆旧址位于龙州县龙州镇利民街区。领事馆是两幢结构相同

---

[1] 廖炎钧：《广西崇左市养利古城开发与规划的构想》，载《魅力中国》2011年第21期。

的法式二层楼房。楼房地面铺着石板,屋顶覆以金属瓦片,中间两座旋转式楼梯和楼板均用枧木精制,四周开 20 扇大拱门,拱门向内为 2 米宽的走廊,整个建筑坚固而别致。法国驻龙州领事馆旧址 1996 年被公布为县级文物保护单位,2000 年被公布为广西壮族自治区级重点文物保护单位。2005 年起先后对法国领事馆旧址进行东西座楼房维修、周边环境整治、生态厕所增设、消防设施整改等,在东楼的二楼展厅开设"百年龙州"图片展。法国驻龙州领事馆旧址开放以来,接待了来自美国、英国、法国、马来西亚等外国旅游团体及区内外游客。

　　这一小段的历史在浩瀚的史书中仿佛不值一提,也少有人知道在这一座边境小城中曾经建立了一座法国领事馆。历史中的领事馆我们难以看见,它是否色彩艳丽,又是否充满异域风情,仅存于我们的想象当中。当你跨入这一片园地,你会惊叹地发现,这里的一切似乎与想象中的有些出入,但似乎想象中就是这样的,高大的拱门、旋转的楼梯、黄色的墙体和闪亮的瓦片,这一切都将法国的精致优雅风格展现得淋漓尽致。风吹雨淋和无人打理使得整栋建筑显得过于老旧和空荡,本来亮丽的墙体在风雨的无情吹打下逐渐褪去了颜色,墙体上长满了裂痕和青苔,楼梯的扶手也褪掉了漆色而变得老旧,在时光的见证下它仿佛是一个在慢慢成长又慢慢变老的人,如今仿佛一座孤坟伫立在这儿,不知等着何人归来。时光缓缓飘过,墙边的树苗已经慢慢长成参天大树,遮蔽着建筑的一角,仿佛无声的陪伴。

　　当你踏进这座古楼,扶着梯子拾阶而上,手指轻轻拂过斑驳的墙壁,看着那老式的门窗,一阵强烈的空间撕裂感会随之袭来,仿佛跨过了一道无形的时空之门将人带入那个时代,透过这些旧的事物看见它刚刚建成的样子。在这样静谧的场景中,若在墙边坐下,看着远方,就能冥想;或是烧一壶茶,带一本书在林荫处坐着,就这样度过一天。这样的日子是和谐而美好的,不知前人是否有过,但也不妨我们美好地猜想。在建筑里还有一个填满木柴的壁炉,在龙州这个地方,气温常年偏高,似乎用不上壁炉来取暖,这样的设计可能对于当时的领事馆官员而言只能作为一个远在异国他乡的心理安慰罢了:当壁炉里的火焰燃起,在遥远的家乡是否也有人在思念着我?

第十五节　恩城小灵珑

一、地理方位

恩城为何地？小灵珑又为何物？恩城乡是大新县的一个乡，大新县城西南10千米是恩城乡政府所在地，在大新的历史文化中扮演着重要角色。恩城境内旅游资源丰富，秀丽的自然风光、神奇的历史文化、独特的民族文化、不断发展的农业示范区、种类丰富的保护区动物、令人垂涎的恩城美食等都令人向往。徐霞客曾留下足迹的"三叠呼瀑"水白如镜。那里的九峰壁画、摩崖石刻、小玲珑山、三叠石等景点都令人叹为观止。

二、摩崖石刻

恩城小灵珑景区位于大新县恩城乡恩城社区恩城岛上，从恩城社区居委会延伸至小灵珑摩崖石刻，包括恩城社区文化广场、恩城土司后花园及小灵珑摩崖石刻等，面积约30亩，是恩城乡群众休闲、运动、娱乐的理想之所。小灵珑景区所在的恩城岛是历代恩城土司建州之地，留有土州街道、小灵珑摩崖石刻、土司衙门遗址、土司后花园、土司地道、龙尾山烽火台等人文古迹。岛上自然资源和人文资源丰富，素有"恩城宝岛"的美誉。为何该景区取名小灵珑呢？因恩城乡政府北面300米处的翠山摩崖石刻上有"小灵珑"石刻，因此得名。摩崖石刻景观是小灵珑景区的一大景观。为什么会有那么多石刻呢？把历史写在石头上，把爱写在石头上，把诗写在石头上，画刻在石头上，这是古人浪漫的情怀传给后世的一种方式——这是对古人在石头上题诗作画浪漫的解释。小灵珑石刻为查克擅所题，刻文为："小灵珑，乙酉冬月巡视，恩城憩葩翌山，曲江高令属题，郡守查克擅。"恩城除了小灵珑石刻所在的翠山摩崖石刻，还有位于恩城乡新圩村南面200米的岜仰山摩崖石刻，以及位于恩城中学后面的聚仙岩摩崖石刻。摩崖石刻起源于远古时代的一种记事方式，盛行于北朝时期，直至隋唐以及宋元以后连绵不断。恩城的摩崖石刻记录了发生在恩城这片土地上的许多重大历史事件。其中，岜字山摩崖石刻对研究当地历史有重要价值。

三、汉代岩画

同样值得研究破译的还有恩城画山汉代岩画。恩城乡那望屯北约 600 米处有一座山叫画山，画山海拔 378 米，距离恩城乡政府约 2.5 千米。山的东南麓有利江自西向东及自北向南分道流过。画山有一处汉代的岩画，叫恩城画山汉代岩画，位于画山南面崖壁上。和花山岩画一样，恩城画山汉代岩画是左江流域岩画群的代表之一。这些岩画是战国至东汉时期岭南左江流域壮族先民骆越人留下来的遗迹，至今已有近 2000 年的历史，具有很高的考古价值和旅游开发价值。

四、土司文化

除了摩崖石刻和画山，我们不难看出小灵珑景区的其他遗迹大多与土司文化相关。2017 年，恩城就举办了第一届土司文化旅游节，可知土司文化具有很高的旅游开发价值。何为土司呢？土司是土官在职守土的通称，它的一套政治制度就是"土司制度"，土官和官署都称为土司。土司制度起源于汉唐时期的羁縻制度，但又与羁縻制度有所区别，具体表现在建置上的差别、长官任职的区别、赋税负担的区别、拥有武装力量的差别以及法制的区别。为了别于其他州县，而在州县前面加一个"土"字，如恩城州又被称为恩城土州，官员被称为土官，百姓被称为土民。土司制度是一种特殊的制度，也可以说是最高统治者的权宜之计，中央王朝对鞭长莫及的边疆少数民族地区首领封以官职名号，通过他们进行间接管理，并表示对王朝的臣属。

明朝时期，壮族地区有很多土府、土州和土县，土司数目众多，土司的世袭基本不受中原政府改朝换代的影响。土司统辖的州县，一般都是以血缘宗族为基础，壮族土官有岑、黄、莫、韦、李、赵、农、梁、冯等姓，下文提到的恩城土司即赵氏。

土司统治大新长达近 900 年的历史。大新土司文化因其地处边陲和具有特殊的民俗文化而独树一帜。土司恩城乡原为恩城土州，是大新的八大土州之一，除恩城土州，还有太平土州、养利土州、安平土州、万承土州、下雷土州、茗盈土州。

恩城土州的州治在现在的恩城街，设有土司衙门，衙门设在岛上，凭河可守,所以历代未曾建筑过城墙,仅在四丈多宽的河面上以竹排架设浮桥通行和守卫。上文已经提到,恩城土州为赵氏土司统辖,从有记载的宋皇祐五年(1053)的赵仁寿开始,到清雍正十一年(1733)末代土官赵康祚被削职止,前后历经680年。从这可看出土司的世袭不受中原政权改朝换代的影响,且恩城是改土归流较早的地方,大新的其他土州多于清末或于民国初年才改流,如茗盈土司于清光绪三十二年(1906)改为流官,全茗土司则于1912年改为流官。恩城虽然是一个小州,但土州设置的官僚行政机构与大州设置的规模不相上下。衙门内有"三班六房",所谓"三班"就是总军、总令、总部。"六房"即门房、兵房、差房、工房、查房、站房。衙门之外的领地区域,设有"三哨三化"。"三哨"为土官直接统治的地方,农民以出兵役为主。恩城街及周围的村屯设置哨,以恩城街为中哨,围绕恩城街周围的各十数村屯分别为前哨和后哨。哨设掌州、兼案作为头目,为土官的代理人。种种措施都是为了加强土官对土民的统治。恩城土州境内土地肥沃,盛产稻谷,辖地还出产朱砂、黄金,自古以来经济繁荣,加之土官对土民重重剥削,恩城土司的经济实力比较富足。于是土官经常大兴土木,修整衙门,邀请文人墨客作诗赋词,当地封建文化的色彩比较浓厚。历代的恩城土官都饱读诗书,喜欢附庸风雅。前文提到的摩崖石刻,就有很多是土官的石刻遗墨。1733年即雍正十一年,土官赵康祚因罪而被革职,恩城也就被改流,结束了由土司管理的时代。

第十六节 中国工农红军第八军军部旧址

一、地理位置

在祖国的南疆龙州,等到春天来临、木棉花盛开的时候,人们不由得想起那段红色革命记忆:在1930年由邓小平同志在广西龙州领导和发动的武装起义以及创建的红八军的历史过往。红八军军部旧址就是这段历史的见证者,这座历经战火洗礼的大楼,闪耀着革命的光辉,照耀左江。

红八军军部旧址位于崇左市龙州县城新街19号,由一幢法式建筑风格的楼房和一幢中式传统建筑的楼房组成,占地面积4922.5平方米,是我国著名红色旅游景点之一，也是我国著名革命遗址之一。据介绍，红八军军部旧址在当时的龙州县，甚至是广西西南一带有名的"瑞丰祥钱庄"，在新中国成立前期被选为龙州起义前后党的领导机关和红八军部所在地，因此后来也被称为"红军楼"。

二、旧址历史

在 1930 年前后，邓小平同志作为中共中央代表先后两次到龙州领导和发动起义，开辟了左江革命根据地，创建了中国工农红军第八军，在龙州县瑞丰祥钱庄设立军部居住和办公，也因此在红八军成立后，瑞丰祥钱庄就被人们称为"红军楼"。在工作闲暇的时候，邓小平同志在大楼前种下了两棵柏树，这两棵柏树也成为红八军军部旧址的重要标志，至今还保留着。

在 1929 年 6 月，国民党广西省政府主席俞作柏和广西各部队编遣特派员李明瑞有意向与共产党人合作，中共中央抓住这一机会，派邓小平、张云逸等一批高级干部到广西开展统战事宜，为之后的革命斗争做准备。在 1929 年 10 月，广西主政的俞作柏和李明瑞发动的"倒蒋斗争"失败，斗争失败后，邓小平同志派俞作柏的弟弟俞作豫率部队离开南宁前往龙州，为发动龙州县武装起义做足了准备。1929 年 12 月初，邓小平同志在广西右江地区布置好百色起义后，立即率领部队出发前往龙州县，传达中央关于发动龙州起义以及建立红八军的指示。起义的前期，邓小平同志在龙州多次和李明瑞进行交谈，希望李明瑞能与共产党合作，一起参加龙州起义。在邓小平同志的多次劝说下，李明瑞下定决心投身革命，参加龙州起义。此时，已经率领广西警备第五大队赶到龙州的俞作豫开始为起义做准备，一方面发展农民武装，另一方面又以广西省政府主席俞作柏的名义任命自己为广西督办及龙州关关监，这些身份为他进行武装斗争提供了很大帮助。李明瑞则以广西绥靖司令的名义，收编和控制了左江地区的桂系旧部和地方山头武装，为发动龙州起义、创建红八军和建立左江革命根据地做好了各项准备。1929 年 12 月中旬，邓小平同志为发动龙州起义做部署，而红八军军部旧址则是当时红八军作为指挥和驻扎的地方。1930 年 2 月 1 日，震惊中外的龙州起义爆发，这是中国共产党在祖国南疆开展"工农武装割据"的伟大创举。1930 年 3 月 20 日，红八军主力分别前往各个县剿匪反霸，国民党趁红八军主力不在龙州的时机，集聚我方数倍的兵力去围剿龙州，即使处于劣势，红八军也没有投降。军长俞作豫率领红八军守城的部队和赤卫队浴血奋战，但是由于武器落后，敌众我寡，最终还是扛不住火力，决定撤出龙州。第一路游击大队政治部主任严敏指挥雷献廷营和陈洪深机枪连负责掩护其他人撤退，与敌军开展了一次又一次殊死搏斗，为其他同志争取到了撤退的时间。严敏、陈洪深等数百名将士牺牲。

龙州失陷后，红八军剩余兵力根据邓小平同志的指示，离开了龙舟地区向右江地区靠拢。红八军经过磨难，冲破敌军的重重围追堵截，历经好几个月，转战7000里，终于在广西凌云县与中国工农红军第七军胜利会师，并在1930年11月，编入红七军序列。

三、旧址价值

龙州起义创建了中国工农红军第八军和左江根据地，在龙州这块地区留下了革命的火种。

解放战争后，邓小平同志曾在1971年、1978年两次问起红八军军部旧址中亲手栽种的两棵柏树的生长情况，也曾回忆起龙州起义时的场景。后来，为纪念龙州起义80周年，龙州县委决定对红八军军部旧址进行维修改造，修复了瑞丰祥钱庄的门楼和后花厅，对红八军军部旧址周边的环境进行了修整，增加了对邓小平同志与龙州之间的故事介绍，但红八军军部旧址里的布置几乎没有变动，仍然保留着当时龙州起义时期的布置，这是旧址里最珍贵的革命历史文物。

笔者有幸到龙州红八军军部旧址参观过一次，下了车，就看到门口有几棵长势十分好的桂花树。在红八军军部旧址的外墙上，红八军标语因年代久远字迹已经模糊；讲解员又引导我们从一幢古老的大门进去，门牌上写着"瑞丰祥"，白底黑字显得格外严谨。随后，我们又走到一个十分具有纪念意义的房间，其中有邓小平、李明瑞等红八军领导人的照片以及他们留下的东西。讲解员又带我们走过一个院子，在院子内有一口水井，水井边立着的石碑上刻着"红军井"三个字，这是当年红八军军部官兵们使用的水井。走过一个大院，就走到了著名的红八军军部旧址大楼，楼前面的两棵柏树向大楼两边倾斜，这是当年邓小平同志亲手栽种的两棵树，笔者不禁伸出手去触摸它的树根，这两棵树长得郁郁葱葱，十分喜人。随后我们又跟着讲解员逐级登上楼房，参观了邓小平同志的卧室、红八军的会议室。在战士宿舍内，墙上仍然挂着草帽和衣服，还有许多珍贵的历史文物。我不禁生发感慨，我们现在的和平，都是先辈们艰苦奋斗出来的，我们必须时刻铭记历史，学习先辈们的革命精神，去开创更好的明天。

龙州起义之后，红八军军部旧址在 1963 年 2 月被列为自治区级文物保护单位；1985 年，为纪念龙州起义和红军革命精神，龙州县在此修建了龙州起义纪念馆，在 1985 年 2 月 1 日开馆，馆中收藏了革命文物 400 多件。红八军军部旧址一直被保护得很好。当年龙州起义时那艰苦的生活环境和工作场景在现今也成为红八军军部旧址陈列的重要内容，吸引了无数游客在此驻足；1988 年 1 月 13 日，国务院将红八军军部旧址公布为全国重点文物保护单位；2001 年 6 月 11 日，中宣部将红八军军部旧址公布为第二批全国爱国主义教育示范基地。而红八军军部旧址自开放以来，极大地发挥了全国爱国主义教育示范基地的作用，增强了人民的爱国主义精神，也取得了良好的社会效益。

第十七节　太平古城

一、太平古城及现状

太平古城，又名太平府古城，是明代府城，属自治区级文物保护单位，位于崇左市江州区太平镇。古城建于明洪武五年（1372），分外城和内城，外城设于太平府所在地北面，连接左江半岛两头，城址从壶关西边左江岸，成外弧状延伸至今崇左糖厂北面的左江边。设城门壶关。城墙高约 7 米，厚约 4 米，外城弧长约 70 米。内城从东起沿左江东、南、西岸筑城垣，成弧状往北延伸至今太平镇西角，过今崇左汽车总站往东，又过今崇左市高级中学至新庆街环合。城的东、南、西三面由左江环绕，成为天然护城河。内城置城门 5 个，东为长春门，南为镇安门，西为安远门和镇边门，北为拱辰门，各建楼于上。在城门间分别设置敌楼 10 座。内城墙高和厚与外城相同，城墙周长约 2140 米。明永乐六年（1408），左江洪水暴涨，内城墙被淹，部分坍塌。明隆庆五年（1571）进行了一次较大的修整。1912 年又进行大修，同时将长春门改称为朝用门，民国二年（1913）太平府撤治后，城墙因失修而坍塌。现尚存"长春"（东门）、"镇边"（大西门）、"安远"（小西门）及残墙约 1360 米，是迄今为止广西保存较为完整的明代府城城垣。① 1992年原崇左县人民政府公布其为县级文物保护单位，2000年广西壮族自治区人民政府公布其为自治区级文物保护单位。保护范围：墙内外各延伸60米，建设控制地带；墙外至江岸，墙内外延伸220米。太平古城有"丽水四折，环其三面，其形若壶"，有"壶城"之说，指三面被左江环绕，为牛轭状河堤。元明以来，人们依山就势从中营造了一个葫芦城。它取宝葫芦的灵气，只有一条大路从葫芦口进城，四座城门临江而开。葫芦城之内人群聚居，财富聚集，经济繁荣。清太平知府甘汝来②作诗《阅壶关城》："壶城明初建，得名因形模。丽江凡四折，如环抱其郭。东西南三面，阻江无他虞。城北两江口，为陆为通衢。"如今的太平古城，只余下三道城门屹立，从那一砖一瓦和地上未消的痕迹，依稀还能窥见这座美丽古城昔日的辉煌与荣光。一千多米长的城墙屹立在江岸，如威武不屈的战士守护着安居乐业的人们，残墙上树藤缠绕，蜿蜒婀娜，试图用它的生机唤醒昔日辉煌繁华的城郭。

二、名字的由来

如今的太平古镇、太平府门码头、太平府孔庙，再到太平古城皆由古名转化而来，从这里不难看出古时的统治者和人们似乎对"太平"二字颇有偏爱。据《崇左县志》载，北宋皇祐初年，思同、万承等六州被广源州酋侬智高占领，人心惶惶。宋皇祐五年立太平寨（今太平镇），始有"太平"之名。同年将"崇山"改为"崇善"，都代表了官民"希望天下太平"的意愿。从"太平"之命名，可见太平寨、路、府历代为官者用心良苦。在江北丽江公园遗址存留的七块碑记中，至少有三块表达了国泰民安的愿望。东边第一块是清道光年间太平知府王元仁的奇书"千年寿"碑；第二块没有文字，画了一位钟馗一样的保护神举剑驱邪；第三块直书"万世无疆"。就连五座城门的名字（长春、镇安、镇边、安远、拱辰）都与"太平"有关。可以看得出来都是祈求国泰民安、边疆稳定、天下太平的意思。③ 如今，历经千年，古城虽已残缺，但它终于等来了它的太平盛世。

---

① 谭先进：《崇左文化述要》，广西人民出版社2010年版，第193页。
② 甘汝来（1684—1739），江西奉新县人，清康熙癸巳科进士，以教习授知县，补直隶涞水知县。
③ 谭先进：《崇左文化述要》，广西人民出版社2010年版，第194页。

如今的太平古城模拟600多年前的生活场景。晚上灯光亮起，如大唐不夜城般繁华。政府对古太平府城垣、归龙斜塔、金柜山峭壁题词、板麦石塔、武庙、丽江公园旧址、南津古渡、白云洞等13处历史文化遗存进行修复和保护。另外，还将非物质文化遗产融入壮族文化，推出以"三月三"歌圩为核心的内容。太平古城改造项目建成后，集城市配套、民俗体验、风情美食、休闲娱乐、非遗体验区、文创区、主题民宿、特色民俗文化产品展销于一体，是能够满足旅客"游、购、玩、吃、住、行"一站式消费体验的文化旅游景区，能让旅客在喧嚣繁华之外有休憩之地。最新升级改造的太平古城拥有匠心雕琢的城楼亭轩，恢宏大气，坐落在喧闹的城市中，走进古城就如同穿越了时空一般。

第三卷 民风民俗

第一章 婚恋习俗
第二章 节庆习俗
第三章 日常习俗及其他

第一章　婚恋习俗

第一节　崇左壮族婚嫁习俗

一、引言

壮族历史源远流长，最早可追溯到先秦时期。历经几千年岁月的发展，壮族人民在历史的波涛中起起伏伏，绵延至今。如今壮族人口高达千万，是中国少数民族中当之无愧的大族。

二、抛绣球

在21世纪的今天，不少壮族人民仍然保留着传统求婚习俗。以"抛绣球"为例，"抛绣球"就是女方将手中漂亮的绣球扔给自己中意的男子。不同于电视剧中女子抛绣球招亲，谁抢到绣球就嫁给谁，壮族女子"抛绣球"时男女双方都有选择的权利。在特定的时间和地点，壮族女子会手提漂亮的花绣球，扔给自己中意的男子，而男子对女方若不满意则可以拒绝。若是男子对女方满意，就会把缠上小物件的绣球扔回去，两人之间的恋爱由此开始。绣球自然而然被赋予了特殊的意义，它不仅仅是壮族男女之间的定情之物，更包含着"生育兴旺"之意。

三、自由恋爱

壮族男女基本由自由恋爱走向婚姻。壮族男女婚前是可以自由社交的，这有益于男女双方了解未来伴侣,也方便寻找自己的意中人。若是双方两情相悦,必须征得父母同意才能结婚。长期以来,壮族男女通过对唱山歌来挑选自己的伴侣。经过上千年的发展,这种择偶的方式已经扎根在壮族人民的婚姻生活中,留存在壮族人民的血液中。直到今天,这种择偶方式也不曾消失。从现今的社会角度看,自由恋爱更加符合当今男女之间的需要。

四、入赘婚

壮族人民还保留了较为特殊的婚嫁习俗,其一便是"入赘"。"入赘"又称"男出嫁,女招郎"。"入赘",顾名思义,是男方到女方家中成亲,落户于女方家中,改为女方姓。产生这种入赘风俗的原因有很多,一是壮族男子家中兄弟姊妹过多;二是壮族男子家庭条件不理想,或是壮族男子家所在地区经济落后,有离开此地前往他乡的想法;三是壮族女子家中没有其他兄弟姊妹,或是壮族女子父母不舍得自己的女儿嫁出去,于是招婿……尤其在偏远山区,在种种条件的叠加下导致了入赘风俗的盛行。

入赘这一风俗不仅仅在壮族盛行,同样流行在其他民族中,更是频频出现在各朝文人的文学作品上。明末清初文学家、戏剧家李渔在他的《凰求凤·媒间》中写道:"乔老爷无子,只有这位小姐,不肯嫁他出门,要你过来入赘的。"甚至到了现代著名女作家丁玲所写的《夜》中:"他也曾离开过这里,挟着一个小包卷去入赘在老婆的家中,那时他才二十岁。"这种男子入赘女方家的故事不胜枚举。

在壮族社会中,想要入赘女方家庭的年轻男子会大胆地向女方表达心意,要求和她成亲,若是女方同意,男方即可入赘。而壮族年轻女子若要招婿,便会走村串寨地寻找自己中意的男子。凡是招入女方家庭的男青年,结婚的地点都在女方家中,结婚所需的一切物品皆由女方负责。与女子出嫁不同,入赘男子不能收礼物、不用准备嫁妆。等到男女双方结婚时,男方家中一切从简,不宜大操大办,女方家中却是非常隆重,女方会宴请所有的亲朋好友前来祝贺,并且大鱼大肉地招待宾客。同时,请同族中年老的长辈,给女婿改姓换名,确定女婿在家族中的排行;将女婿视为家中之子,禁止用"姐夫""妹夫"之称。日后,诞下的子女一律随母姓。

古时关中地区的汉族男子受到封建社会男尊女卑思想的影响，一般不愿入赘女方家庭，但壮族人民生活的地区较为偏远，受到封建社会男尊女卑思想的影响较小，所以在壮族社会体系中，壮族男子入赘后，不论在生活中还是在社会上都不会受到他人歧视。其中能力与威信格外突出者，还可以当选村寨干部。甚至当婚后妻子过早离世时，赘婿可以拥有家产的继承权，妻子死后可以另娶新妇，并且妻子的家人不能阻拦。在壮族社会中，入赘风俗的盛行促使壮族人民不论儿女都将其视为传宗接代的继承者，同时遏制了重男轻女恶习的存在。

五、夜婚

壮族"夜婚"的风俗由来已久。明清时期，土司制度日益腐朽，土司横行霸道、鱼肉壮民。在此情况下，土司制定了一项新规，内容大致就是壮民结婚时，新妇要被送到土司家中过夜。久而久之，百姓越来越难以忍受这种卑鄙无耻的行为，但在种种压迫下，平民百姓是有冤不能伸，有仇不能报，于是为避免土司对新妇的迫害，壮民只能选择三更半夜时接亲。这就是壮族"夜婚"的由来，其实质是壮族人民对统治阶级压迫、剥削行为的反抗。

第二节 龙州壮族婚恋习俗

一、龙州壮族恋爱习俗

龙州壮族的婚嫁习俗与崇左其他地区壮族婚恋习俗大同小异。婚嫁习俗是人类从古至今慢慢形成的一种文化，龙州县是壮族人聚居区，孕育出了独具特色的壮族婚嫁习俗。

比较为人所熟知的壮族青年男女自由恋爱的方式有抛绣球和对唱山歌。抛绣球是壮族青年男女在举办歌圩活动（如壮族"三月三"）时，女方手提五彩缤纷的花绣球，整齐地排队唱山歌，这时如果见到中意的小伙子，便将手中的绣球抛给他。小伙子接到绣球，如果对姑娘也有情意，就把小礼物缠在绣球上，将绣球扔回给女方，一段情缘就此展开。对唱山歌一般有男女个人对唱与男女集体对唱两种形式，对唱山歌的内容一般以青年男女追求美好爱情为主题。在壮族文化比较浓厚的地区，男女青年通常在十二三岁起就要学会唱几首山歌，而到快成年、适婚的年纪则必须学会即兴唱情歌。男女双方对唱山歌的地点也有严格要求，必须是生活在那一片区域的壮族人都承认或者看见的地方才能举行对唱山歌的活动。举办对唱山歌活动的时间则没有明确的规定，一般是按照当地的生产季节来定。举办对唱山歌活动时，符合条件的青年男女各自携带事先准备好的小物品，在固定场地进行山歌对唱。这个时候，如果某位青年男子喜欢某位姑娘，在集体对唱阶段便可以向她投送秋波，若姑娘也有爱慕之意，双方就以山歌对唱，以一问一答的形式成为一对眷侣。对唱完毕后，可以坐下，并将随身携带的小物品互赠，作为定情信物，在日后街日或节日之时可以约会。这种以唱山歌作为选择伴侣的方式，长期以来，在壮族婚姻生活中已经成为一种约定俗成的风俗，直到新中国成立初期，在广西、云南的壮族聚居区仍然十分盛行。

除了抛绣球、对唱山歌，壮族青年男女还有"隔街相望"的恋爱风俗。每到赶歌圩的那一天，壮族的青年男女们一早就来到街口，男女各占街道的一边，双方相隔几步，互相对望，眉目传情，直到太阳落山。这个时候如果双方有意，就示意对方单独相处。在壮族"三月三"那天，青年男女还会举办"碰鸡蛋"活动。活动所用到的"红蛋"一般由壮族青年男子于前一天晚上准备好。游戏开始时，青年男女双方各握一个红蛋，面对面站立，将手中握着的红蛋对碰，这个时候如果双方手里的红蛋同时破裂，则代表两个人有缘分，需要把红蛋赠送给对方并吃掉。如果只有一方的红蛋破裂，则表示男女双方没有缘分，只能将自己的红蛋吃掉。

二、龙州壮族婚嫁习俗

壮族青年男女的婚嫁风俗也别具一格。

壮族青年男女在婚前有社交自由，在各大节日中抛绣球、对唱山歌等，以此选择伴侣。但双方若是想要结为伴侣，则需要向双方父母请示，双方父母同意后，要经过聘请媒人上门提亲、定下婚期、接亲、送亲、成亲和回门等风俗后才正式结为伴侣。父母包办婚姻在旧时的壮族社会也十分盛行，一般要求男女双方门当户对，并以父母之命和媒妁之言定亲，大多是在孩子出生没多久时就由男女双方的父母口头约定，即所谓"娃娃亲"。父母包办婚姻的形式中定亲的男女双方没有自由选择婚配的权利，是一种封建的婚嫁习俗。随着中国社会的发展，很多旧时的习俗被摒弃了，现在年轻人的婚嫁形式有了多种选择，可以举办西式婚礼，也可以举办中式婚礼，而举办中式婚礼时，一些旧时的流程也简化了。

壮族青年男女婚嫁的仪式也极具特色。

首先在双方新人置办酒席之前，壮族的女子要吃一顿"离娘饭"，母亲交代女子一些事情，为新娘离家做准备。等到晚上公鸡叫第一声的时候，新娘要在堂屋举行仪式，焚香祷告祖先，以帕掩面唱出事先准备好的哭词，内容主要是感谢祖父母、父母的养育之恩等，叫作"开声"，寓意着女子即将出嫁。等到早晨，在新郎来接亲之前，新娘需要沐浴更衣，沐浴时在水中放入芳草熏香，意味着洗掉身上的"邪气"，寓意着幸运、长寿与繁荣。

第二步则由媒婆、送嫁婆帮新娘梳头，边梳边给新娘说一些祝福的话，这一做法传说可以给这对新人带来和谐、财富和多子多福。新娘一般在屋中一边唱"哭嫁歌"，一边等待宾客来访。若是有人来访，则以毛巾掩面唱哭词，宾客则给予新娘祝福与安慰，并给予"哭嫁钱"表示心意。哭嫁歌的内容多样，有感激父母养育之恩、埋怨生为女孩要出嫁、对一同长大的姐妹的留恋等，曲调婉转。而"哭嫁"这一习俗源于旧时壮族人民多居住于山区，交通不便，女子一旦出嫁，则久难相见，为了倾诉情感，为离家做准备，便以"哭嫁"这一方式招呼往来宾客，与亲人好友告别。

新娘"哭嫁"要持续到新郎前来接亲之时。这个时候家中亲人与宾客进入送亲的队伍，宴席也即将结束，等到第二天日凌晨时，新郎新娘选择吉时"发轿"出门，去到新郎家中举行拜堂仪式，正式成亲，直到第三天"回门"，婚事才算结束。

如今壮族青年男女的婚礼仪式中，一些风俗已经慢慢淡化了，"哭嫁"这一仪式只有少数地区还有保留，大多数地区都是亲友在旁鼓励新娘将心中所思所想说出来，释放一下情绪，不再只以唱哭词这一方式来表达情绪。

以上便是龙州壮族人民恋爱婚嫁时的风俗习惯。随着社会的发展，一些风俗也在渐渐消失，但是回溯根源，还是能够找寻到一些踪迹，一些好的风俗仍值得我们去传承。

第三节 扶绥婚俗

广西扶绥县主要是以壮族为主体的少数民族地区聚居县,全县有壮、汉、瑶三个世居民族,其他民族 24 个。其中,壮族为扶绥县土著民族,汉族相传由山东、广东、广西钦州等地迁来,瑶族是新中国成立前由十万大山南部的防城区迁来。①

一、扶绥壮族婚俗

新中国成立前,在扶绥县渠旧、东罗、柳桥一带的壮族地区,青年男女通过歌圩谈情说爱,觅得情侣,征得父母同意即结成夫妻。扶南、新宁、昌平、东门一带的壮族群众,婚姻大事依"父母之命,媒妁之言",讲究"门当户对"。一般先由男方家长看上姑娘,托媒人提亲。如果女方家长同意,便可索问姑娘年庚,请算命先生"合八字"。"命"不相克,即认为可以结合。有的将姑娘年庚放在男家神龛香案上,三天之内无"破碗"等不祥之兆,则认为"八字"好,即择吉日过小礼订婚,称"文定纳彩"或"定庚"。订婚礼物为礼金的,一般是50—100元人民币、槟榔 6 只、红头绳 2 尺。订婚后两家即成姻亲,双方有红白事互相告知,喜忧与共。待姑娘"及笄"(15 岁)、男子"弱冠"(20 岁左右),男方托媒人到女家商量"于归"(女子出嫁)。如女方应允,男家即择吉日举行婚礼。商量"于归"一般提前半年或一年,以便两家商定聘礼等具体事宜,做彩礼、嫁妆、筵席等准备。聘礼多少,各地不同,贫富不一,一般送人民币七八十元或一二百元,猪肉 50 至 100 斤,还有酒、米等。礼金须于吉日前数月送到女家,其余礼物于迎亲时送往。女家收到聘金后,赶制花床、箱柜、桌椅等,于迎亲日前两三天送往男家,以便选择吉时安床,布置新房。

新娘出嫁的前几天,必须痛哭几昼夜,唱"哭嫁歌",有"十姐妹"做伴。歌词内容大致是哭诉被迫嫁给别人当牛做马;赞颂父母等长辈抚养栽培之恩;诉说对兄弟姐妹难舍之情;咒骂媒人奸猾欺骗及不称心的新郎等。一直哭骂到上轿

---

① 扶绥县志编撰委员会:《扶绥县志》,广西人民出版社 1989 年版,第 443 页。

离村。

　　结婚之日，双方各自宴请三亲六戚和好友。富者数十桌，贫者十多桌。应邀赴宴者，至亲送酒、米一担，布料丈余，以及毡毯、衣服之类；次亲送纸联、镜屏或各种纪念品；送贺金的，一般为人民币若干元，"封包"写上吉祥字句。

　　迎亲时，男家要用八仙桌抬厚礼到女家，女方也备妥被褥、蚊帐、服装、毡毯及炊具等嫁妆送到男家。如果女方富有，还陪送耕牛及田地。一条麻绳象征一头牛，一块泥土象征一块田，放在八仙桌上，抬到男家。

　　迎亲仪式各地不尽相同。有些地方，新郎陪"十友"（结拜兄弟的十个朋友）午宴后，即随媒人、接嫁娘和迎亲队伍步行（或骑马）到女家接新娘。迎亲队伍一般由吹鼓手、送礼物的、抬花轿的组成。新郎到女家后，拜见岳父母及诸长辈，会餐，受"挂红"（由女家一个年长的亲戚，披一幅红布于新郎肩膀上），然后告辞。迎亲队抬着花轿，吹吹打打回男方家。

　　花轿到家，接嫁娘扶出新娘，到厅堂与新郎同行拜堂礼后入新房。一些地区入新房前，新郎要抢先到房门口用木尺象征性地敲新娘头顶几下，表示要新娘今后听丈夫的话。一些乡村在新房门上横挂家婆大裤一条，待新娘入房后取下，表示新娘过门后要孝顺家婆。进入新房，取下新娘蒙头彩巾。县境中部和南部的乡村，要宴请送嫁娘于新房中。晚饭后，新娘端一盆热水，连同新毛巾、新鞋敬请家翁、家姑洗脸洗脚，表示尊敬老人，并与新郎向"十友"敬送烟茶。"十友"回敬新娘新郎"封包"，然后放鞭炮，闹洞房，直至深夜。

　　新中国成立后，青年男女获得婚姻自由。双方经自由恋爱，到政府部门领取结婚证，择日举行婚礼。婚前，男方给女方一些钱添置衣服和妆奁。结婚之日，礼仪从简。有的由主婚人致贺词，新郎新娘介绍恋爱经过，请客人饮茶，吃喜糖，大家唱歌跳舞，热闹一番。有的举行集体婚礼，每对新人凑些钱，买烟茶糖饼，敬请亲朋。集体婚礼，有政府部门主持的，也有新人自发组织的。

　　新中国成立前，广西扶绥县内壮族还有入赘习俗。有的男子无钱娶妇，自愿上门；有的人家有女无男，女孩愿意留在娘家，于是招婿上门，随女方姓，当儿子待，继承产业；有的家产较多，虽有男孩，但年纪尚小，或外出读书、经商，家中缺劳力，愿招婿上门劳动；有的中年丧夫，寡妇已育儿女，不愿再嫁，则在翁姑叔伯同意下，也可招夫入赘，共同赡养翁姑和抚养子女。

新中国成立前,壮族也有"童养媳"习俗。贫苦之家,无力抚养女孩,即送给他家为"童养媳",长大再行婚礼。有些富户,贪图无偿劳力,买穷人家女孩抚养,长大劳动,如果其子愿意结合,即结为夫妻,否则转卖图利。

二、扶绥汉族婚俗

新中国成立前,扶绥汉族多为包办婚姻,礼仪一般与壮族同。东门那江、江边等处的婚姻习俗有些不同。一经订婚,社会就认定婚事已经"合法",任何一方不能反悔,如有变卦,其家人即成为众矢之的,受到歧视和谴责。女子未出嫁前,留辫子,不拔面毛。结婚前一天,待男方家送来白粉和发夹,新娘才拔面毛,梳发髻,用特别煎炼的猪油擦头,使头发光滑,以示富贵。出嫁当天清晨,新娘之兄或弟用鸡腿肉拌米饭给新娘吃。新娘要佯装怕羞不肯吃,几经催促,才勉强入口。但第一口必须吐出,喂给父母吃;第二口吐出,喂给兄弟姐妹吃;第三口吐出,喂给在场的亲戚吃;第四口才自己吃,以示尊老爱幼。喂饭的筷子,是从成扎的十对筷子中抽出一对,但半截留在筷扎里,用露出的半截连同成扎的筷子一起捧着喂,表示新娘出嫁后,一家兄弟姐妹仍然团结一心。新婚第四天,新娘回娘家省亲,这叫"转三朝",但不过夜,晚饭后返回男方家。新中国成立后,汉族婚姻习俗基本同壮族。

三、扶绥瑶族婚俗

扶绥瑶族青年男女联姻,先自由对唱山歌,在歌圩上互换头巾、雨伞或雨帽等,之后索取赎钱作为订婚凭证,而后男方告知父母,父母同意后,乃卜卦合命,如"无冲无克",即托媒人到女家议婚。瑶族联姻,礼金、礼物较少,婚仪比较简单。如果新郎新娘同在一村,结婚之日,请人挑礼物偕新郎前往女家迎亲。不在一村的,就有"三关"拦路之俗。所谓"三关",就是新娘的"十姐妹"以长布拦路,新郎要对唱山歌才能通过。此为第一关——"过路关"。所以,新郎必须邀请高明歌手做伴,以便必要时代新郎作答。一般只提问姓名、住址、职业、路程、与新娘恋爱经过、礼物数量等。午宴后,媒人与接嫁人先回,新郎在女家过夜(夫妻不同居),全村青年男女群集于房外,对唱山歌,深夜方散,此为第二关——"对歌关"。次日早餐后,新郎新娘同返男方家,离村时,又要过第三关,即"封包关"。全村妇女聚集在村边,唱山歌欢送,新郎将事先准备好的"封包"分给她们,才得过关。到男方家,双双"拜堂",先拜祖宗、天地,继拜父母,之后入洞房。当晚,随新郎来的"十姐妹"开始唱山歌,村上青年男女,纷纷前来对唱,持续几天。然后新娘"回门"探望父母。

瑶族青年女子如无同胞兄弟,有招婿入赘习俗,所生子女随父姓、母姓均可,不受歧视。新中国成立后,瑶族婚姻习俗基本同壮族。①

第四节 天等婚俗

一、指腹为婚

天等县民间婚俗在不同时期、不同阶段都有着与其他地方不相同的习惯。

新中国成立前,指腹为婚和定娃娃亲,是天等县福新乡的旧婚俗。同村或邻村的老熟人、莫逆之交,双方的妻子同年怀孕,在孩子尚未出生之前,如果双方有联姻的意图,择一良辰吉日,双方夫妇四人携带供品到土地庙上香祈求联姻,天地可鉴,公祖(壮话)有知。然后到其中一方家里进行碰亲会,谓之双定亲,也叫双求婚,夫对夫、妻对妻互敬交亲酒,孕妇可用茶代酒。若所生孩子为一男一女,长大后结为夫妇,不得反悔;若生两男或两女,则结为兄弟或姐妹。在孩子刚刚记事的时候,若男孩家的父母很中意某家的女孩,则会主动与女孩的父母套近乎,征得女孩父母的同意,择得黄道吉日,父母带男孩来女孩家提亲,双方父母为自己的孩子定下百年之约。娃娃亲定下后,有的男孩女孩交往更加密切,两小无猜,青梅竹马,长大后成婚。有的人无法容忍对方的缺点,觉得两个人性格不合,则分道扬镳。②

二、合八字和报香

在新中国成立前,未指腹为婚的,男子至10多岁,父母便请亲友到与其子年龄及各方面相称的女子家求取对方"八字"(用红纸写的出生年、月、日、时),

---

① 扶绥县志编撰委员会:《扶绥县志》,广西人民出版社1989年版,第449~451页。
② 广西壮族自治区地方编撰委员会:《广西通志·民俗志》,人民出版社1992年版,第233页。

此称"问命"。男方得女方"八字"后，请算命先生评说，此称"合命"。新中国成立后，特别是改革开放后，婚姻中的合命可有可无，使用合命者大多数仅供参考。有双方情投意合而不合命者，也想办法化解不合之处而成婚。① 男女生辰八字无相克，即以少量酒肉、粽粑到女方家报信，此称"报香"。报香后，男方家需快速派媒人往女方家说亲。说妥后即办订婚手续，送小礼。礼物取偶数，意为好事成双。礼物一般是鸡、猪肉、酒、米与订婚金。富户的小礼为一头大猪和几担酒、米、糕点。女方家请亲朋来参加订婚礼仪，不收贺礼。订婚后，女方名为"赤绳系足"。上映、把荷一带的女子多以刘海往右梳为标志。订婚的女子刘海工整。订婚后，四时八节，男方家以少量礼物送女方家，女方家只收一半，并以布鞋、面巾等回赠。过一两年后，男方家选定迎娶佳日，以礼物及现金送女方家，商讨迎娶事宜，此称"出媒"。新中国成立后，部分人已省订婚程序。②

三、自由恋爱

新中国成立后，壮族男女双方多是自由恋爱，经父母同意，选择吉日举行婚礼。有的还需将双方的生辰八字经过算命先生推算后方能定下。女方嫁妆在20世纪80年代一般有缝纫机、自行车等。瑶族素来男女可自由恋爱结婚，父母少干预。结婚礼仪简单，备些酒菜请亲戚、朋友吃一餐便是。有些甚至生了孩子才给女家送礼、请酒。男女关系严肃，结婚后男女均须守节，否则受亲戚惩罚。结婚后即与父母分居。瑶族男女极少与其他民族通婚。③

窗恋是天等县向都镇汉洞村的传统婚俗。男女青年在窗台上谈恋爱。该地12个自然屯的居民多数为壮族。该村的勒冒（未婚小伙的意思）在晚饭过后，打着手电筒，爬上干栏房勒俏（姑娘的意思）家窗口，与勒俏谈情说爱，天亮前离开，约定下一晚再来见面。窗恋持续到男女订婚即宣告停止。家长对正当的窗恋不但不阻止，还支持、宽容。已婚或已订婚的男女青年不得窗恋。改革开放后青年外出务工多，恋爱方式改变，窗恋逐渐消失。④

---

① 谭先进：《崇左文化博览》，广西人民出版社2016年版，第808页。
② 谭先进：《崇左文化述要》，广西人民出版社2010年版，第403页。
③ 天等县地方志编撰委员会：《天等县志》，广西人民出版社2015年版，第552页。
④ 谭先进：《崇左文化博览》，广西人民出版社2016年版，第808页。

四、婚前考新郎

天等、大新等县的壮族,在结婚前有考新婿之俗,考场就在女家正堂的宴席上,时间一般在订婚后次年正月上旬。女方父母派"呼郎"去邀请未来女婿赴宴,未来新郎则由"陪郎"陪同前往。宴席上,女方同席的老人们要考问新郎,内容包括作物栽培技术、禽畜饲养方法、本地风土人情、待人之礼、持家之道以及天文地理等。新郎要恭敬地回答。如有不懂,不可信口开河,可问陪郎。陪郎多是见多识广、口齿伶俐、机敏过人的男青年,他能随时给新郎提示,使新郎渡过难关。宴席周围,还有一群村里的姑娘们在围观,评头品足,使新郎处于"内外夹攻"之中。如果男青年不懂礼节,见识短浅,答非所问,就有可能当场解除婚约。这促使青年要在品行和知识上下功夫。[1]

五、不落夫家

不落夫家,旧时又称坐娘家、分番等,是崇左市壮族传统婚俗,各县各乡不尽相同。天等县不落夫家是结婚不度新婚之夜。新娘当晚由女伴陪宿或通宵唱山歌,次日即回娘家。此后,在过节和农忙时,家婆派小妹去接才来夫家,多是白天帮工晚上回娘家。临产时才在夫家定居。不落夫家的时间约三年。[2] 新中国成立后,天等县结婚无花轿,新娘走路、骑自行车去男家。至20世纪80年代仍有不落夫家习俗。把荷、金洞乡一带的已婚男子在路上或野外把不落夫家的妻子扛或拖回家,锁在房间一两天。这样做,妻子才感到身价高。之后,妻子常来夫家居住,这种习惯至20世纪80年代仍存留。当时机关、事业单位、企业干部职工结婚会举办简单的结婚典礼,招待客人一些烟茶糖果,农村群众结婚设一两席便宴就算了事。20世纪80年代后,婚礼又渐隆重,要摆筵席,男方有的用汽车迎亲,女方嫁妆也逐渐增多,除了被褥,还有自行车、衣柜、电视机、电冰箱等。[3]

六、坐请之礼

"坐请"是天等县天等镇、龙茗镇、福新乡结婚的习俗,当地新娘出嫁时辰

---

[1] 广西壮族自治区地方编撰委员会:《广西通志·民俗志》,人民出版社1992年版,第233页。
[2] 谭先进:《崇左文化述要》,广西人民出版社2010年版,第392~393页。
[3] 谭先进:《崇左文化博览》,广西人民出版社2016年版,第824页。

多在深夜。男方家摆一桌名为"坐请"的酒席,由德高望重的老翁主持,新郎的朋友陪坐。进餐时,老翁分两次斟酒夹菜递至新郎嘴边,并道诸如"百年偕老,五世其昌"的吉祥话;新郎不受酒菜,老翁再递一只鸡腿,新郎接而不吃,意即爱吃鸡腿的童年已过,自己立家创业,养育儿女,侍奉父母。女方家的坐请酒席大体一样,不同的是老者劝告的是"在家从父,出嫁从夫"之类的话。[①]

七、分红蛋

在天等县、大新县,成亲之日流行分红蛋,是壮族民间婚嫁礼俗。新娘进了洞房后,新郎和别的男子不进洞房,只有妇女才可进洞房看新娘。小姑进洞房向新嫂敬茶,新嫂送小姑糖果、封包。接着,男女儿童蜂拥入洞房,由新娘分给红蛋和糖果,俗称"分红蛋",象征新娘从此结束姑娘生活,挑起家务重担,或表示对孩子关心,喻意早生贵子。[②] 天等县的新娘入洞房后,还有在婚房设宴的习俗,进餐的有新娘、儿女双全的女伴和福寿双全的妇人。希望通过这一餐福气饭带给新娘子儿女双全的福气。

天等县传统婚俗习惯不止这些,但随着时间的推移、思想的改变,很多习惯都被埋没在历史长河中,通过书籍记载和老一辈人的叙述才可知一二。

---

① 谭先进:《崇左文化博览》,广西人民出版社2016年版,第812页。
② 谭先进:《崇左文化博览》,广西人民出版社2016年版,第816页。

第二章　节庆习俗

第一节　崇左传统特色节日概述

一、金山节

金山节，别名花炮节，是崇左市江州区左州镇的传统民俗文化节日。该节源于明朝成化十四年农历二月十九日，至今已有三百多年的历史。每逢农历二月十九日，当地群众一边表演舞狮、舞龙、观音出游、八仙过海等节目，一边在左州镇大街小巷里游行。过金山节时有祈福、抢花炮、文艺演出等活动。

二、花朝节

壮族花朝节是纪念百花仙子的壮族传统民俗文化节日，在每年的农历二月初二举行。节日里，男女青年从四面八方汇集到长有高大木棉树的地方唱山歌，在真挚的歌声中赠花以表定情之意，青年们还会抛掷绣球和互赠礼物。日落时分，人们就把绣球向木棉树抛去，尽量要挂到木棉树的高枝上，以求百花仙子保佑爱情永结。一道道彩色的"闪电"，五彩缤纷，令人眼花缭乱。抛掷过后，木棉树上彩球累累，宛如仙子霓裙。人们用这样的方式祈求百花仙子降福。花朝节为什么是纪念百花仙子的节日呢？传说，她降于这天。她喜欢木棉树，因为它长得挺拔粗壮，春来满树红花，鲜艳如火。所以她常栖于木棉树上，佑护大地百花灿烂，人间安宁。每逢花朝节节日，男女青年们云集而来，穿着民族衣裳，带着糯米饭、糍粑、粽子等美食，带上为情人而备的头巾、千针底新鞋等礼品，还有绣球，三五成群，对唱山歌。

三、侬峒节

侬峒节，是崇左市龙州县金龙镇的传统民俗文化节日，有祭祀天神，祈盼上苍来年赐福，祈求风调雨顺之意。每年的农历正月十一，侬峒节都会在龙州县金龙镇双蒙村板池屯隆重举行。侬峒节当天，板池屯屯头巷尾热闹非凡，那一天，天刚刚亮，男女老少就早早起床，忙着换新衣作打扮，三五成群地从四面八方赶一趟新年侬峒节圩。由金龙镇和屯里组织的舞龙、斗鸡、拔河、篮球比赛、唱山歌、打陀螺、抛绣球、踢毽子、舞蹈等活动热闹非凡。其中最富有民族艺术风味的要数山歌对唱了，这也是最受男女青年欢迎的节目，因为在这里，他们不仅可以一展歌喉，说不定还可以觅到知音、情侣。青年男女利用这次机会进行情歌对唱，物色对象。在侬峒节上选中了对象，回家后就差媒去说亲。随着时代的发展，现在的山歌对唱中，还可以听到歌唱党的好政策、歌唱美好新生活等内容的山歌，这也是一种进步的表现啊！从这古朴、高亢、悠长的山歌声中，不难听出当地人民对党的热爱，对幸福生活的赞美。抛绣球比赛中，男队女队各一字排开，轮番地将绣球抛向设在一根高竹竿顶上的圆圈内。每有绣球穿圈而过，人们便报以欢呼声和掌声。虽然经过了历史的变迁和经济的发展，这个颇具民族艺术风味的节日，其民族色彩依旧浓厚热烈。

四、霜降节

壮族霜降节是指每年农历九月，晚稻收割结束之后的霜降期间，劳作了一年的壮族乡民们，用新糯米做成美食招待亲朋好友。人们趁农闲的机会交交朋友、走走亲戚、对歌看戏，同时在节庆期间买些农产品和生产生活用具，为第二年的春耕做好准备。于是就形成有地方特色的节庆文化。该节庆主要流行于大新、天等、德保、靖西、那坡等县的壮族德靖土语地区，影响范围包括越南、云南、广西等。这些地区每年都很重视这个独具特色的节日，对这个节日的热情不亚于传统节日春节。甚至一些外地的商人也会瞄准霜降节这个大好商机，纷纷前来贸易，把街道堵得几乎水泄不通。这里的人认为霜降节是家乡最值得骄傲的节日之一，霜降节的节庆活动是珍贵的民间艺术瑰宝，应该得到关注和传承。山歌比赛序幕拉开后，放眼望去，现场的男女老少，个个都听得如痴如醉，沉浸在美妙的山歌里。

五、歌坡节

有俗语称："二月十九拜金山，四月十六唱壶关。"这句话有两层意思：一是江州区壮族歌圩歌坡节从农历二月十九日的左州镇金山花炮节起，经过各个乡镇村屯大大小小多个歌坡后，于农历四月十六日壶关歌坡节逐渐收尾；二是金山花炮节和壶关歌坡节都是江州区较为大型的壮乡节日，但金山花炮节主要以祭拜为主，壶关歌坡节则以对唱山歌为主要内容。壶关歌坡节历史悠久，起源时间有待考究。每年农历四月十六日那一天，江州区各乡镇以及周边的扶绥居民杀鸡宰羊，大摆酒席，喜迎八方宾客。壶关歌坡节是崇左市六大歌圩节之一，每年赶歌圩的群众均超过十万人。壶关歌坡节不仅是男女对歌谈情说爱的好日子，同时也是亲朋好友品茶叙旧的好日子。随着社会的发展和人民群众生活水平的不断提高，歌坡的内容也被赋予了更多的文化元素，每到歌坡节当天，舞狮舞龙、歌剧表演、球赛、棋赛等竞相登场，各路商家和企业则擂鼓鸣炮，热闹非凡。

第二节 天等"龙峒"习俗

一、"龙峒"的意思

每年农历三月二十日举行的"龙峒"节，是天等西南部乡村的一个节日，并且是至今保留着的年代最久远、形式最隆重、举办最热闹的壮族民间节日之一。

"龙峒"其实是当地的方言土语。"龙"意为"去到""下去"；"峒"一指较宽广的田地，二指行政区划的地名或当地社会活动和生产、生活活动的中心。所以"龙峒"的意思是，去到了"峒"这个地方。

最初的节日活动都在当地的庙宇进行，因此我们可以说"龙峒"就是庙会，或者说"龙峒"是当地庙会活动发展所衍生出的节日。

二、"龙峒"的形式和内容

天等的先民们向来崇拜自然神和祖先神，所以各地每年都要举办几次较大型的祭祀活动。例如祭祀公土曼、游菩萨、拜潭求雨等，还有一系列春祈秋报庆典活动，名堂相当多，兴师动众，声势浩大。这些仪式都要在庙里举行，自然就形成了隆重的庙会。再后来，祭祀活动越搞越大，庙里地方太窄，容不下太多人，所以把活动转移到庙前较宽阔的田峒中进行。这样，"赶庙会"就顺理成章地被人们称为"龙峒"了，而天等最典型的庙会当属四城岭了。"龙峒"之美也正在于由清净简单向喧闹热烈的转变。

三、"龙峒"的演变

在古时，"龙峒"的主要活动项目只有祭祀求神、请灯祈福。"龙峒"祭祀与壮族传统祭祀活动无异，以食祭神，点灯，请灯，祈福，祈求国泰民安、风调雨顺，体现了天等祖辈们对美好生活的向往，无论日后"龙峒"节的活动多么热火朝天，天等人民仍不改其美好初心。后来随着文化的发展与审美趣味的提高，当地人民在原有的祭祀基础上增加了舞狮跳桌、山歌对唱、聚客共餐、拔河、球赛、杂耍表演和产品交易等活动。

"龙峒"舞狮跳桌。舞狮对于我们而言并不陌生，传统舞狮都以表演或者对抗赛为主，而"龙峒"的舞狮特点在于跳桌。在传统舞狮的基础上，表演时在中央放置桌子，随着铜鼓声的响起，狮子在桌上桌下舞蹈，伴着强有力的舞步不时与观众互动共舞，共同营造热闹的气氛，为"龙峒"增添喜庆。

"龙峒"山歌对唱。山歌是广西壮乡的特色文化，每逢佳节，壮乡人民都会唱几曲山歌，以歌会友。"龙峒"的山歌对唱则有其独特风味，歌曲的内容主要是歌颂当地当年丰收、歌唱幸福生活、歌唱节日盛大。山歌对唱有时两人对唱，有时多人合唱，使用蜂鼓、天琴、铜锣等壮族乐器配合奏乐，歌声、掌声、乐器等结合，奏出天等风情、唱出壮乡风采。正是山歌对唱的融入，使得了"龙峒"成为以歌会为主的节日。如今，山歌对唱逐渐衍生出了山歌比赛，一连唱三天，节日气氛也更加和谐融洽。

"龙峒"聚客共餐。好客是壮乡人民一贯作风。古时在"龙峒"节这天，天等人民都会备好美酒等待客人，佳肴美酒上宴台，恭候客人到来。无论亲朋好友，不管是否相识，不论相距远近，来者都是客。在当时有个说法，哪家客人越多、客人地位名望越高、越热闹，哪家就越光彩、荣耀。酒席之中，大家谈古论今、吟诗作乐、对唱山歌，场面热闹非凡。如今的聚客共餐，基本延续了古时做法，更有一句山歌"好客天等天天等，天天等你来天等"。上好美酒、热情好客、共庆丰收，使得聚客共餐不仅丰富了天等人民的物质生活，更满足了其精神需求。

"龙垌"拔河、球赛。"龙垌"这天的拔河比赛主要是由当地群众与游客共同组成队伍进行比赛，双方都是"友谊第一、比赛第二"，为的是增进感情。球赛主要是抛绣球，参赛者将绣球抛过高圈算一分，累计分高者获胜。抛绣球不仅是为了比赛，更重要的是展现壮族艺术文化。壮乡绣球，是壮族人民手工所做的彩球，而"堆绣绣球"图形精美、图案复杂，绣球栩栩如生、立体感十足，属绣球中的极品。

"龙垌"杂耍表演。与舞狮跳桌不同，杂耍表演更具技巧性、难度也更大。例如叠罗汉、过独木、抛钢圈、帽子舞等，都需要演员过硬的训练和技巧。叠罗汉以十人四层或六人三层为一组，层层增加，并在最高处做各种动作；过独木考验平衡能力；抛钢圈，需将多个钢圈轮流抛起；帽子舞需多人配合，利用多个帽子进行不同难度的表演。

"龙垌"物资交流。顾名思义，就是当地群众交换物资。每年丰收季节，天等人都会就物资进行交流，谈论本年的收获，交换所需产品。

对于天等人民来说，"龙垌"是一个体现壮族风情的节日，更是对幸福安康、喜获丰收的愿望逐渐实现的一种精神体现。

第三节 崇左花炮节

一、花炮节的由来

花炮节是极具少数民族特色的节日，承载了侗、壮、仫佬族的民族传统文化，对于交流民族感情具有重要意义。花炮节历史悠久，生命力强，已有五百多年的历史。有人说，花炮节为侗族所特有。然而侗族花炮节仅在广西的侗族所有，贵州、湖南地区的侗族却没有，所以，说花炮节是侗族所有，并非正确。

据民族学家考证，在广西的南宁、邕宁、武鸣、上林、左州等地的壮族也经常举办花炮节，但因为规模没有广西三江侗族大，所以没有受到大家的注意。据民族学家考证，民国二十九年（1940），在《平南县鉴》之《社会·风俗篇》中就有记载花炮节的重要项目"抢花炮"，即"用五色纸剪彩，造花炮一尊，以绳缠作圈子如环状，置炮口中，炮响则圈飞入云表，万人仰首"。又有民国二十三年（1934）刊《贵县志》之《卷一·社会篇》载："二月初二日，城厢人民群集坊社放花炮，大者高丈余，小者尺许，以竹为炮架。糊以花纸，有头、二、三炮诸名，目中藏彩环炮，轰环腾，得炮者谓之得炮头，会主以鼓吹仪仗送镜屏至其家，翌年及其别备屏炮，以金猪鼓乐送至社前，谓之还炮。"

据此可见，花炮节是很早就广泛流行于粤西大地的一种风俗，并不为某个民族所独有。现如今，花炮节在侗、壮、仫佬族之间较为盛行，成了民族之间情感联系的纽带，承载着少数民族传统文化，是民族学家考究民族史学的重要依据。

金山花炮节源于明朝成化十四年（1478）二月十九日。这一天，当地壮族人民舞龙、舞狮、唱戏、对唱山歌，并在金山设坛祈福，举办抢花炮活动。

据传农历二月十九是观音的诞辰日，所以金山花炮节又叫"观音诞"，又由于是在金山地区盛行，故又称"金山节"。

二、花炮节的形式和内容

节日上午，人们会到金山寺祈福，人们或双手合十诚心祈福，或奉香礼拜，或求签占卜，都希望沐浴到节日的福音。祈福活动结束，人们会举行隆重的观音出巡活动。身着盛装的金山姐妹们小心翼翼地将神像抬出，请观音菩萨出寺送福。整个左州镇张灯结彩，人们早早地守候在自家门口，摆上红鸡蛋、水果、糍粑、甜酒等供品，等待送福队伍的路过。全镇到处洋溢着欢乐喜庆的节日气氛。

走在队伍前列的是舞龙舞狮队。八仙护卫着观音神像，头炮、二炮、三炮、腰鼓队、秧歌队等紧随其后，数百人的队伍敲锣打鼓穿街而行，热闹非凡。队伍多以女子为主，腰鼓队、秧歌队身着鲜艳的各色彩衣，用缤纷的色彩点燃节日的热情。

按照传统风俗，"八仙"由八个小孩装扮而成，骑马出巡。扮演者穿戴着八仙的戏服帽饰，脸上抹浓妆，人、马都系着喜庆的红绸缎带。还有长相清秀的小女孩头戴花冠，手提莲花灯行走在队伍里。出城入城，唢呐声声，奏出浓郁的地方风情。

队伍在左州镇的大街小巷里一边走，一边表演，家家户户都会放鞭炮接福，祈求风调雨顺、五谷丰登。随后出巡队伍回到金山比赛场地绕场三圈，给每一位在场群众送福。广场的文艺表演和山歌比赛结束后，节日的重头戏正式拉开帷幕。

三、重头戏抢花炮

抢花炮原为还愿求嗣的民间宗教仪式，现在已发展成为群众性文体活动。金山花炮是由藤条编织而成的圆环，绕上红布，取喜庆的意思。每个花炮都有特殊的寓意：送子头炮，抢得者来年添子添孙；送财二炮，来年财源滚滚；送平安三炮，全家平安顺利。

抢花炮前，花炮被安置在装满火药的送炮器上，点燃后产生的冲击力把花炮冲上天空，然后在风力作用下，花炮落向某个地方，所有参赛队员便开始奋勇争夺。与其他地方不同的是，金山抢花炮要求队员在规定的时间内，以将花炮攻入对方花篮的次数多少来判定胜负。服装方面，所有队员均上身赤裸，下身穿着及膝短裤，不同的队伍裤子的花纹颜色不同。

随着一声炮响，花炮凌空直冲，全场欢声雷动。数队由小伙子组成的抢炮队，叠起三层人梯，抢夺悬吊的花炮。场面热闹，争夺激烈。抢炮的小伙们有如离弦之箭向花炮飞奔而去。双方你争我抢，展开激烈的"肉搏战"，千方百计将花炮送入对方花篮内。

抢花炮极为惊险刺激，因此还被外国人誉为"东方的橄榄球"。因为具有强烈的对抗性、娱乐性和独特的民族风情，所以抢花炮活动一直深受人们喜爱。现场被观赛的群众围得水泄不通，人们的目光随着花炮的传递移动，人群不时爆发出阵阵欢呼。花炮虽小，带来的却是一场智慧、力量与技巧的精彩较量。

一旦花炮得主胜出，顿时唢呐声、欢呼声、锣鼓声、鞭炮声响成一片，整个现场变成欢乐的海洋，人们一同分享胜利后的喜悦。获胜者成为全场的焦点，在众人簇拥下登上领奖台。

第四节　崇左侬峒节

一、侬峒节的起源及含义

"侬峒节"是龙州金龙镇边民长衣壮特有的节日。相传是从"求"活动延传下来的，从年初八到正月十五各有村屯安排举行，是当地黑衣壮族的传统节日，也是中越边民互相往来的佳节。

此地壮语"侬"的汉语意为"下"，"峒"与"洞"同义，原指远古人类居住山洞，后来演变为山谷间的平地。"侬峒"就是人们在春天走出山洞，汇集到山脚开阔的地方开展祭天活动，流传下来就是侬峒节。侬峒节的宗教意识根源于壮族先民的自然崇拜，起源于远古壮族先民洞居时期，形成于秦汉时期，是骆越文化的组成部分。

龙州侬峒节举行时，中越边民身着盛装，齐聚一起祈福禳灾，还有舞龙、舞狮、舞花凤、歌舞、抛绣球、斗鸡、拔河、球类和棋类比赛等活动助兴，庄重盛大，热闹非凡。侬峒节是壮族特有的传统节日，如同新年一般重要。在侬峒节这一天，乡亲们举行隆重的仪式祭祀天神，祈盼风调雨顺，同时举行唱山歌、舞狮、抛绣球、打陀螺、跳民族舞蹈等一系列传统节日喜庆活动，并用糍粑、烤乳猪招待来客。在大新县榄圩镇每个村，除了春节，每年都有一个或两个固定的日期是各村屯的"侬峒""歌坡"民俗节日。过去，青年男女会利用这个机会进行情歌对唱，寻觅自己的另一半。届时村里家家户户会设酒席招待远来的亲朋好友，虽然这顿佳肴往往也会花掉村民一年的大部分收入，但按照风俗，哪家客人来得多，便能带来更多的财气、好运。

每逢农历一、四、七日即榄圩圩日。每年的农历二月初二，北方称为"龙抬头"，而在中越边陲的大新县榄圩镇则称为壮族的"侬峒节"，俗称"二月二游神"。榄圩人民在这一天以歌会友，用歌声表达对生活的向往。这是本地的一个具有代表性的盛大的民间传统文化活动。这项活动曾经一度因各种原因停止，直到最近十几年才得以慢慢恢复。据大新榄圩的老人介绍，这个"游神"活动是由大新榄圩镇和崇左那隆镇联合起来轮流组织的，如果这次在大新榄圩，那么下一次就在崇左那隆，无论是迎神的主办乡镇还是非主办乡镇，各乡社区都会在本乡的祠堂、庙宇、游神经过的街巷门楼张灯结彩。这种游神不仅仅是简单的祭祀活动，也是联络邻近乡社情谊的一种社交活动。曾经每四年举行一次这种大规模庆典，据榄圩镇游神活动的负责人介绍，以后大约每十年举办一次大规模活动。①

二、"求务"仪式

"求务"是侬峒节的核心内容。"务"是龙州县金龙镇壮族人高祖以上漂浮在天与地之间的祖先神，能沟通天与地。"求务"是法事操持者通过用天琴弹唱经书等仪式转达人向天神祈求风调雨顺、五谷丰登、氏族繁衍、六畜兴旺、老少平安等意愿的一种宗教仪式。各家各户都要准备几桌饭菜，盛情款待到村里参加活动的客人。如今的侬峒节在保留原始的"求务"活动基础上，还增加舞狮、舞龙、舞麒麟、舞花凤、唱山歌、抛绣球、球赛、斗鸡、篮球、拔河、踢毽子、打陀螺、下象棋和民族歌舞表演等活动。

"求务"供品有鸡肉、猪肉、粽子、沙糕、爆米花、糍粑、酒水、水果和农作物种子、鲜花等，祭祀时将各家带来的种子、鲜花均匀搅拌，再分给各家带回。种子代表五谷，鲜花代表子孙后代，把祭祀过天神的种子、鲜花带回去，寓意五谷丰登、人丁兴旺、美满幸福。

在龙州县金龙镇板梯村、美女村、板送屯、横罗村其逐屯，我们看到三种风格迥异的侬峒节举办仪式。一种是由政府主导，带着强烈的"文化搭台，经济唱戏"气息；一种是政府支持，村民自主兴办；还有一种是民间自发举办的。由政府主导兴办侬峒节的美女村，一切被布置得井井有条，从求务到表演节目到斗鸡、气排球等比赛，有序地进行着，但其娱乐性过于突出，融入了过多的现代化元素，使求务仪式被淡化为"布祥"们弹唱而村民极少参与。龙州县民俗专家农瑞群在横罗村的活动现场说："侬峒节的核心是求务仪式，就是向天祈求风调雨顺、五谷丰登，但在传承过程中，融入了现代化的元素，而忽略了本真性的东西。"横罗村、板送屯和板梯村在这一点上做得相对较好，其求务仪式保存得较

---

① 裴龙：《游神在宗教信仰中的价值——以广西大新榄圩游神为例》，载《世界宗教文化》2017年第5期。

为完整，从祭拜土地公到经诗弹唱，到村民祈福到舞动麒麟或狮子，再到插五符寓意镇住村外妖魔鬼怪，保全村老少安康。经过一整套完整的求务仪式后，才对唱山歌、跳广场舞等。

在求务仪式中，村民们不约而同地摆放着鲜花、沙糕、粽子等供品，其中鲜花代表着求子，体现着浓厚的花神崇拜氛围。粽子代表种子，就是向天祈求种子，以祈求来年风调雨顺、五谷丰登。

三、侬峒节的意义

民间信仰是百姓日常生活和精神世界的重要内容和表达形式，是研究地方社会及其文化的一个重要窗口。因此，对侬峒节进行研究，对于了解当地人的情感心态，了解地域文化和社会生活，均具有独特的价值和意义。

侬峒节具有历史的悠久性、仪式的复杂性、宗教信仰的神圣性、文化象征的丰富性、民族标识的象征性和民族团结的纽带性等特征，对于研究左江流域的古壮人类史、宗教史、民族史、民俗史、艺术史和社会发展史等都具有极高的学术价值。侬峒节每年都吸引来自高等院校、科研机构以及泰国、越南、老挝、美国、德国等国的专家学者前来观赏考察。

第五节　宁明骆越王节

一、骆越王节的起源

农历三月三日，也称"上巳节"，是中华民族的传统节日，其中以汉族、壮族、苗族、瑶族最为典型，自古就有"二月二，龙抬头；三月三，轩辕生"的说法。

在广西崇左，三月三日是壮族始祖骆越王的诞辰。

骆越民族是秦汉时期活动于今越南红河三角洲地区及广西沿海地区的古代民族，是包括壮族在内的二十多个岭南民族的共同祖先。宁明县是骆越民族的根祖地，是花山文化的发祥地。为传承和弘扬骆越民族勤劳勇敢、聪明智慧、团结奋斗的精神风貌和淳美的民俗民风，宁明县决定于每年农历"三月三"和"九月九"举行盛大活动,分别称为三月三"骆越王节"、九月九"骆越感恩节"。①

二、骆越王节的形式和内容

骆越始祖祭祀大典活动主要分为"请祖出山""圣火采集""祭祖巡游"和"祭祖大典"四个阶段。

每年他们会从当地最富有声望的长者中,挑选一位作为祭祀大典的主祭,按照惯例,主祭要提前按照祖辈传下来的样式,亲自抄写祭文。

老辈人说,骆越王住在花山。这里说的骆越王,是广西崇左地区壮族人尊奉的阿祖。在祖辈传下来的故事里,骆越王是当地的土地公,负责打理土地,被认为是他们共同的祖先。他的腰部以下穿着兽皮,系着兽带,裸露上身。骆越王的形象正体现了他的威猛。

骆越王节的起源之地,相传是在崇左市宁明县。宁明县的花山岩画发现最早、图像最多、画幅最大,因此宁明被认为是骆越民族的根祖地,是花山文化的发祥地。

骆越民族生活在广西明江一带。水是骆越部族赖以生存的第一要素。水可以保证田地稻米收获丰裕,但有时也会给骆越部族带来致命的危险。正是这种丰裕和天灾并存的生存条件,使祭祀祈福成了骆越部族极其重视的文化活动。

祭祀是壮族人"三月三"节俗中最古老的活动。这是一种传承久远的仪式。

宁明地区每年三月初三祭祀祖先骆越王,平日,骆越王供奉在宁明花山脚下的骆越王庙,农历三月初三,当地居民就要去"请祖下山"。

这是一场世代相传的神秘的仪式。仪式需要在天黑时进行,由当地颇有声望的道公主持。香火燃起,舞乐合鸣,口中颂唱祖辈流传的经典。

花山脚下,是圣火采集的地点。天逐渐亮起,骆越王也在圣火的一路护送下,来到了宁明县城巡游的起点。巡游的群众个个穿上特色的民族服装,腰上系着黄色飘带。飘带上书写祝福言语,祈求福禄,这是巡游群众的标准配置。

每当这时,宁明的街道就变得非常热闹。凡是骆越始祖巡游队伍经过的地方,家家户户都放鞭炮迎接。

---

① 钟文彦:《宁明花山骆越王节骆越始祖祭祀大典7日行》,载网易新闻2016年4月9日。

祭祖巡游队伍经过街道，人们会把准备好的祭品搬出来献祭，这是明江百姓对骆越先王表达敬意不可缺少的仪式。

在巡游终点的广场，人们会在这里举行祭祖大典。数以万计的民众聚集在这里，祭拜这位先祖。人们唱起迎客歌，这是大典之前的预热。祖先流传下来的曲调，在这时又一次将骆越后人的心紧紧凝聚在一起。

颂祖昭恩，是祭祀大典最重要的环节。主祭在祭祀大典上向骆越王诵读祭文。祭文诵读完毕，将祭文卷轴投入圣火盆焚烧以告慰先祖。

祭文的第一段，交代时间和地点，骆越后人会在三月初三来到明江河畔祭拜骆越先祖；祭文第二段，歌颂骆越民族或者壮族的前辈几千年来为后人创下了一片大好江山；第三段表明骆越后裔团结奋斗，共创美好未来；祭文的最后一段是祈求福禄，期望先祖能够保佑骆越后裔。

在祭祖活动期间，还会举办花山鼓舞蹈表演、民族器乐表演、花山传统美食及工艺制作展、竹筏竞渡、骆越歌王山歌大赛、贝侬情深篝火夜、徒手捕鱼等形式多样的活动。①

第六节　崇左祝寿礼俗

一、祝寿传统

民间自古就有尊老敬老的美德，给老人祝寿是其主要的表现形式。年高龄长者为寿，庄子说："上寿百岁，中寿八十，下寿六十。"古人有"六十为寿，七十为叟，八十为耄，九十为耋，百岁为期"之称。祝寿多从60岁开始，习惯以虚岁计算，且老人的父母均已过世。开始做寿后，不能间断，以示长寿；祝寿重视整数，如60、70、80等，逢十则要大庆。尤其重视80大寿，隆重庆祝老人高龄；祝寿有"庆九不庆十"之说。如老人过60岁寿辰，并不是整60岁才做寿，而是59岁，"九"取长久之意，人们认为九是最尊、最大的数字，希望老人从做寿开始越活越长久，所以民间才有"五十才做寿，百岁不贺寿"的说法。祝寿时，要

---

① 钟文彦：《宁明花山骆越王节骆越始祖祭祀大典7日行》，载网易新闻2016年4月9日。

设寿堂，向被庆贺的长辈老人送寿礼，还要举行一定的拜寿仪式，参加寿宴等。由于家庭经济状况存在差异，祝寿的规模也不尽相同，但不论繁简厚薄，皆表达了儿女的一片孝心和祝福老人健康长寿的美好愿望。

二、崇左祝寿风俗

崇左市城乡普遍祝寿，又称寿诞、做生日、做寿，各地祝寿风俗大同小异。

盘粮坐寿。"坐寿"即做"生日""请寿酒"；"盘粮"就是儿女为寿者"补粮"。旧时，凡父母寿满六十，儿女即宴请亲朋，共同庆贺。已嫁的女儿，以及女婿、干女、谊男，送米粉、糍粑、面条等作为寿礼。亲友则赠寿帐、寿屏。宾客到齐后，女儿、媳妇请寿者端坐堂中，为寿者"量米入箪，数钱入袋"，象征给寿者添粮加钱，以期延年益寿。有的地方，尤其是富有人家，长寿者年年做寿；有的三年一次。扶南、渠黎等地，60岁后逢一做寿，10年一次，如61、71、81等，所以做寿又名"吃一"。做"生日"的习俗，壮、汉、瑶族皆盛行。

送粮根。此为壮族人生日礼俗，流行于大新县。男女年满56岁举办生日宴席。是日，亲戚朋友送来鸡鸭、猪肉、白米、烧酒、香烛、面饼等寿礼，长女或长媳要做寿衣、寿帽、寿鞋，并请道公来家念经一天一夜。举行仪式时由女儿女婿"培粮"，即把亲戚送来的白米用一个小竹筒量好，一筒筒放在道公的戒尺上，道公边念经边递到外公或外婆用来接粮的箩筐里，直到量完为止。

大新县祝寿。男到50岁兴祝寿之风。祝寿那天，亲友送来鸡鸭、猪肉、白米、烧酒和封包。有的地方由大女儿或大媳妇做寿衣或寿帽、寿鞋，请三五桌酒菜，宴请亲朋好友。

天等县祝寿。农村人年届49岁后开始做寿诞，但如果父母健在，即使年纪再大也不祝寿。祝寿礼仪最隆重的有三次：49岁生日，称初寿；61岁生日，称中寿；73岁生日，称高寿。

江州区祝寿。清朝到民国时期，江州祝寿之风盛行，城乡皆然。凡子女或女婿，每逢父母或岳父母生日，均备办寿筵礼品，为老人或尊长祝贺，俗称"做生日"。一般寿者50、60岁时做生日。若逢70、80、90等高龄者则加倍隆重。寿日，亲戚好友咸集，送来寿匾、寿屏、寿联及寿礼。主人子女要设宴招待宾客，同饮寿酒，并举行上寿仪式。有的请道公、巫婆来唱"祝词"，在家设置香坛，摆米盘、酒罐、烧香点烛、摆上寿糕、寿酒、寿布等，扶寿者上座，由道公、巫婆作法画符，搞"添粮斗"活动，为寿者添福增寿。

凭祥市祝寿。凡年满六十花甲之男女，只要经济宽裕，都要祝寿。亦有不到六十岁而祝贺的，多为健康状况不良者，认为搞祝寿可使人添福添寿。头次搞祝寿，逢一和九开寿，否则认为有破命冲相之危险，所谓逢一为人生之始，应庆贺一番；逢九为人生之末，应续梯不使其"断阶"，故41岁、51岁者，即张罗着做寿日；身体欠佳者，至49岁、59岁时做寿，名曰"补粮"，以为如此，方能越十。祝寿之日，主家宰猪杀鸭，置酒款待亲戚；参加祝寿者，备上鸡一只、白米1.5千克作贺礼。若亲家或朋友，尚须备镜屏写上"福如东海，寿比南山"之类字联贺送。按惯例，头次做寿，通知亲戚朋友赴宴。亲戚朋友送来的鸡或猪肉，主家送一半谢礼。新中国成立后，祝寿之风仍有沿袭，但因花费大，有的地方已自行废止。

宁明县祝寿。蔗园及客家，有过生日习惯，土著壮人一般不过生日。无论土著或客籍人，年满61岁，即使平常之家，亦俱庆祝，曰"开寿辰"。以后逢71岁、81岁等均开寿宴。愈高寿，祝寿愈隆。蔗园人年届51岁，即开寿辰。寿辰前夕，亲友云集，各赠贺礼。女婿送鞋袜之外，还送寿帐、镜屏及金烧猪、金菜、木耳、鱿鱼、大虾等。亲友则送圆蹄、鸡鸭、猪肉之类。主家则宰猪杀羊款待。贺礼只收一半，对送金猪贺礼者，答以耕牛、马匹。寿诞之辰，主家书大"寿"字，贴于厅上，主人系红带端坐堂上，接受贺者拜寿。新中国成立以来，祝寿已不普遍，间或有之，礼仪亦简，送烧猪作为贺礼间或有之，回送耕牛、马匹已无。

龙州县祝寿。本县流行的寿诞俗称生日，龙州壮语为"魂坤"。一般年过半百才做寿诞，如双亲还健在，只为双亲做寿诞。寿诞贺礼多为寿面、寿饼、寿糕、鸡鸭之类。近亲的晚辈各人都要给老人家加粮。是时，将一只筐放在老人旁边，近身祝寿时，每人将一筒大米倒入筐中，其意为给老人加粮，使其长寿延年。

"寿"字代表了中华民族的许多美好愿望和精神追求，也体现着中国人对生活的态度、对生命的追求与尊重。古人云："六十花甲子，七十古来稀。"当老人过寿时，子女们庆幸自己的双亲长寿，必然要有一番很热闹的祝贺活动，盼望生命之树常青，寿禄之神长临，老人健康长寿，颐享天年。

第七节　驮卢镇端午赛龙舟

一、端午源流

"石溪久住思端午，馆驿楼前看发机。鼙鼓动时雷隐隐，兽头凌处雪微微。冲波突出人齐譀，跃浪争先鸟退飞。向道是龙刚不信，果然夺得锦标归。"唐代诗人卢肇的《竞渡诗》淋漓尽致地描写出龙舟竞渡的壮美景色。在每年的农历五月初五，驮卢镇同样会上演这样的场景。驮卢镇位于广西崇左市江州区，居于左江沿岸，是崇左市江州区北部乡镇的政治、经济、文化、交通、教育中心，左江河、富太线公路、西大线公路穿镇而过，水陆交通十分便利。自古以来，驮卢镇就是左江流域的重要商埠，明代著名旅行家徐霞客称之为"水绕山环，百家之市"。

端午节赛龙舟的传统习俗，起源于一个妇孺皆知的故事：古代楚国的贤臣屈原不满奸臣污蔑而愤懑投江，楚人知道此事后，匆忙划船赶来相救，唯恐鱼虾误食了屈原的身躯，而投粽子于江……此后，每年农历五月初五，楚人就在汨罗江上划龙舟来纪念屈原，渐渐演变成一种独特的习俗，世世代代盛行于吴、越、楚等地。相传赛龙舟习俗最早是古越族人祭水神或龙神的一种祭祀活动，其起源可追溯至原始社会末期。据史料记载，"龙舟竞渡"在战国时代就是一种祭仪，当时的人在急鼓声中划动着刻成龙形的独木舟，做竞渡游戏，以祭祀神明。

清乾隆二十九年（1764），台湾地区开始举行龙舟赛，由当时台湾知府蒋元君在台南市法华寺半月池主持友谊赛，现在台湾每年五月初五也举行龙舟赛。在香港，每年端午节举行龙舟赛。此外，龙舟赛先后传入越南、日本、英国。1984年，龙舟赛正式被列为体育比赛项目；1991年农历五月初五，在屈原的第二故乡湖南岳阳市，举行首届国际龙舟节。驮卢镇也如此，龙舟竞赛已有数百年历史。

二、驮卢龙舟竞赛内容

端午节对驮卢人来说，不仅是一个传统节日，还是一个团聚的节日，这天驮卢人会举行百家宴，大家一起共赏美味的凉粽和彩蛋，在欢声笑语中共度端午节。放眼望去，五颜六色的龙舟早已整装待发，矗立在微波荡漾的河面上，参赛的龙舟，船头都扎着一个大龙头，栩栩如生，好似一只威猛的大龙在俯视着左江河畔，舵手、桡手个个兴致勃勃、整装待发，船前竖起飘飘彩旗象征了他们必胜的决心。驮卢龙舟赛参赛队每队 18 人，其中舵手 1 人、敲锣指挥 1 人、桡手 16 人。龙舟赛采取淘汰制，分初赛、复赛、决赛三个阶段进行。比赛规则：每个桡手只能参加一个队比赛。初赛前，如因特殊情况需要换人，必须征得赛事组委会同意；复赛和决赛阶段不论何种原因都不能换人，否则视为该队自动放弃比赛资格；在不影响比赛的前提下，舵手可参加数队掌舵；赛前抽签确定船号和航道，如果比赛一开始就出现违例"偷航"现象，起点裁判员即鸣号召回赛船重新比赛；如果某队连续三次出现违例，即取消该队比赛资格；比赛开始后，各队的航行和冲刺阶段必须按照各自的航道进行冲刺，抢占其他参赛队航道为违例，最后以比赛队船头最先触到本航道终点线为准，决出胜负。无论是河中还是岸边，紧张澎湃的气氛都萦绕着整个驮卢，站在岸边的观众们早已占据了绝佳的观赛位置，万事俱备，只欠东风，只听裁判员敲击了锣鼓，"铛"的一声，各个参赛队立即奋力挥舞双臂，如同一支支离弦的箭向前飞去，他们飞速划船，在左江水面追波逐浪，呐喊声、爆竹声、喝彩声响彻左江两岸。

三、驮卢龙舟竞赛举办形式

驮卢镇历史悠久，左江河绕镇而流，向东直汇邕江，绿水青山浑然天成。驮卢龙舟赛始于明朝万历年间，距今已有 400 多年的历史，已成为崇左市有广泛影响的体育赛事，是江州区壮族传统民俗文化宝库中的一颗璀璨的明珠，每年都吸引市内外数万名游客现场观看，是当之无愧的民俗瑰宝。

驮卢镇每年都成立竞赛组委会，有序地组织和安排每年的龙舟赛。2010 年，驮卢端午龙舟赛被正式列入崇左市级非物质文化遗产名录。这不仅归功于驮卢人对这一传统民俗的继承和发扬，还因为驮卢龙舟赛自身就独具魅力。

驮卢龙舟赛与众不同，一是"够活"，通过举办端午节龙舟赛，活跃和丰富群众的文化生活，有利于挖掘传统龙舟赛的文化内涵，扩大驮卢镇的对外影响；二是"够广"，端午节龙舟赛是驮卢镇乃至江州区的一次民间体育盛会，具有广泛的群众性和民间传承性；三是"够稳"，驮卢龙舟赛世代传承固定的举办时间和赛事规则；四是"够老"，自明朝万历年间起，驮卢镇就保留一年一度端午节龙舟赛传统,展示古镇的民俗民风。①

第八节 崇左歌圩

一、引言

歌圩是壮族人民在每年特定的时间、地点举行的节日性聚会,是以对歌为主题的民俗活动。歌圩文化是崇左节日文化的一个重要内容。崇左市地处左江流域,是壮族歌圩文化的重要发源地,壮族人民向来能歌善舞,左江流域素有"歌海"之称。山歌是他们精神生活不可缺少的一部分。歌圩也称歌坡、歌会、侬峒、富坡、旦圩等。崇左市有享有盛名的六大歌圩:江州区壶关歌坡节、大新下雷霜降歌圩、天等县向都霜降歌圩、宁明县纳利坡花炮节、龙州县伏波诞、江州区金山节,每年赶歌圩的群众均超过10万人。每到歌圩节当天,除了对唱内容丰富的山歌,还有划龙舟、舞狮舞龙、斗鸡、歌剧表演、球赛、棋赛等民间文化活动。

二、歌圩历史

崇左歌圩文化历史悠久、源远流长。最早的记载可以追溯到战国时期,在以宁明花山岩画为代表的左江岩画中,就用粗犷朴素、简单生动的笔调,描绘了先秦时期壮族先民的歌舞活动。对于崇左歌圩的文字记载最早出现在南朝,清朝道光年间龙州举人黎中产写有"岁岁歌圩四月中,聚欢白叟与黄童"的诗句。每年春秋两季是崇左市歌圩盛行的时节,人们穿上盛装,集中在山脚、水边、村寨、特定的会场等,方圆几十里成千上万的男女老少都来参加,人山人海,十分热闹。

关于歌圩的热闹场面在崇左多地的县志中都有记载,《宁明县志》载:"歌圩,每年春二三月,某村男女聚会于山冈或旷野,彼此唱歌,其歌皆男女相谑之词。"《田州县志》载:"元宵灯节以舞狮及唱土戏为无尚之娱乐。此外,于农事之余暇,红男绿女到指定地点唱歌,此唱彼和,每每达情,俨若鸳侣。"《邕宁县志》载:"壮族沿河东一带,皆其部落继跣,耳穿大环,垂几及肩,短

---

① 邓卉、陆华勇:《驮卢龙舟赛:400多年长盛不衰的民间体育盛会》,载《左江日报》2012年7月7日。

衫窄袖，高裤花裙，袒胸露脖，出入城市，同以绣布一幅遮拦，谓之拦胸，亦谓之花肚……婚姻则男女唱歌，通宵达旦。"随着歌圩的不断传承和发展，壮族人民对歌圩的作用有了新的认识，壮族歌圩逐渐成为壮族人民相互接触、思想交流、传播知识、增进友谊的方式。

三、歌圩活动多样

崇左壮族歌圩活动内容十分丰富，具有鲜明的民族特色。其中最具壮族文化魅力的是歌圩中的对歌择偶、绣球传意。原生态的歌圩最热闹，最吸引人的就是对唱山歌和抛绣球活动。对唱的山歌是由在场的姑娘小伙临场发挥、各凭自己的想象对唱情歌，以歌谈情，挑选自己的意中人。最后，姑娘们会把自己的绣球抛向自己看上的小伙子。如果接到绣球的小伙也中意，便会在绣球上绑上自己的礼品抛回给女方，五颜六色的绣球漫天飞舞，十分热闹。歌圩中情感丰富的山歌对唱，娓娓动听，耐人寻味。山歌一般是有固定调子的，即使这样它也能表达出不同的情感。不管是独唱、重唱、合唱、领唱，还是支声式、和声式、复调式，都别具一格，美妙动听。高亢的大新高腔山歌、浪漫的宁明明江山歌、朗朗上口的天等西部山歌、神奇飘逸的龙州山歌等尤为动听，令人回味无穷。山歌有基本的调子，却没有固定的歌词，常常是现编现唱，但依然流畅优美、整齐严谨、朗朗上口。

壮族歌圩活动不仅有唱山歌、抛绣球，还有很多民族传统的体育竞技项目，例如抢花炮、打陀螺、掰手腕、打壮拳等，如今保留完整的有30多种，其中打壮拳在很多地方已经失传了，只有在龙州等少部分地区还有传人。抢花炮这个项目至今还很盛行，被称为"东方橄榄球"，目前在很多歌圩，抢花炮都是必须有的项目。

壮族歌圩还会展示很多民间艺术，例如贺茶歌、师公舞、彩调剧等丰富多彩的民族歌舞、乐器、戏曲表演等。

第九节　壮族霜降节

一、什么是霜降节

霜降是二十四节气中的第十八个节气，在每年公历10月23日左右，霜降节气含有天气渐冷、初霜出现的意思。霜降是秋季的最后一个节气，是秋季到冬季的过渡节气，也意味着冬天的开始。霜降是我们中华民族的传统节气，在我们的日常生活中起了重要的作用。而壮族霜降节与我们传统的霜降节气有所不同，它是我国一个传统的民俗节日。

壮族霜降节流行于广西中越边境地区，它是壮族人民在每年霜降期间为了庆祝晚稻成熟、期盼来年丰收的世代相承的重要民俗节日。壮族霜降节源于壮族稻作文化，是壮族独特的民俗活动，同时也是二十四节气在边疆民族地区被广泛接受共享的典型表现，历史悠久，影响深远，当地民众对壮族霜降节的热情不亚于传统节日春节，范围远及云南及越南等东盟国家。2014年，壮族霜降节入选第四批国家级非物质文化遗产代表性项目名录；2016年11月，壮族霜降节作为中国二十四节气扩展项目之一入选联合国教科文组织人类非物质文化遗产代表作名录，标志着广西世界非物质文化遗产实现零的突破。

二、霜降节的活动内容

壮族霜降节主要流行于广西大新、天等、德保、靖西、那坡等边疆地区县，至今已有300多年的历史。其中，以大新县下雷镇的"霜降节"最为典型。壮族霜降节是指每年农历九月，壮语里称的"旦那"（晚稻收割结束）之后的霜降期间，劳作了一年的壮族乡民们，用新糯米做成"糍那""迎霜粽"招待亲朋好友。人们也趁农闲交朋结友、走亲串戚、对歌看戏，同时在节庆期间卖农产品、购买生产生活用具，为第二年的春耕做准备。

壮族霜降节同时也是纪念反抗外来侵略的女英雄岑玉音的节日。北宋皇祐年间，当地壮族首领侬智高率族人反抗交趾的入侵。侬智高起义失败后，下雷成了许氏土司的辖地。此后，许氏土司接过抗击交趾入侵的旗帜，其反侵略斗争不绝于史。据现存民国《许氏历代宗谱》载，许氏三世祖（南宋时期）许泰贤"善能将兵，多略重望，交蛮闻名落胆"。第十代祖许宗祐因抗击交趾而阵亡，十三世祖许光祖也有到广东沿海平倭寇的经历。下雷镇霜降节的传说与下雷镇土司第十四世许文英支援国家抗击倭寇有关。相传下雷镇土司第十四世许文英，其妻岑玉音为湖润土司的女儿，夫妇二人于明末一道骑牛到闽越沿海抗倭。因为岑玉音是骑着牛去打仗的，所以被称为"乜娅莫"。"乜娅"是壮语里对老年妇女的称呼，

"莫"即黄牛。岑玉音凯旋之日正值霜降,为纪念许文英及岑玉音,下雷镇人民建起玉音庙（娅莫庙）,逢霜降日,民众扛着玉音的画像举行游神活动,节庆由此而来,距今已有300多年历史。许文英夫妇抗倭的事迹史书并无记载,而"乜娅莫"岑玉音的故事不止在大新县下雷镇,在天等县向都镇等地也有类似的传说和祭祀仪式。值得一提的是,在下雷街观音庙里有两块碑刻,一块是许文英的碑刻,一块则是"抗日救亡将士纪念碑",可见当地人对抵抗外来侵略英雄的珍视和崇敬。

清光绪年间,壮族霜降节进入鼎盛时期,不但百姓祭祀,州官也身着官服率众祭拜。霜降节那天物资交流繁荣。周边的其他乡镇都有人前来参加,赶集的群众数以万计。到了民国时期,受战乱的影响,参与的群众有所减少。改革开放后,党和政府非常重视民族文化的发展,政府还专门出资投入到活动中,霜降节又恢复了往日的生机。在霜降节活动期间,每年参加的群众达数十万之多,活动内容有祭祀祈福、千人打榔、板鞋竞速、民族武术、抛绣球、山歌对唱等。

下雷镇霜降节举办时间一般在每年阳历的10月24日前后霜降期间,节庆持续三天,分为"初降"（或称头降）、"正降"与"收降"（或称尾降）。《大新县志》里对霜降节的描述是"吃汤圆、杀鸭宴请、烧香供祖先,以示五谷丰登。下雷镇活动连续三天,节日气氛极浓"。节庆内容包括祭英雄神、赶圩、走亲访友、对歌、唱土戏（南路壮剧）等。随着时代的发展,还加入篮球邀请赛、拔河、综合晚会等丰富多彩的内容,节日的实际持续时间一般多达7天。

10月23日是初降日。传统上在初降这一天主要是敬牛,村民们会让牛好好地休息一整天。一大早,人们就开始忙碌做粽子、舂糍粑、杀鸡宰鸭准备款待来自四面八方的亲戚朋友。大新县周边的天等、靖西、德保等县群众也纷纷来到下雷镇参加节庆。街上,客商们更是早早地摆开摊位,各类商品从生产用具到生活用品,应有尽有。10月24日是当年的正降日,传统上这一天上午举办敬神活动。人们拿着糍粑、猪肉、香烛等祭品到娅莫庙祭拜进香迎神,之后进行游神活动。青年男子打扮成士兵模样,举着牙旗,敲锣打鼓,在狮子的开道下把女英雄娅莫画像抬出来巡游。娅莫像要挨家挨户地巡游,巡到哪家,哪家就要放鞭炮。游神活动结束后,节庆活动即进入著名的"霜降圩"。

据说,凡在霜降节里买到的东西,都是吉祥之物,且经久耐用。因此旧时人们会省下一年的钱,到霜降节时才买新东西,图个吉利。小孩子则特别盼望过霜降节,因为到了霜降节就有新衣服穿了。沿袭下来的风俗习惯,使得这里的人们特别乐意在霜降节期间购买生产用具和生活用品等。这些都使得霜降节与生俱来具有浓重的商业性,经过300多年的发展演变,下雷镇得以形成远近闻名的"霜降圩"。曾有学者形象地将节庆比喻为"文化影像、经济底片"。的确,在霜降节里,戏份最重的就是商贸活动。正降日当天的人流中,占比重最大的是买家与卖家。顾客中占有较大比重的还有越南侬族,以女性居多。正降日晚上,进入丰富多彩的文体活动时间。人们搭起舞台,开演土戏(壮戏)。年轻人则三三两两地对起山歌,对歌活动一直持续到尾降(当地把霜降节日数天分为头降、中降和尾降),形成规模宏大的霜降歌圩。当地民众以歌代言、以歌传史、以歌交友、以歌连情,节日成了歌海。在霜降歌圩中,歌者通过唱创世古歌以及歌颂抗倭英雄的叙事歌,来缅怀英雄祖先、叙说族群历史记忆。

第十节 壮族斗牛

一、引言

壮族有一个节日叫"斗牛节"。一谈到斗牛节,人们更多的是想到欧洲西班牙的斗牛士。西班牙的斗牛节往往是一人一牛的巅峰对决,在广西壮族村寨中,壮族的斗牛节日一般是两头牛的精彩对决,但是精彩程度毫不逊色于西班牙的斗牛士与牛的对决。它不仅与西班牙斗牛方式不同,并且有属于自己的壮族韵味。

二、斗牛传说

相传在很久以前,人间大地一片荒凉,寸草皆无,尘土飞扬,牛王特奉天帝旨意,下到人间来播种百草。牛王的脑袋瓜愚笨,天帝命令它三步撒一把草,它却记错为一步撒三把草,使得杂草遍布人间大地。天帝十分生气,罚它将功补过,在人间永远吃草,不许再返回天庭。牛王下凡后一直为农家干重活,拉车,耕地,成了农家的宝贝。虽然它被贬下凡,沦为苦力,但在壮家人心目中它仍然还是一个天神。斗牛节的举办既是为了祭奠牛王,也是为了鼓励壮民们好好养牛，耕种好自己的土地。

三、斗牛场面及方法

斗牛节往往在农闲以及农历三月初三举办。壮族的斗牛节的热闹程度和赶歌圩是差不多的。到了斗牛的那一天，十里八乡的男女老少都会聚集在整理好的斗牛场，各个村子的居民都会各自带上铜鼓、唢呐等壮族乐器来为自己的参赛队伍加油助威。斗牛场地的选择一般是在四面环山、中间有块平地或者河滩的地方，这样的场地便于开展斗牛活动和村民们观看比赛。比赛地点是不固定在一个村的，一般每年轮流在一个乡或一个村进行。一般情况下，每个村寨派一至两头牛参赛，参加比赛的斗牛和普通的耕牛没有很大区别。赛前的大黄牛会有专人饲养两三个月，这期间给它喂一些上好的食物，用来增强体魄和提高战斗力，所以参赛的大黄牛每头都非常剽悍强壮。参加斗牛比赛前的大黄牛要经过分类，测量牛的重量、区分牛的体型之后，进行分级，在同级别中通过抽签的方式确定比赛中的对手以及斗牛比赛的顺序。一系列的赛前工作结束之后，一场精彩的斗牛比赛才能开始。比赛之前会听到三声炮响，炮声结束后，两头斗牛的主人才能各自放开缰绳，让牛进行比赛。

参加斗牛比赛的牛红着眼睛直冲冲地逼近对手，两头牛的牛角猛烈地撞击在一起。这时，四周锣鼓喧天，加油声、呐喊声接连不断，人群随着斗牛的移动而移动，场面紧张而激烈，精彩连连，令人目不转睛。如果两头牛势均力敌，长时间地相斗仍然难分胜负，负责场地安全的小伙子们就要先取来牛绳，拴住两头斗牛的脚，把互不相让、斗红了眼的两头牛拉开，休息几分钟后再让它们继续角斗。两牛相斗，可以互攻头部、脖子等部位，只要能把对方赶跑或顶倒，就算胜出。获胜的斗牛以红绸披挂在牛角或牛颈，人们一边放鞭炮一边欢呼拥护着牛回到自己的村寨中，当晚全村男女老少和牛主人的亲朋好友，都会来到村子中央进行庆祝，他们通宵达旦地欢歌畅饮，庆祝斗牛的胜利。

斗牛比赛在壮族村落具有重要的地位，所以在斗牛比赛中能够夺冠的牛主人，不仅能得到丰厚的奖励，而且会在全村赢得独特的荣誉，受到村里人的敬慕。斗牛的主人如果是年轻小伙，还会得到年轻貌美姑娘的好感，美好的爱情就会随之而来。

第十一节 丰收节

一、丰收节的由来

孟浩然在《过故人庄》诗中写道："故人具鸡黍，邀我至田家。绿树村边合，青山郭外斜。开轩面场圃，把酒话桑麻。待到重阳日，还来就菊花。"诗人描述在丰收时节到友人家做客所看到的生活景象及如何受到故人的盛情款待。

丰收节又名"十成节""八成节"。在中国，农历十月初十日是传统的丰收节。丰收节历史悠久，主要是庆祝一年的丰收，祭祀丰收神炎帝神农氏。农历十月秋收完毕，农事稍闲，为庆贺丰收，农村便过丰收节。扶绥县农村在农历十月过丰收节。丰收节起源有待商榷，但可以肯定的是，从清代后便已十分盛行。节日前，人们会准备好酒肉等节日所需的食物，有的还做糍粑。在节日那天，亲朋好友不用通知都会前往捧场，即使是陌生的过路人，只要碰上，也会到场参加宴会。谁家客人最多，表明他的亲戚朋友多、门路广。有的村屯过节那天还请戏班来演出助兴，热闹非凡。

二、抚绥不同乡镇的丰收节

过丰收节，不同的地区也有不同的日子。中东镇一带壮族在农历十月初十过节，称为"十成节"，意指收成"十足"。新宁、龙头、东门、柳桥、山圩等乡镇的壮族人则在农历十月初九至二十九日择一天过节，其中经初九、十九、二十九三个含"九"的日子，故称为"三九"节。西长村及扶邑村巴料屯壮族居民则在农历十月二十日过丰收节，故称"十月二十节"。山圩镇那派村过丰收节，壮话称"扫湖塘"（扫禾堂），在每年农历九月初九以后举行。东罗镇客兰村丰收节又称"良节"，在每年农历九月初九后的第一个丑日举行。这一天，东罗镇客兰村的村民们从早到晚杀鸡宰鸭，甚至杀猪宰羊，邀请亲朋好友到家中聚餐，划拳畅饮，十分隆重。农民的丰收节在古时候也是存在的，也就是今天我们所说的秋社日。

三、丰收节的主要内容

新中国成立前,扶绥人过节除做米粉外,各村还集资聚众会餐,烧"平安纸",祈神"庇佑"。农户过丰收节时祭拜祖坟,祈求来年再获丰收。出现这种情况,可能是因为在生产力极为低下的古代,人们认为农作物丰收是各方神灵共同作用的结果。因此,要在收获之后对诸神进行祭祀以回报他们的恩情。新中国成立后,随着社会生产力水平的提高,人们在思想方面逐渐开放,节中具有浓厚迷信色彩的活动已逐渐淡化,乃至消失。

在扶绥县,当地人祭祀的对象分为多种,其中最为重要的祭祀对象是社神。《孝经·援神契》中记载:"社者,五土之总神。土地广博,不可遍敬,而封土为社而祀之,以报功也。"西周时期的社神地位极高,只有天子和诸侯才拥有社祭权。《礼记·王制》中记载:"天子祭天地,诸侯祭社稷。"随着社会结构的变化,春秋时期社祭开始走向民间,社会性和娱乐性逐渐增强。随着科学技术的进步和社会生产力的提高,到唐宋时期,社日演变成以祈求风调雨顺、农事顺利为目的,因为春天是播种的季节,如果没有充足的雨水,农业生产会受到阻碍甚至影响来年的收成,这关系到人们的生计。因为在古代,农民要向统治者缴纳一定的贡赋,缴纳的贡赋种类有很多种,其中就包括向统治者交粮食。如果收成不好,所剩粮食就不够吃了。所以农民很重视丰收节的祭祀。到汉代时,社祭实现了从国家礼制到民间节庆的彻底转变,成为百姓欢迎的盛大节庆活动。

《秋社》中写道:"社鼓敲时聚庭槐,神盘分肉巧安排。今番喜庆丰年景,醉倒翁媪笑颜开。"秋社是丰收后的庆典,辛苦一年的人们终于可以放松下来,心情自然非常愉悦。因此,秋社往往较春社要隆重、热闹得多。秋社期间,人们会组织开展一系列的活动,赛神是其中最为重要的一项祭祀活动。所谓赛神,就是向社神贡献祭品,以歌舞、鼓乐、演戏的方式酬谢社神。农民在获得秋季丰收后,手持收获的稻穗来到庙宇回报社神,击鼓唱歌,感谢社神对人们一年来的眷顾。演戏是社日祭祀社神的重要方式,社日演戏,最初是为了酬神,但后来成了庆祝丰收、聚会娱乐的重要方式。

丰收节既是祭祀丰收神的日子,同时也是享用祭酒、品尝美食的日子。有一句诗说得好:"桑柘影斜春社散,家家扶得醉人归。"祭祀完毕后,男女老少欢聚在一起，享受宴聚，无拘无束饮酒放歌。据说祭祀的酒有聪耳明目的功效，因此，人们无不尽情畅饮，以至在节日出现家家酒醉的情形。除了用酒祭神，祭神供品还有社肉、社饭、社糕、社果等，祭神结束后，大家分享这些美食。社肉又称福肉，据说吃了就能得到社神的福祐。社糕以面、米制成。社果以青草汁和面制成。

  在古代，丰收节期间，除了忙于社祭有关活动，其他事情一律停止。这一天，官吏放假，终年操持家务的妇女要放下针线活，唐张籍的《吴楚歌》诗曰："今朝社日停针线，起向朱樱树下行。"社日最高兴的还是小孩子，他们不用上学念书，尽情玩乐。南宋陆游的《社日》诗曰："太平处处是优场，社日儿童喜欲狂。"人们敲着社鼓，儿童们在活动中嬉戏玩耍，一派安居乐业、喜庆祥和的景象。

  丰收节不只是扶绥县的习俗，我国的其他一些地区也举办丰收节，只不过由于文化的差异，过节的形式、内容等各不相同。近代以来，秋社逐渐式微，但丰收节中的很多习俗被保留了下来。比如在许多地方的中秋节，都会用新粮和时令瓜果做一顿丰盛的晚宴，以示庆贺丰收之意。有的地方用新粮和时令瓜果来祭祖或祭社，以感谢神灵佑助，祈求明年禾麦丰收。在我国广大少数民族地区，秋社的习俗保留得更为完整。如藏族在青稞黄熟以后、开镰收割的前两三天举行的望果节，就是以庆丰收为主题；高山族在每年的秋收季节要举行丰收节，庆贺一年的劳动收获。尽管节日叫法不同，各民族的尝新习俗略有差别，但时间都在秋季谷物成熟或收割之后，都以喜庆五谷丰收和向诸神报告丰收成果为主题，与古代秋社习俗可谓一脉相承。

第十二节 花炮节

一、花炮节的源流

  花炮节又称"花炮会"，为侗族和部分壮、汉、瑶、苗、仫佬等民族盛大的传统节日。每年或三年举行一次，具体日期因地而异，但以春季为最多，秋季次之，夏冬两季甚少。参加人数少则上千，多则数万，场面极其热闹壮观。新中国成立前，花炮节以娱神为主要活动内容，兼有娱人的成分。新中国成立后，此节以娱人游乐为主，并遗存一些娱神的成分，还曾一度被禁，20世纪80年代逐渐恢复。

二、"金山节"的来源

在崇左市江州区左州镇也有庆祝花炮节的传统习俗，当地居民称之为"金山节"，左州镇金山节的主要内容为祈福、抢花炮、文艺演出、百家宴。时间为每年的农历二月十九。具有壮族民间风俗特色的左州金山花炮节，至今已有三百多年的历史了，是广西壮族自治区级非物质文化遗产，具有浓郁的壮族民俗风情。

"金山花炮节"这一名称的来源，是因为在左州有一座山，名为金山，古时称左阳，山上建有一座寺庙，称金山寺。据说该寺建于明成祖永乐年间，由于建成之前在山上发现一个金炉，故又名金山。寺庙建成后，连日香火不断，到了1448年人们便将农历二月十九定为纪念日。据说每年的这天，寺庙挤满了前来祈福的群众。加上传说农历二月十九是观音的诞辰，所以金山花炮节又叫观音诞。在这一天，当地民众会举办很多活动来庆祝观音的诞辰，如观音巡游、大象拔河、文艺表演、山歌比赛、抢花炮等。

三、金山花炮节的活动内容

由观音巡游拉开抢花炮的序幕。巡游时排在队伍首位的是舞龙舞狮队。八仙护卫着观音神像，头炮、二炮、三炮、腰鼓队、秧歌队等紧随其后，数百人的队伍敲锣打鼓穿街而行，热闹非凡。游行队伍以女子为主，腰鼓队、秧歌队身着各色鲜艳的彩衣，用缤纷的色彩点燃节日的激情。按照传统的风俗，"八仙"由小孩装扮而成。扮演者穿戴八仙的戏服帽饰，脸上抹着浓妆，骑在马上进行巡游，人、马都系着喜庆的红绸带，还有长相清秀的小女孩头戴花冠，手提莲花灯行走在游行队伍里。出城入城，唢呐声声，奏出浓郁的地方风情。巡游队伍在左州镇的大街小巷里一边游行一边表演，经过时，家家户户都会燃放鞭炮接福，祈求风调雨顺、五谷丰登。

花炮节的主要活动是抢花炮。"花炮"有两种：一种是用彩带缠绕铁环、藤环、木环而成，形状如同手镯，分别有大、中、小三种，直径10至15厘米不等，靠土铁炮冲力射向高空，落地时供人们抢夺，称抢炮环。另一种是特制的鞭炮，依其大小，分母炮和子炮两种。母炮大如水桶，表面糊上彩纸，燃放后，人们便抢夺散落的纸花、纸带，称抢炮花。抢花炮的程序，新中国成立前较新中国成立后复杂。新中国成立前有"还炮""游炮""抢炮""接炮""养炮"等程序，新中国成立后，只有"抢炮"一项得到较全面的继承，其他几个环节则被简化或革除了。

金山花炮节所用的花炮是一个用藤条编织而成的圆环，在圆环表面上缠绕有一圈红布，取红色喜庆的寓意。花炮共有三炮，每一个花炮都有其特殊的寓意：头炮象征"吉祥如意"；二炮象征"风调雨顺"；三炮象征"五谷丰登"。

赛前，花炮会被工作人员事先安置在装有火药的送炮器上。比赛开始时，负责人会为送炮器点火，利用点燃后火药爆炸时产生的冲击力将花炮冲上天空，然后在风力的作用下，花炮会落向某个地方，所有参赛队员便开始奋勇争夺。抢到花炮的人在队员的保护和配合下，迅速向得胜门跑去，把花炮交到裁判手中才算赢。金山抢花炮要求队员在规定的时间内，以将花炮攻入对方花篮的次数多少来判定胜负。在服装方面也有要求，规定所有参赛成员均上身赤裸，下身穿着及膝短裤，并且队伍不同，裤子的花纹颜色也不同，以方便区分。随着一声炮响，花炮凌空直冲，全场欢声雷动，抢炮的小伙们有如离弦之箭向花炮飞奔而去。双方你争我抢，展开激烈的"肉搏战"。每队都有其特殊的"战术"，他们或组成人墙掩护队友进攻，或叠罗汉般混战在一起，时而鱼跃拦截，时而前后夹击，千方百计将花炮送入对方花篮内。这些都很考验队员之间的默契和队员的技术，一个环节或动作没配合好就有可能失球，因此比赛极其引人入胜。现场被观赛的群众围得水泄不通，人们或站或坐，目光随着花炮的传递而动，不时爆发出阵阵欢呼。花炮虽小，带来的却是一场智慧、力量与技巧的精彩较量。20世纪80年代后，抢花炮这一形式经过改革，已经成为一项体育竞赛项目。

一旦花炮得主揭晓，顿时唢呐声、欢呼声、锣鼓声、鞭炮声响成一片，整个现场变成欢乐的海洋，人们一同分享胜利后的喜悦。比赛结束后，还有一个"接炮"仪式。凡在抢到了头炮、二炮、三炮任何炮的人或队，都要大摆筵席，宴请宾客。特别是头炮获得者，筵席更为丰盛。得炮者敲锣打鼓，鸣炮舞狮，抬着抢得的花炮游行庆贺。游行毕，将花炮置于厅堂或祠堂供奉，这就是所谓的"接炮"。每月农历初一和十五日，要定时给花炮焚香祭酒，俗谓"养炮"，这些仪式都在新中国成立后逐渐被革除了。

第十三节　崇左花朝节

一、花朝节的由来

花朝节在中国古代是一个十分重要的民间传统节日，古时候有"花王掌管人间生育"的说法，所以花朝节不但是百花的生日，而且是生殖崇拜的节日。因为中国古代的农耕、渔猎全靠人力完成，人数越多，才越能显出生产力的强盛，所以在古代，人们都希望子孙繁衍，人口众多。节日因地而异，中原和西南地区以夏历二月初二为花朝节，据说这是为了与中秋节相应。此外，还有一些地区以二月十二或十八为花朝节，这可能与各地花信的早晚有关。"百花生日是良辰，未到花朝一半春。万紫千红披锦绣，尚劳点缀贺花神。"清人蔡云的这首《咏花朝》，是旧时民间庆贺百花生日风俗盛况的写照，夜间在花树枝梢上张挂"花神灯"，灯火与红花绿枝相映成趣，是人们一展各自手艺的好时节。

有关花朝节的文字记载，最早出现于春秋时代。《陶朱公书》记曰："二月十二为百花生日，无雨百花熟。"晋代周处所著的《风土记》亦载："言春序正中，百花竞放，乃游赏之时，花朝月夕，世所常言。"花朝节在全国盛行，据传始于武则天执政时期（690—705）。武则天嗜花成癖，每到花朝节这一天，她总要令宫女采集百花，和米一起捣碎，蒸制成糕，用花糕来赏赐群臣。上行下效，从官府到民间就流行花朝节，但不知什么原因，这一传统节日后来日渐消亡了。如今，花朝节仅存在于广西宁明、龙州一带壮族人民的生活中。

二、花朝节的活动内容

花朝节是壮族的民间传统节日。广西宁明、龙州一带的壮族人民，在每年的农历二月初二庆祝传统节日花朝节。花朝节俗称"花神节""百花生日""花神生日"，是女孩们拜花、爱花、赏花、比美的日子。花朝节是纪念百花仙子的节日，传说她降于这天。她喜欢木棉树，因为它长得挺拔粗壮，春来满树红花，鲜艳如火。所以她常栖于木棉树上，佑护大地百花灿烂，人间安宁。

壮家的花朝节在古时候就有了，往往全村男女老少出动，人山人海，歌声不绝。清代龙州壮族诗人黄敬格赋诗赞道："斜阳门巷破萧条，姐妹栖从谁最娇。好把飞珠空里掷，迎来送去赏花朝。"

节日将临，壮家姑娘们特别忙碌，她们千针万线绣绣球，煮糯米饭。男青年们忙着逛街，买礼品。节日这天，青年男女端着食物、礼品和绣球，不约而同地来到风景秀丽的木棉坝（即长有木棉树的地方）。这里长着一棵棵高大的木棉树，此时树上花朵正放，像一朵朵红云，把整个山谷都映红了。他们穿着民族盛装，怀揣五色糯饭、糍粑或粽子等食品，带上为情人而备的头巾、千针底新鞋等礼品，尤其不能少了精心制作的绣球。青年男女三五成群对唱起来，赞情侣，夸对方，求连情。同时歌的内容必有一项是歌颂百花仙子，歌颂百花仙子的纯洁、美丽。歌声娓娓，情意绵绵，音绕青峰绿野之间。唱到情深意醉，男女青年们便互抛绣球和赠送礼物，绣球带着无限的柔情，像彩虹一样飞向自己的心上人。一时间绿丛中彩球飞舞，给歌场增添了无限的趣意。但是得绣球者并不把绣球带回家，待日将落，将分手回家时，便把绣球抛挂到木棉树上。于是抛绣球的高潮又开始，一个个彩色的绣球飞向高空，挂到木棉树上，与火红的木棉花相映衬，木棉树上五彩缤纷，煞是好看。人们说，这是把绣球送给百花仙子，以求得百花仙子的保佑。

花朝节当天要祭拜花神，祈福禳灾。传说花神专管植物的春长夏养，所以祀奉她的就不仅仅限于花农了，还包括种植庄稼果蔬的农人。长江三角洲一带多有花神庙，旧时吴越花农家还常供奉着花神的塑像。二月初二花神生辰，许多地方的农人都要聚集于花神庙内设供，以祝神禧。有的地方还要演戏娱神，通常是由十二优伶分别扮演每年十二月的各月花神。由朱熹的诗可以看出人们对花神的感情。人们纷至沓来，就此形成庙会。这天夜里，要提举各种形状的"花神灯"，在花神庙附近巡游，以延伸娱神活动。

节日期间，人们还要结伴到郊外游览赏花，称为"踏青"，姑娘们剪五色彩纸粘在花枝上，即用献给花神的礼物来装扮花神，凭自己的喜好装饰花树，打扮得最漂亮者为魁，边祈福，边赏花，称为"赏红"。又或者将做成三角形的小旗插在花盆里，以此为花祝寿。很多妇女还将鲜花插在发髻上，用来庆贺佳节，并且用纸花或者真花赠送给好友。清顾禄《清嘉录·二月》云："二月十二日，为百花生日，闺中女郎剪五色彩缯粘花枝上，谓之赏红。"《博异记》《镇洋县志》

记载了赏红的习俗：唐朝天宝年间，有位名叫崔玄微的花迷，远近闻名。某年二月之夜，一群百花之精幻变的艳丽女子入其花园，对他说本欲迎春怒放，可封姨（风神）出头阻挠，故请他帮忙解难。崔氏遵彼指教，置备彩帛，画日月星辰于其上。二月二十一日五更时分，他将彩帛悬于园中的花枝上。届时果然狂风大作，但因枝上花卉有彩帛护持，一朵也未被吹落。喜爱花卉者争相仿效，因以成俗。由于悬彩护花的时间必须安排在五更，故称"花朝"。赏红一般与拜花神连为一体，清以前贵族士人也赏花剪彩、祭花神，到了后来逐渐变为女儿的专利，女孩们也借此相聚玩耍，结交朋友。又有诗曰："春到花朝染碧丛，枝梢剪彩袅东风。蒸霞五色飞晴坞，画阁开尊助赏红。"夜间在花树枝梢上张挂"花神灯"，灯火与红花绿枝相映成趣。

这一天，各地还有栽花种树的习俗，就像今天的植树节一样；挑菜，就是挖野菜。白蒿、荠菜正是鲜嫩的时候。"采薇采薇，薇亦柔止"，花朝吉日，正值芳菲酝酿之际，家家摊晒各类种子，据说要凑齐"百样种子"，以祈丰收。预卜的方法很简单：是日忌雨，晴则带来百物丰熟的吉兆。

花朝节经历先秦时期的萌芽、唐宋时期的兴盛、明清时期的成熟以及清末民初的衰落，时至今日其内涵及其形式几近消亡。

第十四节　歌舞表演"唱春牛"

一、"唱春牛"概说

"唱春牛"也称跳春牛、舞春牛、闹春牛、牛头舞、戏牛舞等，是中国壮族传统民间祭祀性歌舞。壮语中称为"拢娅歪"，"拢"有"跳"或"耍"之意；"娅"即女性；"歪"即水牛。"唱春牛"广泛流传在广东、广西、湖南、云南等地区的壮族布侬支系民间。

"唱春牛"是传统地方戏的一种。它可以不需要舞台、布景、戏幕，而是与观众面对面进行。凭借通俗易懂、老少皆宜的演出，深受当地老百姓的喜爱。

"唱春牛"是一类使用拟兽道具的节庆舞蹈，表演的主要道具包括用竹篾编制或用绵纸裱糊、用颜料勾画有牛头模样的面具和用长约6尺的黑布、红布或花格布缝制成的"牛身",还有花篮、彩扇。表演服饰,一般来说,女性着绸料无领对襟上衣、长裤,腰系围兜,脚穿绣花布鞋,头发编成辫状盘起;男性戴戏曲小生帽,着中式衣裤,系红色腰带,穿黑布鞋。跳春牛舞时,舞者身穿"牛身"衣,双手举着牛头道具,踩着锣鼓点,模仿着牛的各种动作而舞动。

"春牛舞"的表演人数各地不尽相同。比如云南省西畴县的壮族跳春牛舞为四人表演,有两人分别舞牛头,一人戴硕大的人头面具,另一人戴猴头面具。云南省广南县的壮族跳春牛舞,则由三人表演,一人耍牛头,一人戴人头面具,其余一人戴猴头面具。再比如广东省连州市的"春牛舞"表演时则常有七至九人之多。

各个表演者的舞蹈动作根据身份和选择的形式而有所不同。"舞春牛"的演员模拟牛的各种神态、习性;其他演员做犁田、耙田、拔秧、插秧、挑谷等农业劳作等动作;舞者通常运用程式化的动作,如与"十字步"相同的"扣春花"(原地扭字步,右手胸前绕扇)等,强调膝部的屈伸和头部与上身的摆动。

各地的舞蹈动作大体相同,以云南广南县为例,跳春牛时,一般是一个舞者时而摆头跺脚,时而将身体旋转、翻滚,时而又跪拜四方,时而又跳跃奔跑;另一个舞者头戴人头面具,手执刀棍,按锣鼓点或吆喝牛,或舞弄刀棍;再一个舞者头戴猴头面具,模仿猴子的动作,在"牛"前跳来跳去,以示戏牛取乐。因此,春牛舞又叫戏牛舞。

"唱春牛"最原始的演出是二人一台戏,由一个"放牛仔"(牧童)和一个扮演牛的人贯穿全剧,其中扮牛的人头上戴一个用竹编的水牛形状的头具。在锣鼓、木鱼、唢呐以及弦乐等乐器的伴奏下,演员一边做出平时干农活的动作,一边用"牛娘调"唱出对未来一年的愿望和祈福。

"唱春牛"的表演形式逐渐融入了各地特色。比如广东省连州的"春牛舞",表演时,七至九人分别扮成生旦、丑角、婆旦等角色,小生提着纸扎的小牛,丑角扶着小木犁,小旦分别担着花篮(饭篮)、小水桶,婆旦拿着大葵扇,在锣鼓声中载歌载舞。舞步以"十字步"和"矮步"为主。音乐有演唱和吹打乐两种形式。"唱春牛"的曲调流畅开朗,锣鼓与舞蹈和谐、奔放,唱词既抒情也叙事,朗朗上口,易唱易懂。"唱春牛"的乐器主要有唢呐、芒冬鼓、小钹、高边锣、硬锣,最具特色的是硬锣,打击时发出"嘟嘟"之音,清脆悦耳,所以"春牛舞"也俗称"嘟嘟"。"唱春牛"的唱词除了赞颂耕牛，还吟唱节令、农时，表现劳作过程，每段开头都有衬句："春牛个子……"

二、崇左的"唱春牛"

广西崇左市的"唱春牛"，其中以扶绥县最具特色。扶绥县居住有十二个少数民族，其中汉、壮人口最多，扶绥县民风民俗习惯以壮、汉族的风俗习惯为主，受传统的骆越文化影响，经过数千年以来的传承和不断的演变，该地形成了独特的壮乡文化、生活、民俗、习惯。这为扶绥县当地的民间传统文化的形成提供了良好的地域环境。三穿花、白鹭舞等壮民传统舞蹈和游神节、赶歌坡、丰收节等传统节日以及壮族婚嫁、丧葬等传统习俗的存在有利于扶绥县"唱春牛"的发展，使其保持旺盛的生命力。

"唱春牛"，当地群众俗称为"唱梅屈"，主要流传于山圩、东门、柳桥、昌平等地。"唱春牛"有着悠久的历史，在扶绥县的起源时间大约是在距今三百年前，而清末以后开始盛行。"唱春牛"从最初的土牛迎春演变为一种群众性、娱乐性的歌舞形式。扶绥县"唱春牛"的唱词内容最早只是颂扬耕牛在一年中不辞辛苦为农家丰收做出的贡献，后来逐渐发展成为一种戏剧形式，融入了庆贺五谷丰登、祝愿风调雨顺、歌唱社会主义新风尚等更丰富多彩的内容，为农家带来更多的节日欢乐，同时也庆祝当年丰收并祝愿来年丰收、祥和。"唱春牛"作为节庆性民俗活动，一般多在年节期间和丧葬仪式上表演。除了贺新年，男婚女嫁或新屋落成等喜庆日子，也会表演"唱春牛"以助兴。现在"唱春牛"被提炼加工用于舞台表演。歌曲形式有情歌、节庆歌、恭贺歌等。曲调主要是采用左江采茶曲子，并吸收彩调、师公戏等成分，其道白和唱词有的采用平话、白话，有的采用壮话，形成了有本地民族特色的民间唱春牛戏。

扶绥县的"唱春牛"表演，也是用道具代替真牛。牛头用木头或竹子制作，牛身用黑布或红布围成，在牛角、牛眼等各个不同部位涂上不同的颜色，让"牛"显得更逼真。"牛"由两个人钻入布中扮演，一人在前舞动牛头，一人在后弯着腰撑起牛身。"牛"后有一农夫扶着犁头，吆喝着犁地。一群妇女围绕在"牛"周围，插秧或摘收果实和谷物等。整个表演过程有唱有跳，形象逼真，活灵活现。

扶绥县山圩镇素有崇拜牛、敬重牛的习俗。一般是秋收之后,"唱春牛"的民间艺人就装扮成耕牛的模样,敲锣打鼓、挨家挨户地上门贺丰收,用当地的多种山歌形式赞颂耕牛的辛劳和贡献。

随着时代的快速发展和外来文化的冲击,在现代人快节奏的生活方式及外来文化的夹击下,作为传统节日的庆祝方式之一的传统民俗活动逐渐陷入困境。"唱春牛"作为传统民间歌舞艺术,渐渐感到了"冬天的低温",即使是有"世界长寿之乡"称誉的广西钦州市浦北县的"唱春牛"也陷入"冬天"的冷寂。现在还会扎"春牛"的民间艺人少之又少。此外,一支完整的表演队伍全员要有15人左右,包括舞者、鼓乐队员、"唱春牛"的艺人。可是村里的大部分年轻人到广东等发达地区务工,只有等到春节才能回乡,村里仅余下几名上了年纪的队员,根本无法排练,更不要谈上台表演。如何将"唱春牛"这一传统文化传承下去,成为亟待解决的问题。

第三章 日常习俗及其他

第一节 崇左壮侗瑶民族饮茶习俗

一、引言

自古名山出好茶，广西不仅有威严矗立的十万大山，有秀甲天下的桂林山水，还有名扬海内外的崇左花山，因此广西的茶叶驰名中外。广西聚居着壮、瑶、侗等十二个民族，这些民族钟情于唱歌与饮茶，具有浓郁的民族茶文化色彩。广西少数民族的茶文化，尤其是独具南疆民族风情的崇左市壮、侗、瑶民族的茶文化及饮茶习俗，既有中国传统哲学思想内涵，又富含特殊的民俗风情及深刻的人生哲理，值得我们深入研究。

二、唱山歌，品趣茶

一直以来，广西素有民歌海洋的美誉，而聚居在南疆的壮、侗、瑶等少数民族能歌善舞。因此，在重大节日和重要活动里，对歌敬茶都是必不可少的。民族山歌与茶文化交相辉映，独具民族风情。

对于崇左当地的壮族人民来说，茶不仅是传统的饮品，更是一种习俗。迎宾待客，谈情说爱，娶妻嫁女都离不开歌与茶。正如广西歌仙刘三姐所唱"茶树发芽青又青，一棵嫩芽一颗心"，悦耳的歌声与暖暖的茶中散发着浓浓温情，对歌敬茶为壮族人的生活增添无限乐趣。

《找茶种歌》是壮族必对的民歌之一。《找茶种歌》讲述的是壮家洛冒"奕通"带领众人历经万难，终于找到茶种，最后种于山野，使得满山遍野茶花飘香，人民生活有滋有味的故事。敬茶的对象一般是族上的长辈们，在接茶前，他们都会提出各种不喝的理由来考验歌手，直到歌手唱到其心满意足，他们才会端茶畅饮。

三、采茶舞，显风情

除了对歌品茶，地处南疆崇左的少数民族自然少不了表达他们对大自然馈赠的感恩。采茶舞扮演人物有茶公、茶娘、歌伴、书生或财主等。新中国成立前，采茶舞一般没有妇女参加，"茶娘"由男演员装扮。每队的演员一般5人左右。新中国成立后，妇女参加了采茶舞蹈队，"茶娘"不再由男演员担任，每队的演员也增加到20—30人，演唱场地从在一张竹单上做表演，走上了大舞台。民间采茶舞蹈队出演，一般在正月初一到二月上旬，以茶贺新年、喜庆丰收、祈求太平为主题。采茶舞有开台茶（恭茶）、乃茶、十送茶、老正茶、洋红茶等10多种表演形式。随着社会发展，采茶舞由原来群众自发组织发展到乡镇、县文艺团体来排练演出。"六人斗金花""九龙摆尾"的采茶舞，在五六十年代自治区文艺会演中获得优秀奖。崇左采茶舞现在仍不断创新，但其音乐曲调、表演动作、服装道具均保持了原来的风格，同时也展现了崇左少数民族在特色茶文化方面源远流长的历史。

四、待客者，茶之道

说到饮茶，自然少不了茶的重要用途。客来茶上，畅饮尽欢，这是崇左少数民族迎宾待客的首要礼仪。打油茶是壮族、瑶族、侗族等人民共同的民俗茶事。每当宾客上门，壮、侗、瑶民族最热情的体现便是打油茶。生活在八桂大地的少数民族均有"打油茶"的习惯，崇左内的壮族、侗族、瑶族对打油茶尤为钟情，壮族人民认为，无歌不成宴，无茶不成席；侗族谚语记录，一日无茶则滞，三日无茶则病；瑶族民谣唱道，一碗不成，两碗无义，三碗四碗麻麻地，五碗六碗够情谊。打油茶特别讲究茶的品质，需要高超的技艺。待客以油茶是一种高规格的礼仪，给客人倒茶时，一般不少于三碗。待客以茶，不少于三，这是壮、侗、瑶民族热情的体现，也是儒家传统文化中的"礼"和"度"的体现。我国自古便有"礼仪之邦"的美誉，壮、侗、瑶民族热情好客，凡事都讲究"礼"，以好茶待客便是有"礼"的体现；凡事都讲究"度"，敬客以茶"不少于三"便是"有度"的体现。壮、侗、瑶民族待客有"礼"有"度"，这在一定程度上也是中国传统儒家思想源远流长，至今仍对少数民族同胞有深远影响的体现。①

五、红白事，祭茶俗

正如谚语所说，"宁可一日无食，不可一日无饮"②。崇左侗族人民喜欢喝茶并以茶会亲，以歌会友，一年四季茶罐不离火，山歌不离口。茶与歌成了他们生活不可缺少的一部分。美味的豆茶和美妙的山歌四季相伴，其乐融融。侗族人民的豆茶是用米花、苞谷、黄豆等经过特殊加工后和茶叶一起入锅煮制而成。豆茶分为清豆茶、红豆茶和白豆茶，每种豆茶都具有特殊的含义。

清豆茶代表欢乐，一般为节日饮用。每逢重大节日，各村各寨的侗族同胞便会献出自家制作的豆茶，相聚畅饮。大家一起唱山歌，品豆茶，跳民族舞，热闹非凡，成为侗乡的一大"游艺茶会"。红豆茶代表幸福吉祥，一般在子女行婚大礼时饮用。喝红豆茶时，新郎新娘同站于堂屋门前，用托盘托着一碗碗热气腾腾的豆茶，向贺礼宾客献茶，一派喜气洋洋。白豆茶代表哀思，为长者仙逝时饮用。喝白豆茶时，逝者儿女用托盘托茶，向前来祭奠的来客献茶，一派庄严肃穆。

六、饮好茶，品茶道

崇左壮、侗、瑶民族喝茶讲究品茶悟道，精行俭德。喝茶既是生活所需，也是修身所需，认为好茶乃自然的馈赠，一树的精华尽在茶叶之中。因此，饮茶能静心安神，修身克欲，从而回归真善美的生活本质。在闲暇之时，煮一壶好茶，和家人朋友一起品茶论道，共叙亲情友情，实乃人生一大美事。壮、侗、瑶民族参禅悟道，修身克欲的茶道是对真善美的追求，这是中国茶文化的精髓。

---

① 李一枝、唐专秀：《广西壮侗瑶民族的茶文化探析》，载《广东茶业》2020年第2期。
② 刘松筠：《三江"打油茶"的品质特征和侗族茶文化》，载《中国品牌与防伪》2011年第7期。

七、结语

茶是崇左壮、侗、瑶民族生活的重要组成部分。茶可以养性，可以养德，可以"化解戾气，发扬正气，成就和气"①，因此在长期的喝茶品茶过程中形成了许多富含人生哲理的谚语。这类谚语代代传诵，给人深刻的教育意义。壮族有"茶好客自来"的谚语。"芳茶冠六清，滋味播九区"②，在壮族人民看来，人品如茶，茶好，招人喜欢；人好，朋友遍天下。因此，做人要做有善心、有追求、有作为的人。壮族人民这一谚语，目的在于告诫自己的子孙后代要成为有本事、有善举、有作为之人。瑶族有"人生如茶，不能苦一辈子，但要苦一阵子"的谚语。瑶族人民认为，茶的清香是以苦涩为前提的，没有第一泡的青涩，就不会有第二、第三泡的清香。换言之，不经历苦涩，难以得清香。正如华佗《食论》所言，"苦茶久食，益意思"，人生如茶，选择了奋斗，苦的是一阵子，幸福的清香却是一辈子。因此，瑶族同胞都希望自己的儿女敢于吃苦，勇敢勤劳，用自己的双手去创造幸福生活。侗族有"温水沏茶，平淡无奇；沸水沏茶，清香扑鼻"的谚语。侗族人民认为，安逸是生活的温水，泡不出幸福的味道，而挫折磨难是生活的沸水，能激起人生的斗志与激情；经历了挫折磨难，生活才有滋有味。

第二节 德天瀑布周边风俗

一、引言

崇左德天瀑布位于大新县中越边境的归春河上游，归春河起源于广西靖西，流入越南，又重新流入大新县德天村，遇断崖倾泻而下形成德天跨国大瀑布。在德天瀑布群的周围生活着壮族同胞，所谓"百里不同风，千里不同俗"。德天瀑布四季景致皆有佳处，当地的风俗民情也都极有特色。

---

① 马美爱：《文化自信视域下的茶文化传播策略探讨》，载《中国茶叶》2019年第12期。
② 毛墨林：《平地瑶特色饮食"恭城油茶"的历史与科技探究》，广西民族大学2015年硕士学位论文。

二、干栏建筑

德天瀑布附近的居民住着南方最普遍的干栏式建筑。这是中国古代建筑遗产的重要组成部分。它以木立柱，架成离地面几尺高的底架，再在底架上建成住宅，一般分上、下层及楼阁三部分，底层用于圈养牲畜和存放杂物，上层住人。多数为三开间，也有五开间或七开间的，进门是厅堂，厅后是火塘间，用作煮饭和取暖。不过这种比较古旧的干栏式建筑在这里已经少见了，如果还能看到，那就是当地居民特意留下当作旅游景点的。德天瀑布附近居民的居住地，放眼望去，这种底下畜牧、楼上住人的建筑几乎不存在，更多的是人们把畜牧和人居住分开，布局分明。这里的建筑与南方的建筑一样，以通风散热为主，南方的夏天有时高达35℃，在德天瀑布这一带更热，所以这里的建筑设计也往清凉方向设计。干栏建筑还可分为全楼居式、半楼居式、地居式等几种，前者多见于偏远山区，次者多见于丘陵、半山区，后者多见于平原地区，这种建筑适应潮湿多雨、地势不平的南方山区，结构比较合理、适用。

三、婚嫁习俗

德天瀑布附近的居民婚嫁习俗主要以壮族的习俗为主，主要分为接亲、送亲、成亲、回门四个方面。

接亲：顾名思义，男方去女方家接亲。

送亲：新娘穿着壮家盛装，戴着银项圈、银耳环、银手镯，用大红布盖头，在众多送亲者的簇拥下，告别家人前往新郎家。来到男方家门口，一般要等到临近天黑，新娘才能跨进男方家门槛，时候不到不能进。届时，男方家点灯上香，庭院和堂屋灯火辉煌，新娘才款款迈进男方家门槛。新娘进屋后，按习俗，送亲者要把新娘的嫁妆和结婚用品一一陈列展示，有的地方还一一过秤，以显示嫁妆的丰富和娘家的阔气。之后，要举行拜堂仪式。

成亲：拜堂时，堂屋上方坐长辈，下方坐亲戚，新郎、新娘在衣袖上扎红绣球，并肩站在堂屋中央。在主婚人的主持下，新郎新娘先拜天地神灵，再拜长辈乡亲，宾客也纷纷祝福新人白首偕老，永不分离。当男方家宴请宾客时，新郎新娘要双双前来敬酒，先敬长辈，后敬小辈。新郎新娘还要向大家敬献壮家特有的糖茶，喝着甜津津的糖茶，宾客的心里都暖融融的。

回门：第二天，新婚夫妇要到女方家回门。回门的时候，新郎新娘都有人陪伴，男方要带给女方家一桌酒菜，并携带鞭炮，一路鸣放进入女方家，表示对女方父母及亲戚的答谢。有的地方，女方家的人还往新郎身上泼水，以示祝福。

四、壮族服饰

德天瀑布附近的居民服装主要是根据自然环境设计的，但是民族不同，服装也会有些许差异，毕竟德天瀑布附近的居民不止有壮族，还有汉族、苗族、水族、侗族、瑶族等，不过还是以壮族人数居多。这里的壮族男子多穿青布对襟上衣。老年妇女一年四季都穿着自己织、自己染的黑色土布上衣。中青年女子多穿无领斜襟绣花绲边上衣，下穿绣花绲边宽脚裤或青布蜡染褶裙，腰束绣花围腰，脚穿绣花鞋，头缠各式方巾，项戴银首饰，其设计都是以散热、清凉为主，具有实用性，不仅不失壮族文化本质，也别有特色。瑶族男子大都穿黑色或深蓝色衣服，上衣有对襟及斜襟两种，一般束腰带，用深色的长布条包头，裤子长短不一，有的长至脚面，有的短至膝盖，下缠腿布。女子擅刺绣，衣服多绣满各种花锦，有的上穿无领短衣，两襟绣花，系腰带，下着青色碎花百褶裙，有的上穿过胯长衫，无领对襟，襟边袖口有绣花或挑花，腰系五彩丝带，胸前悬挂长方形布幅，上面绣满花纹。喜戴各种银饰，有项圈、手环、耳环、银牌、银包、戒指等，有的头饰还有银花、银串珠等。不仅如此，苗、侗、水等民族的服饰也各有自己的特点。

五、壮族饮食

南方居民饮食以大米为主，德天瀑布附近的居民也不例外。德天瀑布的起源河归春河养育了这一带的人，这里的居民喜爱五色糯米饭和糍粑。五色糯米饭和糍粑的做法并不烦琐，但是需要许多人的配合，每逢佳节，都有许多亲戚一起做糯米饭和糍粑，增添节日的欢乐气氛。广西少数民族的食品丰富多彩，各具特色。壮、瑶、侗、仫佬、毛南等民族喜爱五色糯米饭和糯米糍粑，侗、苗、仫佬、毛南、水等民族喜爱酸菜、酸肉、酸鱼等，水族喜欢吃辣椒，瑶族喜欢风味独特的腌制品鸟酢，毛南族喜欢豆腐丸子和菜牛肉打边炉，侗、瑶、苗等民族喜欢打油茶，壮族、京族妇女喜欢嚼槟榔等。

六、壮族节日

每年农历三月举行的壮族"三月三"歌节，是壮族最著名最隆重的一个节日，每次持续两三天，歌圩少的一两千人，多的达数万人。以青年男女对唱山歌为主，对歌的常见内容有：游歌、相见歌、求歌、斗歌、初交歌、深交歌、离别歌。这期间，除了男女对唱山歌，当地的居民还会宴请前来参加的游人。人们穿上节日盛装，三五成群，从四面八方汇集在一起，除了对唱山歌，还举行抛绣球、碰蛋和其他文体活动，场面热烈，富有情趣。

第三节　天等壮族干栏式建筑

一、干栏式建筑的起源

论起干栏式建筑，要追溯到中国早期历史。中国早期至新石器时代的许多文化遗址中，如河姆渡文化、马家浜文化和良渚文化，已经产生一种属于干栏式的土木建筑。西周时期，干栏式建筑已经汉化。

二、天等壮族干栏式建筑的起源以及特点

从古至今，居民的建筑形式与生活与当地的自然条件、地理位置和经济发展的等有密切的关系。天等位于广西壮族自治区崇左市，地处桂西南，距广西壮族自治区首府南宁市125千米，属亚热带季风气候，比邻县温凉和湿润。春末到初秋，受到偏南气流的影响，气温较高，降雨次数也比较多，湿度很大。对于这样的自然环境，天等采用的便是干栏式建筑。特别是20世纪六七十年代，在天等的许多乡村里随处可见。在《太平寰宇记》中曾有记载："人栖其上，牛、羊、犬、豕畜其下。"这无疑是对干栏式建筑的诠释。"干栏"，又称高栏、阁栏、麻栏。用壮语最为贴切的方式来解释，"干"称为"稻梗"，就是上边的意思。在古代，干栏式建筑的顶部通常采取稻梗、茅草或者是竹木等材料来覆盖。"栏"是"房屋"的意思。干栏式建筑的所有楼板都是采用木板铺成，而用木桩做底层支撑，

墙壁由竹木围成。天等壮族的干栏式建筑，主要分为全栏和半栏两种。无论是哪一种干栏式建筑，均为上层住人、下层圈养牲畜。

（一）天等壮族干栏式房屋的上一层

天等壮族干栏式房屋的上一层是用来住人的，房屋前有个石头砌成的楼梯。从下层通往上层往往是走这一小段的楼梯。楼梯底部用小块的石头堆砌，然后在上边放表面较平坦的长条石块。有些居民考虑到小孩或老人上下楼梯的安全性，在楼梯的两旁用竹林搭建成扶手。上层会有一个大门，大门的两侧有两个小晒台，门口的小晒台用壮话来说就是"栅"。人们一般会在小晒台的一侧堆放木柴和农具等，另外一侧主要用于晒衣物、晒玉米和晒稻谷等。晒台外面的光线较充足，多数人家都会坐在晒台上聊家常。

天等壮族干栏式房屋的构建，不只是受自然条件的影响，还受人文环境的影响。天等县居民是以壮族为主，壮族占全县人口的90%，因此在这座房屋的二层，家家户户都会设有神龛，神龛位于干栏的中轴线，正对大门，以供奉自家的祖先。

天等属于山区，山多且高，山多，树林也多。天等壮族干栏式建筑主要是采用当地的木材与石头构建的。用木板隔起三四间厢房，前边的厢房大多是专门供给年轻男性使用，后边则是给年长者或者未出嫁的姑娘住。

同时，天等壮族干栏式建筑的结构在一定程度上受到中国传统儒家思想的影响，讲究中庸与和谐。在中国几千年历史长河中逐渐被演绎为不偏不倚、允当适度，天等壮族人民将传统思想"中庸"的观念体现在了传统民居建筑的平面布局上，建筑物的平面都做到了对称式布置，直至现在的建筑仍然追求对称美。

天等壮族干栏式的房屋里面光线并不是很充足，常常是比较阴暗且不透光，人们在房屋里活动时需要开灯或者生火照明，因此在房屋的后厅会有一个火塘。壮族的日常生活，大多围着这火塘进行。一般都是以火堆为中心，围着火堆吃饭、休息、聊天和取暖等，也会在火塘烹煮、酿酒和熏肉等。

（二）天等壮族干栏式房屋的下一层

天等壮族干栏式房屋的下一层是用来圈养牲畜的。在楼梯的两侧建有牲畜圈的门，这个门通常是不设有锁扣的，而是做一个暗锁。在门柱上钻孔，将牲畜圈的门掩上后，自上一层将铁棍条由上而下插入孔内，从而形成暗锁。开锁时，需要在上一层将铁棍条抽起来。因此，除非贼人能够进入到上一层，否则无法抽起铁棍条打开暗锁进入牲畜圈。

要想进入到下一层，除了从下一层的两道门进入，人们还可以直接从上层下到牲畜圈。在一般的房屋里，上层都会设有通往下一层的楼梯和钻一个大小中等的洞，人们可以直接从上层丢草料投喂牲畜。

下一层同样也是采用较粗的木条围成多个圈子，用来给牛做牛棚、给猪搭建猪舍和给羊建羊圈，还有鸡、鸭、鹅进食的圈栏。在许多地方，在猪圈下还建立沼气池和污水粪池，粪便皆可直接排入于此，等到每年播种农作物时，就可以用作肥料，给农作物施肥了。

三、干栏式建筑的利弊

采用干栏式建筑，多在潮湿地区。上层住人，可以防潮，也利于避开野兽虫蛇。干栏建筑也有弊，一是光线不足，天等壮族干栏式房屋的窗洞开口是比较大的，但是在窗上有许多的棱条，会挡住光线射入房屋里头，导致房屋里常年比较昏暗，人们在房屋里的活动不太方便，一定程度上对人们的日常生活造成影响；二是天等壮族干栏式房屋所用材料多是木头，而居民的日常生活是以生火为主，容易造成火灾；三是天等干栏式建筑最大的特点是人畜共处，上下层间的隔绝措施往往不到位，下层牲畜的气味容易飘到上层，久而久之，影响人体健康。

天等干栏式建筑是广西少数民族建筑艺术和物质文化的代表，自古代延至近现代，它不仅满足了天等当地居民生活的基本需求，而且对我们研究天等县的建筑和物质文化具有较大的价值。受改革开放的影响，天等经济不断发展，人们的收入水平得到提高，多数人会选择回老家改建或新建房子，用水泥建造的房屋代替木制的干栏式房屋。天等壮族干栏式建筑是天等历史文化的载体，但是现在受各种因素的影响，它逐渐走向没落。

第四节 壮族头饰插戴习俗

壮族作为我国人数最多的少数民族，其艺术等方面也基于人数而丰富多彩，壮锦、服饰、头饰、刺绣等彰显了壮族艺术的丰富魅力。壮族头饰是壮族艺术的重要组成之一，对于展现壮族艺术有着独特的作用。

一、不同性别、年龄之头饰

壮族头饰根据性别、年龄以及婚嫁与否，分为很多种类。壮族男女在不同的历史时期有不同的发型和头饰，在广西部分壁画上可以看出早期壮族男子以短发为主，同时也有少量壮族男子头上插有两支羽翎；而少女则留有长发并梳成长辫，在发梢上缀上山花。这便是早期壮族男女的发型与简易头饰。他们在劳作中摘取最简易的材料来装点自己，以彰显壮族之美。壮族儿童也有自己独特的头饰。古籍中有记录壮俗"露顶跣足""布帛勒额"，壮族童帽便还原了这一习俗。壮族童帽是用二三寸宽的绣花布条缝制而成的无顶遮额帽，这样的遮额帽既是为了保护头部，也是一种装饰品。未婚女子通常留长发，且留刘海，将左边头发绕到右边，并用发卡固定，劳作时将头发盘至头上固定。已婚妇女通常将头发由前往后拢，形成凤臀般的样式，并插上银质横簪。中年以上妇女多梳髻且戴绣花勒额。

二、不同地区之头饰

按照地区，壮族发饰也有很大的区别。在广西北部一带的女子以留长发为主，且不绑辫，已婚妇女将头发梳顺后，由左向右绕结成髻；少女梳成一条长辫且留刘海，少妇则梳两条辫子；中老年结髻并垂于脑后。广西南部一带的老人与北部老人则相反，南部一带老人通常不结髻，只将长发翻过头顶打旋后用黑布包裹；青年女子则是头顶留有长发，将四周剪成披衽，头顶的长发翻到额前并扎白布、插银梳；南部的儿童通常剃成光头，戴上家中长辈赠送的银饰帽子。广西东部与广东交界的连山一带，各年龄段的发饰不像广西其他地区类型多样，这一地区多盘发并用大簪固定，或直接用青色绸布包裹。

壮族妇女多擅长纺织和刺绣。著名的壮锦以图案精美和色彩明艳著称，为人所熟知的"蜡染"以风格别致著称。壮族男子则与汉族男子无太大差别，女子则风格各异，在鞋、胸兜、帽、头饰等方面用各色丝线绣上花纹，色彩斑斓。

三、椎髻

壮族人的发式大都整理成椎髻。椎髻亦作"椎结"。髻是中国古代真正意义上的发型，其出现是中国发文化史上的一个重要事件。椎髻是古代妇女采用最为广泛、延续时间最长的一种发式，各个朝代都有沿用，区别在于发型的高、平、低以及结髻在前、后、左、右、中的变化。椎髻的梳辫法在于将头发拢起，结在头顶、头侧、前额、脑后，即结髻有前后左右的变化区别，结成束扎好后挽结成椎，用发簪掼住，即可卷成一椎、二椎，甚至三椎。曾风靡一时的"梁氏新妆"，就是梁翼之妻孙寿将结椎置于头侧使其下坠，称为"堕马髻"。汉朝梁鸿之妻孟光"梳椎髻，着布衣"，以此表明自己愿与梁鸿一齐归隐，后来人们便用"椎髻"形容为妻贤良、衣饰简朴、与夫共志。壮族妇女多梳发髻，大概想表达的便是为妻贤良、与夫共志的意思吧。

四、头巾

和大部分少数民族相似，壮族的一个主要发饰就是头巾。从功能讲，戴头巾是为了防风尘、防晒、遮面等。不同民族戴头巾受当地地形、地貌、水土以及气候的影响。例如回族人民所处风尘较大地区，水源较少，人们日常生活缺少水源，难以沐浴净身，于是为了防风尘、讲卫生，便佩戴头巾，有效地防止了风尘的侵入。从习俗上讲，戴头巾有坚守宗教教义、文明规范等意义。例如回族妇女包头巾还有一个原因，就是其信仰伊斯兰教，教规中对女子戴头巾有明确的要求。

五、银饰

对银饰情有独钟的民族，除了广为人知的苗族，壮族人民对银饰也有着与生俱来的喜爱。壮族人最初佩戴银饰，很大一部分原因是银饰的功能性强，很早的时候，少数民族聚居的西南地区被称为"蛮荒之地"。这一片地区战争频繁，聚居在西南地区的壮族人民几乎无时无刻不在逃亡途中。较为富裕以及地位较高的部分壮族人民便将以金银为主的货币打造成饰品。这样做既方便财产携带，同时也能够在逃亡间隙的片刻安宁时，用来装饰和美化自己。于是在很长时间里，银质饰品逐渐变成了财富和身份地位的象征。随着时间的推移，几乎每一户壮族人家家中都会备有成套的银饰——梳子、簪子、耳环、项圈、项链、胸牌、戒指等，大部分要在结婚这一天才会拿出来。因为在人们眼中，结婚是一生中只有一次的大事，无论如何都应该是一生中最美好的时刻，所以家中长辈往往会拿出整套的银饰给即将出嫁的壮族女子，表达对她们的祝福。

壮族的银质头饰可以说是壮族各式各样饰品中最为精致且华丽的一种。首先银质的头饰相对于其他银饰更大，因为体积大而需要花费更多的脑力去思考如何将大体积的饰品篆刻得细致、精美，每个细小的角落都需要精雕细作达到无瑕疵的程度。大部分的银质头饰在镂空型外围上装饰一圈流苏，因此即使是在远处看，也不会让人觉得笨重，而给人一种轻盈的感觉，近看便可以发现篆刻的许多细节，即使是难以有人注意的细微之处，也被打磨得十分精美，让人不自觉地发自内心地佩服能雕刻出这样精致的饰品的手工艺人。

由上所述，壮族的头饰主要分为头巾类和银质类，两种头饰对于壮家儿女来说缺一不可，适用场合不同，所蕴含的意义和文化内涵也各有不同。作为壮族的代表性文化之一，壮族头饰有力地向众人展示壮族独特的壮锦工艺和来自壮族手工艺人的细心、耐心和匠心，同时也蕴涵了壮族几千年来的历史，饱含壮族儿女的热情和用心。

第五节　宁明瑶族婚俗

宁明瑶族婚俗十分独特。2014年，宁明瑶族婚俗经广西壮族自治区人民政府批准，列入第五批自治区级非物质文化遗产项目名录。

一、瑶族概说

瑶族是古代东方"九黎"中的一支，是中国华南地区分布最广的少数民族，亦是中国最长寿的民族之一，传闻瑶族是盘瓠和帝喾之女的后裔。瑶族广泛分布在亚、欧、美、澳等各大洲，民族主体在中国。瑶族的先人后往湖北、湖南方向迁徙。到了秦汉时期，瑶族先民以长沙、武陵或五溪为居住中心，在汉文史料中，与其他少数民族合称"武陵蛮""五溪蛮"。

南北朝时期，部分瑶族被称为"莫徭"，以衡阳、零陵等郡为居住中心。"零陵、衡阳等郡，有莫徭蛮者，依山险为居，历政不宾服。"① 这里的"莫徭"，指的就是瑶族。隋唐时期，瑶族主要分布在今天的湖南大部、广西东北部和广东北部山区。所谓"南岭无山不有瑶"的俗语大体上概括了瑶民当时山居的特点。唐末五代时期，湖南资江中下游以及湘、黔之间的五溪地区，仍有较多的瑶族居住。宋代，瑶族虽然主要分布在湖南境内，但已有一定数量向两广北部深入。元代，由于受战争影响，瑶族不得不大量南迁，不断地深入两广腹地。到了明代，两广成为瑶族的主要分布区。明末清初，部分瑶族又从两广向云贵迁徙，这时，瑶族遍及南方六省（区），基本上形成了今天的分布局面，具有"大分散、小聚居"的特点。明朝中期以后，部分瑶族由广西、云南进入越南、老挝、泰国等东南亚国家，成为他国居民。

瑶族人民的信仰属于多神崇拜。过去，瑶族认为万物有灵，对自然虔诚膜拜，祭祀寨神、家神、水神、风神、雨神、雷神、树神、山神等，每逢年节都要上香。对生产中的每一个过程，诸如狩猎、砍山、采集、耕地、播种、插秧、收割、建谷仓、吃新米等，都要请师公占卦选吉日，举行祭祀。

盘瑶和山子瑶主要在山岭上耕作，他们认为山都由山神掌管，必须敬奉山神才有收获。故在围猎糟蹋农作物的野兽，比如野猪、山羊、黄猄时，先由师公或道公喃神，祈求山神保佑他们猎得野兽，以保护农作物。获得猎物后，必须先用兽头祭过山神，而后方能分配。在瑶族社会发展过程中形成了图腾崇拜。盘瑶、山子瑶、坳瑶崇拜盘瓠图腾，禁吃狗肉；广西南丹大瑶寨瑶族"母猴妈妈"的故事流行了千百年，从中可以看出瑶族存在着图腾崇拜。盘瑶、山子瑶、坳瑶不仅相信盘瓠是他们的祖先，繁衍出十二姓瑶人，还认为在十二姓瑶人渡海迁徙途中遭遇大风巨浪而幸免于难，是祖先盘瓠保佑的结果。因此他们都要世代相继地在一定时间进行"还愿"——跳盘王，歌颂始祖的恩德。

瑶族的民间文学丰富多彩，多靠口耳相传，部分用汉文传抄。其形式多样，

---

① ［唐］姚思廉：《梁书》，中华书局1973年版，第502页。

有神话、故事、传说、歌谣、谜语、说词等。

神话以《盘古》《密洛陀》《伏羲兄妹》《盘瓠》最为著名，反映了天地万物起源和人类起源。瑶族的传说，如《长鼓的传说》《跳盘王的由来》《祝著节的传说》都是为了纪念其始祖而创作出来的。《漂洋过海的传说》和《千家峒的传说》则反映了瑶族遭遇重大事变并不断迁徙的历程。瑶族民间故事以明清时期居多，题材有爱情故事、魔法故事、机智人物故事、童话、寓言、笑话等。

唱歌是瑶族人民普遍的爱好，很多民间歌手见物编词，出口成歌，留下了众多的歌谣。男女之间的对唱，往往通宵达旦。这种无伴奏的歌谣，取材广泛，有叙述洪荒时代天地万物变化的"创世歌"，有叙述本民族历史的"立传歌""历史迁徙歌"，有男女谈情说爱的"爱情歌"，有关于生产劳动的"生产歌"，有反映反抗民族压迫的"斗争歌"，有反映传统习俗的"风俗歌"，有互相盘问对答的"盘歌"，有带有幽默内容的"滑稽歌"，有以歌代信的"信歌"，以及师公和道公做法事时唱的"娱神歌"。

瑶族的传统节日很多，小节几乎每月都有，各地过得也不尽相同。大节日有春节、清明、社节、盘王节、"祝著节"、"耍望节"等。

春节期间，瑶族人民举行唱堂歌、打铜鼓、赛陀螺、射弩、围猎、抛绣球、斗画眉等富有民族特色的文体活动。

盘王节又称"做盘王""还盘王愿""跳盘王"，是盘瑶纪念始祖"盘王"的盛大传统节日，20世纪80年代前一般在秋后至春节前的农闲期间，定期或不定期地举行。1984年将全国瑶族过盘王节的日期统一定在每年农历十月十六日。

祝著节是广西布努瑶纪念始祖母密洛陀生日的节日，非常热烈隆重。人们以农历五月二十九日为正日，敲打铜鼓，欢庆三天。

耍望节每三年或五年举行一次，一般在农历十月十六日前后举行，是青年男女对歌求爱的日子。

二、宁明瑶族

宁明县境内聚居着约1700名瑶族人，宁明县瑶族主要集中在那楠乡、桐棉镇和爱店镇，分为高头瑶、花头瑶、平板瑶三个支系。这三个支系都与邻国越南接壤，属于过山瑶。

那楠乡逢流村高头瑶称为"大板瑶"或"高帽瑶";桐棉乡枯楠村花头瑶则称为"小板瑶"或"水瑶";爱店镇瑶族称为"平板瑶",是古时高头瑶的支系。

在日常生活中,他们常用瑶话、白话、壮话和普通话互相交流,女子大都穿少数民族服饰,男子则全都着便装。虽然生活起居、生产生活环境同以往相比有了很大的变化,但他们至今无论是在生产和生活方式,居住习惯和建筑风格,还是饮食、服饰、婚姻丧葬、人生礼仪、宗教信仰、喜好禁忌等方面仍沿袭着祖辈传承下来的本民族独特的习俗。

三、宁明瑶族婚俗

(一)问找

古时候,瑶族男女只要年满15周岁就可以视为成年人,族里会帮他(她)举行"成人礼"(即"成年酒"),之后便可宣布成年。这时不分男女,均可谈婚论嫁(现在法定年龄:男子22周岁,女子20周岁),成年后的男子父母可请亲友帮忙"做媒"。一般由男方父亲和亲朋去"问找"儿媳妇(如果男方的父亲不在,则由男方舅舅或其他长辈亲人去"问找"),女方从不"问找"。

男方看中女方,首先要给礼钱,然后才能问其婚嫁之事,如女方同意,便留男方"吃酒",如男方接受女方的"吃酒",那俩人嫁娶的事情就成了一半,否则这件事情不用多谈,男方就要回去另外"问找"。经过两三次讲情"问价",就可以让俩人订婚。

(二)订婚

订婚时,男方家需要给女方家礼钱和礼物,并请道公定好吉日去迎娶新娘。定娶前,双方需要商定好迎娶礼物。迎娶前一天,男方要如数将两家商定的礼金、礼物送到女方家,以示对女方的尊重与喜爱。订婚这个步骤在瑶族人的婚礼中十分重要。

(三)请酒

举行婚礼时,一般女方家是不会摆宴席的,男方需要把男女双方的亲戚朋友都请到男方家吃喜酒,同时也把全族人都请来参加。即使是婴幼儿也会请到,如果没有请到,这会是一件十分失礼的事情。瑶族人对请酒一般不会发请柬,而是会以烟代替请柬。一般男方眷会亲自登门去请客,以香烟代请柬。男方家给谁发香烟,就是对谁发出了去吃婚礼酒的邀请。这是瑶族人的一个特别的习俗。

(四) 送亲

瑶族妇女的发型很特别,不是像汉族妇女一样盘发然后插上发簪或是戴上凤冠、穿上霞帔,她们会在梳头时在头顶将头发挽成椎髻,然后用和小碗差不多的竹篾罩住,用粉红绒线缠绕头部约十圈,再将罩子固定好。然后将一块正方形的挑花布盖在罩子上,挑花布的对角要系上彩绳扎在下巴处,最后再用一股粉红色的毛线从头上分往左右边,下垂到腰际。

瑶族女性不论老少,服装一律为前襟有一边短至膝盖,另一边和后襟齐踝的蓝黑色长衣,腰下开衩,衣无扣,交叉在胸前,领上镶有手工刺绣花纹,花纹外边镶白布。胸前两边各有两股吊穗,袖子靠袖口处用红、蓝两色印花布镶边,穿的时候,需扎一条红黄线挑织的腰带,将长衣下部前后撩起,扎在腰带上,露出黑色短外裤。因为衣服无扣,胸前系一块胸围,胸围上绣满各种花纹。

新娘在前胸后背披挂十多块和头巾一样的挑花布,反差十分强烈。出嫁时,新娘着手工刺绣10套或12套嫁衣(穿10套取意十全十美,穿12套的则取意一年四季12个月,喻意婚后生活丰衣足食、幸福美满)。新娘将由新娘这边的亲朋好友平平安安送到新郎家。男方不会派人来和女方亲人一起送亲,他们会在村口等着女方这边的送亲队伍。

在送亲途中,无论当时天气是晴天或是雨天,所有人(尤其是新娘子)都要打雨伞。

(五) 喝猪肝酒

男方的人在男方的村口接到女方后就会让新娘"过桥入夫家",然后当新娘刚走进院子,男方这边会有一个年老的女眷端来一盘清水,用新手巾沾水在新娘的鞋子上轻轻地擦三下,表示给远道而来的亲人接风洗尘。

拜堂前,新娘需要在屋外休息,等待吉时来到再入堂屋拜堂成亲。这时候男方会把女方的亲戚朋友请到堂屋一字排开坐好后,逐一敬茶、敬烟,要给男女老少敬双杯茶、两支香烟,无一例外。新娘的父母、堂叔婶等女方较亲近的亲戚,男方还得敬他们"猪肝酒"。所谓"猪肝酒"就是在所敬的两杯酒里各放上一块猪肝,让喝酒的人先吃完猪肝再把杯中的美酒喝完。此意是男方敬重他们为自己培养了一位贤惠的媳妇。在瑶寨里,只有最尊贵的客人才有资格喝瑶族人敬上的"猪肝酒"。

（六）拜堂成亲

等到了吉时,新郎新娘开始到堂屋拜堂,新娘会由伴娘陪伴,站在男方祖宗的神位前静静地听道公（即师公）念经,没有叩拜。新郎则必须行九叩三十六拜的大礼,在伴郎的搀扶下,先是站着鞠躬三下,再跪拜三下,反反复复地在厅堂前不停地叩拜,直到道公念完经书,他才停止这种动作。

拜堂过后,伴郎伴娘接过道公念经时双手交叉端着的酒杯,让新郎和新娘喝下,他们要喝一半,然后剩下的一半要洒在这对新人的鞋上,意为夫唱妇随、永结同心、白头偕老。这个婚礼仪式过后,新娘子在闺中女伴的簇拥下进入洞房。

新婚头三天新娘由伴娘陪伴入住洞房,而新郎则不可住入洞房,在洞房外另居。三天后新娘要回娘家住上三天,第四天新娘准备"回礼担",与新郎回公婆家,这一天当夜,夫妻方可圆房。

（七）重女轻男

拜堂仪式后,就会摆台开宴。酒宴上"重女轻男"的气氛相当浓厚,坐在厅堂里餐桌两旁的都是从女方过来的亲戚,男方的亲戚则全部在院子里就座。值得一提的是,女方亲戚坐的桌子是长方形的,而不是我们日常见到的圆形桌子,这是个很有意思的现象。一般会让女方的亲朋先入席,吃上半个小时,男方亲朋的餐桌才能上菜开宴。所以说,这是个相对奇特的婚俗文化。

（八）奢侈的婚宴菜

桌子上只有猪肉和一点蔬菜,见不到平时酒宴里常见的鸡、鸭、鱼肉之类的菜。在瑶寨里,办婚宴时鸡、鸭、鱼这些菜一般用得较少,三天的酒宴就只有一餐上鸡、鸭肉，大都只上猪肉和蔬菜，真是一场奢侈而又简单的婚宴。

在瑶寨里，一场酒宴办得好不好，全看新郎这边能不能把新娘这边过来的亲朋款待好，让他们唱多久的谢宴歌了。（瑶族里有个不成文的习俗是：等女方过来的亲戚退席时唱了谢宴歌后，酒宴就算散席。）所以，如果能令女方来的亲朋好友吃好、喝好，他们能连续不停地唱上三天三夜就是给男方最大的面子了，如果这场婚宴持续了三天没有结束，那就极为风光了。

这场婚宴到此结束，不过整个婚仪的结束却是以到新娘子回门住了三天后和新郎回公婆家圆房为标志。

第六节 长衣壮婚礼仪式

一、长衣壮

在中越边境线上的广西崇左龙州县金龙镇一带，居住着一个极有特色的壮族支系，因其传统服饰为长袍黑衣，故称长衣壮族；他们的语言、衣着、习俗与越南岱族和泰国的傣族相似，亦被称为"布傣""帮傣"，即傣人或一群傣人的意思；但布傣人一直自称为"根托"（布傣话，意为"土人"）或"布傣"（傣人）。布傣族世代生活在石林广布的金龙镇，孕育了大量极具布傣族特色的风俗，其中婚礼仪式最具代表性。金龙婚礼仪式列入龙州县非物质文化遗产名录，因此受到人们关注。

二、相识

金龙镇婚礼仪式纷繁复杂，环节较多，期间还伴有对唱"官郎歌""过侬桥"等具有布傣族特色的风俗，起到喜上添喜的作用。金龙婚礼仪式分为相识、提亲、定亲、结婚、侬桥五大阶段，每个阶段都有相应的仪式。

首先是相识期，布傣族少女在成人那天（旧时15岁生日之时），会让母亲进行"禄混那，拔混酬"（刮脸毛、拔眉毛的意思）。这时家里会在晒坪上或门前树荫下摆上一张桌子，上面有一面镜子、一碗清水、一个鸡蛋、一条长白纱线和用青叶包的一小包火灰。布傣族少女进行"禄混那，拔混酬"仪式，表示成熟了，可以寻找意中人出嫁了。壮族是一个能歌善舞的民族，青年男女之间的相恋自然离不开对唱山歌。成年的青年男女在日常劳作之时，凭借多山的地理环境，在山上唱山歌，以歌传情，寻找一个能够回应山歌的对象；或者在各种各样的歌节（如春节、侬峒节、"三月三"），通过聊天、对唱山歌了解对方，如果觉得合适，就可以建立恋爱关系，等到感情进一步加深，就可以进入提亲环节。相识阶段最主要的是男女双方之间的相互了解，他们通过对唱山歌，从陌生到相识相知，再到相爱，可以说，山歌在其中起到牵红线的作用。

三、提亲

男女双方有了一定的感情基础，并且双方的父母也都同意了，提亲也提上了日程。提亲主要是男方的工作，男方寻找一个良辰吉日，邀请两个能说会道的女性长者充当媒婆，以便能够完美地通过女方长者的考验，达到提亲成功的目的。实际上，提亲可以说是整个婚礼的关键环节，在这一时期，男方要经历很多刁钻的考验，提亲一般要去三五次，才可能成功。第一次，女方长者会以女儿年龄还小，尚未知书达礼，未到谈婚论嫁等理由委婉拒绝男方的提亲；第二次，男方若依然到女方家提亲，女方一般还是以同样的理由推托；第三次，男方一如既往前去提亲，直至女方家同意为止。提亲就是在多次的你来我推的形式下完成的。

四、定亲

男方经过多次提亲成功后，要找个专门算日子的人，择一个良辰吉日，作为订婚日期。男方一般要在半个月前通知女方，征得女方同意后方能进行。民以食为天，食物无论在哪个民族的婚礼仪式上都是必不可少的。在订婚那天，男方要给女方送去熟鸡一对、猪肉几十斤、糯米饭一担及其他食品；还要委派一男子护担到女方家，护担人须是能歌善言者，与女方家族亲人共欢酌饮，共商往后结婚的相关事宜，以显示男方的诚意。订婚后，男方要向女方拜够六个年节，方可择日举行婚礼。拜年节就是男方要在春节、昆那节、农历七月十四、糍那节等节日给女方拜年送礼，礼品中有粽粑、糍粑、熟鸡、猪肉、糯米饭、酒水等。拜年要讲究"三粽三糍"，即礼品必须要有粽粑、糍粑，分三个年节送粽粑、三个年节送糍粑。第一个年节要送得多，往后礼品减少，直至拜够六个年节，才能考虑结婚。

五、结婚

经过相识、提亲、定亲这些环节后，终于可以进入结婚环节。结婚仪式中的一大特色是对唱"官郎歌"，它伴随整个结婚环节。结婚在布傣族称"行大礼"，行大礼的日子必须经过慎重选择，由男方请村里德高望重、专门从事算命的老道长，根据男女双方的生辰八字，选择一个对双方和亲人都不相冲、又是宜嫁娶的日子。日子选好后，男方要像订婚那样提前告知女方，并且是亲自挑着礼品送到女方家，并带上一个同族人，同行者的职责是与女方长辈说明结婚日期、礼金、礼品等琐碎之事，并征得女方家同意。到了女方家后，在桌上摆上一桌的礼品，与女方家人共同商讨婚事。如果商讨顺利，男方当天就要交上礼金，女方收下后，相当于这桩婚事稳了。

接下来男女双方开始操办迎娶和嫁妆事宜，摆酒席、邀请亲朋好友参加酒宴等。布傣族结婚时间一般为两天，酒席第一天是晚餐、第二天是午餐。第一天上午，男方派十几位丁壮将摆酒席要用的物品送到女方家，并协助女方操办酒席。下午男方家就请人到女方家去迎亲，迎亲队伍由中年男子二人（称正副"官郎"。官郎原是布傣族对媒人的尊称，后来布傣人举行婚礼仪式时将请来唱歌的人也称为"官郎"）、中年女子一名、伴郎两名、未婚女子一名和新郎一起，共七人，于当日酉时（17时至19时）抵达女方家。当迎亲队伍抵达女方家门口时，要举行一个入门仪式。这时女方歌手会要求男方迎亲者对唱"官郎歌"，对歌时女方家门半开半关，门内摆着一张桌子，桌面上放着八只碗，四上四盖（四只碗口朝上、四只碗口朝下，碗口两两相扣），任何人不能碰倒。女方歌手唱："你从哪里来，到我这来干什么？"新郎用歌唱形式表明身份和目的，唱道："我是来接新娘的，你要开门让我进去哟！"接着唱赞新娘聪慧能干。直到女方亲人满意，自愿搬走这餐桌，门扇全开，意味着新郎可以进门迎新娘了。

还有一种入门仪式是，新郎除了要对歌，还要拼字，女方家给新郎只写了一半的字，然后让新郎添加笔画，构成四个完整的字，而且每改一字要唱四句歌，完成后递给女方长辈，待他们满意后方可进门。

接到新娘后，新郎要在伴郎的陪同下，向女方家拜堂。布傣族的拜堂仪式与汉族的拜堂仪式有很大的差别，一般汉族只有一拜天地、二拜高堂、夫妻对拜三拜；而布傣族共有六拜，一拜高曾祖，二拜远祖，三拜前前亲，四拜后后亲，五拜父母双亲，六拜同胞兄弟。这也反映出布傣族崇尚祖先崇拜，注重血缘关系。拜堂期间，新郎要唱敬祖贤歌，赞颂女方家祖宗世代出孝男顺女，香火不断，家庭和睦。拜堂仪式完成后，到了晚饭时节，也到了考验新郎歌唱水平的时候。女方家安排十几个家族里能说善唱的长辈坐在正堂，等酒过三巡后，他们便出题要求新郎唱答，当然男方家的二位"官郎"可以协助新郎。酒席对歌共有36组歌，每组歌又有几十首歌曲，内容包含天文地理、神话传说、历史典故等。女方长辈从中挑选一个主题来出题，新郎以及官郎需要答对三十二题左右才能完成对歌。接着就到喝尊酒之时，即给前辈敬酒，对健在的前辈要以恭敬的态度敬酒，对已去世的先祖要一一代饮。最后女方家要给男方上一道新鲜出炉的五脏菜（猪内脏的混合炒，包括猪肝、猪肚、猪肾、猪心、猪肠等），这是女方家对男方尊重的体现，吃完五脏菜，各自回到各自的地方休息，婚礼的第一天也就结束了。

第二天，新郎在寅时就要提前起身，在新娘家门外，唱起"催娘歌"，歌词大意是："新娘什么时候出门？有什么物品要准备的？"催促新娘出门。但在离别前，昨夜出题的女方长辈依旧按昨晚的顺序坐在正堂上，对唱离别歌，给新郎送上"金银宝玉袋"（意为女儿像金银宝玉一样的宝贵，舍不得放走）。袋里放有新娘的生辰八字，布傣族称为"命"；还有七元二角钱，叫干湿钱；还有几颗糖果或几节甘蔗，表示长辈对女儿的亲切祝福。新郎也要唱着"感恩歌"向丈母娘交干湿钱，表示对母亲养育女儿艰辛的感恩。卯时是新娘出门的时间，女方家也派二男二女、三五个伴娘去送新娘。出门时新娘不能从大门出，而是从侧门，经过"侬栏"（牛栏），走出娘家，沿途也有很多讲究，不能走直路，不能过桥，不能在岩洞下经过等。到达男方家时，必须要到已经择好的时间才能进去拜堂。新娘拜完堂后，女方要给男方家亲人送各种礼品回礼，叫"送面巾"，大多数是生活用品，其中有棉被、蚊帐、床单等。第二天在男方家的婚礼的仪式差不多与在女方家的一样，不同的是新娘比新郎轻松得多，不需要对歌；酒席是在中午摆。奇特的是，新娘在男方家拜堂吃饭后，便回娘家居住，只在农忙和节日期间到夫家小住几天，直到身怀六甲才正式到夫家生活，而女方家的嫁妆也是在这个时候完全送去。

六、侬桥

"侬桥"（下桥、搭桥的意思）属婚俗的最后一环，相当于满月酒。青年夫妻结婚一段时间后，在第一个孩子满月的那一天，女方父母要备好酒肉，大摆酒席，邀请本家亲戚吃喝庆贺；女方家还要根据男方亲戚人数多少来做小粽粑，加上两只约四公斤重的大"鸡粽"（因大粽粑是用鸡肉做馅而得名），由三四个未出嫁的小姑娘帮着挑担给男方家。男方家也同样大摆酒席，请来亲戚朋友喝"侬桥酒"。"侬桥"也和婚礼一般，在第一天晚上和第二天上午举办。当天晚上热闹非凡，道士弹奏天琴作道，女方父母用竹子架设"楼坛"，做成一个小"竹桥"形状，并用长白布搭上"楼坛"，摆两束野花在桥边。布置工作完成后，由道士引导年轻夫妇通过"小桥"，绕着"楼坛"转三圈，道士边走、边唱、边弹奏天琴。孩子的母亲要身着色彩鲜艳的衣服，跨过火盆，再通过"竹桥"，方能成为男方家的成员。"侬桥"仪式结束后，女方父母把带来的小粽粑分给男方的亲戚朋友，大"鸡粽"就留给男方的堂兄弟姐妹。"侬桥"在人一生中只有一次，布傣族男婚女嫁后，都得通过这一关。相传没有过"侬桥"的，以后死了，不能被祖宗认可，不得同祖宗们埋在一起，相当于不承认是家族的一员。在布傣族风俗中，只有"侬桥"后，青年夫妇才算完婚。金龙镇布傣族的婚礼仪式，从相识开始，到"侬桥"结束，历经几年，最终才能修成正果。

金龙镇布傣族世代生活在中越边境，他们的风俗习惯，具有强烈的壮族的特色，被视为壮族的一个分支；同时又具有浓厚的傣族色彩。壮族和傣族两种不同的民族文化融合，构成一个新的民族文化——布傣族文化。布傣族的婚礼习俗融合了壮族和傣族的婚礼色彩，如壮族婚礼习俗中的对唱山歌、生育前不落夫家，傣族婚礼习俗中的在女方家拜堂等。虽说布傣族文化深受壮族和傣族影响，但在多年的文化融合中，布傣族形成了很多独特的文化。布傣族婚礼仪式中的"官郎歌""侬桥"等，这些都是布傣族的代表性风俗。文化风俗并不是绝对性的，每一种文化都有其精华，也有糟粕。布傣族婚礼习俗有很多值得传承与发扬的精华部分，也有不少不合时代发展的糟粕部分。其中的"官郎歌""侬桥"等仪式来源于布傣族人民的现实生活，一定程度上反映了他们的人生观、价值观和世界观，也是他们特殊的民族信仰与审美标准的体现，为研究布傣族的风俗和生活习惯，提供了很好的参考。

布傣族婚礼仪式中的糟粕成分也是很明显的，它是在男权社会中积累形成，带有一定的夫权色彩，女性在婚礼中处于劣势地位。如新娘不能从正门出嫁，女性只有生了孩子并过了"侬桥"才能成为男方家的一员等。布傣族婚仪也有一定的浪费情况，如婚礼操办场面过大、礼节烦琐等。

第七节　宝圩短衣壮风俗

一、引言

短衣壮是现居住在崇左市大新县宝圩乡板价屯的壮族分支。宝圩乡位于大新县西南部，属崇左市大新县边境乡镇之一，下辖社区一个，自然屯七十五个，板价屯是其中之一。短衣壮大多居住在板价屯，但其他村落也有分布。短衣壮是古骆越部落壮族的后代，居住于偏远地区，如今这里仍然保留着壮族古老的生活习俗和文化传统。

二、短衣壮的起源

宝圩短衣壮之所以被称为短衣壮，是因为他们的民族服饰，短衣壮族人民不论男女老少都身着短衣短袖。不同之处在于，男子上着大襟黑衣，下着大裤腰折叠黑裤；女子上着绣有花边、一尺见长的黑色短衣，下着百褶长裙。在过去，身着这样的服装主要是为了适应南方湿热的天气，也是为了方便下地干活。短衣壮较为独特的服饰也得益于他们的彩棉种植文化。棉花是当地传统农作物之一，彩棉产出为意外，是白棉的变异种，而之后当地人就开始有意识培养，据当地人回忆，除了常见的淡褐色棉，以前还曾有过浅蓝色的品种。当地在过去也是传统的男耕女织家庭模式，当地妇女十分擅长纺织。宝圩壮族的服饰制作技艺被列为广西壮族自治区非物质文化遗产。

三、短衣壮的文化内涵

短衣壮的文化独特性表现在社会伦理观念上。如在结婚上，短衣壮有备婚习惯，即在订婚后，要连续三年送礼，每年的七月十四和八月十五要送小礼，春节送大礼，头年多送，以后逐年少送。又比如他们的亲子关系文化，这种文化主要表现在两方面：一是亲慈，是父母对子女的关爱。主要体现在亲子关系方面，孩子更多地享有关爱和平等，而非是父母的"私人财产"和附庸。在为孩子冠姓上也是如此，并没有要求孩子一定随父姓，当然这也跟当地多有上门女婿有关，但也少听闻当地会有父母争夺孩子冠姓权的纷争。父母的爱当然还体现在其他方面，如身教力行，在教育里对子女寄予期望。二是子孝，体现的是晚辈对长辈的关爱。受短衣壮"亲慈"观念的影响，当地年轻一辈对长辈也是多有孝顺，且不止男方家中的长者，对于妻子的父母长辈也会赡养照顾，绝不以血缘为理由而拒绝，且多发自内心，所以家庭关系和谐稳定。这些都与他们当地的母系文化有关，板价深厚的母系文化使他们的亲子文化中包含着一种和谐平等的意味，入赘成风，子随母姓比比皆是。

四、短衣壮的民族特色

短衣壮在当今社会更被关注的是他们的节日、民俗文化，在这其中管板节是短衣壮最看重的节日，也是短衣壮独有的节日，它举行于每年正月的最后一天。何为管板？据记载，管板指的是统管全屯的阴官，其功能是保佑村民平安幸福。以前的管板节以原始的自然崇拜方式表达了对美好生活的向往，是研究古代自然崇拜的活化石。

此外，短衣壮也和其他壮族一样，会庆祝"三月三"，但有所不同的是，现今在其他壮族聚居地区"三月三"是庆祝、欢歌居多，淡化了祭拜祖先的节日习俗。在短衣壮居住地，人们更注重的是祭祀祖先，且是以屯为单位轮流扫墓，每屯轮流扫一日。除了村屯集体祭拜，他们还要求家庭成员尽量到场，大家聚在一起，齐拜祖先，以祈祷家庭成员兴旺。这就是他们根据祭拜人数看人丁是否兴旺的朴素家庭观。如大多少数民族一般，短衣壮节日丰富，差不多每个月都有一个节日。到了六、七月份，广西地区夏耕时节，短衣壮族还会举行一个耕田节，也称为"田魂节"。过节时要做糯米饭、杀鸭，到田头上插上香椿枝叶等祭拜祈福。之后返回家中，与到场亲朋邻居欢聚，目的是祭祀田地之魂，以祈求土地肥沃，地力高产，减轻病虫灾害，期待农作物能够丰收。

五、婚俗

再说到短衣壮的民俗文化。最突出的一点就是他们的婚俗文化，上文也提到当地入赘成风，不计较子女随父母哪一方姓。这和他们传统婚姻观念息息相关。一是短衣壮男女平等，民风淳朴，族人和善，不会歧视上门女婿；二是壮族女子结婚后一段时间不居住在丈夫家，直到生下孩子后才会合住。在这两种观念影响下，短衣壮的婚俗文化与其他族群就显得不同。其他壮族虽也有不落夫家的传统，但没有短衣壮延续之久、保存之完整。

与传统优秀婚俗文化相比较，短衣壮坐月子的习俗就有较多糟粕成分。在当地人眼中，产妇因身带恶露而被认为不祥。坐月子期间有诸多禁忌，如禁经过邻家门口，禁对门口喊话，避见陌生人，不能让公婆照顾，不然视为不敬，所以在产妇坐月子期间皆由产妇的母亲照顾，直到孩子满月，摆上满月酒，宴席散后母亲归家。当然，公婆也不是全然把照顾产妇的事务交给亲家母，而是亲家母照顾产妇，公婆承担除此之外的家务。闲暇之余，双方还会唠唠家常，增进感情。虽然，有关坐月子的习俗颇具封建迷信色彩，但两家人共同出力、共迎新生命的行为也蕴含了避免婆媳矛盾、巩固出嫁女儿与原生家庭关系的智慧。

为新生儿庆祝出生的习俗也是当地独特文化之一。孩子诞生的第三天，是为三朝，也称洗三，是短衣壮人庆祝孩子诞生的第一环节。这一天，孩子的外婆和其家庭成员就会来看望孩子，送新衣，用柚子叶煮水为产妇和孩子洗澡，然后由外婆给孩子穿上新衣，意为去邪除污。然后村中小孩围住新生儿大声喊叫，用地方方言祝福新生儿。第二个环节是满月，这个环节就比较常见，仪式和别的地区一样隆重，都会拿出家中最好的食物、酒水宴请宾客，让新生儿接受人们的祝福。最后一个环节是安花，壮族人民认为人是由花婆送花而来，死后也是要归回花山。人们认为花婆是壮族人的生育之神，所以在庆生这一天，会举行安花仪式。安花仪式比较复杂，但归结起来为进门、送花、安花三个环节。一般而言，安花仪式是由道公主持，偶尔也可由孩子外婆主持。完成三朝、满月、安花三个环节，新生儿将带着长辈祝福茁壮成长。这一习俗真切表现出了壮族人民感恩生命、珍视生命的质朴情感。

六、丧葬习俗

短衣壮节日习俗丰富多样，无不体现着他们族群文化，而在节日生活习俗之外，一个族群的文化特色也体现在他们对待死亡的方式上。

短衣壮的丧葬文化立足于他们的观念之上，短衣壮信仰鬼神，信仰祖先，倡导行为端正、光明磊落，还要多积德，才能避免下地狱。在举行葬礼时，特别是家族里有直系亲人过世，核心家庭成员必须赶回，不然就是不孝。

短衣壮丧葬实行一次葬，而其他壮族分支大多实行二次葬或三次葬，家庭成员过世三年后会迁一次墓地，直译壮话为"捡骨"。在二次葬后不满意墓地风水，又会进行三次葬。以上所说的一次葬还不是跟其他壮族族群相比最独特的一点，更加独特的是，短衣壮的舅权力更有别于其他壮族族群。所谓舅权力，即出嫁的女儿去世后，娘家人可与女儿嫁去的家庭合力操办丧事。行使舅权力的人可为死者的兄弟，也可以是父母。舅权力是古壮族用于维护男女平等关系的惯例法之一，任何已婚女性都受此保护，尤其在死者盖棺之前，必须经过娘家审查同意。短衣壮的丧葬仪式大体为入殓、燃灯、天祭、出殡。

短衣壮不同的丧葬习俗表现了他们的节俭风气，一次葬省时省力，不会像其他支系一般二次下葬。此外还体现了短衣壮内部孝文化盛行，也再一次佐证了短衣壮男女平等的事实。

第八节　驮卢水上婚礼

一、疍民

驮卢水上婚礼列入了崇左市江州区县级非物质文化遗产名录，不仅婚礼的所有步骤在水上完成，而且婚配的男女都是生活在水上的渔民，当地通常把这些人叫作"疍民"。宋代周去非《岭外代答》记载疍民说："以舟为室，视水如陆，浮生江海者，疍也。"宋代范成大《桂海虞衡志》说："疍，海上水居蛮也。以舟楫为家，采海物为生，且生食之。"正是由于疍家人长期生产生活在水上，因此婚礼理所应当在水上进行。

二、媒聘

驮卢左江河流域的疍民家若有待字闺中的姑娘，就可以在自家的渔船尾摆上一盆花，如果有男子看中，就可以托人去说媒。有些青年男女是通过对渔歌的方式互定心意。清代诗人陈昙的《疍家墩》诗咏道："龙户卢余是种人，水云深处且藏身。盆花盆草风流甚，竞唱渔歌好缔亲。"在媒人到女方家里、女方父母点头前，男女双方要开出生辰八字，请八字先生看看是否相合。如果相合，那么男方要托媒人到女方家里下聘礼，聘礼多少一般是根据男方家里的经济条件及其对新娘的重视程度而定。除了聘礼，还要准备好其他礼品。居住在左江流域的疍家靠河为生，因此礼品除了传统的饼干、四色糖、肉类、龙凤烛、斗二米、红枣、花生、桂圆、莲子，一般还要准备鱿鱼、虾米等水产品。之后男方要择好结婚的黄道吉日，女方家就可以准备嫁女儿了。

三、叹家姐

待嫁的女子，结婚前一晚要哭嫁。"哭嫁"通常是在夜深人静的时候，实际上是以唱代哭，这些轻声细语且情深意切的嘱咐催人泪下。如果新娘聪明善歌，感情丰富，兼会唱会叹，内容会更丰富。新娘的这些"叹唱"是对家里的依恋之情及对未来既期望又担忧的复杂心情的表达。因为在旧社会的盲婚哑嫁的时代背景下，结婚在她们看来就是快乐人生的终止，不会像姑娘时一般轻松。"叹家姐"不外乎伴娘互叹、新娘独叹、母女相叹、姐妹共叹、婶嫂对叹等形式。婚礼离不开一个唱字，这就是水上婚礼的一个突出特点"以歌伴嫁"。

四、放歌堂

姑娘出嫁前要在众姐妹的陪伴下"叹家姐"，婚礼当天新郎来之前，众姐妹还要陪新娘唱出对家里亲戚的感谢，这就是疍家婚礼的流程"放歌堂"。新郎家里定好婚期后，新娘家里就可以通知自己所有的亲戚参与婚礼。婚礼当天，这些亲戚泊船停工，参与新娘家办的宴席。这种宴席的重点是放歌堂，新娘船只一般停泊在岸边，方便新娘流动开唱。新娘会邀请姑嫂及姐妹等共九人加上新娘十人，凑成十全十美之意，共同开始叹唱。组成的十人要轮番唱歌，先是新娘自己唱，新娘唱完再到姑嫂唱，最后才是姐妹唱。唱的对象包括新娘家的所有亲戚，从爷爷奶奶、外公外婆、父母到兄弟姐妹等，唱的内容是表达新娘的依依惜别，感谢养育之情。主要体现为唱颂长辈的教导、父母的养育、邻里和睦等内容。在新娘家里准备的同时，新郎家也要及时通知亲戚朋友们泊船停工，根据亲戚到来人数的多少选择结婚设宴的场地。如果来的人较少，婚礼就在船只上进行，一般要去掉船的顶棚，几条船排在一起。

五、绕台围

结婚当天，在新郎来接新娘之前，新娘家里还要进行一项重要的活动：围绕着结婚特设的贡台进行叹唱，即"绕台围"。贡台又叫神台，在古代信奉神灵、以水为生的疍家人里，出嫁女除了要对父母长辈表达感谢养育之恩，也少不了表达对河神的感谢。新娘的彩船上摆上祭品和香炉，由新娘一伙人领头开唱"绕台围"。其中"绕台围"的神台是摆放在船头，神台上面两角中间位置有一对红烛，神台的上面两个角放两盏青灯，台的四角是四碗糯米饭，一只煮熟的特意摆放成凤凰展翅形态的鸡、一盆柏枝、一盆四季橘、若干花生米和纸球。"绕台围"为六人组成，新娘在登上新郎的迎亲船之前，先邀请平时和自己相好的船家姐妹、亲戚等五名女性一起，在自己家的船上组成一条船的造型。六人分工不同，位置呈首尾相连状。六人中，一人扮成"头功"，即划船的；一人扮成"尾梢"，即掌船舵的；一人扮成"办房"，即船上干杂活的；还有两个人扮成伙计；新娘则扮成船老板。六人的站位分别为：扮作"头功"的船妇站在船头，手里拿着一把黑色雨伞，用来充当划船的大桨；中间站着扮作"办房"的船妇和"船老板"的新娘以及扮作伙计的两个船妇共四人；扮作"尾梢"的船妇则站在五人的后面，在船尾掌舵，手抱一张卷好的凉席当作尾舵。六人依照船型站位，绕着神台唱叹，一直到傍晚。

六、迎亲

如果说新娘是"以歌伴嫁"，那么新郎接新娘则是"以舟楫迎娶"。男方划着篷船来，船上系着彩旗，所以又叫彩船，还有松枝和红布，据说再婚则不用扎彩。在船头上贴着大红喜字，高高的桅杆上飘着一面旗帜，挂着一盏灯笼，旗帜和灯笼上都标有船主人的姓氏。船头上站着一群人，穿着新衣，喜气洋洋而又忙忙碌碌。这便是新郎的接亲船，俗称男船。新娘家的大船是一条与男船相似装扮的彩船，只是旗帜、灯笼上的姓氏与男船不同，一般称之为女船。新郎方的彩船是较小的，是专门供新郎来接娶新娘的。新郎要在媒婆的指引下来到女方的大船上，并配备奏乐的迎亲队伍（即"八音队"）来烘托喜悦气氛。奏乐的队伍单独一个小船，跟随新郎的彩船一路不停地奏乐，吹响唢呐，热闹非凡，直至上到新娘彩船上。新娘家里的船并不是那么容易上的，想进女方家的大门要给"拦路钱"，媒人代表男方给女方家里姑嫂"合头钱"，一般是瓜子和糖果等。最后，男方亲友团也要给力，与女方亲友团对唱，其叹唱的内容也包含对父母的养育之情、邻里和睦、生活美满、生儿育女等，多是表达对新郎新娘美好未来的期许和祝愿。如果女方亲友团感觉满意，就可以开路让新郎接新娘。接新娘也有讲究，要求男方来接亲的一个长辈提着灯笼，新郎用折扇挑起钥匙交给新娘，新娘也用折扇来接受。古代人以掌管钥匙代表掌握家里的财政大权，这个钥匙的交接过程更像是要求新娘婚后挑起一家的责任，承认新娘女主人的地位。

七、送礼和回礼

男方接亲要讲礼，女方也要回礼。在新郎登船前，新娘亲友团要系一条红带，新娘就在家里边唱歌边等待新郎。舅舅也要为新娘挂红并随礼，随的礼中金银首饰最普遍。在新郎船到之后送彩礼上新郎船，接亲人要撑红伞遮挡新娘，新娘站稳后，新郎船离岸在水上绕行三圈，表达新娘的不舍。最后靠岸，再把彩礼搬运到新娘家。新郎家人与女方家人对歌，媒婆送红包给女方家人，最后在媒婆的陪同及灯船的指引下，新郎新娘同乘新郎彩船到新郎家里的大船进行拜堂。灯船一般是用一个脸盆充当，里面放镜子或两盏煤油灯或两只蜡烛，象征新郎新娘婚后生活幸福，人生亮堂。在接亲回去的过程中，要奏乐放炮，提醒接亲回来了，这时男方亲戚会做好拜堂的准备。拜堂前，新郎新娘会有一个特别的叹唱，即谢媒歌。新郎新娘会叹唱媒人做的媒不好，互相叹唱对方的缺点，媒人却叹唱新郎新娘的优点。唱完后会向媒人表示感谢，希望媒人再说媒，让疍家人得以繁荣兴旺，子子孙孙延绵不绝。拜堂时，要一拜天地，二拜高堂，夫妻对拜，送入洞房。

如今，驮卢水上婚礼已经基本消失，驮卢镇的左江渔民也上岸生活，婚礼的举办已经基本在陆地。只有少数人还坚持水上婚礼，但是其步骤及时间也压缩简化，有不同程度的革新。

第九节　金龙壮族"官郎歌"仪式

一、引言

广西金龙镇有一个鲜为人知的壮族支系"布傣"。布傣人能歌善舞，风格独特，他们的传统婚礼是以歌代言，俗称"官郎歌"。"官郎"是布傣族人对媒人的敬称，"官郎歌"主要分为两部分，前半部分是在女方家"接宝玉"，后半部分是在新郎家"交宝玉"。2016年，布傣族传统婚礼习俗"官郎歌"被列为广西非物质文化遗产代表性项目。

"官郎接宝玉"是布傣婚礼中的重要仪式之一，金龙布傣的"官郎歌"源于西周的"六礼"。"六礼"指纳采、问名、纳吉、纳徵、请期、亲迎六种礼仪。布傣族也有六礼，即提亲、配八字、对课期、定吉日、交雁币、接宝玉。

不管是自由恋爱，还是父母指定的对象，都必须要有媒人去"探罗"。"探罗"就是提亲。刚开始是由女性媒人先去了解情况，待对女方有了几分把握后，再派男性媒人进一步去了解女方的情况。提亲的次数不定，有去几次就成功的，也有去了二十几次才勉强同意的。"取命"就是取新人的生辰八字，一般由男性去"取命"，因为"取命"要喝很多酒才能取回，女媒人难以招架。要回生辰八字后，就要按照命理书对照男女方的生辰八字，看两命是否相合，这叫作"对命"。若生辰八字相合，下一步就要择吉日尽快准备"告突"。"告突"是指告诉女方父母男女双方八字相合。去女方家"告突"的同时，要顺便告知女方父母"侬马郎"的时间。"侬马郎"指订婚仪式，若女方这边没有意见，就等于约定好订婚时间了。最后是"择期告文"，在举行订婚仪式两年后，男方才能选择结婚吉日并告知女方结婚的日子。

二、"官郎歌"仪式

"官郎歌"中前半部分"官郎接宝玉",就是迎亲。在整个迎亲的过程中,官郎都是以歌代言。"官郎歌"仪式大致可以分为十一个部分。

(一)准备仪式

男方官郎到来前,新娘的官郎一边以歌代言,一边把米、钱、新娘的生辰八字和一张写有"金生丽水,玉出金山"的字条用红布和黑布包好,这就是"宝玉",寓意婚后生活衣食无忧、美满幸福。字条上的词意为:我家闺女如生于丽水的金子、出自昆仑山的玉石一样宝贵。官郎接到"宝玉"后,递给新娘母亲72元功恩钱。

此外,女方家会在大门门槛放扫把、锅铲等家务器具,暗示男方我的闺女只会做这些家务活,娶回家不要后悔。女家还会在门口摆放一张倒扣有八只碗的桌子,设计门障"把门酒"。碗旁放着四张分别写有半个字的红纸和一个托盘,托盘里放有三个勺子和三炷香。堂中神龛前摆放两桌菜,新娘的长辈亲友分坐两排,等待新郎到来。

(二)入门仪式

新郎到达新娘家接亲,由两个伴郎、两个官郎和两个官娘陪同,新郎到达门口时,会被新娘家的一群妇女拦下。新娘这边,亲朋好友早已坐满了屋子,好不热闹,双方要先对唱"入门歌",对上歌才能进门。入门歌的大致内容是女方盘问男方来做什么,来的时候途经何处,看到了什么,娶媳妇是否选定了良辰吉日等,男方官郎必须以歌作答。在一唱一和之中,男方官郎道明身份的同时,也说清了来由,但是"门障"不会那么轻易撤走,官郎还要把门口桌子上四张红纸写的半个字都给填好,拼成一个完整的字才算通过门障,官郎将红纸上的"天"字改为"夫","女"字改为"妻","王"字改为"義"("义"的繁体),"千"字改为"重",将字补充完整后组成"夫妻義重"。然后再唱道:"二人同立高过天,一山倒下女人擎。王八坐在我身上,千连土来土上田。"唱毕,将红纸交给新娘亲人，至此才算是对完"入门歌"，新娘家人将门障搬开，新郎才得以进入家中厅堂。

（三）敬祖贤

官郎进屋后，拿起托盘对神龛唱"敬祖贤歌"。此歌是用来赞颂祖宗，告诉先祖，家里世世代代出的都是孝男顺女，以祈祷祖先保佑子孙后代兴旺，幸福美满。新郎进入堂中拜女方父母、先祖等，共九人拜。

（四）酒席对歌

敬拜完毕后，接新娘的官郎和送新娘的官郎入座，和亲戚乡邻等欢闹中堂，官郎入座的酒席桌上均是新娘家父辈以上的成年男性。和男方一起来接新娘的官郎坐在神龛对面。酒席对歌是官郎最难应付的环节，酒席上新人双方的官郎用歌曲进行互动，除了唱一些"花木兰从军""梁山伯与祝英台"之类的故事，还会唱一些问答性的歌曲，由女方官郎及亲戚唱问，男方官郎作答。酒席上的"官郎歌"共36牌，四百多首，四千多句，双方均以歌代言。歌曲内容广泛，包括天文地理、神话故事、历史典故、耕种农具、天干地支等。例如，在唱《伏羲》时，讲述了伏羲是如何提倡一夫一妻制，如何教儿育女；在《神农》里讲述了谁最先开始耕种田地，谁创造了种子，谁制作了农具；在《开历》中唱到盘古开天辟地、容成发明历法、五行干支的创立等。

（五）称六礼

"称"即"称赞"，因为布傣族的结婚礼仪借鉴的是西周的"六礼"，所以官郎要唱《称六礼》，表明新人的结婚礼仪已经满足了布傣族人婚姻成立的必要条件，同时也经过了必要程序，体现布傣族人的礼仪道德。

（六）开担歌

唱完《称六礼》就要进行"开担"，"开担"就是打开男方挑来的担子，女方请来的歌手要一边打开担子，一边唱歌称赞男方带来的物品有多么丰盛多么珍贵等，而男方这边的官郎也要唱表示自谦的歌曲做回应。

(七) 交雁币

"雁币"指聘礼,以"雁币"作指代,是因为雁是一种忠心的动物,大雁一旦失去配偶,便不会再去寻偶,同时也是告诫新郎新娘要对伴侣一心一意,互敬互爱。聘礼一般先由男方拟定,再由女方根据收到聘礼多少的情况而定。官郎拿出聘礼清单,交给新娘的亲人读,等于是告知其他前来参加婚礼的亲戚邻居男方所送之礼。

(八) 交干湿钱

男方向女方母亲交"干湿钱","干湿"指代小孩的"屎尿",官郎唱歌感激新娘父母对新娘的养育之恩,感谢她含辛茹苦、精心照料女儿才促成了一段幸福的婚姻。唱完后将"干湿钱"给女方母亲,女方母亲微蹲,并拉开右衣襟接钱,随后官郎会双手捧着托盘走到神龛前唱歌告诉先祖纳彩仪式结束,托盘上摆有八个勺子,官郎一边唱八仙过海的故事,一边变换勺子在托盘中的位置,祝福新人能过上神仙般的生活。

(九) 新娘别祖

新娘即将离开娘家前,要对先祖和父母长辈行九大叩,随后启程前往新郎家。新娘出发去新郎家,由四名伴娘、两个官郎、一个官娘和一个挑担子的姑娘陪同。按照习俗,新娘和伴娘都要戴尖顶斗笠。正式出门前,新娘的官郎会以歌代言,嘱咐新娘到家后要持家,孝顺父母等。待新娘离开后,娘家亲友继续唱歌祝福,庆祝新娘出嫁。

(十) 请求带回"宝玉"

官郎接到"宝玉"后,不能直接将"宝玉"带回,要取得新娘众亲戚的同意,请求他们让自己将"宝玉"带回。这个环节需要新娘最亲的亲戚将"宝玉"托起,面对神龛唱着告知祖先,家里的闺女要远嫁他人为妻,让祖先保佑她生活富足美满。唱完回到自己的座位上,将"宝玉"依次传给靠近自己的另一个亲戚,传"宝玉"过程中,"宝玉"传到谁手里,谁就要唱几句祝福或离别的话语,唱歌时表情真挚，声音洪亮有力，字字是情，句句是爱，表示对新人的祝福或不舍。"宝玉"要传遍每个坐在厅堂的长辈、亲戚手中，如此往返三遍，第三遍结束后，就把"宝玉"交给新郎的官郎，由官郎带回新郎家。

（十一）"交宝玉"

官郎将"宝玉"带回新郎家，进屋后，新郎家点烛上香，一对新人要向男方父母和先祖行九拜大礼。接着官郎唱着告知男方先祖，他已经平安将新娘接回家，在今后的日子里，祈求先祖保佑新人平安幸福。当新娘到达新郎家时，新郎家要举行"补粮"仪式，天琴法师盘坐于中堂边弹边唱，祈求新人家中长辈长命百岁、幸福安康。拜堂仪式正式开始，新娘的官郎会再次用唱歌的形式叮嘱新娘嫁人后要勤俭持家，孝顺老人。

拜堂后，双方就成为夫妻。从此以后，凡是遇到过年过节，尤其是春节、中元节、中秋节等比较重要的节日时，男方都要给女方家送礼。女方嫁过去头三年的每年春节，男方家都要送12只鸡（熟鸡2只，活鸡10只）、猪肉12斤、糯米粽120个等。

三、"官郎歌"文化内涵

布傣族"官郎歌"的形成与当地人的生活习俗、传统习惯密不可分，包含了布傣族人的精神风貌、信仰、观念等。

壮族民歌类型丰富，可以是讲述日常生活的生活歌、鼓舞劳动的劳动歌、表达爱意的情歌、描述风俗礼仪的礼俗歌和时政歌等。"官郎歌"是礼俗歌的一种，礼俗歌又可以分为婚礼喜歌和葬礼丧歌。"官郎歌"就是婚礼时媒人接亲要唱的歌曲。官郎歌按内容又具体划分为入门歌、敬祖歌、盘席歌、开担歌、六礼歌、讨宝玉歌、道别歌、新郎拜堂歌、新娘拜祖歌、交干湿钱歌和宝玉交接歌等。[①]

"官郎歌"根据歌词讲述内容与仪式的种类，可以从三个方面去分析其文化内涵，分别是宗教信仰、礼节仪式和传说认同。

[①] 农瑞群、梁伟华、何明智：《旦歌：跨越中越边境的骆越天谣》，载《广西民族大学学报》2010年第2期。

布傣族是一个重视礼节的民族，不管是节日或者丧葬礼等他们都按照礼节程序严格执行。从"官郎歌"的婚礼仪式中就能体现他们热情大方、尊老敬祖、谦虚礼让、礼貌友好的礼仪。婚礼中唱敬祖贤歌，在新娘、新郎家都有进行，可见布傣族对祖先的敬重程度。入门歌询问是否可以入门，讨宝玉歌征求新娘家人同意将宝玉带至新郎家等，体现了布傣族礼貌待人之道。开担歌中，新娘家请来的歌手夸赞新郎带来的东西丰富、贵重，而新郎的官郎则不断自谦，这体现了布傣族人谦虚的特性。

第四卷 民歌戏曲舞蹈

第一章　壮族民歌
第二章　壮族戏曲
第三章　壮瑶舞蹈

第一章 壮族民歌

第一节 壮族嘹歌《唱离乱》

一、嘹歌的由来

《唱离乱》[①]别名《贼歌》，是嘹歌中一首非常有名的壮族长歌。嘹歌在演唱时通常由两男两女对唱完成，由男歌手先唱，之后女歌手重复男歌手的前一句再对男歌手应和，二人互相对唱，一唱一和，交替进行。歌词形式为五言四句，即男歌手唱两句，女歌手接唱两句，周而复始，此起彼伏。

男歌手先来抛开话题，女歌手便接着该话题继续唱下去，每唱完一句，便以悠长的一声"嘹——"结尾，嘹歌便以此得名。[②]

这个名称除了"嘹——"，在民间还有以下几种解释：

1. 壮语"嘹"译为"流传"，因为这种民歌流传范围相当广，因此被人们称为"吩嘹"，意为"广泛流传的歌"。

2. 壮语中"嘹"这个词发音相当于"料"，译为"游玩""娱乐"，因此被人们称为"欢嘹"，即"游玩娱乐的歌"。

3. 生活在"嘹歌"流行区域的壮族群众自称"甫僚"，意为"僚人"，二者同音，因此把居住在这一带的壮族人所唱的歌称为嘹歌。

[①] 黄勇刹、黄耀光：《唱离乱》，载《广西文艺》1963 年第 5 期。
[②] 罗汉田：《贼歌》，民族出版社 2007 年版，第 2 页。

二、嘹歌的歌词及内容

嘹歌的歌词，分为两种：一种无固定形式，可触景生情，一般为情歌；另一种相对固定，即用"土俗字"传抄的歌本来唱，但民间的歌本绝大部分只有男歌而没有女歌，所以男歌手根据歌本引吭高歌，女歌手根据男歌手的内容接唱对答。虽说女歌手是接歌，但其实接的内容都万变不离其宗。《嘹歌》一书几乎收集了壮族嘹歌的所有曲目，而该书主要分为日歌和夜歌两大部分，《唱离乱》便是夜歌中的一首长歌，是一首反对非正义战争的反战长歌。[①]

《唱离乱》这首壮族长歌是一首抒情长歌，讲述的是一对情投意合的小情侣正准备迈入婚姻的殿堂，却不料风云突变，各地土司正大量调兵上战场，这个即将成为她丈夫的男青年也在征调之列。在这紧张的时刻，即便与恋人分离有再多的不舍，也只好含泪分别。男子抵达战场一线，正是那春夏之交，阴雨连绵，交战双方在深山峡谷里日夜奋战，但就在交战的紧要关头时，土司长官竟然下令投降，士兵们丢盔弃甲返回家乡。在返乡途中，没有粮饷，饥寒交迫，男子历经千辛万苦才得以保存性命回到家乡与恋人团聚。[②]

该长歌又分为很多个小部分，分别是兵荒、问年、避乱、征调、求赠、叮嘱、相别、征途、交战、退兵、进村、重聚。这些小部分都是讲述的每个阶段的经历，如此一来，便组成一个完整的故事。

三、《唱离乱》的时代背景

《唱离乱》是嘹歌中最有艺术性、思想内容最为深厚、文学价值和史料价值最高的一首长歌，从这首歌的歌词中不难看出，这首歌的历史背景无疑是与某次战乱密切相关。具体和哪一次战乱有关，这首歌中并没有具体说明。从歌词中多次提到的"贼猛"可以很明显地看出，该人就是田州土司岑猛，而和这个人物相对应的历史事件，就是"思田之乱"，此乱长达四十余年。

这一战乱从明成化年间开始，直到嘉靖初期才结束，带给人民无尽的灾难与痛苦。1483 年，也就是明成化十九年，田州土司府岑溥和他的侄子恩城的土司岑

---

① 罗汉田：《贼歌》，民族出版社 2007 年版，第 2~3 页。
② 罗汉田：《贼歌》，民族出版社 2007 年版，第 4 页。

钦发生战争，岑溥战败离开，其侄便进攻田州，烧杀抢掠，惨无人道。七年之后，泗城土司岑应勾结思恩土司岑钦第二次攻击田州，并且两人共同分割田州。1492年，岑钦杀害岑应父子，企图将田州全部收归自己。岑应的弟弟岑接在知道自己的哥哥、侄子都被岑钦杀害后，便谋划为他们报仇，不久岑钦便被岑应之弟杀掉。在造成田州十年动荡不安的罪魁祸首死后，岑溥再次回到田州府治，但不料千防万防，家贼难防，他最终还是被自己的长子岑猇给杀害了。不能理解的是，他的长子在他死后不久也自杀而去了。土司头目黄骥想独揽田州军政大权，便与保卫田州安全的头目李蛮发生了冲突，黄骥绑架了岑溥年仅四岁的小儿子岑猛，投奔恩城知府岑浚，并重金贿赂岑浚，将自己家的女儿送给他，承诺将田州六分上等土地分与他。岑浚认为有利可图，便答应出兵支持黄骥对付李蛮。后来在朝廷的干预下，田州知府的位置还是由岑溥的儿子岑猛世袭了。各方势力你争我抢，最后还是敌不过中央的力量。岑浚没能达到占领土地的目的，一直心有不甘，便又与泗城土知府岑接和东兰土知州韦祖铉联合，各自起兵攻打李蛮，相约不顾中央指令一起瓜分田州土地，一时间李蛮又被三方势力攻打，田州又再次陷入危难之中。

　　但是当初那个失去至亲的年幼小儿已经长大成人了，他们再也不能以他年幼为由多次攻打他的家乡了，这就是所谓的"莫欺少年穷"吧。长大之后的岑猛和奉议、向武、归顺等多地土司知府一起讨伐泗城岑接。两年后，岑浚亲信又和田州另一头目卢苏联合发动叛乱。如此一来，四十年来广西这一带的百姓都是在土司之间的各种纷争之中生存的，最后受苦的还是那些手无缚鸡之力的普通百姓。

　　就在田州、思恩土司为了争夺权力打得不可开交的时候，百姓终于不堪重负，发动了一场反抗朝廷统治的农民武装起义，这场起义被称为"八寨壮瑶农民起义"。明朝政府面临的危局真的是一波未平一波又起。为了扑灭农民起义的火焰，维护中央统治，明朝嘉靖皇帝派王守仁去平定"思田之乱"。王守仁在平定思田之乱后，立刻带兵前去围剿八寨壮瑶农民起义，八寨壮瑶农民起义受到了沉重的打击。[①] 如此一来，动乱了60多年的广西终于得以安定，百姓生活也终于安稳一些了。

---

① 罗汉田：《贼歌》，民族出版社2007年版，第6~7页。

那么，这听了会让人肝肠寸断的《唱离乱》又是传唱在哪些地区呢？我们不难发现，在这首歌的歌词中，多次提到了"桥利"这一地名，这不难说明，这长达60年的动乱跟"桥利"有着举足轻重的关系。"桥利"其实就是现在的广西马山县的乔利乡。在那次持续60多年的动乱中，多次出现这一字眼，是因为在明正统六年（1441）的时候，岑瑛将思恩知府搬到了这默默无闻的桥利堡，或许是看到这桥利堡没有名气，位置很难找到吧。岑瑛将思恩知府搬到这儿，便可以说明广西马山这一带是嘹歌重要的传唱地区。

"八寨壮瑶农民起义"的八寨，大致在南宁马山、来宾忻城、南宁上林这三个县城交界之处的红水河流域，那么也可以说明嘹歌也在这一区域传唱。虽说嘹歌在这一带唱得比较多，但不妨碍壮乡人民将这一民歌艺术传到全广西甚至全国。

四、《唱离乱》的艺术特点

《唱离乱》的语言特点突出。这首长歌语言质朴无华，因为传唱的都是普普通通的农民百姓。由于演唱是面对壮乡百姓的，所以用的都是壮语，并且还能将壮语融入歌曲形式中进行创新。这首歌语言虽然没有什么华丽的辞藻，却不显得平淡拖沓，因为语言中表露的都是壮乡人民生活中的无奈，语言真实，令人共情。

文献价值亦是十分丰富。整首长歌虽没有明确表明某一具体事件，但可从内容中推敲出这一历史时期的背景以及历史事件。当然，也能从这首长歌中得知同一时期其他历史事件与之有何共通之处，从而更深地了解那个时代的背景和特征。

《唱离乱》这首反对非正义战争的长歌，一方面，讲述那对热恋中的情侣经历这一剧变后，最后依然能够跨越坎坷重聚；一方面，讲述土官强制性征调壮年男子前去战场，并对这种强盗式行为进行抨击；同时，讲述地方土司为谋私权而多次发动战争，控诉地方官不作为，不顾及民生。总而言之，这首歌主要是为了表达壮乡人民对非正义战争的反对，自古以来，一直都是"兴，百姓苦；亡，百姓苦"。

每年的阴历二月廿九，在广西田东县的敢仰岩歌圩，聚集了周围的壮乡同胞一同高唱嘹歌。在以前，敢仰岩歌圩就是一个很隐秘的山洞，周围都是茂密的树木，而岩洞十分宽阔，在这里高唱《唱离乱》，隐秘性非常高。

1950 年，田东县黄耀光先生开始了他对嘹歌的搜集编录工作，他将《唱离乱》发表在期刊上，从此嘹歌《唱离乱》闻名于世。1980 年，《唱离乱》被上海文艺出版社编入《中国民间长诗选》第二集。

第二节　壮族哭嫁歌

一、何为哭嫁

"哭嫁"是壮族农家特有的一种婚嫁习俗，历史源远流长，一直流传至今，风格别致，是壮族妇女在千百年来的婚俗活动中口传心授、集体创作延续至今的抒情叙事长歌。在封建社会中，由于等级制度森严和社会教育发展的制约，妇女无法正常接触到文化教育，大多数妇女都只是认识少数的文字，有的甚至不认识，无法在日常生活中用文字记录自己的故事和经历，只能通过诉说和吟唱的方式来表达心情和寄托情感，久而久之，她们便在婚嫁的时候形成了"哭嫁"这一习俗，以此抒发自己出嫁的心情，用这一方式来迎接婚姻。哭嫁，贯穿她们的整个婚礼过程。

二、哭嫁程序

壮族"哭嫁"十分讲究程序。姑娘出阁前数日，姑娘的姐妹们便轮流每晚聚集在新娘闺房内唱"哭嫁歌"，而出嫁当日则由所有姐妹共同为新娘唱"哭嫁歌"，那场面很是热闹。哭嫁歌一般是新娘独唱、姐妹或母女对唱，这一环节往往体现了母亲和姐妹们对出嫁姑娘的祝福，希望姑娘出嫁后好好照顾自己并与姑爷长长久久地在一起。新娘出嫁上轿前会在厅堂上边哭嫁边辞别祖先、父母，此时新娘往往唱得凄切动人、惹人落泪，甚至有唱至昏迷不醒的，歌声中充满着对家人的不舍，满堂宾客都会为之哽咽。一般歌词是："一哭我的妈把我养大，女大就要到婆家；二哭我的爹当家劳累些，嫁妆多少由你给；三哭我的哥，兄妹也不多，正头七月要接我……九哭金鸡叫，声声哭爹娘，哭干眼泪痛断肠；十哭天已明，含泪别亲人，吹吹打打轿出门。"

婚礼前一夜，新娘穿着新衣，邻里姐妹通宵陪伴而歌。姑娘出阁时，要吃"离娘饭"，表示吃完这顿饭姑娘即将远离爹娘。

出嫁当日鸡叫头遍时，要在家中堂屋前举行仪式，焚香燃纸，祷告祖先。新娘按照顺序先哭祖父母，再哭父母，以谢多年养育之恩和表达依依惜别的心情，称之"开声"或"启声"。

姑娘出嫁这天，家中要摆席办酒，宴请各方亲朋好友。办酒宴前，由家中最年长的女性长辈、媒婆或送嫁婆给姑娘梳妆，在新娘的头发上戴上银饰并插上银簪，将姑娘打扮成成年妇女的模样。打扮好之后姑娘会在房屋里外徘徊，巡回走动，仔细观察，发现有客来到，要马上过去用毛巾遮面一哭跪地，声情并茂唱起哭嫁歌。此时客人会一边将她扶起给予安慰、祝福，一边给新娘代表心意和祝福的"哭钱"。有的女宾会以哭还哭，互诉衷肠以表不舍之情。出嫁之日，姐妹们背着新娘从偏厅走到正厅，一一向长辈们敬茶，继续唱哭嫁歌，礼仪过程走完后，吉时一到，就由姐妹背着走出娘家。新娘便在众多乡亲好友的歌声中三步一回头，唱着哭嫁歌离开娘家。接亲、送亲的队伍浩浩荡荡，锣鼓喧天，唢呐声声，鞭炮阵阵，气氛热烈隆重，场面十分热闹。席动客散，次日凌晨择吉"发轿"出门，直至第三天"回门"，婚礼才算结束，新娘出嫁仪式即完成。

还有一种说法，出嫁那天之所以唱哭嫁歌，是希望婚后双方生活日子红红火火、兴隆发达，哭嫁声音越大，预示以后的日子会越红火。

三、通过哭嫁控诉婚姻买卖

"哭嫁歌"的内容中，控诉封建礼教和买卖婚姻的内容占绝大部分。此外，还有歌颂父母养育之恩，或埋怨身为女孩要出嫁，或埋怨兄弟在自己出嫁后独占家产，或对一同长大的姐妹留恋等多种内容。旧制度下的壮族弱女子，在强大的封建势力面前无力抗争，只有利用哭嫁这种方式来进行合理的情感宣泄。这些思想内容寄托在"哭嫁歌"里，并一直在以特殊的方式流传着。

四、哭嫁歌内容

"哭嫁歌"刚开始没有文字记载，全靠口头传承，后面才在日常生活中逐渐形成自己的曲调和旋律，大家会在"哭嫁歌"中加入自己的特别经历和生活感受,所以各家各户都拥有着自己独特曲调的"哭嫁歌"。

演唱哭嫁歌一般都用真嗓哭唱。在哭唱的时候,哭声始终贯穿在歌曲中,多用哀怨低沉的音调,唱至动情处会出现吐词不清,伴随着抽泣声和哭声的起伏,在唱哭叹句时,一般会出现很多抖音。在唱哭嫁歌的时候,唱的人必须掌握哭腔,唱的时候要声泪俱下,哭腔成为哭嫁歌的典型特征,哭嫁歌因而在壮族农家音乐中自成一派声乐系统。

哭嫁歌在形式上是以歌代哭,演唱要根据一定的节奏,保持着情绪上的抑扬顿挫和情感的自然融入。哭嫁歌的唱法既有个人的自由创作发挥,又必须延续传统,根据相对稳定的模式演唱哭嫁歌的各种内容。总而言之,唱哭嫁歌时,每句歌词常常会加一些"衬词",被称为"歌头""歌间子""歌尾"。

哭嫁歌的曲调多为五声商调式,情感层层递进,乐段结构分为上下句,曲调流畅、纯朴、哀伤。词一般是七言四句,大都是根据新娘的实际情况即兴创作而得。一般用"哎呀""啊伊乃"等当作开头引起话题,有些唱法也以"爹妈"短句为开头,各具特色,在生活中慢慢形成了多种开头形式的哭曲,著名的如《上轿歌》《骂媒歌》《叹女身》《哭爹娘》《哭弟弟》《哭妹妹》《骂轿夫》等,内容多以斥责媒人、责骂接亲、咏叹祖宗、埋怨父母、不舍姐妹和家乡为主。如哭嫁歌《姐妹难离分》中唱道:"油茶点灯灯花新,今夜姐妹难离分。明天花轿抬姐去,在家姐妹泪淋淋。"这字里行间表达了新娘与姐妹们难舍难分的情意。

随着时代不断发展,哭词种类越发繁多,内容也变得十分丰富。爷奶父母、舅姨姑表、兄弟姐妹、同学朋友等不同主体均有不同哭词。唱哭嫁时间短则三五分钟,长则半个小时,根据身份进行"对号入哭"。曲调虽然简单,但内容丰富、婉转缠绵,唱起来情真意切、催人泪下、引发共鸣。哭嫁歌的特点在于演唱形式的多样性与群体性,对演唱形式没有严格要求,演唱对象一般都是以新娘为中心,包括与之发生感情联系的一切社会成员。新娘的身份不仅通过举行婚礼时的各种仪式得到确认,也可以通过哭嫁歌歌词的形式公之于众。

哭嫁歌来源于掠夺婚,可能是起源于母系氏族向父系氏族过渡时期的抢婚,女子的痛哭则是起源于远古抢婚中女子遭抢时的喊叫或哭泣。哭嫁这种情况随着奴隶社会和封建社会的发展愈来愈盛,其内涵也日益丰富,最终演变成为一种重要的婚俗仪式。

出嫁姑娘通过哭喊方式来表达内心情感，慢慢地就成为女方出嫁的必要流程。从哭嫁歌中可以看出，壮族姑娘既看到了必须出嫁的现实，又看到出嫁后的现实，其中除了表达对父母养育之恩无法报答，哭嫁歌中更多表露着对未知婚姻的忐忑与不安。哭诉自己不能留在父母身旁孝敬、希望弟妹们多照料双亲，这也符合了几千年来儒家孝道的伦理观。同时也希望亲人多来探望自己，也哭哥嫂或父母狠心把自己嫁到远方，心中有着对未来生活的期待和不安。所以壮族姑娘出嫁时心情都是悲中有喜，喜中有悲，悲喜相交。哭嫁歌的内容是现实的，如《同乡》中的哭词："同喝一口水井水，同踩岩板路一根；同村同寨十八年，同玩同耍长成人。日同板凳坐啊，夜同油灯过；绩麻同麻篮啊，磨坊同扼磨。"这是哭姐妹，边哭边唱出了对从小玩到大的姐妹的不舍和怀念，具有现实美。哭嫁歌在形式上又充分体现了浪漫主义色彩，如《哭骂媒人》，像哭不是哭，像骂不是骂，在委婉的数落中略带讥讽，但这种讥讽又很讲分寸，极富浪漫情调。壮族的哭嫁歌以哭伴歌，悲喜相交，这充分体现了现实主义与浪漫主义有机结合的艺术特点。

五、哭嫁歌《怨娘》赏析

世上娘亲千万个，个个娘亲都淑贤。

世上女儿千万个，无人同我样可怜。

头发未长人又细，牙齿未齐就卖钱。

人家拜堂我拜寿，胡须长过女头辫。

这首歌采用七律的形式，以口语化的形式来传唱，让人听起来感到悲伤和痛苦。本歌前两联采用了直抒胸臆的手法，痛诉母亲的卖女行为。用别人的母亲与自己母亲进行对比，说自己的母亲不淑贤；用自己与别家女儿进行对比，说自己的命运可怜。诗歌一直在哭诉自己悲惨，母亲是多么狠毒，为接下来自己将被母亲当作商品售卖出去的命运做铺垫。前两联运用对比表明了自己的悲惨命运，表达了对自己母亲的不满和对自己悲惨命运的痛惜。在本歌的后两联，直接描写女子的悲惨结局，头发没长长，人还没长大，甚至牙齿都没长齐，竟都被自己的亲生母亲拿去卖钱。如果说拿去卖钱已经够悲惨了，那么被卖给一个胡子比自己头发还长的老头，则使女子的遭遇更加悲惨。

六、哭嫁歌的传唱

壮族哭嫁歌之所以能存在数百年甚至上千年，有着其合理的因素。壮族农家居住的地方大部分群山连绵，地势偏僻，交通不便。姑娘出嫁之处，近则两三里，远则数百里，如果姑娘嫁至外省，那与娘家就天各一方，一别难见。"相见时难别亦难"便是壮家姑娘远嫁的真实情感流露，这句词也成为"哭嫁歌"唱用十分频繁的歌词。哭嫁是勤劳勇敢、淳朴善良、尊老爱幼、热情好客的壮家女子告别家人，答谢亲友的感情流露和心灵表白，所以它一直存在和影响着壮族人民的日常生活。从前，壮族妇女一般身份卑微，社会和家庭压力较重，十分容易抑郁。在集体场合哭嫁，她们可以借哭嫁歌寄意，尽情痛哭宣泄心中郁闷，从而取得某种心理平衡。她们通过唱哭嫁歌，可以给予自己心灵慰藉，做短暂的心理治疗，所以壮族哭嫁歌具有一定的社会价值。

哭嫁歌是一部奇特的壮族婚姻抒情诗，具有独特的艺术魅力和社会价值。壮族哭嫁歌有孝、忠的伦理内涵，在以前，壮族姑娘从小就学哭嫁歌，桂西北壮族姑娘在出嫁时，为了表示对父母的孝顺以及对家人、亲友的感恩，必须要哭嫁。在哭父母的同时，还要哭亲友、哭姐妹。新娘哭得越厉害，就表示越孝顺父母，对家人和亲友的感情越真挚。如果出嫁姑娘不哭，便会被人指责没有家教。

现今社会女性地位逐渐提高，男女平等观念已十分普及，交通条件不断改善，通信设备不断更新，壮族姑娘即使远嫁也不用担心"相见时难别亦难"。随着新式婚姻的出现，哭嫁也少了，后来的哭嫁歌主要内容也逐渐表达的是对家人的不舍和对未来生活的不安与期待，哭嫁程序已不像之前那么严格，传达的"悲"情少了，"喜"意多了。

第三节　壮族敬酒歌

一、敬酒与山歌

壮族是一个热情好客的民族，壮族人民在待客的礼仪习俗上，往往几家轮流邀请客人吃饭，并且招待客人的餐桌上务必备上好酒，以显示尊重。而在餐桌上，壮族人民喜欢唱起敬酒的歌曲，好歌配美酒，为客人品尝美酒助兴，从中可以感受到壮族人民的热情好客与自信豪放的性格。

在崇左大新县，有着一个叫"宁寿骆越组合"的唱山歌组合，该组合有一首以劝酒、敬酒的礼仪为主题的歌曲，表达出的是壮族人民的礼仪文化与歌唱方式：

> 客人到这里，真喜欢来来。
> 有朋远方来，应该很善美。
> 能敬客人酒，永久都不忘。
> 今朝饮不畅，不许把家还。

敬酒歌一般可用来表达欢欣或离愁、歌颂祖先、讲述习俗等。从这首歌中可以感受到大新壮族人民的热情似火与对客人到来的高兴之情。

壮族人爱饮酒，有宴席的地方必定有酒。与此同时，山歌也最为壮族人民所喜爱，没有歌的宴席就没有了精髓。壮族是一个能歌善舞的民族，有着"唱歌为乐子，选择歌作为择偶标准"的习俗。壮乡人民大都喜爱唱山歌，在山上劳作的时候跟旁边的人一起唱歌；划着船或竹筏到河里捕鱼，边划边唱着山歌，让激昂的歌声飘荡在河岸上；附近几个村落一起约定日子，穿着壮家服饰，在约定地点聚在一起对唱山歌，竭尽全力让洪亮的歌声飘荡在山谷里，使平日安静的山谷也跟着热闹起来。壮家年轻的男男女女，也会借助对唱山歌的机会，物色自己的另一半，遇到喜欢的人，就借助山歌表达自己的好感。因此，唱山歌也成了壮家人的一项技能。壮乡人平时还喜欢以唱山歌的形式来表达自己的生活，抒发自己内心最真实的情感。在亲朋好友欢聚一堂的酒宴上最离不开的就是歌了。壮家一直流传"客人到来必有酒，有酒席上必有歌"，因此壮族人善用山歌配好酒来助兴，以此表达相聚的开心、离别的伤心，抑或是对故人的思念。壮族人不仅喜欢唱歌，还擅长唱歌。在招待客人的酒席上，壮族人会唱什么歌呢？当然是敬酒歌。

二、敬酒歌内容

"敬酒歌"就是壮家人在招待客人的酒席上唱的歌。壮族敬酒歌，敬的就是歌中的"贝侬"——客人。在壮族人民的认知中，某一家的客人，那就是全家族的客人，整个家族都会办宴席来欢迎，而宴席中最不能少的环节就是敬酒。在向客人敬酒的时候，主人要给桌上的每一个人都倒一杯酒，然后主客都站起来举杯一起敬酒，接着才能随意吃喝。不得不提的，是壮家迎客酒席中最常见的敬酒方式——喝交臂酒。在酒席上，主客之间互相交臂喝酒，交臂酒后主人站起来，说几句欢迎客人光临的话语，说完全桌人把面前的酒饮尽。客人在主人表达欢迎过后，也站起来举酒回敬，说一些感谢主人迎接的话，而后向全桌人敬酒，然后大家再次一起一饮而尽。互敬酒后，就开始一人对一人、一匙对一匙，互相聊天畅饮。壮家人喜欢用交臂酒来欢迎客人，是为了表示对客人的亲近热情，表达对客人到来的开心以及欢迎。

贝侬哎/壮家敬酒要唱歌/山歌声声伴酒喝/贵客越多心越暖/贝侬哎/好比春风过呀过山坡/贝呀侬哎/客人来到家门口咧/敬上三碗迎客酒/米酒香醇山歌唱/贝侬哎/壮家情意捧呀捧在手/油茶三棵不榨油/好酒三杯不够喝/打开酒坛见到底/交杯交心是朋友/贝呀贝侬哎/山歌出口不能收咧/杯中有酒不能留/酒满敬客莫先喝/贝侬哎/一点一滴也呀也不留/山歌不用钱来买/喝酒不用人来求/天远地远来相见/隔山隔水不隔酒/贝侬哎/壮家敬酒要唱歌/山歌声声伴酒喝/贵客越多心越暖/贝侬哎/好比春风过呀过山坡/呜～嘿①

这首充满热情与欢乐氛围的歌曲，就是由梁绍武作词、农礼生作曲的《壮族敬酒歌》，是根据壮族人民的生产劳动与生活所创作的，描绘了地道的壮族敬酒风俗。《壮族敬酒歌》是根据壮族人在日常迎客酒席上的敬酒风俗创作的，也是壮族人民在迎接或送别客人的酒席上最爱唱最常唱的歌。歌唱的对象，就是敬酒歌中的"贝侬"。"贝侬"，翻译成汉语，就是"兄弟姐妹"的意思。壮家人民对于远道而来的贵客，以一声声"贝侬"，拉近彼此的距离，让彼此的感情愈加深厚。

① 梁绍武：《壮族敬酒歌》。

《壮族敬酒歌》的歌词运用反复、层层递进的方式，表达主人对客人的敬意与欢迎。"贝侬哎"这三个字出现了八次之多，它们的频繁出现并不是冗杂无用的，恰恰更强烈地表达了壮家人对远来客人的热切欢迎，一声又一声的"贝侬"，能唤起客人与主人之间亲密的情感，再久的离别、再远的距离，即便是隔久未见产生的生疏感，也在这一声声呼唤亲人的"贝侬"中消除，悄悄拉近主客的心，使主客之间再无生疏，能够非常自然地相处。"壮家敬酒要唱歌，山歌声声伴酒喝"，这两句歌词，唱出了壮族人民敬酒喜欢唱山歌，表达了贵客来访，敬酒还不足以表达情感，于是再加以大家都热爱的山歌，在对唱中进一步表达对客人到来的欢迎与感谢。"贵客越多心越暖"，写出了壮族人民对贵客来访的热切期盼，对到家里做客的客人展现了十足的热情。"客人来到家门口咧，敬上三碗迎客酒，米酒香醇山歌唱"，这三句歌词，再次用壮家最爱的酒和山歌来表达对来访客人的欢迎，迎客第一件事就是用三碗酒敬客人，表达主人家对客人最大的欢迎与尊敬。"米酒香醇"则写出了比起市场上卖的精装酒，壮家人民更喜欢自家酿的米酒，因为自家酿的米酒度数比市场上卖的酒度数低，而且更加香醇，不容易醉，喝起来畅快的同时还能有更多的时间交流。用大碗喝着自己酿的米酒，与客人一起边喝边对唱山歌，抒发客人到来时自己内心的喜悦之情。以碗敬酒，以歌伴酒，无一不体现着壮家人豪迈、质朴的美好品性。"壮家情意捧呀捧在手，油茶三棵不榨油，好酒三杯不够喝，打开酒坛见到底，交杯交心是朋友"，这几句歌词，描绘了壮家人不善用言语表达情感，而是将情意寄寓在那一碗碗用来敬客人的酒中，且敬的酒不满足于三杯，而是要跟客人一起用大碗来一碗接一碗地喝，这样喝才畅快、痛快。酒越喝越多，交流也越来越多，情感抒发自然多起来，主人和客人之间关系逐渐亲密起来，情愈深，话愈多，关系自然越来越好，也愈来愈容易成为相互倾诉的对象。"山歌出口不能收咧，杯中有酒不能留，酒满敬客莫先喝，一点一滴也不留。""山歌出口不能收咧"这句歌词，可以看出壮家人民谨言慎行，虽然不拘小节，却不乱说话的性情。虽然对贵客的感情都通过喝酒唱山歌来表达，但是唱出口的歌不能撤回，所以壮家人在唱出对客人的欢迎词时，仍需要三思而后行，既要表达欢迎，也不能显得轻浮无礼。同时，壮家人在向客人敬酒时也有自己的规矩，无论主人还是客人，在相互敬酒后，一定要一杯干，不留一滴酒，而且主人敬酒后一定要等客人一起喝，不能先喝。虽然在敬酒时还是那么豪爽，一杯见底，但豪爽中仍有一定的规矩约束，尺度不能过大。在这一小段歌词中，我们可以看得出来，壮族人虽在敬酒中爽朗豪迈、不拘小节，在大大咧咧中仍有自己的那一份细腻，对客人豪迈热情却不失礼节。"山歌不用钱来买，喝酒不用人来求，天远地远来相见，隔山隔水不隔酒"，这歌词写出了壮家人民热爱山歌，所唱山歌全都是根据此情此景抒发创作，不用花钱去买，而是以当时情境唱出自己的心情，特别是喝酒时的对唱，更表达出自己心里的感情。壮家人喝酒也喜欢一群人凑一起喝，即使隔着再远的距离，即使彼此陌生，第一次见面，彼此关系生疏尴尬，都是一顿酒能够解决的事情。在一顿酒席中互相敬酒对唱山歌，彼此交流认识，就能慢慢消除隔阂，再无陌生感，最终彼此成为兄弟姐妹。由此可见，酒与山歌是与壮族人民拉近距离与情感的东西。

第四节　壮族孝亲歌

一、孝亲歌内容

广西崇左壮族有一首孝亲歌，歌名叫作《父母恩情不会忘》，其歌词的意思大体如下：

> 从小父母很辛苦，天天上山砍柴卖。
> 早晨上山，晚上才回来。
> 卖柴给我去读书，卖柴给我买衣服。
> 爸啊妈啊你们不要眼泪流，父母恩情儿不会忘。
> 三月三呐九月九，给儿吃肉，父母吃骨头。
> 儿吃饱饭儿就笑，父母心硬像石头。
> 从小父母很辛苦，天天上山砍柴卖。
> 早晨上山，晚上才回来。
> 卖柴给我去读书，卖柴给我买衣服。

爸啊妈啊你们不要眼泪流，父母辛苦儿不会忘，父母恩情儿不会忘。

三月三呐九月九，给儿吃肉，父母吃骨头。

儿吃饱饭儿就笑，父母心硬像石头。

三月三呐九月九，父母心里眼泪流。

这山爬上，那山爬下，

多少辛苦不愿说出口。

多少辛苦不愿说出口。

崇左以及崇左各县的壮族人民通过本民族的方言（壮族白话）对《父母恩情不会忘》进行歌唱，并且使用较为悲伤的歌调歌唱出很多关于砍柴与卖柴的歌词，歌中关于砍柴卖柴的歌句向我们展示了过去崇左人民的主要收入是通过卖柴获得的，而我国自古就是以自给自足的小农经济为主。那么为什么崇左地区的农民却大有不同呢？我们通过联想一下崇左的地理位置和气候特征就可以很轻松地得出这民歌之中歌词的含义。崇左位于我国的南部，位于广西的西南部，处于纬度较低的地区，加上崇左属于亚热带季风气候区，气温高，日照充足，雨量充沛但季节分配不均匀，夏季时间长，冬季时间短，秋春季节相连。处于这样的气候区之下，各类树木自然而然地生长茂盛，并且崇左是喀斯特地形地貌区，多山少田。因此在古代，崇左人民的主要收入就是通过出售木柴获得。

二、孝亲歌传唱

民歌歌词不仅向我们展示古代崇左人民的生活状况，还通过简单易懂的歌声表达尊老爱幼的传统美德。歌词通过壮族土话唱出："父母恩情儿不会忘。三月三呐九月九，给儿吃肉，父母吃骨头。儿吃饱饭儿就笑。"这几句歌词很容易让人理解浓厚的亲子之情。

崇左有个民间故事，叫《牙变婆》。《牙变婆》讲述一个老农有一个漂亮女儿，那个女儿很年轻就去世了。在出殡几天后，女儿又复活了。此刻的她衣衫褴褛，蓬头垢面，再也不会说话了，但是她可以听懂她父亲说的话。老农叫她做什么，她都积极去完成，挑水、劈柴、喂猪，各种活都会做。然而在人们的意识之中，牙变婆是晦气的生物，会给活人带来不幸。于是老农找到一个巫师，希望巫师能够帮他远离牙变婆。于是巫师说："想要摆脱它，你要在农历十五抱一只公鸡，引着牙变婆一直往西走，直到过了一条河，你就把公鸡交给牙变婆抱着，自己就直接回家，这时牙变婆就会怕水，不敢过河，也就不会继续跟着你了，不过要记住，千万不能回头。"于是老农民听从巫师的话，把牙变婆带到了西边的河对岸去，并且头也不回地走了。过了几天老农再也没有看到牙变婆，但是他惊奇地发现自己田地之中的水稻、玉米还有地里的蔬菜都成熟了，还有自己家里鸡、鸭、猪、牛变得膘肥体壮。当天晚上老农梦到了他的女儿，女儿说："爸啊，以后女儿再也无法照顾你，给你尽孝了。因为女儿已经过世，之前在投胎时想着家里只有爸你一个人，家里还有这么多的地要种，那么多家畜要喂，女儿实在放心不下。但是要像人一样的劳动就只能变成牙变婆了，于是女儿变成了牙变婆回去帮你干活。现在家里的水稻、玉米都可以收成了，家里的鸡、鸭、猪、牛可以出售了，爸，你可以收完地里的，再把家里的鸡啊、鸭啊、猪啊、牛啊拿去卖，这些家畜换得的钱可以让爸安度晚年了。爸，以后女儿不在了，你要照顾好自己啊。"说完，女儿就流着泪离开了。老农突然间惊醒，然后回想起女儿刚刚说的话，也是泪流满面，他看了看自己家中只有自己一个人，却无可奈何，最后他听从了女儿的建议把家畜全卖了，把地里的作物全部都给收了，然后用这些钱财和粮食安度了晚年。

这个民间故事讲述了女儿为了尽孝，让自己的父亲能够安度晚年，而变成牙变婆回家帮助父亲干完所有农活。从中我们了解到过去崇左人民对孝道的认知。而在《父母恩情不会忘》这首民歌中，没有高昂的曲调，歌词也很朴素，却很完美地表达儿女对父母的感恩之情。

第五节 蔗林恋歌

一、蔗林与恋歌

崇左最出名的产业是糖业，因为这里有得天独厚的地理条件和气候环境，是最适合种植甘蔗的地方，所以世世代代的崇左人民都有种植甘蔗的习惯。如今，崇左的甘蔗产业经过不断发展扩大，每年用甘蔗榨的糖占到了全国糖产业的五分之一。崇左人民在漫长的种植甘蔗的生产活动历史中，留下了许许多多关于种植甘蔗的民歌，其中《蔗林恋歌》就是其中有代表性的一首。歌词如下：

> 壮乡蔗林长势旺呢，哥和妹把山歌唱呢。求妹和哥种甘蔗，盼望甘蔗粗又长呢。妹啊呢，哥啊呢！随哥来到蔗林旁，哥妹恋情天来帮，哥呢！十月甘蔗甜到尾呢，哥呢！卖蔗有钱结成双，哥呢！哥和妹把山歌唱呢！盼望甘蔗粗又长，妹啊呢，哥啊呢！随哥来到蔗林旁，哥妹恋情天来帮，哥呢！十月甘蔗甜到尾呢，哥呢！卖蔗有钱结成双，哥呢！随哥来到蔗林旁，哥妹恋情天来帮，哥呢！十月甘蔗甜到尾呢，哥呢！卖蔗有钱结成双，哥呢！

这首歌的意思是壮乡甘蔗长得好，长得旺盛，情哥哥和情妹妹一起唱山歌，情哥哥邀请情妹妹一起种植甘蔗，然后情妹妹就陪着情哥哥来到甘蔗地，盼望甘蔗长得又长又粗，要想甘蔗长得又粗又长，得靠上天来帮忙，只有雨水充足，光照稳定才能保证甘蔗的长势。十月的甘蔗才能砍，也只有十月的甘蔗才最甜，象征着情哥哥和情妹妹之间的感情像十月的甘蔗一样甜。两人通过一起努力种植甘蔗，培养感情，再把甘蔗卖了凑够钱财就成亲了。

二、《蔗林恋歌》反映的生活

这首歌据说是在明代开始流传，歌词也非常好理解，歌词里的故事来源于生活，大致是这样的：

传说在明代时，当地有一户人家有一个女儿，名字叫秀珍。秀珍生得非常漂亮，心灵手巧，心地善良，这在当地是出了名的。但因为家里的老父亲重男轻女，经常逼迫女儿一天天地不断忙碌，不得休息。老父亲对儿子却不一样，儿子在家中不是吃就是睡，老父亲从来不说半句。儿子偶尔出去看看甘蔗地，马上就回来了，回到家中，老父亲还不断地说儿子是多么辛苦，应该多吃点，然后把家里仅剩的一点点肉食拿出来，叫秀珍去做菜。秀珍做好菜后，老父亲却把有肉的那份菜单独拿出来，放在儿子的面前。秀珍虽然看着嘴馋，却又因为父亲的威仪不敢动筷子，只好掺着野菜吃着手中的粗粮。日子久了，秀珍也就习惯了，虽然表面上不说什么，但心中也有些怨气，但只要老父亲一提到儿子要给他养老，秀珍心中的怨气也就没有了，因为她知道自己终究还是要嫁人的。

　　时光荏苒，秀珍十七岁了，每天上门提亲的媒人络绎不绝，十里八乡的还未婚娶的后生，都想娶秀珍过门，但老父亲都没答应，因为老父亲知道，自己要求给的彩礼钱他们都拿不起。直到有一天，当地一个有名的地主派了管家来上门替他二儿子提亲，还给了让老父亲非常满意的彩礼钱。于是，老父亲就愉快地答应了。到了晚上，秀珍刚刚回到家中，听到老父亲已经把她许给了地主的二儿子，如遭晴天霹雳，脸色发白，因为她心中已经有了情郎，就是邻村的阿水。秀珍从小就和阿水认识，可以说得上是青梅竹马，在秀珍十五岁那年的十月，正是甘蔗收获的季节，因为甘蔗太多，秀珍忙不过来，阿水总是以顺路的借口帮秀珍搬运甘蔗。时间久了，秀珍也知道阿水对她有意思，但秀珍又何尝没有对阿水动心呢？一来二去，两个人也都向对方倾诉了爱意，而且瞒着双方父母，私订了终身。秀珍知道，自己很难让父亲同意自己和阿水在一起，因为自己的大哥还没有成婚，需要一大笔钱，阿水又很难拿出这笔钱，在这个父母之言、媒妁之约的时代里，没有父母的同意，他们的婚姻是不会得到承认的。因此，秀珍和阿水就商量着想通过种植甘蔗来赚到这笔钱。经过两年的努力，秀珍和阿水种了两年甘蔗，然而因为上天不帮忙，导致甘蔗减产，这钱还差三分之一，但今年只要正常，彩礼钱应该就凑够了，还能剩下一部分，刚好可以用来办个简单的婚礼。此时，秀珍听到老父亲的话，心乱如麻，想了一个晚上，终于决定向老父亲坦白，老父亲一听说秀珍和阿水私订终身，便大发雷霆，把秀珍关在房间里，不允许她出去，然后还亲自去了一趟阿水的家，他警告阿水，叫他以后不要和秀珍来往了，而且告诉阿水他给秀珍定亲了。阿水听到后，一夜没睡，想过放弃，但一想到和秀珍山盟海誓的情景，便依旧觉得不甘心。

　　第二天天一亮，阿水就跑到秀珍家，想和秀珍见一面，可惜老父亲不允许，阿水于是跪在门口，一跪就跪了两天。秀珍家门口跪了个人的事很快传遍了全村，村里人有的也来劝老父亲，老父亲有些磨不开，只好向阿水提了一大笔彩礼钱，想让阿水知难而退。但他没想到，秀珍早就预料到了，还特意提前了两年准备，虽说还差一部分，但和老父亲说好了，剩下的一部分过年的时候补齐。于是，老父亲只好信守承诺，将秀珍放了出来，秀珍和阿水紧紧地拥抱在一起。接下来的大半年里，阿水更加地勤劳，每天回到家里都累得昏昏欲睡，但一想到今后和秀珍在一起的日子，心中又充满了动力。秀珍经常过来帮阿水干活，皇天不负有心人，当年风调雨顺，甘蔗长得比往年都好，阿水和秀珍一起将甘蔗全卖了，交给老父亲后还有一部分剩余，两人就办了一个婚礼。婚礼上，全村人都来了，他们来见证历经磨难终于走到了一起的有情人的婚礼，每个人都带着衷心的祝福。酒席上，人们要阿水唱首歌，阿水想到自己和秀珍的经历，灵感迸发，创作了这首《蔗林恋歌》。他们因甘蔗而相遇，也因甘蔗才有机会走到了一起。

第六节　侬峒情歌

一、侬峒节

"侬峒"，在壮族语言中翻译为"下峒"。"侬"的意思是"下"，"峒"既指平地、平原，也指聚落单位和农耕的空间。同时，"峒"一词本身也代表了侬峒节，所以"出峒"即参加侬峒节的意思。

壮族侬峒节主要是流传于广西南部的崇左市龙州、大新、天等等地，且以龙州县和大新县的侬峒节最具代表性。同时，与我国接壤的越南北部的不少民族也流行此节。据说，侬峒节早在先秦时期便有了雏形，在秦汉时成型，明清时期开始繁荣，之后便一直流传至今日。

壮族侬峒节的举办日期大多在春季或秋季，且以春季举办较为普遍，少量时候会在秋季进行。歌词中多次提及"春风""春来"也可以体现这一特点。传统的侬峒节有祭祀的含义。人们通过这个节日寻求风调雨顺，希望得到天神的帮助。在历史的演进中，侬峒节被赋予了新的内涵。在当代，民众举办交流活动时，也会借此机会进行情歌对唱，以物色一个优秀的配偶。除了青年男女相会对歌传情，侬峒节的活动多种多样，主打活动是亲友聚会，在大多数地区，传统的节日仪式以商品贸易、狮子舞、刺绣、陀螺游戏、民族舞蹈的形式举行。

侬峒节上人们载歌载舞，空气中弥漫着欢乐的气息，侬峒节虽然以"峒"作为单位举办，但节庆本身已突破了地区的限制，很好地体现了人与人、民族与民族、人与自然和谐相处的文化思想。《侬峒情歌》歌词中写到的"有心来陪看一起，有心相聚情相遇。不管什么来远近，不管远近朋友来。相约明年再来玩，相约明年再相聚"，就很好地体现了侬峒节的和谐文化观念。

二、侬峒情歌

崇左民歌内容丰富，种类繁多，韵味充足，曲目多如恒河沙数，是壮族文化中闪闪发光的宝藏。龙州作为崇左所属的一个县城，其民歌既有壮族的特色，又有着自己独特的韵味。使用传统乐器天琴进行弹唱的《侬峒情歌》，就是具有龙州特色的壮族民歌。歌词大意如下：

  春风来到花开多，春风吹来百花开。
  姑娘小伙从远来到这，姑娘小伙齐欢聚。
  侬峒诗论真好听，侬峒山歌真好听。
  老人小孩心真开，男女老少皆开心。
  小伙弹琴边摇铃，小伙弹琴又摇铃。
  论唱出嘴配天琴，山歌声声伴天琴。
  论唱出嘴小伙真心，山歌唱出哥的心。
  论来句句姑娘入心，歌声句句入妹心。
  不管什么来远近，不管远近朋友来。
  相约明年再来玩，相约明年再相聚。
  春来蜜蜂恋上花，春来蜜蜂恋上花。
  有心来陪看一起，有心相聚情相遇。
  不管什么来远近，不管远近朋友来。
  相约明年再来玩，相约明年再相聚。
  春风来到花开多。春风吹来百花开。

姑娘小伙从远来到这，姑娘小伙齐欢聚。

侬峒诗论真好听，侬峒山歌真好听。

老人小孩心真开，男女老少皆开心。

春来蜜蜂恋上花，春来蜜蜂恋上花。

有心来陪看一起，有心相聚情相遇。

不管什么来远近，不管远近朋友来。

相约明年再来玩，相约明年再相聚。

独特的壮族方言伴随着天琴清亮的琴声，再搭配上银铃的叮当，一曲轻快而悠扬的《侬峒情歌》便唱响起来。

第七节　大新高腔山歌

一、壮族特色

大新山歌大致可分为"西""加""潘"三大类，其中我们所说的"高腔诗雷"就是"西"类中的一朵音乐奇葩。高腔诗雷——在大新县广泛流传的一种民族传统山歌，自唐代出现，距今已有一千多年的历史。在壮语中，"诗"即对歌和山歌之意，"雷"为最高、最响、最美之意。故而"高腔诗雷"的意思可理解为高调尖腔的山歌。

大新高腔山歌被称为"诗雷"。歌手们在表演中"斗唱"，例如一男三女斗、二男八女斗等各种不同的唱腔组合。大新壮族高腔山歌"诗雷"，曾经在北京演出，首次亮相，一炮走红，壮族"高腔诗雷"声名鹊起，很快传遍大江南北。

高腔山歌多半是劳动歌，成群的山民一边干活，一边喊山歌，薅草这种农事活动是必唱山歌的。山民特别是石门土家先民的生产活动是集体活动。阳春三月，百花盛开，山民开荒准备播种。农历五月，地里苞谷疯长，是锄草的关键季节。春争日，夏争时，农人不可有半时蹉跎。利用这个季节打鼓转工，薅了这家薅那家，可以说是一次劳动竞赛，也是一次最舒心、最自由的娱乐活动。阵阵鼓声响，歌儿飘山外，劲头高涨，气氛热烈，早把疲劳忘到九霄云外。

壮族人民喜欢在不同活动、不同地点，比如在田间、生日会、结婚典礼，甚至在葬礼上唱山歌，通过歌声来表达自身的情感，以歌述志，以歌传情。但在什么场合唱什么歌是有规矩的，婚嫁唱什么，祭祀唱什么，丧礼唱什么，都不能乱来。故而壮族山歌在题材和内容上可分为"赞美歌""敬酒歌""猜谜歌""情歌""叙事歌""庆丰歌"等。现从其中抽选几类来分析和品读大新高腔诗雷山歌。

高腔山歌以对歌为主。对歌内容多是随口便答，出口成章，全靠人的灵活应变。对歌进入高潮，便开始盘歌，即一人提问，一人答唱，互相问答，继而发展到众人发问，众人回答。两排人欢歌笑语，气势恢宏。盘歌或称"解歌"，对歌者对各种事物特别是对本次歌题要有较深的了解，"盘"起来才接二连三、口若悬河，"解"起来也才对答如流，像吐葡萄皮一般。比如《双盘花》：

问：十六岁女孩生娃娃，什么花？七岁孩童做文章，什么花？老子打儿娘心疼，什么花？老子打断儿的腿，什么花？

答：十六岁女孩生娃娃，枣（早）子花。七岁孩童做文章，菜（才）子花。老子打儿娘心疼，桐（痛）子花。老子打断儿的腿，茄（瘸）子花……

高腔山歌的唱法视环境而定，除了"你来叫，我来接"这种对唱，还有一个人在山冈锄草、打柴、割豆单独劳作，孤独、寂寞一阵阵袭来时，忍不住喊起了山歌。这种山歌往往是以唱古人、唱爱情为主。唱古人的以《十字》为多。如：

一字一横长，有个夏禹王，十三年治水，条条归海洋。
二字有两档，夏朝改为商，商汤王开国，文武辅朝纲。
三字三个尖，刘关张在桃园，三人三结义，生死共患难。
四字紧关门，有个诸葛孔明，神机和妙算，借风破曹营。

在农历三月三日的"歌圩节"上，"赞美歌"是多数，内容主要为赞美山、赞美水、赞美事、赞美人等。在歌圩场上，壮族人民通常会盛装出席，并通过歌唱事物来显现自身才能，披露心声，交流各自的思想并寻找自己的意中人，即在歌圩场上对唱情歌。在一首大新情歌《盼到日落咱已老》中，男女对唱，并通过歌词表达出自己的想法：

（女）哪天盼得天开裂，
哥呀就得成双与哥待。
（男）妹你得惜到我呢，
"凤英"呀给看"丹桂"在月中啦。
（女）盼到日落咱也老。

从这首歌歌词中可以感受到这种情感的大胆和热情，女方期望可与男方在一起相守一生，故而"盼到日落"，"日落"则暗指人生的暮年之际，表现出女方的痴情。

土地，是人们安身立命之本。在古时更被老百姓所看重。在古代，人们无法干预大自然，是否丰收只能听天由命，故而出现庆丰收的歌曲。

壮族人民通过庆丰歌表达了情感，让枯燥的生活充满了乐趣，让农事知识更好地传递到下一代。"高腔诗雷"山歌属于三种形式中的"西"类，而西类又为多段体的分节叙事歌。

在一首大新高腔诗雷庆丰歌中，描述了深秋时节田间一片金黄、稻谷丰收的景象。其中一首山歌的大意为：

深秋季节一片黄，乡间处处闻稻香。
稻穗迎风把头点，农友田间收稻忙。
你割稻来我装筐，肩挑车拉几繁忙。
金黄稻谷堆满场，农家个个喜洋洋。

大新高腔诗雷山歌与传统西类山歌的不同之处是，大新高腔诗雷歌曲多用七言句，为二二三结构，并多数用当地的壮语演唱，这样更显示原汁原味的民歌风格。

二、演唱技巧

一是"大嗓子""大本腔",源自于真声。歌唱时大多用胸腔呼吸,主要靠气力冲击喉头发声,声音高亢嘹亮。以喉部环甲肌组为主导做收缩运动,声带整体振动,声门完全闭合,发出的声音就厚实、丰满、有力。

假声唱法就是一种脱离自然说话的本嗓的唱法,音色明亮且有一定的穿透力,纤细结实,但不够深厚。喉头基本是打开、稳定的音位,小腹上是较高气息的支持点。声带作局部振动,声门闭合,呈棱形,合缝状,边缘变薄而显锐利。声音高远轻巧、柔和、圆润。假声更多的是声音位置的体现,力度感和刚强的色彩比较缺乏。低音略显得虚,但为了要和女歌手一样得到同度的效果,男声就要翻高八度演唱。总之假声唱法声音高亢、结实、明亮。

真假声结合的唱法是用真声拖腔,用假声使音域宽达两个八度,唱腔起伏跳跃,是在自然说话的本嗓基础上,修饰与美化,以真声为主演唱。高音区由假声完成,借助于咽壁的力量,使真声获得较高的位置。真假声巧妙分工,各显长处。由假声承担的主要音量,使得声带主体小振幅、高频率的振动,把大振幅振动分配给声带边缘,在低负荷下有均匀的弹性变化,保证了歌唱效果的完美。

大新高腔山歌声音委婉和谐、慢速、一字一音,使听众领会其歌词内容。咬字准、吐字清,或田间劳作,或家庭对语,有时真是出口是歌,喜怒笑骂都是歌。

大新高腔山歌讲究一个"新",常唱常新。高亢、激情、远近有名。或男婚女嫁,或劳动生产,或逢年过节,或谈情说爱,山歌表达喜庆、欢乐、丰收、爱情等。大新高腔山歌讲究一个"情"字,以情动人,以情感人,悠扬动听而清雅。大新高腔山歌讲究一个"快"字,出口成歌,信手拈来,幽默诙谐,引来笑声不断。

所唱的字词淳朴、自然、真实、生动,乡土气息浓厚,因其结构短小,韵味和谐,朗朗上口,易歌易记易传。

大新高腔山歌声音高远、结实响亮,声音极富张力,穿透力强,在高山上,在田野里,悠扬缭绕,犹如在你面前演唱。大新壮族高腔山歌又称为"大新壮族高腔民歌"或"大新壮族高腔诗雷"。"诗雷"声调高亢和谐,有二重唱的特点。

大新高腔山歌多在山野喊唱,或用大嗓,或用小嗓。一般音出为上下句结构。上句旋律奔放,腔多字疏,句中常有高亢的长音。句读成半终止,下句节奏短促,字密腔紧,以高音区主长音终止,但常用下滑音收腔,多为宫、徵、商调式,均以五度音为支柱音。

传统唱法比较讲究低音唱,高音跟。还有低音托高音。高音声部真假声结合,低音声部则以真声陪衬,低随高唱,两声部鲜明对比,有力烘托。有时在低音声部加入一个"哼""哪""嘛啰喂"等衬词。大新高腔诗雷山歌多采用虚词,如"呀耶""啰喂"等虚词。大新高腔诗雷是壮族山歌的一种独特的艺术形式,是在"诗排""诗伦"等基础上演变而来的。

总之,大新高腔山歌历史悠久,种类繁多,具有韵律独特、形式多样、曲调优美等特点。大新高腔山歌唱法有一定的科学性和规范性,值得继承、发展与创新。

第二章 壮族戏曲

第一节 邕剧艺术

一、邕剧的起源及流传

邕剧，是广泛流传于南宁、崇左、越南等地区的戏剧。早先，南宁被称为邕州，而邕剧的活动中心主要在古邕州一带，故称邕剧。《南宁戏曲志》这样介绍邕剧：邕剧起源于清嘉庆、道光年间。关于邕剧的来源，一说是在平南乐和本地戏曲艺术基础上，吸收皮黄声腔而成的；一说是在宾阳戏和武鸣老戏的基础上形成；一说是在清代咸丰年间李文茂率广东艺人进入广西后形成的。[1]陈建平《近现代邕剧创作的大众化追求》中说道：邕剧，又名南宁班、本地班、广戏、五六腔等，大约形成于清代嘉庆、道光年间，主要活动于广西的左江、右江、邕江、西江一带以及滇东南部分地区，广东西部、越南北部和新加坡等地也有痕迹。邕剧是皮黄腔传到广西后，与当地语言、音乐、舞蹈、武术、杂技等文化因素结合而形成的与壮族文化关系密切的汉族戏曲剧种。[2]

除了以上几种说法，另有陈建平在《20世纪50年代以来邕剧研究综述》提到"秀才说""军旅说""木偶说"三种说法。

---

[1] 南宁市文化局戏曲志编辑委员会：《南宁戏曲志》，1987年，第5页。
[2] 陈建平：《近现代邕剧创作的大众化追求》，载《新疆艺术学院学报》2019年第1期。

二、邕剧的种类及内容

邕剧的传统剧目大小共七百余个,但也有说法是五百多个、四百多个,有文戏、武戏、笑谈戏三种。同治后演出以武戏为主,多慷慨激昂,可分为本路(又称老路)和广路两大类。本路剧目多来自祁、桂剧和艺人自编的"桥水"戏;广路剧目是与粤剧共有的传统剧目,其中有不少整本排场戏。① 著名邕剧有:反映北宋杨家将的《杨八姐搬兵》《拦马过关》《辕门斩子》《碰碑》《高旺进表》《五台会兄》等;唐代题材的《汾河湾》《算粮登殿》《梨花罪子》《李槐卖箭》《斩雄信》等;取材于三国的《长坂坡》《战马超》《拦江截斗》《辕门射戟》《黄忠开弓》《二气周瑜》《三气周瑜》,以及《玉堂春》《拦马走关》《画扇》《春满柜台》《三里湾》《三进士》《忙季钟声》《百鸟衣》等。

三、邕剧的唱腔和伴奏乐器

邕剧唱腔分基本唱腔和辅助唱腔。基本唱腔是南北路腔,辅助唱腔有杂腔、民间小调等。南路唱腔曲调流畅、平和、节奏比较稳定,一般擅长表现悲伤或感叹的情绪;北路唱腔刚健有力、音程跳动大、节奏变化多样,擅长表现慷慨激昂或愉快欢悦的情绪。各行当唱腔大致分三种:小武、武生、花面等行当用"霸喉"唱高腔,又称"霸腔";小生及一般男性行当用"平喉"唱平腔;花旦、青衣及一般女性行当用"子喉"唱低腔。

邕剧的伴奏乐器由武场(打击乐)和文场(管弦乐)组成。打击乐的主要乐器有文锣、武锣、大钹、沙鼓、马蹄鼓、战鼓等;弦乐和管乐的主要乐器有二弦、二胡、月琴、三弦、唢呐、笛子等。随着邕剧改革发展的需要,后来又增加了椰胡、扬琴、直箫和喉管等乐器。邕剧的锣鼓点子很丰富,分有唱功方面和做功方面的锣鼓,还有曲牌锣鼓等。邕剧语言采用邕州一带的官话,与柳州、桂林话相近,四声高低明显,语调较平缓,其唱腔一般是按语音的声调高低配上适当的乐音。邕剧的唱词结构是由上下句组成,周而复始,而上下句是根据每句唱词最尾

---

① 南宁市文化局戏曲志编辑委员会:《南宁戏曲志》,1987年,第38页。

一个字的声调来区分的,即上句的尾字一定是仄声字,下句的尾字一定是平声字。上句尾字可押韵,也可不押韵,但一般押韵居多,下句尾字必须合辙,一般不允许有奇数句子出现。邕剧节拍节奏有固定的三种形式:一板三叮、一叮一板、流水板(即有板无叮)。①

四、邕剧的角色及表演技巧

与京剧、昆曲相似,邕剧的表演行当分为生、旦、净、丑四门。陈建平《20世纪50年代以来邕剧研究综述》认为:邕剧最初拥有十大行当,后来逐渐归并为生、旦、净、丑四大行当。每个行当下又有许多分工。比如生行分为总生、武生、小生、小武、反骨小武、公脚六个行当;旦行分为散发旦、青衣、花旦、正旦、老旦五个行当;净行分为大花面和二花面两个行当;丑行分为文丑、武丑、女丑三个行当。②

邕剧的艺术风格以武功见长,因而很适合表演悲壮激昂的剧目,故演员多以武生为主。其特殊的武功有"大过山",表演时将桌椅叠高,斜竖一条大竹竿,由小武和花旦爬上去,在竹竿上表演武技,然后从桌椅的空档钻过去。其他如"跳台""铲椅""跳椅"等,都是经常表演的武功技术。邕剧的小武演员,不仅要武功过硬,还要具备唱、念、做等方面的表演技巧,因为有很多剧目,在演出时,戏中的大段唱词、念白都是在武打过程中演唱的,而且武打的动作难度比较大,要边舞边打边唱,演员功底不好,就不容易做到。

邕剧旦行表演艺术的特点有三方面:一是全能性,二是技巧性,三是多面性。即旦行主要演员必须"通行"发展,以散发旦为主,能兼演正旦、花旦和老旦。即戏曲表演程式规范熟练,"手眼身步法"等基本功过硬,无论扎靠跳台(即穿靠起霸)、跑圆场、耍水袖,还是抖散发、绞纱(即乌龙绞柱),甚至揆椅、铲椅、铲台、打把子都能胜任。邕剧也能体现西南地区各族妇女善良贤惠、勤劳勇敢、能干泼辣的性格。西南地区各民族在一定程度上带有母系社会的痕迹,保留着"女主外、男主内"的习俗,妇女贤淑而强悍。邕剧旦行表演亦刚亦柔,就

---

① 南宁市文化局戏曲志编辑委员会:《南宁戏曲志》,1987年,第61~62页。
② 陈建平:《20世纪50年代以来邕剧研究综述》,载《戏曲研究》2018年第1期。

是这种民风的反映。①

邕剧的手眼步身法，与皮黄系剧种基本相同，形式比较丰富，规范比较严格，变化也较多。手法运用有云手、抓拳、单指、双指、兰花指、拱手、擎天掌等；步法一般有台步、上下楼、圆台、矮步、八字步、滑步、磨步、探步等；邕剧身法中男角讲究刚健、粗犷，女角注重柔美、匀称，常用身法有前扑、后仰、仰面拗腰、车身旋转、抽肩缩颈、甩发、摆腰等。②

五、邕剧的舞台美术及服装

舞台美术是戏曲必不可少的一部分。化妆是邕剧表演的重要环节。以化妆来勾勒角色脸谱，制作造型。邕剧脸谱主要用黑、白、红、黄、绿，也有用金、银、蓝、棕等色。邕剧脸谱图案质朴、简洁，变化多在眼部、额部，有的一脸多用，除了净行，小武、旦行有的也开脸。

除此之外，戏曲服装也是塑造角色、吸引观众的一大要素。邕剧的传统戏服一般都是绸质布里，分靠身、靠腿、旗囊、背旗、云肩、五色彩裙、背旗囊遮带、彩球带等部件。前甲下端渐窄呈尖圆状，腹部虎头较薄且轻，演员跳架时可踢甲上肩。云肩前后各有飘带，背部旗囊外亦有四条并列宽飘带遮掩。背旗四张皆方形，上面绣有福、寿、将、帅等字。前胸扎有彩球，小武、旦行为球形，花脸、武生为半球形，球带末端绣花，分别挂于两腋。彩裙为十条宽彩带拼合而成，上端缀于横带上，各条互不相连。老丑、婆旦多穿公婆衣；文武手下穿手下衣，花旦服装为反宫装，后逐渐被其他服饰代替，新中国成立后较少见；小武、武丑、花脸常用鬼衣大带；除了这些，还有盔巾、大额、纱展、靴鞋、扳嘴鞋等服饰。③

六、邕剧演出习俗

在民间，邕剧表演有其独特的演出习俗。一般来说开演第一场即夜场，演出剧目顺序有规定，先为《碧天贺寿》《六国封相》《跳加官》，再到一般剧目。到

---

① 洪琪、洪珏：《邕州老戏——邕剧》，广西民族出版社2015年版。
② 南宁市文化局戏曲志编辑委员会：《南宁戏曲志》，1987年，第91页。
③ 南宁市文化局戏曲志编辑委员会：《南宁戏曲志》，1987年，第99~100页。

了开演第二场即日场，先是《八仙贺寿》，然后是《仙姬送子》，再到《玉皇登殿》。这些仅仅只是剧目的演出顺序，还有破台、镇台、扫台等习俗。

2008年，邕剧被列为国家级非物质文化遗产项目。虽然邕剧只是地方戏剧，但在未来必将走向更广阔的舞台。有人写诗道："岭南流芳独奇葩，稀有邕剧只一家。数百年来家乡戏，北腔古韵唱风华。几经风雨坎坷路，喜又开枝发新芽。"

第二节　壮剧

一、壮剧的形成

壮剧是壮族戏曲剧种的统称，流行于广西西部和云南省文山的富宁、广南一带。壮剧又叫"壮戏"，是在壮族民间文学、歌舞和说唱艺术"板凳戏""双簧戏"的基础上发展而成。壮剧风格独特，表演自成一家，表达着壮乡人民对美好生活的愿望、理想和审美情趣。

壮剧可分为广西的南路壮剧、北路壮剧、壮剧师公戏和云南的富宁壮剧、广南壮剧。

广西的壮剧主要流行于左江右江流域，分以田林、隆林为中心的北路和以德保为中心的南路。北路壮剧流行于右江流域，在说唱艺术"板凳戏"基础上发展而成，风格接近民间小戏，主要唱腔有正调、平调、过场调等，部分角色有特定唱腔，使用壮族北部方言，以马骨胡、葫芦胡、月琴等为伴奏乐器，剧目有《文龙与肖尼》《刘二打番鬼》等。南路壮剧流行于中越边境的靖西、德保、那坡、天等、大新、田东、田阳一带，又称"呀哈嗨戏""马隘戏""汉龙戏"，由"双簧戏"发展而成，主要唱腔有马隘调、平板等，后来吸收了流行在靖西一带的木偶戏唱腔，使用壮族南部方言，以清胡、厚胡、小三弦等为伴奏乐器，剧目有《宝葫芦》《百鸟衣》等。壮族师公剧又称"诗剧""唱诗""壮师"等，流行于桂中地区的红水河流域河池、柳州、百色、来宾等地，是从娱神歌舞的基础上发展起来的，以蜂鼓、锣、钹和无膜笛伴奏，剧目有《莫一大王》《白马姑娘》等。

不管哪一个流派，都是结合当地民歌、曲调和方言改造而成，艺术形式活泼，有亲切感，易于接受，是壮族人民喜闻乐见的极具地方特色的民族艺术，它不仅受到壮族群众的喜爱，也大受当地汉、苗、瑶、彝各族群众欢迎。

二、壮剧的角色行当

壮剧戏班人数由二十至五十人不等，包括生、旦、花面及小丑等行当，使用马骨胡、月琴、土胡等乐器。演出时有扫台、开台、闭台的习惯。唱白多用壮语，偶尔也用汉语。传统剧目多取材民间故事，后来也从汉族戏剧中借鉴了一些内容。其中壮族师公剧是壮剧中存在的一个特殊的类别。壮族师公戏，壮人俗称"唱师""跳师""木脸戏"，即作法事，是壮族人民喜闻乐见的传统民间艺术，也是自治区少数民族聚居地最广泛应用的剧种之一。壮族师公戏主要流传于河池、来宾、武鸣、邕宁、贵县等壮族聚居区，是在"跳神"的基础上发展而来的。装师公的人，戴面具，穿师公戏袍，边跳，边舞，边唱，以表现"请神驱鬼，祈福消灾"或丰收酬神的内容，与傩戏相似。师公将傩祭与当地的唱歌吟诗的风俗相结合，用悲歌烘托气氛，形成了自己独有的风格。独舞时，几个基本动作反复出现，贯串始终，舞段完整，节奏鲜明，故又叫壮族诗剧。早期的师公戏，用壮语演唱，演员穿红袍，戴木制面具，后来发展成用纸画脸谱，化妆代替了面具，主要以蜂鼓击拍伴奏。后来逐渐分行当，使用管弦乐及其他锣鼓等伴奏。

三、壮剧的发展

在清代中期，壮剧就有自己的剧作者、自己的剧本和半职业戏班。由此推知，壮剧大约在清初已初具规模，到了雍正时期，已经比较成熟了，出现了职业戏班表演土戏。新中国成立前，各路壮剧虽然都有自己的戏班，却没有职业班社，农忙时停锣，农闲时演出，季节性明显。新中国成立后，各县市成立业余剧团并编写剧本，继承发展壮剧文化。这一时期创作的壮剧有《百鸟衣》《猩猩外婆》等，形成了创作新壮剧的高潮。2006 年，壮剧经国务院批准列入第一批国家级非物质文化遗产名录。

为了壮剧的继承与发展，有专家新编了历史壮剧或创新现代壮剧，比如《冯子材》《瓦氏夫人》《荆钗记之投江》等。在广西,有两个女人不应被遗忘。传说中的刘三姐早已蜚声中外,家喻户晓。另一位,却被厚重的历史烟尘所湮没而鲜为人知。她不应被今天的人们遗忘。她是壮族第一个走入正史的女人。她是广西第一个放眼天下、最具开放意识的女人。她就是明代田州女土官,抗倭名将瓦氏夫人。她们的故事都应该在壮剧中占有一席之地。

四、新时代的壮剧

广西创作了一批批具有新时代担当、奉献精神的现代优秀壮剧。比如《百色起义》《第一书记》《黄文秀》等新时代壮剧。其中,壮剧《黄文秀》讲述了广西优秀选调生、百坭村第一书记黄文秀的扶贫事迹。全剧通过讲述黄文秀与孤儿泥泥、种橘能手田疙瘩、留守老人石爷爷、因穷辞官的村主任等人物的故事,展现了一幅新时代的农村蓝图。壮剧《第一书记》以广西壮族自治区党委选派五千名优秀干部到五千个贫困村担任第一书记为背景,讲述了一个初出茅庐的女博士刘莹深入农村基层第一线,锐意改革、历经挫折,最终走出一条可持续发展的产业扶贫之路的故事。全剧贯穿了刘莹、老支书、草鞋翁三代人的故事和情感,生活气息浓厚朴实,展现了新时代共产党员的奋斗精神和奉献精神。

第三节 扶绥花鼓戏

扶绥县居住着壮族、汉族、瑶族、苗族等多个民族,各个民族在长期的历史发展进程中,创造和发展了许多优秀的艺术,在与全国各地的艺术文化交流中,也将其他地方的优秀艺术借鉴过来。花鼓戏属于传统戏剧,是从外地流入的戏剧,流传于扶绥县昌平乡、中东镇。

一、抚绥花鼓戏的来源

花鼓戏是中国地方传统戏剧,也是全国地方戏曲中同名最多的戏种。在这众多"花鼓戏"中,扶绥花鼓戏不是最著名的,但也独具特色。在介绍扶绥花鼓戏的时候,首先绕不开的是在众多"花鼓戏"的地方戏曲剧种中流传最广、影响最大的湖南花鼓戏。

二、花鼓戏的表演及曲调

花鼓戏源于民歌,逐渐发展成一旦一丑的初级表演形式。花鼓戏初为"童子装丑旦对唱"形式,表演内容多是农村青年的生活趣事,如《看牛对花》《扯笋》等。后来,演员由原来的小丑、小旦两人对唱,再增加一名小生。清嘉庆时已有演出,同治初年已出现书生、书童、柳莺、婢女四个角色,演出也有一定规模。表演时,一唱众和,以鼓击节的打铜腔开始形成;由民歌发展起来的川调,亦具板式雏形。同时吸收湘剧中的伴奏曲牌和锣鼓点子。继之,演员中又增加老生、花脸两个行当。此后,剧目逐渐增多,如《芦林会》《清风亭》《山伯访友》等。及至行当基本齐全,声腔体制渐趋完善,题材逐渐丰富。至此,花鼓戏作为区境的一个主要剧种,逐渐发展成熟。

花鼓戏的音乐曲调约三百支,基本上是曲牌联缀结构体,辅以板式变化,根据曲调结构、音乐风格和表现手法的不同,可分为川调或正宫调,即弦子调,大筒、唢呐伴奏。花鼓戏的"正调(单句子)"长于叙事,亦善抒情,是使用得最多的一个曲调。其结构有重复与起承转合两种形式。由于正调板式灵活,唱法变化多端,后又派生出了哀调、梦调、垛子、一字调等。曲调由过门乐句与唱腔乐句组成,调式、旋律变化丰富,是花鼓戏的主要唱腔。打锣腔,又称锣腔,曲牌联缀结构,"腔""流"(数板)结合,不托管弦,一人启口,众人帮和,有如高腔,是长沙、岳阳、常德花鼓戏主要唱腔之一。花鼓戏表演朴实、明快、活泼,行当仍以小丑、小旦、小生的表演最具特色。小丑夸张风趣,小旦开朗泼辣,小生风流洒脱。步法和身段比较丰富,长于扇子和手巾的运用,拥有表现农村生活的各种程式,诸如划船、挑担、捣碓、砍柴、打铁、打铳、磨豆腐、摸泥鳅、放风筝、捉蝴蝶等。

三、花鼓戏的伴奏乐器

花鼓戏不仅表演形式多样,曲调丰富,就连幕后的伴奏乐器也是多种多样。大筒在花鼓戏中居于主奏地位,所以通常又被称作花鼓大筒。大筒是拉弦乐器,形似二胡，因琴筒较大较粗而得名。大筒的琴杆和琴筒都是由竹子制成的，琴筒蒙蛇皮，二根弦，用于竹弓拉奏，弓上系马尾。除了大筒，唢呐也是花鼓戏的主要伴奏乐器之一。唢呐是中国民族吹管乐器的一种，由波斯传入。唢呐是在木制的锥形管上开八孔，前七后一，管的上端装有细铜管，铜管的上端套有双簧的苇哨，木管的上端有一个铜制的碗状扩音器。唢呐虽有八孔，但第七孔音与筒音超吹音相同，第八孔与第一孔音超吹音相同。唢呐的音色明亮，音量宏大，在花鼓戏的表演中起到了渲染气氛的作用，唢呐一响，观众便不由自主地被带入了剧情发展当中，使观众产生情感共鸣。除了大筒和唢呐，花鼓戏的伴奏乐器还有琵琶、笛子、鼓、锣等民族乐器。新中国成立后，随着国际文化交流的发展，花鼓戏的伴奏乐器也开始出现了西洋乐器。

湖南花鼓戏经过长期的发展，历代的花鼓戏剧本创作者创作了许多优秀的剧本，这些剧本以反映民间生活为主，多以劳动生产、男女爱情或家庭矛盾为题材，语言生动，具有浓重的乡土气息。新中国成立后，在国家"百花齐放，百家争鸣"方针的激励下，湖南花鼓戏艺人们整理了许多传统剧目，如《刘海砍樵》《打鸟》等。不仅如此，在全新的社会背景下，花鼓戏艺人们还根据时代背景创作出了许多现代戏，如《双送粮》《姑嫂忙》《三里湾》等。

1943年，花鼓戏从湖南流入中东镇上余村弄楼屯。花鼓戏流入扶绥后，在保持原来的表演形式和音乐曲调的同时，也注入了当地的风俗文化和民族特点，从而形成了扶绥花鼓戏。

四、抚绥花鼓戏和湖南花鼓戏

与湖南花鼓戏相比，扶绥花鼓戏在当地的传承并不是十分顺利。刚开始，扶绥花鼓戏在当地还具有一定的群众基础，第一代、第二代传人陆延章、杨其昌为了糊口，招领本屯村民自排自演，每当春节、中秋节或者有人办喜事，都请他们去演出。第三代传人韦连陪，1914年出生，高中文化。然而到了第四代传人韦香昆的时候，他成了扶绥花鼓戏现在唯一的传人。1944年出生的韦香昆现在也已经是79岁的高龄了，如果不能及时将这门艺术传承给下一代的话，这门艺术将面临失传的危险。

扶绥花鼓戏与湖南花鼓戏在表演形式、音乐曲调等方面相比，前者丝毫不亚于后者，但前者濒临失传，而后者呈繁荣之势。湖南花鼓戏的艺人们、剧目创作者们能够及时将传统的剧目加以整理和改编，并结合时代背景进行新的剧目创作，符合时代发展的要求，也满足了人们的文化诉求。扶绥花鼓戏在剧目的创作中则有一定的欠缺，扶绥花鼓戏通常表演的是外地流入的传统剧目，如新中国成立前从外地流入的《流衣失子》《花酷少》等剧目，缺乏新剧目的创作，无法跟上时代步伐，自然就走向没落。

扶绥花鼓戏的没落也与社会经济的发展息息相关。扶绥地处我国西南部，经济落后，当地人民对物质生活的需求要大于精神生活，加上花鼓戏对艺人的要求极高，需要有非常扎实的基本功，唱、念、做、打须样样精通，这也就注定了花鼓戏艺人学习的艰难，并且艺人的物质生活很难得到保证，所以导致扶绥花鼓戏传承出现了困难。

第四节　宁明寨安彩调剧

一、引言

宁明寨安彩调是广西崇左市宁明县寨安乡的传统戏曲，也是崇左市宁明县寨安乡的名片之一，因彩调的唱腔中常用"哪嗬咿嗬嗨"为衬词，故民间称为"哪嗬嗨"，也叫"大采茶"。宁明县寨安乡顺宁村的彩调表演形式比较活泼，剧目内容皆取材于现实生活、风俗习惯和日常生产劳动，表演内容通俗易懂，十分贴近群众生活，具有浓郁的民族风格和地方特色，是当地人民最喜闻乐见的戏曲，被纳入广西壮族自治区非物质文化遗产名录。

二、彩调的起源与发展

关于彩调的起源与形成，有四种说法：

说法一：彩调起源于桂林永福县罗锦镇林村，起源时间大概在明朝永乐年间，是由时任永福县知县的郑曦从福建带来的一名林姓的侍从传入的。

说法二：彩调由清朝末年进京赶考的广西考生将江西采茶戏传播过来，然后在江西采茶戏的基础上融入本土戏剧元素演化而成的。

说法三：彩调源于湖南的花鼓戏，是在湖南的花鼓戏的基础上演变而来。

说法四：彩调是在广西民间歌舞和说唱文学的基础上吸收融合湖南花鼓戏、江西采茶戏的曲调演化而来，在清朝初年时就已经产生了，到目前为止已经有两百多年的历史。

广西的彩调剧是在广西民间歌舞和说唱文学的基础上糅合其他地区的戏曲元素而形成的，不仅带有浓郁的广西乡土气息，还带有其他地区戏曲的特点。

根据历史资料记载，在清道光年间，已经有一些唱调子的艺人在广西桂北一些县城及桂南地区的新宁州（即今天的崇左市扶绥县）开馆授艺，以传授和演出调子戏为生，直到后来才逐渐变成为职业艺人。到了清光绪年间，调子艺人为了生计，不得已四处演出卖艺，才将调子戏不断向南方传播，因此调子戏被南方人民所熟悉，受到了当地许多群众的欢迎，并获得一定的发展。

清光绪年间，彩调戏班打破了女子不唱调的旧习，从此彩调戏班由女子不能唱调子到人人皆可唱调子，唱彩调戏剧的女性越来越多，甚至出现了第一批彩调戏剧女性旦角，彩调艺术逐渐成熟。

辛亥革命前后，彩调艺术获得更进一步发展，出现了众多的名艺人，如宁明有"鬼脸王"周朝纲；融安、三江有"调子王"李大树、陈松山；桂林有"四大状元"冷贵甫、朱五八、罗少廷、秦老四。这些彩调艺人将彩调戏曲不断向外传承和发展，使彩调戏剧被越来越多的人所熟知与热爱。

可惜到1927年后，在战乱年代里，很多彩调艺人改行，彩调戏剧演出不再像以前昌盛，甚至濒于衰亡；直到新中国成立后，国内环境局势趋于和平稳定，彩调艺人获得良好发展的契机，很多唱彩调的老艺人开始重操旧业，举办各类彩调剧演出以获利，彩调才又获得新生，专业彩调剧表演艺术团如雨后春笋般出现，彩调戏曲进一步繁荣发展。2006年，彩调戏剧被列为国家级非物质文化遗产。

三、彩调的最初形式与发展

彩调剧的最初表演形式不同于其他剧种，彩调的最初表演形式为"双簧蛋"

形式,即单人表演男女两个角色,直到后面才逐渐发展成为"对子调"。"对子调"由男女同台演出,剧目的表演内容大多是从神话传说、章回小说、市井轶闻、民众生活习俗中取材,很少涉及帝王将相或是才子佳人的内容,更多的是诠释民间世俗的社会生活、家庭生活、劳动生活和爱情生活等,具有非常浓郁的乡土气息和地方特色,非常受当地人民群众喜爱。彩调剧在演出时大多采用桂柳话或是当地方言,表演形式多样,较为通俗易懂,深受人民群众的青睐。在清朝末年彩调发展成戏剧后,才有了《王三打鸟》《三看亲》《娘送女》《双打店》《王二报喜》等三十六出戏本。后来随着时代的发展,彩调也顺应社会发展的需要和人民对精神文化的追求,在现实生活的基础上不断进行创新。

四、彩调的角色行当

彩调剧与京剧有个共同点,那就是与京剧一样分有角色行当,不过彩调剧主要有生、旦、丑三大行当,而京剧则有生、旦、净、末、丑、杂、武、流等行当。彩调剧中的生行又细分为小生、老生、娃娃生三类。小生多饰演机智勇敢、活泼可爱的有志青年,而老生多饰演年事已高的正面人物,娃娃生饰演未成年的小孩儿。旦行又分为花旦、正旦、老旦、摇旦四类。花旦常演载歌载舞的戏,表演敏捷优美,活泼可爱,唱、做、舞并重。正旦言行稳重,举止端庄,以唱、做见长。老旦多饰演白发持杖的婆婆和一般老妇人,性格多样,身份不一,均以唱、做为主。摇旦又名为丑旦,多饰演泼辣的媒婆和巫婆等人物,表演重念白和做功。丑行又分为正丑、烂丑、褶子丑三类。正丑一般饰演的人物多为农民和各种职业的劳动者,有老有少,性格各异,均为喜剧中的正派人物,表演诙谐滑稽,动作明快大方,以唱、做、念、舞并重。烂丑一角多饰演不务正业之辈,以扭丑桩为主要步法,面部肌肉灵活,喜怒无常,言行滑稽,以念、做见长。褶子丑又名为长衫丑,所饰演的人物多是比较有身份的人物,表演以高、中、矮桩为基本步法,以念、做见长,使用扇花技巧较多。不同的角色行当在舞台剧的表演中所体现出的人物特点各不相同,这些不同的人物性格特征使彩调剧表演更加丰满、充实与生动形象。

五、彩调的表演形式

彩调剧的表演形式多种多样，有脸谱、步法、转身、亮相、扇花等。这些不同的表演形式在舞台表演中各具特色。

彩调剧的表演内容皆取材于人民群众的生活，是来源于农村地区的剧种，彩调艺人一般是出身于农村的劳动人民，所以彩调的脸谱是以小丑化的"小花脸"为主要特色。小花脸又称为白鼻子或粉鼻子，是在鼻子上勾画出大自然的花卉和动物的形象，如蝴蝶脸、青蛙脸、蜻蜓脸、鲤鱼脸、虾子脸、螃蟹脸、葫芦脸、桃子脸、梅花脸、蟒蛇脸、金钱脸、乌龟脸等。这些脸谱用在不同类型的人物身上，借以表现不同人物的性格，这种不同类型的脸谱形成了多样的彩调脸谱艺术。各种花式的脸谱艺术栩栩如生，这些生动活泼的脸谱画在不同类型的人物身上，将各类人物的性格演绎得淋漓尽致，使彩调剧的整场演出更加完美，这也就是彩调剧深得人民群众青睐的原因。

彩调的步法是以"矮步"为基础形成。"矮步"分为矮桩、中桩、高桩、高低桩四类，是小生和丑生的特有步法，用在不同人物身上，以突出不同类型。除了"矮步"，还有扭丝步、云步、纵步、蜻蜓步等25种步法，这些多样的步法，不仅强化了彩调剧的艺术效果，更突出了当地的民俗文化。

在彩调剧的表演形式中，转身是不可缺少的一个动作，它在舞蹈表演中占有非要重要的地位，是连接各个动作的纽带。在男转身中有多种转身方式，如独脚转、双脚顶转、三盘转、台脚转、平身跳转、矮转、戏蝶转、螺丝转、鲤鱼转、尼姑翻身等。各种各样的花式转身法在彩调剧表演中具有非常重要的作用，可以说是整场表演节目中的精髓。

亮相是彩调剧的每段舞蹈中必不可少的"定型"静止动作，它可以体现出动作的含义和人物内在的思想感情，不仅是彩调剧的表演精髓，还决定彩调剧演出成功与否。亮相形式分为女亮相和男亮相两大类别，女亮相有观音坐莲、散花、蝴蝶亮鞋、半托月等方式；而男亮相则有金鸡独立、海燕冲浪、夜开门、井内照容、夜盗灵芝、台角亮、魁星点斗、大鹏展翅、回头望月、雄狮滚球、玉龙探海、仙人卧枕等方式。彩调剧中的亮相表演能够更形象地表现出人物的性格特征，从而更好地突出彩调剧的艺术效果。

在彩调剧中，扇子、手巾、彩带被认为是彩调表演的"三件宝"，而扇子是其中最主要的一件，它在彩调舞台上有着很多的用途，可当作扫帚、扁担、托盘、画卷、匕首、铁锤等道具来使用，因此有"万能道具"之称。扇花是表达感情的扇舞，又分为女扇花和男扇花两种，女扇花有浪扇、摇扇、十字单花扇、倒扇、托盘扇、抛扇、凌云扇、半月扇、背扇、开关扇、蝴蝶扇、波浪扇等，男扇花则有砍扇、三打五动扇、转扇、扑蝶扇、平肩扇、高低扇、弱扇、波浪扇等。在男女扇花中，女旦的扇花比起小丑的扇花更为优美多姿。这些各式各样的扇花，使彩调剧的演出更逼真而优美。在彩调剧表演中所运用到的各式各样的扇花，不仅使人物的表演更具有动作性和真实性，同时还能够渲染舞蹈表演的气氛，使演出能够获得更好的表演效果。

崇左市宁明县寨安彩调之所以能够被列入广西第七批自治区级非物质文化遗产名录，不仅归因于彩调剧的艺术特色和表演形式的多样性，更重要的是彩调剧本身存有的价值，这才是它成为非物质文化遗产的主要原因。

六、彩调的价值

彩调作为宁明县地方性的优秀传统戏曲文化，是当地民俗文化的载体，也是人民群众的精神寄托，更是中华优秀传统文化的重要组成部分，具有非常重要的民俗价值、娱乐价值、文化价值。

彩调作为一种民间地方戏剧，其剧目表演内容大多取材于群众的日常生活、当地的风俗习惯；彩调的服装、道具、方言也深刻地体现出一个地方的风俗习惯，它已然成为当地民俗文化的载体。

由于彩调是在当地风俗习惯的基础上成长起来的剧种，带有浓郁的乡土特色。尤其是彩调中丑角滑稽可笑的表演，使台下观众获得了愉悦感。

彩调作为中国戏曲文化艺术的一部分，也是中华优秀传统文化的重要组成部分。一方面，彩调剧以诙谐幽默的表演形式给人们提供了打发无聊时间的方式，为人们的生活提供了快乐、趣味，使人们的生活丰富多彩；另一方面彩调剧还能潜移默化地影响到人们的价值观，它会通过讲述故事的形式来表现一些思想，影响人民群众的价值观，有的是教人向善，有的是教人明事理，也有的是让人增长见识、提高眼界。比如宁明县寨安的彩调剧目《约会》，通过讲述农村大龄青年阿辉约女青年阿莲在县城江滨公园见面，因阿辉不讲究卫生，在环卫工人的劝阻之下依然乱丢果皮纸屑，导致自己踩到香蕉皮滑倒受伤，女朋友阿莲见此情景，愤然离开，此次约会以失败而告终的故事，告诫人们要注重自身的文明素质，爱护公共卫生、保护环境，若反其道而行之，可能就会害人害己、得不偿失。

第五节 左江采茶花剧

在祖国的一座南疆小城中隐藏着一种具有百年历史的小众民间戏曲——采茶花剧。其一曲一调，或喜或悲；一步一姿，如虚如实；传达着人间至味，栩栩如生。本节将跨过历史的隔墙，探寻百年左江采茶花剧，体会左江人民传承下来的历史情感。

一、采茶花剧概述

左江采茶花剧是发展于崇左市扶绥县的壮族采茶剧，是采茶戏的一种，具有浓厚的民俗传统特色。其通过民俗服装、白话、壮话和传统唱山歌的表达方式，以及将流传于当地的各个经典民间故事通过歌舞表达的方式，将扶绥的壮族民俗文化生动形象地展现出来。采茶戏内容丰富，唱词通俗易懂，形式多样，唱腔简洁明快，机灵活动，深受广大群众的喜爱。采茶花剧主要人物有"茶公""茶娘"，戏中大量剧情由茶公茶娘演述。采茶戏除了娱乐，还表达着老百姓最朴实无华的愿望，在节日中人们会通过采茶戏向上天祈求风调雨顺、五谷丰登。

二、采茶花剧起源

采茶戏源于江西采茶歌和采茶灯。关于采茶歌和采茶灯的传入与形成说法不同，有的说是清乾隆年间，从江西经粤北传入玉林，再流传到钦州、南宁等地。另一说是源于当地的民间歌舞。现有文字资料表明，清乾嘉年间，玉林、钦州等地已经盛行采茶歌，并且已发展为歌舞结合的采茶灯。每逢农闲或者年节，当地乡民便唱采茶，或舞竹马、唱麒麟等。乡民在日复一日的生活中寻求欢乐，并以此方式向上天祈福。据《扶绥县志》记载，采茶花戏在清朝时期主要以家庭戏班的形式存在。如在道光年间，城厢地区已出现唱采茶的戏班；光绪年后，民间戏班或聚或散，绝大多数属于业余性质。在这动荡的环境下，采茶戏班在众多民间戏班中仍然顽强存留，且数量占了业余团队的绝大多数。

　　回顾历史的长河，采茶戏在17世纪初就已经存在，那又是何时传入扶绥县呢？相传在清光绪二十年（1894）钦州一个打瓦师傅到崇左驮卢圩灶瓦村打瓦，将钦州采茶舞带入老百姓的生活中，教老百姓演唱采茶戏，还到附近的更别、屯村、更兰、伏廖村表演传授。钦州打瓦师傅带来的采茶戏给村民们平凡的生活增添了新的乐趣，被广大村民所喜爱。自此，采茶戏开始传入崇左。1918年，邕宁那陈村民间艺人赖福栈来到那隆、群黎、左州、渠茗村教唱采茶，深得百姓喜爱，采茶戏成为老百姓在平淡生活中获取欢乐的方式之一，也是从这时起，采茶戏开始在崇左发展起来，村民自发组成采茶班，专门在村里表演采茶剧。

　　然而采茶戏的发展不是一帆风顺的，是历经艰难险阻之后仍然顽强存留的民间戏曲。采茶戏传承人姚文说："20世纪90年代初，山圩镇108个村屯里，近八成都有家庭班。在家庭班里，一般爷爷奶奶就是带班师傅，是顶梁柱。老人一旦过世，家族里又没有能挑大梁的接班人，整个家庭班就散了，他们手里的曲目也随着失传。到2002年，全镇就只剩下马家班、凌家班两家采茶剧班。"但在2002年，马家班带班师傅过世，马姓家庭班也无奈地解散了。马家班的解散，让姚文意识到，保护采茶花戏民间传统文艺已迫在眉睫。姚文表示，"再不整理，再不抢救，这么好的民间文艺就没有了，后辈看不到，我作为一个文化人会很遗憾"。于是在2002年，姚文为保护采茶花剧民间传统文艺四处奔走，甚至"三顾茅庐"，为采茶花剧能够复演招兵买马。最终组建了采茶队，隶属于山圩镇文化站。

　　采茶花剧有生、旦、丑三大表演行当，主要角色便是"茶公"和"茶娘"，他们是整部剧的关键，剧本里的大多数内容由"茶公"和"茶娘"演绎。演员们的表演动作主要是在平日的生产生活动作中提炼而来，并借鉴吸收了邕剧、粤剧、唱春牛等的表演动作。上台语言以壮语、粤语混用为舞台语言，粤语使之具有文雅之气，壮语则使之丰富生动且更体现壮民族特色。唱词以七言为主，常用曲牌有《贺茶曲》《南音》《十想曲》等，主要是在地方山河小调唱春牛、师公戏音乐中提炼，可根据人物身份、心理活动、情景等灵活运用；乐队编制有司鼓、二胡、扬琴、高胡、笛子、唢呐等，在音乐上，则将粤剧唱腔、汉族采茶调与当地壮族民歌相结合，既形式多样，又有当地民歌的独特性，如唱腔基本上是本地的山歌形式。

采茶花剧作为戏曲的分支，也同样拥有戏曲表演艺术的精华，即特技。左江采茶花剧的表演特技主要有花扇、耍手帕、酒杯花、钱尺功、打花鼓。道具主要有花扇、手帕、花伞等，在表演中占很大分量，并且各有功法。

花扇主要是采茶花戏里茶娘的一个表演技巧。它在采茶花戏里的运用，可以表现故事情节，也可以作为体现其虚拟性的道具，例如通过花扇表现一个场景，表现人物风貌，传达人物情绪。当然，有时候花扇与舞蹈动作相结合，也会产生一种美感，使得观众对此产生更加浓厚的兴趣。如果技巧表现高超，更能博得观众的好感，成为观众茶余饭后的谈资，使人回味无穷。台下常常观众云集，观众们大声应和，其情景颇为热烈。扇子的固定动作有八字扇花、大扭花、抖扇花、蝴蝶扑花、转扇花、三打五动花、抛扇花等。

左江采茶花戏最具代表性的花扇动作之一是"绣球扇"，其基本动作为：拇指、食指、中指三个手指捏着扇子，通过手腕与手指的运动，使展开的扇子在手腕的上方和下方画出一个平面的圆，并且反复舞动。舞动速度较快时扇子舞出的轨迹像绣球，故名"绣球扇"，一般用来呈现年轻的女子或者活泼的少年生气勃勃的风貌和愉悦的状态。绣球也是壮民族重要的文化符号之一，在壮族民众心中，绣球寓意着吉祥如意、五谷丰登，同时也是青年男女用于定情的信物之一，寓意"生育兴旺"，将绣球的意象融入采茶戏是壮族文化特色在采茶戏中的显现。此外，花扇特技还有"推窗揽月""狮子滚球""飞雁照影""仙女凌波""披柳赏月""金凤展翅""锦鸡扑翅""观音坐莲"等功法来表现婀娜多姿的身段美，也可作为丰富故事情节的代用道具，表演照镜、纺纱、遮羞、端盘、托篮、掐花、锄地、扫尘、织布等。

耍手帕一般是与舞花扇相配合的。在采茶花剧中，茶娘一般右手持扇子，左手持手帕，在舞扇子的同时耍手帕。手帕是茶娘表演或做身段动作时的辅助道具,起到渲染、点缀、增强美感等作用。耍手帕的传统表现手法比较简单,一般是用拇指、食指、中指轻轻地捏着手帕的一个角,随着音乐与舞蹈前后摆动,并且配合身段动作摆出造型。手帕的基本功法有扭花、抖花、甩花、抛花、转花等。

酒杯花是采茶花剧中茶娘的表演技巧。酒杯花的表演技巧是茶娘双手各拿瓷酒杯两个,瓷酒杯上下相对叠放,茶娘的手指上下运动,使得两个酒杯相互碰撞,并发出响声。同时,手臂上下左右移动,并配合不同的步法,形成各种不同的身段动作。酒杯花要求茶娘在碰击酒杯时节奏鲜明、声音清脆、动作活泼轻快。酒杯花在表演时可以与茶公的钱尺功相配合,组成酒杯钱尺组合,也可以是茶娘单独一手舞扇花、一手耍酒杯花的酒杯扇花组合。

钱尺功是采茶戏演员的必备技艺。钱尺,又叫钱鞭。在采茶戏中为男角(茶公)手持的道具。长80—100厘米。用竹子做成,两端镂空,镶上数枚铜钱,摇动时可发出响声。竹子上包裹了彩纸和穗子作为装饰。在演员表演时,钱尺可以用来作为锄头、犁耙、扁担和织布机等道具。舞弄钱尺可以表现人物的思想感情,也可以加强舞台上的欢快气氛。钱尺功的基本动作有:抖尺、抛尺、扭尺、三打五动尺、扭腰尺、四角点尺、打脚尺、打钱尺和钱尺花。其中打钱尺的具体动作为:右手握住钱尺中间,左手轮流拍打钱尺两头;或者用钱尺轻拍身体的某一部位,间或加入钱尺花动作。轻拍身体的某一部位时可以是拍打肩部、胸部、手臂、腿部或者掌部。例如"左右肩打鞭""胸前打鞭""腰间打鞭""小跳左右腿打鞭"等。钱尺花的基本动作为:右手轻握钱尺,通过手指的灵活运动,使钱尺依次从拇指转到小指,再依次从小指转到拇指,并多次反复。打钱尺和钱尺花是采茶戏的基本动作。在此基础上,演员可以自由发挥。演员在表演钱尺功时的步法有半蹲步、碎步、走步、大小弹跳步、云步、磋步等。钱尺功与步法相配合,使表演形式更加多样化。

打花鼓一般由茶公进行表演。表演者左手拿锣,右手拿锣锤子,在表演各种身段动作时敲打小锣。打花鼓的基本动作有很多种,例如在胸前打锣,在右耳朵旁打锣,在颈后面打锣或者右腿抬起后把锣放在右腿下敲打,或者双手反背,在身体后面打锣。打花鼓的基本步法是左右小跳步,具体表现是右脚向右侧小跳一步,左脚向右脚并拢成点步;然后是左脚向左侧小跳一步,右脚向左脚靠近成点步。两个动作交叉，反复进行。

采茶花剧有完整的曲调、曲牌，唱腔优美动听，剧目多以宣扬真善美、抨击假恶丑为主题。传统剧目有《凤玉配》《犁牛》《送鸡米》《借亲配》等五十多个，每个剧目都是一个故事，均以人情、伦理为主。

采茶花剧演出场所较为灵活，不管是室内、晒场、草坪还是村头巷尾皆可，因此当地乡民在闲暇之时常常会聚集在一起唱采茶戏，虽没有舞台上的灯光、音乐和服装，但忙里偷闲的小聚也异常欢乐。当你观看采茶花剧时，不必急于探究其剧的背景、故事内容与现实生活的联系，任由你的情感跟随其音乐节奏而变换，缓缓地静下来，品味剧中含义。

采茶花剧的服饰以汉族传统服饰为主，偶尔用壮族传统服饰。表演的服饰通常会跟随采茶花剧的剧本、人物设定等来制定，服饰大多色彩艳丽，图案精美。同一场戏中的演员所扮演的角色都不一样，所以演员们身着的服装也有所差别，却不会显得突兀。男演员多是头戴黑色彩绣头圈，腰缠红腰带，脚穿黑布鞋；女演员则是头戴红色彩绣头圈，脚穿精美的绣花鞋。他们有一个共同点，就是服饰的袖子一般都是"水袖"。

第三章 壮瑶舞蹈

第一节 扶绥"白鹭舞"

一、前言

非物质文化遗产是人类历史长河中留下来的"活化石"。扶绥县内壮族人口众多,拥有丰富多彩的壮族非物质文化遗产。扶绥"白鹭舞",当地壮语称"某挪",是扶绥壮族人民的传统舞蹈,因"白鹭"在壮语中为"雀",故"白鹭舞"又叫作"舞雀",主要流传于扶绥县渠旧镇驮弄村及其周边村屯。扶绥"白鹭舞"是广西壮族自治区非物质文化遗产代表性项目。

二、扶绥"白鹭舞"概述

(一)历史渊源

扶绥"白鹭舞"已经在渠旧镇驮弄村及其周边村屯流传了一百多年,最初的表演内容为猎人"打雀(白鹭)",因为在当地丰收的季节,常常会有白鹭偷吃鱼虾稻谷。经过发展演变,人们将村民赶白鹭的情景编成了舞蹈,形成了"白鹭舞"并流传至今。

白鹭栖息于沿海岛屿、海岸、海湾、河口及沿海的江河、湖泊、水塘、溪流、稻田和沼泽地。单独、成对或结成小群活动的情况常能见到,偶尔也有数十只在一起的大群，白天多飞到海岸附近的溪流、江河、盐田和稻田中活动。

扶绥县位于左江南岸，非常适宜白鹭的生长。20世纪80年代以后，由于森林砍伐、环境污染以及人为干扰，白鹭在当地变得稀有。当地人随之对白鹭的认知发生了改变，人们去掉了猎人打白鹭的内容，保留了对白鹭动作形态的模仿作为主要舞蹈内容，体现了人与自然和谐共生的意识。

从扶绥的"白鹭舞"到花山岩画以及壮族各种植物崇拜、动物崇拜，我们可以看出，壮族人民一直以来都非常重视人与自然的和谐共处。如今的扶绥"白鹭舞"不仅是人与自然和谐共生的表现，更是当地壮族群众在春节、婚礼等喜庆日子用于庆贺的表演形式。

（二）表演方式

舞蹈表现了白鹭在野外生活的情景，表演时用木头雕成三尺多高的雀头，然后用布套上，画上羽毛图样，模仿白鹭的形态表演，如飞翔、觅食、戏水、梳羽、栖息等。由于表演者被布套蒙着，表演时需要有人在前作为向导或按照规定的锣鼓点行走。舞队通常为4至6人，两名引雀人在前作为向导进行引雀，用本地山歌曲调演唱，唱词内容不限，用鼓、唢呐、锣、镲等伴奏，以"点步""碎步""抖首""梳羽"等动作作为舞蹈语汇，表演白鹭鸟的形态。

扶绥"白鹭舞"多年来参加市、县文艺活动以及电视节目，产生了较大的社会影响，极大提升了扶绥县的知名度和美誉度。1956年，扶绥"白鹭舞"参加广西第二届民间文艺会演获得优秀节目奖和优秀演员奖；1957年参加了扶绥县农民文艺会演；1983年参加扶绥县民族民间艺术交流大会；2016年，扶绥"白鹭舞"被自治区列为非物质文化遗产代表性项目；同年，在左江花山岩画申遗时，扶绥"白鹭舞"在广西电视台申遗直播节目中亮相；2017年和2018年，先后在中央电视台《乡土》和《发现新广西》节目中亮相；2019年，扶绥县被命名为"广西特色文艺（白鹭舞）之乡"。

（三）传承人

扶绥"白鹭舞"现如今最著名的传承人是甘光宗，壮族人，1933年7月生，中专文化，退休教师，崇左市扶绥县渠旧镇驮弄村人。2015年被评为第四批自治区级项目"扶绥壮族舞雀"市级代表性传承人。

扶绥"白鹭舞"起源于一百多年前甘光宗的故乡，甘光宗自小就喜欢看老一辈的艺人跳"白鹭舞"，1955年师承甘居先学习"白鹭舞"，掌握了"白鹭舞"的各种舞蹈技巧，并根据时代的要求，不断改编"白鹭舞"的表现形式。

甘光宗一直重视对扶绥"白鹭舞"表演者的培养，现已培养出第五代传承人李京文，以及李细养、梁益文、李满、李文松、李万干等一批熟练"白鹭舞"的演员；第六代传承人李立勇，以及新一代舞蹈演员甘善飞、李广成、甘王飞等。

三、扶绥"白鹭舞"传承的困境

一是人才短缺。近年来，城镇化建设致使大量农村人口向城市转移，许多表演队伍已经自行消散。同时，受外来文化的影响，中青年对这些传统舞蹈、传统文化兴趣不大，民族文化意识淡薄，年轻传承人数量少。而且，缺乏数字化技术人才，扶绥县文化馆、图书馆等工作人员学历和业务水平普遍较低，不熟悉数字化技术的应用，不利于"白鹭舞"的数字化保存。人才短缺是扶绥县"白鹭舞"传承和发展的困境之一。

二是资金短缺。尽管这些年来扶绥县经济发展保持稳速增长，但是整体经济发展水平还是相对较低，人民生活水平不高，整体跟不上国家的发展步伐，因此，对于"白鹭舞"传承和保护的资金支持十分有限。

三是传承和保护的成果单一。"白鹭舞"的传承和保护除了培养传承人，主要采用的是文艺演出的形式，以影像视频资料进行保存，然后束之高阁。这样的保护和传承方式，缺乏群众互动体验，民众对"白鹭舞"的保护积极性不高。

第二节　天等壮族打榔舞

一、打榔舞概说

打榔舞是广西天等县的一种壮族舞蹈，属于广西壮族自治区非物质文化遗产项目。打榔舞于2007年经县级专家组审核通过，成为天等县第一批非物质文化遗产项目。2008年1月经广西崇左市级专家组审核通过，成为广西崇左市非物质文化遗产项目。2010年，成为广西壮族自治区非物质文化遗产项目。2014年，天等县被中国文艺家协会命名为"中国打榔艺术之乡"。2016年"壮族打榔舞"获得自治区文化精品项目立项，成为天等县的文化名片。

打榔舞又称舂堂舞、打著舞，是广西西南部壮族地区普遍流传的民间舞蹈，尤其以流传于天等县的壮族打榔舞更为典型。天等壮族打榔舞主要分布在上映乡、天等镇、龙茗镇、向都镇、福新镇等，距今已有约1400年的历史。天等壮族是传统的稻作民族，与大多数稻作民族一样，过着靠天地吃饭的生活，他们把一年收成的希望都寄予天地神灵。打榔舞就是壮族先民为酬谢天公地神赐予福泽所创造的用以酬神、还愿、祭祀、娱乐等活动的民间舞蹈。

二、打榔舞由来及演变

关于打榔舞的由来，有这样一个传说：很久以前，地州山清水秀，土地肥沃，年年风调雨顺，五谷丰登。屯里有一位姓陆的大户人家，家境富足，心地善良，经常接济贫困乡亲，口碑很好。有一年谷子又大获丰收，陆老爷雇人脱谷装"杺"（本地特有的小粮仓），雇来的人白天做工，晚上把木榔摆放在"杺"的下面。午夜时分，刚要入睡的人们听见从打谷场上传来阵阵悦耳动听的打榔声和山歌声，纷纷起来，悄悄打开小窗向谷场窥望。看见不知从何而来的一群男女青年，他们穿得很漂亮，击打木榔，并边舞边唱，非常好看。第二天，人们奔走相告，无不称奇。打谷的时候陆老爷告诉大家，昨夜仙人托梦，木榔修炼多年，今已得道成仙，掌管地方祸福。从今往后，地州一带百姓，年年打榔祈福，岁岁击榔驱邪，一直延续至今。

唐代刘恂在《岭表录异》中记载："广南有舂堂，以浑木刳为槽。一槽两边约十杵，男女间立，以舂稻粮。敲磕槽舷，皆有遍拍；槽声若鼓，闻于数里。虽思妇之巧弄秋砧，不能比其浏亮也。"讲的就是壮族先民丰收时节舂稻劳作的情景，距今已有一千多年。打榔舞在历史的长河中不断地演变和升华，从民间生产生活的娱乐到欢庆丰收的感恩情结、祭祀先祖祈祷福祉的祝愿心声、广交朋友迎宾送客的友好礼仪。随着社会的发展，打榔舞从最先的一种劳动情景，慢慢演变成用于酬神、还愿、祭祀、娱乐等活动的民间舞蹈。在一年之中较为重要的节庆，如正月初一至十五、清明节、"三月三"、重阳节、七月半节、冬至节，和其他重要事情，如进新房、结婚、丧葬等红白喜事，打榔舞表演必不可少。每年春天，在天等县许多村庄，都要举行隆重的开榔仪式。酬谢天公之后，抬起丰收的工具，这个过程是请榔，说明打榔舞可以开始了。

起初人们只是劳动之余在田间地头跳起打榔舞，后来发展为在节庆之时在庙前打榔。有说法认为，打榔发出的响声如雷，人们在庙前打榔，是模拟打雷声，祈求风调雨顺。也有说法认为，打榔的节奏似马蹄声，人们在庙前打榔，是模拟丰收时马拉粮食的马蹄声，感谢上苍赐予好收成。缘由虽众说纷纭，但都与农业生产有着密切的联系，反映出壮族人民打榔的朴素愿望。

宋代周去非在《岭外代答》中记载："静江（今桂林）民间……屋角为大木槽。将食时，取禾椿于槽中，其声如僧寺之木鱼。女伴以意运杵成音韵，名曰椿堂。"后来舂堂发展为庆贺年节和祈求丰收的舞蹈，砻也就成了专为舂堂舞伴奏的主要乐器。砻，壮族称榔，是敲击体鸣乐器。农耕时期，天等的先民们并没有现代的打谷机为稻谷脱粒。于是，在稻谷丰收之时，人们就把稻穗放在这个原木做成的木榔中，用木杵敲打，直至脱粒。这时榔和杵就成为打榔舞必不可少的工具。榔长约 6 尺，宽约 2 尺，是用龙眼木、榕木等整段坚硬原木挖制而成的大木槽，外形为长方形敞口木槽。槽长 200 厘米、宽 40 厘米、高 35 厘米，槽壁厚 6 厘米，槽口朝上，槽下两端支有木制或铁制脚架，重两百至三百斤，是壮族先民专门用于脱稻粒、舂米、打糍粑用的一种木制原始工具，形似独木舟。榔做工精致，槽壁外侧还绘以各种花卉图案纹饰。杵则是打榔的工具，用蚬木制成，两头大，中间小，两头直径 7—8 厘米，长约 1 米。平时将榔和杵放置于村寨空地或晒谷坪上。

三、打榔舞工具及使用技巧

早期壮族打榔舞表演不甚规范，打榔者在打榔舞活动中可随意表演。后来，随着当地非遗团体的成立，打榔舞得到进一步发展，如在打榔的握杵、打法和步伐上有创新，逐步形成了一整套打榔的技法。

打榔舞活动一般在土庙前的空旷场地或晒谷坪上进行，舞者少则 4 人，多则 12 人。表演者不分男女老少，有二人对打、四人对打、多人交错对打等多种方式，任意从场地的一方按序进场。打榔者双手持木杵有节奏地敲击榔壁、榔底和椰边，或以二人为一组对击木杵两头，打法有拖打、冲打、点打、撩打和对打等。各种打法可在一人指挥下任意反复和组接，尽兴而止。舞者以榔声为节而舞，节奏有2/4拍、3/4拍、4/4拍三种，无其他乐器伴奏，仅通过击打榔的不同部位和轻重对比，使之产生一种特殊的音响效果和独特的风格。由于木杵的分量较重，故壮族打榔舞舞者持木杵击榔动作力度强、幅度较大，并随之产生了双膝上下颤动、身体左右摆动的韵律，脚位随并步、小八字步、抬踏步和点步等变化。在活动中，场边观众可以根据榔声的节奏起舞与歌唱，一起融入打榔舞。

打榔舞代表性作品有《打榔舞之冲打拖打点打撩打》和《击棍舞》等。近年来，壮族民众在传统打榔舞的基础上，搜集、整理、加工推出了一些现代作品，如反映插秧劳动的《打榔舞之插秧步》，反映打谷劳动的《打榔舞之打谷棍》，表现远古时期劳动情景的《打砻声腾》等。

打榔舞表演的内容多种多样，如表现舂打稻米脱穗、打糍粑、晒稻米等农耕时代稻作丰收时的情景。一般跳打榔舞时木槽两侧的打榔者人数是对称的，每人用木榔有节奏地敲击榔壁、榔底和榔边。敲打的规律是从平时农作舂打稻米脱穗的方法发展过来的，即一边有节奏地敲击，另一边再接着敲击。舞蹈队形一般是以木槽为中心的圆形，中间打榔的人不走动。外圈的人不拿木榔，一般是围着木槽及跟着打榔者的节奏跳舞，表演内容多数是祈祷、欢庆或者为打榔者鼓劲，形成一种类似原始祭祀的舞蹈场面。打榔舞需要注意的是，无论用什么方式敲打，或是变化什么队形以配合舞蹈动作，都很讲究对称、均衡，注重整体的和谐美。打榔舞过程中，还穿插着各种生活化的群众游戏。打榔舞已由过去单纯的祭拜祈福仪式演化成名副其实的群众自我娱乐的活动。打榔舞大多模仿农耕劳动及生活，舞风古朴，舞蹈格调欢快活泼，节奏稳重，声调若鼓。

当打榔舞的音乐响起后，每个人用木杵有节奏地敲击榔壁、榔底和榔边，动作强烈、铿锵有力，敲击花样繁多、节奏准确、技巧娴熟，灵活敏捷地配合对方的敲击。配合默契是使打榔舞节奏和谐一致且层次感强的关键。农忙时，壮族人民集体劳作，互相帮忙，共同分担体力劳动，提高生产效率。长此以往，团结协作、互帮互助慢慢成了壮族人民习性的一部分，深深地刻在了他们的文化基因里。打榔舞需要多个个体打出一致的动作和节奏点，十分重视群体的配合，折射出壮族人民团结互助的精神与品格。

四、打榔舞的特点

第一，粗犷豪放的劳作气息。打榔舞有抬踏步、小八字步、并步、点步等步伐。最典型的是抬踏步，即双脚一前一后，随上身捶打前倾或后仰的动作抬脚和踏脚，双腿重心交换。膝盖在"蹬"和"屈"的过程中，有效地辅助身体的发力和使力。前腿在下屈之时膝盖微微产生颤动，使身体得到缓冲，这是人体运动的自然反应。加上长而沉的杵，使舞者动作更显粗犷、充满力量，这些动作源于原始的舂米劳作，可以有效减少体力的消耗。经过不断演变，上身动作形成打榔舞独有的体态特征，而抬踏步在舞蹈中作为典型的流动步伐，保留了膝盖的蹬和屈。上身发力和脚下助力的动作充满了粗犷、豪放的劳作气息，充分展现了壮族人民勤劳能干的品质。

第二，欢快热烈而不失古朴。打榔舞者始终持杵围榔而舞，众人围于榔边，双手持杵，杵通过击打榔身或榔内不同的部位，形成稳定、厚重的节奏特点。通过击打榔身，双人或多人配合将杵相互交击，形成冲打、点打、撩打、对打和拖打等多样打法。这些打法可任意组合，形成不同的打榔舞段，展现了舞者们高度默契的配合，使舞蹈动作富有层次感。

第三，团结互助的民族风貌。打榔舞自古就是众人参与性很强的活动，民间的打榔舞由村里的主持在村头呐喊召唤。"嘚嗒咯……"村里人听到后纷纷前往村里的古树下、晒场前或空旷平坦的空地上。舞蹈人数通常为2、4、6、8、10、12等双数，男女皆可参与。人数越多，舞蹈氛围越热烈，他们配合默契，欢快地击打，加上舞者们的欢呼呐喊声，可传至几里之外，引得临近村寨的民众前来观看，极为热闹。由此可以看出，打榔舞体现了壮族人民的一种民族认同感，更讲究众人的参与性，从舞蹈中折射出壮族人民的群体性、合作性、认同性、互助性等特点，充分体现了壮族人民团结互助的精神风貌。

第三节　扶绥壮族三穿花舞

一、三穿花舞名称

三穿花舞，也称麒麟舞。流传于扶绥县中东镇百域村一带，已有一百多年的历史，2008年4月入选崇左市非物质文化遗产名录。三穿花舞是一种欢庆性集体舞蹈，在当地各类节日庆典、人生礼俗，或是民间信仰活动中都有参与，其艺术表现方式是用拟兽道具进行舞蹈，模仿动物的神态和动作进行表演。三穿花舞以鼓、锣、镲、唢呐等乐器为伴奏，由演员根据不同的场合，创编相应的唱词，搭配相应的曲调而共同构成。至于三穿花舞名字的来源，则是因此舞每唱一段歌词增加一个演员，舞蹈动作和曲调不变，每段唱完后，都是击鼓踏点过场，穿杆变换位置，如此反复，故被称为"三穿花"。

扶绥县是三穿花舞传承和发扬的重地。

二、三穿花舞起源

三穿花舞起于先民对自然的崇拜和敬畏，最早运用于庆典舞蹈表演，所以民间关于三穿花舞的传说就带有神秘的色彩。作为三穿花舞发源地的百域村，三穿花舞在此地流传已有一百多年。百域村旁有"狮子山""麒麟山""凤凰山"三座形似动物的石山。当地还流传一个关于"三穿花"的传说故事。相传远古时代，同正地区的乡民备受干旱之苦，田亩龟裂，无法桑农。上天关心百姓疾苦，便派了狮子、麒麟、凤凰三仙降福凡间，洒下甘霖，救百姓脱离苦难，使得人间风调雨顺，五谷丰登。正当人们安居乐业、万事如意的时候，三仙功德已满，化为石头。当地的狮子山、麒麟山、凤凰山便是它们的化身。

后来，人们为了歌颂"三仙"功德，每逢佳节便用红绸、色纸糊扎成狮子、麒麟、彩凤的形状，各由一人操作，一边来回穿花，一边演唱。随着时间的推移，当地的人们在贺喜、祝寿的时候也采用这种形式，演唱曲调与采茶调大同小异，除拿道具的三人做出相对固定的舞蹈动作，众人可帮腔齐唱，场面热烈。扶绥壮族三穿花舞表演时，是演员通过模仿动物的神态和动作进行表演的。表演过程是由三个演员套上用竹篾、纱、纸、布帛编扎成的麒麟、狮子、凤凰的动物道具，男女演员身穿壮族盛装，手拿彩扇和花帕，用采茶动作表演，随着击乐节奏边唱边舞。按故事的情节和不同线路穿舞，舞步雄勇粗犷。舞队通常为六至九人。扶绥壮族三穿花舞的唱词一般为拜年、祝寿、贺喜、歌颂党的方针政策等内容。

除了带有神话色彩的传说，扶绥县境内还广泛流传着另外一个带有浪漫美丽色彩的传说。传说在很久以前，有一老仙名叫来福，与友宋子出游，遇见天上下凡的七仙女之一四姐，王母娘娘派来天兵正欲将她抓回去，宋子拔刀相助，救下四仙女。仙女意欲嫁给宋子，来福老仙甘当月老，成全了这门亲事。王母娘娘令旱魔火烧这对情人，他们奋力反抗，在壮人的相助下，终于打败旱魔。四仙女和宋子就在壮乡定居下来，过着幸福美满的人间生活。智慧的壮族民间艺人，根据这个神话传说，创作了舞蹈三穿花。三穿花的人物，除来福、宋子、四仙女、天兵天将，还加了四个乘着凤凰的小仙女和四个骑着麒麟的小仙童，他们分别是四仙女和宋子的伴舞。舞蹈开场，四仙女在优美抒情的笛子声中，率领四个小仙女，乘着凤凰飘然降临人世，四仙女以碎步小跑出场，四个伴舞变换队形，迂回穿插，一阵急促的锣鼓声——王母娘娘派来的天兵天将到了，拉着仙女们往回走。这时，宋子骑着麒麟，赶走了天兵，解救了四仙女。四仙女乘凤凰翩翩起舞，与宋子跳双人舞，仙童仙女把宋子与四仙女围在中间，碎步圆场，老仙来福上场，撮成婚事。在过去，三穿花舞一般在春节期间表演。表演场地不尽相同，有的是聚集在一个空场上表演，更多的则是让演出人马逐家逐户登门献艺。所以在舞蹈结尾时，唢呐乐师奏"大开门"曲调，一对新人频频向观众拜年，唱着贺年的山歌："恭贺新年多谢茶，多多拜贺主人家。主家堂屋高又雅，主家子孙立满堂。"舞蹈在欢乐的气氛中结束。

三、三穿花舞的道具

三穿花舞使用的道具极具特色。例如来福老仙的道具是彩扎的狮子和一把扇子。狮子多以竹为骨架，用各种彩色的绸缎或布料作外表装饰，狮子中间腹部处留有可容纳演员的空处。演员将狮子用两条带子交叉挂在肩上，然后再穿上服装，使观众看到演员似乎骑在狮子的身上。这与汉族民间舞"跑旱船"颇为相似。狮子的头可以左右活动，演员不时操纵，以增加狮子的动感。

宋子的道具是一只彩托麒麟和一把扇子。麒麟的做法和狮子基本相同，麒麟的头也是可以活动的，使用方法也和狮子相似，即由演员穿挂在身上。

四仙女的道具是一只凤凰，一条手绢。凤凰的骨架做法与狮子、麒麟相同，外表饰以彩绸，凤尾长可及地，凤冠金光闪闪。伴舞的道具一般因人因地而异，有的村庄跳三穿花，伴舞的道具与主要人物相同。

三穿花的服装无固定样式，一般都是演员自己的新衣服。

由于受到道具的限制，三穿花的动作较为简单，来福老仙和宋子的动作是转腕团扇，四仙女则是手绢翻花。脚下的动作多为碎步小跑和十字步，分别按故事情节的发展安排穿插。三穿花的路线，以跑三角形为最常见，即演员上身稍前倾，全脚着地，重心位于脚掌，相互沿三角形穿插而行，每到三角形的顶角，则双脚小跳、转身变换方向，亮相，然后继续碎步小跑。与此同时，上身和手也配合着脚下的步伐前倾，团扇、手绢翻花。这种跑三角形的队形，被当地壮族人民形象地称为"三穿花"。

三穿花舞在扶绥当地壮语称为"某麒麟"（"某"是壮语"舞"），是壮族民间传统舞蹈。流传于扶绥县中东镇，百域村及周边村屯是其中心流传区域。"三穿花"中的"三兽"在当地指的是麒麟、狮子和凤凰，其中以麒麟为老大，故又名为"某麒麟"。麒麟，在汉族文化中被视为瑞兽，有吉祥、太平、长寿、送子的美好寓意，在壮族文化中，麒麟也同样被壮族人民视为瑞兽，所以三穿花舞是当地壮族人民在春节、婚礼、贺寿、庙会等喜庆日子用于庆贺的舞蹈。

三穿花舞表演形式最初是麒麟、狮子、凤凰各自单独表演，后来才发展成三种动物一起表演的"三穿花"舞蹈形式。表演形式由单一唱山歌演变成采茶和彩调结合使用的舞蹈形式。

除了三穿花舞，还有六穿花舞，表演方法和"三穿花"相似，只是在角色上有所改变，道具换上六畜的形象，即马、牛、羊、猪、狗、鸡的形象道具，各由一人操作，在锣鼓声中作群畜互相嬉戏状，舞蹈动作比较简单。当地人以此欢庆农家六畜兴旺景象，表达了人民对美好生活的向往。与扶绥县壮族三穿花舞相比，六穿花舞趣味性更强，艳丽且多彩的道具给人以视觉上的美感，拟兽态的表演生动活泼，憨态可掬，虽缺少故事性，但也给人们特别是孩童带来欢乐。

四、三穿花舞的特点

所谓一方水土养一方人，扶绥壮族三穿花舞有其与众不同的特点。

一是结构的完整性与情节的生动性。三穿花既是一种舞蹈，又可以说是一种舞剧。三穿花故事结构完整，以当地壮民的生活情况为背景，以王母与四仙女和宋子的矛盾冲突为故事的过程，以四仙女和宋子甘为平民幸福地生活在壮民之间为结局。引人入胜的情节，是舞剧获得成功的重要前提，三穿花由于舞蹈情节的生动性和丰富性，才得以长期流传于民间而经久不衰。

二是通俗易懂的表演程序和浪漫主义的表现手法。三穿花的表现手法是平铺直叙，娓娓道来，故事情节的发展顺理成章，毫无牵强附会之感，具有民间艺术所特有的通俗易懂的特点。舞蹈从头至尾，洋溢着浪漫主义的气息。四仙女的形象，是勤劳美丽的壮族少女的化身，而在宋子的身上则反映了壮族人民对力量、勇敢的崇拜和助人为乐的美好品德的赞颂。舞蹈的道具，也极富浪漫主义特色。壮族人民自古以来把凤凰和麒麟作为吉祥的象征，狮子则是勇敢和力量的化身。三个人物分别骑着凤凰、麒麟和狮子，使舞蹈鲜明地表现出浪漫主义风格。

三是壮族朴素的无神论思想。随着人类文明的发展，中原先进文化技术的传入，壮族对神的崇拜越来越少，三穿花正体现了这种进步思想。首先，它让生活在天上的神向往人间，这本身就是对上天的一种蔑视。其次，舞蹈中壮族人对四仙女的无私帮助和最终以王母娘娘为代表的天兵天将被打败，则直接表现壮族人民对至高无上的天神的轻视，以及战胜神灵、主宰自己的决心。

四是它是汉壮人民文化交流的产物。创作者借鉴汉族民间传说七仙女的故事加以发展和创新，使四仙女的形象完全壮族化，成了地地道道的壮族少女的化身。七仙女的故事是七仙女和凡人结合，三穿花则是仙人与仙人结合。三穿花虽然借鉴了汉族的传说故事，但是不论从内容、道具、音乐或舞蹈动作上，它都具有浓厚的壮族特色和鲜明的地方色彩。

第四节　麒麟舞

麒麟舞在江州区驮卢、左州、那隆等乡镇已流传100多年，是民间拟兽舞蹈和节庆舞蹈，是采茶舞中的主要表演节目之一，是群众喜闻乐见、具有地方特色的民间舞蹈。每年农历正月初一至二月上旬，采茶表演队以串村过寨、穿街入巷的形式，逐户登门庆贺丰收、祈求太平，主人均赐予"封包"表示感谢。经过长期改进和创新，如今麒麟舞已逐步成为具有地方特色的民间广场舞蹈。

一、麒麟起源

麒麟是我国传说中的一种神兽，与凤、龟、龙共称为"四灵"，而麒麟居我国民间信仰中的"四灵"之首。在古籍文献中多有麒麟的记载,《诗经·南风》记载道:"麟之趾,振振公子,于嗟麟兮。麟之定,振振公姓,于嗟麟兮。麟之角,振振公族,于嗟麟兮。"在形象方面,麒麟似鹿非鹿,似龙非龙,似牛非牛,头顶生角,遍体鳞甲,尾端毛长,形状奇异。麒与麟有别,麒为雄,麟为雌,麒麟在形象上也有所不同,麒头上无角而麟头上有一角。在性情方面,麒麟亦被赋予了许多十分优秀的品质,最显著的特点是"含仁怀义至信",因此这在几个方面表现出来的首先是言行的自重:音中钟吕,行中规矩,不群居,不侣行;其次是力能自保,不入陷阱,不罹罗网;再次是厚德信,角端有肉,有武而不用,不践生草,不食生物,有爱吝之意,且信而应礼。在民间盛传有麒麟能驱鬼辟邪的传说,说它能为老百姓带来太平、福禄、长寿与好运,因此被称为"仁兽""瑞兽"的麒麟是历朝历代人民群众认为的祥瑞的象征。

二、图腾崇拜

在人类漫长的进化演变过程中,由于原始社会时期的社会生产力水平低,面对大自然的灾害、猛兽的侵袭等不可抗因素,人类抵抗的能力在大自然面前如同蝼蚁一般,微不足道,而人类为了生存、繁衍和发展下去,约在旧石器时代晚期的氏族公社时期,出现了最早的宗教信仰"图腾崇拜",即"对人类发展本质生殖繁荣的崇拜和对最惧怕而当时又不能解答的大自然现象和对人类造成威胁或极为亲近的动物的崇拜"。

《中国麒麟文化》的作者认为人类在从最早的生殖崇拜发展到崇拜日、月、崇山峻岭、浩瀚的大海、明亮的火种、清澈的水等,再到语言文字出现后,演变出崇拜图腾。

麒麟是中华民族打造的"仁兽",与凤、龟、龙一起并称为"四灵",且位列"四灵"之首。有观点认为麒麟的原型是由哺乳动物犀牛加上温和的鹿演变而来,理由有三:

其一,印度的犀牛品种为独角,而非洲产的是双角,并且犀牛性情温和而喜食草,犀牛角又可以入药,且是医治大热之奇药。

其二,印度与中国接壤,在早期中国大陆的气温、植被、水泽适宜的情况下,犀牛偶尔因为觅食迁徙或被人为引进中国也是有可能的。

其三，鹿生殖能力强，有生殖象征意义。

综上所述，华夏民族以此两种动物为原型，用印度产独角犀牛的威武，用鹿的温良美丽和生殖的强盛，融合鱼鳞、鲤鱼须、变形而又近似龙的头形打造出麒麟，色彩上表现为祥瑞五彩，融威严、坚定、华美、祥和于一体。

三、麒麟信仰

麒麟作为中国传统的吉祥物，与凤、龟、龙等动物类别的吉祥物一道，在民俗信仰中代表祯祥、幸运，起着辟除灾厄、纳福迎祥、喜庆祝寿等象征作用，被广泛地应用于婚嫁、丧葬、生育、祝寿、居住等民俗活动和节庆中。就麒麟本身的基本意义而言，麒麟作为吉祥物和图腾崇拜的一种，主要体现了民间的生殖和生命崇拜观念，具有深刻的民俗文化意义。

对生殖和生命的崇拜一直是人类历史上最重要的民间文化。生殖崇拜成为原始人类普遍的宗教信仰，诉说着人们对生命繁衍的祈求。用来满足人们繁衍后代愿望的吉祥物通常为植物、果实、动物、器物等，如鱼生娃娃、鱼莲生子、双鱼枕、榴开百子、麒麟送子等，这些都象征着子嗣繁衍，在民间广泛流传。麒麟与龙一样，都是华夏民族幻想的"仁兽""瑞兽"，而麒麟就是中国人祈求多子多福的心理诉求的物质载体。

上古社会所流行的男女赠鹿皮作为定情的婚俗，包含着对鹿的生殖信仰和崇拜。《诗经·召南·野有死麕》记载道："野有死麕，白茅包之。有女怀春，吉士诱之。"诗中的男子剥下鹿皮，以白茅包裹，赠送给怀春的女子以求爱，祈望该女子像鹿一样具有旺盛的生殖力。这是上古生殖崇拜的典型象征。而由鹿为基础幻化而来的麒麟，仍然保留了鹿的生殖象征意义。于是，一直以来，"麒麟送子"便成了民俗心理认同。流传于中国乡间的"麒麟送子"年画，画的便是一童子持莲蓬等植物类的祈子吉祥物，骑着麒麟自天而降，象征麒麟从天上送来贵子。民间多在春节以及各种节庆期间和男女婚育时期，张贴"麒麟送子"年画，寓意着祈求子嗣和生命繁衍的心理诉求。

四、崇左麒麟舞

麒麟舞和狮子舞同属于拟兽类舞蹈，在中国这是一个传统的民间舞种。人们把麒麟尊为神兽，又同时尊为"仁兽"，定义为"位平然后处""幽闲则循循如也，动则有仪容"。到了北宋，麒麟在民间又有了新的定义，即麒麟口吐火而声如雷。把它的神性与鹿的本性连在一起，善跑、食草，这都是人们所喜爱的。它又是天下太平、年丰岁稔的象征。

左州镇位于崇左市江州区北部，东连驮卢镇，南邻太平镇，西与大新县毗邻，北靠那隆镇。南宁市至大新县公路穿镇而过，是内地通往边关的重要通道，因盛产甘蔗而享有"广西最甜乡镇"之美誉。左州镇曾是旧左县府所在地，素有"前狮子，后麒麟；左金山，右玉井"之美誉。古迹有金山寺，位于该镇西北角。据传，此寺建于明成祖永乐年间，因建寺前发现一金炉而得名。建寺后，香火不断，至明成化十三年（1477）翌年，把农历二月十九日定为纪念日，在纪念日里举办抢花炮、舞狮、舞龙、舞麒麟活动和山歌会。

麒麟舞不同于舞狮，也异于舞龙，所舞麒麟的造型为"龙头、鹿角、蛇身、羊蹄、牛尾"，舞动时，一人舞麒麟头，一人舞麒麟尾，两人配合默契，以此把传说中麒麟的喜、怒、哀、乐、惊、疑、醉、睡等神态表现得栩栩如生。逢年过节人们舞起麒麟，以表达迎祥纳福。

麒麟舞一般在每年农历正月初一至二月初二表演，以串村过寨、穿街过巷的形式逐户登门庆贺，预祝人们来年人畜兴旺、五谷丰登。小儿们击手唱《迎麒麟》歌。"麒麟绿，麒麟红，麒麟光光麒麟明。东边来个先生，西边来个寿星，送来麒麟碰碰。麒麟麒麟动动！麒麟麒麟动动！"

历史上各地都有舞麒麟祈求风调雨顺、国泰民安的习俗。麒麟舞作为民间文化的一部分，是来自最底层的民众的情绪表达和心理诉求。因此，民间艺术应更多地满足民间需求，保持自我个性。就此而言，麒麟也是民间艺术的符号。

第五节 瑶族刀舞

崇左市地处桂西南的左江河畔，是一个历史悠久的古城，在古代时，就有瑶族人民在这片美丽的土地上生息繁衍。崇左的瑶族人民和其他地方的瑶族人民一道，共同传承瑶族先民留下的灿烂文化。

一、瑶族传统体育项目

瑶族漂泊游耕的生活练就了瑶族人民不屈不挠、果敢刚毅的团体性格。他们创造着物质，探索着文明。瑶族居住地区多为亚热带，村寨周围竹木叠翠，风景秀丽。这种独特的地理环境和人文背景，形成了瑶族独具特色的传统文化，芦笙长鼓舞、伞舞、刀舞、盾牌舞等，就是瑶族人民经常开展的传统的体育性舞蹈。[1]下面我们一起来认识一下瑶族传统刀舞。

二、刀舞的来源和民族精神

刀舞，是瑶族民间流行的一类民间武舞，带有武术套路的技击特点。刀舞流传于过山瑶地区，有着悠久的历史。相传盘王为了抵御外族侵略，率领族人练兵而留下此舞。刀舞的道具有大刀和关刀（如戏曲中的长把大刀）。大刀套路有拖刀一、拖刀二、走四方一、走四方二、磨刀一、磨刀二、刀试下、篾刀一、篾刀二、上篾刀、顿刀、换刀、扎刀翻身、穿刀、对刀走路、大开刀、夹刀、转刀、撩头转尾、上试刀、下试刀、量宽、响刀等，而关刀套路则有前绕刀、分刀、跨刀、绕刀转身等。两刀的基本动作是一样的，有试刀、磨刀、刺门、砍刀、拖刀等。在刀舞过程中，通过躲闪、进退和跳跃等变化，表现两人对杀的情景，以及伐木、修路等生产劳作的画面。动作粗犷原始，带有武术的痕迹。[2]

刀舞的种类有很多，在漫长的历史发展过程中，"刀"文化是少数民族文化中重要的组成部分，而刀舞作为一种历史悠久的舞蹈表现形式，主要在各少数民族中流传与发展。同时，刀舞不仅是瑶族舞蹈文化，也为瑶族传统武术文化。在瑶族武术中，刀的各种套路运用也泛称为刀舞，刀舞作为一种健身的手段，也是武术比赛项目，是瑶族传统体育运动项目。

刀舞具有鲜明、悠久的历史文化渊源。从远古时期，新旧石器时代，少数民族就开始制造和利用"刀"这种工具来狩猎、采集，维持生存，并将"刀"运用在日常娱乐、祭祀仪式中，作为坚强、勇猛、生存的象征。随着历史的发展和社会的变迁，"迁徙"是每个民族生存和发展的必要选择之一，这种发展路径的不同对刀舞的演变发挥着重要作用。

瑶族是我国历史上迁徙较多的民族之一。在古代社会，瑶族大多聚居在丘陵较多的山区，恶劣的自然环境、落后的生产工具、封建专制统治者的压迫、外敌

---

[1] 崔乐泉：《中国少数民族传统体育》，贵州民族出版社2011年版，第357~366页。
[2] 中国体育博物馆、国家体委文史委员会：《中华民族传统体育志·南宁》，广西民族出版社1990年版，第200页。

的威胁等因素，使瑶族人民逐渐养成了坚忍顽强的民族精神，也养成了习武、善战、英勇的民族性格。这种民族精神和民族性格表现在他们的舞蹈之中，使舞蹈具有强壮、勇敢、坚强的力量之美。同时，由于长期的迁徙以及与大自然、封建恶势力的打压，瑶族人民的生活异常劳顿、艰难，这便给瑶族刀舞的威武、勇敢之中增添了强烈的悲壮气息。[1]

三、刀舞的表现形式

在瑶族的武术体系中有一个重要特点便是刀技繁多。瑶族的冶铁技术较为发达，直接促进了瑶族刀术的发展。

刀舞主要以祭祀性舞蹈、武术性舞蹈或娱乐性舞蹈的形式出现。由于刀舞艺术形式丰富，技术复杂，增大了舞蹈动作的难度。刀舞在不同的民族历史发展中，呈现出不同的表现形式。在瑶族刀舞中，无论是"双刀舞"，还是"剑皇舞"，都具有轻柔、沉稳的特征，瑶族刀舞的动作特征与其民族气质是分不开的，瑶族人民的坚强、勤劳、质朴、不屈造就其刀舞的率真、刚柔、稳健的艺术特色。[2] 刀舞的姿态表现在不同民族文化的影响下，既有速度与稳健，也有力度与轻柔、圆润与棱角的区别，但其中也含有较明显的武术性质。

四、刀舞的武术形式

刀舞的武术性质主要表现在刀舞的步法和刀舞的刀法运用上。刀舞的步法灵活稳健，较有特点的是"颤拜步""三步罡""月亮步"和按金、木、水、火、土方位走的五步五方位等步法，其律动特征是颤、蹲、后踢、单腿或双腿跳，而颤、蹲既体现武术基础，也最能体现民族特色。瑶族人民在舞蹈中正是通过颤、蹲的律动来沟通民族情感、感知民族存在的。

"颤"是指舞蹈的每个动作都带着自然的颤动，它由臀部发力，向上颤动。这与瑶族人民长期的山区生活有着密切联系，瑶族人民每天爬山越岭、负重行走，形成了上下颤动的特有韵律，靠腿部的"颤"去保持劳动的持久性和耐力。"颤"体现了瑶族人民与大自然顽强搏斗的意志和精神。

---

[1] 蒙妍：《悲壮之艺术 不屈之精神——论瑶族"刀舞"的艺术特征及其蕴含的民族精神》，载《作家杂志》2010年第6期。

[2] 宋媛：《"刀舞"的多民族文化审美研究》，载《艺术研究》2014年第4期。

"蹲"是指舞蹈的每一个转动步法都必有一蹲,蹲的重心始终在中间,其动律是由脚下而起,至膝,再经腰送至肩,从而形成了"上蹲上击"的典型动律,因而舞姿显得刚健有力、沉稳顿挫,半蹲而腰不哈,头不低,刀不落。①

"蹲颤"蕴含着瑶族人民坚韧不拔的韧劲,突显了瑶族传统武术的魅力。

以上是刀舞的律动表现,刀术的进步也促进了刀舞的刀法进步。刀舞在刀法上的韵律也是十分有特色的。

刀舞在刀法运用上主要包括架刀、合刀、肩刀、过刀、滚刀花、拜剑、磨刀、圈剑、抛剑等十多种变化不一的刀法。其主要特点可归纳为"圆""巧""贴""矮"四个字。

"圆"即舞刀的每一动作要求上、下、左、右舞刀时,要绕得很圆,使舞刀如行云流水般流畅,给人以朴实和干净利索的感觉。

"巧"要求舞得轻柔、灵活,使刀舞柔中有刚、沉稳而灵巧,表现巧中觅高、难中出巧的特点。这充分体现了瑶族同胞的聪明才智,尽显了瑶族刀舞的独到之处。

"贴"要求"绕身而动,贴身而舞",从而使刀法动律和动作组合严谨和紧凑。

"矮"要求舞刀大部分动作都是在半蹲式和全蹲式上完成的,这就要求舞刀者有非凡的腿部功力,动作上"矮",形态上气质上"矮中见高,矮而不屈,矮而粗犷"。②

刀舞既有武术的狂野,也有舞蹈的轻柔,因此刀舞也是武舞。刀舞是瑶族文化中最具武术性质的一个体育舞蹈项目,只是它更多地是以舞蹈的形式展现给世人,而不是武术。刀舞作为瑶族传统文化的一部分,它早已渗透在瑶族人民的血液中。

---

① 蒙妍:《悲壮之艺术 不屈之精神——论瑶族"刀舞"的艺术特征及其蕴含的民族精神》,载《作家杂志》2010 年第 6 期。

② 蒙妍:《悲壮之艺术 不屈之精神——论瑶族"刀舞"的艺术特征及其蕴含的民族精神》,载《作家杂志》2010 年第 6 期。

第五卷 壮族非遗

第一章 饮食与节庆非遗

第二章 技艺与传说非遗

第一章 饮食与节庆非遗

第一节 龙州后山茶制作

一、后山茶的由来及特性

茶作为一种饮品,具有悠久的历史传统,在不同的国家和地区都深受喜爱,从而衍生出不同的茶文化。作为茶叶发源地之一的中国岭南地区也产生了许多不同的茶文化。广西龙州县的八角乡和上降乡生长着一种野生茶种,具有悠久的历史,在《龙津县志》《龙州县志》《广西边防纪要》中均有记载。相传清雍正年间野生茶种被发现,后来随着茶叶贸易的发展,在当地逐渐形成一种独特的制茶技艺,并且形成了自己独特的茶文化。当地人给这种野生茶种取名为"扎楞牌",意为后山之茶,后来人称之为龙州后山茶。

与许多地区不同,龙州后山茶茶树的种植区除了将茶树修剪整齐,形成壮观的梯田风光,还保留了一定的原生态。在八角林内种植茶叶,采用仿野生态种植,遵循人与自然和谐统一的原则。这使得龙州八角乡后山茶茶园更像是一片原始灌木林,里面的茶树高矮不一,枝叶参差不齐,茶树与八角林一齐生长,颇为壮观。后山茶茶树的叶子大小不同,颜色依照茶叶的新老次序逐渐加深。用于加工制作成为茶叶的多为新梢,这使得茶树采摘率降低,但保证了茶叶的品质。除了茶叶,茶树还开茶花和结茶果。茶果是茶树的果实,又称茶籽,即茶树的种子。茶果的外壳也是绿色的,但当其成熟后会变成棕色。这层棕色的"外衣"也叫茶壳。当茶果彻底成熟后，茶壳会裂为三瓣，里面便是茶籽了。茶壳与茶籽也具有很高的价值。茶壳可以长久保存，用于泡水。茶籽含油较多，因此既可直接用来当种子，也可以进行加工榨油供食用、润发等。茶油的营养价值很高，具有抗氧化效能，长期食用可降低患高血压、高血脂和动脉硬化的风险。后山茶茶花花瓣为白色，花蕊为淡黄色，除了用于观赏，将其制成花茶饮用也是不错的选择。

龙州后山茶茶树的种植条件也具有其独特性。茶树多生长在潮湿温和的地方，对温度与湿度的要求很高。因此茶树通常被种植在具有良好排水条件的丘陵地区。年温差小、昼夜温差大、无霜期长、空气湿润且光照条件充足，这样的气候条件最适合茶树的生长。龙州县地处北回归线以南，气候类型为典型的亚热带季风气候，日照充足，热量丰富，降雨量充沛，利于茶树的生长和养分的积累。冬季短暂且温和，夏季漫长且炎热多雨；年温差小，无霜期长；干湿两季分明，且湿热、干冷同季。这温和的气候条件使得龙州后山茶茶树的生长期相较于其他纬度更高的地区更长。崇左的地势大致是西北及西南略高，向东倾斜，中部的丘陵平原被左江及其支流切割，水源充足。丘陵地势排水条件好，有利于修建梯田。左江流经补充水源，利于灌溉。龙州县内受地形环境的影响，降雨量具有显著的特点：山地雨量多于丘陵河谷地区；雨量分布自西北向东南递减，与我国热带、亚热带自南向北、自东向西递减相反，形成了独特的小气候。种植茶树的土壤为排水良好的沙质酸性土壤，适合茶树的生长。这独特的地理位置与气候为龙州后山茶树的生长提供了有利的条件。

龙州后山茶是骆越文化的重要组成部分，同时也是左江地区文明的重要标志。关于龙州后山茶文化的发展历史，在一些官方典籍中均有相应的记载。相传在清雍正年间，一位名叫农钦的农民从外乡来到龙州县的八角乡板靠屯，在当地从事八角种植和加工。他来到当地种植八角的地方，在八角林中发现了野生茶树，将其采摘制成茶叶。当地人将其命名为后山茶。中法战争后，龙州被开辟为通商口岸，当地的茴油等商品在海外畅销。为了更好地管理龙州对外贸易，提督苏元春、知州蔡希邠在龙州城太康街开辟八角经济行。农钦的后人农福善，也是龙州后山茶第六代制茶人，将自制的后山茶带到八角经济行。茶叶得到了客商的认可，此后成为龙州上层社会的饮品，成为大户人家宴请宾客或是其他重要场合的必备品。中法战争时期，在龙州法国领事馆举行的中法划界谈判会议上，谈判代表们饮用的就是龙州后山茶。随着大锦盅、细锦盅等大众茶饮店传入龙州，人们对茶叶的需求量增加。八角乡、上降乡的乡民也种植茶叶，效仿制茶，出售给挑夫们挑到龙州出售。民国王逊志编撰的《广西边防纪要》中有记载龙州当时的贸易交往，龙州的出口货物以山货、药材为大宗商品，后山茶便包含在其中。后山茶受到了人们的喜爱，市场需求量不断扩大，从农钦的后人农福善开始，更加注重制茶工艺，不断革新技术，提升茶叶品质。到如今，后山茶制作技艺的第九代传人农成，已经将野生茶树加以驯化，种植于龙州县各乡的八角林里，并且形成了一套完善的、独特的制茶技术。这套独特的制茶工艺在2020年5月被列入崇左市第六批市级非物质文化遗产名录。

二、后山茶制作的五道工艺

龙州后山茶制作技艺主要分为五个步骤，分别是采摘、萎凋、揉捻、发酵和烘焙。这五道工序是几代人在实践中不断尝试、积累经验并改进形成的，是几代人制茶技艺的结晶。

（一）采摘

制茶的第一步是采摘。采摘茶叶所要注意的事项主要有采摘期和采摘茶叶的方式。

龙州后山茶的采摘期主要是在清明前后以及十月下旬两期。茶叶的采摘期，也是十分有讲究的。清明前后，气温逐渐回升，降雨增多，空气温和湿润，适合茶叶的生长，同时历经了漫长的冬季生长期的养分的积累，使得春季生长的茶叶颜色翠绿，芽叶饱满，并且含有较丰富的维生素。用这个季节采摘的茶叶所制成的茶，茶香更加浓郁，品质也更好。十月下旬采摘茶叶主要是因为这个时候经历了漫长的夏季，太阳直射点逐渐南移，昼短夜长，气温慢慢下降，气候逐渐转冷。这时候芽叶生长速度减慢，有利于茶叶内含物质的累积。因此这个时候所产的茶叶，滋味更加醇厚，营养物质含量更高。关于茶叶采摘的最佳时期，还可以细分到一天当中的某个时间段。一些经验丰富的茶农会选择在上午七点至下午一点进行采摘。这个时间段的茶叶刚刚经历了一晚上营养物质的累积，且此时恰好避开了一天中最热的时间段，是一天当中最佳的采摘期。

有关茶叶的采摘技巧，首先是要及时摘。当地有一句农谚："早采三天是宝，晚采三天是草。"这句农谚十分生动地说明了及时采摘茶叶的重要性。若是鲜叶采摘不及时，则会影响加工后成品茶叶的品质。同时由于受鲜叶最佳采摘期的限制，及时采摘鲜叶有利于后续的鲜叶尽快生长，增加采摘的轮次，确保茶叶的生产量。因此，及时采摘是确保后山茶质量与产量的关键。采摘的茶叶要按照一定的标准，经过严格的筛选。采摘的茶叶，多为一芽一叶和一芽两叶的新梢，产量少，但质量好。在采摘之前，摇动茶树，去除附着在茶叶上的露水或灰尘等。雨停后或者是天刚刚亮时不宜采摘，因为雨水或露水会影响茶叶在后期的加工，影响茶叶的口感。采摘时用大拇指和食指的指腹顺着茶梗轻轻折断，避免用指甲折破茶叶，导致茶汁流出，引起化学变化，形成黑点，同时要注意留蓄，不可竭泽而渔。

（二）萎凋

制作茶叶的第二步是萎凋。萎凋是指在制作茶叶的过程中，将已经采摘好了的茶叶在一定温度、湿度的条件下均匀摊放晾晒，使茶叶内含物质发生化学、物理变化。萎凋后的茶叶会散发部分水分，茎、叶等部分会萎蔫，鲜叶的色泽由翠绿逐渐变成暗绿。由于水分减少，叶片由脆硬变得柔软，更有利于下一步的操作。同时，鲜茶叶的青草气逐渐消散，开始产生茶的清香，使得最后的成品滋味醇厚而不苦涩。龙州后山茶主要采用了日光萎凋和室内萎凋两种方法。日光萎凋是通过日晒来降低茶叶的水分，室内萎凋主要是控制室内温度以及保持通风的晾晒。刚采摘下来的鲜叶含水量较高，采摘后应及时摊开放置，避免堆砌。萎凋这一过程持续8—10小时，这一过程对后面发酵环节有重要影响。通过调节茶叶的发酵程度，可形成后山茶独特的茶叶香气、滋味和水色。

（三）揉捻

制茶的第三步揉捻，是茶叶初制的塑形工序，是指把杀青或萎凋变软的鲜叶用手或者机器揉成条形、针形、颗粒、片等形状。通过揉捻卷紧茶条，缩小茶的体积，使茶叶在炒干后能形成紧结弯曲的外形。这一步除了能为成品茶叶的外形打下基础，还可以破坏叶组织、促成物质转变、改善茶叶内质。揉捻分为揉和捻两个动作，揉就是将茶叶揉成条，塑造茶叶的外形；捻则是将茶叶捻碎，挤出茶汁。萎凋通过晾晒，使鲜叶细胞中的汁液达到合适的浓度，其中包含的主要成分如茶多酚、儿茶素等发生聚合。但受细胞壁的阻隔，这些成分不易与氧气接触发生化学反应。捻这一步则是破坏茶叶的细胞壁，使茶叶中的成分发生氧化作用。混合着鲜叶细胞液的茶汁溢出，附着在茶叶的表面，干燥后冲泡才能泡出颜色和滋味，有利于增加茶汤的浓度，这也是泡茶前用热水快速洗茶也能洗出茶汤的原因。这一步关系到茶汤的浓度，是至关重要的一步。揉捻分为手工揉捻和机械揉捻。手工揉捻是加工少量或较为名贵的茶叶时采用的方法。揉捻时选取适量的茶叶放在簸箕里，使用双手或单手将茶叶握在掌心，向前推揉，使茶团在掌心翻滚。规律是先轻后重，逐步加压，轻重交替，最开始时不能太过用力，使茶叶沿着它的叶脉卷成条，后增压使茶叶细胞壁破碎。揉了几次就要将茶团散开，要确保在加工时茶团不会结块。机械揉捻则是适应现代化大规模生产加工而使用的办法，许多生产线已采用机械揉捻，还有部分小作坊依然保留传统的手工揉捻的方法。

（四）发酵

从采摘到揉捻已经对鲜叶进行了初步加工，紧接着便要进行制作茶叶的最重要的一步——发酵。发酵决定了茶叶的品种，依照发酵的程度不同以及综合制法，可将茶叶品种分为六大类。传统的龙州后山茶制作中需要将茶叶进行深度发酵，因此，后山茶属红茶品类。我们通常所说的发酵，多是指生物体对于有机物的某种分解过程。现代工业生产上将发酵定义为依靠微生物的生命活动而实现的工业生产。但在茶叶制作过程中，除了黑茶，茶叶的发酵并不是依靠外界微生物进行的，而是靠自身的酶催化进行的。在揉捻工序中已将茶叶的细胞壁破坏，茶叶中的酶和氧气一起反应，茶的颜色越深，说明发酵的程度越高。红茶的发酵过程也称发汗，在手工制茶中采用传统的发酵方法。事先准备好一个容器，一般选用竹篮或者是木桶，将揉捻过后的茶叶放入其中，用力将茶叶压紧实，再准备一块温水浸泡过的发酵布，将茶叶包裹5—6小时。在这一过程中会发现茶叶逐渐氧化变红，这就是茶叶中的物质与酶一起发生的氧化反应的外观变化。这一步不仅使茶叶的外观由绿向红发生转变，还使茶的味道与香气发生升华，是决定成品茶叶的外观、口感与茶香的关键一步。

（五）烘焙

烘焙是最后一道工序，是降低茶叶的水分、提香、固化品质的关键步骤。这一步骤是将发酵好的茶叶通过高温烘焙，使茶叶内的水分迅速蒸发，以达到保质干燥的过程。烘焙主要分为初烘、摊凉和复烘三个阶段。初烘是指将发酵后的茶叶置于烘笼内进行第一次烘焙，火温要掌握在130—140℃，时间大致为5—10分钟。同时要及时翻拌茶叶，将茶叶均匀摊放，厚度不要超过1厘米，烘干至六成熟即可。初烘结束后将茶叶摊凉，厚度不能超过6厘米，放置1—2小时，待茶叶凉透。茶叶凉透后又要将茶叶进行二次烘焙，火温掌握在100℃左右，摊放厚度不能高于6厘米，烘至八成干即可摊凉。最后还要进行第三次烘干，火温掌握在80℃左右，烘至十成干，一般需要花费2—6小时。烘干这一步主要有三个目的，第一是利用高温迅速钝化酶的活性，使茶叶停止发酵；第二是蒸发茶叶水分，缩小体积，固化外形，保持茶叶干度，防止茶叶发霉；第三是散发大部分低沸点的青草气味，激活并保留高沸点芳香物质，以获得红茶特有的香气，也就是所谓的提香。至此，龙州后山茶的制作就算是完成了。

传统的龙州后山茶制作的每一道工序都是先人们经过不断实践积累经验得出来的。制茶人结合二十四节气，通过观察天气变化，用眼观、手捏、鼻闻等方法，精准把控茶叶品质，形成了一套完整的制茶技艺。

第二节　桄榔粉制作

崇左地处边疆，有着独特的天然环境，这里生长着许多具有地域特色的植物，桄榔便是其中之一。龙州桄榔粉是这里的名优特产，桄榔粉的制作技术于2014年入选第五批广西壮族自治区级非物质文化遗产名录。以下将从它的原料种植、制作技术、食用功效三个方面来介绍桄榔粉制作技艺。

一、原料种植

龙州桄榔粉是广西崇左市龙州县的一种著名传统特产，而龙州桄榔粉的原料即桄榔木。桄榔树是棕榈科，桄榔属，乔木状植物，又名糖棕、铁木、姑榔木等。

桄榔是一种常绿高大乔木，花序梗较粗，分枝多，雄花大，果实多而近球形，六月开花，果实在开花后两到三年成熟，种子黑色。桄榔树在我国主要分布于广西、海南及云南西部至东南部，是一种偏阴性植物，喜湿润环境，多散生于石山沟谷和土山中下部，对土壤要求不高，在酸性土、钙质土上均能生长发育，尤其在灌木林中种植为最好，耐荫蔽，能在 -5℃ 低温下过冬。桄榔树属于滥生植物，一年四季都可种植，但是最好的种植时间是在二三月份，此时有充足的水分，可保证种苗的成活。

桄榔树临近花期的时候淀粉含量最多，淀粉质量也最好。桄榔粉的收获季节主要是每年的八月十五至次年的春分时节。因为雨水多的时候，淀粉会受到雨季的影响，桄榔树淀粉含量下降，人们会停止对桄榔粉的加工，转而对山黄皮、龙眼进行加工。同时桄榔粉的收获也受到越南水稻收割的影响。由于当地的桄榔木主要依靠从越南进口，而在水稻收获的季节，即每年的十二月至二月下旬、六月中旬至九月，越南农民会停止提供桄榔木，主要忙于水稻的收割，所以在这两个时间段，当地的桄榔粉制作会进入停止阶段。

龙州县现在最适合桄榔树生长的乡镇有水口镇、金龙镇、上金乡等，我们将从水口镇典型的气候、水文条件来说明适合桄榔树生长的环境。水口镇位于广西龙州县西北部，是一座边陲小镇，因两条发源于越南的河流在镇内交汇而得名，水口口岸是国家一级口岸之一，与越南高平省复和县驮隆口岸仅一河之隔。水口镇四面环山，仅东南有缺口，属半山区，地势自西北向东南倾斜，主要河流有水口河、合平河、峒桂河。境内属亚热带季风气候，雨量充沛，日照充足，这些都是有利于桄榔树生长的气候条件，而由于当地的耕地较少，也让桄榔树的种植成为可能，这便是水口镇的桄榔粉成为当地特产的重要原因。

二、制作技术

龙州县水口镇还保持着传统的桄榔粉制作技术。每年夏季，在桄榔树开花之前，把高大的桄榔树砍倒，取出里面赤黄色的髓心，砍成小段，放到石臼中舂烂，用石磨磨成粉，置缸中用清水搅和，滤去粗渣，再放入布袋里，在清水缸中反复搓洗，使淀粉自布眼渗出，经过三次沉淀，得到湿的淀粉，晒干后即成桄榔粉。整个制作过程耗时三天左右，总共有八个具体步骤，分别是选材、粉碎、剥离、沉淀、沥水、晾干、搓碎、晒制。

（一）选材

桄榔木木质坚硬，不易剖开，要取其中的髓心更是费时费力，所以要挑选淀粉含量多的桄榔木。桄榔树有两种不同的树种，一种树高5~6米，淀粉含量比较高，颜色偏白，另一种树高10米以上，淀粉含量较低，颜色偏红。首先要粗略地知道这棵桄榔树的淀粉含量，做出选择，方法就是在这棵桄榔树上开一个口，让里面的汁液流出来。这时拿一块布或者衣服接上，让汁液在布或者衣服上留下痕迹，等汁液风干以后，如果布或者衣服上留下白色的痕迹，那就说明这棵桄榔树的淀粉含量较高，如果布或者衣服上没有白色的痕迹，或者说颜色很浅，那就说明这棵桄榔树的淀粉含量较低，没有剖开的必要。但是如果是有经验的老手，一眼就能看出来哪一棵桄榔树的淀粉含量较高。

最初的桄榔粉基本都是纯手工制作，非常辛苦，从早忙到晚，最多只能加工两根桄榔木，50千克左右桄榔木能得到大约10千克的桄榔粉，可以说是个体力活。最初的手工制作，首先是劈开桄榔树的树干，这时里面的赤黄色的髓心就会显露出来；其次是将赤黄色的髓心从树干里用刀刮出来，砍成小块，然后放进石臼里捣碎，直到髓心里面流出粉浆样的东西；再次是把这些粉浆放进大缸里，加水，然后搅拌，搅拌以后静置，用亚麻布滤去粗渣；最后将这些淀粉放进布袋里，反复搓洗，让桄榔木髓心的淀粉渗出来，三洗三滤，就得到比较细腻的淀粉，晒干后即成桄榔粉。随着生产力的发展和生产工具的革新，生产效率得到了提高，这些步骤中需要耗费大量人力的地方已由机械替代，整个过程并不需要全程手工制作，只需要机械运作时有人在旁看着，需要人去做的时候再张罗一下就可以。

（二）粉碎

将淀粉含量较高的桄榔木挑选出来以后，就会有许多制作桄榔粉的作坊来订购，而是否由自家作坊劈开桄榔木，则是由作坊的大小决定的。如果作坊规模较大，那整个制作流程都是由一家完成；如果作坊规模较小，那么他们将会把订购好的桄榔木送到专门负责粉碎桄榔木的作坊，作坊的劈木工将整根桄榔木劈成直径 8 厘米、长约 1 米的小段之后，再由粉碎工负责将劈好的木段拿回自己的作坊进行粉碎。

粉碎的过程有两步，第一步是用电动刨把桄榔木的外皮刨掉，然后把桄榔木切成薄薄的片状，第二步是将桄榔木片粉碎成木屑的状态。初加工结束以后，负责粉碎桄榔木的作坊会将粉碎好的桄榔木屑送到预订的各个作坊手上，得益于生产工具的革新，加工效率比以前提高了很多。一般来说，加工的桄榔木越新鲜，淀粉比较容易沉淀，产量也较高。大约每年的一月至五月中旬这段时间，雨水较少，桄榔树的淀粉含量较高，这段时间就是制作桄榔粉的最佳时段。

（三）剥离

剥离的过程首先是将粉碎后的木屑装进大布袋里，放进剥离机内，淀粉和木屑就会分离开，淀粉和汁液将会从另一个出口流出，其次就是把这些淀粉和汁液的混合物用过滤网过滤，然后将淀粉和木屑分离开，最后让有淀粉的水流入事先准备好的塑料盆中，这样便进入下一阶段，开始沉淀。剥离机利用了洗衣机离心力的原理，根据这个原理，淀粉和木屑很容易就能分离出来，这体现了劳动人民的智慧。

（四）沉淀

新鲜的桄榔木屑只需要沉淀三四个小时即可，等到盆里的桄榔粉汁液沉淀以后，淀粉与汁液会明显地分成两层，这时要把上面的汁液小心地倒出来，然后将沉淀好的桄榔粉集中在一起，便可以准备下一环节。

（五）沥水

沉淀好的湿桄榔粉需要马上用纯棉的纱布布袋包起来，放到箩筐里，这样多余的水分将会从箩筐的缝隙中流出来。由于泡了一天的桄榔粉很容易变质产生异味，所以这两个步骤要加快速度，要尽量缩短时间。沥完水的桄榔粉就已经接近五成干了，但是还是有一定的湿度，所以就要进入下一环节，晾干。

（六）晾干

这时的桄榔粉还比较湿，含有一定的水分，所以需要继续把水分逼出来。将事先准备好的防水布伸展开来，平铺在地上，再用刀把五成干的桄榔粉切成拳头大小的块状，此时必须要将桄榔粉晾在通风的室内，如果是晚上，则需要有风扇一直在吹，保证通风。这一步骤至关重要，因为如果没有注意通风情况，就会让半干半湿的桄榔粉产生异味，导致前功尽弃。

（七）搓碎

进行了上一环节，晾了一整晚的桄榔粉已经蒸发了一部分的水分，第二天的早晨要将晾了一整晚的桄榔粉进行过筛粉碎，这时需要用到一个专门的过滤网，将大块的桄榔粉粉碎成黄豆大小的颗粒状。这个工具由手工制作而成，正方体，底面为50乘50厘米，四周为木质，底部为滤网，有很多米粒大小的孔状金属网，每个滤网大约150目。将这些五成干的桄榔淀粉块倒进滤网中，用手碾压，拳头大小的桄榔粉块就变成了一堆堆黄豆大小的颗粒从小孔中漏下来。这样做的好处是减小体积以加快风干的速度。

（八）晒制

晒制的主要目的是加快桄榔粉的干燥速度，把桄榔粉拿到空旷的地方，最好有太阳照射，用防水布垫着，把桄榔粉平铺开来，大概2—3小时就要翻一次，使所有桄榔粉都能晒到，在太阳下山之前就收回，一定不能受到湿气的影响。湿气和雨水都会让桄榔粉变质有异味，所以在晒制期间要时刻注意天气状况，如果桄榔粉晒制的时候遇到下雨，被雨淋，或者一直见不到太阳，都会容易变质。四至五月份，太阳比较好的时候，有时一天就能把桄榔粉晒干，但是冬天的时候，则可能需要一个星期左右才能晒干。要知道桄榔粉晒制的程度，是否完全晒干，只需要用手抓一把桄榔粉，紧紧抓住，松开手掌以后，桄榔粉自动散开，没有结块，就代表这批桄榔粉已经晒制完成。

粗加工好的桄榔粉是可以直接食用的，不含糖和任何添加剂，是纯绿色食品，虽然现在的很多步骤由机器代替，但是其基本的步骤和以前的纯手工制作差不多，所以也不用担心机器做出来的不够好。

三、食用功效

桄榔粉是龙州县的传统美食，历史悠久，关于其功效的来源记载也不少。

《华阳国志》卷三《蜀志》中记载道："兴古南汉县有桄榔树，峰头生叶有面，大者收面乃至百斛。"这里指出当时的桄榔粉产量极高，很有可能仅次于稻米，是当时人们的主食之一。王赛时的《唐代饮食》在讲到植物淀粉的提取与食用时，提到过桄榔粉。唐时的一棵桄榔树可产百斛淀粉，说明桄榔粉是当时人们可以采集到的可食用植物髓粉，是当时人们的重要食物补充之一。桄榔粉的食用价值，古人早有记载。在古代，桄榔粉仅作为饱腹的重要食物补充，而现在，桄榔粉衍生出很多食品的做法，可以做精美的糕点，也可以做美食的勾芡，无论是做成美味的菜品还是直接冲饮，都别有风味。目前，桄榔粉最常见的食用方法是，在容器内放入一定量的桄榔粉，加入适量的凉水，将其搅拌均匀直到形成糊状，然后再加入滚烫的热水，边加入边搅拌，当桄榔粉从糊状转变为黏稠的透明的像果冻一样的状态，呈红褐色，就代表桄榔粉已经熟透，此时再加入一点儿白糖，便是十分美味了。此外，如果要做成糕点，把桄榔粉加热后与面粉混合搅拌均匀，用热油煎，即可成美味的桄榔饼。

《本草纲目》《海药本草》等古书记载桄榔粉"味甘平，无毒，作饼炙食腴美，令人不饥，补益虚羸损乏，腰脚无力，久服轻身辟谷"。《龙津县志》中又有记载："清凉解暑，存置年久，可疗痢疾。红痢，用红沙糖调滚水食；白痢，用白糖调滚水食。"可见，桄榔粉的药用价值也被人们发现并用到实处。桄榔粉具有纤维能量高、无脂、低热量的特点，并含有人体所需的多种微量元素，如铜、铁、锌等，有去除湿热和滋补营养、健脾养胃的功能，适宜脾胃虚弱以及消化不良的人群食用。桄榔粉食用方便，老少皆宜，对小孩发热、痢疾、咽喉炎症等有辅助治疗的功效。

第三节　大新黑糍粑制作

一、引言

糍粑，我想大家都见过，也吃过。糍粑的种类比较多，比如说白糍粑、红糖糍粑等。那么，大家对这个糍粑的来历可能比较好奇，下面就先简要介绍一下糍粑的来历。

二、糍粑起源和历史

糍粑作为一种食品,在中国有着比较悠久的历史。在 1970 年的时候,考古人员在距今 7000 多年的浙江余姚的河姆渡遗址中发现了颗粒饱满、保存完好的水稻的种子,这就说明了早在 7000 多年前我们的祖先就已经开始种植水稻了。到了汉朝,人们就对米糕有了"稻饼""饵""糍"等称呼。而在汉代扬雄的《方言》一书中就有关于"糕"的说法。到了魏晋南北朝时期就比较流行了。在公元 6 世纪的食谱《食次》中就载有糍粑"白茧糖"的制作方法:"熟炊秫稻米饭,及热于杵臼净者,舂之为饵,须令极熟,勿令有米粒。"即将糯米蒸熟以后,趁热舂成糍,然后切成桃核大小,晾干,油炸,滚上糖即可食用。早在辽代,据说北京的正月初一,家家都有吃糍粑的习俗。到明朝、清朝的时候,糍粑已发展成市面上一种常年供应的小吃,并有南北风味之别。

三、选好艾草是关键

既然黑糍粑是大新县的特产,那么黑糍粑是如何制作的呢?制作它又有着哪些需要注意的事项呢?下面就简要介绍一下黑糍粑的制作方法、制作过程以及注意事项。

要想制作好黑糍粑,就要选合格的艾草,这是制作黑糍粑的关键,因为艾草选择得不好,那么制作出来的黑糍粑的品质就没有那些用好的艾草制作出来的黑糍粑的品质好。艾草是一种多年生长的小型灌木类植物,同时也是一种中草药,医用价值很高:艾草性味苦、辛、温,入脾、肝、肾。据《本草纲目》记载,艾以叶入药,性温、味苦、无毒,纯阳之性,通十二经,具回阳、理气血、逐湿寒、止血安胎等功效,亦常用于针灸,故又被称为"医草"。因此艾草不仅具有抗菌、抗病毒以及护肝利胆的作用,而且有活血温筋的效果,能治疗咳嗽过敏、体虚胃寒等症状。所以从艾草的功效上看,它对人体有一定的保健作用。在现在的各大医院和药房,都有艾条销售。

在乡村土路旁、田埂边、菜园里、圳沟水渠、溪岸河滩,凡是花草葳蕤的地方,一定有艾草生长。这种一年生草本植物,一团团,一簇簇,挤挤挨挨地长在那里。愈是幽暗、低浅、近水的地方,愈长得茂密、繁盛和热闹。艾草喜欢边边角角不起眼的地方。艾草的本性已经十分低调，但兴旺的长势实在让它有别于牛筋、麻根草之类。它不像是野生的，倒像菜农在园子里伺弄出来的。所以艾草是一种非常容易找到的食材。当你一接近它，甚至还未接近，就有一种淡淡的、甜甜的、苦苦的气味直扑鼻孔，沁入心脾，下沉丹田，人就感觉清爽精神些，就感觉到带有生命脉动的春的气息渗入血脉，在遍身涌流。这就是艾草的清香，也是令我们难以忘怀的地方。

四、制作黑糍粑的流程

第一步是用大锅把水烧开，加入少许的草木灰水，然后放入洗干净的艾草，不要盖锅盖，用中小火使水保持微开。然后用筷子稍稍翻动艾草，使其受热均匀，在煮到叶子变得青黝黝时，用手掐艾梗，艾梗绵软至一捏就断，就可以立即关火了。至于在煮制的过程中不盖锅盖，是因为盖锅盖会导致煮出来的艾草发黄，色泽不够鲜亮，而放草木灰水则是为了去除艾草中的苦味。

第二步，将煮好的艾草捞出来，并且挤掉水分。用刀将艾草剁碎，一直剁到没有什么茎的时候就可以了。这样做是为了吃黑糍粑的时候保证它的口感细腻，而不至于在吃的时候吃出一根草来。

第三步，取来一个足够大的盆子，在里面加入磨好的糯米粉、白糖，同时加入刚烧开的水，在倒水的同时用筷子将盆子里面的东西充分搅拌。等到盆子里的东西冷却下来后，就用手将其揉成一个个大小均匀的艾草团。

需要注意的是，在制作过程中一定要用很热的水，这样才能使糯米粉充分受热，使它的黏性增强，这样和的时候才好成团，在包馅的时候才更好操作，使成品的外形和口感更好。在糯米粉团中，加糖的量也不能太多，和好的米团微甜就可以了，因为后面要包的馅料也是甜的，糖太多了就会感觉到腻，这样的黑糍粑就不怎么好吃了。

第四步是制作馅料。首先是制作芝麻花生馅。先准备一口干净的锅，其次将清洗过的芝麻倒入锅内，文火翻炒至香脆，再将其碾碎，使之充分释放出芝麻的营养和香气。然后将花生洗净，用小火炒至皮衣酥脆，再用手将皮衣脱去，将炒好的花生碾碎。红糖片采用手工一丝丝地刨碎，与炒好的芝麻花生搅拌均匀，即成为香酥脆甜的花生芝麻馅。然后是制作绿豆馅。首先将绿豆清洗干净，泡水一夜。再将泡好的绿豆脱壳后碾磨成泥状。将炒锅烧热，倒入花生油，放入红糖片，再倒入绿豆泥一同翻炒至糖分吸收，即成为清甜爽口的绿豆馅。

第五步，在冷却下来的一个个米团里，取出一个，将其捏成一个小碗的形状，放在手心上，放入馅料，封好口，整成圆球状，然后再压扁一点，在底面抹一点油，将其放在柚子叶上。当然也可以在包之前在手心里抹一点油。因为艾草米团不像面团那样具有延展性，所以做的时候要靠按、压、捏的劲儿，不能在手心里揉搓，不然就容易散开露馅了。

第六步，做好后将其放在锅里，上冷水，在水开之后半个小时就可以吃了。糍粑柔软爽滑，混合艾叶独特的植物香气，又恰巧缓解了糯米的滞腻感。搭配香脆可口的花生芝麻馅或清甜爽口的绿豆馅，一口咬下去，感觉这湿润的春天格外美好。

五、储存食用黑糍粑

如果你不喜欢吃热的东西，不想吃刚刚制作出来的大新黑糍粑，那么你可以将制作完成的糍粑放在通风阴凉且干燥的地方，让其在大自然的风力作用下自然风干。在糍粑被自然风干之后，可以将其浸入水中，这样就可以长期保存了。风干的大新黑糍粑的吃法也比较多，如油煎、火烤以及水煮等，使用这些方法制作出来的大新黑糍粑，那将是另一番滋味了，那味道能够给人一种心旷神怡的感觉，让人越吃越想吃，根本停不下来。吃大新黑糍粑，过去只限于乡村，现已流行于城市。近年来，随着人们保健意识的增强，一股食用艾叶之风正从乡村刮到城市，偏僻山区的艾叶糍粑、艾叶煎蛋、艾叶肉丸子等相继进入了一些酒家，深受食客欢迎。现在在许多酒店都备有艾叶作汤底主料，艾叶食品盛行于农家乐式饭馆，成为一道招牌食品。

六、黑糍粑的文化内涵

在古代，人们对鬼神之说非常崇信，且认为只要是做过什么坏事，上天就会派遣鬼怪将他们抓走，使得他们非常害怕，所以他们就希望能够用一些东西来驱除这些鬼怪，而艾草就是这个可以驱除鬼怪的东西，所以他们就到河边、沟边或者是水潭边去寻找艾草，找到之后就将其做成香囊佩戴在身上，以此来驱邪护身。后来，人们发现艾草可以跟糯米混合，制作成一道美食。这样既可以驱邪护体，也可以弥补因为食物匮乏而导致的身体虚弱。所以人们就将这两样东西混合制作成像圆球一样的东西，然后在里面加上家里面的菜、糖之类的东西，然后压扁，放在竹篓里蒸，蒸熟后就可以吃了。这个做法就这样一直流传下来。作为一种食物，黑糍粑已经成为新的乡愁意象，它的再现，使很多出门在外的人产生了浓浓的思乡之情。

大新黑糍粑具有悠久的历史传承，是古代先民的劳动成果和智慧的结晶。

在当今的非物质文化遗产传承过程中，大新黑糍粑的传承可以说是比较完整的，因为它将这些文化的价值全部镶嵌在食物当中，人们在制作食物和食用食物的时候，就可以将这些内在的文化价值全部吸收进去，并且在吸收的过程中不断地对这些内在的价值进行创新，使之充满鲜活的生命力。

第四节　龙州金龙镇昆那节

一、昆那节流行于龙州金龙镇

昆那节是龙州县文化馆申报的第二批龙州县级非物质文化遗产项目。昆那节流行于布傣族群中。布傣族群是壮族的一个支系。据有关资料披露，布傣人是一个只有17000多人的小族群，聚居于中越边境线中方一侧的广西龙州县金龙镇，其人口占金龙镇总人口的67%。从族群的规模来看，布傣族群具有"小""少"的特点；从所处地理位置上看，布傣族群具有"边"的特点，他们居住在祖国南疆的前沿。

金龙布傣（布岱）人与龙州一带其他壮族支系（如布侬人）长期杂处，文化习俗相似，如住房都为干栏式，饮食皆以大米和玉米为主。20世纪50年代进行民族识别时曾自报"苗族""彝族"，后来改报为"傣族"，1958年定为僮族，1965年改为壮族，因而被看作是南部壮族的重要支系。同时在聚居地域方面，金龙镇境内的中越边界线长32千米。"同饮一江水，同砍一山柴"的中越两国边民，在语言、习俗、经济等方面有着密切的关联性。在亲友互访、边境贸易等方面来往密切。

金龙布傣具有悠久的历史和灿烂的文化。其特殊性除了历史沿革、跨境、与壮族同根同源，其世代相传的语言、服饰、礼俗、节俗等文化与越南的傣族、侬族，泰国的泰族，老挝的老族等相同或相近。布傣族群由于历史曲折、跨国跨境等诸多原因，其文化内涵丰富。

龙州地处中国南疆边陲，毗邻越南，历史悠久，是一个具有约1300年建置历史的文化古城，是骆越古地建置历史较长的县份。

龙州县地理位置险要，因其命途多舛的历史境遇导致当地文化的多样性、复杂性、易变性、脆弱性、模糊性，并带有不同历史时期、不同国家治理所留下的文化印迹和族群历史记忆、族群文化心理。

金龙镇处于群山环抱之中，境内数坐的山峰拔地而起，大多高耸峻峭。大多数村屯都是傍依在孤峰之下，房屋散落在浓密的毛竹之中，村周围种有荔枝、龙眼、黄皮果、芭蕉等果树。在山峰之间的平地和山地可供人们耕作，村旁多有泉水和溪流灌溉农作物。波光潋滟的金龙湖在灌溉庄稼的同时，也成为金龙一道独特的风景吸引众多游人。

金龙镇的主要居民有布傣人、布侬人，政府登记为壮族、汉族和其他民族的人口比例很小，汉族主要是在镇上居住，苗族、布侬族等则大多是从外地嫁入当地的。全镇有6200多户，有近三万人。

布傣人现有约18000人，是最早迁入金龙的族群。关于金龙峒傣人的起源，可能有不同来源的两大支，其中主要的一支是从越南高平省各县迁来，历史较久，人口较多；另一支是由龙州附近迁入的，是壮族（侬人），定居两三代之后改穿傣人的服装，现在成为傣人。尽管金龙各支傣人来源路线不同，但有一点可以证明，金龙祖先傣人与越南傣人存在着一定的历史联系。傣人居住的村落，一般地理位置较好，村子靠近水源，可用于灌溉和饮用，村里水田也较多。

二、昆那节的意思

"昆那节"是龙州县壮族金龙支系民间的传统节日，昆那为壮语汉译词，是田魂的意思。"昆那节"起源于上古时期古壮人对舜王和"灭积歌，阿积帝"等稻耕文化创始先祖的感恩。据金龙民间宗教信仰法事活动操持者收藏的《求务经》记载，古时，野生稻生在山脚林边，其状如柚，自生自落，无人问津，是天神"灭积歌、阿积帝"告诉人稻可吃,并教人食用。此后,成熟之稻自行滚回家中,让人享用。后因家中姐妹俩为争一夫怄气,而把滚到家门之稻打碎。被打碎之稻谷逃回山中,变成山薯和桄榔树,其果实为颗粒,中间大两头尖。"仕里"遵从人皇旨意,进山把稻谷接了回来。此时,舜皇已开造了水田,并赶回大象拉犁耕地,"仕里"把稻谷栽种到水田中,使其不断繁殖增多,养活了天下人。为感先人为人类造田地、创种稻谷之恩,壮族后人于每年农历六月中插完秧后,举行祭祀和纪念活动,人们把这种活动称为"昆那",即水田生日的意思。

昆那节的壮语意思是"田魂节",在龙州县金龙一带则称为禾苗节。节期不定,通常是在六月插完禾秧后,由道公择吉日过节。届时,人们要卖猪肉祭拜土地公。到了晌午,各家需要到自己田里摘一小丛禾苗,并在该禾苗处插一根缠有鸭毛、竹叶各数片的木棒。摘回的禾苗,要放在神龛上的一只空碗内。据说这样做可以使禾苗繁茂,收成丰登。节日中,各家还分头拜访亲友,屯内青年还与邀约来访的亲友对唱山歌。

"昆那"是当地村民们的一个重要节日,既是庆贺早稻丰收,更是为晚稻田祈祷,它更多的是表现村民们祈望风调雨顺,期待晚稻得到好收成,透露农民们对水田朴素而真挚的思想感情。

三、昆那节的内容

每年农历六月十六当天,壮族群众用五色糯米饭、米花糕、三角粽、糖糕、糍粑等特色美食招待亲朋好友及游客,以舞龙舞狮、拔河等传统民俗活动祈求来年风调雨顺、五谷丰登、国泰民安。

昆那节的内容是家家户户大摆宴席请客,举行文艺演出、球类或拔河比赛等。节前的一天,村民们忙着做糍粑、糯米饭、生榨米粉、米花糖、灌猪肠等。节日当天清晨,大家杀鸡宰鸭、烧火烤香肠、炸脆皮扣肉,每家每户都准备三五桌、七八桌饭菜。参加文艺表演和球类、拔河比赛的村民们穿着节日盛装或运动装,早早聚集在村舞台、球场,大家兴高采烈、欢声笑语。各乡镇村屯以及邻近县的群众从四面八方赶来,一些越南边民也前来观看或参加表演。车辆在村里村外排起了长龙,活动场地人头攒动、热闹非凡。各村屯自发组织了文艺队,业余时间排练节目,到开展活动时大家争先恐后报名参加,所以节目很多,往往一天的演出有六七十个节目，演出要从上午十点到下午四五点才结束，节目都是群众自编自演的舞蹈、山歌、天琴弹唱等。昆那节里，还有人舞着麒麟到各家各户拜贺，为大家祈求五谷丰登、六畜兴旺、老少安康。

龙州人民自古喜唱山歌，在每一个节庆里，群众性的山歌活动可以说是人如潮、歌如海，昆那节更不例外。正常的圩日，或民间歌节（春节、侬峒节、"三月三"、四月十四歌圩节、昆那节、糍那节等），是青年男女自由恋爱的有利时机。

布傣的传统节日相当丰富，较大的节日有春节、六月昆那节、七月十四中元节、八月十五中秋节、十月初二糍那节等。布傣人的节日特点，多是与糯米、山歌有关，如春节、侬峒节、糍那节、昆那节等包粽子、做糯米饭、做米粉等都与糯米有关。

昆那节的主菜是鸭肉。乡亲们自养的鸭子喂的是稻谷玉米之类，养有一百多天，肉鲜嫩，味道很香甜。当然，吃鸭肉是很讲究的，这个讲究其实也是很简单的，就是备上上好的蘸料。乡亲们早就准备好香椿嫩叶，烤过火后剁碎，再淋上煮鸭的汤水，放上盐巴便是。这蘸料香味四溢，甜津津的，很是爽口。一块煮得火候正好的鸭肉，蘸上香椿蘸料，放进嘴里，定叫你大呼鲜美。

龙州县各村屯举行昆那节的日子不同，这主要是为了方便亲朋好友之间相互往来，村民们今天我去你的村串门过节，明天你来我的屯开怀畅饮，欢歌乐舞，一连几天。边陲的村村寨寨几乎天天过节，好不热闹！这几年来，各级政府利用在昆那节举行文艺演出的机会，开展各种主题宣传活动，如清洁乡村、民族政策、富民兴边、环境保护、农业开发等，搞得有声有色，村民在寓教于乐中增长见识，促进了边境民族地区的和谐、稳定、发展。

第二章 技艺与传说非遗

第一节 大新壮族服饰

一、壮族服饰变迁

在历史上，壮族先后用蕉、竹、棉、麻等植物纤维织布做衣。宋代，人们于冬天编鹅毛为被裘。近代，兼用洋纱洋布。民国时期，兼用洋纱洋布及国产纱、布。新中国成立后，多用国产机织布。20世纪70年代后，使用人造化纤，衣服质地比过去考究。

汉代，岭南人多着短衣短裤。唐代，男子着左衽衣，女子则穿"横布两幅，穿中而贯其首"的通裙。宋代，壮族多穿青花斑布衣。明代，壮族服饰的显著特点是"花衣短裙"。男子着短衫，名曰黎桶；妇女上穿黎桶，下围花幔，或着蜡染青衣裤，在衣领、袖口等处用五色绒线刺绣花纹。

明末清初，在土司统治区，土民只准穿黑、蓝二色衣服，读书人可穿灰、白二色衣服，土官及其官族可穿绸缎和白色、花色衣服，考中秀才者仿汉制穿大襟长衫马褂。清代，各地壮族男衣短窄，裂布束胫，出入常佩刀。女衣不掩膝，长裙细褶，或蓝或红或花。更有穿夹裙者，厚三四层，重五六斤，缀五色绒于襟袂裙幅间。大新县下雷一带妇女所穿的衣服分为上下二截，上截衣长九寸，领、袖均刺绣，下截则用布幅围住。清末至新中国成立初期，大多数壮族男子上穿对襟唐装，下着长裤。有钱人家，老人冬穿右衽大襟长袍，外出工作、学习的人改着中山装或西装。妇女多穿圆领对襟或偏襟上衣，腰系四周绣一道花边的围裙，下着长裤或裙。桂林地区妇女上身穿深蓝色或带花短衫，外套对襟白上衣，衣长至腰，胸前只钉两组布纽扣，露出带花内衣，内外衬托，显得淡雅秀丽；下身穿青黑色宽脚长裤，离裤脚数寸处或膝盖处镶有一宽一窄颜色或红或蓝的两道彩色襕干，十分鲜艳。清末之前，龙胜男子穿铜扣大襟衣；清末民初，改穿铜扣小襟衣；20世纪20年代，又改为穿破胸对襟衣。老年妇女穿黑色圆领对襟衣。青年女子身穿绣有红、绿、蓝、白、黑五种色彩镶边的上衣，下穿绣有各种颜色图案的裙子，长至膝盖。民国初年，妇女因穿裙劳动不方便，逐渐弃裙改穿宽脚绣花长裤。大新县板价一带妇女上身穿右衽紧身短衣，长仅到腰间，袖长六寸，襟边、衣领、袖边绣彩色花边。老年妇女一年四季都穿黑色或深蓝色上衣，中年妇女春夏穿白色上衣。裙用黑色土布缝制，裁为扇形，两边连有长带，穿时用带打结，然后把左边裙底插到右腰间，右边裙底插到左腰间，在腰后形成交叉的裙幅。1932年，国民党当局嫌这种裙子怪异，派警兵拿剪刀在圩上剪裙子，遭到壮族人民的激烈反对。20世纪60年代，当地妇女仍穿这种裙子，男子则穿圆领琵琶上衣，裤子的裤脚稍宽。

二、大新壮族传统服饰

20世纪80年代后，崇左壮族地区的社会生产力得到很大的提升。长期以来在壮族社会经济中占据主导地位的自给自足的自然经济在现代化进程的冲击下发生巨变，壮族各地区的社会经济水平和壮族民众购买力不断增强，机织布逐渐进入壮族家庭，取代自种、自纺、自织的土织布，成为服饰的主要面料。简洁、日常、廉价的成衣逐渐成为壮族民众平常穿着的服饰，壮族服饰慢慢开始借鉴、采纳汉族和其他民族服饰文化。由此可见，壮族服饰文化始终处于创新、变化之中。

大新县壮族传统服饰色彩。大新县壮族传统服饰色彩有蓝、黑、棕三种，农村妇女服饰以血黑色衣裙、衣裤式短装为主。由于氏族服饰不断融合，男子传统服饰与公族传统服装相差无几，多为布纽扣黑唐装。不同的是，大新县壮族男子传统服饰是在腰间束黑布带。妇女种棉、纺纱、织布、染布、制装，是一种家庭手工业。所织的壮布叫"家机"，耐磨经穿。壮布织成后，用三种草本植物分别染色，例如用大青染成蓝色或青色布，用鱼塘深泥染成黑色布，用薯莨染成棕色布。妇女擅长刺绣，其绣品图案精美、色彩艳丽，服装多用花边装饰，腰间束围裙，特别喜欢在鞋、帽、头巾上用五色丝线绣上人物、鸟兽、花卉等纹饰，种类丰富，色彩斑斓。

大新县壮族三种代表性传统服饰。在崇左市流行时间长、范围广、样式多的服饰，总体来说有三种主要类型：一是宝圩乡板价、板禄等村的短衣长裙服饰，又称短衣壮服饰；二是以县境中东部三联村为代表的飘巾黑衣服饰；三是以县境西北部陇江村为代表的盘头黑衣服饰。三种类型的壮族服饰，只是女性服饰有所区别。男性的穿着一律为黑色，头上扎黑长头巾，盘出两只角来，上身穿大襟黑衣，下身穿宽脚黑裤，腿扎黑布绑腿，脚穿草鞋。男女服装衣料都为自制的蓝靛土布。20世纪90年代以后，由于时代的发展变化，人民生活水平不断提高，民族间的交往日益增多，各族人民追求的生活目标逐渐一致，衣食住行变得大众化。

大新县白衣壮妇女服饰。大新县宝圩乡一带壮族妇女，因其服饰以白布短衣为特色，故有"白衣壮"之称。其上衣用自织的白色棉布缝制，小圆领，领口用绣花带或花布绲边，右开襟，布扣，中袖，衣短齐腰。下身穿自织自染的蓝色百褶长裙。裙内再穿用深蓝色棉布缝制的宽头直筒裤。头部用自织的白底织花带边缀的布包扎。此类装扮流行于20世纪70年代。

褶裙的外面有时还配有一条方形套裙，套裙正面下方一律配有一块长15厘米、宽10厘米的蓝布，蓝布下方从中间剪开一半。逢年过节，妇女们除穿上这种风格独特的以黑色为主色的短衣长裙，还在头上盖着一条白色底巾，底巾上面另加一条黑、白相间或绣有红、黄、白、蓝等色的花锦头巾。青年女子额前留刘海，头巾的颜色也较为鲜艳。中年妇女头巾的花纹简单，颜色也较少。老年妇女头巾的花纹和颜色更加朴素。有的妇女还在肩上披一件披肩。披肩过去是为了肩挑负重时减少衣服的磨损，后慢慢地转化为一种装饰。在其他搭配上，一般是两耳挂银耳环，颈部套着数个大小不同的银项环或银项链，肩膀披着护肩巾，腰间扎着色彩艳丽的锦带，手戴银手镯，腿缠三角黑绑布，脚踝套着银脚镯，脚穿船形绣花鞋。2010年，崇左市人民政府公布第二批市级非物质文化遗产名录，宝圩短衣壮服饰位列其中。大新县宝圩乡板价村板价屯短衣壮服饰是崇左最著名的短衣壮服饰，板价屯短衣壮是目前崇左在生产、生活中仍保留穿戴壮族服饰为数不多的壮族人。

飘巾黑衣壮族妇女服饰。飘巾黑衣壮族分布在大新县中东部、江州区北部、隆安县西南部等地，以大新县龙门乡三联村最具典型。自古以来，这里的壮族妇女们自种、自制纺织原材料，穿着与上甲村壮民不同、与那坡县黑衣壮也有区别的黑衣服，曾称为"僮装"，因传其出自唐代，所以又称为"黑唐装"。

第二节　壮族刺绣艺术

一、引言

刺绣是我国民间传统手工艺之一，历史悠久，类别多样，如著名的苏绣、湘绣、蜀绣、粤绣等。壮族刺绣也是流传千年，早在两千多年前的贵港市罗泊湾汉墓中就出土了刺绣物品。

二、壮族刺绣饰物

底蕴丰富的壮族刺绣是古代句町文化的延续与发展。壮族刺绣品在宋代时就被百姓当作上贡的礼品。壮族刺绣在造型、色彩、图案上体现出浓郁的地方民族特色，并注重质朴美、装饰美。在传统习俗中，织布、绣花、绣锦是每个壮族妇女必须具备的技能。壮族刺绣是壮族地区流传的较有特色的传统手工技艺。在某一个壮族村落的村口，妇女们围坐一团，头上扎着帕角或者戴着头饰，穿着蓝靛染的衣服，她们有的刺绣，有的分享绣品或者探讨刺绣技艺。针线游走于掌中，花朵在布帛上吐露芬芳，蝴蝶在指间慢慢起舞，这是藏在壮族刺绣中的手工技艺。她们衣服边角有图案，有的用金线或者银线织成，有的由珠子组成，看起来大方明快。壮族妇女的衣服，从头到脚看上去庄重又带有一些俏皮，庄重的纯色整体，在领口、衣角、袖口处精美刺绣的衬托下大气中带有一些活泼，在这活泼之处体现的是壮族妇女精巧的手艺。民间是这样描述壮族服饰的："头上两只角，腰间一包药。衣服一小点，裙子够马驮。"

三、刺绣针法及图案

壮族刺绣的主要材料为丝绸、锦缎、棉布、纺织土布。壮族刺绣做工精细，针针见功底，线线出效果，绣品讲究整体关系，以盘绣为主，以密集的绣法为基调，以大面积繁绣为特色，件件绣品舒展大气，光彩夺目。

除了盘绣，壮族刺绣最具特色的还有扣绣和挖绣。

与一般绣法不同的是，扣绣绣法同时需要两根针，大针穿着粗的一根线在布的上方，小针穿着细的线在布的下方，粗的线在布的上方绕成圈，小针由布的下方钉到上方把粗线绕成的圈钉好，两针互补穿梭于布之上下，交替使用，便形成了立体感强、造型美观的扣绣，一般俗称为链子扣。

挖绣的不同之处在于，相比一般的绣法更为复杂。在以前的时候，人们是用羊皮巾先剪好花样，然后把剪样贴在硬的布上，再用五彩的丝线顺着剪样的线条压边，就形成了颜色艳丽的挖绣。

刺绣还讲究画图，壮族妇女大多先把图案精心绘好，将自己想表达的意思表达出来，多采用自然景物，如花、鸟、草、蝴蝶等，绘画出的图案一般色彩鲜艳，带有一些夸张成分。图绘好后，将图案剪下来，图案上浆后贴在要刺绣的布面上，最后再一针一线地精心绣制，用各色丝线绣出风格独特的绣品。

壮族刺绣色彩鲜艳、图案精美，壮族妇女会将刺绣应用在很多方面，比如衣服、头饰、背带、帐帘、坐垫、绣花鞋等。她们用精巧的手法将各种丝线绣到布料上，制作出一件件色彩鲜艳的绣品。绣品图案丰富、色彩绚丽，壮族人民家中的各种绣品都具有一定寓意。绣花鞋是比较有代表性的刺绣工艺品，样式多样，图案也很丰富。鞋头有的是钩状，有的像龙船，分有后跟和无后跟两种。鞋底一般用砂纸做成，比较厚。针法有齐针、盘绣、堆针、混针、压绣等。年轻妇女喜欢用亮底，色彩上常用深红、黄色、绿色等艳丽的颜色，绣的花样一般是蝴蝶、鸟雀、龙凤、花木等。老年妇女大多用比较沉的颜色，绣的花样一般是云、狮兽、寿桃、吉祥如意等。妇女们按照自己的想法绣制花鞋，绣花鞋各式各样。在歌圩上，能看到穿着壮族服饰载歌载舞的壮族妇女，她们穿的绣花鞋各有各的花样，几乎没有样式相同的绣花鞋。

壮族背带绣，流行于广西天峨、龙州等地区。背带是背小孩用的，它由许多小块绣片组成，在每条丁字形背带上配以三角形、扇形、菱形等图案，多取龙、凤、牡丹等传统纹样，然后将裁剪成形的图案根据需要贴在各种色布或绸缎上，用多种深浅不一的绒线刺绣，最后镶接成完整的背带绣。

背带上的图案体现了父母对孩子的祝福与期望。大多数壮族人小时候都被父母用这种背带背在背上哄睡，或者是在父母劳作时被背在背上。壮族妇女会在她们的衣服上用细丝绣出各种花样，以作为纯色衣服上的点缀，让衣服更具特色，更为美观。

壮绣造型讲究实用性，绣品图案细腻繁密，造型严谨，具有一定的整体性。壮绣有象征意义，比如石榴花寓意多子，牡丹花寓意富贵，双飞燕寓意夫妻恩爱。

少数民族大都喜欢把自己民族的信仰及对生活、对自然的热爱展示在自己身上，从而形成了各民族特有的风情。壮族也不例外，这种展示更多地体现在妇女们对于刺绣花样的选择上，不同的花样有着不同的意义。最常见的是蝴蝶和鱼，蝴蝶是美的，鱼也是美的。在背带上常见绣出葫芦、寿桃、石榴。葫芦代表福禄，寿桃代表长寿，石榴代表多子多福。在背带上也会绣出鸡、鸭、鹅。聪慧的壮族妇女，通常会把她们生活中所观察到的事物形象，凭借记忆中保留的片段印象，与自己的喜好组合在一起，做成她们刺绣中的美景。

四、壮族绣球制作

宋代朱辅《溪蛮丛笑》载："土俗。岁节数日，野外男女分两朋，各以五色彩囊豆粟，往来抛接，名飞砣。"可见，绣球从很久以前就是广西壮族青年男女的定情物。追溯绣球的起源，应是广西壮族乡村青年男女，在约定俗成的日子里，成群结队在山间地头对歌戏耍，他们会随手摘下身边花草，用藤扎成花球，抛给意中人，这种简陋花球，渐渐演变成绣有莲花、鸳鸯戏水等爱情吉祥物的绣球。清末，壮族才子黄敬椿写道："斜阳门巷破萧条，姐妹相从孰最娇。好把飞球空里掷，迎来送去赏花朝。"壮家绣球，是广西壮族姑娘们用手工做成的一种彩球，以圆形最为常见，也有椭圆形、方形、菱形等。绣球大如拳头，内装棉花籽、谷粟、谷壳等，上下两端分别系有彩带和红坠。

绣球全部以手工精心制作，多以红、黄、绿三色做底。绣球大多为十二瓣，每瓣皆绣上各式吉祥物，如梅、兰、竹、菊等花卉图案或春燕、龙、凤等。一般的绣球大都采用单线刺绣的方式在每瓣的面料上绣出各色图案，图案为平面式，线条、色彩如画一般美丽。采用复线刺绣方法的"堆绣绣球"，图形更为精美，图案极为复杂，所勾勒之物栩栩如生，极富立体感，如鲜活之物跃然欲出，属绣球中的极品。

广西最早有文献记载的绣球内包有豆粟、棉花籽等农作物种子，除了使绣球有一定的重量便于抛掷，更深层的意义是绣球为吉祥之物。

绣球是壮族青年男女独特的定情信物。每年春节、"三月三"、中秋节等传统佳节，他们都要相聚歌圩，以对歌和抛绣球的方式缔结姻缘。

第三节　壮锦织造

壮锦种类很多，有十字花纹壮锦、菊花纹壮锦、花山图案纹壮锦、万寿花纹壮锦、条纹壮锦、井字纹壮锦、龙凤绣球铜鼓纹壮锦、蜘蛛云雷纹壮锦、蟒龙纹壮锦、双龙戏珠纹壮锦、凤恋花蝶纹壮锦等，让人看得眼花缭乱。

这些壮锦是用壮锦织机织造而成，织机的形制决定了壮锦纹样的变化。按照地域和制造技术的不同，传统壮锦织机的形制主要有四种：忻城和宾阳的竹笼机、桂西地区的靖西织机、环江地区的环江织机及龙州地区的龙州织机。其中，龙州织机属于单蹑单综环式花本织机，主要特征是卷经轴比较高，利用分经筒和一片地综完成地纹，地综与脚踏相连；环式花本直接搁置在前梁上，固定不可升降。

现代织机的经纬交织方式是通经通纬，在织机动态运行下完成引纬交织。壮锦的经纬交织方式是通经断纬，需要在织机暂停的状态下由织锦人完成手工盘织彩纬。浮于织物背面的是不显花的彩色抛纬，而显花的彩纬与通经交织后呈现在织物正面。这种通经断纬的织造工艺让织物图案色彩变化不受限制，使图案单元可无限循环，且配色不受色数限制，可以自由变换色彩，体现了壮锦绚丽、辉煌、缤纷的艺术效果。

壮锦的织造过程分为以下七步。

第一步：脱棉籽。将采摘下来的棉经过脱棉籽机的处理，把棉花里的棉籽脱离出来。

第二步：纺纱。用纺纱机把棉团纺成棉线，使用适中力度保证纺出来的棉线粗细均匀。

第三步：排线。纺好的棉线要经过排线架把棉线排成一卷一卷的样式，才能放上织布机织布。

第四步：织布。纺织者运用传统织布机把一条条棉线变成一块块棉布。

第五步：蜡画。用蜡刀在织作好的白布上进行蜡画纹样绘制。

第六步：染色。染色用的染料是从蓝靛草中提取的，将其与石灰粉按一定比例制成染膏，加水放入染桶里面，搅拌均匀后就把蜡画过的白布放入染桶里面进行染色。

第七步：晾干。将染好的布取出，如果是有蜡画的布就先放到沸水里脱蜡，而后放在晾布架上进行晾晒，得到成品。

每当夜幕降临，在崇左市龙州县双蒙村板池屯便响起了"咔咔咔"的织布声，原来是织娘们正在飞梭走线织壮锦。

壮锦传统技艺在板池屯有着上百年的历史，被列入崇左市非遗保护名录。

壮锦，是板池屯女子必不可少的嫁妆。织壮锦，也是村中女子必修的"女红"。走进板池屯，上至耄耋老人，下至幼稚孩童，总能在织机上展示一两手编制壮锦的技艺。

壮锦的图案是在传统织机上完成的。编织者在编织时按设计好的图案，利用挑花尺将图案挑出，再用编花竹和线在花笼上排开，而后按照花笼的排线逐渐移动，从而得到设计好的花纹图案。图案的形状以几何图案为主，以点、线、面形成三角形、四边形和圆形等，既可以是单独的图形编织，也可以是多种图案交织。

第四节　壮族雕刻艺术

广西地处祖国南疆，壮乡儿女就地取材，物尽其用，创造了类型多样的传统技艺，其中就有壮族雕刻技艺。壮族雕刻类型丰富，有根雕、竹雕、角雕、石雕、砖雕等，本节主要讲述壮族铜鼓雕刻和壮族木雕。

一、铜鼓雕刻内容

铜鼓是中国古代的一种打击乐器，迄今已有两千七百多年历史。据裴渊《广州记》和刘恂《岭表录异》说，壮族铜鼓有的面阔丈余，有的厚二分，其身有虫、鱼、花、草之状，制作极其精巧。壮族铜鼓上的雕刻更是精美无比，雕刻图案最多的是青蛙，其次有骑士、牛橇、龟、鸟等，造型夸诞、雄强有力。鼓胸、鼓腰也配有许多具有浓郁装饰性的绘画图案。其实，铜鼓上的图案绝大部分是壮族十二图腾，壮族十二图腾在壮乡儿女心中有着独特且重要的地位。

壮族十二图腾主要包括蛙、水牛、鹭鸟、鹅、图额、虎、马鹿、大象、金鸡、羊、狗、猴。壮族十二图腾中的动物在壮族人民心中都是人类的好帮手。壮族人民绝大多数是农民，在壮语中田地的读音为"那"，故他们的稻田文化也被称为"那文化"，很多壮族的村庄都以"那"命名，可见田地在壮乡人民心中的地位，由此可知壮族十二图腾的地位几乎是可以和田地相提并论的。

二、铜鼓雕刻内容的文化寓意

壮族十二图腾的寓意深刻，蛙是十二图腾中最常被运用在铜鼓雕刻中的。壮族民间传说，青蛙是天神雷王的子嗣，雷王派它们从天上下到人间召唤雨水。雷王在天上听到青蛙的鸣叫，便知人间干旱，于是播降雨水。壮族每年春节都有祭蛙神的活动，以拜贺新年，唱颂青蛙呼唤雨水的功德，祈求风调雨顺、稻作丰收。金鸡在壮族人观念中能报晓并带来光明，还有通神的灵性，所以壮族主要祭典都离不开它。金鸡是壮族先民崇拜的一种吉祥动物。在壮族人的观念里，金鸡是引来光明的吉祥物。所以，凡是重要的祭典，鸡是必备的一种祭品，在壮族每一年的庙会或祭祀中，道士会围着一只鸡施法，然后便将它放到寺庙旁的山上，让那只鸡在这座山上守护壮乡儿女。此外，在壮族人观念中，狗具有镇邪驱恶的功能。我国云南壮族的一些村落流行摆放狗头人形雕像，用来为村子辟邪。

铜鼓雕刻内容除了壮族十二图腾，还有物象纹饰等，比如太阳纹、翔鹭纹、鹿纹、龙舟竞渡纹、羽人舞蹈纹、云雷纹、圆圈纹、钱纹和席纹等。这些纹饰往往以重复或轮换的形象、构图出现，产生强烈的艺术效果。

三、木雕艺术

木雕是以雕刻材料分类的民间美术品种，一般选用质地细密坚韧、不易变形的树种，如楠木、紫檀、樟木、柏木等。壮乡属于亚热带季风气候，非常适合植物的生长，故适合木雕的树种比较多。

在广西，能够比较好地保留木雕技艺的村屯当属龙胜各族自治县马海村，马海村是一个因雕刻工艺而出名的工艺美术村，村民们雕刻的作品精致而不失华丽，现代又不失古朴，极具观赏性又非华而不实，深受百姓的喜爱，还远销海外。马海村之所以能成为一个鼎鼎大名的工艺美术村，是因为这个小村庄有着悠久的雕刻工艺传统，还有以蒙焕春为代表的许多雕刻艺术家。

四、壮族雕刻艺术的发展

壮族民间木雕主要是房屋建筑雕刻和家具雕刻，以及面具、神像、神案雕刻，多采用透雕和浮雕工艺，上刻各种花卉、蝴蝶及卷云纹、枝叶纹、万字纹等装饰，加上龙、凤、鹿、仙鹤、麒麟等形象。其中以壮族村民家家必备的神案雕刻最具特色，工匠们大多数采用浮雕工艺，对神案空余板块进行装饰性雕刻，使其看起来更加美观庄重。

第五节　天等进远石雕

一、天等进远石雕的历史

天等县进远乡的石雕技艺历史悠久。历史上，进远乡曾被称为"石匠铁匠之乡"，打铁技艺以政洲村为代表，石雕技艺以岩造村为代表。天等进远石雕技艺于 2012 年入选第四批广西壮族自治区非物质文化遗产名录。以下将从它的历史、技术工艺等方面来介绍。

进远乡位于广西天等县东北部，清为镇远土州。进远乡地表资源匮乏，地区范围内 70% 都为石山区，属于喀斯特地貌，这就为石雕工艺的发展提供了原料。进远的石雕工艺历史悠久，早在清朝时期，就有大批石雕艺人外出谋生，近到左、右江沿岸各地，远到云南省乃至越南、老挝等国，雕刻石狮子、石狗、石象、碑文、凿料石、石梯等，石雕作品形式多样、气势恢宏古朴。

相传清咸丰末年天等就有劳务输出，而以佶伦土州的银工和镇远土州的石工、铁工为多。石工手艺高超者，雕刻石狮子、石象、碑文等；手艺稍逊色者，凿料石、石梯、石磨、石臼、石墩等。又有文献记载，清咸丰末年，镇远土州下州屯人已用石头建房，凿石臼、石碓、石磨等。清同治年间，60户农家中就有40多户人外出，从事石头雕刻和建筑石拱桥等。可见，清朝时期进远石雕手工艺已经得到很好发展。

如今，进远乡是全县有名的"石匠铁匠之乡"。石匠们除了能建筑桥梁、楼房等，还能刻字、刻龙、刻狮子、刻龙狮戏珠，工艺精巧，产品畅销区内外。进远乡石雕工艺主要分布在四个村：进远、政洲、岩造、和平。这四个村的石雕工艺以岩造村最为出名。

顾名思义，岩造村，与石头有着紧密联系。岩造村的石雕工艺传承历史久远。岩造村村头的标记石上刻写了《村记》，简单地概括了岩造村的基本情况，也说明了岩造村的能工巧匠中以石工最为突出，闻名遐迩。岩造村的石刻中，以碑刻最为常见，碑中图案丰富，栩栩如生，刀法细腻。

岩造村历来有土葬的习俗，同宗同族同姓的人都会葬在一起，所以村里有几处规模宏大、保存完好的碑林，这几处碑林中的墓碑少则一百块，多则四五百块。这些墓碑都是青石材质，碑头有圆有方，有的雕刻双龙，有的雕刻云纹。碑身刻有铭文，多为"百世流芳""世代昌盛"等字样，都苍劲有力、清晰可辨。而碑底都有碑座。碑身和碑座紧密联系在一起，虽然历经风雨，但是依然坚固，完整无缺。碑林里最为久远的石碑上面密密麻麻刻着小楷，清晰可见"大清乾隆十二年十月初十日穀旦立"字样。所以，可以明确地知道，从1747年开始就有人在此安葬立碑，而这也证明了岩造村的石雕工艺从这之前就有发展。

二、石雕技艺的种类及步骤

进远石雕艺人技艺精湛，雕工娴熟，刀法细腻，石雕技艺手法主要有三种：浮雕、圆雕、镂雕。从审美和视觉效果来看，大的威武壮观，小的则精美秀丽。

岩造村石匠刻制的大型石狮，高约4米，宽约1.5米，是装饰大门上好的工艺品。

制作石雕，先要选择好的原材料，一般需无裂缝的石料，这样雕刻时不会受阻，而且在开采时尽量避免使用炮轰，目的是避免石头受损伤，不然不好制作完整的石雕。

在雕刻过程中，一般有四道工序。第一道工序是绘图。一般先在纸上勾画好草图，然后用木炭或者粉笔在石头上按照草图描画出基本的轮廓再进行雕刻，这样可以让石匠心里有把握，减少出错。

第二道工序是按照预定的石雕大小计算好外形和底座的比例。

第三道工序是雕刻细节。从里到外仔细地进行雕琢，细节之处最为重要，解决了最难雕刻的部分，其他的就简单一些。

第四道工序是对雕刻好的作品进行打磨和抛光处理。这是雕刻的最后一步，让雕刻好的作品有光泽而显得圆润。

第六节　竹编技艺

一、竹编概说

竹制品编织工艺，是竹制工艺中较为出名的一种，它作为一种传统手工艺，历史悠久，传承至今，未曾断绝。竹编制品，即利用竹子通过人工制成的手工艺品或者生活用品。竹制品编织所用到的材料是竹子，自古以来我们便了解到，竹与梅、兰、菊合称"四君子"，它是高尚、坚韧、谦虚的象征。大多数文人墨客选择在居室旁种竹，以便日日观赏，甚至出现了"宁可食无肉，不可居无竹"这一说法。在历史的长河中，历朝历代都有人对竹追崇，人们提高竹的栽培技术，而后培育出竹产业。

二、竹制品的编织工艺

我国的竹林资源非常丰富，种类繁多，竹编材料多为毛竹、早竹、水竹、淡竹、慈竹、青篱竹、迟燕竹等，其中毛竹使用率较高。竹制品编织是利用竹丝、篾片，以挑和压的方法形成经纬交织来制作，主要分为四个部分，即设计、材料处理、编织、收尾。

首先，设计好样品，画好一个模型，有成品的大概形状，然后根据其模型来编织。

其次，就是材料处理。先将所需的竹子砍下，放置在空地曝晒，淋雨后再曝晒，然后存放起来。之后将竹子削成竹片，再把厚竹片削成竹篾、薄竹片、竹丝，以便更好地编织。如果想要提高竹子的柔韧性，可以将竹子浸泡在水中两天两夜，等到竹子变软之后再捞起来晒干。一般来说，想要竹制品具有色彩鲜明的花纹，需要先对竹片进行染色处理。竹制品的花纹形状有方格纹、米字纹、回纹、波纹等。

再次，就是编织。一般来说，这一过程是最难的一部分，考验人的耐心和细心。在编织之前，要用比较宽的竹条编好底子，因为底子对于成品的形成至关重要，稍有不慎，前面的工作就会作废，或者影响整个样品的牢固程度。编织的方法有平编法、斜纹编法、回字形编法、梯形编法、三角孔编法、双重三角形编法、六角孔编法、圆口编法、菊底编法等。主要按照经纬编法来编制，即平编法，其中还可以使用疏编、插编、穿编、扎编、套编、锁编等方法来编制。

最后，就是收尾的工作。它是不可或缺的补充工序，对于竹编产品美观、精致、顺手、耐用的程度起着重要作用。收尾时要注意整齐扎实，控制力度，防止器体松散脱落。

竹制品编织的艺术成品可分为两种形式，即粗丝竹编织品和细丝竹编织品。粗丝竹编织品主要是将竹片削成粗细均匀的篾片，再通过切丝、刮纹、打光和劈细等工序来编织成各种各样的日常生活用品。常见的粗丝竹编织品有竹篮、竹席、竹筐等。细丝竹编织品，就是把竹片切成竹丝，掌握好力度和速度，并注意厚薄匀称，再编织成物品，以精细见长。常见的细丝竹编织品有竹编茶具、花瓶等。

三、竹编的文化内涵及产业发展

从竹制品编织的历史渊源，再到竹制品编织的形成原因，我们还应该了解竹制品编织的内涵。玉碎不改其白，竹焚不毁其节。有人说，竹子的自然特征是空心、有节、坚韧、常青，所以用竹子来代表中华儿女谦虚的品格和坚贞的民族气节可以说再恰当不过了。竹作为中华民族气节的象征流传至今，人们对于竹子的美人之姿、君子之态及自然神韵始终抱以欣赏的态度。竹彰显气节，虽不粗壮，却正直，坚忍不拔，不惧严寒酷暑，始终长青。当竹子所蕴含的人文精神与艺术创作相结合，形成竹制品时，无不诠释着中华儿女坚忍顽强、生生不息的生命情怀。竹编工艺品取于自然，用于生活，而后又回归自然。

竹制品编织是一种手工技艺，传承这一技艺的大多数是中老年人，很少有年轻人愿意去继承这门技艺，所以竹制品编织可能存在着因无人继承而失传的问题。对于竹制品编织的发展，笔者提出几点建议：

一是完善竹编技艺传承的相关政策，加大力度保护这一手工技艺，鼓励更多的人去学习，并给予传承人补贴。

二是挖掘竹制品编织的文化价值，开展竹制品编织展览，传播竹制品编织的文化及内涵。

三是在继承竹制品编织工艺的基础上加以创新，结合当代的审美文化来编织成品，形成品牌，增强竞争力。

第七节　江州草席

席，籍也，就是竹垫子。如今，人们习惯将所有用天然植物加工编制成的垫子称为草席。草席是南方地区人们生活中必不可少的用品，尤其是西南少数民族地区，气候炎热，睡觉时一般用透气的凉席，冬天也习惯将席子垫在床上最下层，再铺床垫和床单。因此，南方地区都有各自的草席制作技艺。据《广西通志》记载，广西草席的主要产地分布于贵港、崇左、玉林等地。其中，最早建草席厂的是贵港木格，崇左江州草席则以历史悠久、质量上乘而驰名区内外。

一、起源与发展

据《广西通志·乡镇企业志》记载，早在清道光十五年（1835），种草织席技术就从广东传入了崇左江州，至今已有近200年的历史。因主要产地在崇左江州之乡及其下各村，且江州草席的质量最为上乘，故名江州草席。19世纪，从广东引入了席草种子和草席加工技术后，江州人在漫长的时间里又积累了许多种植经验，从种植到编织，草席质量越来越好，深受人们喜爱。2014年，江州草席制作技艺入选了第五批自治区级非物质文化遗产名录。

自19世纪末草席编织技艺从广东传入起，至20世纪50年代中末期，江州草席与江州同生共息，为群众生活提供了实际用品。新中国成立前，江州草席年产量最高达 10000 张，最低也不少于 8000 张。新中国成立初期，江州草席被选送入京展览，因此受到各地商人的青睐，从而扩大了市场，产量逐年上升，产品行销区内外。20 世纪 50 年代中期，是江州草席的盛产期。20 世纪 60 年代至 70 年代中期，草席生产停滞。

据江州草席第四代传人邱子宏说："早期生活困难，于是跟着奶奶学习编草席，靠着卖草席的收入维持生计。"这是那个时期比较普遍的现象，掌握一门手工技艺，就意味着生活得到保障。改革开放后，草席的销路不断扩大。20 世纪 80 年代，江州 80% 以上的人种席草、编草席，江州草席重新回到市场，有专人前来收购，销往区内外，从而带动了江州经济的发展。江州草席因质量好、冬暖夏凉、水淋上去不会漏、既结实又柔软、价格便宜而广受好评。

二、草席编织技艺

江州草席编织技艺较为复杂，有十多道工序，制作一张草席需要花费大量的时间，劳心劳力，却没有太高的收益，这也是许多年轻人不愿意继续从事草席编织工作的原因。江州草席是以席草、黄麻作为原材料，用专门的工具手工制作而成的。气候适宜原材料生长是崇左得天独厚的优势。在此基础上，人们总结出许多原材料种植的经验，使得原材料产量和质量都能得到保证。

江州人制作草席，通常从种植原材料开始，从种植到编织都一手包办。黄麻纤维是最廉价的天然纤维之一，种植和用途的广泛性仅次于棉花。黄麻吸湿性能好，散失水分快，故将其作为草席的原材料，既舒适又环保。崇左属亚热带季风气候，夏热冬温，降水充沛，土壤肥沃，适合黄麻生长。黄麻于冬日播种，生长期间需重视田间管理，防止病害虫害，还需多次除草、除虫、施肥，直到次年夏日席草成熟之后再收割晾晒。收割之后还要深度翻整田地，准备下一次的种植。随着制造工艺的发展，用来制作凉席的材料越来越多，但是若要论舒适度，还是草席最受欢迎。

每编织一张草席，需要用到三千多根席草，耗费四个多小时。草席以黄麻为纲，夏末初秋的席草为纬，通过破草、纺纲、圈纲、装纲和编织五个步骤，经历十多道工序制成，每个步骤都由手工艺人亲力亲为。

破草即将每条草破开，去除草心，割成细小草皮，再晾晒至席草颜色变白。晾晒是十分重要的步骤，通常在宽敞平坦的地方晾晒麻草，若是第一天晾晒，因刚收割的麻草水分大，还需要时不时地翻动，使其水分更快蒸发。为使草席各部分颜色均匀，最好是使席草各处的干燥程度一致。晒草要坚持晒得迟、收得早的原则，因为早晨和傍晚的露水会导致席草变潮。席草晒干后，就扎成捆，存放好备用。

接着进行纺纲，把黄麻撕成小条，将其搓成长数百米的麻纲，再用专门的纺纲车纺成麻纲圈，这便是圈纲。下一步便是将麻纲圈放于支架上晾晒，而后将麻纲穿在特制的蚬木席扣里面，压上席床，此为装纲。

最后，也就是最核心、最重要的步骤——编织。编织草席需要两个手工艺人同时配合操作，一人穿草，一人压草，看似简单，却极讲究技巧，穿草、压草都要快和准。此外，还要锁边，把边缘固定好，逐条穿草、压草，这才形成草席雏形。

尤其要注意的是，压草的工具重量不轻，压草人必须体力非常好，才能与穿草人完美地配合。

草席编织技艺实际上不是靠编，而是靠压。压得好了，草席的纹路才会均匀光滑。因此，在编织草席的过程中，两位手工艺人是否能够默契配合是非常重要的，这直接影响到草席编织的效率和草席的质量。

编织之后还要再次晾晒，并且将编织时超出边缘的草头和草尾剪去，最终制成草席。

由此可见，手工制作草席的过程是十分烦琐的，尤其是编织阶段，需要两位制作人细心、耐心，配合默契。所谓慢工出细活，精心编织的草席质量上乘、柔软光滑、色泽青白带绿，织得均匀紧密轻薄，却不易损，可弯折，结实不易断，多次晾晒的席子还透着沁人的草香。

在整个过程中，黄麻、席草经历多次晾晒，失去了水分，不易生虫，变得柔软坚韧，且带有清香，这也是草席质量上乘的原因之一。若是还没晒干就直接储藏，席草容易发霉、生虫、变质，甚至发臭。

三、草席编织技艺现状

就目前来看，手工编织江州草席的人越来越少，就像江州草席第四代传人邱子宏所说的："年轻人更愿意外出打工，去外面闯荡世界。"江州草席编织技艺的传承面临着极大困境。在过往的岁月里，草席编织技艺的传承与发展并非一帆风顺，它随着社会的变迁而数次沉浮，如今它在高效率的现代科技的冲击下已现颓势。随着人们的生活渐渐富裕，编织草席从原本的谋生技艺发展出了新的文化内涵，它不仅仅是一般概念的手工技艺，更是一代代手工艺人传承的维系江州地区人们情感的重要方式。社会科技在不断进步，手工艺品无法继续满足市场的多样化需求。制作草席的原材料种植周期长，意味着每年只有一段时间能够赚钱，加之手工制品本就耗时耗力，收益低，因此逐渐衰落。这不仅是江州草席的现状，也是所有其他手工艺品的现状。当编草席不再是人们生活的主要收入来源，还有多少年轻人能坚持把传统手工技艺传承下去？邱子宏在长辈的影响下，坚持手工编织草席 40 余年，编织草席对他来说既是工作，也是责任。如何更好地保护和传承传统手工技艺，是摆在人们面前不得不思考的难题。

第八节 龙州金龙壮族织锦

壮族织锦技术是中国传统手工技艺之一，是骆越文化中的瑰宝。织锦是用彩色棉线、丝线等通过手工或织布机交织出的带有各种彩色花纹的丝织物，所展现的图案生动形象、结构严谨、色彩斑斓，处处展现着壮族人民热烈、开朗的民族性情，体现了壮族人民对美好生活的追求与憧憬。

龙州金龙壮族织锦技艺被列入自治区非物质文化遗产代表性项目名录。

一、历史渊源

壮锦与云锦、蜀锦、宋锦并称为中国四大名锦，亦称"僮锦""绒花被"。壮锦有着悠久的历史及浓厚的文化底蕴，浸透着历代壮乡手工匠人的心血，还承载着极具壮乡特色的文化内涵与鲜明的地域风情，是中华民族文化的瑰宝。

壮锦产生于宋代，距今已有 900 多年的历史。据宋代周去非《岭外代答》记载："邕州左、右江峒蛮，有织白绯，白质方纹，广幅大缕，似中都之线罗，而佳丽厚重，诚南方之上服也。"《桂海虞衡志》记载："绯亦出两江州峒，如中国线罗，上有遍地小方胜纹。"其中，"绯"特指一种素色方格纹锦织品，以单色调方格纹图案为主，具有早期壮锦厚重、质朴的基本特征。壮锦能在宋代产生，是壮族手工纺织业发展的结果。

壮锦可追溯的历史有2000多年，见于贵港罗泊湾汉墓群，墓的主人是南越国贵族。这里出土了大量的西汉文物，其中就包括好多黑地橘红色回纹锦残布，颜色鲜艳，表明当时广西的织锦技术已相当成熟，只可惜这些两千多年前的锦片一见天日，很快便氧化粉碎了。该墓群还出土了一套非常完整的织锦工具，类似于现代的壮锦织机。聪慧的壮族人民，充分利用植物的纤维，织出葛布、络布作为衣料，这种布料"细者宜暑，柔熟者可御寒"。唐代时期，壮族人民所织出的蕉布、竹子布、吉贝布、斑布、都洛布、麻布、緂布、丝布、食单9种布料，都作为贡品使用。宋代有大量的蜀锦运来广西，经由广西出口到国外，而壮族人民很快就接受了蜀锦的织制工艺，并在吸收、借鉴该织造工艺后，融合原本的织锦工艺来织制出新的布料，壮锦便应运而生。到了明清时期，壮锦的纺织工艺越来越精湛，壮锦生产也已遍及整个壮族地区，该地区几乎每家每户有织机，妇女们都是织锦能手，织造工艺精良。由于壮锦工巧炫丽，五彩斑斓，花纹图案多样，为皇宫贵人所重视。明万历年间，绣有"万"字菊花、"万"字菱纹及龙凤等图案的壮锦被列为皇室贡品，跃居国内名优织品之列。清代，广西地方官吏将瑞气吉祥、"井"字花壮锦被面进献给乾隆皇帝。

到了清末，官府已允许百姓使用壮锦。在这样的历史背景下，壮锦越来越流行，并成为广受商贩和老百姓青睐的畅销品。"壮妇手艺颇工，染丝织锦，五彩斓然，与缂丝无异，可为裯褥。凡贵官富商，莫不争购之。"这是清代沈日霖《粤西琐记》对当时壮锦受欢迎场景的记载。当时，壮锦在各州县都有出产："壮人爱采，凡衣裙巾被之属，莫不取五色绒线杂以织，如花鸟状。""嫁奁，土锦被面决不可少，以本乡人人能织故也。土锦以柳绒为之，配成五色，厚而耐久，价值五两，未笄之女即学织。"壮锦不仅成了壮族人民日常生活的必需品，还是嫁妆中不可或缺之物。因此，编织壮锦是壮族妇女必不可少的"女红"。龙州壮锦以棉、麻线作经、纬线平纹交织，用真丝作彩纬织入起花，在织物正反面形成对称花纹，色彩对比强烈，浓艳粗犷，用于制作衣裙、巾被、背包、台布等，是姑娘不可缺少的嫁妆。

二、织锦技艺

(一) 织锦材料选取

织锦材料的选取,可分为传统织锦材料和现代织锦材料。

在过去,由于受到社会生产水平和地区交通等因素的影响,其选材范围较为狭窄,能选择的材料也有限。因此,过去龙州县金龙镇壮族织锦的原料与其他地方的壮锦纺织所需原料并没有什么不同,主要是以棉、麻、丝等植物纤维作为纺织原料。正如周去非《岭外代答》所言:"邕州左、右江峒蛮,有织白緂,白质方纹,广幅大缕,似中都之线罗,而佳丽厚重,诚南方之上服也。"壮锦具有结实耐用、厚重大方、质朴无华等特征。在贵港罗泊湾一号汉墓出土的文物中,就有大麻和大麻种子,以及用麻纤维编织的麻鞋,成匹的缯、布,成捆的麻绳等;在殉葬坑内发现了黑地橘红色回纹锦残片,经鉴定,上述考古出土的丝织物原料为大麻和苎麻。由此充分佐证秦汉时期岭南地区已普遍植麻、用麻。

传统的壮锦纺织原料除了麻纤维,还有棉和丝。龙州种植棉类作物的历史记载可追溯到汉代。据东汉杨孚《异物志》记载:"木棉,树高大,其实如酒杯,皮薄,中有如丝棉者,色正白,破一实,得数斤。广州、日南、交趾、合浦皆有之。"宋代郑熊《番禺杂记》中亦有记载:"木棉树高二三丈,切类桐木,二三月花既谢,芯为绵。彼人织之为毯,洁白如雪,温暖无比。"可见木棉科木棉属在华南地区种植广泛,并有使用其花絮作为纺织原料的历史。

(二) 织锦步骤

壮锦是广西民族文化中的"活化石",历经起源、发展与传承。在骆越祖先辛勤的劳动生产中,经过不断地推陈出新,织造出大量富有壮族历史文化气息、富有民族地域文化特色的精美工艺品,成为壮民族优秀传统文化的重要载体。精湛的纺织技术造就精美绝伦并富有民族文化内涵的壮锦。

传统龙州壮族织锦技艺工序繁多复杂,其主要流程为:劈绩、纺纱、抽丝、倒线、染色、浆纱、络线、牵经、装机、织造等,其中装机又分为穿筘、分公纱母纱、卷经纱、上机、制小综、穿花综。

1. 劈绩即劈分与绩接，主要用于制取麻、葛类成束的纺织纤维。劈分，就是将麻或葛的韧皮经过无数次椎击后获得的松懈的或脱胶的纤维束，劈成尽可能细的条，以便绩接。把已经劈分好的一段段细的纤维束绩接、捻合成细而长的纱线，以供下一步纺织作业。

2. 纺纱主要运用于制取棉质纤维。首先，将采摘回来的成熟籽棉进行籽核与纤维的分离，随后把得到的皮棉用木棉弹弓弹开，使其松散；其次，将其搓成大小均匀的棉条；最后，利用当地特色的手摇式单锭纺车把棉条进行牵伸，纺成均匀细小的棉纱。

3. 抽丝也称缫丝，即把蚕丝从蚕茧中牵引出来，将其绕在特定的框架上，形成丝绞；通过络车整理后将丝倒到篾子中，按照一定的织造要求加捻成经、纬线。

以上三步分别是对三种主要纺织原料进行初步处理的工序流程。

4. 倒线。也称为导纱、绕线或绞线。在将织造纤维原料进行初加工后，由于锭子的直径较小，所缠绕纱线的长度有限，无法达到后续染色与整经等工序的要求，因此还需要进行倒线，即把纺织原料麻、棉、丝等纱线缠绕到口径相对较大的倒线架子上。

5. 染色。龙州金龙壮锦织物的底色多为黑色、白色或蓝色，其中黑色、蓝色纱线是当地村民通过提取天然染料进行染色获得的，其他颜色的染料也可从植物或矿物中提取，如蓝靛、枫香、姜黄等。将纱线染蓝需要经过两个过程。

第一个过程：制靛蓝。

（1）将蓝草浸泡七天，使之充分发酵。

（2）放入石灰，待其碱化；将石灰水过滤后，倒入缸中。

（3）沉淀分离。将刚倒入缸内的液体不停地搅动，直至液体呈现类似猪肝色为止，放置一旁沉淀。

（4）将浮于上层的水过滤，制取得蓝靛。

第二个过程：入染。

染色前，先制作枧水，即用草木灰泡水后过滤得到的液体。与此同时，把干棉线泡水，完全浸透后方可进行染色。浸染时，将已制好的靛蓝染液倒入开水中，待锅中的液体再次烧开后，把已经用绳子系好的棉线放入锅中全部浸泡，以确保染料完全渗透棉线。等到十几分钟后，把锅底上下层的棉线进行互换，再次浸染十几分钟，如此反复操作，直至达到满意的染色效果。而后，将棉线捞出挂起，置于通风处晾干。一般来说，染的次数越多、时间越久，棉纱的颜色就会逐渐加深，可由蓝色转变为黑蓝色。

织线的五彩颜色为红、蓝、紫、黑、黄，其色料都是能干的壮族妇女利用当地的野生植物和矿物提炼出来的。如红色纱线是利用赤铁矿粉浸染而成，蓝色是用伏青粉染成，黄色用黄栀子果和槐花染成，橘黄色用黄栀子、红花粉及赤矿粉染成，而其他的颜色是用以上几种颜料配剂染成。

6. 浆纱。亦称浆经或过糊，主要是为了增强经纱的韧性，因纱线在织造的过程中要经过许多烦琐的工序，要经过反复摩擦与拉伸而形成各类纱线，而浆纱就是为了防止纱线在织造过程中出现大量起毛或断裂的现象。

浆纱的方法一般有刷纱上浆和绞纱上浆两种，浆经可选米浆、红薯粉或玉米汁等作为原料。

其具体步骤为：首先选取优质大米、红薯或玉米等原料并将其磨碎，然后熬制成米糊状，注意其不能过于稠或稀，否则都容易导致经线断裂。随后将已染色的纱线洗净后浸入所熬制的浆料内，确保已完全浸透，并以文火浸煮。一两个小时后，取出纱线，拧干浆水，并用清水洗涤，挂起晒干，即可收起。

7. 络线。即把浆洗晒干后的纱线在络车的作用下重新卷绕在纱锭或纡子上。因浆洗过并晒干的纱线线圈散乱，容易缠绕打结，不便于下一道工序牵线作业，所以需要用络车将其转绕到纡子上，络成纱锭。

络线的主要步骤有两步：第一步是把浆好晒干的纱线套在络车的绳轮上并装上纡子；第二步是把纱线中的一头绑在纡子上，顺时针方向摇动手柄，以带动绳轮转动，使纱线不停地绕在纡子上，最后络成纱锭。

8. 牵经。也有些地方称为"整经"或是"梳纱"，是指按照织锦所需要经线、纱线的长度和宽度，将其平行卷绕在经轴上的工序技艺，主要是为了通过对经纱进行整理，实现排列有序，形成上下交叉的开口。

龙州金龙壮锦织造技艺中的牵经选用地桩式，牵经场地的选择可谓多样，有的利用屋柱做桩，有的选用两棵高大、距离适合、树干光滑的大树做桩，也有的选择在户外钉桩等。

牵经的步骤可分为四步：

（1）装纡。根据织锦的长度与宽幅计算所需纡子数量，并将其装置到经纱架上。

（2）钉桩或选桩。钉好或选取两个或两个以上的木桩，并做好间距。

（3）跑纱。按从左到右的顺序从经纱架的各个纡子上提出线头，然后再按照所提出的纡子线头次序逐根以"8"字形环套在牵经木桩上，这一过程亦被称为"拾交"。区分上下两股即奇偶数经纱的关键依据在于"8"字形交叉口。

（4）定纱。即按照上述跑纱步骤完成预定纱线长度后，用剪刀将尾端的纱线与经纱架上的各个纡子线头剪断，打结，最后用一根白绳绑在上下两股经纱中的任意一股上，以区分奇偶数经纱。

9.装机。是指利用卷经机头将牵经后的纱线转移到织锦机，即单蹑单综环式花本织机上，并制作用于提拉经纱的地综和花综的一道重要工序过程，具体步骤如下：

（1）穿筘。按牵经时奇偶数经纱的顺序通过小圆形穿筘针依次穿入筘丝之间，两两纱线入筘，所有经线都入筘后，再在经纱入筘后所形成的开口中插入一根小横木，将另一端的经纱拉紧，90度旋转筘子与地面保持平行，并将牵经木架慢慢移出后，再次拉紧经纱。

（2）分公纱母纱。即利用两个圆形纱筒前后插进筘后形成上下两层经纱，目的是形成较大开口，以便快速区分公母纱。

（3）卷经纱。在卷经机和数根小横木的共同作用下，首先将已插入用于区分公母纱的纱筒与筘子整体往前移，待经纱面较为松弛后，将经纱尾端开口中第一条横木紧贴在卷经机头中间主轴的侧面。

其次，双手同时紧握已紧贴在卷经机头主轴侧面带纱线的小横木，并向后拉紧，使经纱面保持水平且具有张力。

再次，卷纱时均衡用力向后水平拉紧经纱，逆时针转动卷经机头，同时有序向前移动纱筒与筘子，而负责移动筘子的人还要注意纱线是否出现断头错乱等现象。若有，则要及时采取补救措施。

在经纱紧贴且固定在卷经机头的主轴后，前半段每转动一圈，机头就要放入一根横木，而后半段根据缠绕在机头上的经纱松紧情况而定，不间断地放入小横木加以固定，直至经纱卷到尽头，这是防止卷经机头上的经纱滑动。

最后，解下区分奇偶数经纱的"绑结"与较长桩杆一段的经纱线，并梳理好解下的经纱一端的线头，将其分为两部分，分别绑紧、固定在卷经机头两端的叶轮片上，达到经纱、筘子、纱筒等与卷经机头"合成一体"状态。

（4）上机。是指把卷经机头上的经纱连同筘子等线料与工具转移到织锦机机架上，即将上一步中经纱、筘子、纱筒等与卷经机头"合成一体"的整个装置安装到织机上。

（5）制小综。主要是用于提拉纱线，使得上下层经纱互换，形成二次开口，以便引纬打纬。

（6）穿花综。亦称"花本编结""制大综"，是整个壮锦纺织过程中最核心、最关键的部分，它不仅是编织壮锦各种各样纹饰图案的重要基础条件，亦能存储花部信息，不需要再次挑织，方便织工们循环织制花筒上的花纹，提高织造效率。

10. 织造。即将花筒上已编织好的花纹图案通过织花纬（织平纹地纬）等循环反复的工艺流程。织造，是整个壮锦制作活动中最后一个工序流程。

在壮锦制作过程中，横线是纬，竖线是经，采用通经断纬的织法。这种织法的妙处是纬线可在需要的位置随时中断并换上另一种颜色的线，纬线就像神奇的画笔，人们可以充分发挥想象力，在织布上织绣成各种花纹图案，各种虫鱼鸟兽都可以成为创作的素材。

（三）精美的图案

龙州金龙壮锦变化多样的纹饰、极具壮族生活气息的题材及浓艳粗犷的艺术风格，向世人展现其个性与特征，将壮族人民的文化记忆、民间信仰、人生礼俗等方面所特有的文化意蕴展现给世人。壮锦中的图案都有其特殊意义，最具代表性的是蟒龙纹和万寿花纹样。其中的蟒龙纹参照了1982年在龙州发现的蟒龙锦图案，其灵感来源于蟒蛇的鳞片，有祥瑞的意义，这也成了壮族织锦的经典符号；

万寿花则是用寿字组成花样，寓意长寿；还有太阳花纹，寓意子孙兴旺，多子多福。此外，有蛙纹、鱼纹、菊花纹等。各种花纹搭配巧妙，和谐生动。每种花纹寓意不同，但都表达了壮族人民对大自然的崇敬之情和对美好生活的向往。

三、代表性传承人及作品

李素英，是崇左市龙州县金龙镇双蒙村板池屯人，是自治区级非物质文化遗产"金龙壮族织锦技艺"代表性传承人，是其家族式传承的龙州壮锦技艺第五代传承人。其于 2020 年 5 月 1 日向广西民族博物馆捐赠了一幅龙州壮锦，这幅壮锦是李素英 18 岁时使用木制织锦机，以棉麻线为材料，采用通经断纬的方法织造的。其图案工整有序，风格传统。色彩以黑白为底，点缀鲜红、桃红、绿、紫，素雅而不乏亮丽。

四、主要价值

壮锦是广西民族文化的"活化石"，见证了壮族的发展与演变，逐渐形成具有地区特色的文化意蕴，龙州壮锦承载了该地区的族群历史、民间信仰、人生礼俗等文化价值，是龙州织锦技艺自身展现的特有价值与文化。

龙州壮锦中的纹饰图案出现了大量与龙州金龙壮族布傣人生产劳作相关的象征性图案，如水田、太阳、稻穗、水、蛇等，这已经成为当地族群内部共同的标识。龙州金龙壮锦中各式各样的纹饰图案成了民族传统文化的符号与载体，变成一本无字的民族史书。

第九节　壮族染织技艺

广西壮族自治区流传着一种民族技术，这种技术用于对壮族民族服饰进行染色，被称为染织技术。随着时代的发展，壮族染织技术该如何在现代染织技术的冲击下持续发展，是否会因受冲击而导致消亡呢？本节以广西壮族自治区崇左市宁明县染织技术为主题作一些介绍。

染织技术也称作印染，主要作用是将白布染成壮族人民常穿戴的蓝布或黑布。染料原料是来自广西壮乡山林间的野靛叶，该植物可以直接用作染料，而且制作工艺较简单。制作方法是将原料放在缸子里浸泡，待发酵后，将碎渣过滤除去，加入石灰水，待石灰水沉淀后，便可得到蓝靛菌种，加入清水和少量石灰搅拌，搅拌几分钟后加入适量的碱水与酒，再进行搅拌，搅拌过后便制成蓝靛染料，这种染料可以放入缸中长时间保留。

用单一染料制成的布并不能满足各式各样的需求，壮族人民利用扎染技术将布用线条绑起来，浸入染料中，经过一定时间的浸泡后取出，将线条解开，就会形成图案。在广西壮乡有技术高超的手工艺家将布染成了各式各样的图案，无论是空中飞鸟、陆地走兽还是水中游鱼等，都能在染布中出现。

扎染后的布具有浓厚的民族特色。扎染后由于布具有各式各样的图案，被应用在壮族人民日常生活中。还有一种叫夹染，将布放入有图案的模板中进行染色，使布能够有固定的图案，以便在举行特定活动时满足统一服装的需求。染织伴随了部分壮族人民的一生。婴儿时，染织是保护他的襁褓；孩童时，染织是保护他的肚兜；青年时，染织是他学习的技术；成年时，染织是他赖以为生的技术；年暮时，染织是他的钱包、衣物等；最后，染织也会随他一起进入泥土中化为尘埃。对于壮族人民来说，染织是他们的生活，外出务工时，看到壮族染织，就想起了母亲为他染好的布匹。染织成了壮族人民的民族记忆。在有些地方，壮族女儿出嫁时，母亲会亲自为她用染织做好一些衣物，图案越丰富，越体现出女子家庭在壮乡的社会地位。

染织也可以持续使用，在布料颜色褪色后，依旧可以使用染料染色，再次印染后，布的颜色与第一次所差无几。

宁明壮族民间染织工艺有别于其他民族的染织工艺，流程较复杂，工序较为精细。整个染织工艺分为土织工艺和土染工艺：将棉花晒干脱籽后，用手摇卷纱机纺成纱锭，将棉纱置于织布机上进行人工织布，所织成的白布俗称"土布"，这就是土织工艺。宁明县染织技术发展历史悠久，据文献记载，可追溯至宋代经济重心南移时期，南移之民从北方带来许多先进工具后，宁明县的染织技术也得到进一步发展，壮族先民将自身染织技术与中原地区的染织技术进行融合，使其染织设备更加完善，染织技术更加先进。宁明县染织技术的发展与壮族的发展息息相关，染织技术对于研究壮族社会生活、生产方式等提供了依据，具有重要的历史价值、文化价值、实用价值和艺术价值。

第十节　龙州天琴弹唱与制作

一、天琴起源与传说

天琴，俗称鼎叮，形制独特，琴头雕刻龙与凤。天琴音色圆润明亮，具有独特的音色和宽广的音域，是壮族的弹拨弦鸣乐器。天琴常用于独奏或为歌舞伴奏，是壮族最古老的三大乐器之一，为龙州地区及左江流域所特有。清代宁明诗人农周虞的《宁江竹枝词》和清光绪九年修撰的《宁明州志》皆有记载，时人以匏为乐器，状如胡琴，其名曰鼎。

关于天琴的由来，有着不同的说法：

一种是跳天说。相传十万大山布偏人（防城区板八、峒中壮族的一种他称）古时有对男女青年上山砍柴，听到岩洞滴水"叮咚"响，感觉好听，于是在山上找来葫芦制作了一个类似的"琴"带回村里，弹出"鼎叮"的声音，这琴便俗称"鼎叮"。因琴声优美惊动玉帝，两位青年男女被封为歌仙，每年主持人间聚会歌舞，名为"跳天"，后"鼎叮"更名为"天琴"。

第二种是祈雨说。相传很久以前，左江一带三年不下雨，人们生产生活非常困难，布傣先民部落有一个老妇为民祈雨，得到一位老翁明示，将老翁留下的三宝制作成"鼎叮"，以"鼎叮"祈求苍天下雨，果然奏效。大雨下起，拯救了人间。以后遇到大旱天时，人们就求老妇弹"鼎叮"念经，这样就可以祈福禳灾。于是，"鼎叮"便成为要风得风、要雨得雨的万灵之物。

第三种说法是，壮族先祖妈勒为了壮乡的光明，不辞辛苦去寻找太阳，在路上晕倒之后，睡梦中得老翁相助，醒来后用老翁之须做弦、葫芦做筒、寿杖做杆，做出了给壮乡人民带来幸福和快乐的天琴。

二、天琴制作

传统天琴长约为120厘米，琴杆用木来制作，雕着龙纹。琴头雕有不同的图案，比如雕成凤形、帅印、太阳或月亮形，左右各置一木作为弦轴。琴筒用葫芦或者麻竹筒制作，半球状，厚有10厘米，前端为麻竹壳或是薄桐木板，直径有11厘米，后端镂刻的花纹为音窗。用竹作琴码，张丝弦。琴体各部可以拆装组合，便于携带。天琴主要由琴筒、琴头、琴杆及两根琴弦部分组成，天琴制作要经过选料、刨料、成形、雕刻、装饰和上油等多道工序才能完工，而且都要手工制作完成。

跟传统的天琴琴身相比，现在的天琴琴身全长95—115厘米，也就是琴身长度有所变短。琴筒部分为扁圆锥形，筒腔用葫芦壳或天麻竹制作，筒长为8—8.5厘米，中间部位最大直径为14厘米，筒前口直径为12厘米（约为筒腔最大周长的1/4），筒后口直径为3厘米（为前口直径的1/4），这种制作规范世代相传，所以尺寸大部分差不多。筒腔上下开有插入琴杆的方孔，筒前口蒙以桐木、松木、杉木等松轻而富有弹性的薄木板或笋壳为面，龙州多用当地的围塘木制作，板厚0.2—0.5厘米，筒后口有音窗或敞口。琴头和琴杆部分使用当地出产的铁力木或火果木等质地坚硬、结构致密的木料制作，长度为琴身全长，分为上、中、下三节，上节为琴头，中、下两节为琴杆，每节长30多厘米，采用直插法衔接，不用胶粘，插楔后就会十分地稳固，前后左右都没有丝毫晃动的情况。琴头前后窄扁、两侧宽平，上部多呈扁方形柱状体，前后表面修削为对称的波浪形，左右两侧雕刻着龙、凤两字或花纹图案装饰，也有的将琴头上部雕刻成龙头、凤头、鱼形、帅印、太阳或弯月形，线条粗犷而奔放，有镇邪、照妖和光明、吉祥之意。琴头下部正面开有长方形通底弦槽，两侧设有两个硬木制弦轴，轴体短小，呈圆锥形，表面刻有条纹。琴杆细而长，前平后圆，上窄下宽，呈半圆形柱状体，正向较窄的平面为按弦指板，有的琴杆上节的背面刻有两道凹槽，作为左手拇指的定位标记，分别用于伴奏不同的高低调门。琴杆下节末端插入琴筒的方孔中。琴马竹制或木制，呈桥空形，置于面板中上部。张两条丝弦或尼龙弦。琴底安装有一块金属片的系弦，琴弦或直接拴系于尾柱上。在弦槽和尾柱之间，系有一条绸布制背带。有的天琴，在琴筒中还设有琴胆，装有两三根长为5厘米、直径为0.8厘米的钢丝小弹簧；在面板的琴马下方，开有一个直径0.4厘米的小圆孔。

天琴装饰很有自己的特色，琴头两侧的雕饰全部充填鲜艳的色彩，外表涂的是透明油漆，面板部分饰以彩色条纹，琴杆表面没有漆，经过长期使用后，外表泛出油亮的古铜色。弦槽上方的琴颈部位，常缀以一束彩色飘穗，也有的系一条红绸飘带为饰。

三、天琴弹唱历史

天琴的弹唱，有一定的历史。所谓"天"，为峒中板八壮族民间艺术的总称，包括歌、舞、琴，分别称为"歌""天舞""天琴"，在布傣人的信仰中，天与神是一个概念。"中国壮族、傣族，越南的岱、侬、泰族，老挝的老龙族，泰国的泰族，都是与西瓯骆越有关的民族，他们都信仰'天'。"

演奏天琴时有两种姿势，一种是坐奏，另外一种是立奏。坐姿弹奏时，将琴杆斜横于胸前，琴筒置于右腿上或外侧，琴头斜向左上方，成45°角；立姿弹奏时，将背带挂于颈项，琴杆斜横胸前，琴筒置于右腹前，琴头斜向左上方。左手扶琴按弦，右手常以拇指、中指和无名指构成三点按住琴筒面板两侧，用食指指尖弹弦，也可用右手执拨片在琴筒上方拨弹。天琴常按四度或五度关系定弦，但民间习惯把里弦定为高音、外弦定为低音，这又是与其他少数民族乐器不同之处。天琴发音明亮丰满，音色圆润甜美，有着较丰富的表现力，常用单音、双音、打音、长音、顿音和滑音等演奏技巧，尤其用中音和低音演奏两个对比声部时效果更佳，这样可以呈现出喜、怒、哀、乐等各种情感，擅长演奏欢快和抒情的曲调。

天琴可用于独奏，也可以为民歌、舞蹈伴奏，也可一人或多人边弹、边唱、边舞。天琴独奏，又称"弹天"，演奏中有大跳的换把动作，常运用上下滑音，节奏鲜明，曲调轻松活泼，委婉动听。传统的演奏曲目有三十多首，其中在民间流传较广的独奏曲有《邀仙曲》《逗天曲》《弹天曲》《解闷曲》《欢乐曲》《舞曲》《天琴声声应妹心》《颂路》《庆丰收》等。

用天琴伴奏歌唱（山歌或叙事歌）的表演形式，又称"唱天"。伴奏时换把较少，常以右手食指弹拨双弦，左手指按一弦，从而产生合音效果。由一人独唱、一人伴奏或一人自弹自唱的称作"独天"，两人以上弹琴对唱的称作"对天"。伴歌中，歌声和琴声的节奏、节拍、速度等均不相同，千变万化，但又结合融洽。过去的民间艺人还在脚尖挂上一串小铜铃,合着乐曲的节拍抖响,使"唱天"更富有地方特色。"口出蛮音莺弄响,足摇铃子手挥弦。"这真实地描绘了演奏者唱、弦、铃三者兼顾的生动表演姿态。著名的唱天曲目有《开场曲》《唱牛》《四季》《好年景》等。

"跳天"是天琴演奏者边弹琴、边唱歌、边跳舞的综合性表演艺术形式。这种形式多为群众性的娱乐活动,常在节日、庆丰收或婚娶等场合进行,人数众多,场面浩大,人人欢畅快乐。

在 2007 年,龙州天琴艺术被列入为广西非物质文化遗产保护名录;2007 年 12 月,中国文联、中国民协授予龙州县"中国天琴艺术之乡"称号;2021 年,龙州天琴入选国家非遗名录。

第十一节 壮族传说"妈勒访天边"

在远古时代,壮族人民瞭望天空,看到天空像一个圆圆的大锅盖一样笼罩着大地,他们就猜想着这天一定是有边界的,于是大家就想着要去找到天的边界。壮族人民人口数量多,这时候他们需要选出最适合的寻找天边的人。大家争论不休,都争相说出自己能够代表大家去寻找天边的理由。最开始站出来的是年纪最大的老人们,他们说自己老了,做不了什么事了,但是路还可以走,就当作让他们走完最后的路;年轻人说自己身体强壮,不惧怕风险与困阻,无论是山高路远,还是毒蛇猛兽都阻止不了他们,所以让他们去最为合适;年幼的小孩子说天的边界肯定是在很远的地方,所以这条寻找天边之路会很长,因为他们的年纪最小,拥有的时间也最多,因此他们是最合适的人选。就在大家难以抉择的时候,一个年轻的孕妇(壮族"妈勒")站了出来说:"我觉得让我去最为合适,我的年纪也还小,还可以走很长的路,如果没有找到的话,我还有孩子,他会代替我继续走下去。"这位年轻的孕妇这么一说,大家都认为她说的话最合理,然后一商量,就决定派她去寻找天边。次日,在日出之时,孕妇就收拾好包袱,向人们告别后,便朝着太阳升起的地方出发了。她临走的时候,父老乡亲们都来到村口为她送行,有的送她衣裳,有的送上干粮,有的送上用于防身的刀具等。就这样,孕妇带着父老乡亲的祝福与希望出发了。等到这位伟大的孕妇走了以后，大家既开心，又难过。开心的是，这次他们终于有机会知道天的边界到底长什么样子了；难过的是，大家都明白天边一定很远，不知要找寻多久，也不知这条道路上究竟会有多少困难与磨难。这么想着，大家都默默地流下了泪水。

  这个年轻的孕妇一直向着东方前进，不知道走了多久，生下了一个男孩，这个男孩生下的时候哇哇大哭，长得比平常小孩更为健壮。此后，她带着孩子，两人继续向着东边前进。母子相依为命，一直不停地前进，不知经过了多少次日升日落，也不知看到了多少次月亮的阴晴圆缺，他们蹚过无数条大江小河，越过数不清的蜿蜒高山，穿过许许多多的遍布毒蛇猛兽的森林，遇到过人们难以想象的磨难。母子俩沿途经过了许多的村子，村民们都会询问他们的由来与去向，当他们知道母子俩经历了重重困难，为的是寻找天边，都被他们的坚韧所感动了。于是，村民们尽其所能地帮助他们解决道路上的困难，给母子俩鼓励支持。母子两人为了不辜负那些好心人的期望，向大家表示一定会找到天边。

  母子俩一直走，走了几十年，还是没有找到天边，但他们从没想过放弃，这时母亲的头发已经花白，但也不曾停下脚步。人们看不下去，都纷纷劝她说走不动了就留下来吧，让孩子去走。劝得多了，她才不得不留下，让儿子带着他们的期望继续向前走。就在母子分离的时候，儿子意志坚定地对着母亲说："妈妈，我要走完你没有走完的路，一定会完成你的心愿找寻到天边的。"说完，他便义无反顾地向着天边的方向出发。

  这个民间故事的内容大致就是这样，大家也不知道最后这个孩子到底有没有找到天边，但可以肯定的是他没有放弃，而是不停地往前走啊走。

第十二节 壮族传说"莫一大王赶山"

  在崇左一带流传着这样的传说：相传莫一大王是河池南丹人，小时候就非常聪明勇敢。他生得相貌堂堂，力气非凡。十五岁时，就能舞得起四百斤重的大刀，拉得开很重的弓箭，射得出四十斤重的响箭。莫一大王不但力气大，武艺也十分高强。他种有一棵大葡萄树，那葡萄藤长得又粗又大，藤蔓直搭到丹州后面的莲花山顶上。每天他都跳到葡萄架上面练武,说来也奇怪,每当莫一大王使劲挥动刀枪练武的时候,葡萄叶子就纷纷飘起来,一片接着一片,一直飞向皇宫。

有一天,皇帝看见一片片的葡萄叶从南方飞来,觉得很奇怪,就派了人来察看,才知道是莫一大王练武使叶子飘飞。皇帝知道了莫一大王本领大,是个奇异的人,便传旨召莫一大王到京城里做大官。莫一大王拒绝了圣旨之请,依然在家中种田、练武。

那时候,河池五圩与九圩隔着一排高高的山,五圩常年有水涝,九圩常年干旱。两地百姓的生活非常贫苦。有一天,莫一大王经过这里,见两地人民叫苦连天,便用伞柄轻轻往大山脚一凿,就把高高的一排山脚凿穿了一个洞,常年泛滥在五圩的水,哗啦啦地流到九圩来了。从此,九圩再也没有干旱了。莫一大王又看见河池地方很多山寨缺盐少水,大家吃盐喝水都很困难。他心想,要是有个大海,就可以解决大家的困难了,于是他立志兴修大海。河池山多地少,怎么办呢?莫一大王用伞柄挑起大山,扛在肩上,把一座座大山挑到别的地方去。在河池南丹一带许多山有穿孔,据说就是莫一大王用伞柄穿通的。后来他觉得用伞柄挑山速度太慢了,就改用伞直接把山赶走。一座座大山,就像一群群水牛,乖乖地被莫一大王赶走了。

不料大海还没有造成,皇帝忽然派兵来了。原来皇帝见莫一大王不愿意为他服务,却替百姓办了许多好事情,又见莫一大王日夜练武,害怕莫一大王起来造反,就派了九员大将来捉拿莫一大王。这九员大将来到莫一大王的家乡,见莫一大王在葡萄架上练武,抛着三块千斤重的大石头,像抛花生米一样,便吓破了胆,自知活捉不了莫一大王,决计暗中把莫一大王害死。他们一齐弯弓搭箭,嗖嗖地射出了九支暗箭,想把莫一大王一下子射死。可是莫一大王也发觉得快,他立即用两手接住两支箭,两个胳肢窝夹住两支,口上咬着一支,歪头压在肩上一支,脚趾夹住两支,还有一支落在地上了。莫一大王把八支利箭掷回去,戳死了八员大将。剩下的一员大将失魂落魄地逃回京城,给皇帝报信去了。皇帝惶恐起来,害怕得面青脸白,连忙派了大批兵将前来攻打丹州,捉拿莫一大王。莫一大王和丹州人民在莲花山筑起了城池,跟其对抗,把皇兵打得大败而逃。可是皇帝的兵马众多,又从各地调来了几十万人马,把莲花山团团围住。他们把山围得水泄不通，想把莫一大王和丹州人民困死在莲花山上。

一天黑夜，莫一大王趁皇帝的士兵没有注意，偷偷从葡萄藤上爬出来，拿起伞赶山，想把贵州那边的山赶过来，反转围住皇帝的兵马，以便短时间内把皇帝的兵马杀光。许多大山被莫一大王像赶牛羊一样悄悄地赶了过来，皇帝的兵将一点也没发觉。不料有一天，莫一大王正在赶着山走的时候，忽然遇上两个女人。莫一大王便问她们："你们看见前面有我的一群牛走动吗？"那两个女人说："我们没有看见你的牛群，只看见一排排大山。"两个女人这么一说，莫一大王赶来的山就不能走动了。

原来这两个女人是坏人，她们赶忙把莫一大王赶山的事告诉了皇帝的兵将，并说把葡萄藤砍断了，才能打败莫一大王。皇帝的士兵们高兴得跳起来，他们连续砍了三天三夜，把葡萄藤砍断了，葡萄藤流出了许多鲜血来。莫一大王没有藤爬回莲花山上了，他的力气也减弱了。但他还是指挥着众弟兄，坚持和皇帝的士兵作战，最后只剩下他一个人了。皇帝的士兵翻山越岭来追赶他，他爬上山头，用脚一踢，山头过去了。他踩着山头，从这座山跳到另一座山。后来，他无路可走了。恰巧这时候天上的长虹垂下来，莫一大王踩着长虹上天去了。[①]

[①] 欧阳若修等：《壮族文学史》，广西人民出版社 1986 年版。

第六卷 壮族体育

第一章 竞技体育
第二章 节庆娱乐体育

第一章　竞技体育

第一节　牛拉竹排

一、牛拉竹排的起源

牛拉竹排这个传统的体育项目已经进行了千年，这和崇左的骆越文化有着密切关系。当时的先民居住在山坡旁和河岸，两岸需要往来。一天因耕作劳累，骆越人无力撑篙到河对岸进行物品交换，便想到了他们耕作的好伙伴——水牛。牛能听懂人们的指令，知道该往哪里走，相当于人们撑船时手里的撑竿，只要人们把拉竹排的绳系在牛身上，人在竹排上拉着牵绳指挥方向，就可以渡到河对岸，交换各自需要的物品，这不仅提高了效率，还减轻了人们的劳作。牛拉竹排展现了壮族人极具特色的稻作文化和渔猎文化。

牛拉竹排，这一运输工具的发明，经过千年，一直延续到今天，逐渐演变成一项体育竞技。既然要进行比赛，那就要对牛进行专门的训练，不能再像以前一样，只追求到达河对岸进行物品交换。既然是体育竞技，那么比的就是速度，比的就是专业程度及牛和人的配合程度。因此，对牛的选择就显得十分重要，选好了牛，比赛就有优势。当然，人的训练也十分重要，该如何进行训练，该如何达成默契，达到最好的配合效果，这些都是需要考虑的问题。只有"人牛合一"，获得冠军的概率才会大大增加。

讲完了人和牛，再来讲讲这漂浮在水上的竹排。竹排，顾名思义就是用等长的竹子连接形成的一个漂浮在水上的筏子，当然，要是为了好看，那就要多费些心思进行装饰。不少人会在屋子旁种植竹子，就地取材。如果没有种植在屋旁，那就只能到竹山挑选。有时望着幽幽竹林，竟不知该从何下手。竹子的选用极为考究，选用上了年头的老竹，这样竹排才能使用长久，但是老竹也不能选用那些竹筒太小、竹壁太厚的，那样会增加竹排的重量，行进速度就会减缓。选用那些竹筒大小刚好合适、竹壁厚度合适的竹筒，可以使竹排行进更加顺畅。大家都知道，同一密度和同一质量的物体，体积越大越难以沉下水，反而体积小的越容易沉到水底，选择大小、厚度刚好合适的竹子，对于比赛是非常有利的。

上面提到了，牛拉竹排和骆越人的文化有着密切的联系。骆越，古代部落名，是百越众支系下的一支。学术界普遍认为，骆越古国的范围北到广西的红水河流域，向西到达云贵高原的东南部，东南方向到达越南的红河流域。从这个范围来看，中心位置大概就在崇左这个地方。根据文献记载的状况来看，骆越人主要居住在左、右江流域和贵州的西南部及越南的红河三角洲一带。从聚居的范围来看，大都在江河两岸，这就给牛拉竹排一个产生的空间和可能。经过长时间的发展，形成了一项独具特色、展示壮族渔猎文化和稻作文化的传统体育竞技项目。

二、牛拉竹排的竞赛规则

到底牛拉竹排是怎样进行比赛的呢？比赛前，先让牛吃些东西，这样既能保证牛有力气把竹排拉过去，又可以避免牛在半途被嫩草诱惑返航。当然，食物必须放在终点，奖励获胜的牛。比赛准备开始，所有的牛在同一起跑线上，戴上号码牌，等到号令响起，在主人的指挥下，牛像离弦的箭，奋力向前冲。竹排上站着人倒是挺容易，难的是要在竹排上放置一些东西，从这一头拉到另一头。这不仅考验人的搬运速度与肢体协调能力，还要考验牛的速度、体力及对货物的承重能力。在这些方面都比别的人和牛快一点，胜利就是你的。但是即使准备得再充分，比赛现场还是会状况频出：有的竹排上的东西没放稳，掉进了水里；更有甚者，人站不稳，掉进水里，惹得观众哈哈大笑；有的牛走到一半就不愿继续前行，这时只能再来一个人在前面牵着牛走。为了比赛安全，会选择水域较浅的区域或者专门为比赛建造的泥潭，这样既能比赛，又大大降低了危险系数。

每个民族都有每个民族自己的节日，而壮族自己的节日就是"三月三"了，但是壮族分布在不同的地方，过节的方式不一样。有的地方摆上长席宴；有的地方有斗马，斗鸡、斗牛肯定很多人听过，但斗马鲜有听闻，吸引了不少游客观众；牛拉竹排都有竹子，怎么能少了竹竿舞呢；有的人会去刘三姐的故乡河池赶歌圩，爬到山上进行山歌对唱，令人好生舒畅，而在崇左这个地方就会举行牛拉竹排的体育竞技活动。

三、牛拉竹排的传承

在宁明县举行的骆越始祖公祭及展示各民族文化的一系列文体活动大典中就有牛拉竹排的比赛活动。这项传统的体育竞技能流传下来，一定有自己的价值、特殊意义。不比赛的时候，在江上泛竹排徐行，坐看云卷云舒，也是一番快乐的光景。牛拉竹排进行了千年，传承了千年。传承的不仅是牛拉竹排这项体育竞技，还有人们对骆越祖先的崇敬及人们对美好生活的向往和憧憬。

第二节　踢毽球

一、踢毽球的起源

据历史文献和出土文物证明，踢毽子起源于我国汉代，盛行于六朝、隋、唐。唐《高僧传·佛陀禅师传》中记载，有一个叫跋陀的人到洛阳去，在路上遇到了十二岁的惠光在天街井栏上反踢毽子，连续踢了五百次，观众赞叹不已。踢毽子已成为民间运动的内容之一，而且发展成数人同踢的技巧运动。至清末，踢毽子已发展到鼎盛时期，参加的人越来越多，不仅用来锻炼身体，也用作养生之道。

二、踢毽球的技法

少数民族毽球是从侗族、苗族、水族同胞喜爱的传统体育活动手毽演变而来，手毽则是各族人民在播种水稻时扔接稻秧的一系列动作启发下产生的。比赛场地中间以球网相隔，比赛双方各派三名选手出场。其技法以踢、触为主，可用头、脚及身体去接球，但不能用手臂去触球。毽球打法类似于藤球、排球。毽球是用四支白色或彩色鹅翎呈十字形插在毛管内与下部毽垫联结而成。比赛采用三局两胜制，得分方必须是发球方（第三局采取每球得分制），以先得 15 分者为胜一局。

毽子种类大概有以下几种。

第一为花毽，即我们常见的传统花毽。花毽的高度一般在 12 厘米左右，多用火鸡毛或雕翎做毽身，塑料片做底座。因此，看起来更美观一些，踢起来弹性也很好。毽子起落的速度，也没有太多限制，踢起来后上下翻飞，花样动作全凭自己掌控，没有特别高难度的动作，所以适合各个年龄段的人。

第二种是大毽子，这种毽子的毽身多用鹅毛制成，橡胶做底座，高 17—18 厘米。与传统花毽不同的是，大毽子比较重，对技巧的要求相对较高，如果是单人踢，就有 100 多种动作。但在大众健身运动中，大毽子更适合多人一起运动，力度较大，但动作简单，既能锻炼腿部力量，又能提高身体的灵活性。

第三种是毽球，跟大毽子很像。毽球是用四根羽毛和橡胶底座制成的，羽毛多为鹅毛。踢毽球时有隔网，一边踢过网后，另一边的人接住再踢过来。毽球竞技性较强，多用于比赛和竞技场上使用，可以是一对一比赛，也可以是二对二、三对三的比赛。

此外，随着踢毽运动的发展，一些毽子踢起来会发出音乐，还会发光，给运动过程增加了乐趣。

踢毽子，是我国民间体育活动之一，也是一项简便易行的健身活动。为什么这么说呢？

首先，毽子制作简便。只需用一小块布，包上一枚铜钱和一小截下端剪成十字形开口的鹅毛管子，用针线缝牢，成为底座，再在未剪开的鹅毛管子上端里插上七八根鸡毛就做成了。商店里或地摊上有现成的毽子卖，不过，其底座往往是橡皮的，弹性大，踢重了稳定性差。

其次，活动便于开展。它对场地要求不高，只需一小块比较平坦的空地，五六平方米、三四平方米均可，越是技艺高的人对场地要求越宽。

最后，踢法多种多样。既可以比次数，也可以比连踢的时间，还可以比踢的花样。总的来说，踢毽子是一种大众运动，不仅崇左人喜欢，其他地方的人也喜欢，这种特点大大增加了它的普及性。

第三节　踩高跷

一、踩高跷传说

壮族人民能歌善舞，他们在辛勤的劳作中创造出了许多的文化，有壮医、壮药、舞蹈、音乐等。其中，踩高跷，也叫缚柴脚，亦称"高跷""踏高跷""扎高脚""走高腿"等，最早是汉族的一种民俗活动，也是民间盛行的一种群众性技艺表演，多在一些民间节日里由舞蹈者脚上绑着长木跷进行表演。

踩高跷技艺性强，形式活泼多样，深受群众喜爱。

关于高跷的由来，最早在原始社会时，人类采摘不到生长在树上的野果，便在腿上绑两根木棍增加身高，这是高跷的最初形式。在有的传说中，高跷是民间的社火艺人们创造的。相传有一年元宵节，各村的艺人们联合起来要到县城之中闹红火。当地的知县知道后，便想借闹红火向人们敲一笔横财，于是下令将四门吊桥吊起，但凡入城的人都要交过桥费，否则不准入城。城外的社火头听后，十分生气，但也无可奈何，只能凑足银两准备进城。谁知道知县又将进城过桥的钱提价了，社火头无奈，只能离去。社火头的儿子聪明多谋，胆大心细，回家之后，从墙上挂的长腿白鹤图中得到了启发，便连夜赶制了一副木棍，又在木棍上装两个板子当成踏板，将木棍绑在自己腿上，脚绑在踏板上，趁夜沿城墙演习了一圈，越过了护城河。于是到了正月十五日那天，城外的社火队都依样绑上高腿，排成队越过护城河，进了城并闹了红火。此事气坏了知县。有人说这就是高跷的原型。

还有一种传说是，高跷原来是由御敌取胜的高将军所创。有一年，高将军率领士兵攻打胡兵的城池，但由于胡兵把护城河上的吊桥板全拆了，部队便无法过河攻进城里。一天傍晚,高将军走出军营,看到正在河边寻找食物的大雁的长腿,受到了启发,于是找到破城的妙计。回营之后,将军便叫人砍来树木削成棍子,并在棍子上安上木板制成高跷,下令全军将士们将高跷绑在腿上练习走路。经过一段时间的练习,将士们都能踩着高高的树木棍子行走。将军率军渡过护城河,乘胡兵不备,一举收复了城池。此后每逢春节,当地的老百姓便也学着踩起了柳木棍。因这玩意儿是高将军发明的,人们便把它叫作"高跷",以此来纪念高将军。

最早介绍高跷的,便是《列子·说符》篇,其云:"宋有兰子者,以技干宋元,宋元召而使见。其技以双枝长倍其身,属其胫,并趋并驰,弄七剑迭而跃之,五剑常在空中,元君大惊,立赐金帛。"从文字可知,早在战国时期高跷就已流行。

二、高跷竞技规则

踩高跷比赛规则虽然较为简单,但踩高跷本身有一定的挑战性与竞技性。踩高跷活动要求参赛者对于高跷的掌握能力较强,需要人们花费一定的时间练习才能掌握,而且掌握之后,还要求人们的速度提上来,并不单单是说会走就能取胜,更多的是看谁能走得又快又好。这种比赛的趣味性很高,而且更容易激发人们的热情,收获更多的呼声与喝彩。

在庆典上表演的高跷秧歌也有许多门道。其中,用来表演的高跷分为双腿跷和单腿跷,双腿跷大多数是将高跷分别绑在两个小腿上,以方便人们展示高跷的技艺,而单腿跷则用双手紧紧握住高跷的顶端,方便人们上下,非常有趣。高跷的表演方式又分为"文跷"和"武跷"两种。"文跷"多注重角色的扮演与扭动,展示出故事的完整性,更偏向于表演方面,而"武跷"则更注重个人的技巧及技艺,偏向于个人的炫技方面。无论是哪一种,都有着各自的优势。"文跷"场面较为温和,更注重团队之间的配合,环境氛围更加融洽,而"武跷"则更具竞技性与挑战性,更能激发人们的热情与收获人们的关注。

第四节　板鞋竞速

广西崇左市位于祖国的南疆，这里的壮族人民喜爱板鞋竞速。板鞋器材相对便宜，竞技简单容易学、趣味性强。

板鞋竞速的渊源可追溯到明朝嘉靖年间，已经有约 500 年的悠久历史了。相传明朝嘉靖年间，女将士瓦氏夫人将板鞋竞速作为一种可以提高士兵们身体素质和团结协作能力的运动。明朝时期，倭寇横行。相传朝廷便派遣瓦氏夫人带领军队出兵作战。瓦氏夫人为了让士兵们步调一致，团结协作，便令三名士兵穿上长板鞋起跑。长期训练，士兵的身体素质大大提高了，斗志高涨，所向披靡，打败了倭寇，赢得了战争的胜利。崇左百姓争相模仿瓦氏夫人的练兵方法，将板鞋竞速娱乐化。

2010 年 11 月，四川省第十三届少数民族体育运动会在攀枝花举行，板鞋竞速被列为正式比赛项目。这与以下几个方面是分不开的。

其一，文化因素。广西崇左是板鞋竞速的发源地，有着悠久的历史。然而由于民族文化的差异和其他体育项目的冲击，板鞋竞速的推广并不是很顺利，所以板鞋竞速在资金的投入、比赛的规模、影响力等方面远远不如其他民族体育项目。

其二，社会经济因素。经济发展是限制板鞋竞速发展的一个至关重要的原因。板鞋竞速的推广，往往需要强大的资金支持。但是广西崇左的经济水平在全国来说是落后于其他地区的，经济发展较缓慢，也因为政府重视的程度较低，所以板鞋竞速在项目基金这一块有所欠缺。

其三，家庭因素。家长出于学习和安全的缘故，不会轻易让孩子们参与板鞋竞速。家长们普遍想要孩子在课程学习方面有所成就，而限制了孩子自由玩耍的时间。

其四，体制因素。板鞋竞技在广西和一些少数民族地区有所发展，并没有在全国推行。然而板鞋竞技如需大力推行，必须建立一套完善的体制，推动板鞋竞技的发展。完善的体制管理是板鞋竞技发展的关键，也是板鞋竞技成熟的重要标志。板鞋竞技的发展，需要对比赛场地选取、比赛规则、裁判规则、竞技方法，以及板鞋的长度、厚度进行明确的规定和完善。

第五节 独竹漂

宋代著名词人苏轼的《赤壁赋》中有这么一句："纵一苇之所如，凌万顷之茫然。"在我们常看的武侠剧中也有这样的情景：少林武僧一手提一桶水，用脚踩在水上直接过江。这些场景引起了无数人的好奇：一苇真的能过江？真的用脚踩水就能过江？现在，电视剧经常出现的场景，真实发生在现实世界中，有人单单靠竹子就能过江，一苇过江是真的存在。它便是"独竹漂"。

一、"独竹漂"的起源

独竹漂又称"独木舟"，发源于贵州赤水河流域，是黔北地区一项独特的少数民族民间技艺。随着历史的发展，广西少数民族聚居地区也开始流行起来。独竹漂早期主要是作为出行的交通工具。在古代，居住在沿河两岸的居民为了方便相互交流，便想到了可以利用竹子或其他浮木作为水上交通工具。一些远离集市的居民为了购买生活用品，进行货物买卖，利用长期与河水打交道练出的本领，选择利用竹子出行，这样既省时又省力。在长期的历史发展中，它逐渐被人们称为"独竹漂"。

二、"独竹漂"的制作及竞技要点

广西崇左作为少数民族聚居地，其"独竹漂"历史悠久。独竹漂竹子的选料有比较严格的要求，竹子是大头直径为15厘米、笔直无扭曲的毛竹，其浮力可以承载一个或两个人的重量。毛竹最大直径可超过20厘米，做独竹漂时截取长度为8米左右，划行用的划竿直径4厘米，长度为4米左右，自然风干20天左右即可。独竹漂作为一项传统少数民族体育项目，举行时间为每年的三四月份。在此期间，最受欢迎莫过于广西壮族自治区特有的"三月三"唱山歌节目。在"三月三"期间，崇左市会举行"壮族三月三，民族体育炫"活动，独竹漂作为此活动的压轴项目，一直是备受人们关注的体育项目。自2011年独竹漂被列为正式的竞赛项目后，独竹漂使用的竹子必须是绿色玻璃纤维制成的，这种材料可以使道具的弹性更好，也可以使用更长时间。同时，这种人造的"竹子"比传统的竹子漂得更快而且可以拆开，便于运输。各大高校少数民族学生独竹漂代表队经过长期训练，为的就是能够在这一天争夺冠军，大放光彩。除了市内进行独竹漂比赛，崇左各大高校内也会进行独竹漂才艺表演。独竹漂表演是每年"三月三"高校举行的项目中吸引学生观看人数最多的项目。每当"三月三"这一天到来时，表演独竹漂技艺的学生会换上自己的民族服饰，表演开始时，只见表演者手持划竿，踩上漂浮在水中的竹子，借助划竿向前划行，到达一定的位置之后，把划竿放到竹子上面，使二者呈十字相交状态。当竹子静止不动时，表演者开始舞蹈。只见表演者踮起脚尖，时而转动身姿，时而舞动双手，优美的舞蹈让观众沉醉其中。在表演期间，表演者需要保持高度的平衡，在借助划竿保持平衡的同时，也要利用划竿进行表演。在表演一段时间之后，表演者划竿前行，在到达另一个位置之后继续表演。独竹漂除了单人表演，还有双人或多人表演，这些都需要表演者之间的高度配合。

有句话说得好：台上一分钟，台下十年功。优美的舞蹈表演离不开表演者刻苦的训练。表演者告诉我们，独竹漂是一项很讲究安全性与平衡性的水上运动，表演者不仅要学会游泳，还要在训练的同时把握技巧。比如，如何保持平衡？哪个动作划着比较快？除了表演的需要，还要进行比赛。夏天，崇左市气温比较高，学生们都是下午进行训练。老师教给学生们主要技巧之后，学生们大多数时间是自己去训练的。冬天，随着冷空气来临，崇左的气温也随之降低，湖水变得十分冰冷刺骨。即使这样，同学们仍坚持训练。因为气温太低，学生们很难控制自己的身体平衡，跌入水中是常态，有时候也会不小心磕伤皮肉。学生们平时每天训练两个小时，周末每天训练三个小时。所以想要练好独竹漂十分不易，因为它是一项体力与技巧都很讲究的体育项目。

三、"独竹漂"的传承问题

独竹漂是当地劳动人民千百年来劳动智慧的结晶，虽然它集娱乐性、观赏性、挑战性于一体，具有很高的声誉；但随着时代的发展，人们文化观念发生改变，这项优秀的传统项目面临失传的风险。有关调查表明，独竹漂这一项目普及范围较小。独竹漂所流行的地区大多数在黔北和广西，影响力较小。独竹漂第一次作为民族传统体育是在第六届全国少数民族传统体育运动会上，并且获得表演一等奖。在2011年的第九届全国少数民族传统体育运动会上，独竹漂第一次被列入正式比赛项目。早期独竹漂作为一种出行工具，现如今随着经济的发展，便捷的交通工具面世，独竹漂慢慢被人们淡忘，甚至成为一项近乎失传的技艺。

独竹漂逐渐被人淡忘，有几个原因：

一是学习独竹漂的难度很大。练习独竹漂的时间都是在户外。在进行水上训练时，训练者只能站立在竹子上，手持划竿，借助划竿去寻找平衡感。训练期间没有任何保护设施。对于现在很多年轻人来说，独竹漂的训练是比较枯燥乏味的，很难坚持下去。

二是独竹漂的影响力。独竹漂流行于少部分地区，在全国范围内知名度较小，普及程度低。独竹漂2011年才被列为正式比赛项目，参赛队伍较少。在此之前，独竹漂主要作为地方性少数民族传统节日观赏性表演项目，所流行的地区较少。

三是独竹漂的配套措施匮乏和训练规模较小。就目前来说，只有少部分高校开设有独竹漂课程。大部分高校因缺乏相关人员指导，硬件设施匮乏，未能开设课程。

四是地理环境的限制。独竹漂作为水上项目，天气的变化是影响训练的主要因素。

第六节　蹴球

崇左位于广西壮族自治区南部，临近中越边界，生活着许多少数民族，广西民族师范学院是崇左一所民族高校，招收许多少数民族学生。学校里经常举行各种少数民族传统体育运动的赛事。独竹漂、抛绣球、板鞋竞速、抢花炮、蹴球等多项少数民族传统体育项目在广西民族师范学院光彩夺目。蹴球是其中一种较为冷门的球类运动，但它所承载的价值和其所有的魅力是无限的。

一、蹴球渊源

提起蹴球，很多人都不认识、不了解，或者将其认为"簇球"，又或者一看蹴球的名字，就会想到"足球鼻祖"——中国的蹴鞠。

一说起"蹴鞠"，就会有人恍然大悟。没错，蹴鞠中有"二十五法"，而蹴球就是其中一种。"蹴球"名称的来源，借鉴了古代"蹴鞠"的名字，但是蹴球在脚部使用方法上完全不同，蹴鞠是用脚内侧、脚背、脚外侧等部位踢球，而蹴球是专门用脚底搓的，所踢为石球，力量不一样，技术也不一样。

另外，"鞠"从"革"，与"石球"这一材质有显著不同。"球"从"玉"，"玉"与"石"质地类似，因此"蹴球"一词就产生了。

蹴鞠所用的运动器材石球，早在西安半坡文化遗址发掘中就有实物发现。蹴球的材质也由原来的石头随时代的发展而不断更新。这项运动在1999年被国家民委和国家体育总局正式定名为"蹴球"，其名取甲骨文中"蹴"字形的"用脚踏球而行"的意思。由此可见，经过多年的发展，蹴球早已自成一派，发展成少数民族特有的一项传统体育运动。

蹴球是北京市民族传统体育协会精心挖掘整理的一个体育项目，它来源于清代的踢石球，古老的踢石球经过多年研究整理，最终成为"蹴球"。蹴球是蹴鞠的新生，经过多年来不断表演、比赛，现已有了比较完善的规则。蹴球的最高赛事是全国少数民族传统体育运动会。蹴球由于器材简单，且所需场地面积小而受到欢迎。

二、蹴球现状不乐观

近些年来，各省市举办了不少的大小型比赛，参与人数多，一些媒体也对比赛情况进行了报道，再一次推动了蹴球的宣传。中国少数民族体育协会院校委员会2016年年会暨第一届会员代表大会在广西民族大学举行，活动主办方在会议期间举行了全国民族地区院校蹴球邀请赛。本次比赛分为男子单蹴、女子单蹴和男女混合双蹴三个项目，共有来自全国的16所高校参赛。此次比赛是广西民族师范学院组建蹴球队以后第一次参加全国性比赛，蹴球队在教练韦光辉、韦霞的带领下在比赛中奋力拼搏，取得了骄人的成绩。

在中国少数民族体育协会院校委员会年会召开期间，与会的区内外23所高校代表专程到广西民族师范学院考察，参观了学校的民族传统体育训练基地等设施。年会暨比赛的举行，加深了广西民族师范学院与区内外院校的交流与沟通，有力推动了民族体育文化的传承与发展。

蹴球的发展瓶颈在于，蹴球是少数民族传统体育运动，只招收少数民族学生作为蹴球队队员，没有吸引更多的人加入蹴球的队伍。现在蹴球的主力军是学生，学生很大概率是有学校牵头，如学校设置蹴球体育课，组织参加蹴球比赛等等。很多汉族学生选了蹴球体育课程，并在学习中找到了蹴球的乐趣，但是无法加入学校的蹴球队伍，因为这是一项少数民族传统体育运动，只有少数民族的同学才可以加入校队，代表学校参加蹴球比赛。

三、蹴球教学

广西民族师范学院的蹴球发展是蹴球发展的缩影。广西民族师范学院是一所民族院校，设有各类少数民族传统体育运动，蹴球就是其中一种。但是从2021年春季学期开始，学校就取消了蹴球体育课程。原因是学校认为学生选课少，没有开课的必要。蹴球的场地小，比赛道具少，比赛规则复杂且繁多等，都是劝退选课学生的理由。还有少数民族学生加入蹴球校队后不久又退出，只因训练太无聊且浪费时间。一个学校的蹴球发展，可以折射出蹴球的整体发展。蹴球还要继续自我更新，才能在时代激流中积极勇进，永葆活力。

一项少数民族传统体育项目如何获得跨越性发展，是我们共同思考的问题。能否让广大汉族学生获得比赛资格是关于少数民族传统体育运动能否保持少数民族特色的一个争议。目前看来，让广大汉族学生加入是蹴球这项少数民族传统体育运动获得突破性发展的一条途径。除了学校，各社区也是蹴球可以考虑的发展范围。蹴球老少皆宜，场地占用也不大，只需10米见方的平整场地即可。虽然规则复杂繁多，但只要玩得多了，也可以慢慢掌握并且熟练运用。

第七节 射弩

一、射弩概说

我国少数民族的传统体育项目种类繁多,许多体育项目富有观赏性和竞技性。广西地区作为我国五个少数民族自治区之一,其境内有 11 个世居少数民族,包括壮族、瑶族、苗族、侗族等。广西古时被视为荒蛮之地,交通不便,多森林和野兽,世代居住在这里的先民们为了抵御野兽、庆祝丰收、欢度庆典和祭祀等,创造了许多富有民族特色的体育项目。据统计,广西 11 个世居少数民族共有传统体育项目 478 项,其中壮族有 194 项,瑶族有 87 项。[1] 其中射弩就是先民们在劳动过程中创造出来的富有针对性、实用性的一项体育活动,当时主要用于打猎和射鱼。

二、射弩起源

中国的射弩运动起源于远古时期人类生产生活中的狩猎活动,射弩最初的作用是用于狩猎、抵御外敌入侵。随着时间的推移,射弩渐渐演变成为一项人们喜爱的体育运动。位于广西崇左市宁明县的世界文化遗产——广西左江花山岩画中就有描绘壮族先民射弩的情景。

弩又称作"窝弓""十字弓",是古代用来射箭的一种兵器。它是一种装有臂的弓,主要由弩臂、弩弓、弓弦和弩机等部分组成。傈僳族弩弓由弓背、弩身、弩弦、弩机四部分组成,一把弩的好坏取决于弓背。弩分大、小两种。大弩的弩弓长度约 1.5 米,弩身长 75 厘米至 1 米不等。小弩的弩弓长度约 1 米,弩身长 50 厘米至 70 厘米。大弩的最大射程在 200 米左右,小弩的为 100 米左右。[2] 此外,还有素称瑶族"弩村"的广西巴马县东山乡文钱村的木弩,那里至今还保留有制

---

[1] 朱岚涛、陈炜:《广西少数民族传统体育文化资源调查研究》,载《广西民族研究》2012 年第 3 期。

[2] 赵志强:《民族传统体育射弩运动的特色与发展研究》,载《兰台世界》2014 年第 1 期。

作弩的传统。巴马木弩根据其扁担的长短可分为大、中、小三种。1米长的扁担大约有80斤的力，1.4米的约有120斤的力，1.6米的约有160斤的力。[①] 射弩这一民间体育活动，在广西、云南、贵州、海南等少数民族聚居的地区有着悠久的历史。尤其是在苗族人的历史文化中，射弩曾经在他们的生活中扮演着举足轻重的角色。苗族男子从小就开始学习射弩技艺，从10岁开始练习特制的"娃娃弩"，射程可达10米。"娃娃弩"是为了便于男童训练射弩而专门研制的弩，由此可见学习射弩对苗族人来说是多么重要的一件事。射弩作为苗族人曾经的全民性"运动"，早已融入了苗族人的血液，造就了他们英勇善战、顽强不息的民族性格。射弩广泛盛行于我国多个少数民族群体中，除了傈僳族和苗族人使用，还有黎族人、壮族人和独龙族人等使用。

三、射弩发展

射弩从最初的狩猎、作战功能到现如今作为少数民族运动会的一项正式竞技体育项目，经历了几千年的时间。虽然射弩已经淡出了我们的日常生活，但是作为一项民族传统运动，在当代中国，保护、传承这项运动仍然有价值。

1982年9月，第二届全国少数民族传统体育运动会在内蒙古自治区首府呼和浩特举行，射弩运动项目首次作为表演项目亮相，受到观众的热烈欢迎。1986年8月，在新疆乌鲁木齐举办的第三届全国少数民族传统体育运动会上，射弩被正式列为运动会的竞技项目。为了更好地推进射弩运动比赛，相关的少数民族体育专家对射弩运动的比赛规则进行了多次修改，也对设备器材进行了改进，使得射弩运动的竞技性和观赏性不断加强。

自1982年开始，广西举办少数民族传统体育运动会，第一届在南宁市举办，当时的运动会表演项目只有39个，其中就有射弩运动。2018年在广西崇左市举办的广西第十四届少数民族传统体育运动会项目达到了15大项93小项，这时的射弩早已成为一项备受人们喜爱的竞技性体育项目。广西射弩运动最为有名的巴马县为了保护、传承当地的射弩文化，2016年，由自治区人民政府投资兴建的巴

[①] 仪德刚、张柏春：《广西巴马县瑶族制弩方法的调查》，载《中国科技史料》2003年第1期。

马瑶族自治县成立60周年配套项目弩文化展示馆建成。

不可否认，近年来广西射弩运动的保护、传承取得了巨大的成就。巴马弩文化展示馆展出了文钱村人在全区、全国射弩运动会上取得的傲人成绩：参加全区、全国少数民族运动会射弩竞赛的文钱村射弩运动员共18人，共获奖牌201枚，其中金牌105枚、银牌43枚、铜牌53枚。以上不管是展馆还是射弩竞技取得的成绩，都是广西保护少数民族传统体育最好的证明。

我们也要看到当前少数民族传统体育发展面临的各种问题，例如某些少数民族传统体育项目面临着竞技人才储备与训练失衡的问题。[1] 少数民族体育运动员一般由农民、企事业员工、在校生及其他社会人士等不同职业的人员组成。由于运动员成分复杂，时间不确定，他们一般在闲暇时间或者临近比赛时候进行训练，训练时间一般较短。这种训练方式也导致整体队伍的竞技水平难以维持稳定。加上少数民族传统体育经费投入不足，政府经费支持仅限于开展比赛期间，平时并未给运动员提供长期的经费支持。此外，场地、设备等问题都制约着少数民族传统体育的健康发展。

第八节 龙州壮拳

一、关于壮拳

作为崇左非物质文化遗产之一的龙州壮拳，是壮族人民特有的特色体育。壮拳起始于左江流域，是骆越民族，也就是俗称的壮族先祖，在长期与恶劣的自然生存环境中进行战斗，以及在抵挡外来侵略的时候，慢慢演变出的一种具有实用性的搏斗技能。壮拳是各种套路的集合体，主要分为以下两种套路。

（一）徒手套路

徒手套路，顾名思义，就是赤手空拳的拳法，不依仗刀、枪、棍等器物。徒

---

[1] 黄山鹰：《广西竞技体育与少数民族体育协同发展探究》，载《百色学院学报》2018年第3期。

手拳法按历史进程,可以划为古代壮拳、近代壮拳及现代壮拳三大块。因为战争被军队推崇,故古代壮拳也叫作军拳。这一时期的壮拳,十分剽悍,主要靠蛮力,一招一式都能在战场上制敌。近代的壮拳,由于南北拳师汇合,壮拳在拳法上表现为"南拳化",既有壮拳原有的特色,又融合了北方拳师的拳法,刚猛又不缺韧性。又由于火器在战场上使用,近代壮拳在军事应用中慢慢减少,更多的是在民间进行拳法表演,有一定的观赏性。现代壮拳指在原有的壮拳基础上改编的一系列拳法,减少了民族特色,更多地立足于强身健体,如甘敏创编的一套56式新壮拳拳法。甘敏的这一套拳法,摒弃了许多难学的招式,将一些招式改成含有动物形态,如白鹤、豹子与虎等,一招一式都与花山岩画上的图画相呼应,简单易学,更易在年轻一代的壮族后人当中推广开来。

（二）器械套路

器械套路,指运用杀弓、九子连环棍、鱼尾标、铁尺、春秋大刀、三指铁钯、长板护身凳、竹篙枪术等14种。像洪拳的铁线拳、农式丰的七步铁线桩功等,都是化用了器械套路,使得拳法更具杀伤力。器械与拳法的结合,配合步伐,能够消耗最少的力量、发挥最大威力。后来的一派拳法大成者中,大都使用器械相辅助。壮拳是壮族少数民族特色传统武术文化,也是中国特色传统武术文化的组成部分。它是壮族先民智慧的结晶,也是少数民族传统体育绝无仅有的存在。

二、壮族武术起源的追溯

在我国地域武术版图的分布中,岭南地区就占了相当大部分的比重,而生活在岭南地区的壮族人民,也孕育出十分具有地方特色的武术——壮拳。壮拳作为岭南地区发展成熟的武术,其历史溯源也有多种说法:

其一,壮族武术起源于春秋战国,由壮族先民瓯越人所创。

其二,在范畴上,壮拳是壮族武术的一个统称,是多元文化的融合,由宋代侬智高所创,流传于后世。

其三,壮族武术源于军事战争,其体系形成于明代,在"狼兵"训练中得到完善。

（一）原始社会时期壮拳的萌芽

据《壮族通史》记载，早在旧石器时期，百越地区已有原始人类居住，并且出现了旧石器文化，即人们选用适中的河砾石为原料，制作适合砍伐、击杀、挖掘和切割的各种砍砸器、尖锐器、刮削器。在原始生活中，与野兽或与其他部落的人产生冲突是必不可少的。原始先民们大都居住于深谷高山中，攀爬跳跃等肢体动作只多不少。故学者认为，本地的原始先民，为了获取生活所需，在与人或野兽搏斗过程中，本能地学会了躲闪、翻滚、击杀及打砸等格挡动作，对武器的利用即石刀、石斧、石矛及弓箭等的频繁使用，使得格、挡、击、杀等现代武术技巧产生。这些萌芽的产生是本能的，先民们能够意识到要这样做，但未能刻意地去将这些技巧笼统归纳为一个统一的武术技击序列，这也就是为什么说原始时代的早期武术处于萌芽的阶段。

（二）春秋战国时期壮拳的雏形

在宁明花山岩画上，可以发现壮族武术附载于原始的舞蹈与宗教祭祀仪式中，并呈现出壮族武术的雏形。岩画上都有一个领头人物，这个领头人物体型高大，佩刀剑，头戴羽毛或高髻，为正身人物像，其身旁或前面画有一面内带芒星的铜鼓或羊角钮钟图像，这就是典型的集体祭祀舞蹈场面的形象反映。其高大的图像是氏族部落首领和主持祭典的巫师。据有关学者考证，花山岩画上关于"蛙"的图腾崇拜的岩画，是春秋战国至东汉时期绘制在天然崖壁上的图案，距今已经有2000多年的历史。光绪《宁明州志》曾记载，花山距城五十里，峭壁中有生成的赤色人形，皆裸体，或大或小，或持干戈，或骑马。同时，壁画中还体现了壮族武术中的独特器械，如有环首刀、短剑、长枪、手镖、山弩及竹箭等武术器械。这些遗迹与史料相互佐证，证明了春秋战国时期是壮拳的形成发展期。

（三）秦汉时期壮族武术的成长

西瓯首领译吁宋，史称西瓯君，曾在公元前219年至公元前210年的"秦瓯战争"中，与桀骏率领的军队共同抗击秦军，使得秦军"三年不解甲弛弩"。同时，译吁宋也是壮族先民中第一位有文字记载的人物。译吁宋出色的军事领导，使得壮族武术作为训练内容在军队得到广泛的推广，壮族武术得到极大发展。1976年贵港市罗泊湾一号墓出土的西汉漆绘十分详细地刻画了壮拳在军事中的运用，有学者说："该盘外周漆画有四组十八个技击的人物形象，其中腹外壁所饰是以技击为主要内容的漆画，绘有4组共18个技击人物形象，包括徒手搏击、器械交锋、徒手对打、持械相技等技击形式。"这就佐证了壮族武术在秦汉时期的推广与成长。同时，秦汉两国交锋不断，多年纷争使得壮族武术在原有的基础上得到了强化。壮族武术的功能也从守卫族群安全转移到在战争中保卫国家领土安全的国家责任上。

（四）唐宋时期壮族武术的积累

有学者称："壮族称谓，唐代时期壮族称俚、僚等，到宋以后，俚、僚亦有称，但也有新的变化，有称'布土'或'土人''僮'，还有侬、俍、沙等称呼。"宋时，因战争频繁，壮族人曾搬离原住址，去往云南、广东等地，崇义尚武的壮族人的战斗力也在一次又一次的战争中得到增强。

（五）明清时期壮族武术的形成

有个叫胡江平的学者，曾在其一篇文章中提到过："中国武术起于宋，成于明，全面大发展于明末清初。"在宋代频繁战争的推动下，源源不断的军事需求使得壮族武术得到了极大的发展，并在明清时初步形成完整的体系。壮族武术甚至在后来的抗倭战争中起着重要作用，如明朝嘉靖年间的抗倭名将瓦氏夫人，带领"狼兵"进行英勇的抗倭战争，壮族武术是其制胜的法宝。明清时期沿海地区的抗倭斗争，使得壮拳得到一次又一次的检验，同时由于新武器的出现，壮拳的体系又衍生新的战术，如鸳鸯阵、岑氏家法等阵法。

（六）清末民初时期的壮拳发展

清末民初，火器在战争中的广泛使用，使得古代战争由冷兵器时代转向热兵器时代，原有的壮拳体系已不能适应新时代战争的需要，这要求壮族武术对自我进行一个改变。由于不能更好地嵌入新式武器战争，壮拳也就由拥有战争性质转变为简单防身需要，从此退出军事舞台，成了民间武艺，在壮族人民的日常及祭祀活动中，如师公舞、扁担舞等，以新的身份站在民间艺术舞台上。另一方面，壮族社会"改土归流"的转变，促进了壮族地域社会、经济发展和商贸的往来，壮族武术与北方拳术、南拳等拳种的交流、碰撞、裂变，在很大程度上完善了壮拳理论和技法。巾帼英雄瓦氏夫人带领她的"狼兵"到江浙一带抗倭时，也将壮拳传入了江浙。壮拳吸收了北方的长拳功架，具备了北方的大架子。清早期的禁武制度，使得当时壮拳私自传授都是违法的，在民国初年，禁武力度减弱，武术在被打压了两百余年后，一朝开禁，一时间各派大师如雨后春笋涌现出来。

三、壮拳发展现状

随着社会的发展，各种新型武器的产生与发展，单兵作战有更加完美和安全的格斗系统，同时人们生活水平提高，生活环境安逸，不需要与人搏斗来换取生存资料。对于"原生态"的壮族武术，人们更希望欣赏"击"的艺术，而非"击"的结局，人们习武的目的不是与人厮杀，更多的是强身健体，甚至只是一个传承的需要，壮拳的传承与发展也就不可避免地遇到问题，这也是社会发展的一种必然。

第九节　宁明花山拳

一、前言

近年来，广西崇左市把推进传承和保护民族文化作为民族团结进步示范区建设措施，不断加大对非物质文化遗产的传承和保护力度，深度挖掘非物质文化遗产。

二、花山拳的历史起源及其分类

（一）历史起源

花山拳为左江的骆越先祖创制，并被记录于花山岩画中。2015年时，花山拳就被选入宁明县级非物质文化遗产名录。花山拳历史悠久，源于战国至东汉时期，距今已有2000多年历史，分布地区为宁明、崇左、凭祥和那坡等桂西南地区。花山拳是骆越民族在数千年的原始生活状态中，因长期与恶劣的自然环境作斗争、与野兽搏斗、抵御外来侵略而逐渐形成发展的一系列搏斗技巧，是骆越民族智慧的结晶。花山拳所使用的武器皆取材于当时的生产工具，体现了当时骆越民族制造和使用生产工具的水平。

关于花山拳的历史起源，目前有两种说法：

第一种是劳动创造花山拳。花山拳是骆越民族根据日常劳动、狩猎、捕鱼等积累下来的经验，总结出来的用于强身健体、防盗防匪、保护家园的一种拳术。这可在花山岩画中查证，花山岩画上就有人物在练武术。从外形上看，练武者四平大马，步法压得很低，和左江流域民间流行的花山拳的特点相吻合。

第二种是战争创造花山拳。历史上各民族之间的争斗非常频繁，秦始皇统一六国后，举兵南下，对骆越民族发动战争，后来的唐、宋、晋等朝代都有对骆越民族的战争。于是，各种用于杀敌和防御的招式从军队传至民间，逐渐演变成如今的花山拳。现在的花山拳，已由最初用于防御侵略、搏斗的技术蜕变成左江地区节庆娱乐的内容之一。

（二）花山拳的分类

花山拳的分类包括徒手套路和器械套路两种。徒手套路按照历史进程可分为古代花山拳、近代花山拳、现代花山拳三个阶段。

古代花山拳也被称作军拳，所有招式都是为了上战场杀敌，因此这一时期的特点是凶狠、强悍。近代花山拳"南拳化"，"拳势刚烈、舒展大方、节奏分明，具有一定实战性及观赏性"①。现代的花山拳仅保留了壮族的民族特色,因无战斗需要,更多的是立足于强身健体和文化传承。现代花山拳简单易学,包含许多栩栩如生的动作,十分有趣。器械套路则有杀弓、铁线棍、铁尺、春秋大刀、九子连环棍、鱼尾标、三指铁钯、长板护身凳、竹篙枪术等14种。

不同历史阶段的花山拳打法大致相同,大致分为"以快打慢"和"以巧打拙"两种,且这两种打法有相同的特点,那就是马步沉稳、步法灵活、出拳密集、动作连贯紧凑。花山拳一直注重以气运身、内外结合、蓄气运劲,所以其特点是拳刚势烈、四平马步、下盘稳固,虚步、仆步、歇步为辅,左右逢迎,结构紧凑,一气呵成,浑然一体,节奏分明,快速勇猛。

三、花山拳的现状

与其他非物质文化遗产一样,宁明花山拳在当下的发展中也面临一系列的困境。花山拳的困境有多个方面,比如说缺少继承人、被边缘化、缺乏保护政策等。其中,继承人缺乏的原因,主要有以下方面:

(一)传统继承方式有局限性。现存的继承人有些还保留着顽固的封建思想,在武术招式的传授方面不对外传授,采用一对一教授的方法,还秉承着"父传子,母传女""只传男,不传女,传里不传外"等旧理念,使得传承面狭窄。

(二)现存继承人思想保守。花山拳仍存在死板的传授思想,一个优秀的继承人不仅仅是教会徒弟花山拳的招式技艺,还要教会徒弟在继承自己技艺的基础上学会创新,不断地改进,使花山拳有所发展。

(三)受到现代生活的冲击。现代化浪潮涌起,商品经济不断深入发展,偏远落后的广西地区也不可避免地受到现代文化的影响,生活方式不断改变。在结束了与外界隔绝的状态之后,广西地区的人们眼界开阔了,大量接触外来文化,使他们开始接受和认同现代文化和现代生活方式。尤其是新一代年轻人,更钟爱于现代艺术,追求时尚,对古朴的花山拳兴趣不大,造成花山拳无人乐意继承的困境。

---

① 李林峰、言凯、向冬:《花山壮拳在当代社会的传承与发展》,载《武术研究》2018年第12期。

第二章　节庆娱乐体育

第一节　背篓投绣球

一、背篓投绣球的起源

广西壮族自治区位于我国西南边陲，少数民族众多，其中壮族人口最多，壮族文化也最为丰富。在这片古老的大地上，壮族先民们用自己的双手创造了灿烂的壮族文化。在中原汉族尚未到达广西时，这里是骆越文化的发祥地。壮锦、铜鼓、绣球都是壮族文化的代表，而背篓投绣球是壮族独具特色的体育项目和民俗活动之一，它拥有悠久的历史，2000多年前就已经被记录在了花山岩画之中。在广西，绣球作为壮族特色文化的代表，使得绣球这一文化符号在广西随处可见，各地常常用它来作为城市的装饰品，使得城市更具地方特色。

背篓投绣球作为广西少数民族体育活动和民俗活动中一项极具特色的项目，在广西非常受欢迎，在壮族聚居地区，都能见到绣球的身影。绣球的悠久历史使得它拥有非常深厚的文化内涵。关于绣球最早的记载应该是广西宁明县的花山岩画。在2000多年前，绣球还是用青铜制作的兵器，大多用于甩投，被称为"飞砣"，多在战争和狩猎中使用。随着时间的推移，绣球在生活中所起的作用也慢慢发生了转变。人们开始将飞砣改制成绣花囊，到了宋代，绣球的作用已经发生较大转变，渐渐成为少男少女表达爱情的媒介。

二、绣球的制作

绣球的制作很有讲究，壮族老人将堆绣的手法运用到了绣球制作上，使得绣球上的图案更具立体感和层次感，大大提高了绣球的艺术价值、制作水平。广西绣球通常采用单线来制作，将面料裁剪为花瓣形式，再在上面绣上各种表示祝福和祥瑞的图案，表达人们对美好未来的期盼。后来，刺绣的手法从单线慢慢变为复线，在绣球上绣制的图案变得更加精细，人物也变得更加生动形象。到如今，随着现代科技的进步与绣球制作的不断融合，绣球的样式也越来越多样化，大大满足了人们对绣球不同的审美需求。

三、背篓投绣球的技巧

同绣球一起发展起来的一项民俗活动，那就是背篓投绣球。背篓投绣球不仅是一项民俗活动，也是一项体育运动。在广西的少数民族运动会里，背篓投绣球是一项不可或缺的运动项目。这项运动项目的规则不是很复杂，操作性也很简单，趣味性极强，因此深受大家喜爱，往往是大家争相报名参加的运动项目之一。

绣球轻巧，投掷时不需要太复杂的动作，往往使人认为投掷绣球是一件很简单的事。背篓投绣球看似简单，但其实要想将绣球抛得准且稳，也是需要很多小技巧的。

由于背篓投绣球看起来简单易懂，在每年高校举办的少数民族体育运动会上，参加背篓投绣球的人数是最多的，同学们对它抱有的热情也是最高的。这项运动在进行时，看似动作幅度不大，但其精髓就在于如何控制自己的动作，掌握和拿捏好每一个动作的力度大小，使绣球可以保持一个完美的弧线，让自己的队友更轻易地接住绣球，这样才可以提高队伍的总成绩。所以小小的绣球看似轻巧，但是想要把它得心应手地抛好，并不是一件易事，这需要在抛掷绣球时，精细地去控制我们身体的摆动。绣球运动是要将绣球抛出一定高度，所以需要充分调动上肢力量，通过摆动，将球抛掷出合适的高度和弧线，并要求每次抛掷出去的绣球位置变化都不大，这样才能使背着背篓的队友接起球来动作幅度不是很大，准确判断球路和节省体力。[①]

学校是传承和发展少数民族文化和体育活动的最佳场所，在如今的校园里，也时常可以看到关于少数民族体育项目的体育设施和体育运动会。这些少数民族

---

① 彭峰林、谢一锋：《广西壮族传统体育项目"抛绣球"的健身价值研究》，载《搏击·体育论坛》2012年第5期。

体育项目运动会的举办和开展,对于促进少数民族文化发展有着很大的帮助,这些活动可以使更多的年轻人了解和参与到少数民族文化活动中来,更好地传播少数民族文化。在平常的体育课和体育教学里,可以适当开办一些少数民族体育课程,这样可以让更多的学生体会到少数民族体育的魅力。背篓投绣球是一项对运动场地和运动设施要求不高的体育项目,而且运动门槛低,经过简单的教学和训练就可以参与其中。学校的领导层应该重视少数民族体育文化的继承和发展,这对于少数民族体育文化在校园里开展极为关键。抛绣球文化要想在学校教育阶段得到深入发展,还需要得到学校领导层的高度认可,只有学校的组织领导人员从根本上认识到这一问题的重要性,才能真正将抛绣球文化的传承发展上升到新的层次,取得阶段性的进步。所以相关学校领导在学校教育管理中应该具备高瞻远瞩的思想意识,积极联合相关体育部门和教育部门针对民族传统体育文化传承问题制定合理的规划,确保抛绣球运动能够与学校教育融合发展。[1]

第二节 高杆绣球

一、高杆绣球的起源

投绣球是广西壮族人民的一项传统体育项目。投绣球的雏形是古代壮族的"飞砣",它具有浓厚的历史文化底蕴。据文献记载,投绣球最早出现在2000多年前,绘制在广西壮族自治区宁明县(左江)花山壁画上的"飞砣"(壮语音译),就是现在绣球的雏形。"飞砣"是当时用青铜铸造的一种兵器,用于甩投,多在作战和狩猎中应用,体育正是源于人类战争和生产劳动。随着社会的发展,"飞砣"的制作材料逐渐从以铁、铜、镍为主的金属向石器和木器材料转移,这种"飞砣"是较原始的体育器材的缩影,后来逐渐发展成为壮族的绣球。[2]

---

[1] 商汝松、蔡立健:《广西壮族抛绣球文化的传承困境与发展路向研究》,载《体育科技》2016年第4期。

[2] 何卫东、伍广津:《广西壮族投绣球体育文化发展研究》,载《北京体育大学学报》2005年第2期。

二、高杆绣球的投掷方法

在学校的田径场上,我们看到一根高长的铁杆,顶上还有一个圆圈,这就是广西少数民族传统体育比赛项目高杆绣球要使用的道具之一。比赛用球是用绸布或花布制成,直径 5—6 厘米,内装细沙,重 150 克,系着一条长 90 厘米的绳子。

20 世纪 80 年代初,广西少数民族体育工作者在中越边境壮族聚居区挖掘出了"投绣球"这个项目,并制定出相关的比赛规则和裁判法。1986 年开始在广西正式设立投绣球比赛。1989 年 10 月,广西体委通过多年整理,制定出投抛绣球的比赛规则和裁判执裁标准,还专门培养了一批裁判员队伍,以高杆绣球为比赛项目(设男单、女单和团体三个奖项),促使该项目体育比赛逐步规范化。在 1991 年第四届全国少数民族传统体育运动会上,广西绣球队专门介绍表演这一壮族传统项目。高杆竞技绣球的比赛场地为长 26 米、宽 14 米的长方形场地,在中线的中点竖一根高 9 米的杆,杆顶安一个直径 1 米的圆圈,为投球圈。在中线两侧 7 米的地方,各画一条与中线平行、与两条边线相接的线,这两条线叫投球控制线,投球控制线到端线之间的区域为投球区,运动员需要在规定时间内将绣球在投球区内抛过彩环即可得分,投完一次之后,运动员飞快捡起自己专用的球到对面投球区投圈,从圈中穿过一次得 1 分,如果投球时运动员踩到控制线、越出投球区或拿别人的球投,一次扣 1 分,以累计投中的次数决定比赛成绩。比赛分团体赛和男女个人赛。团体赛每队由男女各 5 人参加,计算总成绩。团体赛比赛时间为 20 分钟,分两段进行,每段 10 分钟,第一段为 5 名女运动员上场投绣球,第二段为 5 名男运动员上场投绣球;个人赛比赛时间为 10 分钟。①

在高杆绣球比赛中,运动员需要发挥很大的体能。运动员抛绣球时侧身站立,左肩对着球杆的方向,两脚左右打开,约与肩同宽,重心位于两脚之间,右手握住绣球的提绳,手臂以肩关节为轴按顺时针方向做 1 次绕球预摆动作。绕球时手腕放松,运转柔和。当球绕到最低点与地面垂直时,身体重心往前移,转身对准彩环,同时蹬地,伸臂侧绕到最高点,顺着球的惯性,以合适的角度用力抖腕松指,送球出手。绣球只有获得合适的速度及角度才能以抛物线的轨迹,准确

---

① 韦光辉、王成科、李林峰:《关于高杆竞技绣球运动体能训练的研究》,载《衡水学院学报》2011 年第 1 期。

地穿过所设置的彩环。投完一次之后，运动员要以最快速度捡起自己专用的球跑到对面投球区投圈，在捡球过程中也需要有良好的身体平衡能力和协调性，运动员在场地中不断进行折返跑，运动员有氧耐力和无氧耐力的水平，对比赛成绩产生直接影响。

三、注意事项

运动员的体能主要包括速度、耐力、协调、平衡等多个方面。根据高杆绣球项目的技术特点、比赛特征及供能系统三方面考虑，影响高杆绣球竞技水平发挥的关键体能因素包括身体协调平衡能力、耐力和速度。在高杆绣球项目中，运动员不仅需要良好的身体协调能力保证投球准确性，还要具有在协调能力基础上的平衡能力。在折返跑过程中，需要不断急停捡球和投球，极易造成重心失去平衡。通过身体协调平衡能力的锻炼，身体的支配能力加强，机体反应速度提升，对突发情况会有较好的应急处理能力。在训练过程中，可以通过两臂交叉绕环、行进间提膝摆臂、沙池跳跃、跳绳等练习来进行针对性锻炼。

自古以来，中越边境地区都是壮族人的生存繁衍之地，而绣球则是壮族文化特有的人文景观，是壮族重要的传统民俗活动，历经数千年的传承，积淀了深厚的壮族文化底蕴。从清朝鸦片战争开始到民国时期，每逢春节、"三月三"和中秋节等歌圩活动时，壮族青年男女较好地借助歌圩的力量，相聚在地头、河畔和树林处，互相抛接绣球和对唱山歌。壮族青年男女以抛接绣球的方式寻找自己的意中人和伴侣。民间抛接绣球的另一种形式是男女分为甲、乙两队，甲队选出两名歌手抛绣球至乙队并唱完一首壮歌。乙队接到绣球后派两名歌手在最短时间内将绣球送还给甲队，并回歌一首，如此循环往复。

第三节　踩花灯

一、踩花灯的含义及起源

崇左壮族踩花灯是将壮族道、僧公艺班和唱、念、诀、咒、舞、乐合为一体的一个综合性大型传统活动，是民间宗教祭祀乐舞文化，从唐宋时期一直流传下来。它通过"放花灯"、"踩花灯"和"祭幽"三套舞蹈程式，踩过108盏花灯。这些花灯各代表不同的含义，分别有代表五行、四季、四方、二十四节气、三十六禽、七十二候含义的花灯，壮族人民融合自然历、农历与人的生死轮回，将它们寄寓于108盏灯阵之中。① 踩花灯时，道公们通过穿道服、念道经，然后在花灯之中不断穿梭飞舞。表演中，他们将手法、身法等步调保持高度一致，让在场的观众无不沉醉其中。踩花灯演绎出壮族人民激浊扬清、孝亲尊师、博施济众、祈福消灾的传统宗教道德文化精神，也体现了壮族人民丰富的文化想象力和绝妙高超的艺术创造力。②

壮族踩花灯在唐宋时期已经成形，并流传下来。壮族踩花灯的历史渊源，可以追溯到远古时期人们对鬼神和巫的崇拜。随着吴起用兵百越，打开了岭南通道，楚文化得到南移。后来秦始皇统一岭南，将大量的汉人南迁，楚文化和中原文化最终进入广西境内，从桂林至南宁的陆上通道大规模传播。唐宋之后，道教、佛教文化也在广西境内得到大规模传播。崇左则处于这些文化大规模传播所经过的重要节点，其优越的地理位置为中原文化、道教、佛教文化的迅速传入提供便利，同时这些文化在传播过程中，也与崇左当地的文化产生交融互渗。壮族踩花灯也是在这一时期形成的。另外，同在桂西南、与崇左北部交界的百色市平果市，也有踩花灯体育项目，而且被广西壮族自治区列入非遗名录。据《平果县志》记载，此舞传入县境已有八百年的历史。在中原文化、道教文化、佛教文化的长期传播及当地文化的不断发展中，壮族踩花灯也在逐步演变发展，并流传至今，成为广西非物质文化遗产的一部分。

二、踩花灯的步骤

壮族踩花灯由三个方面组成，分别是舞步、队形和踩灯。

舞步是指道、僧公艺人在道场上将108盏花灯摆好并将花灯点燃，然后由十几名法师围绕这108盏花灯翩翩起舞。花灯的摆放是有位置要求的，一盏花灯也不能摆错，摆花灯时，要将花灯分成十行，形成一个正方形，其余的花灯在西、

---

① 韦蒙、陆启灯：《嘹歌飞扬·花灯呈祥——平果大型民俗文化游艺展演方队阵容强大》，载《左江日报》2012年2月5日。
② 符燕：《浅谈广西天等地区壮族宗教舞蹈的文化特性》，载《才智》2012年第17期。

南、北角各放一盏，剩下的全部放在东角。舞步的法师也是有要求的。舞步时，法师们会身穿红色道袍和"六合"，戴着僧帽，手中拿着手鼓、铜鼓、唢呐、笛子等乐器，绕着花灯起舞，舞步以禹步为主。①

队形是指踩花灯时队伍排列的形状，并列、纵列、横列和斜列交叉穿插。起舞时，按照打"十"字、卷"8"字、走圆场和绕螺旋的形式起舞，步履轻盈，随后排成不同的队形进行踩灯。②

三、踩花灯的技巧及内涵

踩灯是踩花灯过程中最重要的一部分。踩灯时，法师们根据不同的情况踩灭不同位置、不同数量的灯，其队形也会根据不同的情况发生改变。在"踩"的过程中，将唱、念、诀、咒、舞、乐集于一体，将静、动、声、光、色结合在一起。③

壮族踩花灯有着非常重要的价值，其价值主要表现在它创造性地构思出可以充分表现特定内容的形式及成功地使阴阳五行思想得以外延。比如踩花灯时，花灯所摆放的位置就体现出阴阳五行的思想。位于东角的花灯代表春季，南角的花灯则代表夏季，西角的花灯则代表秋季，北角的花灯则代表冬季；灯阵的四方分别代表着东、南、西、北四个方向，这四个方向进而扩展为东、南、西、北门。灯阵外围的那40盏花灯，则依次代表着一年之中从立春到立冬的节气，这些节气进而演化为二十四节气、三十六禽和七十二候。其次，踩花灯将形象舞蹈与手诀、巫术、咒术等相结合，既表现了舞蹈性质，又使宗教信仰在舞蹈艺术上得到充分体现。比如，在踩花灯时，道、僧公艺人在绕着灯阵走的时候，会用手指不断地摆弄、变化形状，不同的形状代表不同的含义。④ 最后，在踩花灯的过程中，人们既需要唱、跳结合，又需要不断地走动，这在一定程度上促使表演者全身肌肉得到运动。

壮族踩花灯有着非常丰富的文化内涵。从本质来看，它是壮族劳动人民创造的艺术，有着稻耕文化的内涵。壮族踩花灯包含着在早期社会生活中壮族人民的宗教情绪、功利追求、世俗观念、心理特征等，与其他民族的传统活动一样，壮

---

① 符燕：《浅谈广西天等地区壮族宗教舞蹈的文化特性》，载《才智》2012年第17期。
② 符燕：《浅谈广西天等地区壮族宗教舞蹈的文化特性》，载《才智》2012年第17期。
③ 符燕：《浅谈广西天等地区壮族宗教舞蹈的文化特性》，载《才智》2012年第17期。
④ 符燕：《浅谈广西天等地区壮族宗教舞蹈的文化特性》，载《才智》2012年第17期。

族踩花灯蕴含着壮族人民在不同历史阶段的文化积累，其中的一乐一舞、一招一式都蕴含着壮族人民的文化意韵。

第四节　江州那贞壮狮游艺

一、壮狮起源

江州那贞壮狮是壮族传统民俗文化代表之一，2020年成功入选崇左市非物质文化遗产项目。研究江州那贞壮狮的历史来源、制作工艺、表演方式及发展现状，能够更好地了解壮族传统文化。

壮狮又称木牛舞，它融合了壮族传统的音乐、杂技、武术、绘画、音乐、编织等技艺。壮狮历史极为悠久，最早可追溯到古骆越时期，多用于祈福和祭祀，相传也有用壮狮驱赶野兽的说法。有资料说在骆越先民所创作的花山岩画中就有关于骆越人舞狮的场景。田阳舞狮是壮狮最优秀的代表，起源于明嘉靖年间，瓦氏夫人抗倭得胜，家乡的父老为犒劳凯旋的英雄们，举办了一场传统的舞狮表演。到近代，舞狮已在广西各个地区广泛流传：城镇的街道和农村都会组织舞狮队，在每年的正月初一至正月十五举行舞狮表演和比赛，优胜者可获得"广西狮王"的称号。

关于那贞壮狮，当地还有一个传说：相传古时候的一天，那贞村突然遭受瘟疫侵害，大量村民和牲畜在短时间内接连死亡，整个村子人心惶惶。村民们震天的哭声惊醒了正在沉睡的海狮，海狮看到那贞村的惨状，于心不忍，决定为村民们除魔驱邪，祈求平安。土地爷告诉海狮，每年的春节，所有外出谋生的村民都会回到村中与家人团聚，那时是整个村子人最全的时候。于是海狮决定在春节的时候带领虾兵蟹将鱼神来给村民们跳舞除魔驱邪，保佑那贞村。村里有个叫王休的青年为了铭记海狮的功绩，想将海狮画下来供奉，可是他只画好了头和身体，海狮便已沉入海中，他只好用牛的脚来代替海狮的脚。人们根据王休所画的图制作了舞狮：头上有三只触角，狮身有鱼虾相伴。因为脚与其他狮子的脚不同，所以那贞壮狮只在地面舞，不爬树，也不爬杆。

二、壮狮特点

壮狮在发展的过程中吸收了南狮和北狮两种舞狮的优点，在外形和舞法上均具有两种舞狮风格，壮狮的特点为难、美、奇、高、险、惊，美观的外形和高难度的动作令壮狮表演在任何地方都极为引人注目，广受欢迎。壮狮表演通常为六人：一人在狮头前方引路；一人舞狮头；两人戴猴子面具；两人戴笑面佛面具。小型表演一般围绕一张八仙桌来进行。壮狮的制作材料一般为木料，既结实，又小巧轻便。江州那贞壮狮在继承了壮狮传统表演方式的同时，也根据当地文化特色创造了许多特色玩法。

那贞壮狮的舞法主要有"舞四门""舞游荡""脚踢游荡""玩绣球"等。壮狮玩法中的"过山歌关"，因为具有群众参与度高、地区参与度广的特点，成为那贞壮狮最盛大、最受欢迎的玩法，在江州地区广为流传。

"过山歌关"又称为"拦门山歌对唱"，即在节庆日，村里请舞狮队到村屯进行舞狮表演时，舞狮队在村口与村里的姑娘进行山歌对唱。舞狮队进村表演的那天，村里的姑娘们要在狮队进村之前在村口的路中央横放树枝，狮队到达村口后不能直接跨过树枝进村，而是先要敲锣打鼓，让村里的姑娘们出来与他们对唱山歌，只有舞狮队唱赢了，才能入村表演。山歌对唱的流程是姑娘们先唱："狮子你们从何处来？来这里为何？想要进到我村里，山歌对赢请进来……"询问舞狮队从哪里来，要表演什么，是否征得村里人同意等。之后舞狮队——用山歌作答，只有将姑娘们的问题回答清楚才能进村表演。这期间所有的村民都会来村口给姑娘们出主意和加油助威，看舞狮队的大小伙子们绞尽脑汁地答题。对赢山歌的人自然腰板直，讲话大声有分量。

"舞四门"即狮子随着逗狮人的动作从一个方向纵步跳到另一个方向，而后边舞狮尾的人则趁狮子纵起之时钻到狮被底下，将狮身拱起，随着逗狮人的指令，或坐，或卧，或纵，或跳，或转侧，或回头。依次舞过东南西北四个方向，称为"舞四门"，又名"四门进财"，寓意招财进宝。

除了地区的特色舞法，还有不少壮狮的传统玩法，例如春节期间壮家人的"舞壮狮"送吉祥和经典壮狮节目《双狮戏球》《狮子上金山》《狮游梅花桩》等。

三、壮狮的制作

制作那贞壮狮的第一步是制作狮子头的模具，模具用黄泥制成实心状，重量近 100 千克。等泥干后，就可以进行第二步制作，这也是制作壮狮最要紧的一步：用牛皮纸、包装纸等韧性纸绕着模具贴，用混合了防虫药的木薯粉粘牢，晾干，然后再重复上一个步骤，一个合格的狮子头至少需要六七层的厚度。在这个制作过程中，只要中间有一丝缝隙，或纸板间没有粘牢，就会影响下一层的制作，那么这个狮子头的制作就算是失败的。一个狮子头光是纸板之间的黏合就需要一个月的时间，等其硬度达标了，才能从模具中拔出，在最外层糊上一层白纸。第三步是上油彩，先在纸模上涂一层白漆，依次画好狮子的眼睛、鼻子、嘴巴和额头等形状，然后一一涂上油彩，油彩一般要涂四层，涂完一层晾干才能涂下一层，不然就会使油彩窜色，晾油彩时也只能在室内晾，因为遇风的油彩会起气泡，导致表面坑坑洼洼。那贞壮狮分公母，母狮比公狮多两道眉毛。

四、壮狮的传承

20 世纪 70 年代，是那贞壮狮发展最红火、规模最大的时期，舞狮队常常受邀在江州各个村落间进行舞狮表演，为人们祈福求平安。由于舞狮需要大量的练习时间，且几乎没有任何经济来源，舞狮成员平常还需要干活维持生计，只能趁空闲时间练习。同时，因为舞壮狮的技术含量比一般舞狮要高，所以对于舞狮人员的要求也比较高。改革开放后，村里很多青年都外出打工，那贞壮狮没有人才来源，逐渐没落，制作技艺也几近失传。直到 2016 年，舞狮队才有二十三位队员，其中十八位舞狮头，三位锣鼓手，两位舞狮身。同时，随着传统文化的复兴，政府也逐渐加大对地方非物质文化遗产的保护投入，那贞壮狮有了一个良好的发展环境。2020 年，江州那贞壮狮传承人刘任民入选崇左市非物质文化遗产项目传承人，那贞壮狮成为崇左市传统体育、游艺与杂技六个非遗推荐项目之一。

第五节　抓鸭子

一、"抓鸭子"是一种民俗活动

抓鸭子，听起来有点奇怪，但人们马上就能从字面上知道这个项目应该怎么做，而恰好这也是一个重要的民俗活动，当地人对这个民俗也是情有独钟。

抓鸭子这个民俗不出名，在大型体育活动中更是无一席之地，究其原因是没有具体的获胜规则，但它包含了体育项目中的大部分应有的竞技特点，竞争性强，又不缺娱乐性，所以颇受欢迎。

抓鸭子一般是在过节时开展的，当然热情的壮族人民也会在客人来到家乡游玩时请他们去参加"抓鸭子"项目。

项目可以是在离参赛者有一定距离的地方放一只鸭子，通过游泳来"抓鸭子"，抓到的人将获得胜利；也可以是放置百多只鸭子在湖中，通过抓的数量来判定胜利。当然，为了增加难度，稻田、泥地里也可以作为比赛场地，而为了增加大家的积极性，抓到的鸭子甚至可以成为战利品。

抓鸭子体育活动，往往融合游泳、跑步等项目，可以说抓鸭子是一场综合性的体育较量。在通过一场刺激的抓鸭子比赛后，胜利的人赢得的是荣誉、奖金、鸭子，甚至是一个娶亲的机会；参与的人则体验了民俗体育带来的欢乐。

二、"抓鸭子"是一种体育项目

2016年11月5日举行了第十二届广西"拔群杯"篮球赛暨凌云县第二届全国冬泳"水上抢头鸭"庆丰收系列民俗活动。冬泳抓鸭项目考验的不只是游泳速度，也有对水温的适应能力，加上鸭子游动的不确定性，运气也成了该项目的一个重要因素。比赛开始，选手们纷纷跳入水中，此时的鸭子并未意识到自己已成为几百号人的目标。选手们实力不一，起起伏伏，由于人数过多，没有人知道哪个人来自哪里，只能期待冠军的诞生来分出胜利的地区。水面上不再平静，水花在一个个选手的争夺中扑洒飞溅，但似乎并不是每个选手都很顺利，赛道没有专业的分隔栏，有的选手因此而碰撞在一起，失去了夺取冠军的机会。游得快的选手前方的道路开阔宽敞，他们一往无前，眼里只有那待捕的鸭子。很快就到了比赛的尾声，有三名选手接近了鸭子，鸭子似乎也感受到了"威胁"的到来，开始骚动了起来。那三位选手中，有一位来自广西崇左，他打算以潜泳的方式给予鸭子一次"致命"的攻击，"嘎嘎嘎"三声闷响，鸭子被抓住了脚，但鸭子挣脱了。崇左健将看此机会，加速向鸭子游过去，并扑向鸭子。鸭子屁股一扭，躲了过去。要知道这只鸭子是为比赛专门挑选的生猛大鸭子，加上受到了惊吓，想要抓住它可不是易事。经过一番争夺后，最终的胜利者还是崇左人。

"水上抢活鸭"亦即"抢头鸭"活动，原为正月初五这一天举行，寓意为当天谁在河里抢到第一只活鸭，来年谁的财源就如同河水滚滚而来，寄托了壮族百姓在新年里祈求财源茂盛的美好愿景。

第六节　芭芒燕

一、芭芒燕的意思

什么是"芭芒燕"？"芭芒燕"是壮族的一项民俗体育活动，历史悠久，具有其特殊意义。在各种节日的庆祝活动中，青年男女是参与"芭芒燕"的主要人员，他们会将芭芒花扎成一串，随后用条状物（绳子或具有韧性的长条叶片）系紧，做法与毽子相似，因为缺少了毽子底部的铁片，所以足够轻盈。在进行"芭芒燕"这项活动时，可以是两两对抗（参考双人羽毛球比赛规则），也可以是多人对抗，用手掌将"燕子"拍向对方，对方再将"燕子"拍回来，有来有回。用于制作"燕子"的"芭芒"是一种多年生草本植物，叶子的两侧边缘有微细尖齿，叶背靠近末梢的部分有白色短毛，它在秋天的时候会开花结成穗状，它的果实多纤毛，成熟的时候如同柳絮，四处飞散。因为它的杆部可以编成篱笆，所以被称为"芭芒"。

二、芭芒燕的由来

那么，为什么会产生"芭芒燕"这项民俗体育活动？每一种民俗体育活动的出现都不是偶然的。用于制作"燕子"的"芭芒"生长在海拔 1800 米以下的山地、丘陵和荒坡原野，而广西地处中国地势第二台阶中的云贵高原东南边缘。"芭芒"喜温暖湿润的气候环境，自然生长于荒野、山坡及林下湿地，又能耐干旱瘠薄，繁殖能力强，一般土壤均能生长。广西属于亚热带季风气候和热带季风气候，气候温暖，雨水丰沛，光照充足，适宜"芭芒"生长，加之"芭芒"繁殖能力强，所以"芭芒"在广西并不少见。"芭芒燕"是庆祝节日的活动，在庆祝节日时，壮族人民放下农具，举杯畅饮，觥筹交错，载歌载舞。在壮族地区的民俗活动中，节日期间的壮族人民穿着非常华丽。"欢景"这个词在壮语中就是过节的意思，壮族的各种传统节日有很多，包括春节、"三月三"、开耕节、牛王节等，在这些特殊节日期间，壮族人民不做日常农活，而是穿着盛装开展一些歌舞、摔跤、斗牛等活动。① 结合"芭芒"成熟的秋季，"芭芒燕"成为秋天庆祝丰收的活动，于是壮族儿女们将"燕子"做好，各自组好自己的队伍，庆祝活动就此开始。

三、芭芒燕的意义

"芭芒燕"是壮族的一项传统体育活动，具有深刻的意义：

第一，这项体育活动传达了壮族人民对丰收的喜悦，是为了庆祝丰收而出现的，表现了壮族儿女朴实而真挚的情感。

第二，"芭芒燕"是壮族男女青年进行社交、促进爱情的一项传统体育活动，"芭芒燕"被赋予了爱情的意义，壮族儿女在体育活动中加强了彼此之间的联系，增进了彼此之间的感情。

第三，壮族人民在进行"芭芒燕"活动中，尽情挥洒汗水，有利于锻炼身体、增强体质。

第四，"芭芒燕"这项民族体育活动，丰富了人民的生活，活跃了农村文化，增进了民族团结。

---

① 吕慧：《壮族的历史文化特征研究》，载《中国民族博览》2021年第9期。

主要参考文献

一、主要参考书目

广西省少数民族社会历史情况调查组编：《广西省大新县僮族调查资料》，1957年。

广西壮族自治区戏剧研究室、中国戏剧家协会广西分会编：《广西戏剧史论文集》，1981年。

政协龙州县委员会编：《龙州文史资料 第2辑》，1982年。

政协龙州县文史资料研究组编：《龙州文史资料（1930—1985）龙州起义、创建红八军五十五周年纪念专辑》，1985年。

政协龙州县委员会编：《龙州文史资料 第6辑》，1986年。

欧阳若修等编著：《壮族文学史》，广西人民出版社，1986年。

《中国戏曲志·广西卷》编辑部编：《广西地方戏曲史料汇编 第十五辑》，1987年。

政协龙州县委员会编：《龙州文史资料 第7辑》，1987年。

南宁市文化局戏曲志编辑委员会编：《南宁戏曲志》，1987年。

广西壮族自治区民族研究所编：《广西左江流域崖壁画考察与研究》，广西民族出版社，1987年。

广西壮族自治区编辑组：《广西壮族社会历史调查（第七册）》，广西民族出版社，1987年。

政协扶绥县委员会文史资料研究编辑委员会编：《扶绥文史资料 第二辑》，

1987 年。

蔡定国：《彩调艺术研究》，广西人民出版社，1988 年。

广西壮族自治区文化厅文物处、广西壮族自治区博物馆编：《广西左江岩画》，文物出版社，1988 年。

《扶绥县志》编纂委员会编：《扶绥县志》，广西人民出版社，1989 年。

广西壮族自治区大新县志编纂委员会编：《大新县志》，上海古籍出版社，1989 年。

中国体育博物馆、国家体委文史工作委员会编：《中华民族传统体育志》，广西民族出版社，1990 年。

扶绥文史资料编辑委员会编：《扶绥文史资料 第三辑》，1990 年。

永福县政协编：《永福文史 第三期》，1991 年。

广西壮族自治区地方志编纂委员会编：《广西通志·民俗志》，广西人民出版社，1992 年。

政协龙州县委员会编：《龙州文史资料 第12辑》，1993 年。

凭祥市志编纂委员会编：《凭祥市志》，中山大学出版社，1993 年。

龙州县地方志编纂委员会编，余晋良主编：《龙州县志》，广西人民出版社，1993 年。

《壮族百科辞典》编纂委员会编：《壮族百科辞典》，广西人民出版社，1993 年。

崇左县志编纂委员会编：《崇左县志》，广西人民出版社，1994 年。

广西壮族自治区地方志编纂委员会编：《广西通志·自然地理志》，广西人民出版社，1994 年。

政协扶绥县文史资料编辑委员会编：《扶绥文史资料 第四辑》，1995 年。

黄德俊主编：《桂西文史录 第六卷》，广西人民出版社，1995 年。

《桂西文史录》编纂委员会：《桂西文史录 第二卷》，广西人民出版社，1996 年。

张声震主编：《壮族通史》，民族出版社，1997 年。

广西壮族自治区地方志编纂委员会编：《广西通志·文化志》，广西人民出版社，1999 年。

张有隽主编：《边境上的族群——中越边民群体的人类学考察》，广西民族出版社，1999年。

靖西县县志编纂委员会编：《靖西县志》，广西人民出版社，2000年。

刘毓庆：《图腾神话与中国传统人生》，人民出版社，2002年。

顾乐真：《广西戏剧史论稿》，中国戏剧出版社，2002年。

项光谋主编：《旭日崇左》，广西民族出版社，2003年。

覃圣敏主编：《壮泰民族传统文化比较研究》，广西人民出版社，2003年。

叶春生、罗学光主编：《中国麒麟文化》，广东旅游出版社，2004年。

农敏坚、谭志表主编：《平果嘹歌（客歌集）》，广西民族出版社，2005年。

农敏坚、谭志表主编：《嘹歌嘹亮》，广西民族出版社，2006年。

项光谋主编：《魅力崇左》，广西科学技术出版社，2006年。

《崇左手册》编委会编：《崇左手册》，广西人民出版社，2006年。

〔英〕李约瑟著，袁以苇等译：《中国科学技术史 第六卷 生物及相关技术 第一分册 植物学》，科学出版社、上海古籍出版社，2006年。

中华人民共和国国家旅游局编：《中国旅游景区景点大辞典》，中国旅游出版社，2007年。

罗汉田采录、整理、翻译：《贼歌》，民族出版社，2007年。

陈映红主编：《广西非物质文化遗产精粹》，广西人民出版社，2008年。

唐华主编：《花山文化研究》，广西人民出版社，2008年。

广西大百科全书编纂委员会编：《广西大百科全书》，中国大百科全书出版社，2008年。

文榕生：《中国珍稀野生动物分布变迁》，山东科学技术出版社，2009年。

郑超雄、黄继先：《土州土治 土司制度面面观》，广西人民出版社，2009年。

谭先进编著：《崇左文化述要》，广西人民出版社，2010年。

崇左市政协编著：《崇左文史第四辑崇左之最》，2010年。

崔乐泉：《中国少数民族传统体育》，贵州民族出版社，2011年。

黄绍鼎主编：《导游天等》，广西人民出版社，2011年。

孙舟编：《百里画廊行——广西大新旅游札记》，广西民族出版社，2012年。

扶绥县档案局（馆）编：《扶绥名人传》，广西人民出版社，2013年。

广西壮族自治区地方志编纂委员会办公室、广西壮族自治区文化厅等合编：《广西节庆志》，广西美术出版社，2013年。

赵国忠、韩日辉主编：《龙州游记》，商务印书馆，2013年。

澳大利亚Lonely Planet公司编：《广西》，中国地图出版社，2014年。

朱桂田：《八桂山水形成的奥秘》，广西师范大学出版社，2014年。

廖明君、杨丹妮著，龚楚颖译：《壮族蚂拐节：汉英对照》，安徽人民出版社，2014年。

李吉远：《岭南武术文化研究》，中国社会科学出版社，2015年。

中国地理学会编，张妙弟主编：《美丽广西》，蓝天出版社，2015年。

谭先进编著：《崇左文化博览》，广西人民出版社，2016年。

大新县地方志编纂委员会编：《大新县志1986—2005》，广西人民出版社，2017年。

宁明县地方志编纂委员会编：《宁明县志1986—2005》，广西人民出版社，2017年。

王永超主编："文化崇左书系"，广西人民出版社，2018年。

许光元、陆建辉主编：《醉美大新》，广西人民出版社，2018年。

广西壮族自治区地方志编纂委员会办公室编：《广西之最·2017》，广西人民出版社，2018年。

赵先平：《山水常清 大美大新》，广西人民出版社，2018年。

刘玉杰主编：《华商之源 商丘》，河南科学技术出版社，2018年。

龙州县地方志编纂委员会编：《龙州年鉴2017》，广西人民出版社，2018年。

二、主要参考文章

沈汉宏：《一个鲜为人知的壮族支系——"布傣"》，《广西日报》2004年7月28日。

黄和芳：《让彰显独特文化魅力的壮族嘹歌一路飞扬》，《广西政协报》2009年4月11日。

《瑞丰祥钱庄 红八军军部旧址》，《广西日报》2009年12月4日。

谢振华：《广西扶绥县山圩镇文化站让濒临失传的唱春牛和采茶花戏重焕光

彩 农民文艺队自立突围》,《人民日报》2012年4月11日。

《龙州的水田生日"昆那节"》,《广西民族报》2013年9月10日。

席格:《非物质文化遗产的文化审美》,《中国社会科学报》2015年4月8日。

农林:《雨中歌舞 中越情浓——龙州县金龙镇板陌屯中越群众欢度昆那节》,《广西民族报》2015年8月21日。

李建勤:《情系"昆那"节》,《左江日报》2016年8月9日。

刘润生:《无限敬仰深切缅怀——龙州红八军军部旧址游记》,《百色早报》2016年11月8日。

刘华恋:《上金乡:人间仙境紫霞洞》,《左江日报》2016年12月27日。

《千年古郡神美江州》,《左江日报》2017年3月28日。

金娟:《麒麟舞的当代传承与发展》,《人民政协报》2018年4月16日。

刘华恋:《紫霞洞:西南边陲的一处圣地》,《左江日报》2018年6月12日。

雷小琴:《崇左龙州织娘巧手忙,秀丽壮锦带动全村人脱贫致富》,《南国早报》2019年1月28日。

刘华恋:《天琴制作工艺传承人——裴永丰》,《左江日报》2019年10月23日。

刘华恋:《让壮族优秀传统文化"走出去"》,《左江日报》2019年10月24日。

蒋欣攸:《红八军军部旧址:红八军精神在这里传承不息》,《左江日报》2019年10月24日。

《邓小平与龙州起义》,《左江日报》2020年5月20日。

《江州区〈麒麟舞〉列入崇左市非物质文化遗产代表性项目名录》,《左江日报》2020年6月13日。

钟文芬:《走进板池看壮锦丨崇左的壮锦正在大放异彩,你了解多少?》,《左江日报》2020年6月17日。

林红:《壮族民间舞蹈——三穿花》,《民族艺术》1988年第3期。

仪德刚、张柏春:《广西巴马县瑶族制弩方法的调查》,《中国科技史料》2003年第1期。

农冠品:《泛说右江流域壮族嘹歌》,《广西右江民族师专学报》2004年第

5期。

杨文会：《论曲阳石雕的文化价值及现代意义》，《雕塑》2005年第6期。

秦红增、毛淑章、秦琴：《中越边境布傣天琴文化变迁：喻天、娱人与族群标识》，《民族研究》2008年第1期。

汪俊、张建军：《布傣人婚俗的审美人类学考察》，《柳州师专学报》2008年第2期。

陈远璋：《璀璨的南疆文明——广西文化遗产的巡礼》，《中国文化遗产》2008年第5期。

周建新等：《短衣壮的彩棉文化》，《社会科学战线》2010年第3期。

尹明：《桂南采茶戏》，《歌海》2011年第5期。

杨琴：《广西壮拳研究》，《中华武术（研究）》2011年第5期。

秦红增、毛淑章、农瑞群：《中越边境广西金龙布傣族群的"天"与天琴》，《广西民族研究》2012年第2期。

农瑞群、何明智：《壮族布傣求务仪式文化符号解读》，《玉林师范学院学报》2012年第4期。

张晟源：《试述雕塑艺术在社会文化中的地位、特征和价值作用》，《神州（上旬刊）》2012年第11期。

李兵磊：《非物质文化遗产视域下的广西古壮拳文化研究》，《大众文艺》2013年第1期。

李兵磊：《基于非物质文化遗产保护的广西古壮拳文化基本特点探析》，《参花（文化视界）》2013年第2期。

黄胜安：《少数民族地区传统石雕工艺的现状与前景——以广西天等县进远乡石雕工艺为例》，《大众文艺》2013年第11期。

农星光：《壮族高腔山歌的唱腔研究——以大新高腔山歌为例》，《科教文汇（上旬刊）》2013年第19期。

赵志强：《民族传统体育射弩运动的特色与发展研究》，《兰台世界》2014年第1期。

李长春：《扶绥县旅游开发的对策研究》，《市场周刊（理论研究）》2015年第2期。

郭园园：《金龙布傣婚礼仪式"官郎歌"的文化内涵与传承价值》，《歌海》2016年第1期。

徐浩忠：《中国的竹文化》，《科学生活》2016年第5期。

王继波：《龙州壮族"天琴"仪俗研究》，《歌海》2017年第1期。

王恒华：《广西采茶花剧的传承及创新研究》，《戏剧之家》2017年第24期。

马珂颀：《石雕的艺术特征与文化内涵探析》，《艺术科技》2018年第2期。

黄山鹰：《广西竞技体育与少数民族体育协同发展探究》，《百色学院学报》2018年第3期。

张融：《短衣壮族亲子关系的法价值探析》，《民族论坛》2018年第4期。

李林峰、言凯、向冬：《花山壮拳在当代社会的传承与发展》，《武术研究》2018年第12期。

潘冬南：《保护与传承视阈下民族文化旅游资源开发对策》，《经济论坛》2018年第12期。

梁端兰、赵莉丹：《广西大新短衣壮丧葬文化及其现代价值分析》，《新西部》2018年第17期。

陈建平：《近现代邕剧创作的大众化追求》，《新疆艺术学院学报》2019年第1期。

何明智：《金龙壮族婚俗大歌"官郎歌"的文化内涵》，《广西民族师范学院学报》2019年第6期。

赵莉丹、曾永鑫：《广西短衣壮节日庆典民俗文化调查研究》，《新西部》2019年第9期。

沈艳：《浅谈壮锦的织造工艺与传承》，《棉纺织技术》2019年第12期。

唐明欢、徐世军、王晓晨：《壮族武术的历史追溯与文化意蕴》，《社会科学家》2020年第9期。

陆丹：《广西骆越文化壮锦图案在民族陶艺设计课程教学中的探索》，《教育观察》2020年第10期。

朱单莹：《少数民族织造工艺在新媒体时代下的传播研究——以广西壮锦为例》，《西部皮革》2020年第13期。

孙国庆：《壮锦图案纹样艺术特色探究》，《西部皮革》2020年第16期。

杨琴:《从非物质文化遗产视角研究广西壮拳的保护与发展》,广西民族大学硕士学位论文,2010年。

胡江平:《宋代民间武术组织初探》,华中师范大学硕士学位论文,2013年。

吴英:《天琴弹唱艺术展演形式的传承与创新研究》,广西民族大学硕士学位论文,2014年。

张莉恩:《壮族采茶戏的生存现状及其保护与发展研究》,广西大学硕士学位论文,2014年。

韦世辉:《宁明县:以歌坡节为平台深入宣传反腐倡廉工作》,崇左纪检监察网,2016年5月4日。

崇左市旅游发展委员会:《非遗之美,壮韵筑梦 | 崇左市非物质文化遗产成果文艺展演活动圆满成功》,搜狐网,2019年11月28日。

姚文:《用采茶调唱好宣传歌》,广西文明网,2020年12月18日。

佚名:《彩调最初形式》,中国戏曲网。

佚名:《彩调产生发展》,中国戏曲网。

佚名:《彩调的角色行当》,中国戏曲网。

佚名:《彩调剧表演形式之亮相》,中国戏曲网。

佚名:《彩调剧表演形式之步法》,中国戏曲网。

佚名:《彩调剧表演形式之脸谱》,中国戏曲网。

后 记

经过近三年的撰写，本书很快就要完成了，回顾撰写过程，有一些话在这里交代一下。

最先提出撰写一部反映崇左自然景观、历史文化、民俗民风的书，以"品读"的形式来写作的，是华中师范大学历史文化学院李鹤群博士，当时李鹤群博士在广西民族师范学院科研处当科员，因为硕士研究生阶段学的是中国史专业，所以很自然地在专业上归属在历史教研室，为历史学专业学生讲授"中国历史要籍介绍及选读"课程。

历史教研室是一个新建教研室。历史学专业是一个新设的专业。早在2016年，时任广西民族师范学院科研处处长的王晓军教授就跟我说，我们学校作为师范院校，没有历史专业，希望我能够和他一起申请设立历史学专业。对他的这个提议，我在观点上赞同，在行动上支持。当时我在文学与传媒学院讲授古代文学、国学类等课程，我便和当时担任文学与传媒学院院长的农辽林副教授商量，希望依托文学与传媒学院申报历史学专业。自古以来文史不分家，文学与传媒学院若能新增一个历史学专业，扩大招生规模自然是好事。农辽林副教授当时表示同意，但在2017年我和王晓军教授准备申请新增本科专业材料并再次与他沟通时，农辽林副教授又感到很为难，表示文学与传媒学院开设的专业本来就比较多，老师负担很重，搞不过来。既然如此，我们就只好尊重他的意见。

申请新增专业，没有依托的二级学院，确实不好办。在这关键时候，学历史出身的时任经济与管理学院院长的韦福安教授表示愿意接纳历史学专业挂靠在他们学院。王晓军教授和我都很高兴，觉得事情有了转机。有了依托单位，我们就放手去做申报新增专业的准备工作。王晓军教授马上带了几个老师下乡调研，在较短的时间里密集走访、调研了崇左市多个县市教育局和十几个中学，发现很多中学的历史课程教学都由体育老师、音乐老师或数学老师兼任，情况最好的是由语文老师兼任，那些学校校长都诉苦，表示要招到科班出身的历史专业老师十分困难，崇左市的广大中学十分需要历史学人才。

调研结束后，王晓军教授向学校主要领导汇报调研情况，力陈新增历史学专业的必要性和可行性。此事得到学校党委书记梁远海教授的高度重视，在他的支持下，2018年3月由王晓军、韦福安和我三人担纲申报新增的历史学专业得到教育部的批准，并于当年8月份招收了第一届历史学本科生。就在我为本书写作《后记》的时候，我们的第一届历史学53名本科生即将毕业，正在中学实习和紧张地准备毕业论文，2022年5月下旬便要进行毕业论文答辩。

历史学专业从2016年筹划申报，到2022年第一届学生毕业，已有六个年头。2021年1月，历史专业、地理专业和旅游管理专业从经济管理学院剥离出来，组成一个新的学院，正式挂牌，就是现在的历史文化与旅游学院。

我们在历史教学中，一定程度上实行学业导师制度，一个老师指导多名学生的学业成长，特别注重引导和训练学生的专业能力，把读书报告、论文写作和自办历史学公众号"史说新语"引入课堂教学，引导和督促学生把专业实践、核心技能的训练融入自己的理论学习和专业训练之中，以此言传身教，让学生明白历史不是死记硬背的学科，而是教人如何思考和寻找历史规律的学科。这种做法使我们的历史教学收到良好效果，学生的综合能力在较短时间内得到提高。

2019年，学校拟立项一批服务地方的科研课题，我把撰写《品读崇左》的构思向当时分管科研工作的农克良副校长提出，希望学校能支持新增本科专业的科研立项，农副校长觉得这个课题十分切合崇左地方文化旅游发展的需求，通过学校学术委员会讨论，本课题被列为广西民族师范学院2019年服务地方的科研项目，学校给了3.5万元的课题经费。虽然经费不多，对我们来说，却是及时雨。我们几个主要撰写人员带领历史学专业学生到崇左相关县市做田野调查，多亏有这笔经费，不然不少章节的内容无法落实。

刚开始构思本课题时，本来是想撰写《品读崇左》丛书的，但是初稿完成后，经与出版社商谈具体出版事宜，决定将内容结构基本保持原来的设计，原定的八本书改为六卷，大幅度压缩篇幅，初稿近二百万字压缩到现在这个字数。虽然内容多被删减，但是更精炼了，出书成本也降低了。所以本书也就只能选取有代表性的崇左历史文化内容来撰写，而难以做到对崇左文化全面地加以介绍，甚至会有重要的内容没有顾及，所以其局限性也是显而易见的。

本书自立项以来，花了三年才撰写完成。本书由我提出撰写体例，写出样稿，拟定撰写提纲，确定撰写内容，培训撰写人员，经过五易其稿，才成目前这个样子。由于工作量大，所以在完成日常教学工作之后，只好用双休日、夜晚及寒暑假来做这项工作，常常焚膏继晷，别人在品茶、旅游、休闲的时候，我们却在对着电脑修改文稿，或下乡搞田野调查，从材料到标题，从语言到结构，从标点符号到注释规范，都要一一修改。为了撰写好这部书，且又不能耽误手上其他课题的进展，以致我的腰椎病、颈椎病、肩周炎反复发作，苦不堪言。

本书对崇左的壮族美食、景色风光、民族风俗、民歌戏曲、民族体育等方面进行叙写，分为六卷，从宏观方面来说，内容算是比较全面，但是具体到每一类，由于受到篇幅和规模的限制，则有所不足，不得不有所侧重地反映崇左的历史文化和民族风貌。

在撰写的时候，原先的设想是，每一节的内容都必须配有相应的图片，但是初稿编成之后，考虑到若用彩色印刷，则大大增加出版费用；若用黑白印刷，则图片效果很差，还不如不配图片，这样还能缩小篇幅，节省出版费用，所以在定稿时把每个章节中的图片都删掉了。尽管如此，我们还是力争做到学术性和普及性、趣味性、可读性有机结合，每个章节的写作风格也尽量统一。比如，我们在撰写第一卷《壮族美食》时，考虑到"民以食为天"，饮食文化最具大众性，作为服务地方饮食文化的书，不宜过于学术化，而应该贴近普通读者，但是又不能缺乏学术性，不可随意发挥，所以这两者必须要结合好。

我们在撰写本书时，也发现很多内容是互相交叉的，从不同的角度来看，它们可以同时属于不同的类别，所以在处理这些内容时，是很费精力的，往往只能保留其中一个类别。比如山歌对唱及民族歌舞,既是民俗文化,也是民族非遗,究竟是放在民俗类还是放在非遗类,这两者只能选其一。若放在民俗类,则要侧重其民俗的内容;若放在非遗类,则要侧重其非遗的技艺性的内容。若是两种内容皆可归于同一类别,那么往往只保留其中一类,而把另一类的同质内容删除。再比如,壮族美食类内容,从制作技艺上看,可以归类到非遗类,但是从饮食习俗看,又可以放在壮族美食类或民风民俗类。

众所周知,非物质文化遗产范围很广,包括传统口头文学及作为其载体的语言文字,也包括民族性的传统美术、书法、音乐、舞蹈、戏剧、曲艺、杂技、技艺、医药、礼仪、节庆、体育、游艺,以及其他形式的内容,但是有很多内容是互相交叉的,所以在本书撰写过程中尽量避免内容重复。然而情况并非绝对,若是不同地方的同类非遗项目,比如宁明婚俗与龙州婚俗、江州山歌与大新山歌,虽然同是婚俗和山歌,但是在内容上或唱法上会有所不同,有不同的地域特色,所以也会同时保留。

2017年,中共中央办公厅、国务院办公厅印发了《关于实施中华优秀传统文化传承发展工程的意见》,要求各地区各部门结合实际认真贯彻落实。《意见》指出,实施中华优秀传统文化传承发展工程,是建设社会主义文化强国的重大战略任务,对于传承中华文脉、全面提升人民群众文化素养、维护国家文化安全、增强国家文化软实力具有重要意义。我想,少数民族地区的优秀传统文化也是中华优秀传统文化的有机组成部分,在传承和发展中自然不可忽略。

在这一时代背景和政策环境下,挖掘、梳理、保护、传承、宣传崇左地区的文化资源显得特别重要,是增强崇左文化软实力、实施文化强市战略的必要举措,也是广西民族师范学院服务崇左经济文化建设一个很好的切入点。本书的撰写,可为落实崇左市"两篇大文章、四大攻坚战"[①] 战略提供文化支持,亦可为崇左市文化普及和旅游宣传起到促进作用,还可为崇左旅游文化资源的开发提供可信的文本或脚本依据,实实在在为服务崇左经济文化做点具体的工作。

在写作前,所有参加撰写的学生都由老师进行培训,从写作体例到语言规

---

① "两篇大文章",即口岸经济和文化旅游;"四大攻坚战",即产业转型升级、农村全面脱贫、新型城镇化、基础设施建设。

范，老师都做了要求；从田野调查到撰写成文，都有老师指导；特别是在意识形态、民族、宗教等方面，老师都严格把关。但即便如此，本书内容毕竟不是出自一人之手，所以错误及不规范的地方恐怕在所难免。

大体来说，本书的撰写思路是，在搜集资料及田野调查方面，全面调研崇左市文化资源现状，尽可能全面地获取崇左市文化资源品类，在撰写时体现崇左市民族构成及民族融合的特色；筛选具有代表性、典型性、能够充分体现崇左民族特色、边疆特色和民俗特色的品类，把在调研中获取的相关资料进行整理，初步形成撰写本书所需的核心材料；运用民俗学、民族学、历史学、文化学等方法，对在田野调查中获取的资料进行编辑整理；在全书初稿完成后，再赴崇左有关田野调查点进一步补充采集资料，因为在初步撰写之后发现了一些新的问题，而这些问题在本书设计之时并没有完全考虑到；在撰写壮族非遗内容时，尽量把每种入选内容的文化表征、历史渊源、制作技艺、文化内涵讲述清楚，而不是搞成简单的菜谱式介绍。

本书是我校历史学专业学生田野调查和写作训练的一个成果，是学生参与老师科研课题的一个尝试。在撰写过程中，撰写者借鉴了已有成果，并在页脚列出引文出处，但在统稿后，发现脚注序号与引文对应混乱，所以干脆删掉了大部分脚注，而把引文出处以参考文献的形式附在书后。此外，尽管要求各个章节文风统一，但是由于出自不同作者之手，仍然难以完全做到，甚至有的文笔显得稚嫩。这些都是本书的不足之处。

本书又是我校师生合作的成果，在此把参加撰写工作的学生名单详列如下（排名不分先后）：

2018级历史学：陈冰梅、潘春色、韦孟俏、黄轶明、覃丽标、韦岑易、何春虹、韦彩娜、归锦秀、滕上群、符家雯、李艳艳、黄诗雁、梁君冰、黄河天、覃泽其、黄妙婷、卢莹、樊丽春、李小芳、潘海梅、李莎、潘诚斌、唐媛、潘芝远、李丽斯、梁晴、覃凤芸、滕蓼雨、黄小莉、潘淑琴、吴杰坤、唐美琴、何爱先、李海媚、莫益维、朱雨茵、丁秀兰、罗美香、甘胜开、甘志珍、黄美甜、李嘉乐、谢高宇、谢依雯、闭东建、黄春香、农晓婷、朱冬媚、韦柳婷、蒙翔龙、韦宜倩、韦星宇。

2019级历史学：肖颖、韦淑清、化金梅、覃春媛、黄少美、阮芳宁、吴诗柔、覃倩华、曾康华、苏少芬、何冰、吴腾云、陈艺、朱潘玲、唐玮鸿、梁译方、李思潼、罗红梅、蒙炳幸、蒙妃妃、梁丽蜜、赵亮泓、唐梦芸、徐媛媛、李美静、杨槟宾、卢贞谚、黄雅兰、韦晓月、玉国平、黄芳芳、秦文莹、凌轩航、覃华芬、赵素洁、黄咸将、陆瑜菲、李玉菲、苏妍梅、郭爱春、凌勇、赵倩雯、许宁、丘宗富、张昱斌、黄淑慧、周游、杨胜珍、班秀莹、龙燕薇、时金叶、阳海艳、廖文曦、陈锐、陆银珠、王寒冰、廖宇珍、向桂银、陆艳静、甘思源、郭晓悦、黄海兵、黄煜玲珑、杨明、曾秋霞、张春艳、陈玉珍、宋国莲、潘芳芳、蒙海律、张彬、周禹廷、谢燕敏、陆嘉盛、潘小春、蒋婷、莫秀雯、陈薇、李晓雄、杜祥丽、林露霞、翟相虹。

2020级历史学：莫钰凤、刘宇翔、黎连英、罗丽、蒙冰冰、梁美凤、黎笑、农梅枝、程好、黄小娥、李达力、韦晓婷、杨璇、廖锦苹、周能健、黎国程、罗茵、袁洁欢、陈嘉思、李楚顺、曾思敏、欧真灵、杨小玲、冯祥贵、黄安祺、郭姝娴、苏蓉喜、农彩鑫、张垚、黄冰、农梦潇、李宇飞、麦丽秀、赵金鑫、黄天锈、覃晓秀、黄美信、高佩佩、黄小敏、黄梦甜、戴韦婷、赖秋玲、黄立彭、覃舒祺、杨秋、蓝丽、蓝宇、黄琼、韦丽宣、韦媛媛、符明梅、韦雅茜、林铭津、李世欣、苏菲、陈石炎、吴铝玲、李禧鸣、阳子天、罗菊俄、陆晓源、王贵玉、覃俊全、吕雨霞、韦艺静、吴俊隆、李宗键、杨柳妮、蒙艳冰、韦阿逢、韦正鹏、李志玲、牙柳红、钟建晴、覃君宝、蒙观招、廖庆云、罗婷、何晶、何嘉丽、韦丽梅、唐琴满、覃芳惠、马慧柠、阮之结、谢云华、罗美荣、莫棉棉、韦婉容、苏琴、王昱超、谢彬垚、覃佳佳、廖桂妹。

我作为半个崇左人，深深地被崇左人民朴实、包容、内敛而又活泼乐观的性格所感染，也被崇左民族文化的悠久历史和独特魅力所吸引，考虑到全面叙写崇左文化的书籍不多见，总觉着有一种责任驱使我应为崇左做点什么，特别是作为民师人，更应担负起梳理和传播崇左文化的责任，所以不揣浅陋，而想尽微薄之力，组织了一班人马，策划撰写这部面向大众的通俗性与学术性兼具的著作，让更多的人了解崇左，走近和走进崇左，也使崇左文化走出崇左，走出广西，走向全国，走向世界。

本书由广西壮族自治区立项建设的广西民族师范学院历史文化与旅游学院旅游管理硕士点资助出版。世界中餐业联合会副秘书长刘朴兵教授为本书作序。

　　由于出自众人之手，且撰写人员水平有限，加之成书仓促，须赶在崇左建市二十周年时付梓，故书中讹误在所难免，祈望读者诸君海涵，并不吝赐教，诚如是，则幸甚至哉。

李桂生

2022 年 4 月 14 日于广西民族师范学院

2023 年 12 月 1 日补记于崇左